广西体育年鉴

GUANGXI TIYU NIANJIAN

2010—2011

容小宁　主编

广西人民出版社

数字·2010广西体育

队伍人员

2010 年，广西体育系统 14 个市体育局共有 133 个事业单位，事业编制人员共 2489 人。全区各级（含自治区、市、县级）体育行政机关公务员 756 人。广西体育局共设 10 个处、室、中心，局直属事业单位共 20 个。自治区各项运动中心在训运动员 641 人。

体育经费

2010 年，全区体育经费全年收入 3.29 多亿元，其中：财政拨款 1.96 多亿元。全区体育经费全年支出 3.13 多亿元。全区全年人均体育事业费 6.08 元（全区人口 5159 万人）。

2010 年，全区体育彩票营业收入 5.35 亿元，其中：电脑型体育彩票销售 4.58 亿元，即开型体育彩票 7742 万元。

基础设施

2010 年，多方筹措资金 5930 万元，支持全区各地新建国家级乡镇农民体育健身工程项目 75 个、村级篮球场 1830 个、全民健身路径 90 条。带动地方投入建设乡镇农民体育健身工程 20 多个，村级篮球场 1000 多个，全民健身活动中心、体育公园、健身广场、户外营地及其他公共体育场地 500 多个。

获奖金牌

2010 年，广西运动员参加世界三大赛共获得 7 枚金牌，参加亚洲大赛获得 9 枚金牌，参加一般性国际比赛共获得 29 枚金牌，参加全国大赛共获得 69 枚金牌。其中，在全国锦标赛中，广西运动员在全运会项目获得 10 枚金牌，在第十六届亚运会上有 12 名运动员参加田径、举重、游泳、水球、保龄球等项目的比赛，共获得 6 枚金牌。

民族体育

2010 年，全区民族民间体育项目 305 个，民族民间体育节庆 50 多个。

体育学校

2010 年，全区各级体育主管部门直属（事业单位）各类体育学校 93 所，其中，自治区级 1 所，地级市 19 所，县级 71 所。

平果县体育馆

钦州市体育中心

图书在版编目(CIP)数据

广西体育年鉴．2010—2011／容小宁主编．—南宁：广西人民出版社，2013．7

ISBN 978-7-219-08447-2

Ⅰ．①广… Ⅱ．①容… Ⅲ．①体育事业—广西—2010—2011—年鉴 Ⅳ．①G812．767－54

中国版本图书馆CIP数据核字(2013)第153798号

责任编辑　李带舅　韦洁琳

出版发行	广西人民出版社
社　　址	广西南宁市桂春路6号
邮　　编	530028
网　　址	http://www.gxpph.cn
印　　刷	南宁市桂川印务有限责任公司
开　　本	889mm×1194mm　1/16
印　　张	32.5
字　　数	810千字
版　　次	2013年7月　第1版
印　　次	2013年7月　第1次印刷
书　　号	ISBN 978-7-219-08447-2/G·1755
定　　价	128.00元

《广西体育年鉴》(2010－2011)
编纂委员会

《广西体育年鉴》(2010－2011)
编 辑 部

《广西体育年鉴》(2010－2011)

撰稿人

自治区体育局：蓝桂明　刘　毅　丁　巍　陆学杰
黄国慧　姜换龙　林敬松　文春晖
张　颢　蒙漓波　冼小航　林敬华
郗晓颖　徐　波

广西体育局江南训练基地：谢海雁　周映彤　张　玲

广西体育局青秀山训练基地：钟　昕

广西体育局高等专科学校：姚宝宇

广西体育运动学校：赵　欣

广西田径运动发展中心：冯振仁

广西水上运动发展中心：杨昌礼

广西体操武术运动发展中心：谭珊丹

广西举重运动发展中心：谭汉永　梁　刚

广西重竞技运动发展中心：冯　文

广西球类运动发展中心：黄晓静

广西射击射箭运动发展中心：吴少兴　李　健

广西社会体育运动发展中心：黄红平

广西体育彩票管理中心：甘江平

广西体育科学研究所：龙　江

广西体育馆：李朝辉

广西体育场：廖琼勇

广西体育大厦：甘　铭

广西武鸣训练基地：潘雪娟

广西航空运动学校：黄兴国

南宁市体育局：高　翔　宋应环　朱庆邦　庞　宇
　　　　　　　王一冰　黄永铁
柳州市体育局：蒋敏慧
桂林市体育局：黄世茂　何泽红
梧州市体育局：覃小华
北海市体育局：叶献新　杜艳春
防城港市文化体育新闻出版局：陶　勇
钦州市体育局：陈亮亮
贵港市体育局：韦海均
玉林市体育局：陈　斌　李　锋
百色市体育局：孙　彬　庞敏慧
贺州市体育局：尹远娟
河池市体育局：覃艳琼
来宾市体育局：杨永忠
崇左市体育局：李永红

目　录

领导讲话登载

2010 年 …… 3

在 2010 年全区体育工作会议上的讲话 …… 李　康 3

在全区民族体育先进表彰大会上的讲话 …… 高　雄 8

在第十二届全区少数民族传统体育运动会筹备会议上的讲话 …… 高　雄 10

坚持以特色工程建设为抓手　促进全民健身运动深入开展

——在 2010 年全国体育局长会上发言 …… 容小宁 14

把握新机遇　创造新优势　迈出重振广西体育雄风新步伐

——在 2010 年全区体育工作会议上的讲话 …… 容小宁 17

共享新机遇　共创新优势　开启中国一东盟体育产业发展新局面

——在首届中国一东盟体育产业发展论坛上的演讲 …… 容小宁 28

在 2010 年全区竞技体育工作会议上的讲话 …… 容小宁 32

深入贯彻落实《全民健身条例》努力实现我区群众体育事业新发展

——在 2010 年全区群众体育工作会议上的讲话 …… 容小宁 39

2011 年 …… 46

开拓创新　科学谋划　奋力开创重振广西体育雄风　建设西部体育强省(区)新局面

——在 2011 年全区体育局长会议上的讲话 …… 容小宁 46

认真贯彻实施《全民健身计划》　扎实推进群众体育工作取得新突破

——在 2011 年全区群众体育工作会议上的讲话 …… 容小宁 58

推动大众体育事业科学发展　构建全民健身公共服务体系

——在 2011 年亚洲及大洋洲地区大众体育合作发展论坛暨中国一东盟大众体育合作发展论坛上的讲话 …… 容小宁 64

在“全民健身八桂行”媒体座谈会上的讲话 …… 容小宁 68

加快推进全民健身示范城市建设　开创全区体育事业发展的新局面

——在来宾市“三求”工作暨创建国家公共文化服务体系示范区、国家全民健身示范城市工作动员会上的讲话 …… 容小宁 74

全区体育概览

2010－2011 年广西体育工作综述 …… 79

2010 年 …… 79

2011 年 …… 82

"十一五"时期广西体育工作综述 …… 87

群众体育 …… 89

2010 年 …… 89

概况 …… 89

全民健身条例的学习培训 …… 89

筹措资金,投入体育工程 …… 89

中韩 10 周年群体交流会 …… 89

社会体育指导员如期开班 …… 89

组团参加第四届全国体育大会 …… 89

社会体育指导员培训 …… 89

第三次国民体质监测 …… 90

举办第二届广西体育节 …… 90

体育传统项目学校体育师资培训 …… 90

《全民健身条例》工作座谈会 …… 90

举办"拔群杯"篮球赛 …… 90

组织"真龙杯"广西第二届城乡万人气排球赛 …… 90

广西第二届"红水河杯"绣排球比赛如期开展 …… 90

广西全民健身高峰论坛 …… 90

中韩群体交流访问活动 …… 90

国家级社会体育指导员培训班 …… 91

2011 年 …… 91

概况 …… 91

实现全民健身工作"三纳入" …… 91

多方筹措资金用于建设体育健身工程 …… 91

全区体育局长会议举行 …… 91

中国东兴·越南芒街元宵节足球友谊赛 …… 91

组团赴台参加体育交流活动 …… 91

万人工间操汇演活动 …… 92

篮球友谊交流赛 …… 92

第三届广西体育节 …… 92

大化东盟千人钓鱼大赛 …… 92

广西区直公务员运动会 …… 92

国家级社会体育指导员培训班 …… 92

表彰先进 …… 92

举办广西"拔群杯"篮球比赛 …… 93

第一期自治区领导干部太极拳培训 …… 93

竞技体育 …… 94

2010 年 …… 94

概况 …… 94

广西运动员参加第 16 届亚洲运动会获得佳绩 …… 94

承办举办有关体育赛事 …… 95

业训工作 …… 95

反兴奋剂和赛风赛纪工作 …… 95
广西竞技体育工作会议 …… 95
国际级、国家级运动健将与国家级裁判员 …… 96
2011 年 …… 106
概况 …… 106
第十二届区运会 …… 106
承办体育赛事 …… 106
调研考察工作 …… 106
竞技体育教练培训工作 …… 107
组队参加全国青少年锦标赛 …… 107
重新启动足球运动项目 …… 107
配合国家体育总结完成竞技体育评优活动 …… 107
反兴奋剂和赛风赛纪工作 …… 107
对外交流活动 …… 107
竞技体育相关审批、注册和培训工作 …… 108
国际级、国家级运动健将与国家级裁判员 …… 108
体育产业 …… 119
2010 年 …… 119
体育彩票销量 …… 119
研究起草《广西体育产业城项目策划方案》 …… 119
完善《广西体育产业发展规划》 …… 119
召开《高危险性体育项目经营活动管理办法(讨论稿)》征求意见座谈会 …… 120
会同区党委政研室研究制定《加快广西体育产业发展的若干指导意见》 …… 120
签署《广西体育基础设施和产业发展融资规划合作协议》 …… 120
召开广西体育产业工作研讨会 …… 120
组织参展和观摩中国体育旅游博览会 …… 120
2011 年 …… 121
体育彩票销量 …… 121
落实系列相关材料文件 …… 121
完成广西体育产业城前期策划工作 …… 121
农民篮球运动题材电视连续剧剧本创作 …… 122
起草关于推进广西体育彩票县域市场发展试点工作方案 …… 122
举办广西体育彩票公益金宣传展示活动暨 2011—2012 中国(广西)气排球俱乐部超级联赛 …… 122
少数民族传统体育 …… 123
2010 年 …… 123
挂牌成立广西民族体育研究发展中心 …… 123
挂牌成立广西民族体育产业研究发展中心 …… 123
举办第十二届全区少数民族传统体育运动会 …… 123
开展命名传统体育示范学校 …… 123
2011 年 …… 123
组团参加第九届全国少数民族传统体育运动会 …… 123

创建国家少数民族传统体育保护传承示范区 …… 123

评选民族传统体育示范学校 …… 123

广西壮族自治区少数民族传统体育文化保护规划(2011－2015年) …… 123

积极挖掘少数民族传统体育项目 …… 124

体育对外交流 …… 125

2010 年 …… 125

概况 …… 125

中韩群众体育交流活动团 …… 125

广西体育局接待日本青少年体育指导者交流团 …… 125

2010 中国一东盟国际汽车拉力赛 …… 125

举办系列中国一东盟国际体育赛事及活动 …… 126

成立系列中国一东盟体育机构 …… 126

接待来访情况 …… 126

教练员援外情况 …… 126

2011 年 …… 126

概况 …… 126

广西体育代表团访台开展交流活动 …… 126

自治区体育局组团赴澳大利亚、新西兰学习考察活动 …… 126

广西体育代表团赴瑞士、丹麦学习交流 …… 127

2011 中国—东盟国际汽车拉力赛 …… 127

举办系列中国一东盟的体育赛事及活动 …… 127

成立系列中国一东盟体育机构 …… 128

来访情况 …… 128

教练援外任务 …… 128

体育经费 …… 129

2010 年 …… 129

2010 年体育经费 …… 129

竞技体育全年经费支出 …… 129

群众体育全年经费支出 …… 129

完成中区直单位 2009 年度决算报表编制工作 …… 129

完成各体育协会的财务审计 …… 129

完成新国库支付系统上线工作 …… 129

完成财务管理新软件系统上线工作 …… 129

完成政府采购网报系统上线及采购计划管理工作 …… 130

完成财务统计工作 …… 130

完成基建项目建设工作 …… 130

完成“小金库”综合治理工作 …… 130

经费支持中韩群体交流活动和参加第四届全国体育大会 …… 130

完成全民健身路径和农民体育健身工程建设工作 …… 130

全面合理安排各项经费支出 …… 130

完成编制 2011 年度部门预算 …… 130

完成后期保障工作 …… 130

2011 年 …… 131
2011 年体育经费 …… 131
竞技体育全年经费支出 …… 131
群众体育全年经费支出 …… 131
完成中区直单位 2010 年度决算报表编制工作 …… 131
完成各体育协会的财务审计 …… 131
完成国库支付工作 …… 131
完成财务季报工作 …… 131
完成审计工作 …… 131
完成政府采购任务 …… 132
资产清查及“小金库”综合治理 …… 132
完成各项活动后勤保障工作 …… 132
规范财务管理制度建设 …… 132
体育基础设施建设 …… 133
2010 年 …… 133
加大城乡基层公共体育设施建设力度 …… 133
完成固定资产投资任务 …… 133
完善《广西公共体育设施发展建设规划》 …… 133
完成《城乡一体化进程下的农村公共服务体系:重组与构建——广西建立“农村公共服务中心”试点经验研究》课题研究 …… 133
推进青秀山体能训练与康复馆前期工作 …… 133
开展体育经营场所安全生产检查 …… 134
2011 年 …… 134
加强城乡基层公共体育设施建设 …… 134
完成固定资产投资目标任务 …… 134
开展全区体育固定资产投资工作目标责任落实情况调研工作 …… 134
正式启用“固定资产投资和广西体育资源及建设项目库” …… 134
组织各级干部参加体育场馆管理培训 …… 134
开展广西“政府购买”体育场馆公共服务试点工作 …… 135
体育人才队伍建设 …… 136
2010 年 …… 136
自治区体育局竞技体育有关单位领导干部培训班 …… 136
广西国民体质监测工作监测人员暨社会体育指导员培训班 …… 136
新任领导干部廉洁从政学习班 …… 136
社会体育指导员管理系统培训班 …… 136
运动训练专题培训班 …… 136
自治区体育局基地系统干部职工职业道德教育培训班 …… 136
农民体育健身工程管理人员培训班及社会体育指导员展示活动 …… 137
年度体育系列职称评审工作 …… 137
2011 年 …… 137
羽毛球专项体能培训班 …… 137
广西体育局体育产业经营管理培训项目赴美国培训班 …… 137

广西体育团赴英国培训学习 …… 137
广西体育系统领导干部创新管理研修班 …… 138
西南片区优秀退役运动员综合素质及健身教练培训班 …… 138
“广西教育培训网”在线培训 …… 138
年度体育系列职称评审工作 …… 138
体育宣传工作 …… 139
2010 年 …… 139
全方位报道广西体育活动 …… 139
大力宣传第十六届亚运会 …… 139
体育法规工作成果显著 …… 139
2011 年 …… 139
着力报道广西体育活动 …… 139
大力做好体育法规工作 …… 140
广西体育事业“十二五”发展规划 …… 141

局属单位工作

广西体育局江南训练基地 …… 159
2010 年 …… 159
概况 …… 159
接待比赛任务 …… 159
运动员教育工作 …… 159
运动员文化生活 …… 159
多彩职工生活 …… 160
场馆维修工程 …… 160
党建工作 …… 160
生活管理服务保障工作 …… 160
膳食营养保障工作 …… 160
医疗保障工作 …… 160
先进表彰 …… 161
2011 年 …… 162
概况 …… 162
接待比赛任务 …… 162
运动员教育工作 …… 163
运动员文化生活 …… 163
多彩职工生活 …… 163
维修工程 …… 163
党建工作 …… 163
生活管理服务保障工作 …… 163
膳食营养保障工作 …… 163
医疗保障工作 …… 163

“小金库”专项治理工作 …… 164
“科学管理年”专项活动 …… 164
节能减排 …… 164
考察调研 …… 164
先进表彰 …… 164
广西体育局青秀山训练基地 …… 166
2010 年 …… 166
概况 …… 166
多项基础建设顺利竣工 …… 166
完成场馆设施维修 …… 167
完成运动员训练设备采购及维修维护工作 …… 167
加强党政制度建设 …… 167
加强教育理论学习 …… 167
开展多项活动 …… 167
2011 年 …… 167
加强运动队后勤保障 …… 167
训练场地和设备器材维修管理 …… 167
举办各类赛事 …… 168
广西体育高等专科学校 …… 169
2010 年 …… 169
概况 …… 169
教学改革 …… 169
党建工作 …… 169
科研工作与服务社会 …… 170
干部培养 …… 170
招生就业 …… 170
对外交流与合作 …… 170
新校区建设 …… 171
基础设施建设 …… 171
2011 年 …… 171
概况 …… 171
教育教学改革 …… 171
专业建设 …… 172
科学研究与服务社会 …… 172
新校区规划建设 …… 172
国际交流 …… 172
党建工作 …… 173
人事改革 …… 173
招生就业 …… 173
校园文化及宣传 …… 173
广西体育运动学校 …… 174
2010 年 …… 174

概况 …… 174
运动员比赛成绩 …… 174
文化教学成果 …… 174
教育培训 …… 174
校园活动 …… 175
校园大事记 …… 175
承办大型活动 …… 175
学校完成评估工作 …… 175
2011 年 …… 175
概况 …… 175
输送队员比赛成绩 …… 176
文化教学成果 …… 176
教科研成果 …… 176
教育培训 …… 176
校园活动 …… 176
承办活动 …… 177
完成“科学管理年”专项活动 …… 177
校园大事记 …… 177
完成新周期聘任 …… 177
广西田径运动发展中心 …… 178
2010 年 …… 178
概况 …… 178
参加第 16 届亚洲运动会 …… 178
重大荣誉 …… 178
国内竞技赛事 …… 178
运动训练 …… 178
青少年培训 …… 179
重要会议 …… 179
对外交流 …… 179
2011 年 …… 180
概况 …… 180
竞技赛事 …… 180
运动训练 …… 180
赛风赛纪和反兴奋剂工作 …… 180
业余训练 …… 180
体育赛事指导 …… 180
重要学习文件 …… 180
广西水上运动发展中心 …… 185
2010 年 …… 185
概况 …… 185
教练员聘任工作顺利完成 …… 185
加强运动队思想教育工作 …… 185

不断推进后备人才梯队建设 …… 185
加强运动员反兴奋剂教育 …… 185
进一步加强党的基层组织建设 …… 185
努力保障中心的国家队队员 …… 185
交流双计分制 …… 186
OP 帆船与山东有偿互利合作 …… 186
全国水上运动会获佳绩 …… 186
第十六届亚洲运动会 …… 186
主办自治区水上项目的年度比赛及国赛 …… 186
全国青年以上比赛成绩 …… 186
2011 年 …… 188
开展“科学管理年”活动提效能 …… 188
协助国家体育总局做好伦敦奥运会备战工作 …… 188
抓好队伍梯队建设 …… 188
获体育系统集体二等功 …… 188
获先进基层党组织称号 …… 188
教练员培训班 …… 188
现代五项与山东有偿互利合作 …… 188
马欢欢代言平果铝 …… 188
承办体育总局全国性比赛 …… 188
协助组织区运会的竞赛组织工作 …… 189
全国青年以上比赛成绩 …… 189
广西体操武术运动发展中心 …… 191
2010 年 …… 191
比赛成绩 …… 191
严抓管理加强队伍建设 …… 191
加强赛风赛纪整治和反兴奋剂工作 …… 191
加强思想政治学习 …… 191
加大教练员业务培训力度 …… 191
加强后勤保障工作 …… 191
承办各级赛事 …… 191
推动社会体育发展 …… 192
加强对外体育交流 …… 192
2011 年 …… 196
比赛成绩 …… 196
举办“李宁杯”西南体操联盟邀请赛 …… 196
举办第十二届区运会相关项目比赛 …… 196
举办高水平活动、赛事 …… 196
开展武术下基层活动 …… 196
举办全民健身比赛活动 …… 196
加强对外体育交流活动 …… 196
建立中国—东盟体操、武术交流合作基地 …… 196

广西举重运动发展中心 …… 199
2010 年 …… 199
广西举重中心成立 …… 199
竞赛成绩 …… 199
基层业余训练与赛事组织 …… 199
2011 年 …… 199
加强队伍管理建设 …… 199
竞赛成绩 …… 199
后备人才的培养和输送 …… 200
积极争取参加国际赛事名额 …… 200
协助钦州办好第十二届区运会举重比赛 …… 200
开展创先争优活动 …… 200
广西重竞技运动发展中心 …… 201
2010 年 …… 201
加强队伍管理建设 …… 201
制定科学备战计划 …… 201
组建新队伍 …… 201
重竞技中心运动成绩 …… 201
2011 年 …… 201
加强队伍管理建设 …… 201
组织区运会资格赛 …… 201
协助组织区运会 …… 201
冬训工作 …… 201
重竞技中心运动成绩 …… 202
广西球类运动发展中心 …… 203
2010 年 …… 203
与乒羽中心合并组建新的球类运动发展中心 …… 203
制定《广西球类中心自费集训管理规定》 …… 203
完成新周期队伍建设工作 …… 203
开展赛风赛纪和反兴奋剂专项治理工作 …… 203
利用社会资源为运动队提供经费保障 …… 203
加强对运动队的管理工作 …… 203
顺利完成广西青少年年度比赛及中心承办的各项赛事 …… 204
中心各运动队及运动员比赛成绩 …… 204
2011 年 …… 204
开展科学管理年专项工作 …… 204
积极开展先进教育树立优秀典型活动 …… 204
加强教练员队伍建设 …… 204
完成中心项目十二届区运会钦州比赛 …… 204
协助北海市体育局完成广西足球队重建工作 …… 204
协助广西领导干部乒乓球协会做好领导干部乒乓球比赛工作 …… 205
中心各运动队及运动员比赛成绩 …… 205

广西射击射箭运动发展中心 …… 206
2010 年 …… 206
加强党组织建设 …… 206
完成新周期聘任工作 …… 206
加强业务联系 …… 206
完善队伍管理 …… 206
加强训练设备管理 …… 206
严整赛风赛纪 …… 206
完成全区运动员注册的审核及制证工作 …… 206
2011 年 …… 209
加强中心党建工作 …… 209
加强队伍管理建设 …… 209
外聘专家教练 …… 209
加强训练设备安全管理 …… 209
严整赛风赛纪 …… 209
年轻运动员培养 …… 209
广西社会体育运动发展中心 …… 211
2010 年 …… 211
开展中国—东盟、海峡两岸全民健身活动 …… 211
广西体育节—海峡两岸水上摩托车、摩托艇表演 …… 211
第二届广西体育节—“明仕杯”中越钓鱼友谊赛 …… 211
建立广西高、专科院校的实习基地 …… 211
组织培训 …… 211
2011 年 …… 211
第三届广西体育节—“五粮醇”气排球大奖赛 …… 211
第三届广西体育节—首届环北部湾自行车公路赛 …… 211
第三届广西体育节—2011 年中国(南宁)·东盟钓鱼大赛 …… 211
第三届广西体育节—“宏桂杯”城市象棋联赛 …… 211
第三届广西体育节—万人拔河锦标赛 …… 211
第三届广西体育节—“名仕杯”中越钓鱼友谊赛 …… 211
第三届广西体育节—台商运动会 …… 212
建立广西体育院校实训基地 …… 212
广西体育彩票管理中心 …… 213
2010 年 …… 213
全年销售情况 …… 213
终端建设情况 …… 213
行政支持情况 …… 213
实行差异化管理协调区域发展 …… 213
稳步推进竞彩店建设 …… 214
多管齐下拓展即开票市场 …… 214
开展超级大乐透培训工作 …… 214
筹备高频游戏 …… 214

开展网点形象规范工作 …… 214
开展世界杯系列营销宣传活动 …… 215
调整通信专线资费 …… 215
建立短信平台与网站平台 …… 215
开展超级大乐透荐号争霸赛 …… 215
开展有奖征文活动 …… 215
举行足彩发行九周年庆典活动 …… 215
开展抗旱救灾公益活动 …… 215
举行特困大学生助学关爱行动新闻发布会 …… 216
举办竞彩业务培训会 …… 216
开展中层干部岗位竞聘 …… 216
举办优秀销售网点表彰会 …… 216
建立来宾、崇左分中心 …… 216
体育彩票战略研讨会在邕召开 …… 216
组织员工参加各类培训 …… 216
建立全日制专管员队伍 …… 216
执行绩效考核管理办法 …… 217
开展制度建设工作 …… 217
开展廉政建设工作 …… 217
开展《彩票管理条例》培训工作 …… 217
2011 年 …… 217
年度销售及终端建设情况 …… 217
落实廉政建设责任制 …… 217
做好中心资金管理工作 …… 217
出台系列政策加强基础管理 …… 217
开展市场巡检 …… 218
技术安全管理工作 …… 218
组织元旦即开卖场 …… 218
高频游戏 11 选 5 在广西上市 …… 218
开展超级大乐透亿元派奖宣传工作 …… 218
开展 NBA 主题即开票的系列宣传及 NBA 挑战投篮王比赛 …… 218
开展“购足彩赢意大利超级杯决赛门票抽奖活动” …… 219
举办“体育彩票杯”2011 广西三人制草根足球争霸赛 …… 219
实施增机扩点风险抵押目标责任制 …… 219
开展“足彩集结号我与足彩十载情”有奖征文活动 …… 219
开展“购传统足球彩票，赢顶呱刮即开礼包”营销活动 …… 219
召开广西体彩新赛季投注技巧培训会 …… 219
召开网点形象改造现场办公会 …… 219
召开县域市场发展试点工作会议 …… 219
配合总局体彩中心开展 MIDS 调研工作 …… 219
开展竞彩单关固定奖上市宣传工作 …… 220
开展新春即开促销活动 …… 220

获总局体彩中心奖励 …… 220
国家体育总局杨树安副局长等领导到广西体彩视察指导工作 …… 220
国家体育总局晓敏局长助理等领导到广西体彩视察指导工作 …… 220
举行 2010 年度表彰大会 …… 220
参加全区体育局长工作会议 …… 220
召开第一季度体彩工作会议 …… 221
举办三期规范化管理培训会 …… 221
启用 OA 办公自动化系统 …… 221
召开上半年工作总结会暨半年评测会 …… 221
公开竞聘选拔中心副主任 …… 221
配合总局体彩中心开展信息安全调研工作 …… 221
举办年度考核暨 2012 年度中层管理岗位竞聘会 …… 221
举办 2012 年度分中心专业岗位竞聘会 …… 222
全员参与培训 …… 222
广西体育科学研究所 …… 223
2010 年 …… 223
概况 …… 223
课题研究 …… 223
改善科研条件 …… 223
加强科研队伍建设 …… 223
坚决贯切执行反兴奋剂监测工作 …… 223
科技项目与经费 …… 223
科技服务与成绩 …… 224
人才与创新团队 …… 224
科研平台建设与科研仪器设备 …… 224
国民体质检测 …… 224
科技交流与合作 …… 225
2011 年 …… 225
概况 …… 225
课题研究 …… 225
科技项目与经费 …… 225
科技成果与转化 …… 226
科技服务与成绩 …… 226
科研平台建设与科研仪器设备 …… 226
国民体质检测 …… 226
科技交流与合作 …… 226
广西体育馆 …… 228
2010 年 …… 228
加强党建工作 …… 228
配合相关部门做好场馆的修缮工作 …… 228
开展全民健身和文艺演出活动 …… 228
加强安保和消防管理 …… 228

加强职工技能培训 …… 228
2011 年 …… 229
履行场馆公益服务职能 …… 229
承接和组织赛事 …… 229
规范内部管理水平 …… 229
修缮场馆 …… 229
举办消防大演练 …… 229
关心职工生活 …… 229
荣获南宁市文物保护点 …… 229
广西体育场 …… 230
2010 年 …… 230
完成夏季游泳池对外开放工作 …… 230
业余体校参赛成绩 …… 230
切实做好场地房屋租赁工作 …… 230
积极发挥体育场的功能实现为全民健身服务 …… 230
发挥体育场功能 …… 230
2011 年 …… 230
体育场游泳池对外开放 …… 230
业余体校取得良好成绩 …… 231
抓好做好场地房屋租赁工作 …… 231
发挥体育场的功能实现为全民健身服务 …… 231
贯彻落实各项政策 …… 231
完成南宁市人民代表大会换届选举工作 …… 231
发挥体育场功能 …… 231
广西体育大厦 …… 232
2010 年 …… 232
业务概况 …… 232
改革举措 …… 232
做好中国一东盟汽车拉力赛后勤保障工作 …… 232
文体活动 …… 232
2011 年 …… 232
业务概况 …… 232
改善营业环境,提高营业效益 …… 232
抓好教育培训,提升员工素质 …… 232
招纳人才 …… 232
广西武鸣体育训练基地 …… 233
2010 年 …… 233
加强党风建设 …… 233
基地设施改造 …… 233
基地场地维护 …… 233
承办广西全区青少年射箭锦标赛 …… 233
冬训接待工作 …… 233

2011 年 ………… 233
重点抓好队伍建设创建和谐基地 ………… 233
基地集训冬训接待工作 ………… 234
基础设施建设工作 ………… 234
广西航空运动学校 ………… 235
2010 年 ………… 235
概况 ………… 235
参加“2010 海口市热气球节” ………… 235
协办“2010 全国热气球锦标赛” ………… 235
参加“天佑德”杯全国热气球精英挑战赛 ………… 235
参加第二届山东莱芜航空体育大会热气球比赛 ………… 235
学校食堂维修工程 ………… 235
2011 年 ………… 235
参加“2011 海口市热气球节” ………… 235
参加全国热气球精英赛 ………… 235
参加甘肃“中国嘉峪关航空滑翔节” ………… 235
参加内蒙古包头“2011 年全国热气球锦标赛” ………… 236
参加第三届山东莱芜航空体育大会 ………… 236
新增航空飞行器设备 ………… 236
举办“2011 年广西区模拟运动培训班” ………… 236
申报建成国家级“模拟飞行教室” ………… 236
参加“2011 年全国模拟飞行锦标赛” ………… 236

各市体育建设

南宁市 ………… 239
全市体育工作综述 ………… 239
2010 年 ………… 239
2011 年 ………… 239
群众体育 ………… 239
2010 年 ………… 239
获奖荣誉 ………… 239
冬泳邕江 ………… 239
“端午节”龙舟系列比赛 ………… 240
第二届广西体育节开幕式南宁市主会场活动 ………… 240
“中恒杯”第七届残疾人运动会暨第二届特殊奥林匹克运动会 ………… 240
南宁市未成年人传统健身游戏大赛 ………… 240
“体育活动黄金周” ………… 240
“真龙杯”广西第二届城乡气排球赛(南宁赛区) ………… 240
广西第二届“红水河杯”绣排球比赛 ………… 240
学校体育 ………… 241

农村体育 …… 241
老年人体育 …… 241
社团体育 …… 241
第三次国民体质监测 …… 241
2011 年 …… 241
获奖荣誉 …… 241
邕江冬泳 …… 242
第三届广西体育节开幕式南宁市主会场活动 …… 242
恢复工间操 …… 242
南宁市未成年人传统健身游戏大赛 …… 242
大明山登高旅游节暨 2011 中国达人秀第二季年度达人卓君“圆梦之旅”比赛 …… 242
“体育活动黄金周” …… 242
学校体育 …… 242
农村体育 …… 242
老年人体育 …… 243
社团体育 …… 243
竞技体育 …… 243
2010 年 …… 243
概况 …… 243
备战“两会”工作 …… 243
参加各类体育比赛 …… 244
举办南宁市第八届运动会 …… 244
广西体育中心启用仪式暨“天昌杯”中国之队国际足球赛 …… 244
第五届南宁国际桥牌邀请赛 …… 244
第六届南宁国际围棋邀请赛 …… 245
第二届南宁象棋国际邀请赛 …… 245
南宁“中国石化杯”国际田联世界半程马拉松锦标赛 …… 245
南宁环青秀山山地自行车越野公开赛 …… 245
荣誉表彰 …… 245
2011 年 …… 245
概况 …… 245
广西青少年锦标赛暨广西第十二届运动会资格赛 …… 246
全国高水平后备人才基地赛 …… 246
全国举重分龄赛 …… 246
第 16 届世界蹼泳锦标赛 …… 246
蹼泳世界杯总决赛 …… 246
第 14 届世界游泳锦标赛 …… 246
世界举重少年锦标赛 …… 246
世界举重青年锦标赛 …… 246
全国第七届城运会 …… 246
广西第十二届运动会 …… 246
中国一东盟国际职业拳王争霸赛暨龙行天下之决战南宁 …… 246

第七届中国水城“中国联通杯”南宁国际龙舟邀请赛 …… 247
第七届南宁国际围棋邀请赛、第六届南宁国际桥牌邀请赛和第三届南宁象棋国际邀请赛 …… 247
“中国联通”南宁国际半程马拉松比赛暨29届南宁解放日长跑比赛 …… 247
亚洲沙滩排球巡回赛(南宁站) …… 247
“超大杯”中国(南宁)东盟武术节 …… 247
获得荣誉 …… 247
体育产业 …… 247
2010年 …… 247
体育彩票销售 …… 247
赛事市场化运作 …… 247
产业效益 …… 247
社会体育产业 …… 248
2011年 …… 248
体育产业管理 …… 248
体育彩票业 …… 248
产业开发 …… 248
社会体育产业 …… 248
体育对外交流 …… 248
2010年 …… 248
概况 …… 248
组团出访交流 …… 248
组队出访参赛 …… 248
来访与业务交流 …… 249
2011年 …… 249
概况 …… 249
成功申办2014年世界体操锦标赛 …… 249
出访交流 …… 249
来访交流 …… 249
少数民族体育 …… 250
2010年 …… 250
参加赛事获奖 …… 250
2011年 …… 250
参加赛事获奖 …… 250
体育基础设施建设 …… 250
2010年 …… 250
完成体育设施建设 …… 250
2011年 …… 250
完成体育设施建设 …… 250
体育人才队伍建设 …… 251
2010年 …… 251
体育行政管理队伍建设 …… 251

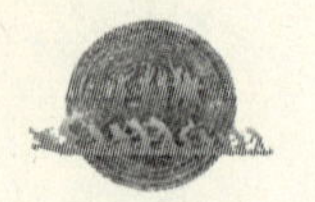

教练员队伍建设 …… 251
后备人才队伍建设 …… 251
基层体育队伍建设 …… 251
2011 年 …… 251
体育行政管理队伍建设 …… 251
教练员队伍建设 …… 251
后备人才队伍建设 …… 251
基层体育队伍建设 …… 251
县域体育 …… 252
2010 年 …… 252
兴宁区 …… 252
江南区 …… 252
青秀区 …… 252
西乡塘区 …… 252
邕宁区 …… 252
良庆区 …… 252
武鸣县 …… 253
横县 …… 253
宾阳县 …… 253
上林县 …… 253
马山县 …… 253
隆安县 …… 253
2011 年 …… 254
兴宁区 …… 254
江南区 …… 254
青秀区 …… 254
西乡塘区 …… 254
邕宁区 …… 254
良庆区 …… 254
武鸣县 …… 254
横县 …… 254
宾阳县 …… 255
上林县 …… 255
马山县 …… 255
隆安县 …… 255
柳州市 …… 256
全市体育工作综述 …… 256
2010 年 …… 256
2011 年 …… 259
群众体育 …… 262
2010 年 …… 262
开展全民健身运动 …… 262

完善群众体育组织网络建设 …… 262
学校体育工作 …… 262
为民办实事工程 …… 262
承办各层次体育赛事 …… 262
2011 年 …… 262
开展广西体育节活动 …… 262
开展全民健身运动 …… 262
完善群众体育组织网络建设 …… 263
学校体育工作 …… 263
为民办实事工程 …… 263
承办各层次体育赛事 …… 263
竞技体育 …… 263
2010 年 …… 263
柳籍运动员代表国家队参加国际比赛成绩优异 …… 263
组队参加全区赛成绩良好 …… 264
举办和参与全国赛事情况 …… 264
举办 2010 年中国柳州上汽通用五菱杯世界水上极速运动大赛和斯坦科维奇杯洲际篮球赛等多项国际顶级赛事 …… 264
2011 年 …… 264
柳籍运动员代表国家队参加国际比赛成绩优异 …… 264
组队参加区运会比赛获奖 …… 264
举办市级以上比赛和参与全国赛事情况 …… 265
举办“2011 世界水上极速运动大赛”暨“中国柳州国际水上狂欢节”和 2011 世界羽联超级系列赛总决赛等多项国际顶级赛事 …… 265
体育产业 …… 265
2010 年 …… 265
体育彩票销售 …… 265
2011 年 …… 265
体育彩票销售 …… 265
体育基础设施建设 …… 265
2010 年 …… 265
李宁体育馆、市游泳馆工程项目建设 …… 265
水上娱乐中心基地项目建设 …… 265
基层体育设施建设 …… 265
体育园区项目建设 …… 266
体育中心相关设施建设 …… 266
2011 年 …… 266
李宁体育馆、市游泳馆工程项目建设 …… 266
水上娱乐中心基地项目建设 …… 266
基层体育设施建设 …… 266
体育园区项目建设 …… 266
体育中心相关设施建设 …… 266

体育人才队伍建设 …… 266

2010 年 …… 266

项目布局 …… 266

网点训练管理工作 …… 266

培养乡镇体育社会指导员 …… 266

2011 年 …… 266

项目布局 …… 266

网点训练管理工作 …… 267

培养乡镇体育社会指导员 …… 267

县域体育 …… 267

2010 年 …… 267

城中区 …… 267

鱼峰区 …… 267

柳北区 …… 267

柳江县 …… 268

鹿寨县 …… 269

柳城县 …… 269

融安县 …… 269

融水县 …… 270

三江县 …… 271

2011 年 …… 271

城中区 …… 271

鱼峰区 …… 271

柳北区 …… 272

柳江县 …… 272

鹿寨县 …… 273

柳城县 …… 273

融安县 …… 273

融水县 …… 274

三江县 …… 274

桂林市 …… 276

全市体育工作综述 …… 276

2010 年 …… 276

2011 年 …… 276

群众体育 …… 276

2010 年 …… 276

桂林市中小学生比赛 …… 276

“中国体育彩票杯”气排球赛 …… 276

第 12 届“漓泉啤酒·桂林晚报杯”5 人制足球赛 …… 276

“全民健身日”暨“第二届广西体育节”桂林市启动仪式 …… 276

第十四届全国漓江漂流活动 …… 276

广西城乡万人气排球赛(桂林赛区) …… 277

第二届广西体育节“真龙杯”业余羽毛球俱乐部争霸赛(桂林赛区) …… 277
第二届重点中学篮球赛 …… 277
桂林篮球锦标赛 …… 277
桂林市首届围棋联赛 …… 277
“博尔顿——切尔西——维根 188 精英杯”足球赛 …… 277
“雁山——解放杯”长跑赛 …… 277
体育场馆对外开放 …… 277
2011 年 …… 277
迎新春气排球比赛 …… 277
“体坛导报一彰泰杯”首届桂林气排球大奖赛 …… 277
第十三届“金世邦实业·体坛导报杯”五人制足球赛 …… 278
大众篮球赛 …… 278
第十八届“七星—解放杯”长跑赛 …… 278
“汇荣杯”首届桂林国际马拉松(半程)邀请赛 …… 278
“全民健身日”暨第三届广西体育节启动仪式 …… 278
竞技体育 …… 278
2010 年 …… 278
桂林籍运动员参加国内外比赛取得佳绩 …… 278
2011 年 …… 278
桂林籍运动员参加国内外比赛取得佳绩 …… 278
承办全国武术赛事和承接武术边疆西部行活动 …… 279
体育产业 …… 279
2011 年 …… 279
体育彩票销售 …… 279
发挥体育场馆功能 …… 279
体育对外交流 …… 279
2010 年 …… 279
桂韩体育交流 …… 279
桂日体育交流 …… 279
少数民族传统体育 …… 279
2010 年 …… 279
第十二届少数民族传统体育运动会 …… 279
体育人才队伍建设 …… 279
2010 年 …… 279
第三次国民体质监测 …… 279
梧州市 …… 281
全市体育工作综述 …… 281
2010 年 …… 281
2011 年 …… 281
群众体育 …… 281
2010 年 …… 281
推动政府履行公共体育服务职能 …… 281

“体企联姻”，体育品牌赛事推陈出新 …… 282
千村万户体育活动 …… 282
春节系列活动 …… 282
庆“三·八”趣味体育活动 …… 282
梧州机关事业单位气排球比赛 …… 282
梧州市群众体育工作会议 …… 282
庆“五·一”系列活动 …… 282
梧州市第二十八届青年运动会 …… 282
参加第二届全国盲人足球锦标赛 …… 282
参加千人横渡母亲河活动 …… 283
梧州龙舟大赛 …… 283
广西青少年围棋赛 …… 283
中国联通“乒临城下”乒乓球挑战赛 …… 283
承办自治区传统体育项目学校足球比赛 …… 283
参加亚洲水上摩托中国柳州公开赛 …… 283
羽毛球混合团体邀请赛 …… 283
体育节系列活动 …… 283
两岸五地(桂台粤港澳)青少年足球联赛 …… 284
梧州市青少年围棋锦标赛 …… 284
广西业余羽毛球俱乐部争霸赛(梧州赛区) …… 284
全球通 VIP 第八届羽毛球大赛 …… 284
梧州市第二届中年球友足球赛 …… 284
国庆体育活动 …… 284
广西青少年围棋赛(梧州赛区) …… 284
“真龙杯”城乡万人气排球比赛 …… 284
梧州市草地趣味运动会 …… 284
梧州市区机关事业单位职工运动会 …… 285
全国第一届南狮擂台赛 …… 285
2011 年 …… 285
“庆元旦”系列体育活动 …… 285
“迎新春”系列体育活动 …… 285
第一届侨(外)资企业职工运动会 …… 285
自治区政府法制办系统运动会 …… 286
梧州市乒乓球排位赛 …… 286
梧州市第二十九届青年运动会 …… 286
职工羽毛球男女混合团体赛 …… 286
梧州市职工羽毛球男女混合团体赛 …… 286
梧州市首届网球赛 …… 286
“拖拉机”扑克牌邀请赛 …… 286
梧州市龙舟大赛 …… 286
房地产企业职工运动会 …… 286
校园足球活动 …… 286

红牛城市羽毛球公开赛 …… 286
太极拳和办公室健身操比赛 …… 287
“乒临城下”业余乒乓球挑战赛 …… 287
两岸五地(梧州)青少年足球邀请赛 …… 287
“漓江村杯”羽毛球混合团体邀请赛 …… 287
全民健身专场表演 …… 287
体育节系列活动 …… 287
广西三人制草根足球赛 …… 287
全球通 VIP 羽毛球大赛 …… 287
户外越野定向团体赛 …… 287
全国第二届南狮擂台赛 …… 287
全区统计系统运动会 …… 288
“中行杯”网球比赛 …… 288
竞技体育 …… 288
2010 年 …… 288
概况 …… 288
年度锦标赛 …… 288
全国 U－15 少年足球队春训 …… 288
全国 U－15 男子足球赛 …… 288
国家少年男足 U－14 年龄组 …… 289
全国 U－13 少年足球队春训 …… 289
广西第七届残疾人运动会暨第二届特殊奥林匹克运动会 …… 289
广西青少年武术套路锦标赛 …… 289
全市竞技体育工作会议 …… 289
全市中小学生田径运动会 …… 289
广西第十二届少数民族运动会 …… 289
梧州市纪检监察系统首届运动会 …… 289
广西工商系统第七届红盾运动会 …… 289
全国 U－19 青年足球队冬训 …… 289
国家青年男足 U－19 年龄组 …… 290
2011 年 …… 290
概况 …… 290
广西第十二届运动会 …… 290
成功申办 2015 年广西第十三届运动会 …… 290
全国 U－17 青少年足球队春训 …… 290
全国青少年男子足球联赛青年组省市联赛 …… 290
全国 U－15 青少年足球队春训 …… 290
全国青少年男子足球联赛少年组省市联赛 …… 291
桂林体育国标舞蹈邀请赛暨桂林体育舞蹈运动协会锦标赛 …… 291
全国 U－19 青年足球队冬训 …… 291
全国 U－19 足球锦标赛 …… 291
全国 U－17 青少年足球队冬训 …… 291

体育产业 …… 291
2010 年 …… 291
体育彩票 …… 291
体育市场 …… 291
2011 年 …… 291
固定资产 …… 291
体育彩票 …… 291
体育市场 …… 292
体育对外交流 …… 292
2010 年 …… 292
全面加强体育工作交流 …… 292
参加自治区体育工作会议 …… 292
河池市体育局来访 …… 292
自治区体育彩票工作会议在梧召开 …… 292
参加澳门工联总会成立 60 周年系列体育活动 …… 292
“梦想成真”青少年校园足球精英选拔赛 …… 292
受邀参加全国社会体育工作会议 …… 292
2011 年 …… 293
加大体育赛事活动交流 …… 293
全国青少年男子足球联赛工作会议 …… 293
全国社会体育工作会议 …… 293
广州市海珠区教育局学校体育工作考察团 …… 293
纪念中国共产党成立 90 周年党日活动 …… 293
全国龙狮运动工作会议 …… 293
少数民族传统体育 …… 293
2010 年 …… 293
抢花炮活动 …… 293
岑溪糯垌“三月三”抢花炮活动 …… 294
体育基础设施建设 …… 294
2010 年 …… 294
免费开放公共体育设施 …… 294
加大基层体育设施建设力度 …… 294
广西梧州体育训练基地 …… 294
梧州市体育场 …… 295
梧州市游泳场 …… 295
梧州市体育射击俱乐部 …… 295
2011 年 …… 295
免费开放公共体育设施 …… 295
扩大体育活动场地建设 …… 295
广西梧州体育训练基地 …… 295
梧州市体育场 …… 295
梧州市游泳场 …… 296

梧州市体育射击俱乐部 …… 296
体育人才队伍建设 …… 296
2010 年 …… 296
人才输送 …… 296
冠军培养计划 …… 296
社体指导员培训 …… 296
国家级足球裁判员培训班 …… 296
裁判员培训班 …… 296
全国第一届南狮擂台赛培训班 …… 296
2011 年 …… 296
冠军培养计划稳步推进 …… 296
梧州市优秀运动员教练员和有关有功人员奖励办法 …… 296
加大力度培养社会体育指导员 …… 296
太极拳辅导员培训班 …… 296
篮球公开课 …… 297
办公室健身操辅导员培训班 …… 297
羽毛球裁判员培训班 …… 297
“送培训下基层促发展”活动 …… 297
著名专家全民健身八桂行讲座 …… 297
二级社会体育指导员培训班 …… 297
县域体育 …… 297
2010 年 …… 297
万秀区 …… 297
蝶山区 …… 297
长洲区 …… 298
苍梧县 …… 298
岑溪市 …… 299
藤县 …… 299
蒙山县 …… 300
2011 年 …… 300
万秀区 …… 300
蝶山区 …… 301
长洲区 …… 301
苍梧县 …… 301
岑溪市 …… 302
藤县 …… 302
蒙山县 …… 303
北海市 …… 304
全市体育工作综述 …… 304
2010 年 …… 304
2011 年 …… 305
群众体育 …… 306

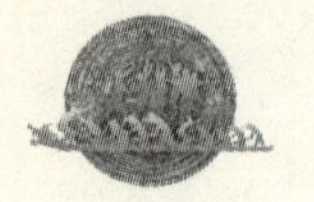

2010 年 …………………………………………………………………… 306
“迎春杯”老年门球赛 …………………………………………………… 306
北海市新春篮球比赛 …………………………………………………… 306
北海市“贺岁杯”足球赛 ………………………………………………… 306
“漓泉杯”广西城市业余足球联赛—北海赛区比赛 …………………… 306
第二届广西体育节北海启动仪式暨北海沙滩运动会开幕式 ………… 306
第二届广西体育节北海市老年人体育健身展示会 …………………… 306
第二届广西体育节海峡两岸水上摩托车摩托艇表演赛 ……………… 307
广西“机电杯”首届环北部湾汽车集结赛 ……………………………… 307
第二届广西体育节“真龙杯”业余羽毛球俱乐部争霸赛(北海赛区) ……… 307
“真龙杯”广西第二届城乡万人气排球赛北海赛区决赛 ……………… 307
北海市第十八届中学生运动会 ………………………………………… 307
北海市群众体育工作研讨会 …………………………………………… 307
2011 年 …………………………………………………………………… 307
“迎新杯”老年人门球赛暨北海市第三届老体协杯门球赛 …………… 307
北海市迎新春篮球比赛 ………………………………………………… 308
北海市“贺岁杯”足球赛 ………………………………………………… 308
“漓泉杯”广西城市业余足球联赛—北海赛区比赛 …………………… 308
第三届广西体育节开幕式北海会场暨北海沙滩运动会 ……………… 308
中国体育彩票杯 2011 广西三人制草根足球争霸赛北海分区赛 ……… 308
北海市直属机关第三届“先锋杯”气排球比赛 ………………………… 308
第三届广西体育节北海市第二届老年人运动会 ……………………… 308
第三届广西体育节“五粮醇”气排球大奖赛(北海赛区) ………………… 309
广西第五届“红牛杯”公路自行车邀请赛北海站比赛 ………………… 309
第三届广西体育节北海市千人围棋大赛 ……………………………… 309
北海市保险行业第二届运动会 ………………………………………… 309
广西首届“凤翔杯”乒乓球团体赛暨摄影大赛 ………………………… 309
北海市首届城市足球联赛 ……………………………………………… 309
北海市“红牛”杯篮球联赛 ……………………………………………… 309
参加第三届广西体育节“五粮醇”气排球北部湾总决赛 ……………… 309
参加广西第三届“红水河杯”绣排球赛 ………………………………… 309
北海市青少年校园足球比赛 …………………………………………… 310
北海市成为全国青少年校园足球活动布点城市 ……………………… 310
北海市举办青少年校园足球活动指导员培训班 ……………………… 310
竞技体育 ………………………………………………………………… 310
2010 年 …………………………………………………………………… 310
劳义在广州第十六届亚运会上获得 2 项冠军 ………………………… 310
北海籍运动员参加国际国内比赛 ……………………………………… 310
参加广西青少年年度锦标赛 …………………………………………… 310
中国大学生女子足球锦标赛 …………………………………………… 310
长寿杯 7+2 全国足球赛 ………………………………………………… 311
“羽林争霸”红牛城市羽毛球挑战赛(北海赛区) ……………………… 311

北海市竞技体育工作座谈会 …… 311
广西竞技体育工作会议 …… 311
2011 年 …… 311
参加全区青少年锦标赛暨区运会资格赛 …… 311
组队参加广西第十二届运动会 …… 311
全国大学生男子足球锦标赛 …… 312
“羽林争霸”2011 红牛城市羽毛球公开赛(北海赛区) …… 312
备战广西第十二届运动会第二次动员大会 …… 312
重新组建的广西足球队在北海市成立 …… 312
出征广西第十二届运动会动员誓师大会 …… 312
体育产业 …… 312
2010 年 …… 312
冬训基地 …… 312
体育彩票销售 …… 313
2011 年 …… 313
冬训基地 …… 313
体育彩票销售 …… 313
体育对外交流 …… 313
2011 年 …… 313
北海市体育局与德国石荷州足协签署合作备忘录 …… 313
体育基础设施建设 …… 313
2010 年 …… 313
北部湾体育中心一期工程 …… 313
山东省体育局北海训练基地 …… 313
北岸游泳场改造工程 …… 313
农民体育健身工程 …… 313
北部湾体育中心建设专家咨询会 …… 313
2011 年 …… 314
北部湾体育中心一期工程 …… 314
山东省体育局北海训练基地工程 …… 314
北海体育馆工程 …… 314
北海市综合健身馆工程 …… 314
北岸游泳场改造工程 …… 314
农民体育健身工程 …… 314
体育惠民工程 …… 314
县域体育 …… 315
2010 年 …… 315
海城区 …… 315
银海区 …… 315
铁山港区 …… 315
合浦县 …… 315
2011 年 …… 316

海城区 …… 316
银海区 …… 316
铁山港区 …… 317
合浦县 …… 317

防城港市 …… 318

全市体育工作综述 …… 318
2010 年 …… 318
2011 年 …… 318
群众体育 …… 319
2010 年 …… 319
“三月三”歌圩节武术散打邀请赛 …… 319
广西老年人气排球比赛 …… 319
第二届防城港市国际龙舟节 …… 319
第二届广西体育节防城港市活动 …… 319
中越青年大联欢沙滩趣味体育活动 …… 319
中国联通杯.乒临城下”防城港市赛区乒乓球挑战赛 …… 319
漓泉·绿色联盟杯城市足球赛(广西总决赛) …… 319
“真龙杯”业余羽毛球俱乐部争霸赛防城港市选拔赛 …… 319
青岛啤酒.首届北部湾国际滨海沙滩节气排球比赛 …… 320
“真龙杯”广西第二届城乡万人气排球赛防城港市决赛 …… 320
2011 年 …… 320
首届宣传文化系统运动会 …… 320
防城港市国际海上龙舟节 …… 320
首届北部湾搏击王擂台争霸赛 …… 320
防城港市非物质文化遗产及民间体育大汇展 …… 320
第三届广西体育节防城港市活动 …… 320
防城港海滨“北部湾杯”汽车越野邀请赛 …… 320
竞技体育 …… 320
2010 年 …… 320
参加广西青少年锦标赛及全国比赛 …… 320
2011 年 …… 321
参加广西青少年锦标赛及全国比赛 …… 321
“三月三”歌圩节武术散打邀请赛 …… 321
全国青少年武术散打锦标赛 …… 321
东盟武术节 …… 321
体育产业 …… 321
2010 年 …… 321
体育彩票销售 …… 321
2011 年 …… 321
体育彩票销售 …… 321
体育对外交流 …… 321
2010 年 …… 321

第二届防城港市国际龙舟节 …… 321
中越青年大联欢沙滩趣味体育活动 …… 321
2010 中国东兴·越南芒街元宵节足球友谊赛 …… 321
2011 年 …… 321
2011 中国东兴·越南芒街元宵节足球友谊赛 …… 321
防城港市国际海上龙舟节 …… 321
首届北部湾搏击王擂台争霸赛 …… 322
少数民族传统体育 …… 322
2010 年 …… 322
京族哈节趣味体育赛 …… 322
2011 年 …… 322
钻板佗螺 …… 322
京族哈节民间传统体育运动项目 …… 322
体育基础设施建设 …… 322
2010 年 …… 322
全民健身工程项目 …… 322
市桃花湾体育馆项目 …… 322
防城港市体育中心 …… 322
体育人才队伍建设 …… 322
2010 年 …… 322
向区级优秀运动队输送苗子 …… 322
2011 年 …… 322
向区级优秀运动队输送苗子 …… 322
县域体育 …… 322
2010 年 …… 322
港口区 …… 322
防城区 …… 323
东兴市 …… 323
上思县 …… 323
2011 年 …… 323
港口区 …… 323
防城区 …… 323
东兴市 …… 324
上思县 …… 324
钦州市 …… 325
全市体育工作综述 …… 325
2010 年 …… 325
2011 年 …… 325
群众体育 …… 325
2010 年 …… 325
全民健身活动 …… 325
社团体育 …… 325

社会指导员 …… 325
2011 年 …… 326
开展与民同乐活动 …… 326
政策落实 …… 326
全民健身活动 …… 326
全民健身工程建设 …… 326
体育组织建设 …… 326
社会指导员 …… 326
竞技体育 …… 326
2010 年 …… 326
竞赛成绩 …… 326
训练网点建设 …… 326
2011 年 …… 326
概况 …… 326
参加广西第十二届运动会 …… 327
体育人才输送 …… 327
体育产业 …… 327
2010 年 …… 327
体育彩票 …… 327
本体产业开发 …… 327
2011 年 …… 327
广西第十二届运动会商业赞助 …… 327
体育彩票销售 …… 327
固定资产投资 …… 328
体育对外交流 …… 328
2010 年 …… 328
中越青年大联欢钦州活动签名仪式暨体育趣味竞赛 …… 328
少数民族传统体育 …… 328
2010 年 …… 328
广西第十二届少数民族运动会 …… 328
2011 年 …… 328
支持全县开展各类体育活动 …… 328
体育基础设施建设 …… 328
2010 年 …… 328
场馆建设 …… 328
2011 年 …… 328
场馆建设 …… 328
体育人才队伍建设 …… 328
2010 年 …… 328
裁判员培训 …… 328
2011 年 …… 329
开展裁判员培训工作 …… 329

县域体育 …… 329
2010 年 …… 329
钦南区 …… 329
钦北区 …… 329
灵山县 …… 329
浦北县 …… 330
2011 年 …… 330
钦南区 …… 330
钦北区 …… 330
灵山县 …… 330
浦北县 …… 331
贵港市 …… 332
全市体育工作综述 …… 332
2010 年 …… 332
2011 年 …… 332
群众体育 …… 332
2010 年 …… 332
组织举办迎春杯足球赛 …… 332
组织举办春节醒狮表演赛 …… 332
举办庆“三·八”气排球比赛 …… 332
举办庆“五·一”国际劳动节游园活动 …… 332
举办庆“六·一”国际儿童节舞蹈比赛 …… 332
举办全市气排球精英赛 …… 333
第二届广西体育节贵港分会场启动仪式 …… 333
举办全市羽毛球俱乐部邀请赛 …… 333
举办“港桥水泥杯”篮球大赛 …… 333
组队参加广西第二届城乡万人气排球总决赛 …… 333
举办第四届“中强·普罗旺斯杯”贵港市环城长跑赛 …… 333
2011 年 …… 333
组织举办迎春杯五人制足球赛 …… 333
组织举办迎春醒狮表演赛 …… 333
举办广西万村农民篮球大赛贵港赛区比赛 …… 333
举办广西首届“五粮醇杯”气排球大赛贵港分赛区比赛 …… 333
举办端午节龙舟赛 …… 333
举办第三届广西体育节贵港市系列体育活动 …… 334
举办贵港市第五届“港桥水泥杯”篮球精英赛 …… 334
举办贵港市第四届老年人体育运动会 …… 334
举办第五届“中强·普罗旺斯杯”贵港市环城长跑赛 …… 334
竞技体育 …… 334
2010 年 …… 334
参加年度全区青少年体育锦标赛 …… 334
参加国际体育赛事 …… 334

2011 年 …… 334

组团参加广西第十二届运动会 …… 334

出台《贵港市优秀运动员教练员及有功人员奖励暂行办法》 …… 334

体育产业 …… 334

2010 年 …… 334

体育彩票销售 …… 334

2011 年 …… 334

体育彩票销售 …… 334

少数民族传统体育 …… 335

2010 年 …… 335

参加广西第十二届少数民族传统体育运动会 …… 335

首批广西民族体育特色之乡 …… 335

2011 年 …… 335

参加体育民间组织和体育政策法规培训班 …… 335

体育基础设施建设 …… 335

2010 年 …… 335

市体育中心项目建设 …… 335

农民体育健身工程建设 …… 335

2011 年 …… 335

市体育中心项目建设 …… 335

农民体育健身工程建设 …… 335

体育人才队伍建设 …… 335

2010 年 …… 335

青少年体育后备人才队伍建设 …… 335

社会体育指导员队伍建设 …… 335

2011 年 …… 335

体育后备人才队伍建设 …… 335

体育系统干部队伍建设 …… 335

县域体育 …… 335

2010 年 …… 335

港北区 …… 335

港南区 …… 336

覃塘区 …… 336

桂平市 …… 336

平南县 …… 337

2011 年 …… 337

港北区 …… 337

港南区 …… 338

覃塘区 …… 338

桂平市 …… 338

平南县 …… 339

玉林市 …… 340
全市体育工作综述 …… 340
2010 年 …… 340
2011 年 …… 340
群众体育 …… 340
2010 年 …… 340
概况 …… 340
元旦“体彩杯”玉林市健身跑比赛 …… 340
“移动杯”第三届妇女运动会 …… 340
在玉林市召开全区群众体育工作会议 …… 341
全国国民体质监测工作(玉林)培训班 …… 341
第二届广西体育节·玉林市全民健身系列活动启动仪式 …… 341
玉林首届健身健美公开赛 …… 341
第二届广西体育节“真龙杯”业余羽毛球俱乐部争霸赛玉林赛区选拔赛 …… 341
“真龙杯”广西第二届城乡万人气排球大赛玉林赛区比赛 …… 341
玉林市健美协会成立 …… 342
2011 年 …… 342
概况 …… 342
广西首届“五粮醇”气排球大奖赛玉林赛区比赛 …… 342
参加全国贯彻实施《全民健身计划(2011—2015 年)》电视电话会议 …… 342
广西农民象棋比赛 …… 342
迎“五·一”万昌东方巴黎杯玉林市气排球大奖赛 …… 342
三人制篮球赛 …… 342
第十七届全国农民象棋 …… 343
广电网络嘉年华扑克牌邀请赛 …… 343
玉林市老年人柔力球比赛 …… 343
“祥通燃气”杯玉林市首届肚皮舞大赛暨第二届金皇冠国际肚皮舞大赛广西选拔赛 …… 343
桂东足球俱乐部“萌芽杯”首届校园足球联赛 …… 343
“羽林争霸”2011 红牛城市羽毛球广西公开赛玉林赛区比赛 …… 343
玉林市首届野战运动联赛 …… 343
玉林市围棋棋王赛暨广西围棋排名赛玉林选拔赛 …… 343
玉林市象棋选拔赛 …… 344
玉林市少儿象棋大赛 …… 344
2011“红牛杯”第二届夏季五人足球 …… 344
第三届广西体育节·玉林市全民健身系列活动启动仪式 …… 344
“健康杯”广西第二十九届青少年乒乓球等级赛 …… 344
广西地方税务系统第二届职工运动会 …… 344
全民健身?办公室保健操走进机关企事业大型公益活动 …… 344
第三届广西体育节“著名专家全民健身八桂行讲座” …… 344
广西第二届“五粮醇”气排球大奖赛玉林赛区比赛 …… 344
玉林市象棋协会换届 …… 345

竞技体育 …… 345
2010 年 …… 345
概况 …… 345
玉林市青少年田径锦标赛暨第七届“体彩杯”中小学生田径比赛 …… 345
玉林市少年儿童游泳锦标赛暨第七届“体彩杯”小学生游泳比赛 …… 345
玉林市青少年篮球锦标赛 …… 345
玉林市少年儿童羽毛球公开赛 …… 345
玉林市青少年乒乓球公开赛 …… 345
2011 年 …… 345
概况 …… 345
玉林市体育局慰问在邕玉林籍运动员座谈会 …… 346
召开玉林市体育工作会议暨备战广西第十二届运动会动员大会 …… 346
做好全国体育训练基地普查工作 …… 346
召开玉林市体育系统备战广西第十二届运动会工作会议 …… 346
体育产业 …… 347
2010 年 …… 347
产业概况 …… 347
2011 年 …… 347
产业概况 …… 347
少数民族传统体育 …… 348
2010 年 …… 348
承办广西第十二届少数民族传统体育运动会 …… 348
体育基础设施建设 …… 348
2010 年 …… 348
完成固定资产投资 …… 348
2011 年 …… 349
完成固定资产投资 …… 349
县域体育 …… 349
2010 年 …… 349
容县 …… 349
兴业县 …… 350
玉州区 …… 350
2011 年 …… 351
兴业县 …… 351
玉州区 …… 351
百色市 …… 352
全市体育工作综述 …… 352
2010 年 …… 352
2011 年 …… 352
群众体育 …… 352
2010 年 …… 352
百色市第二届体育节 …… 352

滇黔桂三省区围棋联赛 …… 353
百色至靖西至那坡高速公路“和谐征迁杯”篮球赛 …… 353
百色市“天翼杯”羽毛球团体赛 …… 353
百色市第二届体育节启动仪式暨百色市万人健身跑活动 …… 353
第二届广西体育节“真龙杯”业余羽毛球俱乐部争霸赛 …… 353
百色市第二届体育节红城杯万人气排球大赛 …… 353
百色市百矿杯“田径之乡”“游泳之乡”秋季运动会 …… 353
首届“联通杯”广场健身舞健身操大赛 …… 353
体育组织 …… 353
老年人体育 …… 353
残疾人体育 …… 353
2011 年 …… 353
百色市第三届体育节 …… 353
庆祝中国共产党建党 90 周年百色红城“新欧景花园杯”广场健身舞健身操大赛 …… 354
百色市“欧艺”杯羽毛球混合团体赛 …… 354
“乒临城下”第二届中国联通乒乓球挑战赛(百色赛区) …… 354
百色市千人畅游右江万人登高健步走活动 …… 354
百色市“展灏塑胶地板·天驰运动”青少年羽毛球锦标赛 …… 354
“五粮醇杯”气排球大奖赛 …… 354
竞技体育 …… 354
2010 年 …… 354
竞技体育基本概况 …… 354
承办广西青少年水球锦标赛 …… 354
承办年广西青少年蹼泳锦标赛 …… 354
承办广西青少年拳击锦标赛 …… 354
百色市少年儿童单项锦标赛 …… 355
组队参加全区青少年锦标赛 …… 355
2011 年 …… 355
竞技体育基本概况 …… 355
百色市少年儿童单项锦标赛 …… 355
组队参加广西青少年锦标赛暨广西第十二届运动会资格赛 …… 355
组队参加广西第十二届运动会 …… 355
体育产业 …… 355
2010 年 …… 355
“2010 年度十大优秀体育营销城市”称号 …… 355
体育彩票销售 …… 356
首届中国一东盟体育产业发展论坛 …… 356
2011 年 …… 356
体育彩票销售 …… 356
体育对外交流 …… 356
2010 年 …… 356
国际山地户外运动挑战赛 …… 356

中越友好协作体育比赛 …… 356
国际网联女子巡回赛平果站比赛 …… 356
国际青年男篮四大洲挑战赛 …… 357
第三届中国—东盟男子篮球邀请赛 …… 357
2011 年 …… 357
第二届“中国百色乐业国际山地户外运动挑战赛” …… 357
“鸿星尔克”杯国际女子网球巡回赛平果站比赛 …… 357
国际男子职业网球挑战赛(ATP)平果站比赛 …… 357
国际青年男篮四大洲挑战赛平果站比赛 …… 357
美国哈林花式篮球队中国巡回表演平果站活动 …… 357
第四届中国—东盟男子篮球邀请赛 …… 358
少数民族传统体育 …… 358
2010 年 …… 358
田阳敢壮山歌圩民族体育运动会 …… 358
右江区端午龙舟赛 …… 358
民族体育保护与传承 …… 358
组团参赛 …… 358
2011 年 …… 358
田阳布洛陀歌圩民族体育运动会 …… 358
百色右江端午龙舟文化节龙舟赛 …… 359
体育基础设施建设 …… 359
2010 年 …… 359
体育健身工程 …… 359
2011 年 …… 359
体育健身工程 …… 359
体育人才队伍建设 …… 359
2010 年 …… 359
体育人才培养 …… 359
2011 年 …… 359
体育人才培养 …… 359
县域体育 …… 359
2010 年 …… 359
右江区 …… 359
田阳县 …… 360
平果县 …… 360
田东县 …… 361
田林县 …… 361
靖西县 …… 362
那坡县 …… 362
德保县 …… 362
西林县 …… 363
隆林县 …… 363

凌云县 …… 364
乐业县 …… 364
2011 年 …… 365
右江区 …… 365
田阳县 …… 366
平果县 …… 366
田东县 …… 367
田林县 …… 367
靖西县 …… 367
那坡县 …… 368
德保县 …… 368
西林县 …… 369
隆林县 …… 369
凌云县 …… 369
乐业县 …… 370
贺州市 …… 371
全市体育工作综述 …… 371
2010 年 …… 371
2011 年 …… 371
群众体育 …… 371
2010 年 …… 371
组织举办的群众体育活动 …… 371
中老年人体育 …… 371
全民健身活动 …… 372
获得荣誉 …… 372
2011 年 …… 372
组织开展丰富多彩的群众体育赛事 …… 372
开展体育科普知识讲座和社会体育指导员培训 …… 372
依法履行公共体育服务职能 …… 372
获得荣誉 …… 373
竞技体育 …… 373
2010 年 …… 373
组队参加广西青少年锦标赛取得优异成绩 …… 373
组队代表广西参加全国性比赛取得好成绩 …… 373
备战广西第十二届运动会 …… 373
加强业余训练抓好体育后备力量人才培养 …… 373
筹办贺州市第三届运动会 …… 373
体育赛事承办 …… 373
贺州运动员获得全区大赛冠军 …… 373
贺州运动员获得全国大赛冠军 …… 374
2011 年 …… 374
参加广西第十二届运动会 …… 374

参加国家级及以上比赛获得成绩 …… 374
组队参加全区及以上级大赛获取冠军 …… 374
后备人才选拔培养 …… 374
体育后备人才输送工作 …… 374
二级运动员申报及审批工作 …… 375
体育产业 …… 375
2010 年 …… 375
体育市场管理 …… 375
体育彩票销售 …… 375
2011 年 …… 375
体育市场管理 …… 375
体育彩票销售 …… 375
少数民族传统体育 …… 375
2010 年 …… 375
举办少数民族传统体育运动会 …… 375
2011 年 …… 375
开展传统体育培训班 …… 375
体育基础设施建设 …… 375
2010 年 …… 375
体育设施建设 …… 375
2011 年 …… 375
完成村级篮球场建设 …… 375
县域体育 …… 376
2010 年 …… 376
八步区 …… 376
昭平县 …… 376
钟山县 …… 376
富川瑶族自治县 …… 376
平桂管理区 …… 376
2011 年 …… 376
八步区 …… 376
昭平县 …… 377
钟山县 …… 377
富川瑶族自治县 …… 377
平桂管理区 …… 378
河池市 …… 379
全市体育工作综述 …… 379
2010 年 …… 379
2011 年 …… 379
群众体育 …… 380
2010 年 …… 380
广泛开展全民健身运动 …… 380

组织开展全民健身活动 …… 381
温家宝总理到河池视察 …… 381
组织开展各种群众性体育比赛活动 …… 381
2011 年 …… 381
举办金城江城区“俊蒙杯”长跑活动 …… 381
组织开展金城江城区气排球乙级联赛 …… 381
组织开展河池市全民健身日活动 …… 381
竞技体育 …… 381
2010 年 …… 381
组队参加全区青少年年度锦标赛 …… 381
2011 年 …… 381
组队参加全区青少年年度锦标赛 …… 381
体育产业 …… 381
2010 年 …… 381
体育彩票发行销售 …… 381
2011 年 …… 381
体育彩票发行销售 …… 381
少数民族传统体育 …… 382
2010 年 …… 382
推广少数民族传统体育 …… 382
组队参加广西第十二届少数民族传统体育运动会 …… 382
2011 年 …… 382
举办“中国广西(河池)民族体育欢乐节” …… 382
举办白裤瑶陀螺邀请赛 …… 382
举办“毛南族分龙节”龙舟比赛 …… 382
体育基础设施建设 …… 382
2010 年 …… 382
河池市体育馆工程建设 …… 382
环江体育训练馆 …… 382
罗城、凤山体育场馆工程建设 …… 382
农民体育健身工程 …… 382
2011 年 …… 382
河池市体育馆工程建设 …… 382
凤山体育场馆工程建设 …… 382
农民体育健身工程 …… 382
体育人才队伍建设 …… 382
2010 年 …… 382
市体校和市体育场岗位设置工作进展顺利 …… 382
2011 年 …… 382
荣誉表彰 …… 382
完成市体育场专业技术人员招聘工作 …… 383
做好裁判员和社会体育指导员的登记注册及培训工作 …… 383

县域体育 …… 383
2010 年 …… 383
金城江区 …… 383
宜州市 …… 384
罗城仫佬族自治县 …… 384
环江毛南族自治县 …… 384
南丹县 …… 385
天峨县 …… 385
东兰县 …… 385
巴马瑶族自治县 …… 386
凤山县 …… 386
都安瑶族自治县 …… 386
大化瑶族自治县 …… 387
2011 年 …… 387
金城江区 …… 387
宜州市 …… 388
罗城仫佬族自治县 …… 388
环江毛南族自治县 …… 389
南丹县。 …… 389
天峨县 …… 390
东兰县 …… 390
巴马瑶族自治县 …… 391
凤山县 …… 391
都安瑶族自治县 …… 391
大化瑶族自治县 …… 391
来宾市 …… 393
全市体育工作综述 …… 393
2010 年 …… 393
2011 年 …… 393
群众体育 …… 393
2010 年 …… 393
成功承办自治区青少年女子篮球锦标赛 …… 393
举办各类群众体育活动 …… 393
2011 年 …… 394
在全区体育工作会上作典型发言 …… 394
积极开展创城活动 …… 394
积极开展对外交流活动 …… 394
积极承办行业运动会 …… 394
广泛开展全民健身活动 …… 394
积极组队参加第九届全国少数民族体育运动会 …… 394
积极做好宣传工作 …… 394
竞技体育 …… 394

2010 年 …… 394
来宾籍运动员参加国际国内比赛成绩优异 …… 394
组队参加全国、全区群众体育比赛获佳绩 …… 395
参加自治区年度锦标赛获得佳绩 …… 395
2011 年 …… 395
国内外大赛成绩优异 …… 395
全区第十二届运动会有新的突破 …… 395
体育基础设施建设 …… 395
2010 年 …… 395
首批乡镇级农民体育健身工程建成完工 …… 395
2011 年 …… 395
大力推进体育基础场地建设 …… 395
体育人才队伍建设 …… 396
2010 年 …… 396
开展青少年运动员注册工作 …… 396
组织教练员参加各级培训班学习 …… 396
建立健全全市教练员档案和各项考核制度 …… 396
进一步规范裁判员、运动员队伍的管理 …… 396
来宾市业余体校培养体育人才 …… 396
2011 年 …… 396
建立完善业余训练网点 …… 396
进一步规范裁判员、运动员队伍的管理 …… 396
崇左市 …… 397
全市体育工作综述 …… 397
2010 年 …… 397
2011 年 …… 398
群众体育 …… 400
2010 年 …… 400
举办崇左市首届妇女运动会 …… 400
崇左市乒乓球协会挂牌仪式 …… 400
举办崇左市第二届少数民族运动会 …… 400
举行崇左市干部职工乒乓球比赛 …… 400
第二届广西体育节崇左市全民健身活动 …… 400
参加广西第十二届少数民族传统体育运动会 …… 400
举办“明仕杯”中越钓鱼友谊赛 …… 401
广西第二届城乡万人气排球赛 …… 401
举办广西“拔群杯”篮球赛活动 …… 401
2011 年 …… 401
市直单位迎新春健步走活动暨广场趣味健身活动 …… 401
崇左市领导干部“真龙杯”乒乓球赛 …… 401
崇左市第一届中小学生民族传统体育运动会 …… 401
参加广西农民象棋比赛 …… 401

第二届"乒临城下"乒乓球比赛 …… 401

第三届广西体育节崇左全民健身活动 …… 401

广西领导干部乒乓球邀请赛 …… 401

广西首届"五粮醇"气排球大奖赛崇左赛区比赛 …… 401

举办了全市社会体育指导员培训班 …… 402

竞技体育 …… 402

2010 年 …… 402

参加全区青少年锦标赛 …… 402

抓好业余训练工作 …… 402

参加广西第七届残疾人运动会 …… 402

2011 年 …… 402

参加广西第十二届运动会 …… 402

抓好业余训练工作 …… 402

举办全市篮球裁判员培训班 …… 402

体育产业 …… 402

2010 年 …… 402

体育彩票销售 …… 402

2011 年 …… 402

体育彩票销售 …… 402

体育基础设施建设 …… 402

2010 年 …… 402

崇左市体育活动中心前期规划 …… 402

为民办实事"6 个村级公共服务中心(体育)工程" 403

农民体育健身工程项目 …… 403

城乡风貌改造二期工程篮球场 …… 403

农村社会公共服务中心(文化)篮球场项目 …… 403

体育系统固定资产投资 …… 403

2011 年 …… 403

乡镇、村级篮球场建设 …… 403

体育固定资产投资工作 …… 403

县域体育 …… 403

2010 年 …… 403

江州区 …… 403

龙州县 …… 403

宁明县 …… 403

天等县 …… 403

大新县 …… 403

扶绥县 …… 403

凭祥市 …… 403

2010 年 …… 404

江州区 …… 404

龙州县 …… 404

宁明县 …… 404
天等县 …… 404
大新县 …… 404
扶绥县 …… 404
凭祥市 …… 404

体育规章文件

2010 年 …… 407
广西壮族自治区人民政府关于表彰参加第十六届亚洲运动会有功人员的决定 …… 407
关于印发《广西壮族自治区优秀运动队运动员、教练员参加年度比赛奖励办法》的通知 …… 408
自治区体育局教育厅共青团广西区委关于向北京奥运会冠军陆永同志学习的决定 …… 411
自治区民委自治区体育局关于第十二届广西少数民族传统体育运动会工作总结的报告 …… 414
2011 年 …… 418
关于命名广西全民健身示范市、示范县(市、区)示范单位的决定 …… 418

体育专题报道

2010 年 …… 421
东盟与广西体育交流步入“蜜月期” …… 中国新闻社 421
广西举办百日体育节传承保护少数民族传统文化 …… 中国新闻社 422
马飚寄语广西体育工作者:卧薪尝胆　从难从严　重振广西体育雄风 …… 广西日报 423
坚持以特色工程建设为抓手促进全民健身运动深入开展 …… 中国体育报 424
广西体育工作会议强调:切实抓好竞技群体工作 …… 中国体育报 425
广西群众体育硕果满枝头 …… 中国体育报 426
广西举行学习陆永奥运夺冠精神报告会 …… 中国体育报 427
马飚在粤考察学习时要求:加快发展广西文化体育会展服务等现代产业 …… 广西日报 428
马飚勉励重点工程项目建设者把广西体育中心建设成标志性工程 …… 广西日报 429
首届中国一东盟体育产业发展论坛开幕李康出席开幕式并致辞 …… 广西日报 430
开启体育产业发展新局面
——访自治区体育局局长容小宁 …… 广西日报 431
运动场所:广西亟待完善的“短腿”
——对我区体育基础建设现状的调查 …… 广西日报 433
第二届广西体育节再掀全民健身高潮 7 大活动板块兼具民族性、大众化、
时尚化、国际化、市场化 …… 广西日报 435
第二届广西体育节圆满落幕　100 天近千万人参加健身活动 …… 广西日报 437
我区命名首批民族体育特色之乡、民族体育传承馆、民族体育传承人
保护传承民族体育有名有分 …… 广西日报 438

2011 年 …………………………………………………………………………………………… 439
第三届广西体育节在来宾市闭幕逾百万人参加 ……………………… 中国新闻社 439
第三届广西体育节凸显“全民运动” ……………………………………… 中国财经新闻 440
刘鹏在南宁考察调研马飚等陪同考察 …………………………………… 广西日报 441
承时代潮流塑体育强区展全民健身冀重振雄风
——专访广西壮族自治区体育局局长容小宁 ……………………… 广西日报 442
广西体育:“十一五”炫美之舞全民健身新活力竞技项目
新突破体育产业新跨越 ……………………………………………… 广西日报 446
广西争创全国首个国家民族地区全民健身示范区 ……………………… 广西日报 449
重振广西体育雄风
——广西体育产业城建设纪实 ……………………………………… 广西日报 450
我区体育设施建设迈上新台阶
——广西全民健身成就巡礼之一 …………………………………… 广西日报 452
体育搭建通向东盟桥梁
——广西全民健身成就巡礼之四 …………………………………… 广西日报 454
广西体育干部清华受训夯实重振体育雄风人才基础 …………………… 广西日报 456
广西围棋普及,青少年唱主角 …………………………………………… 广西日报 457
2011 全国体育舞蹈公开赛在柳州举行 ………………………………… 广西日报 459
让气排球飞得更高打得更远 …………………………………………… 广西日报 460
广西体育场馆开始向公众免费开放 …………………………………… 广西日报 461
第十二届区运会在钦州隆重开幕郭声琨宣布开幕马飚出席开幕式 ………… 南国早报 462

体育大事记

体育大事记 …………………………………………………………………………………… 465

重视关怀

2011年10月31日，广西体育局局长容小宁向自治区四大班子主要领导介绍广西体育产业城建设情况

2011年11月6日，自治区党委书记郭声琨（左）、自治区主席马飚出席全区第十二届运动会开幕式

2011年10月31日，广西体育产业城现场办公会

2011年11月6日，自治区第十二届运动会开幕式在钦州市体育中心体育场举行

2011年9月14日，全国运动员保障工作会议在南宁举行

国家体育总局局长刘鹏到会讲话

2011年9月14日，国家体育总局副局长杨树安（右）在吴数德副局长（左二）、吴海琴纪检组长陪同下到广西体育局江南训练基地指导工作

2011年9月14日，国家体育局局长刘鹏（右三）、自治区主席马飚（右一）等领导在广西体育产业城听自治区体育局局长容小宁（左二）介绍情况

2011年4月7日，国家体育总局副局长杨树安到广西体育彩票中心检查工作

2010年1月15日，马飚主席等领导到广西举重队调研并接见教练员、运动员

2010年1月15日，马飚主席（左二）、李康副主席（左三）听取自治区体育局局长容小宁汇报工作

2010年1月15日，自治区主席马飚等领导到广西体育局调研

2011年4月24日，马飚主席、沈北海常委、陈武副主席在台湾花莲县接见台湾运动员

2010 年 1 月 15 日，马飚主席、李康副主席到体育局调研，在容小宁局长、吴数德副局长陪同下与体操队教练员、运动员合影

2010年1月15日，自治区主席马飚、副主席李康到广西田径队看望教练员、运动员

2011年4月7日，全国体育系统办公室工作会议在南宁举行

自治区副主席李康到会祝贺

2010年3月24日，自治区人大副主任荣仕星（左二）到自治区体育局调研

2010年8月8日，自治区四大班子领导参加第二届广西体育节开幕式南宁主会场健身走活动

2011年9月11日，自治区副主席陈章良在贵阳市接见参加第九届全国少数民族运动会的广西运动员

领导讲话登载

2010 年

在 2010 年全区体育工作会议上的讲话

（2010 年 3 月 4 日）

广西壮族自治区副主席　李　康

同志们：

2010 年全区体育工作会议的主要任务是，传达贯彻 2010 年全国体育局长会议精神，贯彻落实自治区党委、政府对重振广西体育雄风的部署，总结回顾 2009 年全区体育工作，部署 2010 年工作任务。刚才，容小宁局长作了一个很好的报告，我完全同意。下面，我就进一步推动全区体育事业科学发展，做好今年体育工作讲几点意见。

一、充分肯定过去一年我区体育工作取得的显著成绩

2009 年是新世纪以来经济社会发展最困难的一年。在自治区党委、政府的正确领导下，各级党委、政府高度重视，加强领导和协调，全区体育战线全体干部职工发奋图强，紧紧抓住国家实施体育强国战略的有利时机，围绕重振广西体育雄风目标，做了大量卓有成效的工作，取得了显著成绩。

群众体育取得显著成效。大力开展全民健身活动，成功举办首届体育节、万村农民篮球赛等在全国有影响的全民健身品牌赛事活动。为期 50 天的体育节，全区约有 835 人万参与，全民健身的参与意识空前高涨，体育健身的氛围日益浓罩。自治区体育局在群众体育工作方面的创新思路、有效举措和工作实绩得到国家体育总局认可，国家在我区来宾市召开了现场会；自治区体育局以坚持以特色工程建设为抓手，促进全民健身运动深入开展”为主题，在 2010 年全国体育局长会议上作了典型发言。

竞技体育获得优异成绩。在第十一届全国运动会上夺得 7.5 枚金牌、4 枚银牌、3.5 铜枚牌，金牌数超过上一届 1.5，枚获得体育道德风尚代表团称号，实现运动成绩和精神文明双丰收。在 2009 年的世界三大赛中，共获得 5 枚金牌、5 枚银牌、1 枚铜牌；在国内重大比赛中，共获得 36 枚金牌、25 枚银牌、42 枚铜牌。

体育产业稳步发展。体育与文化、旅游、休闲等产业结合有新发展。经过依法整改，体育彩票开始步入良性发展轨道，得到财政部和国家体育总局充分肯定。体育彩票销售有新增长，全年销售 2.83 亿元，比 2008 年增长 3700 万元，增长率达 15%，集筹公益金 7846 万元，其中自治区为 3923 万元。

体育对外交流不断扩大。体育对外开放、交流在广度和深度上进一步发展。成功举办中国—东盟国际汽车拉力赛、中国—东盟男子篮球赛、中国—东盟乒乓球邀请赛、中国—东盟高尔夫国际名人邀请赛、南宁国际龙舟邀请赛等赛事，增进了与东盟等国家和地区的友谊，为广西对外开放做出了贡献。

体育基础设施迈上新台阶。全面启动中国（广西）红水河流域民族体育工程和中越边境（广西）全民健身工程建设，投入 5682 万元，建设了 1769 个农民体育健身工程项目和 50 个国家级乡镇农民体育健身工程试点项目，带动全区各地筹资建设村级篮球场 700 个多。以篮球场建设为突破口，参与组织实施村级公共服务中心试点工作，掀起基层公共体育设施建设热潮。全区体育行业固定资产投资完成 12.2 亿，超额完成 11.5 亿的目标任务。

争取国家政策支持获得新突破。积极主

动争取国家层面上的政策、项目和资金的支持，得到国家体育局总局、国家发展改革委等有关部委领导的高度肯定。“加快边境地区全民健身和红水河流域民族体育设施建设，加强少数民族传统体育保护和传承，积极发展体育产业”等涉及体育方面的内容列入了《国务院关于进一步促进广西经济社会发展的若干意见。国家体育总局将广西列为 2009 年全国 4 个试点省份之一，拨款 1100 万元建设 50 个乡镇农民体育健身工程试点。

这些成绩的取得，是自治区党委、政府正确领导的结果，是各级党委、政府以及各有关部门大力支持的结果，更是全区体育系统的同志们团结一致、奋力拼搏的结果。借此机会，我代表自治区人民政府向不畏强手、奋勇拼搏的全区运动员、教练员表示崇高敬意！向多年来为广西体育事业发展作出积极贡献的广大体育工作者表示亲切问候！向给予体育工作大力支持的社会各界表示衷心感谢！

二、深刻分析体育事业发展面临的新形势新挑战，进一步增强做好工作的紧迫感、责任感和使命感

分析形势，把握机遇，迎接挑战，增强工作前瞻性、针对性和实效性，对于进一步做好体育工作十分重要。

（一）我区体育事业发展面临的新机遇

当前，我区已进入经济社会快速发展和全方位开放合作的新时期，在加快经济社会发展的战略大局中，国家作出了“建设体育强国”的新部署，自治区党委、政府提出了“重振广西体育雄风”的新要求。站在新的历史起点上，2010 年体育事业面临着难得的发展机遇。

后奥运时期国家实施从体育大国迈向体育强国的战略，为我区体育事业的发展提供了强大动力。胡锦涛总书记在北京奥运会、残奥会总结表彰大会上提出我国从体育大国迈向体育强国的奋斗目标。体育强国战略的实施，各项措施的落实，为我区体育事业的发展提供强大动力。

《全民健身条例》正式颁布施行，为体育事业发展提供了法制保障。《全民健身条例》已于 2009 年 10 月 1 日正式施行，这是一部对全民健身进行全面规范的专门性法规，从法律层面上明确了人民群众体育健身的权利和各级政府保障全民健身事业发展的责任，是各级政府坚持以人为本，开展体育工作的法律依据。《全民健身条例》的颁发实施，为推进体育事业健康持续发展奠定了坚实的法律基础。

调整经济结构和转变经济发展方式，为体育产业发展提供了广阔空间。体育产业是朝阳产业，对提高国家软实力有着不可替代的作用，能产生的巨大社会效益和经济效益，国家十分重视。随着经济结构调整和发展方式的转变的不断推进，给体育产业发展创造了巨大的空间。

中国—东盟自由贸易区的建成，为广西体育对外的合作和交流搭建了大舞台。自贸区的建成有利于全面提高体育工作开放合作水平，将进一步推动与东盟在体育领域更深层次、更高水平、更大规模的交流与合作。“重振广西体育雄风计划”全面部署，为体育事业发展提供了强有力的领导和组织保证。自治区党委、政府高度重视体育事业的发展，组织实施“重振广西体育雄风计划”，为开创体育工作新局面提供了强有力的领导和组织保证。马飚主席到自治区体育局进行专题调研，召开座谈会，提出“群众体育有新发展、竞技体育有新突破、体育产业有新跨越、民族体育有新进展、体育对外交流有新成效、体育基础设施有新改善、体育人才有新涌现、体育改革有新机制、体育政策有新完善”的“九个新”目标要求。为我区体育事业发展指明了方向。

（二）我区体育事业发展面临的新挑战

必须清醒地看到，体育事业发展既面临着多重机遇，也面临着新的挑战。

经济社会发展对体育工作的新要求。体育已经成为社会发展和文明进步的重要标志，是一个国家综合国力和竞争力的重要表现，是建设社会主义现代化强国不可或缺的重要力量。经济社会发展要求发挥体育在政治影响力、经济生产力、文化传播力、社会亲和力方面的独特作用，在增强人民体质，促进人的全面发展，丰富社会文化生活，维护社会稳定，增加经济新亮点和构建和谐社会等方面作出新的贡献。

人民群众对体育健身需求的新期待。随着经济社会的快速发展，人们生活水平有了显著提高，对生活质量的要求也越来越高。俗话说，“生活奔小康，身体要健康”，“请人吃饭不如请人流汗”，体育健身已经成为人们生活中不可或缺的重要组成部分，人民群体对体育的期待越来越高，对健身的需求越来越迫切。我区体育自身发展还存在不小差距。与其他省（区、市）相比，我区体育事业的整体发展水平不高，离“重振体育雄风”的目标还有较大差距。竞技体育的综合竞争力不强。体育场地设施紧张，布局不合理，城乡发展不平衡，满足不了人民群众的实际需求。体育产业总体上仍处于发展初期，缺乏系统、全面的体育产业政策，基本制度不健全，市场规模有待进一步扩大，市场管理的规范化程度有待进一步提高。民族传统体育文化的开发、保护、宣传尤其是对外宣传力度还不够。体育对外交流的规模还不大、层次还不高、范围还不广。体育科技创新能力和服务水平有待提高。

我区体育仍处于重要战略机遇期，挑战与机遇并存。重振广西体育雄风，是一项长期的工作，也是一个爬坡的过程，对此我们要有充分的思想准备。

三、突出重点，明确任务，扎实做好2010的年各项工作

2010是年完成“十一五”规划任务的最后一年，我们要以科学发展观为指导，以实现重振广西体育雄风“九个新”为目标，着重抓好以下几方面的工作：

（一）按照重振广西体育雄风的目标要求，谋划好广西体育的新发展

认真贯彻落实马飚主席体育座谈会精神，按照重振体育雄风的总体要求，全面谋划我区体育事业的发展重点、方向、战略任务和政策措施。重点是按照“九个新”的要求，结合“十二五”规划的研究，做好群众体育、竞技体育、体育产业、民族体育和体育对外合作交流等专项规划的研究制订工作。同时，认真筹各开好全区体育发展大会，研究出台相关体育政策，着力解决好涉及体育事业长远发展的重大问题。

（二）以全面贯彻落实《全民健身条例》为重大契机，促进群众体育工作迈上新台阶

群众体育是重振广西体育雄风最大的基础性工作。全民健身条例》的颁布实施，是群众体育发展的重大契机。各级政府要提高认识，转变观念，切实贯彻落实《全民健身条例》各项规定，认真履行政府体育公共服务职能，结合本地实际制定并实施《全民健身实施计划》。各级体育部门要紧紧抓住这一有利时机，进一步转变观念，不断提高认识，切实担负起政府体育主管部门发展全民健身事业的责任。今年，要深入实施全国乡镇农民体育健身工程、全区农民体育健身工程、中国（广西）红水河流域民族体育工程和中越边境（广西）全民健身工程，从改善基层公共体育设施条件、打造全民健身活动品牌和培养高素质基层体育人才队伍等方面，综合推进建立区域性的全民健身服务体系。进一步组织举办好第二届体育节、万村农民篮球赛、城乡万人气排球赛等全民健身品牌活动。积极组织参加第四届全国体育大会，促进非奥项目和全民健身活动开展和普及。进一步推动学校体育场馆对社会开放，提高学校体育场地的开放率。加强青少年体育工作和社会体育指导员队伍建设。充分发挥各级行业体协和单项体育协会的作用，组织开展内容丰富、形式多样的全民健身活动。做好第三次国民体质监测工作，推动全民健身科学化进程。

（三）进一步夯实竞技体育的发展基础，促进竞技体育全面协调可持续发展

认真研究新时期我区竞技体育发展的优势和不足，调整完善发展目标，坚持创新发展战略，实施金牌工程，巩固现有优势项目，挖掘潜优势项目。要优化结构，突出重点，提高效

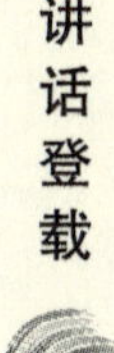

益，做好新周期运动项目布局和调整。积极实施《奥运争光计划》，积极备战2012年第三十届奥运会和2013年第十二届全国运动会，争创优异成绩。做好第十二届全区运动会的筹备工作。加强高水平优秀运动员和教练员队伍的培养，采取有效措施，培养人才、留住人才、用好人才。进一步加强运动员的政治思想教育，培养运动员为国争光的崇高精神、昂扬向上的精神风貌、奋力拼搏的坚强意志。完善措施，加大力度，加强赛风赛纪和反兴奋剂工作。

（四）加大体育固定资产投资，抓好以体育重大项目为重点，的体育基础设施建设

要进一步认真履行政府在发展体育事业中的责任，强化政府的公共服务职能，着力加强体育基础设施建设，切实解决人民群众日益增长的体育需求与社会所能提供的体育资源相对不足的矛盾。今年全区体育行业固定资产投资任务是13亿元。各级体育部门要再接再厉，在去年超额完成任务的基础上，采取“四个非常”的措施，多渠道筹集资金，进一步加大体育基础设施建设力度，全力以赴完成今年的投资任务。一是加强竞技体育专业训练重大项目建设。要按照马主席“九新”的重要讲话精神，着重规划、建设好自治区级竞技体育专业训练基地。基地的规模、功能规划设计要在满足我区竞技体育发展战略、优势项目和新周期项目布局训练需求的基础上，充分体现我区的气候优势和区位优势，与国家在南方建立冬训基地的需求相结合，与开展对东盟国家体育交流的需求相结合。二是加强城乡基层公共体育设施建设。强化政府公共服务职能，加快改善城市社区和农村体育公共服务，推进体育公共服务均等化。三是制定好广西体专和广西体校的迁建规划方案。因南宁市旧城改造，广西体专、体校需要搬迁。要认真研究学校定位、教学目标、办学规模等，科学统筹制定新建校址规划设计方案。

（五）适应经济发展方式的转变，加快推进体育产业发展

要按照中央经济工作会议精神，坚定克服困难的信心，认真研究体育产业应对国际金融危机的措施，认真研究当前经济形势下体育产业发展的特点和机遇，引导群众的体育消费，为转变经济发展方式、调整经济结构、扩大内需、改善民生作出贡献。要大力培育新型的体育市场主体，积极发展体育消费市场，鼓励、扶持社会各界投资兴办体育产业。进一步发展全民健身服务业和体育竞赛表演市场，研究制定体育产业政策，以政策为导向，推动体育用品制造和销售市场的发展。认真贯彻落实《体育彩票管理条例》，从维护体育发展“生命线”的高度，切实把体育彩票工作当作一把手工程和体育产业的一号工程抓好抓实。在体育彩票整改取得重大成果的基础上，创新彩票销售网络运行机制，强化体育彩票人才队伍建设，完善市场营销手段，拓展销售渠道，不断提高体育彩票的销售量，切实发挥体育彩票公益金对体育事业发展的强大支撑作用。

（六）实施体育人才素质工程，加强体育人才队伍建设

坚持人才是第一资源的观念，充分发挥人才在促进体育事业发展中的作用。开展体育人才队伍建设年活动，实施体育人才素质工程。完善人才队伍建设的体制机制，制定和完善相关配套政策。通过多种方式，加强人才的培训，加强高水平优秀运动员、教练员和体育经营人才、体育管理人才队伍建设。抓好高水平竞技体育后备人才培养，全面提升竞技体育综合实力和运动技术水平，实现竞技体育可持续快速发展。加强高水平竞技体育后备人才培养基地、自治区体校和各市、县业余体校的建设。

（七）抓好民族体育挖掘传承工作，促进民族体育发展

按照“民族体育要有新违展”要求，继续抓好村级少数民族体育传承馆、少数民族体育示范学校的建设。认真开展少数民族体育传承人、民族体育之乡的评选工作，抓好我区少数民族传统体育文化挖掘整理工作。办好全区少数民族运动会、田阳歌圩运动会等一批民族

体育赛事。通过有效的载体和手段，促进民族体育工作传承保护和健康发展。

（八）加大体育对外交流，抓好与东盟国家的体育合作交流

充分发挥体育在展示国家形象和软实力、传播中华文化、增进世界人民友谊方面的作用，加大体育对外交流。树立服务广西北部湾经济区建设和中国—东盟自贸区的大局意识，抢抓先机，努力构建与广西作为中国—东盟开放合作前沿和连接东盟国家桥头堡地位相适应的体育合作交流平台。通过单项国际品牌赛事、区域性国际运动会、体育学术交流活动、体育人才交流等多群厅式，拓展与东盟国家交流合作的渠道。继续办好中国—东盟国际汽车拉力赛、中国—东盟篮球赛、南宁国际龙舟邀请赛等活动。建设中国—东盟体育人力资源培训中心和中国—东盟体育（学术）研究中心，举办好中国—东盟青年体育领导人培训与研讨班和中国—东盟体育发展论坛。通过举办中国与东盟国家之间跨区域、国际性的赛事，增进感情，拉近距离，进一步提高广西在国内外的知名度和美誉度，提升国门形象和国家影响力。

四、加强领导，明确责任，确保各项任务顺利完成

体育工作是一项民生工作，是一项系统工程，要切实加强红织领导，强化责任，加强配合，齐心协力，确保各项任务顺利完成。

加强领导，落实责任。各级政府要进一步强化体育公共服务职能，将体育工作列入重要议事日程，将体育事业列入本地国民经济和社会发展总体规划。要把体育工作摆在更加突出的位置，建立健全党政领导、体育主管、部门配合、社会参与、职责明确、齐抓共管的工作机制。各级政府要按照今年体育工作任务计划，层层细化目标责任，分解落实工作任务。要加强体育工作考核。强化督办，确保各项工作落到实处。

加大投入，突出保障。各级政府要主动为体育事业发展创造有利条件，加大体育事业经费财政预算，加大体育基础设施建设经费投入，建立体育事业投入稳定增长机制，使体育事业投入随当地经济社会发展水平的不断提高而相应增长。

改进作风，提高效能。各级体育部门要强化服务意识，弘扬

真抓实干精神，进一步发扬体育战线敢于创新、勇于开拓、能吃苦、善作战的优良作风，以坚韧不拔的意志克难攻坚，以艰苦奋斗的作风奋力拼搏，以无私奉献的境界多作贡献。各有关部门要根据备自职能，密切配合，提供支持和帮助，共同促进我区体育事业的发展。

同志们，今年是新世纪第二个十年的起点，正处在充满生机活力的发展黄金机遇期。我们要在自治区党委、自治区人民政府的正确领导下，抓住机遇，再接再厉，艰苦奋斗，扎实工作，努力完成2010的年各项工作任务，为建设富裕文明和谐新广西做出更大的贡献！

在全区民族体育先进表彰大会上的讲话

（2010 年 11 月 19 日）

广西壮族自治区副主席　高　雄

同志们：

今天，自治区民委、体育局在这里召开全区民族传统体育先进表彰大会，表彰近年来为推动我区民族体育事业发展做出重要贡献的先进集体和先进个人。在此，我谨代表自治区人民政府向受到表彰的先进集体和先进个人表示热烈的祝贺！并通过你们，向为发展我区民族体育事业做出贡献的社会各界和广大民族传统体育工作者表示诚挚的慰问和衷心的感谢！

民族体育在培养各族人民优良的品质、健康的体魄、规范的社会行为和加强民族团结的社会实践中发挥着积极的作用。各民族在参与运动会活动中，不仅增强了体质，还增进了民族之间的交流，消除了因地理、生活方式、文化传统带来的隔障，交流了感情，对于改善民族关系、增进友谊、加强团结，对促进民族地区经济社会发展起到了重要作用。自治区党委、自治区人民政府历来高度重视民族体育工作，大力发展民族体育事业，全区群众性民族传统体育日益活跃，在全国形成了自己的特色，多次在全国少数民族传统体育运动会上取得好成绩，促进了我区民族团结、经济发展、社会和谐稳定。这些成绩的取得，得益于党中央、国务院和自治区党委、政府的重视，得益于各级、各部门的积极支持和参与，得益于各民族群众的广泛参与和共同团结奋斗，得益于包括在座各位的广大民族体育事业工作者的艰苦努力。希望各位继续发扬光大，保持荣誉，再接再厉，发挥骨干带头作用，从贯彻落实党和国家的民族政策，践行“三个代表”重要思想和科学发展观，构建和谐社会，实现各民族共同团结进步、共同繁荣发展的政治高度，全力抓好民族体育工作。

一、因地制宜，开展群众性的民族体育活动

要继续办好全区少数民族传统体育运动会，定期检阅和指导群众性的民族传统体育活动，带动全区民族传统体育事业发展。少数民族传统体育运动会作为推动民族体育事业发展的杠杆，最大限度地调动了广大少数民族群众参与民族体育活动的积极性。我们要总结历届运动会的经验，逐步完善少数民族传统体育运动竞赛制度，加强对运动会的组织和管理，突出运动会的民族性、体育性、观赏性和科学性，使民族体育运动会越办越好。要坚持办会宗旨。民族体育运动会的特点是民族性、群众性、文化性和政治性，因此，举办民族体育运动会要紧紧围绕各民族“共同团结奋斗、共同繁荣发展”的新时期民族工作主题，坚持“发展民族体育、增强民族体质、促进民族团结”的基本理念，突出时代主题、民族地域特色及文化内涵，把民族体育运动会办成推进民族团结进步的盛会、展示少数民族风采的盛会、弘扬民族精神和时代精神的盛会。

要广泛开展以少数民族传统体育项目为主的体育健身活动。国务院颁布的《全民健身计划纲要》明确指出：“积极发展少数民族传统体育，在民族地区广泛开展以少数民族传统体育项目为主的体育健身活动”，这为民族体育事业的发展指明了方向。体育部门要把民族传统体育作为群众体育工作的一项重要内容列入工作日程，会同民族工作部门研究并推荐民族传统体育项目进入群众健身活动，支持民族传统体育健身项目进入城乡社区和各级各类学校，并在经费、场地、设施、器材、训练、比赛等方面给予必要的支持。要鼓励和支持民族传统体育参与旅游，进入健身中心，使民族传统体育在更大范围为各民族群众服务。

二、科学规划，发掘整理民族传统体育项目

我区地处祖国南疆，各民族不仅创造了悠久历史和灿烂的文化艺术，还创造了多姿多彩、博大精深荮少鼓民族传统体育。目前已挖掘整理的少数民族传统体育项目约有100多项，需要民族工作部门和体育部门加大发掘整理力度，提高项目的规范性和科学性，不断为全区民族体育事业发展注入新的活力。同时，也要重视民族传统体育项目的创新与发展。少数民族体育项目的内涵决定着少数民族传统体育运动会的生命线。少数民族传统体育的产生和发展，是一个历史过程。随着少数民族和民族地区生产力水平的发展，其时代价值也随之变化，人们的审美意识和需求也在悄然变化。一些少数民族传统体育项目在少数民族生产生活中有一定的娱乐性和强身健体作用，但是竞技性和观赏性不够，影响了项目的推广和发展。因此，需要进一步创新和发展，使之更贴近民族体育运动会的实际需要，更贴近少数民族群众。

三、建立基地，培养少数民族传统体育人才

少数民族传统体育在强身健体和技能培训方面创造了极其丰富的理论和经验。如何使少数民族传统体育项目向着科学化、现代化、社会化、产业化方向发展，是一个亟待解决的课题。而培养一支优秀的少数民族传统体育人才队伍，是解决这个问题的关键。实践证明，建立少数民族传统体育训练基地有利于人才的培养。上世纪20年代，为探索民族传统体育的可持续发展之路，有关市县开始有计划地建立民族体育项目基地，使培训运动员的工作正常化、规范化。目前，自治区已建立了11个民族传统体育训练基地，使民族传统体育人才培养工作进入正常轨道，一批经过基地培训的运动员陆续在各种赛事中大显身手，取得优异成绩。要以“民族体育之乡”命名为抓手，做好发展规划，有计划有步骤建立优势互补的民族传统体育训练基地。同时，还要积极推进少数民族传统体育项目进入各级各类学校，尤其是在大学开设一些民族体育训练、民族体育管理、民族体育旅游等方面的学科，走教学、科研、训练的路子，以达到培养一支优秀的少数民族传统体育人才队伍的目的。

四、加强领导，形成齐抓共管的工作格局

体育是一个国家强盛、民族振兴的象征，是先进文化的重要组成部分。各级各部门要充分认识民族体育的重要功能和独特作用，认真落实科学发展观，按照自治区党委、政府的统一要求，加强组织领导，形成党委、政府统一领导，有关部门各司其职、密切配合、通力协作的工作格局。要创新工作思路，统筹规划，加大投入，为发展民族体育事业多办实事、多办好事，努力推动我区民族体育事业健康发展。

同志们，做好民族体育工作，使命光荣，意义重大。让我们紧密团结在以胡锦涛同志为总书记的党中央周围，高举中国特色社会主义伟大旗帜，解放思想，开拓创新，乘势而上，为推进全区民族团结进步事业，实现“富民强桂”新跨越的宏伟目标而努力奋斗！

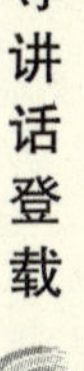

在第十二届全区少数民族传统体育运动会筹备会议上的讲话

（2010年5月26日）

广西壮族自治区副主席　高　雄

同志们：

经自治区人民政府同意，第十二届全区少数民族传统体育运动会将于今年11月在玉林市举行，并由玉林市人民政府承办。今天，我们在玉林市召开第十二届全区少数民族传统体育运动会筹备会议，标志着本届民族运动会的各项筹备工作进入了实质性阶段，会议的主要任务是共同商定本届民族运动会的总体方案，研究解决筹备工作的相关问题。

刚才，陈延国同志代表玉林市人民政府汇报了本届民族运动会的筹备情况，岑汉康同志就民族运动会的组队问题和裁判等工作作了具体部署。听了以后，很受鼓舞，感到各部门以及玉林市委、市政府非常重视民族体育工作，都在以高度的政治责任感、务实的工作作风和良好的精神状态，扎实推进民族运动会的各项筹备工作，取得了阶段性成果。

马飚主席高度重视此项工作，多次对办好此届运动会作出指示。为贯彻落实马主席的指示精神，加大筹备工作力度，努力把第十二届全区少数民族传统体育运动会办成一次"隆重、俭朴、精彩、难忘、安全"的盛会，下面我讲三点意见。

一、充分认识办好民族运动会的重大意义，以高度的政治责任感、使命感和紧迫感做好筹备工作

党中央、国务院历来高度重视民族工作，特别是去年以来，更是连续召开了几个重要的会议，对民族工作进行了研究和部署。四年一届的全区少数民族传统体育运动会，是我区规格最高、规模最大的综合性民族体育盛会，是民族团结、民族平等的一个大的交流展示，是体育的盛事、民族的节日。对于发展民族体育，增强民族体质，振奋民族精神，增进民族团结，推进富裕文明和谐新广西建设具有重要作用。民族工作无小事，我们一定要把思想和行动统一到党中央、国务院的部署上来，统一到自治区党委、政府的工作要求上来，从全局和战略的高度，充分认识办好民族运动会的重要意义。

（一）办好民族运动会，有利于宣传推介我区深厚民族文化资源，展示各族人民良好的精神风貌，树立广西新形象

我区地处祖国南疆，各民族在漫长的社会生活中形成和发展了独具民族性和地域性特色的少数民族文化。各民族不仅创造了悠久的历史和灿烂的文化艺术，还创造了多姿多彩、博大精深的少数民族传统体育。这些少数民族传统体育项目是各民族千百年来生产生活技能和节庆习俗的生动再现，蕴含着原汁原味的民族文化。据初步调查，我区少数民族传统体育约有100多个项目，有的正在挖掘整理当中，其内容丰富、形式多样、风格独特，且常与音乐、舞蹈融为一体，除具有很高的健身、娱乐价值外，还有很高的历史、文化、科学和观赏价值，彰显着特殊的魅力，形成一整套独具特色的文化体系，是民族文化的"活化石"。无论是民族特色鲜明的竞赛项目，还是丰富多彩的表演项目，都从不同的侧面生动反映了我区各民族的历史、文化、风俗及生产活动，体现了我区少数民族丰富灿烂的文化，展示了各族人民健康向上、意气风发、积极进取、自强不息、包

容和谐的良好精神风貌。同时,民族运动会还带动了举办地的基础设施建设,充分展示了我区地经济社会发展进步的辉煌成就,从而进一步提升知名度,树立广西新形象。

(二)办好民族运动会,有利于提高少数民族传统体育的地位和水平,推动全民健身运动蓬勃发展

少数民族传统体育源远流长,它与少数民族群众的生产劳动相结合,与风俗习惯相连接,与歌舞音乐融为一体,因而深受各族人民群众的喜爱。如何将少数民族传统体育运动摆在应有的位置上,赋予它应有的社会影响力,这是民族体育运动会的首要使命。有鉴于此,1982 年 4 月我区在南宁市举办了第一届全区少数民族传统体育运动会,标志着我区民族体育登上大雅之堂,并走向社会化的新跨越,推动了我区民族体育事业蓬勃发展。竞赛项目从无到有,1982 年第一届全区民族运动会仅有表演项目 39 个,没有竞赛项目,到 2006 年第十一届全区民族运动会,已有竞赛项目 10 个,表演项目 9 个。我区推出的"抢花炮"和"板鞋竞速"个项目已成为全国少数民族传统体育运动会的竞赛项目。基础设施和人才培养得到长足发展。从上世纪 20 年代末期起,为探索民族传统体育的可持续发展之路,有关市、县开始有计划建立民族体育项目基地,使培训运动员的工作正常化、规范化。目前,自治区已建立 11 个民族体育训练基地,大部分市县也相继建立了民族体育基地,使民族体育人才的培养工作进入了正常轨道,一批经过基地培训的运动员陆续在各种赛事中大显身手,取得了优异成绩。一些民族传统体育项目已成为全民健身项目,不但在本民族中流行,也被各民族采用,并进入城市社区的健身活动。比如"踢毽子"、"板鞋竞速"、"投绣球"等已成为一些城市社区和学校的健身项目。

(三)办好民族运动会,有利于宣传党的民族政策,巩固和发展我区平等、团结、互助、和谐的社会主义民族关系

发展少数民族体育事业,增强少数民族群众体质,是民族运动会的宗旨,也是巩固和发展我区平等、团结、互助、和谐的社会主义民族关系的需要。民族运动会是一项综合性较强的活动,无论是开幕式还是闭幕式;无论是竞赛项目还是表演项目,自始至终都体现着民族平等、民族团结、各民族共同发展进步的氛围。运动会期间,各民族运动员相互尊重,相互学习,取长补短,各民族的文化在交流中得到进一步发展,各民族之间的友谊在理解与合作中得到加强,各民族之间团结协作、共谋发展进步的意识也更加趋于一致,这为共同谱写新世纪民族大团结的壮丽诗篇奠定了坚实的基础。定期举办全区民族运动会,标志着党和政府对民族工作和少数民族体育事业的高度重视,表明民族关系在我们国家政治生活中的重要地位。民族运动会是目前宣传规格最高、力度最大的全区性少数民族体育活动之一,区内外媒体都将进行全方位、多角度的报道,既宣传民族体育运动会的盛况,也宣传党的民族政策、民族工作取得的成就,向世人展示我们党和国家在解决和处理民族问题上的巨大成功。

总之,办好全区民族运动会意义重大,影响深远。各地各部门一定要从促进我区民族团结进步事业、构建和谐社会的高度来认识,作为展现自我、提升形象的有利时机来把握,切实增强工作的责任感、紧迫感和使命感,回去后全力以赴做好各项筹备工作,努力把本届民族运动会办成推进民族团结进步的盛会,展示少数民族风采的盛会,弘扬民族精神的盛会。

二、明确任务,高起点、高水平、高效率地推进民族运动会各项筹备工作

要筹备好本届民族运动会,关键在于把握一个总体要求,抓好五项工作

(一)把握一个总体要求

就是高举中国特色社会主义伟大旗帜,深入贯彻落实科学发展观,全面贯彻落实党的十七大、中央民族工作会议以及西藏、新疆工作会议精神和自治区党委、政府的决策部署,紧紧围绕"各民族共同团结奋斗、共同繁荣发展"

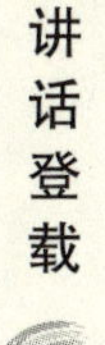

的新时期民族工作主题，以“发展民族体育、促进民族团结、弘扬民族精神”为目标，深入扎实做好筹备工作，确保第十二届全区少数民族传统体育运动会圆满成功，把各族人民力量凝聚到建设富裕文明和谐新广西上来。

（二）抓好五项工作

第一，精心筹划好各项大型活动。要精心筹划好民族运动会的开幕式、闭幕式以及民族大联欢活动。要及早着手开幕式的策划、编排，做到主题积极、场面恢宏、构思独特、形式新颖，雅俗共赏，既要强调办出特色，又要注意节俭，提倡艰苦奋斗，努力降低成本费用，力求思想性、艺术性、观赏性相统一，充分体现时代特征和少数民族体育特色，充分展示我区纯朴的风土人情、深厚的文化神韵和良好的精神风貌。

第二，按期保质完成场馆建设和调试运行。要结合实际，制定比赛场馆的硬件保障工作预案，特别要落实供电、供水、信息、消防等保障措施。对所有的比赛场馆和设施要进行赛前调试运行，发现问题及时整改和完善。今年 10 月 30 日前，必须对比赛场馆、设施和相关保障措施进行一次大检查，确保民族运动会各项比赛和活动顺利进行。

第三，切实抓好运动员的参赛备战工作。全国第九届少数民族传统体育运动会将于明年在贵州举行。本届全区民族运动会还承担着各战明年全国民族运动会的重任。因此，各级政府各部门要按照参赛各战工作的需要，研究各自组队方案，尽快落实经费、人员、场地、设施等基本条件，抓好竞赛、表演项目运动员的选拔、集训及民族体育表演项目的策划、编排，科学训练，严格管理，力争在本届全区民族运动会上再创佳绩，努力夺取运动成绩和精神文明双丰收，充分展示我区民族民间体育健儿的风采和民族体育文化建设的丰硕成果。

第四，努力营造良好的民族团结氛围。要突出主题，加大宣传报道的深度和力度，充分挖掘和展现民族运动会的丰富内涵，多形式、多侧面、多角度对民族运动会进行宣传报道。要以运动会为契机，大力宣传党的民族政策，宣传新形势下少数民族和民族地区所发生的新变化；宣传各民族的风俗习惯，民族知识以及各民族的风土人情。通过卓有成效的宣传工作，让全社会了解民族体育运动会，了解少数民族的生产生活状况，动员全社会共同关心民族运动会，共同帮助民族地区经济社会加快发展，为本届运动会成功举办营造良好的社会环境和舆论环境。

第五，千方百计抓好安全保障工作。一个安全的运动会才是一个成功的运动会。要制定周密细致的运动会安全保卫方案。要按照“严肃认真、周到细致、安全可行、万无一失”的要求，及早部署安全保卫工作，适时组织开展演练，确保安全有序，抓紧制定紧急情况和突发事件应对预案，大力开展消防检查和社会治安、交通秩序、公共娱乐场所的整治，建立安全保卫责任制，确保比赛特别是重大活动的绝对安全，确保运动会各类人员的安全。

三、整合力量，加强协调，确保筹备工作有序进行

本届民族运动会将于今年 11 月举行。筹备工作时间紧、任务重、要求高。必须上下齐努力，才能确保筹备工作有序进行，才能办出高水平运动会。

（一）强化责任意识，加强协调配合

组委会是本届民族运动会的组织领导机构，在自治区党委、政府领导下具体负责运动会的组织筹各工作，要细化工作任务，提出进度要求，明确责任部门，层层抓好落实。各部门要各司其职，各尽其责，密切配合，齐抓共管。玉林市作为承办单位，要加强领导，统筹协调，既要关注单项工作的完成，又要关注整体工作的推进和预期效果；自治区民委要加强督促指导，协调解决筹各工作的重大问题；自治区体育局要进一步完善竞赛规则，抓好裁判员、教练员培训等工作。组委会办公室要定期召开

“碰头会”和“协调会”，处理筹各工作事宜，统筹各项筹各工作，审核各工作组工作预

案。各工作组要以高度责任感和使命感，承办好民族运动会总体方案确定的各项工作事项。要加强各工作组间衔接、协调、配合。牢记分工不分家，相互搭台、配合补台、最终好戏连台。

（二）强化创新意识，办出特色水平

要在继续发扬我区历届民族运动会成功经验的基础上，借鉴全国民族运动会和兄弟省区民族运动会的好做法，广开思路，大胆创新，彰显特色，办出水平。在设计运动会各项内容和各个环节上，要围绕“平等、团结、进步、繁荣”主题，突出时代主旋律，

大力宣传我区是民族团结模范，维护祖国统一模范，维护社会稳定模范，是我国民族关系“三个离不开”的模范，充分展示新时期我区少数民族群众的时代风貌。要确立文化体育概念，突出文化内涵，把浓郁民族风情与鲜明时代特色结合起来，力争有新的突破，充分展示我区多姿多彩的民族风情和优秀的传统文化。

（三）强化细节意识，完善方案措施

细节决定成败。筹备工作是由方方面面的具体工作组成的。每一项工作都马虎不得，松懈不得，任何纰漏和失误都有可能造成不可弥补的损失和负面影响。各级、各部门要按照“场面一定要大气、宣传一定要深入、工作一定要仔细、演出一定要出彩”的标准，发扬“不怕细、细不怕、怕不细”的精神，尽快制定各项活动的实施方案。要关注每一件具体小事，把握好每一个具体细节，把大事做细，小事做实，确保达到预期效果。同时，要考虑各种难以预料的因素，及时制定备选方案和应急方案，努力把各项工作做好、做细、做实，防止出现纰漏。

同志们，此次会议的召开，标志着第十二届全区少数民族运动会的各项筹备工作已经全面进入倒计时。希望大家发扬只争朝夕、拼搏进取的精神，以饱满的热情、高度的责任感，高标准、高水平、高质量地做好各项筹备工作，确保第十二届全区少数民族传统体育运动会成功举办，推进我区民族体育和民族团结进步事业发展，为构建富裕文明和谐新广西做出积极贡献。

谢谢大家。

坚持以特色工程建设为抓手 促进全民健身运动深入开展

——在2010年全国体育局长会上发言

自治区体育局局长　容小宁

广西壮族自治区地处华南、西南结合部，是我国面向东盟的重要门户和前沿地带，是西南地区最便捷的出海大通道，在推进全民健身事业发展中有着独特的区位优势。全区现有人口5000万人，其中少数民族占总人口的38%，在推进全民健身事业发展中有着独特的资源优势。

面对新形势和新任务，新机遇和新挑战，广西以科学发展观为指导，围绕建设体育强国的战略目标，立足广西区情，发挥地域优势，体现民族特色，实施了中国(广西)红水河流域民族体育工程和中越边境(广西)全民健身工程(简称“两项工程”)。投资27亿元，力争用8年左右的时间全面改善广西红水河流域地区和边境地区市、县、乡、村公共体育设施，打造一批具有民族特色的全民健身品牌活动，培训一支高素质的基层体育人才队伍，建成惠及2000万各族人民群众的多元化全民健身服务体系。“两项工程”覆盖全区8个地级市、30个县(市、区)、360个乡镇、4551个行政村，范围内有壮、汉、瑶、苗、侗等12个世居民族。

一、发挥优势显特色，实现全民健身事业新发展

在国家体育总局的指导和支持下，在自治区党委、政府的重视和领导下，我们以重振广西体育雄风为目标，全面贯彻落实《全民健身条例》，坚持活动与建设并举，重在建设，搞活全民健身的工作思路。在组织好广西体育节、万村农民篮球赛、城乡万人气排球赛等全民健身品牌活动的同时，切实推进城乡公共体育设施、体育组织和人才队伍建设，取得了明显成效。

(一)特色工程带动基层公共体育设施建设热潮

2009年，按照国家支持社会事业发展和自治区为民办实事的有关工作部署，全面启动了中国(广西)红水河流域民族体育工程和中越边境(广西)全民健身工程建设，国家和自治区财政安排5682万元建设资金，在全区建设了1769个农民体育健身工程和50个国家级乡镇农民体育健身工程试点项目，并带动全区各地筹资建设村级篮球场700多个，牵头组织实施了村级公共服务中心试点工作，掀起了基层公共体育设施建设的热潮。据统计，2009年全区体育系统共投资12.2亿元，在“两项工程”地区和全区各地启动建设了广西体育中心、南宁市李宁体育园、柳州市游泳馆、北海市北部湾体育中心、钦州市体育中心等一批市级体育项目，以及东兴市体育中心、马山县体育馆、平果县中国一东盟网球比赛训练基地等一批县级体育项目。其中，红水河流域重点地区来宾市积极发动各级各部门、社会各界及人民群众参与建设，用一年时间完成了全市724个行政村村村有灯光篮球场和农民篮球队的工作目标。

(二)品牌赛事推动城乡全民健身运动深入开展

根据广西群众体育的特点，我们打造了广西体育节、万村农民篮球赛、城乡万人气排球赛、广西绣排球赛等。2009年第二届广西万村农民篮球赛参赛行政村和观众人数比上一届明显增多，全区有12085个(全区行政村14372个)行政村组队参赛，占全区行政村的84.09%。整个赛事历时10个月，进行了

30349场比赛，参赛运动员超过14万人，观众达2074万人次，新闻媒体先后编发的新闻稿件多达2162篇（次），被专家和新闻媒体誉为“中国农民NBA”。我们还不断创新万村农民篮球赛的内容和形式，通过举办农民篮球论坛，让农民群众不仅“玩转”篮球，也可以“说转”篮球。同时，积极开发具有民族特色的传统体育项目，通过开展形式多样的少数民族传统体育活动，激发全区各族人民参与体育运动的热情。

（三）长效建设推进全区体育事业科学健康发展

对建立体育公共服务体系的长效机制进行了有益的探索和实践。一是采取以用代管、活动带动的方式，积极组织开展文体活动，创新体育运动载体，挖掘农民喜闻乐见的少数民族传统体育项目，打造城乡“永不散场的体育盛会”，充分发挥体育场地设施的作用。二是加强基层体育组织和人才队伍建设，建设一批懂管理、能组织的群众体育组织。2009年，共为基层培训社会体育指导员1854人，组建了12085个农民篮球队。三是逐步完善考核奖励机制，将改善农村公共体育设施工作列入对各级体育部门、工作人员年度评先、评优、考核的工作指标。四是整合资源，构建村级综合服务平台。在组织实施全民健身工程的过程中，积极推进村级公共服务中心建设，解决了农村公共服务设施建设资金有限、管理分散、缺乏协调的问题。

二、科学发展重实效，探索全民健身工作新路子

以特色工程建设为抓手，坚持政府主导、整合资源、科学规划、创新机制、全民参与、共建共享，充分调动各方力量，整合各种资源，争取多方支持，形成强大合力，探索出一条加快城乡公共体育设施建设，推进全民健身工作深入开展的新路子。

（一）立足区情、注重特色、关注民生，不断创新发展思路

我们以科学发展观为指导，坚持以人为本、体育惠民的理念，着力解决基层公共体育设施落后和城乡公共服务非均等化的问题。中国（广西）红水河流域民族体育工程根据少数民族群众体育运动和生产生活的特点，设计建造不同民族风格的公共服务设施，并通过培养民族体育人才、举办民族传统体育赛事等，更好地传承民族体育文化遗产，弘扬民族体育精神。中越边境（广西）全民健身工程紧紧围绕提高边民健康水平、加强体育对外交流合作、增进双边互信和友谊，服务经济社会发展来组织实施。

（二）政府主导、整合资源、全民参与，不断创新建设机制

一是发挥政府在提供体育公共服务中的主导作用。自治区党委、政府高度重视，将“两项工程”建设内容列入2009年自治区人民《政府工作报告》，纳入自治区为民办实事的内容组织实施，列入自治区重点项目规划，安排专项经费予以支持。二是发挥有关部门和社会各界的参与作用。主动协调发改委、财政、科技、国土、建设、文化、卫生、计生、教育、农业、旅游、新闻出版等部门，整合社会力量，多方筹资、多元投入，形成齐抓共建基层公共服务设施的工作局面。三是发挥人民群众的主体作用。在各级体育部门的引导下，各建设点的群众自愿出让或置换土地，自愿投工投劳，掀起了工程建设的热潮。

（三）主动汇报、争取支持、四级联动，不断创新工作方式

我们主动向国家体育总局汇报情况，争取支持。各级体育局长挂帅亲自抓、分管领导具体抓，各级有关部门也都建立了有效的协调机制。在项目建设前，自治区、市、县、乡镇四级层层签订责任书，确保全区上下一盘棋。区体育局主要抓好五个方面：一是抓规划设计，提供技术标准。编制了《广西农村公共服务中心建设工程指导手册》，统一设计灯光篮球场、乒乓球活动场地、健身活动场地，统筹规划建设内容、建筑外观及使用功能。二是抓资金筹措，形成了“五个一点”的多元化、多渠道的投

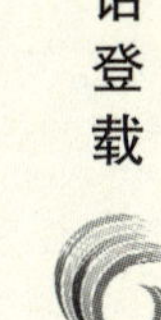

入体系，即向上争取一点、区级财政解决一点、联系单位帮助一点、企业和社会捐助一点、群众自筹一点。三是抓建设指导，坚持因地制宜。在统一规划与设计的基础上，指导各建设点因地制宜、分类实施进行建设，最大程度地优化资源配置，避免铺张浪费和重复建设。四是抓建设质量，严控三道关口：图纸关，在起点上保证质量；施工队关，在人员上保证质量；材料关，在硬件上保证质量。五是抓制度建设。把完善机制、强化管理放到与规划建设同等重要的位置来抓紧、抓好、抓实。在制度上建立了责任制、督查制、责任追究制等；在设施管理上明确产权归属，同时发挥乡镇政府以及村委的作用，发动群众自主管理。

（四）围绕大局、扩大开放、加强交流，不断创新合作平台

通过组织实施中越边境（广西）全民健身工程，进一步完善边境地区的公共体育设施。组织开展好中国一东盟国际汽车拉力赛、中国一东盟国际龙舟赛、中国一东盟篮球邀请赛、中国一东盟藤球邀请赛、环北部湾公路自行车赛等一系列体育赛事，打造广西扩大对外交流的新平台。以体育为载体，以活动为媒介，增进了解和信任，更好地服务中国—东盟自贸区和北部湾经济区的建设。

三、贯彻《全民健身条例》，开创体育事业发展新局面

一是继续加大对基层公共体育设施建设的投入力度。组织实施中国（广西）红水河流域民族体育工程、中越边境（广西）全民健身工程，并积极参与村级公共服务中心试点工作。自治区政府 2010 年筹资 1.2 亿元，在全区建设 500 个村级公共服务中心，其中筹措资金 1500 万元，建设 500 个灯光篮球场。自治区财政将从本级体育彩票公益金中安排 1000 万元，在“两项工程”地区和全区范围安排建设村级篮球场等项目。

二是继续推进全民健身活动深入开展。积极争取自治区文明办、教育厅、民委、总工会、共青团、妇联、残联等 19 个有关单位的配合和支持，组织开展各类各层次的全民健身活动，宣传和普及科学健身知识。并充分利用全民健身日、广西体育节以及传统节日和农闲时节等节点，组织开展与基层生产劳动和文化生活相适应的全民健身活动。

三是继续加强基层体育组织和人才队伍建设。积极建设广西师范大学国家社会体育指导员培训基地，并抓好自治区社会体育指导员培训基地建设，继续为农村、社区等基层培训各级社会体育指导员，壮大基层体育组织和人才队伍。

四是继续加强少数民族体育的研究和开发。在全区建设一批少数民族体育传承馆，评出一批少数民族体育传承人，建立一批少数民族体育保护传承特色之乡（村），评选一批少数民族体育示范学校。举办第十二届全区少数民族传统体育运动会，继续办好一系列少数民族传统体育比赛。在广西创建少数民族传统体育保护开发示范区。

五是继续推进体育对外交流合作。继续举办中国—东盟的一系列体育赛事，建设中国—东盟网球基地、中国—东盟篮球基地、中国—东盟体育信息中心和中国—东盟体育产业园区等一批产业基地，举办中国—东盟青年体育领导人培训与研讨班、中国—东盟体育发展论坛和边境地区全民健身论坛。

广西体育工作虽然取得了阶段性的成效，探索和积累了一些经验。但与农民群众的需求、与民族体育和边境体育发展的要求、与先进省市的发展水平还有一定的差距。我们将学习借鉴兄弟省市全民健身工作的新思路、新举措、新经验，围绕和服务中国—东盟自贸区和北部湾经济区建设的大局，进一步拓宽发展思路，创新发展举措，遵循体育发展成果惠及于民的理念，坚持以贯彻落实《全民健身条例》为重点，以特色工程建设为抓手，加快构建广西体育公共服务体系，不断提高城乡体育均等化服务水平，促进广西全民健身运动深入开展。

把握新机遇　创造新优势
迈出重振广西体育雄风新步伐

——在2010年全区体育工作会议上的讲话

（2010年3月4日）

自治区体育局局长　容小宁

2010年全区体育工作会议今天召开了。首先，我代表自治区体育局，对与会代表的到来表示热烈的欢迎，对各部门和有关方面在过去一年里给予体育事业的支持帮助表示衷心的感谢，对全区体育工作者表示诚挚的问候！

刚刚过去的2009年，在自治区党委、自治区人民政府的领导下，我区成功应对国际金融危机，经济社会取得了历史性的发展，实现了保增长、保民生、保稳定的目标。2010年，是“十一五”的收官之年，是谋划“十二五”广西体育发展，实施重振广西体育雄风的重要一年。全区体育工作会议在这样的背景下召开，具有十分重要的意义。

今年会议的主题是：深入学习实践科学发展观，统一思想，深化认识，全面理解和深刻领会推动科学发展，重振广西体育雄风的丰富内涵和时代意义，坚持在传承中改革创新，努力迈出重振广西体育雄风新步伐。

下面，我讲几点意见。

一、围绕重振广西体育雄风，2009年体育工作迈出了坚实的一步

2009年，我区体育工作在自治区党委、自治区人民政府的正确领导下，在区直各兄弟单位和社会各界的大力关心和支持下，在全区体育系统广大干部职工的共同努力下，坚持以邓小平理论和“三个代表”重要思想为指导，以科学发展观为统领，认真贯彻落实全国体育局长会议和全区体育工作会议精神，全面实施重振广西体育雄风行动计划，求真务实，开拓进取，开创了我区体育发展新局面。

（一）贯彻实施《全民健身条例》，掀起全民健身热潮

1. 精心部署，学习宣传贯彻落实《全民健身条例》。我们认真学习传达贯彻国家体育总局有关文件精神，结合广西实际，向全区印发了贯彻落实《条例》的工作意见，要求各地结合实际，认真组织学习《条例》，严格执行文件规定。通过各种途径和方式，加大宣传《条例》实施的重大意义。加强在学校等人群集聚场所的宣传教育，通过召开座谈会开展主题活动等形式，让人们了解《条例》的施行。选派人员参加国家体育总局《条例》讲习培训班。

2. 成功举办首届广西体育节。根据国务院将每年的8月8日设为全民健身日的决定，自治区政府决定自2009年起，每年在全区范围内举办广西体育节，我局负责组织筹备和指导14个市的实施工作。首届广西体育节于2009年8月8日开幕，9月28日闭幕，历时50天。体育节分为行动广西、转动广西、情动广西、游动广西四大版块百余项活动。马主席以及自治区四大班子领导和近万名群众参加了南宁市中心会场的启动仪式。据统计，全区约有835万人参加体育节活动，全区各地围绕“人人参与，人人健康，人人快乐”的主题，组织、开展了丰富多彩、贴近生活、方便群众参与的体育健身、展示、交流、比赛、舞蹈、培训等多种活动，全区各族群众不分地域、不分老幼积极参与体育健身，实现了“全区联动，全民参与”，成为广西全民健身运动新的品牌。共有海内外70多家媒体参与报道，报道稿件共计

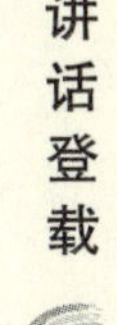

约 1613 篇(次)。通过举办首届广西体育节，充分展示了广西改革开放的新形象，展现了全区各族人民的良好精神风貌，展示了我区全民健身的新成就，为重振广西体育雄风，促进与东盟的体育合作交流，打下了坚实的基础，也为新中国六十华诞献上一份厚礼。

3. 成功举办第二届广西万村农民篮球赛。广西万村农民篮球作为农民体育品牌赛事，曾在全国体育局长会议、全国群众体育工作会议上被作为典型加以介绍。本届广西万村农民篮球赛历时 10 个月，全区有 12085 个行政村组队参赛，占全区行政村的 84.09%。整个赛事进行了 30349 场比赛，参赛运动员超过 14 万人，观众 2074 万人次，新闻媒体先后编发的新闻稿件达 2162 篇(次)。期间，还举办了首届广西农民篮球论坛。论坛以"农民篮球与和谐新农村建设"为主题，邀请了区内专家学者、基层干部群众代表畅谈农民篮球和农村体育事业发展，在本次论坛上还公布了广西万村农民篮球赛的会歌、会标、会旗。万村农民篮球赛增强了农民身体素质，丰富了农民精神文化生活，促进了农村精神文明建设，和谐了干群、邻里之间的关系。

4. 全民健身场地设施建设得到进一步加强。组织实施全国乡镇农民体育健身工程、农民体育健身工程、中国(广西)红水河流域民族体育工程、中越边境(广西)全民健身工程。积极落实为民办实事、桂西五县基础设施大会战、全区城乡风貌改造一期工程的村级篮球场建设。以村级篮球场建设为突破口，积极参与自治区村级公共服务中心建设，按照自治区领导部署，牵头编制了《广西农村公共服务中心建设工程指导手册》，为自治区开展村级公共服务中心建设提供了项目建设标准和依据。国家体育总局将广西列为 2009 年 4 个全国乡镇农民体育健身工程试点省份之一，于 4 月份在来宾市召开"全国乡镇农民体育健身工程试点工作现场会"，向全国介绍来宾市以村级篮球场建设为突破口推进村级公共服务中心建设的先进经验。去年，共筹措资金 5682 万元(国家资金 3321 万元，自治区资金 2360.8 万元)在全区建设乡镇农民体育健身工程和 1769 个村级篮球场，并带动各市 700 个村级篮球场建设，超额完成在全区 600 个村建设篮球场的为民办实事的目标任务。是我区历史上建设村级篮球场最多的一年。去年，来宾市建设村级篮球场 755 个，成为我区第一个实现了村村有篮球场的市。

5. 加强了学校体育工作。贯彻落实国家"关于加强青少年体育增强青少年体质的意见"的精神，大力开展"青少年阳光体育运动"，做好青少年体育俱乐部、青少年户外体育营地创建工作，配合教育部门办好体育传统项目学校，促进学校体育场馆向社会开放。与自治区教育厅共同组织全区中小学开展课间操比赛，共有 500 多万中小学生参加比赛，促进了校园体育的开展。

(二)继承和创新"灵、小、短、水"发展战略，竞技体育取得可喜成绩

1. 全力以赴做好备战和参加第十一届全国运动会各项工作。备战第十一届全国运动会期间，我们从实战出发，科学训练，严格管理，加强运动队的思想政治教育，与各运动项目发展中心及有关单位签订了赛风赛纪和反兴奋剂的责任书。在第十一届全国运动会上，广西代表团顽强拼搏，团结协作，奋勇争先，共夺得 7.5 枚金牌、4 枚银牌、3.5 枚铜牌，金牌数超过上一届 1.5 枚，广西代表团还获得了体育道德风尚代表团称号，实现了运动成绩和精神文明双丰收。

2. 积极参加国内外各项重大赛事并取得优异成绩。在今年的世界三大赛中，广西运动员共获得 5 枚金牌、5 枚银牌、1 枚铜牌，在国内重大比赛中，广西运动员共获得 36 枚金牌、25 枚银牌、42 枚铜牌。

3. 承办、举办了多项大型赛事。本年度承办了 2009 年全国田径锦标赛暨第十一届全国运动会(男子组)预赛、2009 年全国少儿游泳冠军赛、全国女子手球冠军赛、2009 年全国春季蹼泳锦标赛、全国室内射箭锦标赛、2009 年国

际网联女子巡回赛平果站、2009全国青少年蹦床锦标赛等国家级赛事，先后举办了举重、田径等32项全区年度青少年单项锦标赛。

4. 加强对全区高水平后备人才基地和业余体校的调研工作。由局领导亲自挂帅，成立课题组，对我区竞技体育后备人才培养状况进行了专题的调研，认真总结了我区业余体校建设的成功经验，全面掌握了目前我区业余训练机构设置、办学模式、人员编制、训练设施、经费来源、项目设置、教练员、在训学生、教体结合、训练管理等方面存在问题，明确了我区竞技体育后备人才培养的发展目标、主要任务和重要举措。争取区人大教科文卫委员会支持，联合开展《广西壮族自治区体育后备人才培养条例》立法调研。

5. 加强高水平体育人才队伍建设。为全面提高优秀运动队的素质，去年，先后举办了体能训练与运动损伤预防培训班、科学选材与大赛前的心理调控培训班，选派专业技术人员参加北京体育大学等单位举办的业务知识培训。通过各种形式的学习培训，开拓了视野，增强了创新意识，丰富了理论素养，提高了工作能力。成立广西体育行业特有工种职业技能鉴定站。这将对我区社会体育行业人才的培训和规范体育从业人员的资质、退役运动员的职业转型等方面发挥积极作用。

（三）开拓进取，推动体育产业的新发展

1. 体育彩票销售稳步增长。认真学习贯彻《彩票管理条例》，在巩固整改成果的同时，加快管理体制改革，完善运营机制，优化队伍结构，全面推行岗位绩效考核，开展业务技能培训，加强制度建设和经营管理，积极面向市场，加大营销宣传力度，全年累计销售体育彩票2.85亿元，比上年增长14.72%，新增销售终端机396台，净增223台，在售终端机1062台，完成了全区563个旧网点基础形象改造，新网点全部按新标准建设，筹集公益金7749万元，其中自治区公益金3857万元。调整了即开型体育彩票公益金分配政策，分配比例分别为自治区本级占30%，市县占70%，全区体育彩票销售工作开始步入良性循环发展轨道。

2. 加强指导协调，超额完成2009年全区体育行业固定资产投资的目标任务。去年，自治区人民政府给全区体育行业下达了固定资产投资11.5亿的目标任务，为完成这一目标任务，自治区体育局把2009年作为项目建设年，建立了自治区体育固定资产投资项目库，并与各市体育局签订了目标责任书，形成区、市、县、乡（镇）四级联动，一级抓一级，层层抓落实工作格局。去年，全区体育行业共完成固定资产投资12.2亿，完成全年目标任务的106.8%，其中，南宁市、防城港市、钦州市、百色市、贺州市、来宾市和崇左市超额完成投资任务。去年，我区体育固定资产投资创历史新高。积极开展国家南方滨海训练基地、广西体育运动训练基地和广西体专搬迁新建等项目的前期工作。

3. 努力促进体育与文化、旅游、休闲等产业的有效结合。大力发展漂流、攀岩、徒步、沙滩运动、汽车集结赛、等体育旅游休闲产业，组团参加了2009中国国际体育用品博览会（冬季）暨中国体育旅游博览会，主动与文化联姻，成功举办中外体育主题大型交响音画晚会，体坛名将李宁、郭晶晶、张玉宁、杨威、陆永等同台献歌。

4. 开展体育经营场所安全生产检查。我局联合自治区安监局，并邀请国家体育总局有关部门先后对南宁市和柳州市的游泳经营场所进行实地抽查。这次安全生产检查，为体育安全生产检查提供了组织模式参考和技术支持，为今后对高危体育项目安全生产检查工作打下良好基础。

（四）对外体育交流日趋活跃

充分利用我区对东盟全面合作开放的历史机遇和得天独厚的区位优势，通过举办和参加国际赛事、双边和多边民间体育交流和学术研讨、体育培训、体育表演、体育贸易等形式，开展了卓有成效的体育对外交流。特别是围绕中国—东盟自由贸易区建立、《广西北部湾经济区发展规划》的实施，树立了中国与东盟体育资源保护整合共用、体育产业合作开发共

荣、体育市场开放融汇共通、体育成果效益共享的理念，努力打造与之相适应和配套的体育交流平台，以充分发挥体育的桥梁纽带作用，推动广西与东盟的体育交流与合作，服务于经济社会发展大局。成功举办了第三届中国—东盟国际汽车拉力赛、第二届中国—东盟男子篮球邀请赛、中国—东盟乒乓球邀请赛、中国—东盟高尔夫邀请赛、柳州三大世界水上赛事、百色乐业国际山地户外挑战赛以及中越边境的一系列比赛和交流活动。组织编制《中国一东盟体育合作交流总体规划》和《中国一东盟体育合作交流行动计划》，积极开展在防城港江山半岛建设"中国一东盟体育合作交流园区"的前期工作，并争取到国家体育总局领导的支持。

2009 年，体育法制建设、体育科技、体育教育、体育宣传、体育行业加强党的建设和反腐倡廉及干部作风建设等方面的工作都取得了长足的发展。重振广西体育雄风初见成效，得益于自治区党委、自治区政府的亲切关怀、坚强领导；得益于区直有关部门和社会各界的大力支持；得益于历代体育工作者多年来打下的坚实基础。

二、进一步深刻领悟重振广西体育雄风行动计划的重大意义，不断探索重振广西体育雄风之路

实施重振广西体育雄风行动计划，是马主席在 2009 年《政府工作报告》中提出的我区新时期体育工作的战略目标。当前摆在全区体育工作者面前的一项十分紧迫和重要的任务，就是要在认真总结广西改革开放 30 年来体育发展成就和经验的基础上，结合一年多来全区体育系统实施重振体育雄风行动计划的实践，进一步深刻领悟建设重振广西体育雄风精神实质和重大意义，深入探索重振广西体育雄风，实现科学发展的新路子。

(一)进一步深刻理解重振广西体育雄风的时代背景和重大意义

在新的历史条件下，实施重振广西体育雄风具有重大的现实意义、深远的历史意义和丰富的时代内涵，我们一定要进一步学习，深刻领悟。

第一，实施重振广西体育雄风行动计划是建设富裕文明和谐新广西的重要内容。建设富裕文明和谐新广西既可实现经济跨越式发展，又要实现社会的全面进步。在这个充满机遇和挑战的时代，我区各行各业都在为把广西建设成国际区域合作新高地、中国沿海发展新一极做出各自的贡献。在现代社会中，体育已经成为社会发展和文明进步的重要标志，是一个国家和地区综合实力和竞争力的重要表现，是建设富裕文明和谐新广西不可或缺的重要力量。

第二，实施重振广西体育雄风是充分发挥体育的独特功能和综合价值的时代要求。当代社会中的体育集政治影响力、经济生产力、文化传播力、社会亲和力于一体，在增强人民体质，促进人的全面发展，丰富社会文化生活，维护社会稳定，增加经济新亮点和构建和谐社会等方面都有不可替代的作用，对人类社会的影响力越来越大，在促进社会进步过程中发挥着越来越重要的作用。我们要深刻领悟实施重振广西体育雄风重大的现实意义和深远的历史意义，自觉地适应形势对体育发展提出的新要求，立足本职，服务社会，更好地实现体育的社会价值和崇高的历史使命，充分发挥体育在建设社会主义现代化强国过程中的独特作用。

第三，实施重振广西体育雄风是我区体育事业发展本身的内在需求。在北京奥运会取得巨大成功以后，中国体育进入了一个新的发展阶段，广西体育已经逐渐拉大了与发达地区的差距，我们要奋发图强，迎头赶上。要站在更高的起点上发展体育事业，就必须清醒认识到当前影响我区体育自身发展的主要矛盾或矛盾的主要方面，采取得力措施，有效地解决这些突出问题和主要矛盾，推进各项体育工作全面进步。从我区体育发展总体水平来看，无论是群众体育，竞技体育，还是体育产业，与重振广西体育雄风的要求都有相当的差距。在新的历史条件下重振广西体育雄风，就是针对我区现阶段体育发展所处时代背景提出的明确要求，抓住自治区党委、自治区人民政府重

视发展体育事业的有利时机，把我区的体育发展水平推上一个新的高度，为广西体育创造更大发展空间。因此，重振广西体育雄风是我区体育发展方向的必然选择。

（二）积极探索、准确把握重振广西体育雄风基本内涵和基本特征

重振广西体育雄风既是新时期我区体育工作的奋斗目标，又是我区体育发展一个长期的艰巨过程，任重而道远，广大体育工作者一定要有强烈的使命感和责任感。重振广西体育雄风具有丰富的内涵、鲜明的特征，涉及体育事业和体育工作的方方面面，是一个全方位的要求，是一个综合体系，是一个全面发展的目标。重振广西体育雄风目标的实现，不仅与体育本身的发展水平直接相关，而且还与全区的政治、经济、文化和整个社会发展水平紧紧相关、密切交融、相互作用。

重振广西体育雄风的基本内涵就是马主席在广西体育工作座谈会上提出的："群众体育有新发展、竞技体育有新突破、体育产业有新跨越、民族体育保护有新进展、体育对外交流有新成效、体育基础设施有新改善、体育人才有新涌现、体育改革有新机制、体育政策有新完善。"

——在群众体育领域，全社会相当多的成员热爱体育，关注体育，积极参与体育。全面建成覆盖城乡、比较完善的全民健身服务体系，进一步加强政府的体育公共服务职能，实现体育公共服务均等化，不断提高政府保障公民基本体育需求的水平。群众的体育意识不断增强，体育普及程度达到较高水平，在全社会形成浓厚的体育氛围，体育成为相当多民众自觉的、重要的生活方式之一。广大青少年受到良好的体育教育，体质普遍增强。在群众体育的政府投入、组织化、科学化、社会化水平、经常参加体育活动的人口比例、人均占有体育场地面积、社会体育指导员的数量和质量等项指标达到或超过中等发达地区水平。

——在竞技体育领域，要继续在奥运会等重要国际赛事中取得优异运动成绩、为国争光、为壮乡添彩。以奥运会、全运会为代表的竞技体育具有很强的可比性，是重振广西体育雄风的鲜明指标和表现特征之一。优化结构、合理布局、提高效益，实现竞技体育内部各门类的均衡发展，影响大的基础大项具备较高水平。进一步拓展和夯实竞技体育的项目基础和可持续发展的人才梯队建设，形成运动员文化教育和保障工作的完备体系。运动项目要继续保持西部地区名列前茅地位。在一些竞技体育项目上逐步探索形成广西特色的职业体育发展模式，具有国内一流的竞技体育赛事的组织能力和水平。竞技体育总体水平和地区竞争力处于西部前列。

——在体育产业领域，全面打造以体育服务业为重点，门类齐全、结构合理、具有广西特色和国内竞争力的体育产业。充分发挥市场机制的作用，建立和完善大众健身市场、体育竞赛表演市场，使之成为构建全民健身服务体系的重要渠道、促进竞技体育发展的重要力量，积极推动体育用品的品牌建设，增强国内竞争力，做大做强体育用品业。体育旅游、体育文化创意等体育产业的各个方面全面发展，在国内形成较强的影响力。体育产业增加值在区内生产总值中所占的比重明显提高，为拉动内需、促进就业、推动国民经济增长做出更大的贡献。

——在体育文化领域，充满活力、独具魅力的八桂体育文化影响力不断增强。服务于构建社会主义核心价值体系，深入挖掘体育的文化特性，全面推进体育文化建设工程。弘扬以爱国主义为核心的中华体育精神，积极倡导奥林匹克精神，高度重视民族传统体育文化的挖掘、整理、保护、传承和利用，充分发挥体育在建设社会主义先进文化中的功能和作用。充分利用体育以人为本、积极进取、公平正义、规则至上、团结友爱、健康自然的自身特点，在构建社会主义和谐社会中发挥更加重要的作用。进一步加强体育文化的国际交流，体育文化在东盟国家的影响力达到较高水平，为广西文化走向世界做出体育特有的贡献。

——在国际交往领域，广西体育在东盟影

响力全面提升。与东盟各国的体育交流与合作呈现出全方位、多渠道、宽领域的发展态势。积极参与东盟体育事务，在多边体育合作中显示出重要作用。体育成为展示广西形象和软实力的窗口，成为传播广西文化的桥梁，成为增进东盟人民友谊的纽带。一个有利于我区体育事业发展的国际区域环境和外部条件基本形成。

——在体育法制、体育科技和体育教育等领域，均要名列西部前位。建立完善的广西特色的体育法制体系，体育事业发展全面纳入法治轨道；建立广西特色的体育科技创新体系、服务体系，体育科技工作的先导和保障作用得到充分发挥，有效地解决体育事业发展中的重大问题；体育教育水平明显提高，建设国内先进的体育院校。建立完备的体育人才教育和培训体系，为体育事业发展提供充足的人才和智力储备。

——在发展方式上，广西特色的体育发展道路更加成熟和完善。在广西这样一个5000万人口的民族自治区发展现代化的体育事业，我们既要善于学习和借鉴人类发展体育事业的一切有益成果，以更加开阔的胸怀拥抱世界，还要充分发挥市场机制配置体育资源的巨大作用。但我们又不能脱离区情照抄照搬其他地区的发展模式，要把发达地区经验与广西区情相结合、与社会主义市场机制相融合，积极研究探索新时期群众体育、竞技体育、体育产业、体育文化等各项体育工作的特点和规律，努力建立健全与社会主义市场经济体制相适应、适合社会主义初级阶段区情、更加开放、更具活力的体育体制和运行机制。不断探索、创建和完善具有特色、富有实效的发展体育的广西模式。

重振体育雄风还涉及体育工作其他诸多领域，需要进一步研究探索，形成更广泛的共识。

（三）客观评价我区体育发展现状，深入查找与重振广西体育雄风的差距

我们要理性地认识到我区体育发展现状与自治区党委、自治区人民政府和全区人民的期望、与建设重振广西体育雄风要求之间仍存在相当的差距。当前和今后相当长的一个时期内，人民群众日益增长的体育需求与社会所能提供的体育资源相对不足的矛盾，仍是我区体育发展过程中的主要矛盾。在群众体育领域，政府向人民群众提供体育公共服务的职能尚未充分发挥，离体育公共服务均等化的目标差距相当大，构建面向大众的全民健身服务体系任务艰巨。我区的人均体育场地、人均体育消费与发达地区相比仍处在较低水平。群众体育仍然是体育事业的基础性薄弱环节和“短板’’，这是重振广西体育雄风必须着力解决的突出问题；在竞技体育领域，我区的综合竞争力与发达地区相比还有明显的差距，与西部地区相比优势在缩小。运动项目和成绩结构还不均衡，体操、乒乓球等传统优势项目还在艰难爬坡。以区运会为龙头的区内竞赛体系还需要进一步改革完善，训练和管理水平需要进一步提高。运动员文化教育、退役运动员就业安置等长远性、根本性问题尚未得到系统、全面的解决；体育产业总体上仍处于发展初期，缺乏系统、全面的体育产业政策，基本制度不健全，市场规模有待进一步扩大，市场管理的规范化程度有待进一步提高；体育文化建设急需进一步加强，体育在构建社会主义核心价值体系和社会主义和谐社会中的独特价值和作用还没有得到充分发挥。民族传统体育文化的开发、保护、宣传力度还不够；体育对外开放、开展国际体育交流在广度和深度上都需要进一步开发。体育法律和制度建设相对滞后，不能有效地满足体育工作实践的多种法律需求。体育科技创新能力和服务水平有待提高，体育教育在服务体育事业发展上有待进一步加强；在体育发展方式上，在市场经济条件下，我区体育发展过程中的利益关系更加复杂，各主体的地位有待进一步明确，关系有待进一步理顺，市场机制配置体育资源的作用有待进一步发挥。对市场经济条件下的新情况、新问题、新矛盾，我们在相当程度上还研究不透彻、

认识不明确、措施不到位。地区之间、城乡之间体育发展不平衡的问题仍较突出。

体育工作的其他诸多领域，与重振广西体育雄风的要求相比，也存在不少差距。这些矛盾和问题，是当前我区体育发展过程中的薄弱环节，是我们重振广西体育雄风必须紧紧抓住、需要特别加强和不断完善的重要着力点和关键点。对这些矛盾和问题，我们要在正确认识、深入研究、科学分析的基础上合理部署、逐步解决，要付出不懈努力和顽强奋斗，在新的历史条件下，不断取得体育发展的新突破、新跨越，最终实现重振广西体育雄风的战略目标。

（四）重振广西体育雄风必须坚持继承与改革创新相结合

坚持继承就是要把我们在发展体育事业过程中的成功经验保持下去并发扬光大。新中国成立60年来，特别是改革开放30年来，我区体育事业取得了巨大成就，在理论和实践两个方面都积累了宝贵经验，这些经验是新时期体育工作的宝贵财富，也是推进我区重振广西体育雄风必须坚持继承的方面。

坚持党对体育工作的坚强领导。党的坚强领导永远是广西体育发展进步的根本保证，是重振广西体育雄风的根本保证。

坚持发展体育事业的政府职能，就是要进一步认真履行政府在发展体育事业中的基本责任，强化政府的政策规划和公共服务职能。

坚持把以人为本作为发展体育事业的核心理念，就是要以科学发展观为统领，坚持以增强人民体质、提高全民族身体素质和生活质量、促进人的全面发展为目标。

坚持体育工作为自治区党委和自治区人民政府的中心任务服务，就是要立足体育，奉献社会，服务社会主义现代化建设的大局。自觉把体育发展融入建设北部湾经济区、建设富裕文明和谐新广西的历史进程当中。

坚持统筹兼顾、协调发展，就是要坚持体育发展与经济社会发展的相互协调、相互促进。坚持群众体育、竞技体育、体育产业协调发展，实现群众体育、竞技体育、体育产业内部各门类各项目协调发展。坚持体育事业和体育产业协调发展。

坚持依法治体，科教兴体，人才强体，就是要在依法治桂基本方略的指导下，把体育工作纳入法制轨道。要牢固树立科学技术是第一生产力，依靠体育科技进步和教育发展，促进体育事业不断壮大。要坚持人才资源是第一资源的观念，充分发挥人才在促进体育事业发展中的关键作用。

坚持发挥举国体制作用优势，树立广西一盘棋思想，充分发挥举国体制的优势，更好地凝聚总体目标、社会需求、大众意志和体育资源，促进广西竞技体育实现新突破，推动体育事业的全面协调可持续发展。

坚持创新广西“灵、小、短、水”竞技体育优势发展战略，拓展新内涵，进一步强化和巩固优势项目，努力提高潜优势和弱势项目的水平，全面提升竞技体育运动技术水平。

改革创新，就是要清醒认识体育发展内外环境和条件变化带来的新挑战，坚持解放思想，不断改革创新。解放思想是改革创新的前提，改革开放30年来的成功实践证明，每一次思想大解放都会带来新一轮的大发展。因此，在重振广西体育雄风的历史进程中，必须始终坚持解放思想、不断改革创新，决不能墨守成规，简单地、一成不变地沿用过去的已不适应当前发展的模式。要进一步适应市场经济条件下体育改革发展的新要求，不断探索新时期群众体育、竞技体育、体育产业等各项体育工作的特点和规律，努力实现理论创新、制度创新、体制机制创新和科技创新。进一步转变发展观念，创新发展模式，提高发展质量。加快体育发展由粗放型向集约型转变，体育管理由经验型向科学型转变，促进体育又好又快地发展。只有坚持继承和改革创新有机结合，我们才能在现有成就的基础上，不断开拓体育工作新局面，不断推进我区体育事业的发展。

三、全力以赴做好2010年各项体育工作，迈出重振广西体育雄风新步伐

2010年是总结“十一五”、谋划“十二五”广

西体育事业发展的重要一年。随着中国—东盟自由贸易区的如期建成，广西在国际区域经济合作方面的重要地位更加凸显。广西体育工作要紧紧围绕广西经济社会发展大局，抓住前所未有的历史机遇，以科学发展观为指导，以实现重振广西体育雄风"九个新"为目标，更加注重贯彻实施《全民健身条例》，加快群众体育的发展；更加注重优化结构，合理布局，不断提高竞技体育的水平；更加注重发展体育产业，培育建设一批体育产业园区；更加注重体育基础设施建设，努力完成体育固定资产投资任务；更加注重强化人才意识，建设高素质体育人才队伍；更加注重体育对外合作与交流，把广西建设成为中国与东盟国家体育交流合作的桥头堡。开拓进取，励精图治，奋力拼搏，扎实工作，推动广西体育事业科学发展、跨越发展、和谐发展。

（一）以贯彻实施《全民健身条例》为中心，促进群众体育有新发展

1. 积极推动各级政府认真履行体育公共服务职能。根据《条例》中"县级以上人民政府应当将全民健身事业纳入当地国民经济和社会发展规划，有计划地建设公共体育设施，并将全民健身工作经费列入本级财政预算"等有关规定，我区各级体育部门要积极推动县级以上各级人民政府要把体育工作列入议事日程，列入地方经济社会发展规划和财政预算，列入"两个文明"建设工作考核指标，实现"三纳入"。同时，各市、县要制定当地的《全民健身实施计划》，在全区掀起全民健身新高潮。今年，体育总局将会同国务院法制办、财政部、发改委等有关部门，对省市县三级地方政府贯彻落实《全民健身条例》，提供体育公共服务的情况进行专项检查。我们要积极行动起来，推动《全民健身条例》的落实，积极配合专项检查。

2. 加大对全民健身场地设施的投入，提高公共体育服务水平。继续实施全国乡镇农民体育健身工程、全区农民体育健身工程、《中国（广西）红水河流域民族体育工程》、《中越边境（广西）全民健身工程》四大重点工程，积极落实为民办实事、全区城乡风貌工程的村级篮球场建设。多方筹措资金 5369 万元建设 70 个乡镇农民体育健身工程和 1830 个村级篮球场，新建全民健身路径 90 条。此外，今年计划完成国家级全民健身活动中心 1 个，投资资金 100 万元。雪炭工程项目 2 个，补助金额 300 万元。全民健身场地设施建设采取逐级申报签订责任书，以奖代补的办法进行管理。

3. 精心打造广西体育节、广西城乡万人气排球大赛等有较大影响力的群众性体育品牌赛事。今年的广西体育节在 8—10 月份举行，主题是：人人运动、健康广西。活动内容有：多彩民族、八桂田野、金色年华、协会总动员、彩虹之桥、E 网健身等六大版块。注重突出民族性、大众化、时尚化、国际化、市场化，无论是活动规模、还是活动时间都超过去年。真正把广西体育节办成"体育的盛会、人民的节日"。抓紧筹划城乡万人气排球大赛，增强赛事的竞争力、观赏性、参与性。

4. 加强青少年体育工作。以发展青少年体育俱乐部等组织建设为重点，进一步建立健全青少年体育组织网络，创建青少年俱乐部，加强各级体育传统项目学校建设，积极组织开展青少年体育活动，推进我区学校体育场馆逐步向公众开放工作的进程。

5. 做好第三次国民体质监测工作，推动全民健身科学化进程。在 2000 年和 2005 年我区两次成功开展国民体质监测工作的基础上，按国家体育总局等 10 部委的统一要求，今年继续在南宁市、桂林市和玉林市开展 2010 年广西第三次国民体质监测工作，计划完成 10800 个合格的监测数据样本采集工作，为全民健身计划的实施提供科学依据，为我区经济建设和社会发展服务。

6. 组团参加第四届全国体育大会，促进非奥项目和全民健身活动开展和普及。第四届全国体育大会将于 2010 年 5 月 16 日—26 日在安徽省合肥市举行，我区将组团参加蹼泳、救生、健美操、技巧、高尔夫球、航海模型、定向、围棋、象棋、桥牌、门球等 11 个项目的比

赛，代表团总人数为126人，其中运动员为86人，本着重在参与的原则，大力促进我区非奥项目和全民健身活动的推广和普及，力争在个别项目上有所突破，取得精神文明和运动成绩双丰收的好成绩。

7. 大力加强社会体育指导员队伍建设。国家体育总局已经批准广西师大体育学院为国家社会体育指导员培训基地，我们要利用广西师大体育学院、广西体专这些基地以及通过各种途径加大社会体育指导员队伍的培训力度，今年计划在全区培训国家级社会体育指导员30人，一级社会体育指导员900人，二级社会体育指导员1500人(各市和宁铁体协各100人)。

(二)以实施《奥运争光计划》为抓手，促进竞技体育有新突破

1. 积极备战2012年第三十届奥运会和2013年第十二届全国运动会。各运动项目中心要尽快完成新周期的教练员聘任工作，制定备战2012年第三十届奥运会和2013年第十二届全国运动会计划，签订备战2013年第十二届全国运动会的目标责任状。争取更多的广西运动员参加今年广州亚运会，实现金牌超上届。

2. 实施金牌工程，优化结构，调整项目布局。巩固举重、羽毛球、射箭、国际式摔跤、田径、游泳(跳水、水球)、体操(蹦床、艺术体操)等优势项目，加强射击、乒乓球、帆板、手球、跆拳道等潜优势项目，提升篮球、网球、柔道、拳击等弱势项目。

3. 做好第十二届全区运动会的筹备工作。充分发挥区运会的杠杆作用，努力实现竞技体育内部优化结构、各门类均衡发展，不断增强我区竞技体育的综合实力和国内竞争力，要进一步完善区运会竞赛制度、竞赛办法，根据重振广西体育雄风的要求，在区运会规模、项目设置、竞赛编排、记分办法、管理手段、监督措施等方面进行适当调整，同时从制度上堵塞可能出现赛风赛纪和兴奋剂问题的漏洞。要通过改革，更加充分地发挥区运会的多元功能和综合价值，使区运会不仅是实施重振广西体育雄风的重要支撑，也成为社会文化生活、社会文明进步的重要组成部分。

4. 充分利用国内优质资源加快我区竞技体育发展。争取与国家体育总局举摔柔中心、体操中心、游泳中心、乒羽中心和北京体育大学以及先进省(区)共建广西高水平后备人才基地和项目合作。

5. 引进、聘用和培养中青年高级教练、科研学术带头人，积极申报国家级科研重点实验室和国家级课题，提升训练水平和加强体育科研力量。加强反兴奋剂工作力度，坚决杜绝兴奋剂事件发生。

6. 加强运动员的文化教育工作，既要适应竞技体育为国争光的核心价值，又要必须满足社会对个人全面发展的要求。认真解决好社会对运动员的文化素质要求与运动员文化素质普遍偏低的矛盾，解决好业余训练中的学训矛盾。广泛开展爱国主义教育，树立爱国爱队意识，树立祖国培养意识，在全区开展向奥运会冠军、优秀运动员陆永学习的活动。

7. 开展“科学管理年”活动。更新管理理念，优化管理机制，完善管理制度，创新管理方式，突出管理效益。实现管理制度化、精细化、规范化、人性化的目标任务，变被动为主动，向管理要效益、要质量、要成绩、要金牌。抓紧制订活动方案，明确要求，落实责任，抓出成效。

8. 下大力气抓好广西高水平竞技体育后备人才培养，从今年起，连续5年，每年投入500万元，重点扶持国家级高水平竞技体育后备人才培养基地，评选和扶持20所自治区级金牌运动员高水平竞技体育后备人才培养基地，加强1所自治区体校、全区15所市级业余体校、全区50所县级业余体校的建设。

(三)以加快发展体育彩票为龙头，促进体育产业有新跨越

1. 做大做强体育彩票事业。认真贯彻落实《体育彩票管理条例》，从维护体育发展“生命线”的高度，切实把体育彩票工作当作一把手工程和体育产业的一号工程抓好抓实，加强对体育彩票管理，提升服务质量，确保体育彩

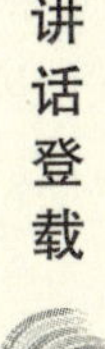

票的安全运营，加强体育彩票产业的渠道建设、队伍建设、制度建设、市场开发、宣传营销等工作，积极增机扩点，扩大网点覆盖，提高年销售体育彩票总额和市场占有份额。确保完成销量3.7亿元，力争完成4亿元，全区在售终端机达1600台。

2. 利用广西作为中国—东盟合作与交流的前沿和枢纽的区位优势，加快建设中国—东盟体育产业园区，办好柳州三大世界水上比赛、百色乐业国际山地户外挑战赛、罗城国际攀岩大赛等一批品牌赛事，创建柳州市、平果县国家级体育产业示范基地和一批自治区级体育产业示范基地。积极推进国际著名运动品牌公司NBA与广西万村农民篮球赛相结合，通过改革赛制，提升档次等方式，把广西万村农民篮球赛打造成面向市场，在国内有影响力的运动品牌。今年十月组织两届万村农民篮球赛事冠军队浦北县农民篮球队到美国NBA进行学习培训。

3. 认真学习贯彻落实国家体育总局、国家发改委、国家财政部《关于加快发展体育产业的指导意见》，不断增强市场意识、发展意识、服务意识。大力培育新型的体育市场主体，积极发展体育消费市场，鼓励、扶持社会各界投资兴办体育产业。尽快出台广西体育产业“十二五”规划，促进我区体育产业的健康发展。

4. 努力探索建立广西体育产业实体联盟平台。加强引导，整合体育产业资源，坚持自愿、互利互惠原则，建立游泳馆漂流场所联盟。制定联盟标准，形成优势互补，优化市场环境，逐步形成区域核心竞争力。

5. 加强体育经营场所安全生产工作。重点检查漂流、攀岩、游泳场馆等体育经营场所，进一步加强安全生产管理工作，提高安全生产管理水平。

（四）以民族体育挖掘传承为载体，促进民族体育保护有新进展

1. 建设30个村级少数民族体育传承馆、15所少数民族体育示范学校和评选一批少数民族体育传承人、10个民族体育之乡，抓紧制定《广西民族体育保护开发总体规划》，积极争取将我区列入国家级少数民族体育保护开发示范区。

2. 成立广西民族体育研究与发展中心，积极开展申报民族体育非物质文化遗产工作，挖掘整理我区少数民族传统体育文化。

3. 办好第十二届全区少数民族运动会，继续办好田阳歌圩运动会等一批民族体育赛事。

（五）以举办中国—东盟体育系列赛事为主线，促进体育对外交流有新成效

1. 开展内容丰富、形式多样的体育对外交流合作。通过举办中国—东盟国际汽车拉力赛、中国—东盟篮球邀请赛、南宁国际龙舟赛、南宁半程马拉松赛、环北部湾公路自行车赛以及中越边境的传统体育赛事等一系列赛事，培育国际赛事品牌；通过中韩体育交流活动和与其他国家和地区的互访、培训、考察等活动，增加国际间的体育互动。通过创办中国——东盟青年体育领导人培训与研讨班、中国——东盟体育发展论坛、中国边境地区全民健身论坛等活动增进国际体育学术交流；通过创建中国—东盟体育（学术）研究中心、中国—东盟体育信息中心、中国—东盟体育人力资源培训中心和体操、武术、网球、篮球等一系列专业的中国—东盟合作交流基地，为对外体育交流提供物质基础。

2. 加快构建局区合作平台和机制。主动汇报，争取国家体育总局的支持，与自治区人民政府签署加强对东盟国家体育交流合作框架协议。精心编制并组织实施《中国—东盟体育交流合作总体规划》和《中国—东盟体育交流合作行动计划》。

3. 配合“中越建交六十周年”、“中开泰建交五十周年”等重点外交活动，开展有广西特色和较大影响力的体育对外交流活动。

（六）以政府主导社会参与为手段，促进体育基础设施有新改善

1. 继续开展“项目建设年”活动，切实抓好城乡体育基础设施建设。要进一步实行投资项目工作责任制，各级体育部门一把手为第一责任人，分管领导为直接责任人。全力推进项

目前期工作，完善前期工作经费投入机制。多渠道筹措项目建设资金，狠抓项目的新开工和在建项目的施工进度，加强投资与项目进度的督促检查，确保工程质量和施工安全，加强绩效考核，对推进项目工作的先进单位给予表彰奖励。自治区体育局与各市体育局（文体局）签订体育固定资产投资责任书，确保完成全区体育行业13亿元投资任务。

2. 加快体育训练基地建设。尽快完成广西体育运动训练和广西体专新校工程项目立项，争取今年开始动工建设。协助山东省、江苏省和总局相关项目中心做好南方滨海训练基地的建设，争取把广西建设成为我国冬训的南方基地。

3. 抓好广西体育中心及钦州市体育中心、北海北部湾体育中心、贵港市体育中心、贺州市奥林匹克体育中心等场馆建设。推进广西体育博物馆、广西奥林匹克荣誉殿堂等工程的前期工作。

（七）以人才素质工程建设为基础，促进体育人才有新涌现

开展体育人才队伍建设年活动，实施体育人才素质工程。加强高水平优秀运动员、教练员和体育经营人才、体育管理人才队伍建设。重点对刚调整完的各项目中心、训练基地、体校等新领导班子进行岗前培训。今年，计划通过请进来、走出去，与北京体育大学、广州市体育局及境外培训机构合作等方式，举办体育管理、体育产业、群众体育、运动训练等专题各类人才培训班15期，计划培训各类体育人才1000人。

（八）以创新运动项目管理体制为先导，促进体育改革有新机制

创新运动项目管理体制，提升对运动项目管理水平和运动综合统筹能力，为实现重振广西体育雄风打下坚实基础。进一步改革和完善与社会主义市场经济体制和广西区情相适应的体育管理体制和运行机制，推进人才培养、引进和激励机制、体育基础设施建设投融资机制、群众体育活动社会参与机制、品牌赛事市场运作机制等机制创新。

（九）以激励政策为核心，促进体育政策有新完善

自治区人民政府已经重新修订了《关于我区参加国际国内重大体育比赛奖励办法》，自治区体育局已经会同自治区人社厅、财政厅出台了《广西壮族自治区优秀运动队教练员、运动员参加年度比赛奖励办法》。自治区将加大对业余训练的支持力度，出台对业余训练输送奖励办法，提高业余训练输送奖励标准。加快推进《广西壮族自治区体育后备人才培养管理条例》的立法调研工作，完善运动员退役保障政策，加快制定人才激励政策、体育产业发展优惠政策、社会参与公共体育设施建设鼓励政策等。

2010年，我们还要进一步加强党的建设，落实党风廉政建设责任制。认真学习贯彻党的十七届四中全会和十七届中央纪委五次全会精神，重视加强基层党支部建设，强化思想政治工作，充分发挥党组织的战斗堡垒作用，继续加大反腐倡廉教育力度，筑牢体育系统党员干部廉洁自律的思想防线；以党风廉政建设责任制为重点，进一步完善各项制度，从源头上预防腐败的产生；加强对干部人事、基本建设工程、体育彩票销售和体彩公益金管理使用、物资采购等重点领域、重要环节和敏感岗位的监督；加强体育行风建设；加大对违纪违法行为打击和惩处的力度，为广西体育事业健康发展提供政治保证。

2010年我们还要围绕体育中心工作，积极筹备自治区党委、自治区人民政府召开的全区体育工作大会。认真做好编制“十二五”规划、理论研究、政策法规、体育科技、体育教育、体育宣传等一系列基础性、保障性工作。

同志们，时代铸辉煌，盛世体育兴。我们所处的时代是伟大祖国历史上最昌盛的时期，国家和人民为发展体育事业创造了前所未有的有利条件和精神支持。让我们以科学发展观为统领，在自治区党委、自治区人民政府的领导下，开拓创新，转变作风，求真务实，勤政廉政，全面完成新周期的目标任务，为实现重振广西体育雄风、建设富裕文明和谐新广西做出新的更大的贡献！

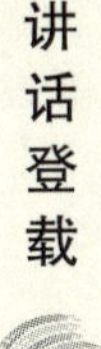

共享新机遇　共创新优势
开启中国—东盟体育产业发展新局面

——在首届中国—东盟体育产业发展论坛上的演讲

（2010 年 12 月 5 日）

自治区体育局局长　容小宁

尊敬的老挝驻南宁总领事馆总领事潘坎·尹他波里阁下，

尊敬的缅甸驻南宁总领事馆副总领事古杰阁下，

尊敬的广西壮族自治区副主席李康女士，

尊敬的中国老年人体育协会主席张发强阁下，

各位嘉宾，女士们、先生们、朋友们：

今天，我们相聚在美丽富饶的广西平果，举行首届中国—东盟体育产业发展论坛，就中国—东盟体育产业发展的相关问题共同探讨，交流看法，共享机遇，共谋发展。相信这将是一次研讨中国—东盟体育产业发展全局性、前瞻性问题的盛会。首先，我代表广西壮族自治区体育局，对论坛的召开表示热烈祝贺！对各位嘉宾的到来表示热烈欢迎！向长期以来关心、支持和帮助广西体育产业发展的各位领导、各界朋友表示衷心感谢！

当今，体育产业已经成为促进国民经济和社会发展的朝阳产业，也是新兴的低碳环保产业。大力发展体育产业是一个国家和地区转变经济发展方式、推动经济结构调整、构建现代产业体系的有效途径。为此，国家和广西壮族自治区高度重视，出台了一系列重大政策措施，加快推进体育产业发展。

作为中国面向东盟开放合作的前沿和窗口，广西的体育产业与东盟国家的交流合作，为中国—东盟经贸合作注入了强大活力。在此，我想就广西体育产业如何发挥优势，与东盟国家深化合作，推进中国—东盟体育产业发展，讲几点看法。

一、广西体育产业在中国—东盟开放合作中取得积极成果

近年来，在中国—东盟开放合作的大背景下，广西体育事业得到了全面发展，体育产业化进程逐步加快，取得了明显成效。

（一）制定一系列体育产业规划和政策

按照国家“从体育大国向体育强国迈进”的总体要求和自治区党委、自治区人民政府重振广西体育雄风的战略部署，我们研究制定了《广西体育产业发展规划》、《关于加快发展体育产业的实施意见》、《广西基本公共体育设施发展建设规划》等一批重大政策文件，明确了广西今后一段时期体育产业的发展目标、重点任务、保障措施，努力形成以发展体育支柱产业（体育旅游、体育休闲、体育娱乐、体育用品制造、体育彩票）为核心，打造品牌项目为重点，扩大开放合作为手段，加强区域合作为内容的“一轴两带”体育产业发展格局。

（二）建设一大批体育产业工程

正在规划或启动建设了广西体育产业城、南宁李宁体育园、南宁华蓝弈苑、柳州水上娱乐运动中心、桂林智力运动园、平果体育产业园、崇左“中国—东盟快乐缘”体育主题园和大新明仕田园体育休闲基地等一批体育产业示范园区，以及广西体育中心、柳州市游泳馆、北海市北部湾体育中心、钦州市体育中心等一批大型公共体育场馆设施。“十一五”是广西公共体育设施建设力度最大、投入建设资金最多的五年。据统计，“十一五”时期广西体育行业固定资产投资达 35 亿元，相当于前十个五年计划体育行业固定资产投资的总和。

（三）举办一系列体育精品赛事

通过发挥优势，整合资源，挖掘特色，采取官方和民间相结合、双边合作与多边合作等形式，成功举办了中国一东盟国际汽车拉力赛、中国一东盟篮球邀请赛、中国一东盟龙舟邀请赛、中国一东盟藤球赛、柳州世界水上极速运动大赛（中美滑水明星对抗赛、水上摩托世界锦标赛、F1摩托艇世界锦标赛、方程式摩托艇青年世界锦标赛）、2010年南宁“中国石化杯”国际田联世界半程马拉松锦标赛、乐业国际山地户外运动挑战赛等有影响力的国际赛事。特别是世界水上极速运动大赛，作为一项国际顶级水上运动赛事，柳州市从2009年起至2013年连续每年举办一届。今年赛事期间，全球121个国家和地区的电视台进行了直播或录播，200多个国家和地区的主流媒体进行了报道。此外，广西壮族自治区体育局还承办了中韩群众体育交流、中日青少年体育交流等对外交流活动。每一个活动都从不同方面，以不同方式，体现了友好合作的态势，增进了中国与包括东盟国家在内的世界各国之间的友谊，促进了体育产业交流合作，为服务中国与东盟国家经济发展发挥了积极作用。同时，也进一步宣传了广西，提升了广西在国际上的影响力。

（四）培育一批体育市场主体

我们紧紧抓住北部湾经济区开放开发和中国一东盟自由贸易区建成运行的有利时机，不断扩大招商引资规模，放宽市场准入条件，培植中小型体育企业，扶持华蓝围棋俱乐部、柳州水上摩托艇俱乐部等一批职业俱乐部建设，大力引导和扶持社会健身场馆做大做强，努力培育一批知名体育市场品牌。

（五）培养一支体育产业人才队伍

我们通过选送外派、学者交流、在职教育、定期研修等渠道，不断提高广西体育产业人才队伍的整体素质。在广西全区体育系统选拔储备了一批体育产业相关专业的后备人才，定期进行项目规划、资本运作、经营管理、财务管理等方面的专项培训，并根据需要面向社会公开招聘了一批具有体育产业相关专业知识的优秀人才，进一步提升了广西体育产业人才的综合素质。

广西体育产业取得了明显成效，但是仍然存在着一定的问题和不足。从整体上看，目前广西体育产业规模尚小，投入偏少，实力较弱，人才短缺，效益不高，仍处于起步发展阶段。特别是产业意识薄弱、体育用品制造业基本空白、体育竞赛表演市场有待开发、体育产业的区域及城乡发展不平衡、体育产业结构不合理、缺乏政策的有效支持、体育产业的供给与市场需求脱节等矛盾比较突出，需要我们进一步挖掘优势、整合资源、抢抓机遇、加快发展。

二、中国一东盟体育产业发展面临良好的机遇和美好前景

随着中国一东盟交流合作日益深入，国家加快经济和产业结构调整，中国一东盟体育产业发展面临前所未有的机遇，必将迎来美好的未来前景。

（一）中国一东盟对话关系迎来20周年

2011年是中国一东盟建立对话关系20周年。以“中国一东盟对话关系20周年”为契机，国家和广西壮族自治区在举办一系列庆祝活动的同时，将会采取一系列积极措施，进一步推进中国一东盟各领域的开放合作。同时，随着中国一东盟博览会、中国一东盟系列专题论坛的举办，中国一东盟青少年培训基地、中国一东盟文化交流培训基地、中国一东盟青年企业家协会等的落户，广西已经成为中国一东盟开放合作的信息和人才交流集聚中心，为中国一东盟体育产业发展提供了功能强大的平台。

（二）中国一东盟自由贸易区建成运行

中国一东盟自由贸易区是一个拥有19亿消费者、近6万亿美元国内生产总值、4.5万亿美元贸易总量的世界第三大自由贸易区，也是我国第一个自由贸易区。随着自贸区的正式运行，中国与东盟国家各领域的开放合作不断深入，各类信息与资源交流和合作的机制逐步

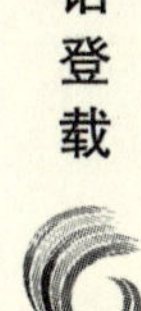

健全和完善，体育产业面对的将是更为广阔的群众领域和市场空间，包括体育在内的社会各领域交流合作将会面临千载难逢的发展机遇。

（三）国家实施体育强国战略

体育是综合国力的重要组成部分，是社会文明的重要标志。在北京奥运会后，我国确立了由体育大国向体育强国迈进的发展目标。体育产业作为体育工作的重要组成部分，是体育事业全面发展的基础和保障，是实施体育强国战略的重要一环，其发展水平将直接影响体育强国目标的实现。

（四）广西实施重振体育雄风战略

广西从实现富民强桂的战略高度，提出了重振广西体育雄风的决策部署，为新时期广西体育事业全面发展绘制了蓝图。重振广西体育雄风的一个重要内涵是要大力发展体育产业，特别是加强与东盟国家的体育产业交流，举办中国一东盟体育系列赛事、论坛、培训，建设中国一东盟体育交流合作中心、基地、示范区，深化中国一东盟体育产业合作，促进中国与东盟国家体育产业共同发展繁荣。

三、加快中国一东盟体育产业发展的几点建议

体育产业在中国与东盟开放合作中大有可为。在新的历史时期，为推动广西与东盟国家体育产业交流合作，实现互利共赢、共同发展、共同繁荣，我提出几点建议：

（一）培育特色项目，不断拓展体育产业领域的合作

利用广西“山、海、河”的自然条件及独特的民族体育资源优势，发展体育休闲旅游，组织开展户外山地运动、探险体验、赛艇海钓等经营活动，建设一批国际化、时尚化的运动和休闲基地。国家提出在广西建设桂林国家旅游综合改革试验区、北海涠洲岛旅游区，并依托崇左大新跨国瀑布景区和凭祥友谊关景区设立中越国际旅游合作区，积极发展体育健身、养生保健、文化娱乐服务业。我们将按照国家部署，加强体育与旅游、文化的融合，利用国家批准设立的南宁保税物流中心、钦州保税港区、凭祥综合保税区等优惠政策，鼓励体育产业贸易开发，培育一批体育支柱产业。为此，建议加快制定面向东盟的区域体育产业发展规划，加强体育产业项目组织和机构合作，邀请东盟国家在广西共同建设中国一东盟体育用品集散、展示和商务中心，打造中国一东盟体育产业发展的新高地。

（二）争取将中国一东盟体育产业项目上升为中国一东盟“10＋1”框架下的交流合作项目

建议相关各方共同努力，积极推动机制建设，争取把中国一东盟体育产业项目上升为中国一东盟“10＋1”框架下的交流合作项目，全面加快建设。同时积极争取中国一东盟投资合作基金和信贷资金用于扶持中国一东盟体育产业项目。

（三）办好中国一东盟体育产业发展论坛，构建体育产业交流合作的新机制

建议在中国一东盟博览会、商务与投资峰会期间或前后，继续举办中国一东盟体育产业发展论坛，邀请中国与东盟国家政府官员、专家学者、企业名家共同研讨，深化共识，扩大宣传，提升影响，使其成为中国与东盟国家体育产业交流、研讨、洽谈、合作的重要平台和长效机制，打造富有国际区域特色的体育产业会展品牌，进一步推进中国一东盟自由贸易区建设。

（四）举办中国一东盟系列赛事活动

在赛事的定位、设计、营销以及赛事延伸产业的开发等方面进行更深入研究。举办中国一东盟武术节，开展中国（广西）体育东盟行和中国一东盟体育夏令营活动，并继续办好中国一东盟国际汽车拉力赛、中国一东盟篮球邀请赛等赛事。通过举办中国一东盟系列赛事活动，为中国一东盟了解世界体育竞赛、表演产业提供重要平台，也给世界各国了解中国一东盟体育产业发展打开一扇窗口。请东盟国家有关方面大力支持上述赛事活动，共同将中国一东盟系列赛事活动办出特色和水平。

（五）构建服务中国一东盟体育产业发展的新平台

充分发挥已成立的中国一东盟体育交流

合作中心、中国一东盟体育信息中心的功能和作用，积极筹建中国一东盟体育人力资源培训中心，开展中国一东盟体育人力培训，打造中国一东盟武术基地、中国一东盟网球基地、中国一东盟篮球基地等一批体育产业基地，为服务中国一东盟经济发展的大局，搭建更多、更有效的平台。

女士们、先生们、朋友们！

泛北部湾经济合作方兴未艾，我们又迎来了中国一东盟自由贸易区建成运行。我相信，极具发展活力和潜力的广西，必将为实现中国一东盟体育产业全面、深入和务实合作发挥重要的助推作用。让我们携手前行，抢抓新机遇，创造新优势，共同开启中国一东盟体育产业合作的新局面，共同开创中国一东盟体育产业发展的美好明天！

最后，祝本届论坛取得圆满成功！

谢谢大家！

在2010年全区竞技体育工作会议上的讲话

自治区体育局局长　容小宁

同志们，这次全区竞技体育工作会议是一次非常重要的会议，从三个方面来认识这次会议的重要性。第一，开会的时机是一个重要的时机，是全运会新周期的第一年，谋划十二五规划重振广西体育雄风非常重要的一年；第二，从内容来看，会议认真地总结我区竞技体育的经验，分析当前竞技体育所面临的形势，进一步解放思想，开拓进取，研究对策，实现竞技体育的新突破；第三，从会议的规格来看，区、市我们体育部门的主要领导，各中心、基地的主要领导包括总教练、主教练，一部分县局局长出席这次会议，这次会议是我区体育部门的最高会议，是总结的大会，是鼓劲的大会，是抢抓机遇重振体育雄风的动员大会。在会议上吴副局长作出非常重要的讲话，总结经验，分析形势，对今后一段时期竞技体育工作提出具体的部署和要求；吴海琴组长就全区贯彻总局有关会议精神，加强赛纪赛风和反兴奋剂工作作出总结，对下一步工作提出明确要求；钦州市体育局陈局长对十二届区运会的筹备工作向大家作出汇报；与会同志根据会议通知的安排进行热烈的讨论，提出很多很好的建议，使区运会的准备工作更完善。这次会议非常重要，也很及时，下面给大家讲几点意见，提供大家在工作中参考：

一、认清形势，统一思想，抢抓竞技体育工作的新机遇。

（一）我区竞技体育的发展当前面临三大机遇

1. 党中央国务院提出了“体育强国”的战略。2008年9月29日在北京奥运会和残奥会的总结表彰会上，胡锦涛总书记提出了进一步推动我国由“体育大国”向“体育强国”迈进的发展目标，全国的体育人这两年来都是围绕总书记提出的新时期体育发展目标来开展工作，迈出迈向体育强国的步伐。什么叫“体育强国”，在座的同志在两年来也在不断地学习不断地研究不断探索，最近有个资料，总局领导在一次研讨会上提出：是否成为体育强国，有八个标准：一、在奥运会上的体育成绩是否名列前茅；二、群众体育和社会体育是否普及；三、体育的法律法规是否完善；四、体育的管理机制是否健全；五、体育产业是否发达；六、体育传播是否有影响力；七、体育科研成果是否先进；八、体育国际交流是否丰富。体育总局的领导提出体育强国的八条标准也是经过一段时间的研究思考提出的，这是一个非常重要的机遇。

2. 重振广西体育雄风的战略实施。重振广西体育雄风意味着我们广西竞技体育曾经有过辉煌，为国家竞技体育的发展做出过巨大的贡献。这些年来由于种种的原因，我们竞技体育的差距与先进省区在不断地拉大，与西部地区我们没有优势可言，这就是我们的现状。在2008年北京奥运会期间，应该是在8月15日以后，在陆永拿到金牌以后，自治区召开常务会，汉康巡视员参加会议，会上马主席问道，广西代表团在北京奥运会上拿了多少枚金牌？汉康同志很高兴回答一块！可是马主席不满意，也许他记得84年洛杉矶奥运会广西籍运动员拿到4块金牌，李宁一人独占3枚，吴数德局长也拿到一枚。但是河南一个亿的人口都拿不到一枚金牌，拿金牌不是这么容易的，在竞赛中是很残酷的，2009年8月份马主席在政府报告会上正式提出重振广西体育雄风计划，2010年元月15日马主席、沈部长、李康副主席率区直有关部门到广西体育系统进行调研，在座谈会上马主席提出广西体育要实现

"九个新"，对重振广西体育雄风的具体化，其中竞技体育要"新突破"。这是我们非常重大的机遇，一个地区的体育设施的建设，体育成绩的提升，体育队伍建设的提高，很重要的就是靠国际性、全国性的综合运动会，一下子可以让这个城市的城市建设提速十几年，体育场馆设施提速十几年甚至更长时间，比如山东全运会和水运会，山东省张局长对我说：为了筹办全运会山东投资130多个亿建设一大批能够承办世界性、全国性的综合运动会的场馆设施，投资60多个亿群众体育场馆设施，全运会之后两年，不用省委省政府号召，全省自觉投入体育场馆建设，自觉投入体育发展，认识到体育是一个城市的文化名片，体育是具有其他事业不可替代的独特价值和作用。现在发展体育已经成为山东各级党委政府自觉的行动，所以山东省局局长非常潇洒，接待水上运动会的管理中心，用五星级标准进行建设，8000万的资金从体育彩票发行费投建，经过特批，做得非常好，运动员住在海边别墅，一个队伍住一栋别墅。

3. 中国—东盟自由贸易区的建成给竞技体育的发展提供新的平台。中国—东盟自由贸易区经过10年的建设今年正式建成，中国和东盟国家新兴力量的共同建设，发展前景非常美好，发展潜力非常巨大，中国东盟自由贸易区有19亿人口，6.5万亿美元GDP，4万亿美元的贸易总额，目前就人口而言是全球人中最多的自贸区，就经济总量而言已是全球第三大自贸区。体育作为形象软实力窗口，作为文化桥梁，作为增进各国友谊的纽带。我们广西体育人要特别珍惜这个机遇，广西处于中国—东盟自由贸易区前沿阵地，这是非常难得的机会。最近我们到国家武术管理中心汇报工作，提出一个想法，希望国家能够支持广西举办中国—东盟国际武术节，对此国家武术管理中心非常支持，因为只有广西才具备这种优势和能力来办一个原创性的具有国际性的赛事，我们希望永久落户广西，像博览会永久落户南宁一样，只有在固定一个时间办一个同样赛事，经过多年的积累，打造成为一个自主竞赛品牌。国家武术管理中心准备明年向总局报这个计划，总局一旦批准，我们就开始启动，因为武术最容易得到东盟国家的认可。昨天下午在家我接待泰国驻南宁的总领事、副总领事，他们对我们的东盟汽车拉力赛非常地支持，同时我们也与他们进行一些体育方面的交流，他们很有兴趣，他们也了解广西竞技体育非常有影响非常有实力，我跟他们讲李宁、讲吴数德，讲韦晴光、唐灵生这些奥运冠军世界冠军的事迹，他们认为我们很了不起，主动争取这种国际影响力，这就是话语权。刘鹏局长在体育局长会议上就专门提到，我们迈向体育强国还面临问题很多困难，其中一条讲到中国体育在国际上的话语权，就是国际影响力。乒乓球打得最好，我们说了不算，下一届每个国家两个名额，羽毛球也限制，也没有办法。相对来讲，在一个区域，在国际竞赛里面，在东盟国家，中国体育有话语权，当然东盟国家有一些经济体育项目也是很强，比如女子乒乓球，中国输给新加坡；去年中国女排在亚洲锦标赛上输给泰国队，今年亚洲杯3∶0又赢回来了。羽毛球印尼、马来西亚的都很强，李忠伟在男子羽毛球排位第一，这次又2∶1赢了林丹，这种交流对我们提高水平很有必要。

（二）竞技体育发展四大有利条件

1. 各级党委政府高度重视，是竞技体育发展非常重要的一个条件。前面提到马主席提出重振广西体育雄风要求，提出九新要求，李康副主席今年3、4月份，带领我们到湖北、四川实地考察调研，我们收获很多，学到别人发展的经验，看到自己的差距，思考我们发展的对策，现在全区各地，这一两年来接触的书记市长的体育意识，特别是大体育意识在不断增强，我们在区体育局亲自接待的有北海连市长，钦州肖市长，崇左黄克市长，接待副市长很多。市委一把手亲自抓体育，来宾张秀隆书记，柳州陈刚书记，这次我到桂林参加围棋赛，李市长也很关心，因为桂林已经列入国家综合旅游改革试验区，第一个以城市来命名的，要

求多把一些体育项目放到桂林。南宁市车书记、黄市长参加体育活动包括体育场馆建设作为南宁市党政一把手次数最多，很多重大活动都在南宁举办，昨天我们南宁市体育局梁局才赶过来，之前在接受市委马拉松赛事问题的检查，多次开会，都是总动员，各地市领导都非常关心。

2. 广西竞技体育发展“灵、小、短、水”战略是非常正确的。留下很多精神财富：祖国利益高于一切的爱国主义精神，勇攀高峰的拼搏精神，团结互助的团队精神，开拓进取的求实创新精神，求真务实的科学精神，这就是我们广西体育人一代又一代传承下来的值得我们发扬光大的宝贵精神财富。一个战略五种精神就是我们的看家本领。

3. 旺盛的市场需求。随着人民生活水平的提高，对体育的消费需求在不断增长，国际上有个经验，人均 GDP 达到 3000 美元的时候，人的消费结构就会发生变化，对精神层面的需求会逐步增加，体育本身有着旺盛的需求，这是体育本身发展的原动力，国外俱乐部已经做了很多年，拉动效益也非常明显，拉动很多产业的发展。

4. 国家体育总局、各管理中心，包括国家高等院校，对广西体育的关心和支持。每次到总局向总局领导汇报，只要广西提出的，不管是竞技体育的工作，还是群众体育或者是体育产业的工作，都是给予大力支持和具体指导。管理中心比如举重中心，马文广主任对广西举重项目给予高度评价，同时一再表示可以把广西作为国家举重训练中心的一个点，给了这个点就会给予很多支持，比如教练员放在这里培训，出国比赛达标运动员可以适当优先，选拔优秀运动员进入国家队优先等等，体操管理中心罗超毅桂林人对广西体操给予高度评价，特别告诉我们要想办法发挥李宁作用，李宁在佛山办了一个体操学校，又准备在珠海办一个体操学校，想办法把他动员回来柳州办一个体操学校。李宁长期以来对我们体操队伍给予支持，还给我们出来很多点子，我们非常感谢。这次国家武术管理中心领导对我们武术事业的发展，特别对外交流肯定，还给我们提出了很多具体工作的意见，都是充分利用的优质外部资源。包括北京体育大学等等，我们邀请北体大参与我们十二五规划。

另外，有些企业对体育支持力度很大，南宁市市运会和足球比赛，比如梧州中恒集体，给予乒乓球连续三年资助；中国足协韦迪主任，跨世纪的黄总对体育也是很支持，当年中国东盟拳王争霸赛也是他赞助 80 万，现在还想赞助我们办一个小女足队伍，我们了解到广西女足也有优势，王新查过我们女足最好成绩是全国锦标赛第三名。企业对竞技体育的关注度不断增加。

（三）竞技体育目前存在最重要问题

第一个问题，在制定九个新的文件里面，重振体育雄风的目标定位在哪里？我们当时提出是否能定位在西部体育强省区？现在有陕西、四川在提西部体育强省区，四川从来不把自己放在西部，应该是放在全国较量，辽宁全运会后四川会提出申办全运会。那我们可不可以提做全国的强省区呢？那提不得，业内人士一定会笑我们。给大家介绍一组数据，第六届全运会开始到第十一届全运会的六届全运会金牌排名，广西在第六届全运会金牌 3 枚排名全国第 24 名西部第 6 名，第七届金牌 6 枚排名全国第 19 名西部第 3 名，第八届金牌 7.5 排名全国第 17 名西部第 3 名，第九届金牌 7 枚排名全国第 20 名西部第 3 名，第十届金牌 6 枚排名全国第 20 名西部第 2 名，去年第十一届金牌 7.5 枚排名全国第 26 名西部第 3 名。我们基本上的排名是第三位，努力一点运气好一点第二位。四川六届全运会以来都是第一位，金牌排位第六届全国第 5 名西部第 4 名，第七届全国第 8 名西部第 1 名，第八届全国第 12 名西部第 1 名，第九届全国第 13 名西部第 1 名，第十届全国第 15 名西部第 1 名，第十一届全国第 12 名西部第 1 名；陕西第六届西部第 4 名，第七届西部第 5 名，第八届西部第 7 名，第九届西部第 2 名，第十届西部第 4 名，第十一届西部第2名；内蒙第六届西部第2名，第七届西部第2名，第八届西部第2名，第九届西部第5名，第十届西部排第8名，第十一届西部第4名，也就是说，西部现在的绝对老大是四川，是我们和陕西、内蒙古争第二。奥运会从1984年到2008年，广西金牌总数8枚，在全国排名第12位，这个成绩还是挺好的，认真分析有4枚在1984年产生，1996年有1枚，2000年有1枚，2004年有1枚，2008年有1枚，我们的情况是高开低走，四川排名第10位一共拿到10枚，1984年1枚，1988年2枚，1992年2枚，2000年有1枚，2008年有4枚，要是我们跟全国东部发达地区相比，是根本不能相比的：山东第一名63枚，江苏第二名48.5枚，辽宁第三名48枚，广东第四名45枚，我们是7.5枚，排全国先进必须要进前10名，金牌数要15枚以上，想要在一两个周期翻一翻，不是一般的困难，是很困难。所以我们向总局提到是第一是西部体育强省区，第二是国家级少数民族体育保护财产示范区：民族人口最多将近1200万，民族体育资源最多六大门类305项，现在在老百姓里传承还在用的还不少，最近融水民族运动会做得不错，很多民族体育项目。第三是区域性国际体育交流中心。面对东盟，越南和我们有海相连，新疆和俄罗斯比不上广西，和日本和韩国交界，情况还不一样；福建有海峡两岸。面对东盟国家作为整个国家的布局，广西是首当其冲的，面对一个地区的国际性区域，广西最有条件。我们提三句话，后面两句话比较好说，前面第一句话，领导要求很高，但实际上面对困难很大，我们要实事求是。这些问题的出现，我们做反复的调研，问题很多，最突出问题有三条：

1. 竞技体育人才队伍基础极为薄弱。这个队伍里面，第一是教练队伍是至关重要，是举足轻重，从某种意义来讲是决定我们水平的。广西竞技体育最辉煌的时候，除了战略对头以外，国家体委第一次评国家级教练，广西占10个，这是一批具有世界先进水平、国家先进水平的一个教练群体，不是一个人，包括李宁的教练、吴副局长的教练、吴艳艳的教练、冯志华的教练等等，是优秀教练员的群体，达到国际国内的一流水平。现在我们也同样有10个，但是因为都在发展，别人也在进步，虽然说我们有一定的特长、特点、水平，跟国内国际上的优秀教练员相比，我们还是有差距；第二，我们没有全能的尖子运动员。我特别怀念像李宁这样子的尖子运动员，是可遇不可求，一个世纪就碰上一个这样的运动员，李宁是个多面手，全能。李宁在1982年第6届世界杯体操赛狂揽6枚金牌，洛杉矶奥运会拿到3枚金牌2枚银牌1枚铜牌。去年全运会天津网球队选手一人拿走女团、女单、女双、混双全部四枚金牌，福建游泳运动员齐晖一人拿走蛙泳100米、200米、混游200米三枚金牌，江苏田径运动员拿走1500米、5000米的金牌。

2. 对体育基础设施的投入严重不足。我们专业队的训练场馆设施匮乏，标准低，功能不全。我们广西省级专业队的训练场馆80年代90年代的上半期我们在全国是领先地位，但是目前广西省级专业队的训练场馆已经远远落后，甚至连西藏、新疆、宁夏、青海有些场馆都比我们先进很多，最近南宁市终于有体育中心，算不上全国一流，可是毕竟能接待比较高标准的国际大型赛事。但是专业队的训练场馆，差距是很大的，我们江南训练基地有些场馆已经超期服役，不敢拆，没法满足训练使用。

3. 政府发展体育的政策许许多多不落实不到位。体育法、各种各样的条例包括一些政策都对体育比如对体育的投资有规定，但是往往不兑现。去年对全区业余体校进行调研，有一个百万人口以上的大县，他们的体校这么多年来财政没有一分钱的预算，全部要自收自支，靠门面出租靠办各种各样的培训班来解决支出问题，包括人员的工资、事业费等等，直到我们调研结束，反馈该县是全区独一无二的，县领导才重视，研究下半年开始把体校工资列入财政预算。这不是开玩笑吗？体校本来是公益性的事业单位，怎能自收自支呢？与政策

不相一致。还有我们体校的孩子没有享受九年义务教育和九年义务段的一些政策规定。比如说体育场地按照规定应该是先建后拆，但是有些地方急功近利，体育场地处于比较中心位置作开发，拆了再说，体育局长提出意见，县长不客气，为保饭碗只能听之任之。过去的田径之乡、游泳之乡给我们输送这么多的优秀运动员，做开发被拆这么多年都没有重建回来，导致田径之乡没有跑道、游泳之乡游泳池，这就是教训。比如基层教练员，兢兢业业一辈子，退休都没有解决职称问题。有一个县在调查后反馈，终于解决好三个教练的职称问题，两个高级一个中级：一个是高级厨师；一个是高级技师，修汽车的；一个中级驾驶员。这不是开玩笑吗？拿到全国讲都好笑啊。做体育教练没有解决职称问题，但是这些职称、工资待遇还可以提高。法律政策规定的内容没有力度执行，没有负责人去落实。还有一个情况讲起来都心寒，2001 年文体合一机构改革，资源整合无可非议，绝大部分是文化局长当文体局长，对文化熟悉有偏好，体育顾不上，把教练员安排在市场管理，训练没人管，安排的经费没有专门立项，体育没有保障面临边缘化，这种状况不改变，重振体育雄风怎么振？那是搞搞振的振，不是重振体育雄风的振。还有一个很致命的问题，三级培训人才结构网不合理，编制的运动员专业队 700 多人，二线 500 多，三线 6000 多人，本来应该是金字塔结构：1 比 3 比 9，我们现在是哑铃型结构，两头大中间小，跟四川、陕西、内蒙古相比，人才结构问题很多。从金牌的排位也看到发展的不足和存在的问题，担子更重，任务更艰巨。

第二个问题：坚持创新，科学发展，探索竞技体育工作的新路子。

1. 抓金牌，充分发挥竞技体育的标杆作用。坚定不移地坚持金牌带动战略。竞技体育就是锦标主义，重视竞技体育在重振体育雄风中所处的地位和作用，把它作为体育工作的一项重要工作切实抓紧抓好。正确处理好三种关系：群众体育是基础，全民健身解决的是国民的身体素质。毛主席当年讲“发展体育运动增强人民体质”，是体育发展的本质；竞技体育是标杆，是人民群众包括官员认识体育一个非常重要的标尺。严格来讲，重振体育雄风是针对竞技体育来说；体育产业是保障，总局领导说体育产业是生命线，我再加一条是幸福线。有钱好办事，比如山东的情况，我们应该对体育产业高度重视。只有竞技体育、群众体育、体育产业全面、协调、可持续发展，才是科学发展。在竞技体育里面，不抓金牌是失职，抓不好是不称职。不抓是态度问题，抓得好不好是水平问题。金牌不是全部的问题，要三个方面协调可持续发展，马主席跟我们讲九个方面是这三个方面的具体细分。在竞技体育的发展中，我们还是坚持广西的优势，坚持广西的成功经验，这是一代又一代体育人创造出来的“灵、小、短、水”的发展战略。这个战略没有过时，可是面对新形势、新要求、新挑战，要创新和丰富这个发展战略。比如说小，历来是指举重小级别这是广西优势，可是这些年来陆永、李兵是大级别，都是国内一流水平，看报道这次陆永腿部受伤，为了保护他，让他在亚运会有一个非常好的表现，所以在这次锦标赛他是基本放弃了；摔跤也冒了一些全国冠军，这些情况都需要我们很好的再认识。有些我们的重点优势项目要优先发展、优先投入，包括游泳、射箭、田径、羽毛球、体操（艺体、蹦床）等等这些项目，潜优势项目重点发展重点投入，对于一些弱势项目要侧重发展侧重投入。总体规模，在新时期有哪些项目我们要考虑增加，有些项目怎么保持，田径短跑项目还是很突出，梁秋萍上半年跑了两个全国第一，保持优势项目同时发展潜力项目，比如长跑项目包括游泳项目等等。

2. 抓人才，建设高素质的人才队伍。各级体育部门要牢固树立人力资源是第一资源，人力资源是第一财富的观念，要坚定不移的实施人才强体的发展战略。人才问题是广西竞技体育最重要、最基础、最迫切的问题，竞技体育的危机实际上就是人才的危机，竞技体育的差距实际上就是人才的差距，竞技体育的希望就是人才的希望。《天下无贼》电影里有一句台词：最重要的问题是什么？人才嘛。这句话很经典。现在竞技体育要想什么办法，真正有效解决人才问题。是涉及方方面面的系统问题，讨论比较多的，首先是怎么培养可以引进一大批优秀教练，还要培养本地教练，这是非常关键的。形成一个领军人物，是一个群体。大家要动脑筋，想办法解决好这个重中之重的问题。

后备人才的培养也要作为重中之重的问题，把三级的人才结构网按照科学比例配置，从现在起各地体育部门大家共同努力花大力气去研究这个事情。编制专业队 700 人，二线队伍要有 2500 人，三线需要更多人。能不能够学习外地的先进经验，有些体校有些运动项目采取区市共建的办法，也希望各市的体育部门根据优势来发展，各地都要选好优势项目尤其是奥运项目、全运项目来发展，重建八一足球队，青海重建足球队，俱乐部还在办，借用外面的优势资源合作。对运动员，认真落实国办[2010]23 号文件，加强运动员的文化教育和保障工作。

3. 抓投入，着力改善训练条件。区政府已经开了两次会，马主席参加上海世博会以后，去江浙考察完回来，提出就转变生产方式，就低碳、环保、绿色的产业，在首府要建文化城、体育城，我们正在组建专家，包括国内知名的体育专家开会，按照领导的要求我们提出体育城的概念，体育城是一个综合的概念，是一个具有国际化、时尚、餐饮一体化的一个联区，围绕现在南宁的体育中心来布局，作了几个板块：第一个板块广西体育中心 1140 亩地投资 30 个亿；第二个板块是广西奥林匹克训练基地包括学校和管理中心，1800 亩地投资 59 个亿；第三个板块是体育乐园，是旅游的概念，大概 15 个亿，还有是体育商贸城的概念做产业，15 个亿，地产 20 个亿，其中核心的是我们自治区本级的训练场馆和学校的建设，是直接为竞技体育服务的，是肯定要做好的。各市也要抓住这次机会，把你们的体育中心、业余体校、训练场馆建设发展起来。再一个要努力争取多点的事业经费。

4. 抓好管理，努力增强服务能力。在体育发展中注重科学管理，加强管理工作的精细化、规范化、制度化、人文化、服务化、系统化、特色化的建设，希望大家通过文件进行管理，通过管理出人才出金牌。同时调动方方面面的积极性，比如处理好基地和中心的关系，激励政策比如人才引进政策奖励政策包括输送政策怎么制定和落实，下一步要好好研究。

5. 抓开放，不断提高广西体育的国际影响力。当前我们要依靠总局和各管理中心，尽快建立一些项目的面对东盟的培训，同时改善硬件条件和软件环境，吸引更多的东盟运动员到我们这里来训练，同时，我们也派教练员到国外执教交流学习。同时办好竞技体育的交流项目。这些是长期的工作，不是一年、两年的工作，要长期做好。

第三个问题，抓落实，打基础，迈出竞技体育工作的新步伐。关于今年和今后一段时间的新工作，吴副局长已经做了全面的布置。在这里强调几个的问题。

1. 精心编制十二五规划，里面包括竞技体育方面工作。这五年里面我们要研究新形势、新任务、新要求，重点解决发展理念、发展目标、发展任务、发展方式、发展手段、发展对策等等重大问题，有切实可行的规划，才能指导今后五年的发展，请大家务必重视。另外，根据国办发 23 号文件要求，把公办体校纳入发展规划，把教育经费纳入同级财政预算，加大投入。昨天吴副局长已经提出明确要求，我们要认真落实好。精心筹备区运会，要抓好反兴奋剂的工作，昨天吴海琴组长已经分别对这个问题作出全面要求，大家分工要落实好。区领导对区运会非常重视，李康副主席还专门听取钦州市的汇报，体育局按照分工按照责任抓好有关工作，总体来看，这个筹备工作非常顺利，场馆今年 10 月建成，明年 3 月交付使用，开幕式、运动员宿舍也计划得比较好，比较有特色，

还有许多工作要抓紧抓好。

2. 赛风赛纪问题关系到我们体育队伍的形象，体育行业行风的一个体现，关系到我们体育的兴衰成败，是体育战线的党风廉政建设的重要内容，请大家按照这个会议的要求认真抓好管理。有些不是有意，是失误造成的，有意也好，失误也好，都不应该出现，比如周蜜事件。有意的更加不能够，像去年全运会河南帆板事件、福建选手女子 100 米冠军终身禁赛。思想上必须筑起防线，这是底线，是不能触犯的。

3. 抓紧第三十届奥运会和第十二届全运会的备战工作。尤其是运动中心要总结好去年全运会的经验包括一些教训，抓好备战，尽快签好下一届全运会的责任书。（要抓紧）

4. 抓好明年的财政预算。没有项目，就没有预算，明年不能临时增加预算。请大家一定要重视。

5. 机构问题。比如贺州市体育局变成文化局的二层机构，局长是副处级，这是不对的，我们已经调整过来。像碰到这种问题，一定要第一时间报告，我们去争取。

讲这些问题给大家在工作中作参考，讲得不对的，请大家批评指导。

深入贯彻落实《全民健身条例》努力实现我区群众体育事业新发展

——在2010年全区群众体育工作会议上的讲话

(2010年3月31日)

自治区体育局局长　容小宁

同志们：

在春意盎然、生机勃发的阳春三月，2010年全区群众体育工作会议召开了。首先，我代表自治区体育局，对与会代表的到来表示热烈欢迎，对各部门和社会各界在过去一年里给予群众体育事业的支持表示衷心感谢，对全区群众体育工作者表示诚挚问候！

2009年是我区群众体育事业发展具有里程碑意义的一年。在这一年中，《国务院关于进一步促进广西经济社会发展的若干意见》中提出了“加快边境地区全民健身和红水河流域民族体育设施建设，加强少数民族传统体育保护和传承，积极发展体育产业”；自治区党委、自治区人民政府决定设立广西体育节，每年举办一届；郭声琨书记亲切接见了广西第十一届全运会代表团，高度评价了体育对社会建设的作用，要求各级党委、政府采取有力措施，促进体育事业的发展；马飚主席在调研广西体育工作时提出了重振广西体育雄风“九个新”的目标，对群众体育发展寄予了殷切期望。自治区党委、自治区人民政府对群众体育的高度重视和关怀，极大地激励了广大群众体育工作者的热情，推动了我区群众体育不断取得新进步、新跨越。

2010年是“十一五”规划的收官之年，也是谋划“十二五”群众体育事业发展规划，实施《全民健身条例》(以下简称《条例》)和重振广西体育雄风的重要一年。在今年的自治区《政府工作报告》中明确指出：加强城乡基层公共体育设施建设，开展全民健身活动；实施中国(广西)红水河流域民族体育工程和中越边境(广西)全民健身工程。自治区人民政府继续实施文化体育惠农工程，筹措资金0.8亿元，支持500个村建设村级公共服务中心，每个行政村建设一个球场、一个文艺舞台、一栋公共服务综合楼，组建一支农民文艺队、一支农民篮球队。这进一步表明了自治区党委、自治区人民政府关注民生、重视体育事业、关心人民群众健身需求、积极适应人民群众对生活质量的新追求。这是科学发展观在政府工作中的生动体现，也是对群众体育工作提出的新要求。因此，努力做好2010年的群众体育工作意义重大。

今年群众体育工作会议的主题是：深入贯彻落实《条例》和全国群众体育工作会议及全区体育工作会议精神，认真总结2009年工作，全面部署2010年群众体育重点工作，以科学发展观为指导，围绕重振广西体育雄风，继续解放思想、提高认识，创新思路、打造品牌，鼓舞干劲、坚定信心，以突破性的思维，采取突破性的措施，全力推动我区群众体育事业实现新发展。

下面，我讲几点意见。

一、围绕贯彻落实《条例》和重振广西体育雄风，2009年我区群众体育工作取得显著成绩

去年，在国家体育总局的指导和支持下，在自治区党委、政府的重视和领导下，通过各级体育部门的辛勤耕耘，我区群众体育工作成绩喜人，成功打造了一批影响全国的群众性品牌活动，兴建了一批惠民便民的体育健身工

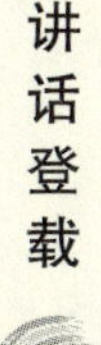

程，培养了一支高素质的群众体育队伍，进一步完善了覆盖全区城乡的全民健身公共服务体系。

一是加强《条例》的学习宣传贯彻落实。我们认真传达贯彻国家体育总局有关文件精神，结合广西实际，向全区印发了贯彻落实《条例》的工作意见，要求各地结合实际，认真组织学习《条例》，严格执行文件规定，通过各种途径和方式，加大宣传《条例》实施的重大意义。加强了在学校等人群集聚场所的宣传教育，通过召开座谈会开展主题活动等形式，让人们了解《条例》施行的重大意义和深远影响。

二是全民健身运动在全区广泛深入开展。去年在全区范围成功举办了首届广西体育节和第二届广西万村农民篮球赛。利用全民健身日、广西体育节以及传统节日和农闲时节，我区各级体育部门、运动协会、行业体协以及其他社会体育团体，结合本地区、本单位、本行业实际，广泛组织开展了有影响、上规模，形式多样的全民健身活动，极大地激发了广大人民群众参与体育健身的热情。据统计，为期50天的首届广西体育节约有835万人参加活动，全区各族群众不分地域、不分老幼积极参与体育健身，海内外70多家媒体参与报道，编发新闻稿件达1613篇(次)。

三是基层公共体育设施建设掀起新热潮。以实施中国(广西)红水河流域民族体育工程和中越边境(广西)全民健身工程为抓手，不断强化投入意识。去年多方筹措资金5682万元(国家资金3321.2万元，自治区资金2360.8万元)，在全区建设了50个全国乡镇农民体育健身工程和1769个村级篮球场(农民体育健身工程)，超额完成自治区为民办实事建设600个村建设篮球场的目标任务，并带动全区各地筹资建设村级篮球场700多个，掀起了基层公共体育设施建设的热潮。目前，我区以农民健身工程，健身路经工程、雪炭工程等为内容的全民健身工程网络体系不断完善，有力推动了全民健身活动的蓬勃开展。

四是群众体育组织和人才队伍不断壮大。社会体育指导员工作扎实推进，培训和管理进一步规范；青少年体育俱乐部和社区体育俱乐部等新型基层群众体育组织建设不断完善，成为新时期组织开展全民健身活动的骨干队伍。据统计，2009年培训社会体育指导员1854人，全区农民篮球队的数量达到12085个，基层群众体育组织与人才队伍建设进一步完善和加强。

五是学校体育和社区体育工作取得新进展。与教育、共青团等部门密切合作，开展了青少年阳光体育运动、千万中小学生广播操大赛等重大活动，取得了积极的效果。全力做好青少年体育俱乐部、青少年户外体育营地创建工作，办好体育传统项目学校，推进学校体育场馆向社会开放。坚持城市体育以社区为重点，积极开展全国城市体育先进社区创建工作。去年我区有5个街道被评为全国城市体育先进社区。

六是农村体育快速发展，农民健身活动空前活跃。以万村农民篮球赛为突破口，找准农民参与体育运动的兴奋点，广泛组织开展农民群众喜闻乐见的体育活动，推动了我区农村精神文明建设。以第二届广西万村农民篮球赛为例，共历时10个月，全区有12085个行政村组队参赛，占全区行政村的84.09%。整个赛事进行了30349场比赛，参赛运动员超过14万人，观众2074万人次。通过组织一系列的比赛活动，把农民从酒桌、牌桌上请下来，从迷信、赌博活动中拉出来，融洽了干群关系，和睦了邻里街坊，促进了乡村文明。我区农村体育工作得到了国家体育总局的高度肯定，多次在全国性会议上作为典型被推介。

2009年，我区民族体育不断涌现新亮点，保护传承初步收到成效；科学健身的理念得到进一步普及，群众体育舆论宣传氛围日益浓厚；残疾人体育快速发展，整体水平不断提高。同时，群众体育法制建设、科学研究、教育宣传等方面的工作都得到了发展，取得了一定的成效，为群众体育事业的法制化、科学化、规范化发展奠定了基础。

二、深刻分析全民健身面临的形势和任务，不断增强做好群众体育工作的紧迫感、使命感和责任感

（一）我们要充分认识当前我区群众体育发展面临的新形势和新机遇

2009年国务院正式颁布实施《全民健身条例》；2010年国家体育总局提出了“努力迈出建设体育强国新步伐”的工作要求；自治区党委、自治区人民政府要求我们“重振广西体育雄风”。从国家层面“建设体育强国”到自治区层面“重振广西体育雄风”，都对群众体育工作提出了明确要求，赋予了新任务。群众体育是体育事业发展的重要组成部分，发挥着基础性作用，承载着重要的历史使命。我们要进一步认清形势，勇挑重担，站在新起点、把握新形势、抢抓新机遇，进一步增强做好群众体育工作的紧迫感、责任感和使命感。

1. 实施体育强国战略给群众体育发展提出了新要求。在北京奥运会、残奥会总结表彰大会上，胡锦涛总书记代表党中央、国务院从实现中华民族伟大复兴的战略高度，提出了要进一步推动我国由体育大国向体育强国迈进，指明了新时期中国体育的前进方向和发展目标。体育强国战略对于群众体育的要求，就是要大力发展群众体育事业，全面建成覆盖城乡的全民健身公共服务体系，提升全民族的健康水平。在刚刚结束的全国两会上，温家宝总理在《政府工作报告》中提出了“大力发展公共体育事业，广泛开展全民健身运动，提高人民身体素质”。“公共体育事业”的提法是第一次在政府工作报告中出现，展示了发展体育事业的宽广领域，也对群众体育发展提出了新要求。国家今年将继续加大对农村地区、城市社区等基层公共体育场地设施的投人。这对我们来说，既是工作要求，也是发展机遇。

2. 人民群众日益高涨的体育健身需求给群众体育工作提出了新任务。随着经济社会的快速发展，人们生活水平有了显著提高，对生活质量的追求也越来越高。“生活奔小康，身体要健康”，“请人吃饭不如请人流汗”，“请客请运动”，当前体育健身已经成为人们生活中不可或缺的重要组成部分。这种形势决定了政府职能部门必须大力发展体育事业，加大公共体育场地设施建设，加强商业场馆设施的管理和指导，使其更加合理、有效地满足人民群众的实际需要。

3.《全民健身条例》的颁布施行给群众体育发展提供了新保障。《条例》已经国务院发布，于2009年10月1日正式施行。这是一部对全民健身进行全面规范的专门性法规，为繁荣群众体育事业“保驾护航”。它的实施从法律的层面上，明确了人民群众体育健身的权利和各级政府保障全民健身事业发展的责任，是我国全民健身事业法制化、规范化发展的重要标志，是竞技体育与群众体育协调发展的重要保证，也是各级政府坚持以人为本，开展体育工作的法律依据。

4. 中国一东盟自由贸易区的建成给群众体育发展提供了新平台。2010年1月1日，中国一东盟自贸区正式启动。自贸区的建成对广西来说是一次全方位、多层次、宽领域的开放，将给广西带来广泛、巨大的发展机遇。体育工作，特别是群众体育工作要跟上全区对外开放的步伐，积极参与到自贸区的建设和运行工作中，深刻分析、敏锐捕捉、充分利用机遇，全面提高我区群众体育对外交流的水平，推动与东盟国家更深层次、更高水平、更大规模的群众性体育交流，展示我区各族人民群众的良好精神风貌，树立“健康广西”新形象。

当前，我区群众体育发展面临的最有利形势和最大机遇是重振广西体育雄风行动计划的实施。

实施重振广西体育雄风是马飚主席在2009年《政府工作报告》中提出的，是新时期我区体育工作的奋斗目标，也是我区体育发展一个长期的艰巨过程。重振广西体育雄风具有丰富的内涵和鲜明的特征，它涉及体育事业和体育工作的方方面面，是一个全方位的要求，是一个综合体系，是一个全面发展的目标。实施重振广西体育雄风不仅与体育本身的发展

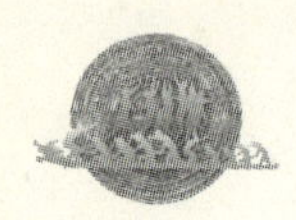

水平直接相关，而且还与全区的政治、经济、文化和社会发展水平密切交融、相互作用。马飚主席在今年元月 15 日广西体育工作座谈会上对重振广西体育雄风的内涵作了进一步阐述，提出“九个新”的发展目标，即“群众体育有新发展、竞技体育有新突破、体育产业有新跨越、民族体育保护有新进展、体育对外交流有新成效、体育基础设施有新改善、体育人才有新涌现、体育改革有新机制、体育政策有新完善。”

这“九个新”中有“七个新”直接涉及群众体育工作。从群众体育方面看，重振广西体育雄风就是要大力发展公共体育事业，广泛开展全民健身运动，完善公共体育场地设施，保护传承优秀少数民族传统体育文化，全面建成覆盖城乡、惠及全民、比较完善的全民健身公共服务体系。具体讲，可以从以下几个方面来认识和把握：一是进一步加强各级政府的体育公共服务职能，实现体育公共服务的均等化，提高政府保障公民基本体育健身需求的水平；二是全面提高人民群众的体育健身意识，在全社会形成浓厚的全民健身氛围，使体育健身成为人民群众自觉的、重要的生活方式；三是使广大青少年受到良好的体育教育，青少年体质健康水平普遍增强；四是群众体育的政府投入、组织化、科学化水平、经常参加体育活动的人口比例、人均占有体育场地面积、社会体育指导员的数量和质量等各项指标达到或超过国家平均水平；五是群众体育的法规制度建设更加健全，社会力量兴办全民健身事业的积极性得到充分发挥，群众体育的管理模式和运行机制更加成熟和完善。

重振广西体育雄风对群众体育提出的要求还涉及更多的方面，需要我们在今后的工作中进一步探索，形成更深入的认识。

（二）我们要理性、客观地分析和认识我区群众体育发展的现状

面对群众体育发展的新形势、新机遇和新要求，审视当前我区群众体育的发展现状，我们的工作与党和政府的期望，与人民群众的需求，与重整广西体育雄风的要求仍然存在相当的差距和不足：一是各级体育部门履行体育公共服务职能不到位，公共体育服务体系覆盖面不广，基层公共体育服务能力薄弱，距离实现体育公共服务均等化的目标存在相当大的差距；二是体育健身场地设施不足和利用率不高的问题突出，整体布局和规划建设缺乏合理统筹，城乡差别较大；三是与中、东部省市相比，我区经常参加体育锻炼的人数比例偏低，群众体育健身意识和观念相对落后；四是群众体育组织数量较少，发挥作用还不够，社会体育指导员数量、质量和开展健身指导活动的水平较低；五是社会力量兴办全民健身事业的积极性尚未充分发挥，人均体育消费仍处于较低水平；六是群众体育理论研究还较滞后，在国民体质监测、科学健身指导、锻炼方法和标准的研制等涉及长远发展的基础建设上投入不足等等。这些差距和问题，是当前重振广西体育雄风进程中的薄弱环节和“短板”，而且是基础性的薄弱环节和最大的“短板”。我们务必要保持清醒的认识，在深入研究、科学分析的基础上，采取有效措施，经过不懈努力，逐步加以解决，为重振广西体育雄风、建设体育强国做出积极贡献。

三、明确任务，突出重点，不断推动我区群众体育事业实现新发展

2010 年是群众体育发展的关键一年。我区群众体育工作的总体思路是，根据国家和全区体育工作的要求，切实做到“一个创新”、“两个围绕”，促进“三个结合”，坚持“四个服务”。

——做到“一个创新”，就是要遵循规律，不断探索、创新符合我区实际的群众体育工作方式、方法、形式与载体，不断增强群众体育发展的强大动力。

——做到“两个围绕”，就是要紧紧围绕贯彻落实《全民健身条例》，紧紧围绕重振广西体育雄风，谋划全区群众体育事业发展大局。

——促进“三个结合”，就是要努力促进深化群众体育工作与提高各级体育部门依法履行体育公共服务水平相结合，与加强群众体育工作者自身水平建设相结合，与解决人民群众

反映强烈的突出问题相结合，提高体育公共服务质量，促进体育健身权益公平，维护群众健身利益。

——坚持“四个服务”，就是群众体育工作要坚持为贯彻落实体育大国向体育强国战略服务，为提高全区各族人民群众身体素质服务，为构建全民健身公共服务体系服务，为建设富裕文明和谐新广西服务，努力营造“体育生活化”的氛围，营造全民健身事业科学发展和谐发展的环境。

达到上述目标要求，推动群众体育实现新发展，今年我们要集中精力做好以下几项工作。

(一)全力抓好《全民健身条例》的贯彻落实工作

今年是全面贯彻落实《条例》的第一个完整年。当前和今后一个时期，群众体育工作的最重要任务就是贯彻落实好《条例》，这也是建设体育强国和重振广西体育雄风的重要保障。各级体育部门要高度重视《条例》的学习宣传工作，将其列为本年度重要工作，通过多种形式的学习和培训，让体育系统和基层干部群众熟悉《条例》的内容，把握精神实质；主动争取和推动各级政府和有关部门依据《条例》规定，强化政府职能，把全民健身事业纳入各级政府“十二五”国民经济和社会发展规划，把全民健身工作经费列入各级政府财政预算，把全民健身工作列入议事日程和“两个文明”建设工作考核指标；科学制定“十二五”群众体育发展规划，抓紧研究制定全区和各地的《全民健身实施计划》。配合国家有关部门的专项检查，并首先进行自查自纠学习贯彻情况，争取把《条例》落到实处。

(二)以“全民健身日”和“广西体育节”为载体，精心组织各类惠及广大人民群众的全民健身活动

认真总结开展首个“全民健身日”和首届广西体育节活动的成功经验，继续办好第二届广西体育节、第二届广西城乡万人气排球大赛。下午，还要安排大家对这两个活动的策划方案进行讨论。

各级体育部门、行业体协、单项体育协会要围绕全民健身日和广西体育节等重大节庆日，组织开展好全民健身活动。为此，我提出几点原则意见。

1. 加强组织领导，精心策划全年群众性健身活动。各地、各单位、各行业可结合本地区、本单位、本行业群众的健身实际和区域特色，因地制宜，在总结借鉴已有传统品牌活动经验的基础上，以组织开展“全民健身日”和“广西体育节”活动为主线，精心策划贯穿全年的全民健身活动，努力做到“阶段有高潮、长年不断线”。组织开展的活动要突出参与性、健身性、科学性和实效性，最大程度满足人民群众的健身需求。

2. 争取社会支持，营造全民参与的社会氛围。“全民健身日”和“广西体育节”是“体育的盛会，人民的节日”，需要全社会的广泛参与和大力支持。各地、各行业要在精心组织策划赛事活动的同时，广泛动员社会力量投入全民健身活动，充分调动社会各界组织开展全民健身活动的积极性，营造全民动员、全社会参与的良好氛围。

3. 加强部门合作，促进群众体育全面开花。要借助《全民健身条例》施行的有利时机，进一步加强与各级教育、民委、民政、工会、共青团、妇联、残联、精神文明办等部门的合作，广泛组织开展职工、青少年、妇女、老年人、残疾人等人群体育健身活动。切实加强对老年人体协、农民体协工作的指导和支持，根据老年人和广大农民健身实际，积极开展适合这一类人群的体育健身活动，不断推动全民健身活动广泛开展。

4. 加大宣传力度，扩大全民健身的社会影响。今年我区群众体育宣传工作要围绕重点，拓展领域，注重实效。结合重大赛事活动，宣传报道我区群众体育蓬勃发展的历程和成就以及各地开展群众体育工作的特色和典型。要采取有效措施，充分利用中央和自治区新闻媒体，对重大体育节庆日，以及围绕节庆日组

织开展的各种全民健身活动进行广泛宣传，形成浓厚的舆论氛围。

（三）以实施“两项工程”为抓手，加快建设基层公共体育场地设施

坚持活动与建设并举，重在建设的原则，不断创新公共体育设施建设和管理的有效制度，探索完善“政府主导，社会支持，全民参与，整合资源，共建共享”的机制。今年继续组织实施中国（广西）红水河流域民族体育工程、中越边境（广西）全民健身工程、全国乡镇农民体育健身工程、农民体育健身工程等，多方筹措资金 5930 万元，采取项目申报制，通过“以奖代补”的方式，加大城乡公共体育场地设施的建设力度。

各级体育部门要用好、用活相关政策，整合资源，多方筹资，发动群众，全民参与，建设更多、更高水平的全民健身场地设施，为我区群众体育活动的组织开展提供优质的硬件保障。

（四）以社会体育指导员队伍建设为重点，进一步推进全民健身组织建设

继续加强社会体育指导员工作，通过广西师范大学体育学院国家社会体育指导员培训基地、广西体育高等专科学校自治区社会体育指导员培训基地等，大规模培训社会体育指导员。充分发挥社会体育指导员协会的作用，完善组织管理，切实发挥社会体育指导员的作用，指导和推动基层体育组织建设和行业职工体育活动开展。

（五）进一步加强青少年体育工作

继续贯彻落实中共中央、国务院《关于加强青少年体育增强青少年体质的意见》，各级体育部门要积极和教育、共青团等部门配合，从政策、场地、组织、活动等多方面为广大青少年参加体育锻炼创造条件，提供保障。做好青少年体育俱乐部和青少年户外体育营地创建和体育传统项目学校体育教师培训工作，大力开展社会化组织程度较高的青少年体育活动，如青少年学生阳光体育运动、全区中小学生广播操大赛等。

（六）加强群众体育科学研究，推进全民健身科学化进程

各级体育部门要重视群众体育科研工作，鼓励和支持各种形式的群众体育科学研究。要认真研究思考在建设体育强国和重振广西体育雄风的过程中，群众体育的发展要求、发展方向是什么，准确把握群众体育事业在服务社会建设中的基本规律，不断创新群众体育的工作思路、方式和方法。各地要结合实际，采取积极措施，编写体育健身科普读物，开发推广民众喜闻乐见的体育健身项目和锻炼方法，搭建科学健身指导、服务和保障平台。自治区体育局将深化与高等院校和科研院所的合作，整合资源，借助外力，共谋发展，加强与北京体育大学、广西师范大学、广西民族大学的“局校合作”，成立广西民族体育研究发展中心、广西民族体育产业发展中心、中国—东盟体育交流合作中心。今年还要做好第三次国民体质监测工作，加强对监测数据的研究和运用，为指导全区群众科学健身提供依据。

（七）以中国—东盟合作为平台，加强广西群众体育对外交流

抓住中国—东盟自贸区正式启动的有利时机，继续举办中国—东盟国际汽车拉力赛、中国—东盟拳王争霸赛、中国—东盟篮球邀请赛、中国—东盟藤球邀请赛、中国—东盟“和谐之旅”汽车跨国集结赛、环北部湾公路自行车赛等一系列体育赛事；组建中国—东盟体育研究中心、中国—东盟体育人力资源培训中心；建设中国—东盟网球基地、中国—东盟篮球基地、中国—东盟体育信息中心和中国—东盟体育产业园区；举办中国—东盟青年体育领导人培训与研讨班、中国—东盟体育发展论坛和边境地区全民健身论坛；承办好 2010 年中韩群众体育交流活动；推进广西万村农民篮球赛与国际著名运动品牌公司 NBA 的合作，把广西万村农民篮球赛打造成面向市场，在国内有影响力的运动品牌。

（八）做好民族体育的保护传承工作

民族体育资源是我区独具特色的宝贵财

富。各级体育部门要加强民族体育科研工作，配合有关部门共同保护好我区民间（民族）传统体育活动和赛事。今年建设一批村级少数民族体育传承馆、少数民族体育示范学校，评选一批少数民族体育传承人、民族体育之乡。通过广西民族体育研究发展中心，与12个世居民族所在地建立研究站，形成1+12的研发联盟，切实抓好民族体育进校园工作，组建全区民族体育保护校级联盟；挖掘整理我区少数民族传统体育文化，积极开展申报民族体育非物质文化遗产工作。办好第十二届全区少数民族运动会，田阳歌圩运动会等一系列民族赛事和活动。研究制定《广西民族体育保护开发总体规划》，积极争取将我区列入国家级少数民族体育保护开发示范区。

同志们，时代的发展赋予了群众体育事业新的内涵，社会的进步对群众体育体育工作提出了新的要求。全区各级体育部门要紧紧抓住贯彻落实《全民健身条例》和实施重振广西体育雄风的有利时机，进一步转变观念，提高认识，切实担负起政府体育主管部门发展全民健身事业的责任，促进群众体育工作再上新台阶。

我相信，新的一年里，在国家体育总局的指导和自治区党委、政府的正确领导下，有各级体育部门的扎实工作，有各有关单位的紧密配合，有社会各界的大力支持，一定能够开创群众体育工作的新局面，实现我区群众体育事业的新发展，为建设体育强国、重振广西体育雄风、建设富裕文明和谐新广西做出新的更大的贡献。

谢谢大家。

2011 年

开拓创新　科学谋划
奋力开创重振广西体育雄风
建设西部体育强区新局面

——在 2011 年全区体育局长会议上的讲话

（2011 年 3 月 1 日）

自治区体育局局长　容小宁

同志们：

2011 年全区体育局长会议今天召开了。首先，我代表自治区体育局，对与会代表表示热烈的欢迎，对各部门和有关方面给予体育事业的支持帮助表示衷心的感谢，对全区体育工作者表示诚挚的问候！

这次会议，是在全区深入学习贯彻党的十七届五中全会和自治区党委九届十三次全会精神，广西体育事业“十一五”取得显著成绩、实施“十二五”规划的新形势下召开的一次十分重要的会议。会议的主要任务是，深入总结“十一五”时期广西体育事业发展成功经验，全面分析广西体育工作面临的新形势、新机遇，进一步明确我区体育工作今后五年的指导思想、基本要求、目标任务和重大举措，部署 2011 年重点工作，推进广西体育事业在新的历史起点上又好又快发展，不断开创重振广西体育雄风、建设西部体育强区新局面！

一、解放思想，开拓创新，“十一五”时期广西体育事业取得显著成绩

“十一五”时期，在自治区党委、自治区人民政府的领导和国家体育总局的指导下，在全区体育战线广大干部职工的共同努力下，广西体育工作坚持以科学发展观为统领，发挥体育为经济社会发展服务，满足人民群众日益增长的体育需求的多元价值，紧紧抓住党中央实施西部大开发、建设社会主义新农村、构建社会主义和谐社会和建设北部湾经济区等一系列重大战略部署和北京举办奥运会的历史机遇，立足区情，解放思想、实事求是、与时俱进，发挥优势，注重特色，狠抓落实，积极探索广西体育事业科学发展路子，广西体育事业取得令人鼓舞的新进步、新发展、新成就。

群众体育事业蓬勃发展。深入贯彻落实《全民健身计划纲要》，大力唱响“人人运动，健康广西”的时代主题，以构建全民健身服务体系为主线，着力完善体育设施、健全体育组织、加强健身指导、打造品牌赛事活动，政府主导、社会支持、全民参与的群众体育社会化运作模式初步形成，具有广西特色的全民健身服务体系逐步形成。实施中国（广西）红水河流域民族体育工程、中越边境（广西）全民健身工程和各类体育健身工程，建设了 5386 块公共体育场地，建设面积约 347.507 万平方米，人均体育场地面积比“十五”期末有了明显提高。成功打造了广西体育节、广西万村农民篮球赛、广西城乡万人气排球赛、广西“红水河杯”绣排球赛等群众性品牌活动（赛事），全区经常参加体育锻炼人数占总人口数的比例达到 31%，达到《国民体质测定标准》合格标准的城乡居民人数比例为 91.8%。社会体育指导员队伍发展到 33183 人。少数民族体育、青少年体育、残疾人体育、妇儿体育、老年人体育等方面工作取得新的发展。

竞技体育综合实力不断增强。我们坚持完善竞技体育"灵、小、短、水"优势发展战略，以备战北京奥运会、山东全运会为重点，调整优化项目布局，加强体育后备人才培养，提升科学训练水平，取得了运动成绩和精神文明双丰收。"十一五"期间，我区运动员共获奥运会冠军1个，亚运会冠军10个，全运会冠军7.5个。在国内外重大赛事中获得世界冠军33个，获亚洲冠军35个，全国冠军201个。打破世界纪录5人次、打破全国纪录12人次；现有国家级高水平后备人才基地9个；组织承办了柳州世界水上极速运动大赛、南宁国际田联世界半程马拉松赛等国际重大赛事。赛风赛纪和反兴奋剂工作力度进一步加大，"十一五"期间没有出现兴奋剂事例和赛风赛纪问题。

体育产业发展成效凸显。"十一五"期间，我区从实际出发，不断推进体育产业化进程，广西体育产业从小到大，体育产业政策与环境得到逐步改善，体育消费逐年增加，体育彩票销售稳步增长，公共体育设施投入逐步加大。全区完成体育固定资产投资共47亿元，兴建了一批城乡体育基础设施，总投资超过广西前十个五年计划投入的总和。体育彩票销售收入总计34亿元，与"十五"期间相比增长了162%，筹集公益金4亿元，现有终端销售网点1338个。

体育对外交流合作日益频繁。围绕中国—东盟自由贸易区建立、中国—东盟博览会落户南宁和《广西北部湾经济区发展规划》的实施，努力打造与之相适应的体育交流平台，打响体育的东盟牌。"十一五"期间，成功举办了4届中国—东盟国际汽车拉力赛和中国—东盟篮球赛等一系列中国—东盟的体育赛事。共派出体育团队133个团组596人次出访东盟各国和世界其他国家及地区，接待到广西访问、训练、比赛的东盟国家团队95个887人次，帮助东盟国家培养了一大批优秀运动员。

关系到体育事业长远发展的各项基础性、长远性、战略性工作取得了重大进展。自治区人民政府审议通过了《广西壮族自治区重大体育比赛奖励办法》，表明了自治区人民政府对竞技体育工作的高度重视和关怀。经自治区人民政府批准，从2009年起，每年8月8日举办"广西体育节"，广西有了自己的全区性体育节日，这是北京奥运会遗产社会化、全民化、制度化的重要成果；体育法制、科技、教育、人才队伍建设力度不断加大，为体育发展提供了重要人才和智力支持；体育宣传不断加强，为广西体育发展创造了良好环境。

"十一五"时期，广西在2006年荣获国家体育总局颁发的"参加第十五届亚运会重大贡献奖"，2008年荣获国家体育总局颁发的"参加第二十九届奥运会重大贡献奖"，2010年荣获国家体育总局颁发的"参加第十六届亚运会重大贡献奖"、"贯彻落实《全民健身条例》切实做好'三纳入'工作推动政府履行公共体育服务职责先进单位"、"全国体育政策法规工作先进单位"、"全国体育系统'五五'普法工作先进单位"、"体育彩票销售贡献奖"、"全国体育彩票销售增长奖"、"全国体育彩票市场增长奖"等国家级荣誉。2009年荣获国家体育总局举摔柔中心、中国举重协会颁发的"新中国举重事业重大贡献奖"。

过去的五年是我区体育事业克服重重困难、取得新突破、实现快速发展的五年；是全民健身活动最活跃、全民参与意识不断增强的五年；是竞技体育战略调整、强基固本、屡创佳绩的五年；是体育产业需求旺盛、方兴未艾、异军突起的五年；是体育服务东盟、走向世界、对外体育交流日益活跃的五年；是体育在经济社会中地位明显提高、作用更加凸显、影响不断扩大的五年。

"十一五"时期广西体育成就鼓舞人心，经验弥足珍贵。我们深刻体会到：必须坚持深入学习实践科学发展观，加快转变体育发展方式，推动体育事业又好又快发展；必须坚持解放思想，创新发展理念，突出发展重点；必须坚持群众体育、竞技体育、体育产业的协调发展、全面推进；必须坚持改革创新，破除体育发展体制机制障碍，增强体育发展的动力与活力；

必须坚持体育对外开放合作，充分发挥体育在对外交流合作的作用；必须坚持体育在促进人的全面发展，推进和谐社会建设的作用。

在充分肯定取得成绩的同时，我们更要清醒地看到，广西体育发展仍然存在不少问题和薄弱环节，特别是制约我区体育事业发展的一些深层次矛盾还没有从根本上真正得到解决，制约科学发展的一些体制机制障碍尚未有效破除，发展中一些不够全面、不够协调、不可持续的问题依然存在。突出表现在：一是公共体育服务能力与人民群众日益增长的需求仍有较大差距，依然是我区体育事业发展过程中的主要矛盾，人均场地面积远低于全国人均场地面积。经常参加体育锻炼的人数比例仍处在较低水平，全民健身服务体系还不完善，均等化服务水平较低。二是竞技体育排名后移，优势项目不多且不巩固，潜优势项目成长不快，项目结构不尽合理，一些基础大项和群众喜爱的项目总体水平偏低，高水平教练员和尖子运动员匮乏，整体上科学训练水平不高，体育后备人才培养出现萎缩，优秀运动队和各级政府部门兴办各类业余体校的训练条件都有待改善。三是体育产业总体上还处于成长初期，体育社会化、产业化进程不够快，重大项目和体育产业园区、聚集区发展不够，引领产业发展的主导品牌不多，龙头产业项目带动作用不够强，体育经营管理人才缺乏。对这些问题，我们必须高度重视，研究采取有效措施，切实加以解决。

二、2010 年各项体育工作取得了重要进展

（一）以贯彻落实《全民健身条例》为抓手，推动群众体育事业深入发展

1. 积极推动政府履行公共体育服务职能。深入贯彻落实《全民健身条例》，研究制定了《广西全民健身实施计划（2011－2015 年）》并报送自治区人民政府审批。各级体育部门积极行动，抓紧制定本地区全民健身实施计划，推动政府履行公共体育服务职能，切实做好“三纳入”工作，不断扩大“纳入”范围。有的地方实现了全民健身工作的“六纳入”，即将全民健身事业纳入当地国民经济和社会发展规划，工作经费列入各级政府财政预算，把全民健身工作写进各级政府工作报告，将全民健身工作列入政府为民办实事工程、列入政府部门目标管理体系、列入“两个文明”建设目标考评体系。来宾市争创“全国全民健身示范城市”得到国家体育总局群体司的肯定和支持。

2. 加大城乡基层公共体育设施建设力度。在全区实施了中国（广西）红水河流域民族体育工程、中越边境（广西）全民健身工程和各类体育健身工程，并配合自治区党委、政府实施城乡风貌改造二期工程和村级公共服务中心建设。多方筹措 5930 万元，支持各地建设 75 个国家级乡镇农民体育健身工程、1830 个农民体育健身工程（村级篮球场）、90 条全民健身路径工程，启动建设 1 个国家级全民健身活动中心、2 个雪炭工程。带动地方投入建设乡镇农民体育健身工程 20 多个、村级篮球场 1000 多个，全民健身活动中心、体育公园、健身广场、户外营地及其他公共体育场地 500 多个。会同教育部门和地方政府，继续推动学校体育场馆向公众开放。

3. 成功举办第二届广西体育节，推动全民健身活动深入开展。第二届广西体育节期间，全区各地共组织了 434 项群众体育赛事（活动），66 万人直接参加了体育节活动，现场参与观众达到 700 多万人次，70 多家媒体参与了体育节的报道，编发新闻稿件约 8642 篇（次）。还举办了第二届广西城乡万人气排球赛、广西“拔群杯”篮球赛、第二届广西“红水河杯”绣排球比赛等群众体育品牌赛事。全年全区各地组织开展各类群众体育活动达 6824 场次。

4. 加强社会体育指导员队伍建设。筹备成立广西社会体育指导员协会，制定各类规章制度，规范社会体育指导员队伍管理。全年培训国家级社会体育指导员 40 人、一级社会体育指导员 1560 人、二级社会体育指导员 621 人、三级社会体育指导员 974 人。各地不断加强社会体育指导员队伍建设，指导员数量不断增加、质量不断提高，其作用日益凸显。

5. 圆满完成参加第四届全国体育大会任务。我区组成了133人的代表团参加了蹼泳、救生、技巧、高尔夫球、航海模型、定向、围棋、象棋、桥牌、门球等10个项目的比赛。经过全团上下共同努力，顽强拼搏，广西代表团共取得一等奖4项、二等奖14项、三等奖31项的好成绩，还荣获"第四届全国体育大会体育道德风尚奖代表团"荣誉称号，实现了运动成绩和精神文明双丰收。

6. 开展第三次国民体质监测工作。在南宁、桂林和玉林市开展2010年第三次国民体质监测工作，完成了10800个合格的监测数据样本采集工作，为全民健身计划的实施提供科学依据。

（二）竞技体育实力明显提升，参加重大比赛屡创佳绩

1. 参加国际国内重大比赛取得好成绩。调整项目布局，优化项目结构，以备战2012年奥运会和2013年全运会为目标，科学管理，科学训练，用管理促成绩，广西运动健儿在2010年共获世界冠军17个，亚洲冠军14个，全国冠军69个。广西共有12名运动员入选2010年第十六届广州亚洲运动会中国体育代表团，参加了举重、游泳、田径、水球、艺术体操和保龄球六个项目的比赛，获得了6枚金牌2枚银牌1枚铜牌的好成绩。其中，田径运动员劳义创造中国田径新历史，夺得中国在亚运会男子100米比赛中第一枚金牌；劳义还与队友顽强拼搏在男子4100米接力赛中勇夺金牌，打破亚运会纪录，让中国队时隔二十年后再次夺得该项目金牌。

2. 区运会筹备工作有序推进。钦州市委、市政府高度重视，筹备工作全面提速，并取得重大进展。新建主体育场完成主体建设，各个比赛场馆维修改造基本完成，会徽、会歌、吉祥物和宣传画等征集工作已经完成，开闭幕式等大型活动创意方案基本确定，宣传造势和市场开发工作扎实推进，城市软硬件环境建设不断加强，志愿者招募工作已基本结束。自治区体育局也积极推进筹备工作，制定了《广西壮族自治区第十二届运动会竞赛规程总则》和《广西壮族自治区第十二届运动会运动员参赛资格规定》。各市也在紧锣密鼓加紧备战。

3. 承办、组织重大体育赛事卓有成效。去年精心组织，成功承办全国春季游泳锦标赛和全国艺术体操锦标赛等国家级比赛2项；举办全区青少年锦标赛26项，进一步提升了竞技体育影响力，锻炼了队伍，积累了承办大型体育赛事的经验。对赛风赛纪和反兴奋剂专项治理工作做出了具体部署，从"教育、自律、制度、监督、惩处"五个环节入手推进反兴奋剂工作，营造公平、公正的竞赛环境；强化竞赛管理，规范制度，完善措施，狠抓赛风赛纪。

4. 全面推行科学管理。2010年，完成了各训练基地、项目中心领导班子的调整，内设机构人员的配备及新周期各项目教练员的选聘工作。全面开展"科学管理年"活动，努力实现管理制度化、精细化、规范化、人性化目标任务。向管理要效益、要成绩、要金牌，科学管理初显成效。充分利用社会资源，创新机制，推进了自治区与北海市共建广西足球项目优秀运动队，加快部分运动项目的职业化、社会化进程。

（三）抢抓机遇，着力推动体育产业加快发展

1. 研究制定广西体育城项目策划方案。认真落实自治区人民政府建设"广西体育城"项目的决策，我局会同自治区发改委、财政厅、住建厅、国土厅以及南宁市积极开展广西体育城项目策划方案的编制工作。广西体育城主要由广西体育中心、广西奥林匹克训练基地、亚太大众体育示范区（暨中国—东盟体育交流中心）、体育商业街区和主题社区、广西体育高等专科学校和广西体育运动学校五个板块构成。项目策划方案报自治区人民政府后，马主席批示充分肯定广西体育城策划方案。

2. 全社会体育固定资产投资再创新高。全社会体育固定资产投资项目共170个（含打捆项目），其中单项总投资1000万元以上的项目有53个，项总投资1亿元以上的项目19个。

全年完成固定资产投资 23 亿元，完成自治区下达年度投资目标任务 13 亿元的 177.2%，完成我局下达年度投资目标任务 13.6 亿元的 169%。与去年同期相比，完成投资增加 8.37 亿元，增长 57.2%。其中完成投资超亿元的市有柳州市 5.32 亿元；南宁市 4.61 亿元；钦州市 3.55 亿元；来宾市 2.02 亿元；贵港市 1.28 亿元；百色市 1.27 亿元；桂林市 1 亿元。

3. 体育彩票销售实现历史性突破。全区体育彩票年累计销量达 5.35 亿元，比上年增长 88.99%，销售增长为全国第一，市场份额增长全国第四。即开型体育彩票销售增长全国第一．累计净增终端 287 台，在售终端机总数为 1338 台。

4. 首批入选三个全国体育旅游精品项目。在 2010 年中国体育旅游博览会上，我区报送的广西柳州世界水上极速运动大赛、桂林五排河漂流风景区、金秀瑶族民族传统体育旅游 3 个项目经专家评审组评判，在全国各省（区、市）99 个精品推荐项目中脱颖而出，全部入选首批中国体育旅游精品推荐项目。

（四）抓住举办“十二届民运会”契机，加强民族体育保护传承

1. 成功举办第十二届全区少数民族传统体育运动会。第十二届全区少数民族传统体育运动会于 11 月 18 日至 23 日在玉林市举行。运动会共设置花炮、珍珠球、射弩、陀螺、投绣球、毽球、龙舟、高脚竞速、三人板鞋竞速、武术 10 个比赛项目和综合类、技巧类、竞技类 3 大类 13 个民族表演项目。共有 14 个市代表团、1 个高校代表团的 973 名运动员参加了 11 个大项、31 个小项的比赛。共决出金牌 49 枚、银牌 49 枚、铜牌 47 枚，表演项目评出一等奖 3 个、二等奖 5 个、三等奖 5 个。通过评选，有 15 个代表团、196 名运动员、30 名裁判员获得体育道德风尚奖。在第十二届全区民运会期间，还对全区民族体育先进集体和个人进行了表彰。

2. 大力开展局校合作。与广西民族大学、广西师范大学签署合作框架协议，成立并共建广西民族体育研究发展中心、广西民族体育产业研究发展中心。进一步挖掘整理我区少数民族传统体育文化，积极开展申报民族体育非物质文化遗产工作。

3. 开展系列民族体育传承活动。围绕建设国家级少数民族体育保护传承示范区的目标，建设了资源县车田苗族乡等 17 个首批广西壮族自治区民族体育特色之乡和南丹县里湖瑶族乡白裤瑶文化体育传承馆等 6 个广西壮族自治区民族体育传承馆。命名盘振松等 20 人为广西壮族自治区民族体育传承人。加大支持力度，保护传承少数民族传统体育。

4. 开展少数民族传统体育进校园活动。联合自治区教育厅开展民族体育进校园活动，在南宁沛鸿民族中学举行了活动启动仪式。命名南宁沛鸿民族中学等 12 所中小学为“广西民族传统体育示范学校”。成立了由广西民族大学与全区各示范学校组成的少数民族体育校际保护联盟，为民族传统体育传承发展搭建了良好的平台。

（五）围绕大局服务中心，体育对外交流不断扩大

1. 成功举办了第四届中国－东盟国际汽车拉力赛暨中国－东盟媒体汽车拉力赛。围绕中越建交 60 周年、中泰建交 35 周年庆祝活动等重大外交活动，进行一系列创新，首次提出“主题国”概念，举办了贝拿国际赛道卡丁车赛、形象大使选拔赛以及“全国车友聚绿城自驾助威万里行”等活动。中国－东盟国际汽车拉力赛，作为国内目前唯一形成传统的跨境赛事，以汽车运动作为载体，创造了我国汽车集结拉力赛史上路线最长、跨越国家最多、规模最大等多项纪录。在刚刚结束的第五届中国赛车风云榜揭晓会上，荣获大会颁发的“最具成长价值赛事”大奖。

2. 举办了系列体育对外交流赛事。成功举办了中国－东盟篮球邀请赛、中国－东盟龙舟邀请赛、中国－东盟藤球赛、柳州世界水上极速运动大赛、南宁国际田联世界半程马拉松锦标赛、百色乐业国际山地户外挑战赛等有影

响力的国际赛事。这些品牌赛事，促进了体育对外交流合作，为服务中国与东盟国家经济发展发挥了积极作用。同时，也进一步宣传了广西，提升了广西在国际上的影响力。

3. 承办中韩群众体育交流活动。中韩群众体育交流活动是中韩两国之间一项重要的体育交流项目。去年正值中韩群体交流活动10周年，承办此项活动，使命光荣，意义重大。我区派出群众体育交流团一行58人(外加国家体育总局2人)出访韩国，韩国群众体育交流团一行62人来我区进行了群体交流访问活动。本次交流活动的成功举办，进一步推动了两国群众体育的交流合作和发展，增进了中韩两国人民的友谊。

4. 举办中国—东盟体育产业发展论坛。自治区体育局和百色市人民政府在平果县主办了首届中国—东盟体育产业发展论坛。应邀出席此次论坛的共200多人，有原国家体育总局和广西壮族自治区人民政府领导；新加坡、马来西亚、泰国、越南、缅甸、老挝、印度尼西亚等国家和北京、上海、广东、四川、福建、台湾地区等地的官员、专家、学者、企业家；广西相关部门、各地市领导和各级体育局负责人出席论坛，论坛为提升广西体育产业发展水平，促进与东盟国家体育产业合作发挥了积极的作用。

2010年1月15日，马飚主席、沈北海常委、李康副主席率自治区发改委、财政厅、编办、建设厅、国土厅、教育厅、南宁市等有关部门到自治区体育局调研，召开广西体育工作座谈会。马主席在会上提出了体育工作九个新的要求。自治区领导沈北海常委、李康副主席先后多次召开专题会议，部署落实马主席1月15日重要讲话精神，研究并推进工作，自治区体育局牵头，起草了《重振广西体育雄风、建设西部体育强省(区)的决定》、《重振广西体育雄风、建设西部体育强省(区)三年攻坚总体方案》、《广西壮族自治区全民健身实施计划》、《广西壮族自治区人民政府关于加快发展体育产业的实施意见》等19个文件。这批文件已经报送自治区人民政府并列入了政府常务会议的议题，正在等待自治区党委、自治区人民政府审议批准后，将召开全区体育大会贯彻落实。

2010年，体育法制建设、体育科技、体育教育、体育宣传、体育行业加强党的建设和反腐倡廉及干部作风建设等方面的工作都取得了长足的发展。

三、抢抓机遇，科学谋划，推进“十二五”时期广西体育又好又快发展

“十二五”是广西体育加快发展的重要时期，是解决体育发展深层次矛盾的攻坚时期，是为实现重振广西体育雄风、建设西部体育强省(区)夯实基础的关键时期。置身国内外发展的大背景，分析面临的新形势，广西体育具备了坚实的发展基础、良好的发展条件和难得的发展机遇。认清形势，抓住机遇，奋发有为，乘势而上，务实工作，“十二五”时期广西体育就一定会实现科学发展、和谐发展、跨越发展。

(一)“十二五”时期广西体育发展的指导思想

高举中国特色社会主义伟大旗帜，以邓小平理论和“三个代表”重要思想为指导，深入贯彻落实科学发展观，适应国内外形势新变化，顺应各族人民过上更好生活的新期待，以科学发展为主题，以固本强基、转变发展方式为主线，以改革创新为动力，突出重点，深化体育管理体制改革，建立健全公共体育服务体系，努力实现群众体育有新发展、竞技体育有新突破、体育产业有新跨越、民族体育保护传承有新进展、体育对外交流有新成效、体育基础设施建设有新改善、体育人才有新涌现、体育改革有新机制、体育政策有新完善，为实现富民强桂新跨越发挥重要作用。

(二)“十二五”时期广西体育发展的总体目标和主要任务

1.“十二五”时期广西体育发展的总体目标。经过10年的努力，经常参加体育锻炼人数、人均体育场地面积、竞技体育综合实力、体育产业增加值等体育综合指标达到全国平均水平以上，把广西建设成为西部体育强省

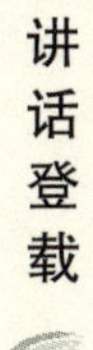

(区)、国家少数民族传统体育保护传承示范区、区域性国际体育交流合作中心。

到2015年，初步构建起广西基本公共体育设施市、县(区)、街道(乡镇)、社区(行政村)四级基本公共体育设施体系及与之相适应的管理机制，便民利民的公共体育设施基本覆盖城乡，布局基本合理，公共体育均等化服务水平位居西部地区前列，建成能承办全国和国际区域性综合运动会的体育场馆设施，为确保全区人均体育场地面积达到1.5㎡的全国平均水平做出重要贡献，全民健身服务体系基本形成，经常参加体育锻炼人数比例达到35%以上，国民体质优秀标准的人数比例达到22%以上。竞技体育形成优势项群，后备人才培养形成梯队，涌现出一批能在国际、国内重大比赛中争金夺银的尖子运动员，优秀运动队训练场馆达到全国先进水平，竞技体育竞争能力明显提高，总体实力保持西部地区前列。体育产业培育若干龙头企业，体育市场发育良好，体育彩票年销售额增长20%以上，体育产业增加值快速递增。重振广西体育雄风取得阶段性成效。

2."十二五"时期广西体育发展的主要任务。群众体育要有新发展。以构建公共体育服务为核心，大力发展公共体育事业，满足群众日益增长的体育文化需求，城乡居民体育健身意识进一步增强，国民体质普遍提高。

完善城乡基层体育组织网络。充实调整各级各类体育协会、体育俱乐部，到2015年底，力争全部县(区)建有体育总会，80%以上的街道和60%以上的乡镇建有体育组织，40%以上的街道和20%以上的乡镇建有1所依托学校或公共体育设施的青少年体育俱乐部；居委会、社区和行政村普遍建有全民健身活动站点；基层体育组织自主开展经常性和制度化的体育健身活动。

广泛开展群众性体育活动，增加参加体育健身活动的人数，提高全民特别是青少年的身体健康素质。通过举办广西体育节和利用节、假日组织群众参加体育健身活动，不断提高群众的健康水平，《国民体质测定标准》合格标准的人数比例达到90%以上。在校学生普遍达到《国家学生体质健康标准》基本要求，耐力、力量、速度等素质明显提高。

加快全民健身指导网络建设。加快社会体育指导员队伍建设。到2015年底，获得社会体育指导员技术等级证书的社会体育指导员达到3.6万人以上。普遍开展全民健身志愿者服务活动。

竞技体育要有新突破。坚持和创新竞技体育"灵、小、短、水"优势发展战略，全面提升优势项目的整体实力与水平，通过调整运动项目布局，优化结构，提高效益，加强竞技体育后备人才梯队建设，夯实竞技体育发展的基础，建立符合广西社会经济发展实际情况的竞技体育发展模式，建设一支全方位的人才队伍，确立重点优势项目在全国的一流地位。

突出重点，发挥优势。坚持"优势项目，优先发展，优先投入"原则，重点加大对优势项目的财力、物力、人力给予倾斜投入。继续加强发展潜优势项目。对弱势项目坚持"侧重发展，效益投入"原则，尽快提升竞争力。继续保留成绩突出的现有非奥运会项目。积极筹备开展女子拳击、高尔夫球等奥运会新设置的运动项目，重新组建自治区足球项目优秀运动队，在游泳、田径等基础大项上拓展长距离项目。力争在2012年夏季奥运会上取得1～2枚金牌，力争在2013年第12届全运会上取得金牌8～10枚，金牌数与总分位次稳中有升。

加大竞技体育训练与比赛基础设施建设。重点建设广西奥林匹克训练基地和国家南方滨海水上训练基地，改善优秀运动队的训练、教学、科研条件。改善各级体育部门兴办的各类业余体校的训练、教学、生活条件。

体育产业要有新跨越。"十二五"期间，充分利用广西体育资源优势，着力构建以桂林—柳州—来宾—南宁—北钦防沿海城市(北海、钦州、防城港)为主轴，以桂东、桂西为两带(桂东包括梧州、贵港、玉林、贺州四市，桂西包括百色、河池、崇左三市)的"一轴两带"体育产业发展大格局。重点培育广西体育城，柳州水上运动娱乐中心，桂林体育旅游，北海、钦州、防城港滨海体育休闲和冬训基地，梧州、贵港、玉林、贺州体育用品制造，百色山地体育运动，河池、来宾、崇左民族体育、休闲养生等一批重点项目。

加快创建一批体育产业示范区。争取在国家体育总局和自治区人民政府的支持下创建1～2个国家级体育产业示范园区，建设一批自治区级体育产业示范基地，在全区树立体育产业发展的标杆。

实施体育彩票生命线工程。力争到2015年实现全区体育彩票网点规模不少于3000个，我区体育彩票年销售额达到12亿元以上。

民族体育保护传承要有新进展。实施少数民族传统体育保护传承工程，以建设国家少数民族传统体育保护传承示范区为核心，增强人民群众保护少数民族传统体育文化的意识，注重保护少数民族传统体育文化的原生态、现时性、完整性，优先抢救和保护具有重大历史、科学、教育、健身价值且处于濒危状态的项目和传人。建设一批少数民族传统体育文化生态保护区、保护圈、保护带、保护段。建设一批民族体育特色之乡、民族体育传承馆、民族体育博物馆，培养和命名一批民族体育传承人，建立一支高素质的少数民族传统体育保护传承人才队伍。大力开展“民族传统体育进校园”活动，建设一批“民族传统体育示范学校”。实现广西少数民族传统体育文化保护工作的科学化、规范化、网络化、法制化，基本建成有组织、有设施、保护运行机制完善的可持续发展的少数民族传统体育文化保护制度与保护体系。

体育对外交流合作要有新成效。体育对外交流合作紧紧围绕服务中国一东盟自由贸易区建设，把广西建设成为在国内外极具体育交流合作竞争力、汇聚效应和辐射能力的区域性国际体育交流合作中心。

举办中国一东盟系列体育赛事。继续办好中国—东盟系列国际体育赛事，培育国际赛事品牌。加强对港澳台和欧美地区的体育对外交流合作，扩大我区体育的国际影响力。

公共体育设施建设要有新改善。为确保全区人均体育场地面积达到1.5平方米的全国平均水平，重点实施基本公共体育设施工程，加大公共体育设施建设力度，初步建立起覆盖城乡、布局合理、资源共享、便民利民基本公共体育设施地市、县(区)、街道(乡镇)和社区(行政村)四级体系及与之相适应的管理机制。

全区14个地级市100%实现“五个一”，即一个大型全民健身活动中心、一个体育场、一个体育馆、一个游泳馆和一个体育公园的建设；全区34个城区100%实现“两个一”，即一个中型全民健身活动中心、一个体育公园的建设。

全区75个县50%完成“四个一”，即一个中型全民健身活动中心、一个体育馆、一个田径场和一个体育公园的建设。全区105个街道办事处50%完成“两个一”，即一个小型全民健身广场、一片笼式多功能球场的建设。

全区1126个乡镇50%完成“两个一”，即一个带看台的灯光篮球场、一个小型全民健身广场的建设。全区1701个社区基本实现“两个一”，即一片多功能运动场地、一条健身路径的建设。

全区14353个行政村50%完成“两个一”，即一个室外篮球场、一个室外乒乓球场(配置两张乒乓球台)的建设。

新建完善14个地级市14个业余体校的体育设施，各包含1座综合训练馆等；新建扩建109个县区级业余体校(规模在100人左右)，含体育场馆(一个简易田径场、一个综合训练馆)、教学楼、宿舍楼等。

规划建设国家南方滨海训练基地。支持北海建设好山东冬训基地。

全区体育系统各类学校的体育场地通过维修改造后实现100%实现对外开放；全区17696所各类学校的体育设施，通过安全开放条件的改造，50%实现对外开放；全区企事业单位的体育设施，50%实现对外开放。

体育人才培养要有新涌现。重点扶持 9 所国家级高水平竞技体育后备人才培养基地，评定和资助 20 所自治区级竞技体育后备人才培养基地，加强自治区体育运动学校、全区 14 所市级体育运动学校、全区 50 所县级业余体校的建设和扶持工作。按照 1∶3∶9 原则，力争一线运动员达到 1000 人，力争发展二线在校训练的竞技体育后备人才 3000 人，发展三线长期参加体育训练的少年儿童初学者 9000 人。各级各类竞技体育后备人才培养基地平均每年向优秀运动队输送 50～100 名左右具备发展潜力的优秀人才。培养和造就具有较高政治理论水平、较强宏观管理和科学决策能力、驾驭全局和战略思维能力、有较高综合素质和工作水平、精通各项体育业务、能把握体育工作规律的"复合型"高素质体育管理人才。

实施教练员强将工程。面向全区体育系统选拔一批优秀教练员纳入强将培养计划，采取输送到国内外体育院校学习、选送到体育强省优秀运动队定向培养、选派到国家队锻炼代培等方式加以重点培养。力争部分重点运动项目有 1 名国家级教练员，其他项目至少有 1 名高级教练员。

体育改革要有新机制。建立完善的"训、科、医、教"一体化管理模式。高度重视竞技体育后备人才培养阶段的体育和教育行政部门的资源整合工作，积极构建常态化制度化的教育、体育协商机制和工作促进机制，构建长效化"优势互补、资源共享、义务共尽、成果共用"的体育、教育优质资源整合机制。建立跨区域、跨部门共同培养高水平体育人才的激励和保障机制。完善体育竞赛制度。整合和调动社会资源，鼓励和引导各行业以及社会力量举办各级各类体育竞赛。改革区运会的计分办法，积极承办国际、国内的重大赛事，建立大型国际、国内比赛活动的资助制度。

体育政策要有新举措。坚持政府主导，鼓励社会参与，多渠道筹措建设资金，加快公共体育服务体系建设，提高均等化服务水平。

重视和做好优秀运动队运动员和竞技体育后备训练人才的文化教育和保障工作，深入贯彻国办发《关于进一步加强运动员文化教育和运动员保障工作指导意见》，落实退役优秀运动员免试进入高等院校学习的各项政策，实施工伤保险和运动员奖学金、助学金制度，实施运动员自主择业经济补偿标准动态调整机制。调整国内外重大赛事成绩奖金的分配办法，努力提高基地、项目中心和后勤保障单位的管理、后勤保障和科研医务人员积极性。设立自治区体育产业发展引导专项资金，在体育用地、税收、投融资等方面给予相关政策的优惠待遇和支持。

展望"十二五"，我区体育站在更高的起点上开启新的伟大征程，前景十分广阔，目标催人奋进。我们坚信，经过全区体育工作者的共同努力，规划蓝图一定能够实现，奋斗目标一定能够达到，广西体育的明天一定更加美好！

四、2011 年主要工作

2011 年是实施"十二五"规划的开局之年，是广西体育在新的、更高起点上努力实现新发展、新进步的重要一年，做好今年的工作至关重要。今年全区体育工作的总体要求是：以邓小平理论和"三个代表"重要思想为指导，深入贯彻落实科学发展观，抢抓国家深入实施西部大开发战略和建设北部湾经济区的历史性机遇，组织实施"十二五"发展规划、举办第十二届全区体育运动会的历史性机遇，全面落实《政府工作报告》中对体育工作提出各项目标任务，解放思想，更新观念，加大公共体育服务体系的建设，努力提高竞技体育水平，加快发展体育产业，加速体育对外交流合作，开好头，起好步，努力把我区体育事业进一步推向前进，为我国从体育大国向体育强国迈进、实现重振广西体育雄风、建设西部体育强区做出贡献。

（一）以创建国家民族地区全民健身示范区为载体，大力发展全民健身事业

1. 推动各级政府履行公共体育服务职能。进一步加大工作力度，全面推进《全民健身条例》、《全民健身计划（2011－2015）》、《广西壮

族自治区全民健身实施计划(2011－2015年)》的实施。积极做好推动各级政府履行公共体育服务职能,实现全民健身工作的“六纳入”。2011年是《全民健身计划(2011－2015年)》实施的第一年,我们要会同有关部门、群众组织和社会团体,进行系统部署、周密安排,上下协同,全面扎实地推进全民健身计划和全民健身实施计划的实施。

2. 开展全民健身示范创建活动。科学编制国家民族地区全民健身示范区创建方案,积极开展创建活动。开展全民健身示范市、示范县(市、区)和示范单位创建活动,命名来宾市为广西全民健身示范城市、横县等14个县(市、区)为广西全民健身示范县(市、区)、李宁体育园等10个单位为广西全民健身示范单位,进一步扩大全民健身活动的示范效应,推动全民健身运动深入持久开展。

3. 大力开展丰富多彩的群众体育活动。不断创新形式,开展群众喜闻乐见的群众体育活动。充分利用全民健身日、广西体育节等重大时间节点,广泛组织开展主题鲜明、科学文明、方便群众、贴近生活、具有地方特色和民族特色的全民健身活动,努力营造体育健身科学化、生活化氛围。举办好第三届广西体育节、广西万村农民篮球赛等一批品牌活动(赛事)。在群众体育活动项目设置和竞赛组织方式上,更加突出群众性、健身性、娱乐性、趣味性。打造品牌效应,创新活动形式,提高活动质量,扩大活动影响,讲求活动实效。

4. 加大基层公共体育设施建设力度。坚持因地制宜、分类指导、多方筹资、注重实效的原则,安排4500万元资金,继续在全区组织实施中国(广西)红水河流域民族体育工程和中越边境(广西)全民健身工程。支持各地建设国家乡镇农民体育健身工程、农民体育健身工程、全民健身路径工程、雪炭工程、城乡风貌改造工程、村级公共服务中心工程等体育健身工程。进一步拓宽资金投入渠道,引导社会力量兴建更多群众身边的体育设施,使全区广大人民群众享受到更多更好的体育公共产品和服务。

5. 加强学校体育工作。积极开展“青少年学生阳光体育运动”,开展青少年体育俱乐部和青少年户外体育营地创建工作,做好体育传统项目学校体育教师培训工作,推进国家级和自治区级体育传统项目学校管理工作,促进学校与社区相结合,开展社会化组织程度较高的青少年体育活动,切实为提高广大青少年体质健康水平创造良好的条件和环境。

6. 加强社会体育指导员队伍建设。加大社会体育指导员培训力度,发挥社会体育指导员在推动全民健身活动开展和基层群众体育组织体系建设中的重要作用。进一步建立健全群众体育组织,特别是向基层延伸,充分拓展乡镇(街道)综合文化站体育服务功能,完善城市社区体育服务。今年计划培训各级社会体育指导员2230人,其中国家级社会体育指导员30人、一级社会体育指导员600人、二级社会体育指导员700人、三级社会体育指导员900人。

(二)以备战奥运会、全运会为重点,努力推动竞技体育的可持续发展

1. 全力抓好备战奥运会、全运会工作。要切实加强对备战工作的领导,调整充实备战办,加强监督和指导。根据全运会有关规定,及时调整任务目标,确定夺金点和重点队员。继续完善相关政策,推行备战工作目标和训练质量管理,明确奖惩政策,强化激励机制,充分调动各方面的积极性。进一步深入开展局直属竞技体育单位“科学管理年”活动,做好检查验收和总结讲评各阶段工作。

2. 全力办好第十二届区运会。第十二届区运会是全社会共同关注的一件大事,是体育的盛会。举办区运会是为了全面贯彻科学发展观,落实《全民健身条例》,检阅全区群众体育和竞技体育发展的成果,促进全民健身活动蓬勃开展,锻炼竞技体育后备人才。钦州作为承办单位,前期在场馆建设、后勤接待、志愿者服务等方面做了大量卓有成效的工作,为各项筹备工作打下了良好的基础。现在距离开幕

只有7个月的时间，时间紧、要求高、任务重，我们要举全区之力，将区运会办成文明、热烈、精彩、节俭、圆满、和谐的高水平体育盛会，为重振广西体育雄风做出积极贡献。

3. 进一步加强竞技体育后备人才的培养工作。在区运会新周期开展《广西壮族自治区竞技体育后备人才基地认定办法》工作，对符合条件的申报单位给予挂牌命名和经费扶持。要加强基层教练员队伍建设。严格执行《广西壮族自治区竞技体育后备人才输送奖励办法》，激励竞技体育后备人才基地和各级各类体校向优秀运动队输送更多更好的人才。

4. 加快推进"训、科、医、教"一体化进程。根据实际需求，加强重点项目、重点队员的科医保障工作，保证优势项目和重点运动员全部配备高水平的科研和医务人员，其他项目和非重点运动员有基本保障、实现全覆盖。要加强重点项目运动规律的科研攻关，尽快建立起适应备战需要的科技保障服务体系，全面提升体育科学技术水平。

5. 切实做好赛风赛纪和反兴奋剂工作。深化赛风赛纪和反兴奋剂专项治理工作，推进赛风赛纪和反兴奋剂工作常态化。建立健全区运会的仲裁、赛风赛纪和反兴奋剂的监督、检查、认定、处置机制和制度，严肃整治运动员年龄资格造假、裁判员执裁不公、运动队伍之间不正当交易、扰乱赛场秩序、使用违禁药物等违规违纪行为。

6. 积极申办和举办重大体育赛事。支持南宁市向国际体联申办2014年世界体操锦标赛，支持桂林市办好首届全国市长杯武术比赛。

(三)加强体育产业体系建设，加快体育产业发展

1. 加快推进广西体育城项目建设。广西体育城工程项目已经列入今年的《政府工作报告》，纳入自治区"十二五"发展规划的重大项目。基本完成广西体育中心项目建设，抓紧做好广西奥林匹克训练基地、广西体育高等专科学校和广西体育运动学校项目的前期工作。同时，继续开展"项目建设年活动"，实行固定资产投资目标管理。落实自治区人民政府办公厅关于进一步促进民营经济发展的要求，完成一批项目招商引资工作，进一步扩大体育产业项目向民间资本开放。

2. 开展体育产业基地建设。大力扶持体育产业发展，创造体育产业发展良好环境。命名一批广西体育产业示范基地，努力推动我区体育产业发展和升级，为全区经济调结构、转方式、促发展做出贡献。

3. 大力发展体育彩票事业。体育彩票坚持"稳步推进竞猜型规模，努力提高乐透型销量，全面扩大即开型市场，积极筹备新游戏玩法"的发展思路，狠抓落实，提高执行力，优化产品市场结构。确保完成6.7亿元基本任务，力争完成7亿元的奋斗目标；销售终端确保净增300台，力争完成350台；以2010年底网点为基数，完成45%的销售网点形象改造；完成全区20%县级服务和管理机构的建立；年底前构建一支100人规模的专管员队伍。

4. 组织开展体育经营场所安全生产督查工作。加强对高危险性体育项目经营活动的管理和监督，建立高危险性体育项目长效管理机制，将继续组织开展体育经营场所安全生产督查工作。进一步加强体育经营场所安全生产监督管理工作，强化安全生产基础，提高安全管理水平。

(四)加大保护传承力度，创建国家少数民族传统体育保护传承示范区。

1. 做好少数民族传统体育保护传承示范创建工作。抓紧研究制定少数民族传统体育保护传承示范区创建方案，积极开展创建活动。加强对已建设命名的民族体育特色之乡、民族体育传承馆和培养命名的民族体育传承人的管理核指导，充分利用其优势、发挥其作用，更好地保护和传承少数民族传统体育文化、推动科学发展。

2. 加强少数民族传统体育传承和研究。编制并组织实施《广西壮族自治区少数民族传统体育文化保护规划》，建立自治区、地市、区

（市、县）、街道（乡镇）、社区（行政村）五级保护机制。加强对广西民族体育发展及产业发展的研究和传承，建立完善大中小学校校际保护联盟，传承我区少数民族传统体育文化，并积极开展民族体育非物质文化申遗工作。

3. 打造一批少数民族传统体育品牌赛事。在举办少数民族传统体育运动会的基础上，积极挖掘少数民族传统体育项目，打造田阳山歌运动会、广西“红水河杯”绣排球赛、民族体育欢乐节等浓郁民族特色的全民健身活动和赛事。在民族地区广泛开展以民族传统体育项目为主的体育活动，扶持优秀的民族民间传统体育项目的发展。

4. 组团参加第九届全国少数民族传统体育运动会。第九届全国少数民族传统体育运动会将于今年 9 月 10—19 日在贵州省贵阳市举行。我区将组成约 250 人的代表团参加花炮、珍珠球、毽球、龙舟等 10 个竞赛项目及竞技类、综合类表演项目的比赛。实现夺取运动成绩和精神文明双丰收的目标，充分展示广西各族人民群众的良好精神风貌。

（五）加快以东盟国家为主的体育对外交流合作

1. 加快区域性国际体育交流合作中心建设。创建中国—东盟体育人力资源培训中心、中国—东盟体育研究中心建设。争取总局项目管理中心支持，创建中国—东盟体操交流合作基地、中国—东盟武术交流合作基地、中国—东盟网球交流合作基地和中国—东盟篮球交流合作基地等一批体育产业基地，为服务中国—东盟经济发展的大局，搭建更多、更有效的平台。

2. 举办中国—东盟国际汽车拉力赛等有影响力的国际系列赛事品牌。今年中国—东盟国际汽车拉力赛将围绕中国—东盟建立对话关系 20 周年、中国—东盟友好交流年、中老建交 50 周年、中国—东盟国际汽车拉力赛创赛五周年设计一系列丰富多彩的活动，努力创新，进一步打造拉力赛的品牌。举办好中国—东盟篮球邀请赛等一系列与东盟相关的区域性国际体育赛事，加快培养一系列有影响力的国际赛事品牌。

3. 举办系列有影响力的国际交流活动。举办亚太群体协会大众体育发展合作论坛暨中国—东盟大众体育发展合作论坛、中国—东盟武术节等对外体育合作交流活动。组织开展“中国（广西）体育东盟行”活动，组织广西来宾农民体育大篷车到港澳地区进行交流活动。做好东盟国家体育专业人员到我区的训练和培训以及我区体育专业技术人员到东盟执教等援外工作。组织专业人员赴美国、英国举行体育产业知识培训班，提高体育产业管理水平。

2011 年，我们还要贯彻落实体育工作“九新”精神，全面贯彻落实《重振广西体育雄风、建设西部体育强区的决定》、《重振广西体育雄风、建设西部体育强区三年攻坚总体方案》等 19 个文件，按照自治区领导要求，抓紧做好自治区党委、政府召开的全区体育大会的筹备工作。

2011 年，我们还要围绕中心工作，认真做好政策研究、体育法制、人才、教育、宣传、科技等一系列基础性、保障性工作，切实转变机关作风，加强党风廉政建设和反腐败工作，突出工作重点，健全工作体系，为圆满完成全年体育工作任务做出积极的贡献。

“十二五”宏伟蓝图绘就在我们面前，实施重任落在我们肩上。在“十二五”开局之年，我们要深入贯彻落实科学发展观，大力发展公共体育事业，不断深化体育改革开放，全面提升具有广西特色的体育发展水平，努力开创重振广西雄风、建设西部体育强区的新局面，以优异成绩向中国共产党成立 90 周年献礼！

认真贯彻实施《全民健身计划》扎实推进群众体育工作取得新突破

——在2011年全区群众体育工作会议上的讲话

（2011年4月19日来宾）

自治区体育局局长　容小宁

同志们：

在全区上下深入贯彻实施《全民健身计划（2011－2015年）》、精心谋划"十二五"开局、加快实现"富民强桂"的新形势下，2011年全区群众体育工作会议召开了。首先，我代表自治区体育局，对参加会议的代表表示热烈欢迎！对各有关部门和社会各界给予广西群众体育事业的支持表示衷心感谢！对全区群众体育工作者表示诚挚问候！

2010年是群众体育事业发展的一个重要节点。在这一年中，"十一五"规划胜利收官，全区群众体育事业以前所未有的发展速度，取得了丰硕成果，产生了广泛的社会效应，更好地服务了经济社会和民生发展的大局。在这一年中，"十二五"规划精心酝酿，我们围绕重振广西体育雄风、建设西部体育强省（区）的战略目标，研究制定《全民健身实施计划》，探索建立全民健身长效化机制，谋划群众体育跨越式发展。在这一年中，我们坚持科学发展，深入贯彻落实《全民健身条例》，推动各级政府依法履行公共体育服务职能，着力解决制约城乡基层体育事业发展的瓶颈问题，圆满完成了全年各项工作任务，得到了国家体育总局和自治区党委、自治区人民政府的充分肯定。

今年以来，自治区党委、自治区人民政府多次对体育工作特别是群众体育提出要求和希望。马飚主席批示要求加快研究制定包括《全民健身实施计划》在内的重振广西体育雄风的"九个新"文件，做好广西体育城筹建工作。在《政府工作报告》中提出实施文化体育惠农工程，2011年筹措资金1.58亿元，建设800个村级公共服务中心，配足配套体育健身设施。沈北海常委、李康副主席多次对重振广西体育雄风的"九个新"文件的编制工作作出具体指示，并要求自治区有关部门和全区各级政府认真贯彻落实《全民健身计划（2011－2015年）》和刘延东同志在国务院贯彻实施《全民健身计划（2011－2015年）》电视电话会议上的讲话精神。3月10日，李康副主席亲自率队到国家体育总局汇报工作，争取总局对广西体育工作特别是群众体育的支持。这充分体现了自治区党委、自治区人民政府以人为本，关注民生，对人民群众身体健康和幸福生活的高度重视，对群众体育工作的高度肯定，也是对全区体育工作者特别是群众体育工作者的极大鼓舞。广大群众体育工作者应以此为动力，继续科学谋划、精心组织，统一思想、牢记使命，抓住关键、突出重点，推动群众体育大发展，不断开创全民健身事业的新局面。

本次会议的主题是：认真学习国务院贯彻实施《全民健身计划（2011—2015年）》电视电话会议、2011年全国群众体育工作会议和全区体育局长会议精神，以科学发展观为指导，围绕重振广西体育雄风、建设西部体育强省（区）的战略目标，深入贯彻实施《全民健身计划（2011－2015年）》和《广西壮族自治区全民健身实施计划（2011－2015年）》，总结"十一五"时期群众体育发展的成就和经验，谋划"十二五"时期群众体育发展的思路和蓝图，扎实推进群众体育实现新跨越。围绕会议主题，我讲三点意见。

一、科学谋划，精心组织，“十一五”时期群众体育工作取得新进展、新成效

“十一五”时期，在自治区党委、自治区人民政府的重视支持下，我区群众体育工作坚持科学发展的理念，深入贯彻落实《全民健身计划纲要》、《全民健身条例》，紧紧抓住北京奥运会成功举办和广西经济社会快速发展的重大契机，不断创新发展思路、抢抓发展机遇、突出发展特色，取得了显著成绩。特别是2009年，自治区人民政府决定每年举办一届广西体育节，并将中国（广西）红水河流域民族体育工程和中越边境（广西）全民健身工程纳入自治区重大工程项目，安排专项经费予以支持。“一节两工程”的组织实施使我区群众体育驶入了科学化、法制化、规范化发展的快车道，开创了群众体育蓬勃发展的崭新局面。我们也逐步探索出一条符合广西实际的加快发展群众体育、实现城乡公共体育服务均等化、促进社会全面进步的新路子。

五年来，群众体育的社会作用日益凸显。城乡居民健身意识不断增长，身体素质进一步提高，健康寿命进一步延长，生活质量进一步改善。全民健身事业主动融入全区经济社会和民生发展大局，为全面建设小康社会、构建社会主义和谐社会、推动“富民强桂”建设作出了积极贡献。

五年来，全区公共体育设施大幅增加。新建各类体育场地近1万块，人均体育场地面积比“十五”期末显著增加。国家支持和自治区财政安排共计18,382万元资金，新建农民体育健身工程（村级篮球场）4865个、乡镇农民体育健身工程125个、全民健身路径工程385个、雪炭工程11个。各类体育公园、体育广场、全民健身活动中心、户外营地等不断增加。全区体育行业固定资产投资达47亿元，规划或启动建设了广西体育城、广西体育中心、南宁市李宁体育园等一大批公共体育场馆设施。

五年来，城乡基层体育组织不断壮大。全区建有社区健身俱乐部283个、健身活动站点（晨、晚练点）7548个。组建农民篮球队12085支，全区84.09%的行政村成立了篮球队。培养社会体育指导员33183人，全民健身志愿服务队伍不断壮大。建设国民体质监测站（点）138个，国民体质监测工作深入推进。

五年来，全民健身品牌活动不断涌现。每年举办一届的广西体育节，每两年举办一届的广西万村农民篮球赛、广西城乡万人气排球赛已成为享誉全国的三大品牌活动。羽毛球、自行车、龙舟、游泳、舞龙、舞狮、长跑、门球等项目的赛事活动已成为全区各族人民群众精神文化生活中不可或缺的一部分。通过品牌活动的带动，贴近百姓、贴近生活、浓郁民族和地域特色的全民健身活动层出不穷，群众参与广泛。

五年来，群众体育法制建设、科学研究、教育宣传、评价表彰、对外交流等方面都得到长足发展，取得明显成效，为群众体育事业的法制化、科学化、规范化发展夯实了基础。

过去的五年，我区群众体育事业取得了可喜的成绩，实现了跨越式的发展，但仍存在着一些问题和不足，主要体现在：一是人均公共体育设施数量、面积和质量仍处于较低水平；二是全民健身服务体系还较薄弱，覆盖范围还不够广泛，城乡发展不均衡；三是经常参加体育锻炼的人数比例偏低，科学健身指导和服务有待深入；四是政府职能转变、公共体育服务体系建设、财政投入机制等有待进一步完善。这些都严重影响和制约了我区群众体育加快发展的步伐。“十二五”时期，我们必须清醒认识，深入研究，以创造性思维，采取突破性措施，有效推进解决。

二、统一思想，牢记使命，充分认识群众体育发展面临的新任务、新要求

今年是实施“十二五”规划的开局之年，是《全民健身计划（2011－2015年）》和《广西壮族自治区全民健身实施计划（2011－2015年）》的启动之年，也是重振广西体育雄风、建设西部体育强省（区）的攻坚首年。站在新起点上，进一步提高认识，统一思想，分析和认清群众体

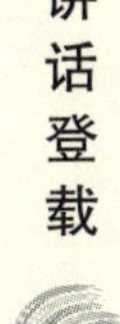

育发展面临的新任务、新要求，明确发展思路，找准发展定位，抢抓发展机遇，强化措施保障，对做好今后一个时期的群众体育工作十分重要。

——大力发展群众体育事业是落实科学发展，加强和创新社会管理，建立健全基本公共服务体系的必然要求。国家和广西"十二五"规划纲要都首次提出健全基本公共服务体系，并把大力发展包括公共体育事业在内的各项社会事业作为重要内容。去年召开的自治区党委九届十三次全会根据党的十七大和十七届五中全会精神，提出将着力加强社会建设、促进社会事业发展，建立健全基本公共服务体系，推进基本公共服务均等化。今年3月举办的全区厅级主要领导干部社会管理及其创新专题研讨班上，郭声琨书记、马飚主席提出坚持以人为本，着力加快推进以保障和改善民生为重点的社会建设，不断加强和创新社会管理。这些决策和方针对于做好新形势下体育工作，特别是群众体育工作具有重要的指导意义。这要求我们必须把建立健全基本公共体育服务体系、推动政府依法履行公共体育服务职能作为当前的首要任务，狠抓落实，为群众提供更多的基本公共体育服务，让人民共享体育发展成果。群众体育作为公共体育服务体系建设的重要组成部分和主要内容，必须将其列入各级党委、政府的议事日程，列入各级政府为民办实事项目。通过大力发展群众体育事业，实现好、维护好人民群众体育健身权益，保持社会健康有序、充满活力、和谐稳定，为经济社会加快发展营造良好的环境。

——大力发展群众体育事业是坚持以人为本，改善和保障民生，满足人民群众不断增长的体育健身需求的客观要求。全民健身关系到人的身心健康和家庭幸福，是人民群众最关心、最直接、最现实的利益问题。随着经济社会的快速发展，人们生活水平有了显著提高，体育健身正成为越来越多人日常生活中不可或缺的一部分，成为一种基本的生活方式。然而，当前我区群众体育存在诸如发展基础薄弱、体育设施不足、服务覆盖面窄、均等化服务水平低等问题，与人民群众的需求、与发达省(市)发展的水平存在较大差距。我们必须增强做好群众体育工作的紧迫感、责任感和使命感，坚持以人为本的理念，顺应人民群众的迫切需求，大力发展群众体育，把满足人民群众不断增长的体育健身需求作为改善和保障民生的一项重要工作，抓紧抓好抓出成效。

——大力发展群众体育事业是促进体育全面协调发展，建设体育强国，重振广西体育雄风的必然选择。群众体育是体育系统中最基础性的部分。加强群众体育事业可持续发展的组织、人才、法制保障，促进群众体育与竞技体育、体育产业的协调发展，是实现体育强国发展战略、重振广西体育雄风的迫切需要。温家宝总理在《政府工作报告》中专门提出：促进群众体育和竞技体育协调发展。《国务院关于进一步促进广西经济社会发展的若干意见》中专门指出：加快边境地区全民健身和红水河流域民族体育设施建设，加强少数民族传统体育保护和传承，积极发展体育产业。这些都进一步强调了群众体育与竞技体育、体育产业的协调关系。多年来，我区群众体育与竞技体育、体育产业协调发展，已经取得了明显成效。在大力开展全民健身、推广普及各体育项目、提高人民群众体育健身意识的过程中，也拓宽了体育人才培养渠道，增加了体育后备人才的储备，同时也活跃了体育市场，带动了体育消费，为竞技体育和体育产业的可持续发展提供了不竭动力。各级体育部门要从全局的角度和战略的高度，充分认识大力发展群众体育的重要意义，理顺体育系统内部关系，整合体育系统各个部分，夯实建设体育强国、重振广西体育雄风的群众基础。

——大力发展群众体育事业是全面建设小康社会、构建社会主义和谐社会、实现"富民强桂"新跨越的客观需要。随着经济发展和社会文明进步程度的提升，体育已不仅仅是一种锻炼身体的方式，更成为一种教育手段、生活方式、精神依托和财富载体。长期以来，群众体育对提高人们生活质量、塑造健全人格、倡导科学精神、促进人的全面发展、丰富社会文化生活、维护社会稳定、增强经济发展动力和构建和谐社会等方面的价值和作用已经被全社会广泛认同。胡锦涛总书记曾经在北京奥运会、残奥会总结表彰大会上从坚持社会主义先进文化前进方向、建设社会主义核心价值体系的高度，深刻阐述了大力发展体育事业的重要价值和战略意义。因此，我们要树立“大体育观”的理念，把体育发展融入经济社会发展大局、融入社会主义先进文化建设大局，高度重视并深入发掘体育的综合社会价值和功能，大力发展群众体育事业，使广大人民群众充分享受体育运动带来的健康快乐，增强国民的幸福感，提升社会幸福指数，促进全面实现小康社会，构建社会主义和谐社会，为实现“富民强桂”奠定坚实基础。

三、突出主线，抓住重点，扎实推进“十二五”群众体育工作实现新突破、新跨越

国务院于日前印发的《全民健身计划》和自治区人民政府即将出台的《全民健身实施计划》是两个重要的指导性文件，是各级政府、各有关部门以及全社会共同推动全民健身事业发展的行动指南，为“十二五”时期群众体育工作指明了发展方向，明确了目标任务。今后五年，全区各级体育部门要认真贯彻实施上述规划文件，以科学发展观为指导，围绕重振广西体育雄风、建设西部体育强省（区）的战略目标，统筹谋划、分类指导，加强领导、精心组织，抓住关键、突出重点，进一步增强城乡居民体育健身意识、增加参加体育锻炼的人数、提高人民群众身体素质，形成覆盖城乡比较健全的全民健身公共服务体系，扎实推进群众体育工作实现新突破、创造新成就。重点做好以下工作：

一是以贯彻落实《全民健身条例》、《全民健身计划（2011－2015 年）》为主线，不断推进各级政府依法履行公共体育服务职能。按照国务院的部署，各级政府是贯彻实施《全民健身条例》、《全民健身计划（2011－2015 年）》的责任主体，体育部门是牵头实施部门。因此，各级体育部门要准确理解和把握《全民健身条例》和《全民健身计划（2011－2015 年）》的要求，切实负起责任，以高度的主动精神、务实的工作作风，推动政府履行公共体育服务职能，积极协调相关部门，共同做好不同群体和不同领域的群众体育工作。要积极配合国家和自治区对贯彻落实《全民健身条例》情况的检查调研，积极推动当地政府把全民健身事业纳入当地国民经济和社会发展规划，写入《政府工作报告》，工作经费列入政府财政预算，纳入政府为民办实事工程，纳入政府部门目标管理体系，纳入“两个文明”建设目标考评体系（简称“六纳入”），不断扩大“纳入”范围，促使“纳入”政策向基层延伸。要积极推动当地政府尽早出台《全民健身实施计划》及其配套政策文件，尽早发挥实效。各级政府应成立相应领导机构，明确部门责任，分解任务分工，建立督促检查和考核奖惩机制，适时对《全民健身计划（2011－2015 年）》及当地《全民健身实施计划》的实施情况进行检查评估，统筹推进全民健身工作。

二是以场地设施建设、组织队伍建设、活动指导服务为核心，不断推进全民健身公共服务体系建设。根据《全民健身计划（2011－2015 年）》精神，《广西壮族自治区全民健身实施计划（2011－2015 年）》提出了未来五年全民健身工作的总体目标是以形成覆盖城乡比较完善的全民健身公共服务体系为重点，创建国家民族地区全民健身示范区，推进自治区级全民健身示范市、示范县（市、区）、示范单位建设。一般来讲，全民健身公共服务体系主要包括群众体育场地设施建设、组织队伍建设和活动指导服务。结合广西实际，经过调研、论证，我们深化和扩大了全民健身公共服务体系的内涵，提出了建立“四个体系”和“两个机制”，即建立比较完善的全民健身设施网络体系、比较完善的全民健身组织支撑体系、比较完善的全民健身服务供给体系、比较完善的全民健身经费保障体系以及全民健身服务绩效评估机

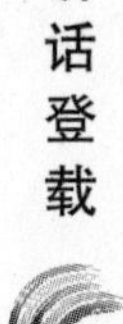

制、全民健身成果资源共享机制。各级体育部门要继续以城乡基层为重点，组织实施中国（广西）红水河流域民族体育工程、中越边境（广西）全民健身工程等体育健身工程，重点向尚未建有公共体育设施的农村地区和城市社区倾斜，积极推动政府将公共体育设施建设纳入当地国民经济和社会发展规划、城乡建设规划、土地利用规划和当地财政预算。要积极发展城乡基层体育健身组织，健全各级体育总会、行业体协、单向协会、人群协会等体育社团，拓展乡镇（街道）综合文化站的体育服务功能，完善城市社区体育服务，形成政府体育部门宏观管理、各类体育社团具体指导的组织体系。要大力培训社会体育指导员，建立健全社会体育指导员、全民健身志愿服务、国民体质监测、业余体育骨干四支队伍。要认真组织好系列群众体育活动，利用“全民健身日”、“广西体育节”以及重大节假日、传统节庆和农闲时节，开展各类示范性群众体育健身活动，特别是打造浓郁民族和地方特色的活动，带动普及全民健身。要加强科学健身指导服务，宣传推广科学的健身方法，开展针对个人的体质测定、运动能力评估，增强全民健身的吸引力，提高全民健身服务质量和水平。

三是以政府主导、部门协同、社会参与为重点，不断推进群众体育社会化发展。群众体育是体育系统中最具社会属性的部分，其覆盖面广、参与性强，能够有效动员社会力量广泛参与。在实际工作中，仅靠政府对全民健身的投入比较有限，远远满足不了人民群众不断增长的体育健身需求。因此，全区各级体育部门要积极探索群众体育的社会化发展道路，在坚持政府主导、推动各级政府加大公共体育服务投入的同时，整合部门资源，调动全社会兴办全民健身事业的积极性，利用社会丰富的资金、组织和人才等资源，为群众提供更多更好的公共体育服务。要通过完善财政、税收、金融、土地和消防等优惠政策，鼓励和引导社会力量捐资、出资兴办全民健身，通过社会各方努力，培育壮大体育健身服务业，形成规范有序的体育健身休闲市场。要正确处理政府与市场、公平与效率等关系，建立有利于保障供给、改善服务、提高效率的长效机制，合理引导和配置公共体育资源，推进基本公共体育服务均等化。

四是以示范区创建为载体，不断推进少数民族传统体育保护传承。民族体育是体育系统中最绚丽多彩、最具文化艺术性的部分。我区拥有丰富、独特的民族体育资源，是名副其实的民族体育大省（区），由于我们对民族体育资源保护传承和开放利用的水平偏低、规模不大，还称不上民族体育强省（区）。因此，今后一个时期，自治区体育局将围绕创建国家少数民族传统体育保护传承示范区，实施分类指导、动态管理、综合保护和开发，提升少数民族传统体育保护传承的水平。各级体育部门要根据本地区实际情况，挖掘少数民族传统体育资源，建设少数民族传统体育文化生态保护区域，打造浓郁民族特色的全民健身赛事活动，建设民族体育特色之乡、民族体育传承馆，加强对民族体育传承人的保护。要做好民族体育非物质文化申遗工作，开展民族体育进校园、进机关、进社区活动。要建立健全基层少数民族体育协会和传统体育项目协会，培养民族地区社会体育指导员和高水平体育人才。要加强建设高水平少数民族传统体育训练基地，重点建设花炮、射弩、板鞋、陀螺、龙舟、独竹漂等项目训练基地。

五是以中国一东盟自由贸易区为平台，不断推进与东盟国家群众体育交流合作。加强对外体育交流，是体育服务国家外交和经济社会发展大局的重要体现。因此，各级体育部门要将群众体育工作融入对外体育交流合作的大思维中，融入中国一东盟自由贸易区发展的大格局中，融入广西北部湾经济区建设的大框架中，不断开创群众体育发展的新局面。尤其是毗邻边境的市、县（市、区）体育部门要充分利用优越的区位优势，举办丰富多彩的群众体育对外交流活动，大力开展中国一东盟体育交流合作，营造和谐友好的睦邻关系，增强边境地区群众的爱国意识和民族凝聚力，提升南疆国门形象。今年是中国—东盟建立对话关系20周年。利用这一契机，自治区体育局正在加紧筹建或启动建设中国—东盟体操交流合作基地、中国—东盟武术交流合作基地、中国—东盟网球交流合作基地、中国—东盟篮球交流合作基地等基地，积极筹划举办中国—东盟武术节、中国（广西）体育东盟行、中国—东盟体育夏令营活动、中国—东盟体育产业论坛、中国—东盟大众体育论坛、中国—东盟青年体育领导人培训与研讨班等活动，并将继续办好中国—东盟“太极一家亲”交流大会、中国—东盟国际汽车拉力赛、中国东兴—越南芒街元宵节足球友谊赛等赛事。

同志们，回顾“十一五”，群众体育发展成果显著，我们深感欣慰；展望“十二五”，群众体育发展目标明确，我们满怀信心。全区各级体育部门要进一步转变观念、提高认识，奋力而为、应时而上，继承创新、务求实效，扎实推进群众体育工作取得新突破、新跨越。我们坚信，在国家体育总局的正确指导下，在自治区党委、自治区人民政府的坚强领导下，在社会各界的大力支持下，经过全区群众体育工作者的不懈努力，一定能够开创群众体育工作的新局面，推动重振广西体育雄风、建设西部体育强区迈出崭新步伐，为体育强国建设、实现“富民强桂”新跨越作出积极贡献！以优异成绩迎接中国共产党成立90周年！

谢谢大家。

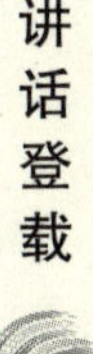

推动大众体育事业科学发展
构建全民健身公共服务体系

——在2011年亚洲及大洋洲地区大众体育合作发展论坛暨中国—东盟大众体育合作发展论坛上的讲话

(2011年11月21日)

自治区体育局局长　容小宁

尊敬的各位领导，各位嘉宾，女士们、先生们、朋友们：

初冬的南国，依然是阳光和煦、绿草茵茵。很高兴在这个美好的季节与大家相聚在绿城南宁，参加2011年亚洲及大洋洲地区大众体育合作发展论坛暨中国—东盟大众体育合作发展论坛，围绕"大众体育、健康和谐、合作发展"的主题，就亚太地区，特别是中国—东盟大众体育发展的有关问题展开探讨，交流思想，碰撞智慧。这将是一次集学术性、实践性于一体、理论探索与行动方略研讨相结合的盛会，也是一次研究推动亚太地区及东盟大众体育科学发展的盛举。在此，我谨代表广西壮族自治区体育局，对本次论坛的召开表示热烈祝贺！对各位嘉宾的到来表示诚挚欢迎！向长期以来关心、支持广西大众体育事业发展的各位领导和各界朋友表示衷心感谢！

当前，大众体育已经成为国家和地区综合实力和社会文明程度的重要标志，成为国际外交关系中极具活力和魅力的文化交流载体。这次以大众体育为媒介，开展战略性对话，探讨中国与亚太地区及东盟大众体育发展，必将有助于促进亚太地区及东盟大众体育交流，提升区域大众体育发展水平，增进人民群众的健康福祉，改善中国与亚太地区及东盟国家之间的关系，为我国的体育对外交流和外交战略大局打牢友谊之基。

下面，结合本次论坛主题，我就广西大众体育事业的发展及大众体育的国际交流，讲几点看法。

一、注重特色发挥，广西大众体育事业发展取得新成效

近年来，广西以科学发展观为指导，深入贯彻落实《全民健身条例》、《全民健身计划(2011—2015年)》，抓住中国—东盟自由贸易区建成运行、中国—东盟博览会及商务与投资峰会落户南宁和广西北部湾经济区开放开发的重大机遇，不断健全和完善具有广西特色的全民健身公共服务体系，取得了明显成效。主要体现：

——公共体育设施网络化。发展大众体育事业从场地设施着手。"十一五"时期，广西不断加大公共体育设施建设，新建各类体育场地近1万块，人均体育场地面积比"十五"期末显著增加。自治区体育局多方筹集18,382万元，建设了4865个村级农民体育健身工程、125个乡镇农民体育健身工程、385个全民健身路径工程、11个雪炭工程。各级各类体育公园、体育广场、全民健身活动中心、户外营地等不断增加。全区体育行业固定资产投资达47亿元，规划或启动建设了广西体育产业城、广西体育中心、南宁市李宁体育园等一大批公共体育设施。初步形成了市、县(市、区)、乡镇(街道)、行政村(社区)四级公共体育设施网络，改善了城乡基层体育环境，为人民群众提供了便捷的公共体育服务。

——全民健身组织系统化。发展大众体育事业从组织和队伍建设着手。推动建立以政府体育职能部门为主导、以体育社团组织为骨干、以各类体育俱乐部为帮手、以群众体育组织为基础的全民健身组织体系，发挥乡镇（街道）综合文化站的作用，完善市、县（市、区）、乡镇（街道）、行政村（社区）四级体育组织网络。截至去年，全区建有283个社区健身俱乐部、7548个健身活动站点（晨、晚练点）；组建了12085支农民篮球队；培养了33183名社会体育指导员和1000多名国民体质测试人员；建设了138个国民体质监测站（点）。组织和引导社会体育指导员、优秀运动员、教练员、体育科研人员、体育院校师生及社会各界体育爱好者参加志愿服务。今年，有近5000名志愿者服务了中国一东盟国际汽车拉力赛、第三届广西体育节、第十二届全区运动会等。

——大众体育活动常态化。发展大众体育事业从创新活动形式、打造体育品牌着手。每年举办一届的广西体育节，每两年举办一届的广西万村农民篮球赛、广西城乡万人气排球赛已经成为享誉全国的三大品牌。参与羽毛球、乒乓球、自行车、龙舟、游泳、舞龙、舞狮、长跑、门球等项目运动也已成为广西各族人民群众精神文化生活中不可或缺的部分。同时，通过组织大型群众体育赛事活动，带动了广西各地区、各部门及各行业系统的组织热情，贴近百姓、贴近生活、浓郁民族和地域特色的全民健身活动层出不穷，广泛参与。2009年第二届广西万村农民篮球赛，全区有12085个行政村组队参赛，占到全区行政村的84.09%，整个赛事历时10个月，进行了30349场比赛，参赛运动员超过14万人，观众达2074万人次。广西万村农民篮球赛因其规模之大、覆盖面之广、参与人数之多、农民热情之高、赛期时间之长等特点，被专家和媒体誉为“中国农民NBA”。

——民族体育传承多样化。发展大众体育事业从保护传承民族体育文化着手。开展“局校合作”，保护传承优秀的少数民族传统体育资源和项目。自治区体育局在广西民族大学、广西师范大学分别成立了广西民族体育研究发展中心、广西民族体育产业研究发展中心，通过共建中心的方式，整合高校教育资源，推动少数民族体育事业规范、健康发展。依托高校科研力量，科学编制并组织实施了《广西壮族自治区少数民族传统体育保护规划（2011—2015年）》，这是广西第一个发展民族传统体育的规划文件，也是全国第一个保护传承民族传统体育的省级专项规划。未来五年，广西将以创建国家少数民族传统体育保护传承示范区为载体，进一步建立健全自治区、市、县（市、区）、乡镇（街道）、行政村（社区）五级保护机制；建设一批民族体育特色之乡、民族体育传承馆、民族体育博物馆、民族体育示范学校，培养一批民族体育传承人；健全和扩大大中小学校校际保护联盟；加强科学研究，开展民族传统体育非物质文化申遗工作；办好少数民族传统体育运动会、歌圩运动会、绣排球赛及民族传统体育进校园、进社区、进机关等活动。同时，建立健全基层少数民族体育协会和传统体育项目协会，培养民族体育教师、社会体育指导员和高水平体育人才，开展民族民间传统体育的国内和国际交流。

——边境体育发展长效化。发展大众体育事业从繁荣边境体育着手。随着中国一东盟交流不断深化，广西与东盟国家的体育交流合作形成了与时俱进、全面开花的发展之势。这种交流合作，突出表现在三个方面：一是建立体育对外交流平台。目前，经中国体操协会批准，成立了中国一东盟体操交流合作基地。同时，我们在广西民族大学成立了中国一东盟体育交流合作中心，在广西体育高等专科学校成立了中国一东盟体育信息中心，并共建中国一东盟体育人才培训基地。通过这些平台，为体育对外交流事业提供基础数据信息，进行科学研究分析。二是政府层面和部门社团体育交流合作日益深入。中国一东盟国际汽车拉力赛、篮球邀请赛、乒乓球邀请赛、“太极一家亲”交流大会、体育舞蹈艺术节以及中越边境（东兴一芒街）沿边自行车邀请赛、中越民间海上龙舟邀请赛等定期举办的常态化、制度化的赛事已经在中国和东盟地区产生了广泛影响，取得了积极成果。今年举办的中国（广西）体育东盟行活动也取得了显著成效。三是边境

民间体育交流合作日臻成熟。广西靖西县与越南茶岭县每年举办篮球对抗赛、抛绣球比赛，那坡县与越南河广县每年组织龙舟、武术、花炮、藤球、板鞋比赛。特别是中越两国民间的传统体育赛事——中国东兴一越南芒街元宵节足球友谊赛，从1993年开始，形成了每年举办一届的制度，至2011年共举办了19届，每逢比赛活动期间，越南芒街市和广西东兴市万人空巷，数万边民观看。

二、突出机制创新，广西大众体育事业发展形成新理念

在推动大众体育事业发展中，我们始终坚持科学发展、体育惠民的宗旨，不断创新思路，更新观念，挖掘特色，主要体会：

第一，立足区情、突出特色是大众体育事业加快发展的根本。我们从欠发达地区的区情及边境和民族地区的特色出发，抓住中国一东盟交流合作和西部大开发的战略机遇，积极争取国家和自治区政府将体育事业纳入对东盟开放合作和西部大开发建设的框架中，多方筹措建设资金，着力解决公共体育场馆设施缺乏和城乡公共体育服务均等化的问题，组织实施了中国(广西)红水河流域民族体育工程和中越边境(广西)全民健身工程，得到了国家体育总局等中央有关部委的肯定和支持。

第二，围绕大局、主动融入是大众体育事业加快发展的前提。以体育为载体，以活动为媒介，我们通过举办中国一东盟系列赛事活动，增进了广西与东盟国家相互了解和信任，拉近了彼此关系和距离，既服务了国家对东盟外交战略的大局，又扩大了广西的知名度和美誉度，更好地服务了中国一东盟自由贸易区和广西北部湾经济区建设。如中国一东盟国际汽车拉力赛已举办5届，东盟国家反响热烈，有力促进了广西与东盟国家各领域的开放合作。

第三，整合资源、社会参与是大众体育事业加快发展的关键。一是发挥政府的主导作用，推动各级政府依法履行公共体育服务职能，把大众体育工作纳入当地国民经济和社会发展规划，写入《政府工作报告》，列入地方财政预算，纳入政府为民办实事工程、政府部门目标管理体系及“两个文明”建设目标考评体系。二是发挥部门和社会的参与作用，主动协调发改委、财政、建设、文化、卫生、计生、教育、农业、新闻出版等部门，整合社会力量，多元投入，形成齐抓共建城乡基层公共服务设施的局面。三是发挥人民群众的主体作用，通过积极引导，广大群众自愿组织参与体育健身活动，自愿投工投劳建设体育设施，掀起了参与组织全民健身的新高潮。如，百色市德保县荣华乡百旺村上屯总共23户人家，在建设资金紧张的情况下，屯长硬是带领十几个村民外出打工挣钱，劈开半座山建成了篮球场；第二届广西万村农民篮球赛小平阳镇赛区决赛中，上演了一场篮球赛打八节的精彩场面，1万多名群众见证了中国农民篮球史上的“疯狂”一刻。

第四，完善制度、创新机制是大众体育事业加快发展的保障。一是加强大众体育法规建设。制定完善相关配套法规政策，颁布实施了《中共广西壮族自治区委员会广西壮族自治区人民政府关于重振广西体育雄风建设西部体育强区的决定》、《广西壮族自治区体育事业发展“十二五”规划》、《广西壮族自治区体育改革若干意见》及《广西壮族自治区全民健身实施计划(2011－2015年)》、《广西壮族自治区群众体育发展规划(2011－2015年)》、《广西壮族自治区少数民族传统体育保护规划(2011－2015年)》、《广西壮族自治区国民体质监测工作规定》等，为大众体育发展提供了法制和政策保障。二是完善大众体育工作机制，特别是建立健全领导机制和发展机制。自治区党委、自治区政府领导对体育工作特别是大众体育高度重视，多次主持召开体育会议，深入基层调研全民健身工作贯彻落实情况，亲自参加全民健身活动，有力地推动了大众体育工作的开展。同时，自治区政府还将于近期调整充实广西全民健身工作委员会组织机构，以自治区政府分管领导为主任，自治区政府分管副秘书长、自治区体育局局长为副主任，中直、区直43个部门负责人为成员，建立联席会议制度，定期研究全民健身工作。自治区党委、自治区政府非常重视《全民健身条例》的贯彻落实，将体育和全民健身工作列入《广西壮族自治区经济和社会发展第十二个五年规划纲要》,并争取国家有关部委将其列入《国务院关于进一步促进广西经济社会发展的若干意见》。三是建立“省部合作”、“区域合作”的常规机制。利用国家有关部委给予广西的优惠政策,探索创新中国一东盟体育合作发展的模式和机制,率先取得与东盟国家体育交流合作的经验;发挥广西毗邻东盟的区位优势,鼓励和引导各兄弟省(区、市)参与对东盟的区域体育交流合作,通过共享资源信息、策划合作项目,实现共同发展。

三、深化交流合作,不断开创世界大众体育发展新局面

作为国际关系中的一项重要文化交流形式,大众体育在中国与亚太地区及东盟国家开放合作中的作用日益凸显,影响广泛深远。在新的历史时期,就建立中国与亚太地区及东盟大众体育发展长效机制,推动大众体育国际交流,我提出几点建议。

一是加强中国与亚太地区及东盟大众体育交流合作机制建设。建议成立中国一东盟大众体育的相关协调议事机构,定期召开工作会议,举办国际交流活动,指导这一区域内的大众体育事业发展,推进亚太地区国家之间的交流合作。该组织秘书处可设在广西,我们将在办公人员、经费、场地等方面提供支持。

二是办好亚洲及大洋洲地区大众体育合作发展论坛和中国一东盟大众体育合作发展论坛。建议在中国一东盟博览会及商务与投资峰会期间或前后,继续举办亚洲及大洋洲地区大众体育合作发展论坛和中国一东盟大众体育合作发展论坛,邀请亚太地区及东盟国家政府官员、专家学者和体育知名人士共同研讨大众体育,深化交流合作共识,使其成为中国与亚太地区及东盟国家大众体育交流合作的重要平台,服务双边经贸文化发展。

三是举办中国一东盟大众体育系列赛事活动。策划举办中国一东盟友好运动会、城市运动会、武术节和中国一东盟体育夏令营等活动,继续办好中国一东盟国际汽车拉力赛、中国一东盟篮球邀请赛、中国(广西)体育东盟行等已有赛事活动。请国家体育总局及东盟国家有关方面支持广西开展与东盟国家的体育交流,共同将中国一东盟系列赛事活动办出特色和水平。

四是加强中国与亚太地区及东盟大众体育人才培养和交流。发挥已成立的中国一东盟体育交流合作中心、中国一东盟体育信息中心的功能和作用,积极筹建中国一东盟体育人力资源培训中心,开展中国与亚太地区及东盟国家体育人才培训,互派大众体育工作者、指导者学习考察,交流经验。

五是共享“广西体育产业城”建设成果,构建服务中国与亚太地区及东盟大众体育发展的新平台。自治区党委、自治区政府已经批准建设“广西体育产业城”。该项目占地4079亩,以体育竞赛与表演、体育训练与教学、体育文化交流、体育休闲旅游、体育用品展销、体育居住社区为主要内容,由广西体育中心、广西奥林匹克训练基地、中国一东盟体育交流合作实验区、广西体育运动教育基地、广西智力运动产业园5个板块构成。项目建成后,将会进一步促进中国与亚太地区及东盟国家体育文化交流合作。同时,作为我国面向东盟开放合作的前沿和门户,广西将继续争取国家体育总局等中央部委的支持,建设中国一东盟武术基地、中国一东盟网球基地、中国一东盟篮球基地等项目基地,为中国与亚太地区及东盟国家交流合作提供更多平台。

女士们、先生们、朋友们:

运动改变生活,体育促进和谐。我相信,在全球经济开放合作的大趋势下,世界大众体育交流融通、合作发展,必将翻开新的篇章,迎来新的春天。我也相信,极具发展活力和独特魅力的广西,必将为构建亚太地区尤其是中国一东盟大众体育合作平台、拓展中国与亚太地区及东盟国家大众体育交流、推动大众体育科学发展、提高人民健康水平作出积极贡献。

最后,祝各位来宾、各位朋友身体健康、工作顺利!

祝本次论坛取得圆满成功!谢谢大家!

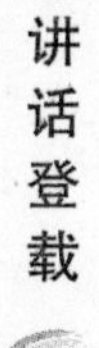

在"全民健身八桂行"媒体座谈会上的讲话

（2011 年 9 月 21 日）

自治区体育局局长　容小宁

尊敬的温文副司长，各位新闻界的朋友们：

大家上午好！

春种一粒粟，秋收万颗子。在这金秋收获的季节，我们很高兴迎来了中央和自治区主流新闻媒体的朋友们，走进广西进行采访报道。首先，我代表广西壮族自治区体育局，对参加"全民健身八桂行"媒体采访活动的各位朋友表示热烈欢迎！对国家体育总局及宣传司和新闻媒体朋友给予广西全面健身事业的关心和支持表示衷心感谢！为了让大家更全面了解广西及其全民健身事业发展情况，我从三个大的方面作汇报：

一、广西经济社会发展的基本情况

广西壮族自治区地处华南、西南地区结合部，是我国面向东盟的重要门户和前沿地带，是西南地区最便捷的出海大通道，3 个地级市、8 个县（市、区）与越南接壤，广西边境地区涉及 84 个乡镇、1092 个行政村（社区）的 240 万人口，边境口岸 12 个，其中东兴、凭祥、友谊关、水口、龙邦等 5 个口岸为国家一类口岸，在推进全民健身事业发展中有着独特的区位优势。全区现有人口 5159.46 万人，其中少数民族人口为 1957.56 万，占总人口的 37.94%，是我国少数民族人口最多的省区，有着丰富的民族体育资源，在推进全民健身事业发展中有着独特的资源优势。广西属沿海地区，大陆海岸线长 1500 多公里，沿海岛屿 697 个，岛屿岸线长 600 余公里，岛屿总面积 84 平方公里，适合建设泊靠能力万吨以上的有防城港、钦州、北海、珍珠、铁山等 5 个港口，开发潜力年吞吐能力 2 亿吨以上，有着丰富的滨海体育资源优势。

"十一五"时期，在党中央、国务院和自治区党委、自治区人民政府的领导下，全区各族人民以科学发展观为统领，抢抓机遇，开拓创新，攻坚克难，胜利完成了"十一五"规划的主要目标任务，各项经济社会事业项目得到了长足发展，开创了全区改革开放和现代化建设的崭新局面。数据为证，2005 年到 2010 年，地区生产总值由 3984 亿元增加到 9150 亿元，年均增长 13.7%；财政收入由 475 亿元增加到 1228.75 亿元，年均增长 20.9%；全社会固定资产投资由 1769 亿元增加到 7800 亿元，累计完成 2.25 万亿元，年均增长 34.5%；工业化率由 1.39 提高到 2.4，城镇化率由 33.6%提高到 40.6%；城镇居民人均可支配收入由 8917 元增加到 17064 元，农民人均纯收入由 2495 元增加到 4543 元，年均分别增长 13.9% 和 12.7%。

近年来，广西抓住国家实施西部大开发战略，国务院批准实施《广西北部湾经济区发展规划》，出台《关于进一步促进广西经济社会发展的若干意见》和中国一东盟自由贸易区建成等重大机遇，充分发挥区位、资源和生态优势，正在朝着国家要求的："打造区域性现代商贸物流基地、先进制造业基地、特色农业基地和信息交流中心"，"构筑国际区域经济合作新高地"，"我国沿海经济发展新的增长极"，"建设富裕文明和谐的民族地区"方向加快发展。

二、广西全民健身发展的基本情况

"十一五"以来，广西体育人始终坚持科学发展的理念，以重振体育雄风为目标，以实施中国（广西）红水河流域民族体育工程和中越边境（广西）全民健身工程为抓手，深入贯彻落实《全民健身计划纲要》、《全民健身条例》、《全民健身计划(2011－2015年)》,坚持活动与建设并举,重在建设群众身边的场地、完善群众身边的组织、举办群众身边的活动,群众体育逐渐驶入了科学化、法制化、规范化发展的快车道,开创了群众体育蓬勃发展的崭新局面。

(一)切实推动全民健身工作实现“六纳入”

按照国家体育总局贯彻落实《条例》的要求,自治区体育局积极汇报,争取自治区人民政府更大力度地重视支持全民健身工作。以今年为例,自治区人民政府将全民健身工作写入了政府工作报告,纳入为民办实事的内容组织实施,安排专项经费予以支持,同时还将全民健身工作纳入了国民经济与社会发展“十二五”规划纲要。自治区财政安排全民健身经费预算3278万元,比去年增加了103万元。各级体育部门也积极行动,推动本级政府依法履行公共体育服务职能。目前,全区14个市、109个县(市、区)实现了全民健身工作“三纳入”,即把全民健身事业纳入当地国民经济和社会发展规划,写入地方《政府工作报告》,工作经费列入地方财政预算。南宁、来宾等地区还扩大“纳入”范围,实现了全民健身工作“六纳入”,增加把全民健身工作纳入政府为民办实事工程,纳入政府部门目标管理体系,纳入“两个文明”建设目标考评体系。

(二)以“特色工程”为龙头,全方位推进城乡公共体育设施建设

“十一五”以来,国家支持和自治区财政安排共计22882万元,新建农民体育健身工程(含村级公共服务中心球场项目)5635个、乡镇农民体育健身工程142个、全民健身路径工程484个、雪炭工程16个。各类体育公园、体育广场、健身活动中心、户外营地等公共体育设施大幅增加。同时,带动了全区各地体育健身设施建设的热潮。人均体育场地面积比“十五”期末有了显著增加。

2009年以来,自治区体育局以科学发展观为统领,立足区情,把握机遇,突出特色,科学编制并组织实施了《中国(广西)红水河流域民族体育工程规划纲要》、《中越边境(广西)全民健身工程规划纲要》。这两个工程得到了自治区政府的高度重视,将其列为重点工程,安排专项经费予以支持。国家体育总局也给予了充分肯定,将其列为重点支持项目,每年拨付专项经费,并将广西列入国家级乡镇农民体育健身工程试点省区,积极协调国家发改委、财政部,将这两个工程的内容列入《国务院关于进一步促进广西经济社会发展的若干意见》。在李康副主席的关心指导下,我们还编制了《广西农村公共服务中心建设工程指导手册》,包括《建设实用手册》、《政策法规文件汇编》、《建设图集》、《效果图集》4册,统一设计灯光篮球场、乒乓球活动场地、健身活动场地以及综合楼。这套指导手册的编制在全国尚属首例,得到了国家发改委、财政部的肯定。

“十一五”时期,广西体育行业固定资产投资达到47亿元,超过了前十个五年计划体育行业固定资产投资的总和,规划或建设了广西体育产业城、广西体育中心、南宁李宁体育园、玉林体育中心、钦州体育中心、来宾农民体育馆等一大批公共体育场馆,进一步完善了城乡基层公共体育设施,为广大人民群众提供了更多更好的公共体育产品和服务。

(三)以“品牌活动”为抓手,广泛推动城乡全民健身运动开展

目前,广西以万人品牌健身项目为抓手,突出参与性和趣味性,兼顾竞技性和产业化,采取多种方式丰富城乡基层群众体育内涵,已经成功打造了万村农民篮球赛、城乡万人气排球赛、“红水河杯”绣排球赛、广西体育节等多项品牌活动。

每年举办一届的广西体育节,每两年举办一届的广西万村农民篮球赛、城乡万人气排球赛已成为享誉全国的三大品牌。另外,羽毛球、自行车、龙舟、游泳、舞龙、舞狮、长跑、门球等项目赛事活动已成为广西各族人民群众精神文化生活中不可或缺的一部分。此外,经自治区政府常务会决定,自治区人民政府已经印发通知,要求全区机关、企事业单位及各相关

行业领域恢复工间操制度，大力开展广播操活动，进一步丰富职工体育活动。

以气排球为例，如果说广西是最早开展气排球运动的省区尚有争议，那么我们可以理直气壮地说广西是开展气排球运动最广泛、最普及的省区，也是最早制定规范的气排球规则、组织大型比赛的省区。为了推广这项老少咸宜的运动，自治区体育局专门请来专家，在全国率先制定了气排球规则、场地标准，并通过组织大型赛事，使这项运动规范化发展。2007年，自治区体育局举办了首届广西城乡万人气排球赛。据统计，全区有近9000支队伍参赛，运动员9万名，现场观众达到500万人。2010年第二届广西城乡万人气排球赛由于竞赛工作进一步规范，全区有6732支队伍参赛，运动员60527名，现场观众259.08万人次，新闻媒体编发各类新闻稿件达791篇(次)。

值得广西体育人自豪的是，2010年2月，温家宝总理看望慰问东兰县城中学教职工时，对广西推广普及气排球运动给予充分肯定。在学校职工球场，看到正在进行气排球比赛，温总理也兴致勃勃地加入到比赛队伍中，和大家打起气排球，一招一式都引得现场观众阵阵掌声，热烈欢呼。

(四)以“东盟合作”为平台，加强国际区域体育交流合作

广西抓住中国一东盟自贸区建设和中国一东盟博览会永久落户南宁的机遇，派出体育技术人员到越南、老挝、缅甸、新加坡等东盟国家援助，涉及广西各优势体育项目，并成功举办了中国一东盟国际汽车拉力赛、男子篮球赛、体育舞蹈艺术节、乒乓球邀请赛、高尔夫国际名人邀请赛、太极交流及体育“东盟行”等活动，成立了中国一东盟体育交流合作中心、中国一东盟体育信息中心等机构。在中国边境城市广西东兴市与越南边境城市芒街有一项传统友谊比赛——中国东兴·越南芒街元宵节友谊足球赛，每年元宵节都吸引近5边民们观看，目前已成为中越体育交流重点项目。

同时，我们还加强与港澳台的交流合作。今年4月，广西体育代表团一行赴台湾花莲县、高雄市等地进行了交流访问，刷新了两地体育交流的历史，开创了桂台体育交流合作的五个“第一”，即第一次将气排球带到台湾、第一次在台湾举办气排球赛、第一次举办桂台体育交流座谈会、第一次签订桂台体育交流合作会谈纪要、第一次走进台湾基层考察学校和社区体育工作。此外，我们正在积极努力推进两地体育交流常态化。今年广西体育节期间，台湾花莲县文体代表团已经接受邀请访问广西，并参与体育节开幕式的活动。

今年是中国一东盟建立对话关系20周年。利用这一契机，我们正在加紧筹建或启动建设中国一东盟体操交流合作基地、中国一东盟武术交流合作基地、中国一东盟网球交流合作基地、中国一东盟篮球交流合作基地等基地，积极筹划举办中国一东盟武术节、中国一东盟体育夏令营活动、中国一东盟大众体育论坛、中国一东盟青年体育领导人培训与研讨班等活动，打造一条中国与东盟国家经贸、文化、体育等方面往来的“丝绸之路”，拉近了中国与东盟的“距离”。

(五)以“示范创建”为载体，不断开创广西全民健身发展的新局面

未来五年，我们将通过创建国家民族地区全民健身示范区、国家少数民族传统体育保护传承示范区，进一步探索健全和完善全民健身公共服务体系的有效途径，推动我区全民健身事业实现新发展、开创新局面。目前，这两个示范区的创建方案正在加快编制和征求意见阶段。

建设国家民族地区全民健身示范区的目标任务是，未来五年，围绕形成覆盖城乡比较健全的全民健身公共服务体系，建立4个体系、2个机制：一是建立比较完善的全民健身设施网络体系，以大型公共体育场馆设施为骨干，以城乡基层公共体育设施为基础，构建覆盖城乡、结构合理、功能健全、实用高效的基本公共体育设施市、县(区)、街道(乡镇)、社区(行政村)四级体系；二是建立比较完善的全民

健身组织支撑体系，健全各级体育组织，加强人才队伍建设，形成政府体育部门宏观管理、各类体育协会指导发展的全民健身服务组织体系；三是建立比较完善的全民健身服务供给体系，明确全民健身服务供给主体、方式、渠道，不断引入市场元素，推动全民健身的社会化和市场化运作；四是建立比较完善的全民健身经费保障体系，实现全民健身经费列入政府财政预算，并随当地经济社会发展逐步提高，保证体彩公益金按政策规定足额用于全民健身，引导社会力量兴办全民健身；五是建立全民健身服务绩效评估机制，制定并实施各级各类体育社会团体的服务标准和评估标准，形成政府、社会、服务群体共同参与的监督管理体系，切实提高全民健身服务能力和水平；六是建立全民健身成果资源共享机制，加强课题研究，完善政策法规，形成推进全民健身发展、共享全民健身成果资源的长效机制。

建设国家少数民族传统体育保护传承示范区的主要任务和内容：一是实施分类指导、动态管理，建设一批少数民族传统体育文化生态保护区；二是建立健全广西少数民族传统体育保护工作机制；三是开展民族传统体育系列保护传承活动；四是建设一批民族体育特色之乡、民族体育传承馆，培养一批民族体育传承人；五是夯实少数民族传统体育基础设施。

同时，我们在加强民族传统体育保护传承方面已经取得了阶段性的成效，主要体现在几个方面：一是开展局校合作，与广西民族大学签订共建协议，挂牌成立了广西民族体育研究发展中心，与广西师范大学签订共建协议，挂牌成立了广西民族体育产业研究发展中心，并积极推进“两个中心”开展工作，挖掘整理广西少数民族传统体育文化。二是开展民族体育特色之乡、民族体育传承馆、民族体育传承人命名活动，建设了资源县车田苗族乡等 17 个首批广西民族体育特色之乡和南丹县里湖瑶族乡白裤瑶文化体育传承馆等 6 个广西民族体育传承馆，命名盘振松等 20 人为广西民族体育传承人。三是联合自治区教育厅开展民族体育进校园活动，命名南宁沛鸿民族中学等 12 所学校为“广西民族传统体育示范学校”，成立了由广西民族大学与全区各示范学校组成的少数民族传统体育校际保护联盟，为民族传统体育传承发展搭建了良好的平台。

三、广西全民健身发展的几点体会

在加强群众体育工作、推动全民健身实现新跨越的过程中，我们将科学发展的宗旨一以贯之，不断创新思路，更新观念，探索全民健身工作的新理念。总的来讲，有这样几点体会：

（一）立足区情、注重特色、关注民生，不断创新发展思路是推进全民健身工作的前提

关注民生，就是要关心人民群众的切身利益，而群众最直接、最现实、最重要的利益就是他们的健康权益。在工作中，我们坚持以人为本、体育惠民的理念，从后发展地区的区情出发，着力解决基层公共体育设施落后和城乡公共服务非均等化的问题，发挥民族体育和边境体育的优势，实施了两大特色工程。中国（广西）红水河流域民族体育工程根据少数民族群众体育运动和生产生活的特点，设计建造不同民族风格的公共服务设施，并通过培养民族体育人才、举办民族传统体育赛事等，更好地传承民族体育文化遗产，弘扬民族体育精神。中越边境（广西）全民健身工程紧紧围绕提高边民健康水平、加强体育对外交流合作、增进双边互信和友谊，服务经济社会发展来组织实施，树立南疆国门形象。

（二）政府主导、整合资源、全民参与，不断创新发展机制是推进全民健身工作的关键

突出表现在三个方面：一是发挥政府在提供体育公共服务中的主导作用。自治区党委、政府高度重视，将体育健身工程建设内容列入自治区人民政府工作报告，纳入自治区为民办实事的内容组织实施。自治区发改委将民族和边境体育工程项目列入自治区重点项目规划，自治区财政安排专项经费予以支持。二是发挥有关部门和社会各界的参与作用。体育部门主动协调发改委、财政、科技、国土、建设、文化、卫生、计生、教育、农业、旅游、新闻出版

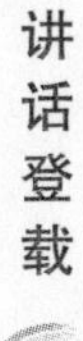

等部门，整合社会力量，多方筹资、多元投入，形成齐抓共建基层公共服务设施的工作局面。三是发挥人民群众的主体作用。激发各地群众参与体育健身的热情，同时发动他们积极参与体育健身管理、自愿投工投劳建设体育设施等。如，百色市德保县荣华乡百旺村上屯总共有 23 户人家，在国家和自治区体育健身工程资金的引导下，屯长硬是带领十几个村民劈开半座山建成了篮球场。

（三）主动汇报、争取支持、四级联动，不断创新工作方式是推进全民健身工作的保障

自治区副主席李康同志多次带队赴北京向国家体育总局、发改委、财政部等汇报工作，得到了中央有关部门的高度肯定。在开展全民健身工作中，我们采取各级体育局长挂帅亲自抓、分管副局长具体抓，各有关部门也都建立了有效的协调机制。如，体育健身工程建设，在项目建设前，自治区、市、县、乡镇四级层层签订责任书，确保全区上下一盘棋，统一思想、提高认识，推进基层公共体育设施建设。作为体育职能部门，自治区体育局主要抓好五个方面：一是抓规划设计，提供技术标准。按照国家有关标准，立足广西区情，编制了《广西农村公共服务中心建设工程指导手册》，从体育设施建设内容、建筑外观及功能等方面统筹规划，科学指导。二是抓资金筹措。形成了“五个一点”的多元化、多渠道的投入体系，即向上争取一点、区级财政解决一点、联系单位帮助一点、企业和社会捐助一点、群众自筹一点。三是抓建设指导，坚持因地制宜。在统一规划与设计的基础上，指导各建设点因地制宜、分类实施进行建设，最大程度地优化资源配置，避免铺张浪费和重复建设。如，项目选址在农民群众方便聚集、土地容易解决的地方，确保不乱占耕地，有效整合废弃校舍、养老院等闲置设施。四是抓建设质量，严控三道关口。图纸关，在起点上保证质量；施工队关，在人员上保证质量；材料关，在硬件上保证质量。五是抓制度建设。我们把完善机制、强化管理放到与设施建设同等重要的位置来抓紧、抓好、抓实。在制度上，建立了责任制、督查制、责任追究制等；在设施管理上，明确产权归属，同时发挥乡镇政府以及村委的作用，发动群众自主管理。

（四）围绕大局、扩大开放、加强交流，不断创新合作平台是推进全民健身工作的有力支撑

随着中国—东盟自由贸易区的正式启动，广西作为中国面向东盟的桥头堡，与东盟等国家和地区的合作交流正在不断扩大和深化，发展边境地区的全民健身成为新时期新阶段的必然要求。通过组织实施边境全民健身工程，进一步完善边境地区的公共体育设施。组织开展好中国—东盟国际汽车拉力赛、龙舟赛、篮球邀请赛、藤球邀请赛、环北部湾公路自行车赛等一系列体育赛事，打造广西扩大对外交流的新平台。以体育为载体，以活动为媒介，增进相互的了解和信任，拉近彼此的关系和距离，更好地服务中国—东盟自贸区和北部湾经济区的建设，为我国体育对外交流合作做出更大的贡献。

各位媒体朋友们，当前，包括全民健身在内的广西体育事业已经迎来了前所未有的发展机遇，站在了新的发展起点上。因为，自治区党委常委会会议和自治区政府常务会议已经讨论并通过了《自治党委、自治区人民政府关于重振广西体育雄风建设西部体育强区的决定》及其 18 个配套文件。根据自治区领导批示，将于近期印发全区，组织实施。“决定”等文件的制定出台，开创了广西体育发展的先河，这是广西第一次大规模、成体系地集中制定一批体育事业发展的文件政策，为广西体育科学发展、规范发展提供了有力支撑。

“决定”明确提出了经过十年的努力，实现群众体育有新发展、竞技体育有新突破、体育产业有新跨越、民族体育保护传承有新进展、体育对外交流有新成效、体育基础设施建设有新改善、体育人才有新涌现、体育改革有新机制、体育政策有新完善，逐步建立覆盖城乡居民的公共体育服务体系，把广西建设成为西部

体育强区、国家少数民族传统体育保护传承示范区、区域性国际体育对外交流合作中心。

全民健身热，天下风景美。在广西这片风光秀美、文化灿烂、民族风情独特的土地上，纯朴善良的人们热爱生活，向往健康，对体育运动有着强烈的需求和热情，涌现出了很多好的经验、感人故事和先进典型，我们真诚地希望新闻媒体朋友多深入广西、多走进壮乡基层，多给予关注报道！

最后，祝大家在广西身体健康、生活愉快、工作顺利！

谢谢大家！

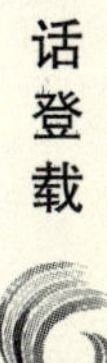

加快推进全民健身示范城市建设 开创全区体育事业发展的新局面

——在来宾市“三求”工作暨创建国家公共文化服务体系示范区、国家全民健身示范城市工作动员会上的讲话

（2011 年 2 月 15 日）

自治区体育局局长　容小宁

同志们：

新年伊始，在全区上下深入学习贯彻自治区“两会”精神，谋划“十二五”开局，加快实现“富民强桂”新跨越的新形势下，来宾市召开“三求”工作暨创建国家公共文化服务体系示范区、国家全民健身示范城市（以下简称“两个创建”）工作动员大会，具有十分重要的意义。刚才听了张秀隆书记的重要讲话，感触颇多，深受启发和鼓舞。张书记的讲话充分体现了党的十七大、十七届五中全会精神和自治区党委、自治区人民政府关于加快实现“富民强桂”新跨越的工作部署，体现了科学发展观和构建和谐社会的时代要求，体现了人民群众期待美好生活的现实需求，对“两个创建”工作具有很强的指导性。我们欣喜地看到，来宾市委、市政府以科学发展观为指导，以关注民生为出发点，实施“三求”文化体育惠农工程，推进村级公共服务中心建设，极大地提升了农村公共服务水平，取得了巨大成绩。这次动员大会也必将对来宾市今后的体育工作产生积极而深远的影响。下面，就来宾市开展“两个创建”，我讲几点意见。

一、来宾市实施“三求工程”、开创“来宾模式”成效显著

近年来，来宾市不断加大城乡基层公共体育设施建设力度，加强领导，创新发展，组织实施了“三求”文化体育惠农工程，并以篮球场建设为突破口，在全区率先推进村级公共服务中心试点建设，为广大人民群众特别是农村群众提供了优质的体育场地设施和便捷的公共体育服务，形成了发展农村公共服务的“来宾模式”，即政府主导、创新机制、整合资源，科学规划、全民参与、共建共享，调动各方力量，形成强大的工作合力，高标准、高质量、高效率地推进农村公共服务设施建设。

“来宾模式”的社会效应正在逐渐凸显和扩大，为国家有关部委局和兄弟省（区、市）所肯定，为创建国家公共文化服务体系示范区、国家全民健身示范城市打下了良好的基础。主要体现在以下几个方面：一是搭建村级综合服务平台，推进了城乡公共服务均等化。来宾市坚持政府主导，整合村级社会事业项目，构建综合服务平台，推进村级公共服务中心建设，成功解决了农村公共服务设施建设资金有限、管理分散、缺乏协调的问题，突出了整合效益和整体效能。二是改善农村公共体育设施，激发了农民群众健身的热情。来宾市有计划、有步骤、下大力推进农村公共体育设施建设，提高农村公共体育服务水平，为开展农村体育活动提供了硬件保障，转变了“劳动就是体育”、“体育是城里人的事”的旧思想、旧观念。三是推动农村社会事业发展，促进了乡风文明和社会和谐。来宾市农村体育设施的不断改善，农民群众有条件组织开展各类体育活动，充实生活，其精神面貌发生了可喜变化，形成了良好的社会风尚，促进了乡邻和谐。四是用

先进文化占领农村阵地，巩固了社会主义基层政权。来宾市通过组织开展健康向上的经常性文化体育活动，弘扬了集体主义和互助协作精神，培养了农民群众积极向上的人生观、价值观和爱国爱乡爱家的情感。五是加快农村经济社会发展，带动了生产发展和农民增收。来宾市农村体育设施的建设，切实改善了民生，在提升农民群众精神面貌的同时，也进一步加快了“创业致富”的步伐，特别是通过村级公共服务中心这一有效平台，开展科技培训，提高广大农民群众的科技文化素质和致富技能。

二、来宾市开展“两个创建”具有重要而深远的意义

来宾是广西最年轻的地级市之一，属后发展地区，但来宾的体育事业并没有为经济社会发展水平所限制和束缚。相反，来宾市各级党委、政府高度重视体育工作，切实推进城乡体育设施、体育组织、人才队伍建设和群众体育赛事活动常态化，探索出了一条后发展地区加快发展体育事业、实现城乡公共体育服务均等化、促进社会全面进步的新路子。在“十二五”开局之年，来宾市率先示范，提出创建国家公共文化服务体系示范区和国家全民健身示范城市的工作目标，是一项重大的战略决策，具有广泛而深远的影响。

我们必须认识到，在新的历史时期，开展“两个创建”是践行科学发展观、推进社会主义和谐社会建设的必然要求；是贯彻《全民健身条例》、服务体育强国建设的具体体现；是发展全民健身、推动重振广西体育雄风的有效途径；是促进人与社会全面发展、满足人民群众日益增长的文化需求的重大举措；是弘扬民族精神、保护传承少数民族传统体育文化的重要载体。通过来宾市的示范创建，必将为全区乃至全国其他后发展地区提供有益的经验和借鉴，有力推动全民健身事业的长效发展，带动全区乃至全国其他后发展地区大力发展全民健身的积极性，不断开创我区全民健身工作的新局面。

三、加大力度，全力支持来宾市开展“两个创建”

来宾市开展国家公共文化服务体系示范区、国家全民健身示范城市创建，是一项重要的惠民、利民、便民工程。今年，自治区体育局将通过政策引导、项目倾斜、资金扶持等，支持来宾市开展“两个创建”，重点抓好以下几个方面。

一是确定来宾市为首批自治区全民健身示范城市，并推荐为国家全民健身示范城市。国家体育总局群体司已经同意确定来宾市为“国家全民健身示范城市试点”，于近期印发有关通知。自治区体育局将在全区开展自治区全民健身示范城市、示范县(市、区)创建工作，自治区体育局重点抓好来宾市的创建工作，安排100万元专项经费，支持建设来宾市体育广场、广西(来宾)红水河全民健身示范长廊、来宾市金龟岛民族传统体育保护传承示范基地以及开展相关体育活动和人才培训等。

二是支持来宾市建设一批公共体育设施。国家和自治区体育健身工程项目分配上给予倾斜。安排620万元，支持来宾市建设1个雪炭工程、3个乡镇农民体育健身工程、20个农民体育健身工程、10个全民健身路径工程和90个村级公共服务中心篮球场项目。

三是支持来宾市打造一批群众体育品牌赛事活动。今年重点帮助来宾市组织策划五大活动：一是北京·广西来宾“农民体育大篷车”展演活动，以“新来宾、新农村、新农民”为主题，在京举办新闻发布会，“新来宾、新农村”摄影展，民族传统体育项目展示，农民篮球队与体育明星队、影视特型演员队和北京市郊农民队友谊赛，邀请国家篮球队教练员指导训练等活动；二是广西来宾“农民体育大篷车”港澳行，组织农民篮球队赴香港、澳门交流访问，展示来宾经济社会发展成就和少数民族风土人情，提升来宾的知名度和美誉度；三是广西“红水河杯”绣排球赛；四是中国(来宾)—东盟自行车登山挑战赛；五是广西“红水河杯”家庭健身对抗赛，设置一些家庭成员集体参与的趣味

体育游戏项目，普及家庭健身的理念。并将安排几项国家和自治区有影响的篮球赛等赛事活动在来宾举行。

四是为来宾市举办 2 期社会体育指导员专场培训，为来宾市 724 个村培训社会体育指导员。组织相关专家和全民健身志愿服务队走进来宾，开展“体育下基层”活动，为来宾市城乡基层群众送体育活动、送健身服务、送健康知识。指导来宾市健全完善各级体育组织、协会和国民体质监测系统，引导农村群众体育活动的科学开展。

五是支持来宾市探索完善公共体育服务的长效机制。科学编制规划，健全完善机制，推进公共体育服务的长效发展。在制度保障机制上，建立健全城乡基层公共体育设施建设、运行、管理、维护等一系列工作规章制度；在人员保障机制上，加大培训力度，壮大服务城乡基层的社会体育指导员队伍；在资金投入机制上，以财政投入为主，鼓励全民参与，引导社会力量兴办全民健身；在工作考核机制上，完善奖励机制，将地方农村体育公共服务水平列入对各级体育部门、工作人员年度评先、评优的指标体系。

同志们！2011 年是“十二五”的开局之年，是贯彻落实《全民健身条例》的重要一年，也是重振广西体育雄风的关键一年。现在，我们已经跨入了新的一年，站在了迈向“十二五”的新起点上。我相信，在来宾市委、市政府的正确领导下，在自治区有关部门的大力支持下，来宾市一定能够顺利完成国家公共文化服务体系示范区、国家全民健身示范城市创建的各项目标任务，开创全民健身事业的新局面，为重振广西体育雄风、实现“富民强桂”新跨越做出积极贡献！

不出正月都是年。借此机会，给大家拜个晚年，衷心祝愿各位在新的一年里身体健康、工作顺利、阖家幸福、吉祥如意！

谢谢！

2011 年 4 月 24 日，桂台经贸文化交流访问团到访台湾花莲县，自治区代表队与花莲县代表队举行气排球比赛，比赛后两队队员合影

2011年4月24日，在台湾花莲县，广西代表队与花莲县代表队举行气排球友谊赛

2011 年 4 月 24 日，自治区体育局局长容小宁（左二）向台湾花莲县教育处赖锦昌（左三）介绍气排球

2011 年 4 月 24 日，自治区主席马飚（右）与台湾花莲县长傅琨琪（右二）交流球技

2011年7月2日，广西队与台湾花莲县队在南宁举行气排球赛

2011年7月2日，自治区主席马飚（中）、副主席黄道伟（右二）在南宁接见台湾花莲县县长傅琨琪（左）一行

2011年7月2日，台湾花莲县代表团回访广西，与广西各级领导在南宁李宁体育园合影

2010年10月3日，中国—东盟国际汽车拉力赛发车仪式在南宁国际会展中心举行，自治区领导与外国使节出席

2011年9月20日，中国—东盟国际汽车拉力赛发车仪式

汽车拉力赛在南宁国际会展中心拉开大幕

汽车拉力赛凯旋颁奖晚会全体队员合影

2011年4月6月，中国—东盟武术交流合作基地揭牌仪式在江南训练基地举行

2011年12月16日，中国（南宁）—东盟武术节在广西体育馆举行

2010年8月11日，中国、巴林足球赛在新落成的广西体育中心体育场举行

2011年12月16日，自治区领导和外国使节出席开幕式

全区体育概览

2010－2011 年广西体育工作综述

2010 年

2010 年，在自治区党委、自治区人民政府的领导和国家体育总局的指导下，在全区体育战线广大干部职工的共同努力下，广西体育工作坚持以科学发展观为统领，发挥体育为经济社会发展服务，满足人民群众日益增长的体育需求的多元价值，紧紧抓住党中央实施西部大开发、建设社会主义新农村、构建社会主义和谐社会和建设北部湾经济区等一系列重大战略部署和北京举办奥运会的历史机遇，立足区情，解放思想、实事求是、与时俱进，发挥优势，注重特色，狠抓落实，积极探索广西体育事业科学发展路子，广西体育事业取得令人鼓舞的新进步、新发展、新成就。

一、以贯彻落实《全民健身条例》为抓手，推动群众体育事业深入发展

（一）积极推动政府履行公共体育服务职能

深入贯彻落实《全民健身条例》，研究制定了《广西全民健身实施计划（2011—2015 年）》并报送自治区人民政府审批。各级体育部门积极行动，抓紧制定本地区全民健身实施计划，推动政府履行公共体育服务职能，切实做好“三纳入”工作，不断扩大“纳入”范围。有的地方实现了全民健身工作的“六纳入”，即将全民健身事业纳入当地国民经济和社会发展规划，工作经费列入各级政府财政预算，把全民健身工作写进各级政府工作报告，将全民健身工作列入政府为民办实事工程、列入政府部门目标管理体系、列入“两个文明”建设目标考评体系。来宾市争创“全国全民健身示范城市”得到国家体育总局群体司的肯定和支持。

（二）加大城乡基层公共体育设施建设力度

在全区实施了中国（广西）红水河流域民族体育工程、中越边境（广西）全民健身工程和各类体育健身工程，并配合自治区党委、政府实施城乡风貌改造二期工程和村级公共服务中心建设。多方筹措 5930 万元，支持各地建设 75 个国家级乡镇农民体育健身工程、1830 个农民体育健身工程（村级篮球场）、90 条全民健身路径工程，启动建设 1 个国家级全民健身活动中心、2 个雪炭工程。带动地方投入建设乡镇农民体育健身工程 20 多个、村级篮球场 1000 多个，全民健身活动中心、体育公园、健身广场、户外营地及其他公共体育场地 500 多个。会同教育部门和地方政府，继续推动学校体育场馆向公众开放。

（三）成功举办第二届广西体育节，推动全民健身活动深入开展

第二届广西体育节期间，全区各地共组织了 434 项群众体育赛事（活动），66 万人直接参加了体育节活动，现场参与观众达到 700 多万人次，70 多家媒体参与了体育节的报道，编发新闻稿件约 8642 篇（次）。还举办了第二届广西城乡万人气排球赛、广西“拔群杯”篮球赛、第二届广西“红水河杯”绣排球比赛等群众体育品牌赛事。全年全区各地组织开展各类群众体育活动达 6824 场次。

（四）加强社会体育指导员队伍建设

筹备成立广西社会体育指导员协会，制定各类规章制度，规范社会体育指导员队伍管理。全年培训国家级社会体育指导员 40 人、一级社会体育指导员 1560 人、二级社会体育指导员 621 人、三级社会体育指导员 974 人。

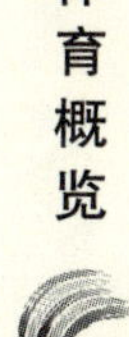

各地不断加强社会体育指导员队伍建设，指导员数量不断增加、质量不断提高，其作用日益凸显。

（五）圆满完成参加第四届全国体育大会任务

我区组成了133人的代表团参加了蹼泳、救生、技巧、高尔夫球、航海模型、定向、围棋、象棋、桥牌、门球等10个项目的比赛。经过全团上下共同努力，顽强拼搏，广西代表团共取得一等奖4项、二等奖14项、三等奖31项的好成绩，还荣获"第四届全国体育大会体育道德风尚奖代表团"荣誉称号，实现了运动成绩和精神文明双丰收。

（六）开展第三次国民体质监测工作

在南宁、桂林和玉林市开展2010年第三次国民体质监测工作，完成了10800个合格的监测数据样本采集工作，为全民健身计划的实施提供科学依据。

二、竞技体育实力明显提升，参加重大比赛屡创佳绩

（一）参加国际国内重大比赛取得好成绩

调整项目布局，优化项目结构，以备战2012年奥运会和2013年全运会为目标，科学管理，科学训练，用管理促成绩，广西运动健儿在2010年共获世界冠军17个，亚洲冠军14个，全国冠军69个。广西共有12名运动员入选2010年第十六届广州亚洲运动会中国体育代表团，参加了举重、游泳、田径、水球、艺术体操和保龄球六个项目的比赛，获得了6枚金牌2枚银牌1枚铜牌的好成绩。其中，田径运动员劳义创造中国田径新历史，夺得中国在亚运会男子100米比赛中第一枚金牌；劳义还与队友顽强拼搏在男子4100米接力赛中勇夺金牌，打破亚运会纪录，让中国队时隔二十年后再次夺得该项目金牌。

（二）区运会筹备工作有序推进

钦州市委、市政府高度重视，筹备工作全面提速，并取得重大进展。新建主体育场完成主体建设，各个比赛场馆维修改造基本完成，会徽、会歌、吉祥物和宣传画等征集工作已经完成，开闭幕式等大型活动创意方案基本确定，宣传造势和市场开发工作扎实推进，城市软硬件环境建设不断加强，志愿者招募工作已基本结束。自治区体育局也积极推进筹备工作，制定了《广西壮族自治区第十二届运动会竞赛规程总则》和《广西壮族自治区第十二届运动会运动员参赛资格规定》。各市也在紧锣密鼓加紧备战。

（三）承办、组织重大体育赛事卓有成效

去年精心组织，成功承办全国春季游泳锦标赛和全国艺术体操锦标赛等国家级比赛2项；举办全区青少年锦标赛26项，进一步提升了竞技体育影响力，锻炼了队伍，积累了承办大型体育赛事的经验。对赛风赛纪和反兴奋剂专项治理工作做出了具体部署，从"教育、自律、制度、监督、惩处"五个环节入手推进反兴奋剂工作，营造公平、公正的竞赛环境；强化竞赛管理，规范制度，完善措施，狠抓赛风赛纪。

（四）全面推行科学管理

完成了各训练基地、项目中心领导班子的调整，内设机构人员的配备及新周期各项目教练员的选聘工作。全面开展"科学管理年"活动，努力实现管理制度化、精细化、规范化、人性化目标任务。向管理要效益、要成绩、要金牌，科学管理初显成效。充分利用社会资源，创新机制，推进了自治区与北海市共建广西足球项目优秀运动队，加快部分运动项目的职业化、社会化进程。

三、抢抓机遇，着力推动体育产业加快发展

（一）研究制定广西体育城项目策划方案

认真落实自治区人民政府建设"广西体育城"项目的决策，我局会同自治区发改委、财政厅、住建厅、国土厅以及南宁市积极开展广西体育城项目策划方案的编制工作。广西体育城主要由广西体育中心、广西奥林匹克训练基地、亚太大众体育示范区（暨中国—东盟体育交流中心）、体育商业街区和主题社区、广西体育高等专科学校和广西体育运动学校五个板块构成。项目策划方案报自治区人民政府后，马主席批示充分肯定广西体育城策划方案。

(二)全社会体育固定资产投资再创新高

全社会体育固定资产投资项目共170个(含打捆项目),其中单项总投资1000万元以上的项目有53个,项总投资1亿元以上的项目19个。全年完成固定资产投资23亿元,完成自治区下达年度投资目标任务13亿元的177.2%,完成我局下达年度投资目标任务13.6亿元的169%。与去年同期相比,完成投资增加8.37亿元,增长57.2%。其中完成投资超亿元的市有柳州市5.32亿元;南宁市4.61亿元;钦州市3.55亿元;来宾市2.02亿元;贵港市1.28亿元;百色市1.27亿元;桂林市1亿元。

(三)体育彩票销售实现历史性突破

全区体育彩票年累计销量达5.35亿元,比上年增长88.99%,销售增长为全国第一,市场份额增长全国第四。即开型体育彩票销售增长全国第一．累计净增终端287台,在售终端机总数为1338台。

(四)首批入选三个全国体育旅游精品项目

在2010年中国体育旅游博览会上,我区报送的广西柳州世界水上极速运动大赛、桂林五排河漂流风景区、金秀瑶族民族传统体育旅游3个项目经专家评审组评判,在全国各省(区、市)99个精品推荐项目中脱颖而出,全部入选首批中国体育旅游精品推荐项目。

四、抓住举办“十二届民运会”契机,加强民族体育保护传承

(一)成功举办第十二届全区少数民族传统体育运动会

第十二届全区少数民族传统体育运动会于11月18日至23日在玉林市举行。运动会共设置花炮、珍珠球、射弩、陀螺、投绣球、毽球、龙舟、高脚竞速、三人板鞋竞速、武术10个比赛项目和综合类、技巧类、竞技类3大类13个民族表演项目。共有14个市代表团、1个高校代表团的973名运动员参加了11个大项、31个小项的比赛。共决出金牌49枚、银牌49枚、铜牌47枚,表演项目评出一等奖3个、二等奖5个、三等奖5个。通过评选,有15个代表团、196名运动员、30名裁判员获得体育道德风尚奖。在第十二届全区民运会期间,还对全区民族体育先进集体和个人进行了表彰。

(二)大力开展局校合作

与广西民族大学、广西师范大学签署合作框架协议,成立并共建广西民族体育研究发展中心、广西民族体育产业研究发展中心。进一步挖掘整理我区少数民族传统体育文化,积极开展申报民族体育非物质文化遗产工作。

(三)开展系列民族体育传承活动

围绕建设国家级少数民族体育保护传承示范区的目标,建设了资源县车田苗族乡等17个首批广西壮族自治区民族体育特色之乡和南丹县里湖瑶族乡白裤瑶文化体育传承馆等6个广西壮族自治区民族体育传承馆。命名盘振松等20人为广西壮族自治区民族体育传承人。加大支持力度,保护传承少数民族传统体育。

(四)开展少数民族传统体育进校园活动

联合自治区教育厅开展民族体育进校园活动,在南宁沛鸿民族中学举行了活动启动仪式。命名南宁沛鸿民族中学等12所中小学为“广西民族传统体育示范学校”。成立了由广西民族大学与全区各示范学校组成的少数民族体育校际保护联盟,为民族传统体育传承发展搭建了良好的平台。

五、围绕大局服务中心,体育对外交流不断扩大

(一)成功举办了第四届中国—东盟国际汽车拉力赛暨中国—东盟媒体汽车拉力赛

围绕中越建交60周年、中泰建交35周年庆祝活动等重大外交活动,进行一系列创新,首次提出“主题国”概念,举办了贝拿国际赛道卡丁车赛、形象大使选拔赛以及“全国车友聚绿城自驾助威万里行”等活动。中国—东盟国际汽车拉力赛,作为国内目前唯一形成传统的跨境赛事,以汽车运动作为载体,创造了我国汽车集结拉力赛史上路线最长、跨越国家最多、规模最大等多项纪录。在刚刚结束的第五

届中国赛车风云榜揭晓会上，荣获大会颁发的“最具成长价值赛事”大奖。

（二）举办了系列体育对外交流赛事

成功举办了中国—东盟篮球邀请赛、中国—东盟龙舟邀请赛、中国—东盟藤球赛、柳州世界水上极速运动大赛、南宁国际田联世界半程马拉松锦标赛、百色乐业国际山地户外挑战赛等有影响力的国际赛事。这些品牌赛事，促进了体育对外交流合作，为服务中国与东盟国家经济发展发挥了积极作用。同时，也进一步宣传了广西，提升了广西在国际上的影响力。

（三）承办中韩群众体育交流活动

中韩群众体育交流活动是中韩两国之间一项重要的体育交流项目。去年正值中韩群体交流活动 10 周年，承办此项活动，使命光荣，意义重大。我区派出群众体育交流团一行 58 人（外加国家体育总局 2 人）出访韩国，韩国群众体育交流团一行 62 人来我区进行了群体交流访问活动。本次交流活动的成功举办，进一步推动了两国群众体育的交流合作和发展，增进了中韩两国人民的友谊。

（四）举办中国—东盟体育产业发展论坛

自治区体育局和百色市人民政府在平果县主办了首届中国—东盟体育产业发展论坛。应邀出席此次论坛的共 200 多人，有原国家体育总局和广西壮族自治区人民政府领导；新加坡、马来西亚、泰国、越南、缅甸、老挝、印度尼西亚等国家和北京、上海、广东、四川、福建、台湾地区等地的官员、专家、学者、企业家；广西相关部门、各地市领导和各级体育局负责人出席论坛，论坛为提升广西体育产业发展水平，促进与东盟国家体育产业合作发挥了积极的作用。

1 月 15 日，自治区主席马飚、副主席李康、宣传部部长沈北海率自治区发改委、财政厅、编办、建设厅、国土厅、教育厅、南宁市等有关部门到自治区体育局调研，召开广西体育工作座谈会。马主席在会上提出了体育工作九个新的要求。自治区副主席李康、宣传部长沈北海先后多次召开专题会议，部署落实自治区主席马飚重要讲话精神，研究并推进工作，自治区体育局牵头，起草了《重振广西体育雄风、建设西部体育强省（区）的决定》、《重振广西体育雄风、建设西部体育强省（区）三年攻坚总体方案》、《广西壮族自治区全民健身实施计划》、《广西壮族自治区人民政府关于加快发展体育产业的实施意见》等 19 个文件。这批文件已经报送自治区人民政府并列入了政府常务会议的议题，正在等待自治区党委、自治区人民政府审议批准后，将召开全区体育大会贯彻落实。

体育法制建设、体育科技、体育教育、体育宣传、体育行业加强党的建设和反腐倡廉及干部作风建设等方面的工作都取得了长足的发展。

2011 年

2011 年，全区体育战线围绕贯彻实施《自治区党委、自治区人民政府关于重振广西体育雄风、建设西部体育强区的决定》和“十二五”体育事业发展目标，创新思维、更新理念，把握重点、突破难点，奋力开创体育工作的新局面。

一、以实施重振广西体育雄风系列文件为起点，广西体育事业迎来了新的发展春天

自治区党委、自治区人民政府作出了重振广西体育雄风、建设西部体育强区的重大战略决策部署，出台了《中共广西壮族自治区党委、广西壮族自治区人民政府关于重振广西体育雄风、建设西部体育强区的决定》及广西壮族自治区人民政府《重振广西体育雄风、建设西部体育强区五年攻坚总体方案》等 18 个配套文件，提出了把广西建设成为西部体育强区、国家少数民族传统体育保护传承示范区、区域性国际体育交流合作中心的奋斗目标，对未来 10 年广西体育的发展做出了战略规划部署，对近五年的体育工作明确了具体要求。这些文件是新时期我区体育工作的纲领性文件，对促进广西体育事业的发展具有深远的意义。近期，自治区党委、政府将召开全区体育大会对重振广西体育雄风，建设西部体育强区的工作做出全面部署，届时自治区主要领导、区直各部门和各市的主要领导将出席全区体育大会，郭声琨书记将发表重要讲话。在郭声琨书记、马飚主席亲自主持召开的“南宁五象新区规划建设暨文化产业城体育产业城现场办公会”上，“广西体育产业城规划”已获得审议通过，广西体育产业城建设进入正式实施阶段，重振广西体育雄风、建设西部体育强区工作取得阶段性成果。

二、以贯彻落实《全民健身条例》为契机，不断促进全民健身活动蓬勃开展

（一）积极推动各级政府履行公共体育服务职能

自治区人民政府印发实施了《广西壮族自治区全民健身实施计划(2011—2015年)》。各级体育部门积极行动，推动本级政府履行公共体育服务职能，研究制定《全民健身实施计划》，并积极推动将全民健身工作纳入当地国民经济与社会发展“十二五”规划纲要、纳入地方财政预算、写入政府工作报告。目前，全区共有14个市、109个县(市、区)基本实现了全民健身工作“三纳入”，有的地方还不断扩大纳入范围，将全民健身工作列入政府为民办实事工程、列入政府部门目标管理体系、列入“两个文明”建设目标考评体系。

（二）加强城乡基层公共体育设施建设

多方筹措资金5745万元，在全区建设了17个国家级乡镇农民体育健身工程、144个农民体育健身工程、249个中国(广西)红水河流域民族体育工程和中越边境(广西)全民健身工程篮球场、99个城乡风貌改造三期工程篮球场、527个村级公共服务中心篮球场、90个全民健身路径工程，开工建设5个雪炭工程，资助94个传统项目学校、15个青少年体育俱乐部和20个冰冻灾害场馆设施修复，全区城乡基层公共体育设施条件进一步得到改善。

（三）成功举办第三届广西体育节等群众性赛事活动

第三届广西体育节为期100多天，围绕“科学健身，幸福一生”的主题，全区各地、各部门举办了丰富多彩、惠及全民的体育活动，广大人民群众积极参与体育健身、自发组织赛事，掀起了“全民运动，乐享健康”的新热潮。除了自治区级的数十项赛事活动外，市、县(市、区)级赛事活动有200多项，基层体育活动千余项，全区各地近110万人直接参与体育节活动，现场观众达870多万人，数十家新闻媒体参与报道，共编发各类新闻稿件5136篇(次)。去年，我们启动了第三届广西万村农民篮球赛，举办了自治区厅级领导干部太极拳培训班、万人工间操汇演、区直公务员运动会、“拔群杯”篮球赛、广西·来宾农民体育健身北京行活动、中央和自治区主流新闻媒体全民健身八桂行活动等，在全区开展推广第九套广播体操。

（四）大力开展青少年阳光体育活动

会同教育部门、共青团组织，积极开展青少年体育活动，加强体育传统项目学校体育教师培训，为保障青少年锻炼身体时间、提高青少年体质健康水平提高政策保障和创造良好条件。不断推进学校体育场馆设施向公众开放。

（五）圆满完成第九届全国民运会组团参赛工作

会同自治区民委组建250人的代表团参加第九届全国少数民族传统体育运动会，42个运动队获得名次，其中二等奖19个，三等奖23个，广西代表团荣获“体育道德风尚奖”称号，实现了运动成绩和精神文明双丰收，充分展示了广西各族人民群众的良好精神风貌。

（六）积极开展示范创建活动

国家民族地区全民健身示范区和国家少数民族传统体育保护传承示范区创建工作正在有序推进。完成《国家民族地区全民健身示范区创建方案》、《国家民族地区全民健身示范区创建标准》编制并呈报自治区人民政府审核印发。开展广西民族传统体育文化调研，研究制定国家少数民族传统体育保护传承示范区创建方案和标准。来宾市创建全国全民健身示范城市试点工作取得阶段性成果。命名了1

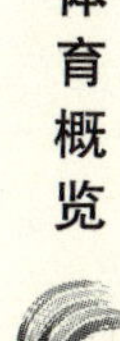

个广西全民健身示范市、14 个广西全民健身示范县(市、区)、10 个广西全民健身示范单位。

(七)加大力度培养社会体育指导员

全区共培训各级社会体育指导员 2000 多人,其中国家级社会体育指导员 50 人,一级社会体育指导员 787 人,各市、县(市、区)培训二级、三级社会体育指导员 1000 多人。

(八)加强少数民族传统体育保护传承

在全区评选了 12 所民族传统体育示范学校,加强少数民族地区社会体育指导员培训,积极挖掘少数民族传统体育特色项目,举办了田阳歌墟运动会、第三届广西(来宾)"红水河杯"绣排球赛、河池市民族体育欢乐节等浓郁民族特色的全民健身活动和赛事。创编系列民族健身舞、健身操,其中民族健身舞包括壮采茶健身舞、瑶韵健身舞、京族指花健身舞、《大地飞歌》健身舞、彝风健身舞,民族健身操包括初级壮族舞健身操、少年儿童苗族舞健身操、中老年侗族舞健身操、壮族舞健身操提高(表演)套路、瑶族长鼓舞健身操、京族斗笠舞健身操。

三、以成功举办自治区第十二届运动会为抓手,不断提高竞技体育水平

(一)参加国内外重大体育比赛取得优异成绩

2011 年,自治区优秀运动队在世界三大赛上获冠军 7 个、亚军 8 个、季军 2 个;在亚洲大赛获冠军 4 个、亚军 2 个、季军 2 个;在全国大赛获冠军 49 个、亚军 26 个、季军 36 个。

(二)成功举办自治区第十二届运动会

自治区领导高度重视办好本届区运会,郭声琨书记、马飚主席和李康副主席会前分别到钦州考察了区运会的场馆设施建设和指导筹备工作,李康副主席多次听取区运会筹备情况的汇报,对办好区运会做了重要指示。郭声琨书记、马飚主席等 13 位自治区领导出席了本届区运会的开幕式,是历届规格最高、自治区领导出席最多的一届区运会。本届自治区运动会设 24 个大项、618 个小项,共 658 枚金牌。有来自全区 14 个设区市的代表团和 48 个行业体协单位的代表团共 4202 名运动员参加比赛,其中青少年组运动员 3297 名,行业体协组运动员 905 名,青少年组比赛在项目设置、奖牌设置和参赛人数方面均为历届之最。本届运动会办成了文明、热烈、精彩、节俭、圆满和谐的高水平体育盛会,实现了运动成绩和精神文明双丰收。根据《广西壮族自治区运动会申办办法》,通过考察、推荐、投票等程序,经自治区人民政府批准,确定了梧州市为自治区第十三届运动会的承办城市。

(三)成功承办多项国际、国内重大赛事

去年共成功承办国内外大型体育赛事 14 项。其中,包括南宁国际半程马拉松赛、F1 摩托艇世界锦标赛等国际级赛事 6 项,包括全国女子水球锦标赛、全国技巧锦标赛等国家级赛事 8 项,南宁市被评为国家体育总局 2010 年度全国最佳赛区。

(四)加强竞技体育人才培养和保障工作

自治区体育局、教育厅、财政厅联合下发了《关于开展业余体校基础设施建设和文化教育情况调研工作的通知》,成立了"广西壮族自治区业余体校基础设施建设和文化教育情况调研组",对全区业余体校进行了系统、全面、深入的调研。在调研的基础上,出台了《广西壮族自治区少年儿童体育学校建设规划》,为实现全区少儿体校的合理布局,妥善解决好少儿体校发展面临的文化教育、资金、管理、训练、竞赛、招生、培训和基础建设实施等方面问题提供了政策支持。

(五)重新启动足球运动项目

积极推动重新组建广西足球队的各项工作,时隔 16 年后,通过采取政府主导、体育部门指导、专业机构负责实施,中外合作、社会力量参与、区市共建的管理模式在北海重新组建成立了广西足球队。与自治区教育厅联合成立了"广西壮族治区青少年校园足球工作领导小组",并经全国青少年校园足球工作领导小组办公室批复同意,广西正式加入全国青少年校园足球活动,北海市成为全国青少年校园足球活动第 48 个布局城市,并指导北海市举办了46所学校校长、体育教师校园足球活动开展培训班。

(六)严格赛风赛纪和反兴奋剂工作

严格按照国家体育总局赛风赛纪和反兴奋剂专项治理的工作部署,认真贯彻落实专项治理活动各项要求。成立了专项治理工作领导小组和工作机构,通过召开专项治理工作会议、制定工作规定、签订责任书、严格执行资格审查等多种措施,严肃赛风赛纪,全年无重大赛风赛纪和兴奋剂事件发生。

四、以贯彻落实体育产业政策为突破口,不断引导体育产业加快发展

(一)出台了《广西壮族自治区人民政府关于加快发展体育产业的实施意见》

《广西壮族自治区人民政府关于加快发展体育产业的实施意见》已由自治区人民政府办公厅正式下发,提出了今后一段时期加快广西体育产业发展的主要目标任务和保障措施,将体育产业列入本级财政重点支持领域,设立了自治区体育产业发展引导资金,每年安排3000万元引导资金,重点支持体育产业重大项目、自主品牌建设、体育人才培养等。

(二)扎实推进固定资产投资工作

全区体育固定资产投资项目共153个,全年完成体育固定资产投资27.66亿元,为自治区下达年度目标任务21亿元的131.8%,为我局下达目标任务20亿元的135.1%。同比增长12.4%。建成了钦州市体育中心、广西体育中心二期工程、柳州李宁体育馆、来宾农民体育馆、华蓝羿园等一批体育标志性工程。“广西体育资源及建设项目库”系统已投入使用。

(三)体育彩票年度销量再创新高

2011年,广西体育彩票销量7.24亿元,同比增长销量1.9亿元,增长35.43%。筹集本级公益金8944.4万元。全区销售终端新增407台,在用销售终端达1671台。开展广西体育彩票10个县域市场发展试点工作,弥补了我区体育彩票县域管理工作的空白。

(四)大力推动广西体育产业的发展升级

命名了南宁李宁体育园、华蓝智力运动中心、柳州水上运动基地等6个自治区体育产业示范基地。进一步推动体育场馆向公众开放,积极开展“政府购买”体育场馆公共服务试点工作。

五、以开展对东盟国家体育交流合作为重点,不断扩大体育对外交流

(一)成功举办多项国际品牌体育赛事活动

成功举办2011中国—东盟国际汽车拉力赛暨中国—东盟媒体汽车拉力赛。本届拉力赛围绕中国—东盟建立对话关系20周年、中国—东盟友好交流年、中老建交50周年以及拉力赛创赛5周年等主题,进一步创新活动形式,丰富活动内容,开展了世界文化遗产之旅、集结赛、定速赛、场地趣味赛、卡丁等赛事活动,并与赛事主题国一老挝国家体委签署了体育交流合作备忘录,与主题国马来西亚共同举办由东盟各国使节参加的庆祝联谊酒会。此外,还举办了形象大使选拔、“万里行”、“东盟行”、“八桂行”等旨在扩大影响,拓展品牌的活动。成功举办了2011年国际网联女子巡回赛(第二站)、2011年国际青年男子四大洲篮球挑战赛、世界羽毛球大奖赛总决赛、第四届中国—东盟男子篮球邀请赛等国际体育赛事。

(二)圆满完成桂台体育交流工作

广西体育代表团随同马飚主席率领的桂台经贸合作代表团访问了台湾花莲县,马飚主席、沈北海部长、陈武副主席一同与台湾花莲县官员进行了气排球友谊赛,在台湾引起轰动。广西体育代表团圆满完成与花莲县、高雄市等地的体育交流活动的互访,开创了桂台体育交流的先河,创造了五个“第一”,即第一次将气排球带到台湾、第一次在台举办气排球赛、第一次举办桂台体育交流座谈会、第一次签订桂台体育交流合作会谈纪要、第一次走进台湾基层考察学校和社区体育工作。

(三)成功举办亚洲及大洋洲地区大众体育合作发展论坛暨中国—东盟大众体育合作发展论坛

本次论坛由国家体育总局、广西壮族自治区人民政府、亚洲及大洋洲地区大众体育协会

主办，有来自东盟各个国家、中国大陆和港、澳、台地区的200多名体育官员、专家学者参加。论坛以“大众体育、健康和谐、合作发展”为主题，深入研讨大众体育现状与特色、国际交流合作展望与推进等问题，搭建了亚太地区，尤其是中国—东盟地区的大众体育交流合作平台。发表了《南宁宣言》。本次论坛是我区举办的最高级别的体育论坛，在国内外引起较大反响，受到亚太地区和东盟国家的好评。

（四）加强与东盟国家的体育交流合作

不断拓宽与东盟国家在体育领域的交流合作。成立了中国－东盟体操交流合作基地、中国－东盟武术交流基地，成功举办了2011中国（南宁）－东盟武术节。开展了2011中国（广西）武术东盟行活动等系列体育东盟行活动。边境地区全民健身活动蓬勃开展，举办了2011中国东兴·越南芒街元宵节足球友谊赛等丰富多彩的群众体育对外交流活动，利用广西体育项目优势，为越南等东盟国家的多批运动队提供了训练和学习服务。

在“十二五”开局之年，体育法制、教育、科技、宣传、反腐倡廉和党建等工作都取得了新的成绩。

2011年，广西体育工作得到了国家体育总局及有关部委的充分肯定。自治区体育局被国家体育总局评为“在全民健身工作中做出突出成绩单位”，被中央宣传部、司法部评为“2006—2010年全国法制宣传教育先进单位”，予以通报表彰。广西2所体校、3名个人分别被国家体育总局授予“2011年全国业余训练先进单位、先进个人”；广西3名运动员、3名教练员分别被授予“2011年度优秀运动员、优秀教练员体育运动荣誉奖章”；中国—东盟国际汽车拉力赛被国家体育总局汽车摩托车管理中心评为2011年度中国汽车摩托车运动“突出贡献奖”。广西在开展全国亿万学生阳光体育活动中获得了全国亿万学生阳光体育活动领导小组的通报表扬，柳州市、柳城县等25个地（市、区）、县（市）获得了“地、县级优秀组织单位”称号。

“十一五”时期广西体育工作综述

“十一五”时期是我区体育事业克服重重困难、取得新突破、实现快速发展的五年；是全民健身活动最活跃、全民参与意识不断增强的五年；是竞技体育战略调整、强基固本、屡创佳绩的五年；是体育产业需求旺盛、方兴未艾、异军突起的五年；是体育服务东盟、走向世界、对外体育交流日益活跃的五年；是体育在经济社会中地位明显提高、作用更加凸显、影响不断扩大的五年。

群众体育事业蓬勃发展。深入贯彻落实《全民健身计划纲要》，大力唱响“人人运动，健康广西”的时代主题，以构建全民健身服务体系为主线，着力完善体育设施、健全体育组织、加强健身指导、打造品牌赛事活动，政府主导、社会支持、全民参与的群众体育社会化运作模式初步形成，具有广西特色的全民健身服务体系逐步形成。实施中国(广西)红水河流域民族体育工程、中越边境(广西)全民健身工程和各类体育健身工程，建设了5386块公共体育场地，建设面积约347.507万平方米，人均体育场地面积比“十五”期末有了明显提高。成功打造了广西体育节、广西万村农民篮球赛、广西城乡万人气排球赛、广西“红水河杯”绣排球赛等群众性品牌活动(赛事)，全区经常参加体育锻炼人数占总人口数的比例达到31%，达到《国民体质测定标准》合格标准的城乡居民人数比例为91.8%。社会体育指导员队伍发展到33183人。少数民族体育、青少年体育、残疾人体育、妇儿体育、老年人体育等方面工作取得新的发展。

竞技体育综合实力不断增强。坚持完善竞技体育“灵、小、短、水”优势发展战略，以备战北京奥运会、山东全运会为重点，调整优化项目布局，加强体育后备人才培养，提升科学训练水平，取得了运动成绩和精神文明双丰收。“十一五”期间，我区运动员共获奥运会冠军1个，亚运会冠军10个，全运会冠军7.5个。在国内外重大赛事中获得世界冠军33个，获亚洲冠军35个，全国冠军201个。打破世界纪录5人次、打破全国纪录12人次；现有国家级高水平后备人才基地9个；组织承办了柳州世界水上极速运动大赛、南宁国际田联世界半程马拉松赛等国际重大赛事。赛风赛纪和反兴奋剂工作力度进一步加大，“十一五”期间没有出现兴奋剂事例和赛风赛纪问题。

体育产业发展成效凸显。“十一五”期间，我区从实际出发，不断推进体育产业化进程，广西体育产业从小到大，体育产业政策与环境得到逐步改善，体育消费逐年增加，体育彩票销售稳步增长，公共体育设施投入逐步加大。全区完成体育固定资产投资共47亿元，兴建了一批城乡体育基础设施，总投资超过广西前十个五年计划投入的总和。体育彩票销售收入总计34亿元，与“十五”期间相比增长了162%，筹集公益金4亿元，现有终端销售网点1338个。

体育对外交流合作日益频繁。围绕中国—东盟自由贸易区建立、中国—东盟博览会落户南宁和《广西北部湾经济区发展规划》的实施，努力打造与之相适应的体育交流平台，打响体育的东盟牌。“十一五”期间，成功举办了4届中国—东盟国际汽车拉力赛和中国—东盟篮球赛等一系列中国—东盟的体育赛事。共派出体育团队133个团组596人次出访东盟各国和世界其他国家及地区，接待到广西访问、训练、比赛的东盟国家团队95个887人次，帮助东盟国家培养了一大批优秀运动员。

关系到体育事业长远发展的各项基础性、

长远性、战略性工作取得了重大进展。自治区人民政府审议通过了《广西壮族自治区重大体育比赛奖励办法》。经自治区人民政府批准，从 2009 年起，每年 8 月 8 日举办“广西体育节”，广西有了自己的全区性体育节日，这是北京奥运会遗产社会化、全民化、制度化的重要成果；体育法制、科技、教育、人才队伍建设力度不断加大，为体育发展提供了重要人才和智力支持；体育宣传不断加强，为广西体育发展创造了良好环境。

“十一五”时期，广西在 2006 年荣获国家体育总局颁发的“参加第十五届亚运会重大贡献奖”，2008 年荣获国家体育总局颁发的“参加第二十九届奥运会重大贡献奖”，2010 年荣获国家体育总局颁发的“参加第十六届亚运会重大贡献奖”、“贯彻落实《全民健身条例》切实做好‘三纳入’工作推动政府履行公共体育服务职责先进单位”、“全国体育政策法规工作先进单位”、“全国体育系统‘五五’普法工作先进单位”、“体育彩票销售贡献奖”、“全国体育彩票销售增长奖”、“全国体育彩票市场增长奖”等国家级荣誉。2009 年荣获国家体育总局举摔柔中心、中国举重协会颁发的“新中国举重事业重大贡献奖”。

群众体育

2010 年

【概况】 年内，自治区群体工作以“重振广西体育雄风”为主题，开展了一系列的全民健身活动。对《全民健身条例》有关内容进行了系统的授课培训；多方筹措资金 5930 万元，投入到体育工程健身之中；岑汉康巡视员参加中韩群体交流活动 10 周年考察活动；社会体育指导员培训班如期在南宁、桂林、玉林开班；我区 133 热的代表团，参加了第四届全国体育大会，并取得了优异的成绩；继续开展第三次国民体质监测工作，计划完成 10800 个合格的监测数据样本采集工作；第二届广西体育节在全区范围举行，全区近千万人参与活动，海内外近百家媒体参与报道；另外，还举行了“拔群杯”篮球赛、“真龙杯”广西第二届城乡万人气排球赛、第十二届全区少数民族传统体育运动会等。

【全民健身条例的学习培训】 1 月 20 日，全区《全民健身条例》学习培训班在南宁市举行，共有自治区文明办等 19 个自治区有关单位、全区体育系统、大专院校以及企业的 68 名学员参加了培训。在为期 2 天的培训中，国务院法制办和天津体育学院的专家学者围绕《条例》法条解读、重点剖析以及贯彻《条例》的具体要求等专题进行授课。

【筹措资金，投入体育工程】 年内，多方筹措资金 5930 万元，在全区建设 75 个国家级乡镇农民体育健身工程、1830 个村级篮球场工程（含 500 个村级公共服务中心篮球场项目）、90 个全民健身路径工程等体育健身工程。

【中韩 10 周年群体交流会】 4 月 8—14 日，派出由岑汉康巡视员任副团长的中国（广西）群众体育交流团一行 58 人（外加国家体育总局 2 人）出访韩国。中韩群众体育交流活动是中韩两国之间一项重要的体育交流项目，今年正值中韩群体交流活动 10 周年，承办此项活动，使命光荣，意义重大。

【社会体育指导员如期开班】 4 月 10—25 日，广西社会体育指导员培训班分别在南宁市、桂林市、玉林市开班。进一步加深社会体育指导员对国家关于开展社会体育工作的各项法律法规及方针政策的理解，提高指导员社会体育基础理论知识及各项业务工作能力。

【组团参加第四届全国体育大会】 5 月 16 日至 26 日，第四届全国体育大会在安徽省合肥市举行，广西组成 133 人的代表团参加了蹼泳、救生、技巧、高尔夫球、航海模型、定向、围棋、象棋、桥牌、门球等 10 个项目的比赛。在为期 10 天的比赛中，经过全团上下共同努力，顽强拼搏，广西代表团共取得一等奖 4 项、二等奖 14 项、三等奖 31 项的好成绩，还荣获“第四届全国体育大会体育道德风尚奖代表团”荣誉称号，达到了赛前制定的夺取运动成绩和精神文明双丰收参赛目的。充分展示广西各族人民群众的良好精神风貌，为广西争光，为建设富裕文明和谐新广西做出了应有的贡献。

【社会体育指导员培训】 6 月 7—9 日，在广西

体育高等专科学校举办了社会体育指导员管理系统培训班，邀请国家体育总局体育科学研究所和“体育管理在线”相关工作人员进行授课培训。共有来自全区 14 个地市体育局、宁铁体协及各社会体育指导员培训基地的 40 人参加了培训。

【第三次国民体质监测】 年内，继续在南宁、桂林和玉林市开展第三次国民体质监测工作，计划完成 10800 个合格的监测数据样本采集工作，为全民健身计划的实施提供科学依据，为全区经济建设和社会发展服务，推动全民健身科学化进程。从 3 月开始，国民体质监测工作在这三地陆续展开。截至 6 月底各地国民体质监测工作基本完成。

【举办第二届广西体育节】 8 月 8 日至 11 月 18 日，第二届广西体育节在全区范围举行。据初步统计，为期 100 天的体育节，全区近千万人参与体育节活动，海内外近百家媒体参与体育节活动的报道。其中，8 月 8 日，第二届广西体育节开幕式南宁主会场活动在南湖公园名树博览园水幕电影广场举行，其余 13 个地级市及南宁铁路局设立分会场，分别在各自地标性区域同时启动了第二届广西体育节，并举行了群众广泛参与的盛大开幕式活动。沈北海、车荣福、文明、李康、李达球、李彬等自治区领导，自治区人民检察院检察长张少康以及自治区人民政府办公厅副主任吴建新，自治区体育局局长容小宁，南宁市市长黄方方等领导在南宁出席了开幕式，并参加了开幕式南宁主会场的各项活动。在开幕式南宁主会场活动上，数百名群众和体育爱好者表演了篮球街舞、武警擒拿操、农民工排舞、拉丁舞等体育运动项目。仪式结束后举行了第二届广西体育节首府各界群众健身走活动，约 5000 名各界群众参加。

【体育传统项目学校体育师资培训】 8 月 18—24 日，第三期自治区级体育传统项目学校体育师资培训班在南宁举行。国家体育总局选派了 6 位专家、教授为本班授课，广西体专也选派了 7 位专业体育教师参加培训工作。共有 134 名来自全区各传统校体育教师参加了培训，并顺利结业。

【《全民健身条例》工作座谈会】 9 月 7 日，贯彻落实《全民健身条例》工作座谈会在南宁市召开，共有来自全区 14 个地市及宁铁体协的 40 多名领导干部参加。

【举办“拔群杯”篮球赛】 9 月 8—20 日，广西“拔群杯”篮球赛在崇左市举行。共有来自南宁、百色、河池、崇左 4 个市共 27 个县(市、区)41 支男、女篮球队、近 600 名篮球队运动员参加了比赛。

【组织“真龙杯”广西第二届城乡万人气排球赛】 9—11 月，“真龙杯”广西第二届城乡万人气排球赛在全区范围举行。大赛共设置男子乡镇(街道)组、女子乡镇(街道)组、男子公开组、女子公开组、单位混合组五个组别，共有来自全区各市及南宁铁路局的上千万名群众运动员参加了比赛，参赛队伍及比赛规模都超过了上届。

【广西第二届“红水河杯”绣排球比赛如期开展】 9 月 24—27 日，广西第二届“红水河杯”绣排球比赛在来宾市举行。南宁、柳州、百色、河池、贵港及来宾市分别组队参赛。

【广西全民健身高峰论坛】 10 月 27 日，广西全民健身高峰论坛在广西师范大学举办。国家体育总局原副局长、中国老年人体育协会主席张发强，国家、自治区和各市县体育部门有关负责人，国内各高校学者，和广西师范大学体育专业的师生，共 350 人参加了论坛。

【中韩群体交流访问活动】 11 月 1—8 日，韩国全国网球联合会会长金文一先生率的韩国群众体育交流团一行62人来广西进行了为期八天的群体交流访问活动。在短短的几天时间里，双方队员进行了友好的交流、切磋。本次交流活动的成功举办，进一步推动了两国体育领域的交流与合作，增进了中韩两国人民的互信，促进了两国群众体育事业的发展和繁荣。

【国家级社会体育指导员培训班】 11月21—31日，在广西师范大学举办了国家级社会体育指导员培训班，共有来自全区14个地市、宁铁体协及各社会体育指导员培训基地的40人参加了培训。通过这些培训，群众体育骨干队伍建设不断加强，专业化、科学化水平逐步提升。

2011年

【概况】 年内，全区举行了一系列的全民健身体育活动，实现了全民健身工作的“三纳入”；多方筹措资金用于体育健身工程；全区局长会议圆满闭幕；组团赴台参加桂台体育交流活动；第三届广西体育节顺利举办；举办的千人垂钓大赛，吸引许多国外高手的参与；组团参加了第九届全国少数民族传统体育运动会；全区表彰大会，对单位和个人进行了荣誉嘉奖；另外还举行了，一系列的篮球赛、绣排球赛、区直机关运动会等体育活动。

【实现全民健身工作“三纳入”】 全区14个市、109个县(市、区)实现了全民健身工作“三纳入”，即把全民健身事业纳入当地国民经济和社会发展规划，写入地方《政府工作报告》，工作经费列入地方财政预算。南宁、来宾等地区还扩大“纳入”范围，实现了全民健身工作“六纳入”，增加把全民健身工作纳入政府为民办实事工程，纳入政府部门目标管理体系，纳入“两个文明”建设目标考评体系。据初步了解，大部分市、县(市、区)全民健身工作经费财政预算与去年持平，部分地区比去年有小幅增加。

【多方筹措资金用于建设体育健身工程】 多方筹措4000多万元资金用于建设体育健身工程。一是做好乡镇、村级农民体育健身工程建设，筹措1230万元支持各市建设17个国家级乡镇农民体育健身工程、144个村级农民体育健身工程。目前，各市已经陆续上报进度情况，年底将完成所有工程；二是配合自治区文化厅在800个行政村建设村级公共服务中心，推进建设800个(扣除已安排过项目的行政村，527个未建)篮球场、组建800支农民篮球队。三是配合自治区住建厅组织实施城乡风貌改造三期工程，负责城乡风貌改造三期工程区域内乡镇、行政村篮球场项目建设。扣除已安排建设过篮球场的乡镇、行政村，支持99个行政村(其中7个名村项目)、4个乡镇篮球场项目，年底全部完成。

【全区体育局长会议举行】 3月1日，全区体育局长会议举行，会上命名来宾市为广西全民健身示范市、横县等14个县(市、区)为广西全民健身示范县(市、区)、李宁体育园等10个单位为广西全民健身示范单位，进一步扩大全民健身活动的示范效应，推动全民健身运动深入持久开展。积极推进来宾市“全国全民健身示范城市试点”建设。

【中国东兴·越南芒街元宵节足球友谊赛】 2月17日，2011中国东兴·越南芒街元宵节足球友谊赛在东兴市体育中心隆重举行，这场传统的跨国民间足球赛吸引了近2万名中越边民观看。

【组团赴台参加体育交流活动】 4月22—29日，在广西经贸文化代表团的统一领导和正确指挥下，自治区体育局组成以容小宁局长为团长的广西体育代表团一行29人(其中团部8人，气排球、羽毛球、乒乓球、网球、篮球、

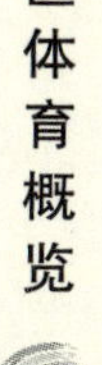

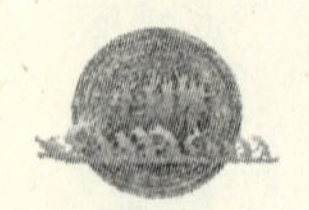

围棋队员、教练员 20 人，广西日报记者 1 人）赴台湾花莲县、高雄市等地开展体育交流。这次以体育赛事为载体，融入运动元素的交流访问，不仅为桂台经贸文化交流合作注入新鲜活力，也开创了桂台体育交流的先河，创造了五个“第一”，即第一次将气排球带到台湾、第一次在台举办气排球赛、第一次举办桂台体育交流座谈会、第一次签订桂台体育交流合作会谈纪要、第一次走进台湾基层考察学校和社区体育工作。从交流形式的新颖、活跃到合作内容的广泛、务实，首次桂台体育交流取得了丰硕成果。二是完成接访工作。8 月，台湾花莲县体育交流团来桂开展两地体育交流，进行了群众体育赛事和考察。

【万人工间操汇演活动】 年内，与共青团广西区委、南宁市总工会联合主办万人工间操汇演活动，并于 5 月 23 日在李宁体育园举办了万人工间操汇演启动仪式。

【篮球友谊交流赛】 6 月 21—23 日，广西来宾农民篮球队分别与国家体育总局机关篮球队、北京体育大学篮球队、北京昌平农民篮球队进行友谊交流赛。6 月 21 日上午，在国家体育总局新闻发布厅举行了广西？来宾农民体育健身北京行新闻发布会，总局群体司副司长刘国永、宣传司司长张海峰、自治区体育局局长容小宁、自治区体育局巡视员岑汉康、来宾市市长杨和荣等出席新闻发布会，中央、北京市、广西近 30 家新闻媒体参与了本次活动的宣传报道。在北京乃至全国产生了广泛影响。

【第三届广西体育节】 第三届广西体育节从 8 月 8 日开始，以“科学健身，幸福一生”为主题，设置赛事、活动、辅助等三大板块，自治区重点赛事活动有三十多项，市、县（市、区）级赛事活动有一百多项，基层体育活动千余项，重点突出了体育、文化、科研、休闲、民族、海洋、东盟、民俗、知青、红色等元素，涵盖健身走、长跑、民族健身操、体育舞蹈、钓鱼、绣排球、气排球、乒乓球、羽毛球、篮球等三十多个运动项目，覆盖了机关干部、社区居民、农村居民、企事业单位职工、少数民族、青少年、中老年、残疾人等不同群体，极大地满足了人民群众多元化的健身需求，呈现出“全区联动，全民运动”的体育健身热潮。这次体育节更加注重突出民族性、大众化、时尚化、国际化、市场化，继续把广西体育节办成“体育的盛会”、“人民的节日”。

【大化东盟千人钓鱼大赛】 9 月 2 日，自治区体育局主办的广西大化东盟千人钓鱼大赛大化瑶族自治县民族文化广场隆重举行，吸引了广东、河南、广西等地的高手参赛，以及越南、新加坡、马来西亚等东盟国家的选手。

【广西区直公务员运动会】 10 月 15—18 日，来自 72 个区直单位共计 2500 多名公务员参加了广西区直公务员运动会，并角逐气排球、乒乓球、羽毛球、网球、工间操、拔河 6 个运动项目。通过这些激烈而友好的比赛，各单位加强了联系和沟通，提高公务员锻炼意识，增添生命活力，展现区直机关公务员的良好精神风貌，充分展示广西改革开放的新形象。

【国家级社会体育指导员培训班】 11 月 1—10 日，在广西师范大学举办了国家级社会体育指导员培训班，共有来自全区 14 个市、宁铁体协及各社会体育指导员培训基地的 50 人参加了培训。

【表彰先进】 11 月 7 日，全区体育工作先进集体、先进个人表彰大会上，南宁市体育局等 116 个单位被授予“2007—2010 年全区群众体育先进单位”称号，梁桦中等 126 名同志被授予“2007—2010 年全区群众体育先进个人”称号。

【举办广西“拔群杯”篮球比赛】 11月22—29日，广西“拔群杯”篮球比赛启动，来自南宁、百色、河池、崇左等4市29县的800多运动精英们将参赛挑战，有29支男队、25支女队参赛，赛事总场次181场。

【第一期自治区领导干部太极拳培训】 年内，举办了第一期自治区领导干部太极拳培训班，增强了领导干部对太极拳的兴趣和爱好，巩固学习成果，提高动作质量，并进行了太极拳展示，颁发了结业证书。

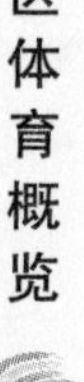

竞技体育

2010 年

【概况】 年内，广西共有运动员 641 人，目前在训优秀运动员 547 人。其中国际级运动健将 18 人；运动健将 135 人；国家级教练员 9 人；高级教练员 30 人；中级教练员 37 人；领队 28 人。设有竞赛项目 24 项。全年共承办了全国全国春季游泳锦标赛、全国青年水球锦标赛、全国艺术体操锦标赛、第六届南宁国际围棋邀请赛、南宁“中国石化杯”国际田联世界半程马拉松锦标赛暨第五届南宁国际半程马拉松比赛、F1 摩托艇世界锦标赛（第一站）、广西百色乐业国际山地户外运动挑战赛等国际、国内和区域性的重大赛事。广西运动员参加世界三大赛共获得 7 枚金牌、3 枚银牌、3 枚铜牌、2 个第四名、1 个第五名、2 个第六名；参加亚洲大赛获得 9 枚金牌、4 枚银牌、2 枚铜牌、2 个第四名、2 个第五名、4 个第六名、1 个第七名；参加一般性国际比赛共获得 29 枚金牌、11 枚银牌、12 枚铜牌、1 个第四名、2 个第五名；参加全国大赛共获得 69 枚金牌、59 枚银牌、70 枚铜牌、52 个第四名、42 个第五名、53 个第六名、20 个第七名、21 个第八名。在今年的全国锦标赛中，广西运动员在全运会项目共获得 10 枚金牌，是近十年以来最好成绩。在下半年举行的全国举重冠军赛上，女子 58 公斤级邓猛荣和 75 公斤级李荣艳均夺得总成绩冠军，这是广西女子举重队自成立以来在全国成年比赛上的历史性突破。在新加坡举行的首届青年奥运会上，运动员谢家武、何宇翔代表国家分别参加了举重和蹦床比赛分获银牌。在 11 月举行的广州第十六届亚运会上，全区共有 12 名运动员参加了田径、举重、游泳、水球、保龄球等项目的比赛，共获得 6 枚金牌、2 枚银牌、1 枚铜牌、2 个第四名、2 个第五名、4 个第六名、1 个第七名的可喜成绩，圆满实现了参加亚运会人数超上届和亚运会金牌数超上届的目标。

【广西运动员参加第 16 届亚洲运动会获得佳绩】 第十六届亚运会于 11 月 12—27 日在广州举行，全区共有 12 名运动员参加了田径、举重、游泳、水球、保龄球等项目的比赛，共获得 6 枚金牌、2 枚银牌、1 枚铜牌、2 个第四名、2 个第五名、4 个第六名、1 个第七名的可喜成绩，圆满实现了参加亚运会人数超上届和亚运会金牌数超上届的目标。特别值得一提的是：在本届亚运会上，陆永获得男子举重 85 公斤级金牌，这也是举重该级别中国亚运史上的第一个冠军，同时陆永实现了奥运会、世锦赛、亚运会和全运会金牌“大满贯”；在田径比赛中，劳义在起跑不利的情况下奋起直追、顽强拼搏，凭着良好的心理素质和途中跑技术超越所有对手，获得男子 100 米冠军。这是亚运会历史上，中国人的第一个男子百米冠军，自治区领导第一时间发来贺电表示祝贺，4 天以后，劳义在男子 4100 米接力比赛中以 38.78 秒夺得金牌，这也是中国男子 4100 米接力队继 1990 年北京亚运会后，时隔 20 年再夺金牌，同时这一成绩也打破亚运会纪录和全国纪录；女子水球的马欢欢、王莹、王毅获得的金牌也是女子水球项目首次列入亚运会的第一枚金牌；男子保龄球运动员杜建超获得了一枚铜牌，这是中国亚运史上男子保龄球项目的第一枚奖牌。此外，我区运动员梁秋萍还获得女子田径 4100 米接力银牌和女子田径 200 米第七名；黄美才获得男子水球银牌；张子山获得男子游泳 200

米个人混合泳第四名；邓森悦获得艺术体操团体和个人全能两个第五名；杜建超除了获得保龄球男子精英赛第三名外，还分别获得了男子双人赛和五人队际赛第六名；米忠礼获得保龄球男子三人赛第四名和男子五人队际赛第六名；潘岳鸿获得保龄球男子五人队际赛第六名。代表国家参赛的12名广西籍参赛选手都取得了名次。

【承办举办有关体育赛事】 年内，经国家体育总局批准，全区共承办了全国全国春季游泳锦标赛、全国青年水球锦标赛、全国艺术体操锦标赛、第六届南宁国际围棋邀请赛、南宁"中国石化杯"国际田联世界半程马拉松锦标赛暨第五届南宁国际半程马拉松比赛、F1摩托艇世界锦标赛(第一站)、广西百色乐业国际山地户外运动挑战赛等国际、国内和区域性的重大赛事，共计有3市、2个项目中心、2个训练基地等7个单位具体承办或协办。其中，2010南宁"中国石化杯"国际田联世界半程马拉松锦标赛暨第五届南宁国际半程马拉松比赛作为广西2010年办赛先进单位被推荐申报国家体育竞赛年度最佳赛区。7—8月，全区还先后举办了举重、田径等26项的全区青少年锦标赛，共有5000多名运动员、教练员参赛。

【业训工作】 3月25日至4月12日，竞技体育处汇同举重、田径、重竞技三个项目发展中心的主要负责人，先后前往柳州、桂林、贺州、贵港、钦州、北海、崇左、河池等市县，开展业余训练场馆调研。详细了解了这些单位业余训练场馆和训练器材情况，最终形成考察报告，同时，在年底对27个业余训练单位在业余训练经费上给予了支持。5月12—16日，在桂林市承办了一期全国中级以下(含中级)教练员培训班，全区共有184名教练员参赛培训，并获得国家体育总局颁发的岗位培训证书。9月18—22日，国家体育总局青少年体育司业余训练处处长朱英一行4人前往广西开展国家高水平后备人才基地中期调研工作，具体检查了南宁市体育职业中学和柳州体校学校这两所基地。此外，还选派29名基层教练员和体育管理人员参加在北京体育大学、武汉体育学院举办的培训班。

【反兴奋剂和赛风赛纪工作】 5月19日，广西体育局赛风赛纪和反兴奋剂专项治理工作动员会在局机关六楼会议室召开，局党组成员纪检组长吴海琴传达了容小宁局长的重要批示，局党组成员吴数德副局长作动员讲话。同时，成立了广西体育局赛风赛纪和反兴奋剂专项治理工作组织机构，印发了专项治理工作方案，对专项治理工作作出了具体部署。6月底，为认真贯彻落实国家体育总局4月20日召开的全国体育系统赛风赛纪和反兴奋剂专项治理工作动员部署会议精神，以及《广西体育局赛风赛纪和反兴奋剂专项治理工作方案》的有关规定，就加强本年度各项赛事赛风赛纪和反兴奋剂的有关工作要求有相关事项，作了进一步的部署，通知下发到各市体育局、基地和各项目发展中心。8月4日至6日，国家体育总局工作组一行7人前往广西，调研全区赛风赛纪和反兴奋剂专项治理工作开展情况。调研组听取了吴海琴组长对广西开展专项治理工作的汇报，并现场调研了全区青少年跆拳道锦标赛的比赛情况。

【广西竞技体育工作会议】 9月27—28日，广西竞技体育工作会议在北海市隆重举行。自治区体育局局长容小宁、副局长吴数德、纪检组长吴海琴、副巡视员容代生和区体育局各处室、各运动中心、各市体育局、特邀单位领导及技术代表，共172人参加会议。这次会议是全区体育系统坚持以科学发展观为指导，进一步认真贯彻自治区党委、自治区人民政府"重振广西体育雄风"要求，加快推动广西"竞技体育有新突破"目标实现的一次重要会议，也是深入开展赛风赛纪和反兴奋剂专项治理工作进入自查自纠阶段、第12届区运会各项筹备工作相继进入冲刺阶段、推进体育行风建设关键时期的一次重要会议。会上容小宁局长、吴数德副局长和吴海琴纪检组长分另作了重要讲话。会议要求全区竞技体育工作者，要抢抓机

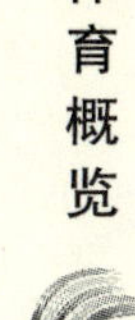

遇，查找差距，深入分析影响和制约广西竞技体育事业发展的主要问题，坚持创新，科学发展，积极探索竞技体育工作新思路。还要求认真实施竞技体育金牌工程、大力加强竞技体育人才队伍的建设、加大竞技体育硬件基础设施的投入、加大业余训练体育事业经费的投入、强化科学管理、扩大竞技体育对外交流合作。会议对筹备第 12 届区运会的各项工作进行了布置，对贯彻实施国家体育总局赛风赛纪和反兴奋剂专项治理工作会议精神，做好明年区运会赛风赛纪和反兴奋剂工作做了部署，并提出了明确要求。各代表在两天的会议中，为把明年区运会办成一届文明、热烈、精彩、节俭、圆满、和谐的高水平体育盛会，共同讨论审议了广西壮族自治区第 12 届运动会《竞赛规程总则》、《资格审查规定》两个重要文件。对各市县贯彻落实国办发[2010]23 号《关于进一步加强运动员文化教育和运动员保障工作的指导意见》的情况进行了座谈并交流经验。

【国际级、国家级运动健将与国家级裁判员】 年内，全区共有 5 名运动员被批准为国际运动健将，分别是射箭队的陈业青（女）、陈业亮（女）；举重队李兵；摔跤队杨森莲（女）；田径队劳义。33 名运动员被批准为运动健将，包括水球队闭新建、梁琳（女）、田佳宁（女）；田径队陈强、劳义、王毅；羽毛球队王以政、金鑫；体操队何宇翔；射击队黎夏；登山队孙延辉（女）；围棋队张立；象棋队谢云（女）、林琴思（女）；武术队廖曾芸（女）；举重队覃义福；摔跤队胡广坤（女）、钟兴云、周桂巧；游泳队刘云鹏；蹦床队张世鹏；艺术体操队黄潇萱（女）、罗曦（女）、欧阳梦佳（女）、陈意婷（女）、吴铭璇（女）、覃晓薇（女）、邓楚彬（女）、谢菲（女）；技巧队韦笑（女）、乔丹（女）、莫芷欣（女）、丁悦（女）。全区共有 17 名裁判员晋升为国家级裁判员，包括技巧项目裁判谢艾珊（女）；手球项目裁判付丽宁（女）；国际象棋裁判李东军；龙舟项目裁判潘建辉；田径项目裁判李兴华、谢伟；体育舞蹈裁判谢如昭（女）、吕健明；游泳项目裁判葛猛、余光毅；体操项目裁判梁宏健、黄愿哲、庾宇（女）；篮球项目裁判杜宝栓；武术散打项目裁判龙光敏；举重项目裁判徐标、肖双贵。

世界三大赛名次统计表

单位：个

项目＼名次	1	2	3	4	5	6	7	8	合计	备注
射击		1							1	
田径						1			1	
体操		1							1	
技巧				1					1	
蹼泳	4	1	2						7	
女子水球				1						1
男子举重				1	1	1			3	
女子自由式摔跤	1								1	
合计	5	3	3	2	1	2			16	

亚洲大赛名次统计表

单位:个

名次 项目	1	2	3	4	5	6	7	8	合计	备注
田径	2	1					1		4	
艺术体操					2				2	
保龄球			1	1		4			6	
女子水球	1								1	
男子水球			1							1
游泳				1					1	
蹼泳	4	2	1						7	
男子举重	1								1	
女子自由式摔跤	1								1	
合计	9	4	2	2	2	4	1		24	

一般国际比赛名次统计表

单位:个

名次 项目	1	2	3	4	5	6	7	8	合计	备注
射击	3	1	1		1				6	
田径		1	1						2	
蹦床	1	1							2	
体操	1	2		1					4	
羽毛球		1							1	
蹼泳	12	1	7						20	
游泳			1		1				2	
跳水	1	1	1						3	
男子举重	2	3							5	
女子举重	9								9	
男子自由跤			1						1	
合计	29	11	12	1	2				55	

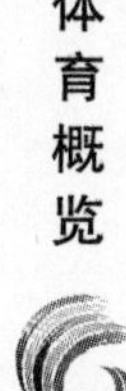

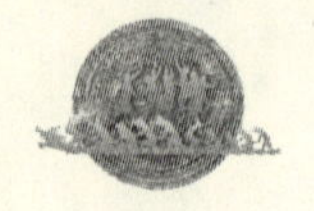

全国大赛名次统计表

单位:个

项目＼名次	1	2	3	4	5	6	7	8	合计	备注
射击				2	2	3	1	1	9	
射箭	5		2	5	1	2	5	3	23	
田径	8	7	2	2	2	4		2	27	
体操		1	1	1					3	
艺术体操	14	8	9	9	4	5	2		51	
蹦床			1	2	1	2	1	3	10	
技巧	2	4	16	5	3				30	
武术	4	1			3	3	2	2	15	
散打			1		2		1		4	
羽毛球			1	1					2	
帆板	1	3	1	1	3	2	1	2	14	
蹼泳	13	17	24	21	14	14			103	
游泳	1	3	1	2		3			10	
跳水						3			3	
水球	1	1		2					4	
男子举重	13	2	3	1	1	6	3	4	33	
女子举重	5	8	3	2	2	3	1	4	28	
跆拳道		1	1		1				3	
男子自由跤		2	1				2		5	
女子自由跤	2	1	1		1				5	
古典跤					1				1	
柔道							1		1	
拳击					1				1	
合计	69	59	68	56	42	50	20	21	385	

破纪录统计

<table>
<tr><th>队名</th><th>姓名</th><th>比赛日期</th><th>比赛地点</th><th>比赛名称</th><th>项目</th><th>名次</th><th>成绩</th><th>备注</th></tr>
<tr><td rowspan="4">射箭</td><td>陈业青</td><td>10月10</td><td>南京</td><td>全国室外射箭锦标赛</td><td>个人单轮50米</td><td>7</td><td>327</td><td>区纪录</td></tr>
<tr><td rowspan="2">黄金枝</td><td rowspan="2">9月</td><td rowspan="2">宜宾</td><td rowspan="2">全国青少年射箭锦标赛</td><td>个人双轮30米</td><td>4</td><td>689</td><td>区纪录</td></tr>
<tr><td>个人双轮60米</td><td>3</td><td>651</td><td>区纪录</td></tr>
<tr><td>陈业青
李文全</td><td>5月27—6月1</td><td>浙江德清</td><td>全国射箭奥林匹克项目锦标赛</td><td>混合团体淘汰赛</td><td>1</td><td>150</td><td>全国纪录</td></tr>
<tr><td>田径</td><td>劳义</td><td>11月26</td><td>广州</td><td>十六届亚洲运动会</td><td>4×100米接力</td><td>1</td><td>38.78</td><td>亚运会、全国纪录</td></tr>
<tr><td rowspan="2">蹼泳</td><td>岑金龙</td><td rowspan="2">9月6</td><td rowspan="2">山东日照</td><td rowspan="2">2010年中国水上运动会蹼泳比赛暨全国蹼泳锦标赛</td><td>50米屏气潜泳</td><td>1</td><td>14.14</td><td>超世界纪录</td></tr>
<tr><td>梁耀月</td><td>50米蹼泳</td><td>1</td><td>17.09</td><td>超世界纪录、破全国纪录</td></tr>
<tr><td rowspan="3">女子举重</td><td rowspan="3">黄月珍</td><td rowspan="3">2010.3.16</td><td rowspan="3">宝鸡</td><td rowspan="3">全国青年女子举重锦标赛</td><td rowspan="3">44kg级</td><td>1</td><td>抓举80</td><td rowspan="3">全国青年纪录</td></tr>
<tr><td>1</td><td>挺举101</td></tr>
<tr><td>1</td><td>总成绩181</td></tr>
</table>

世界三大赛成绩统计表

队名	姓名	比赛日期	比赛地点	比赛名称	项目	名次	成绩	原输送单位
射击	陆星妤	7月14	慕尼黑	射击世界锦标赛	女子飞碟多向团体	2	209	崇左市
田径	劳　义	9月	克罗地亚	国际田联洲际杯（世界杯）	男子100米	6	10.38	北海市

队名	姓名	比赛日期	比赛地点	比赛名称	项目	名次	成绩	原输送单位
体操	廖俊林	11月	各分站赛成绩排名	2010年体操世界杯	男子吊环总成绩	2		广东引进
技巧	韦　笑 黄海洋	7月	波兰	2010年第二十二届世界技巧锦标赛	团体	4		桂林市 南宁市
蹼泳	梁耀月	10月22	法国	2010年蹼泳世界杯总决赛	50米屏气潜泳	1	15.87	南宁市
					100米蹼泳	1	39.32	
					50米蹼泳	1	17.35	
	许艺川				800米蹼泳	2	7:06.49	南宁市
					200米蹼泳	3	1:33.27	
					400米蹼泳	1	3:19.18	
	岑金龙				50米屏气潜泳	3	15.12	百色市
水球	陈　媛 马欢欢 王　毅	8月22	新西兰	2010年女子水球世界杯	女子水球	3		南宁市 桂林市 南宁市
男子举重	陆　永	9月25	土耳其	世界锦标赛	85kg级	4	抓举170kg	柳州市 来宾市
						6	挺举202kg	
						5	总成绩372kg	
女子跤	杨森莲	3月28	中国南京	世界杯	55kg级	1		贵港市

其中:第一名:5个　第二名:3个　第三名:3个
第四名:2个　第五名:1个　第六名:2个
第七名:0个　第八名:0个
合计:16个

亚洲大赛成绩统计表

队名	姓名	比赛日期	比赛地点	比赛名称	项目	名次	成绩	输送单位
田径	劳　义	11月 21—26	广州	第16届 亚洲运动会	男子100米	1	10.24	北海市
					男子4×100米 接力	1	38.78	
	梁秋萍				女子4×100米 接力	2	44.22	钦州市
					女子200米	7	24.13	
艺术 体操	邓森悦	11月 25—26	广州	第16届 亚洲运动会	个人全能	5		柳州市
					个人团体	5		
保龄球	杜建超	11月 15—24	广州	第16届 亚洲运动会	精英赛	3		桂林市
					双人赛	6		
	米忠礼				三人赛	4		辽宁省
	杜建超 米忠礼 潘岳鸿				五人队际赛	6		桂林市 辽宁省 广东省
水球	黄美才	11月25	广州	第16届 亚运会	男子水球	2		贵港市
	王　莹 王　毅 马欢欢	11月17			女子水球	1		区游泳馆 南宁市 桂林市
游泳	张子山	11月17	广州	第16届 亚运会	200米个人 混合泳	4	2:01.52	桂林市
蹼泳	梁耀月	11月20	中国 台湾 高雄	第12届 亚洲锦标赛	100米蹼泳	1	38.72	南宁市
					4×100米 蹼泳接力	1	2:40.46	
					50米蹼泳	1	17.59	
	许艺川				400米蹼泳	2	3:22.40	南宁市
					4×200米 蹼泳接力	1	6:23.44	

队名	姓名	比赛日期	比赛地点	比赛名称	项目	名次	成绩	输送单位
蹼泳	岑金龙	11月20	中国台湾高雄	第12届亚洲蹼泳锦标赛	50米屏气潜泳	2	14.62	百色市
					100米器泳	3	33.57	
男子举重	陆永	11月17	广州	亚运会	85kg级	1	总成绩376kg	柳州市
女子跤	杨森莲	5月	印度	亚洲锦标赛	55kg级	1		贵港市

其中:第一名:9个　第二名:4个　第三名:2个　第四名:2个
第五名:2个　第六名:2个　第七名:1个　第八名:0个
合计:24个

一般国际比赛成绩统计表

队名	姓名	比赛日期	比赛地点	比赛名称	项目	名次	成绩	输送单位
射击	龙旋风	7月17	慕尼黑	第50届世界射击锦标赛(青年组)	男子25米手枪速射	2	574	柳州市
					男子25米手枪速射团体	1	1715	
					男子25米标准手枪	3	560	
					男子25米标准手枪团体	1	1673	
					男子25米标准手枪慢加速射	5	574	
					男子25米标准手枪慢加速射团体	1	1716	
田径	韩　玲	2.24	伊朗	第4届亚洲田径室内锦标赛	女子60米	2	7.55	玉林市
	劳　义	9月	法国	中法等八国对抗赛	男子100米	3	10.58	北海市

队名	姓名	比赛日期	比赛地点	比赛名称	项目	名次	成绩	输送单位
蹦床队	何宇翔	3月 13－16	日本 东京千叶	亚洲体操、蹦床青年锦标赛暨首届夏季青年奥运会资格赛	网上个人	1		南宁市
		8月 21－23	新加坡	2010年第一届青年奥运会	网上个人	2		南宁市
体操	廖俊林	9月 19－23	比利时	2010年体操世界杯比利时站	男子吊环	2		广东 引进
		6月 15－19	葡萄牙	2010年体操世界杯葡萄牙站		2		
		11月 20－23	德国	2010年体操世界杯德国站		4		
		11月 28－30	英国	2010年体操世界杯英国站		1		
羽毛球	陆　璐	11月 1－10	江苏	中国羽毛球大师赛	双打	2		南宁市
蹼泳	卢　艺	6月26	山东 烟台	2010年蹼泳世界杯烟台站	4×100米蹼泳接力	3	3:04.33	桂林市
					4×200米蹼泳接力	3	6:49.65	
					400米器泳	3	3:44.02	
	许艺川				200米蹼泳	1	1:33.06	南宁市
					400米蹼泳	1	3:23.14	
					400米器泳	1	3:08.37	
					800米器泳	2	6:42.88	
	梁耀月				50米蹼泳	1	17.78	南宁市
					100米蹼泳	1	39.47	
					50米潜泳	3	16.24	

队名	姓名	比赛日期	比赛地点	比赛名称	项目	名次	成绩	输送单位
蹼泳	梁耀月 许艺川	6 月 26	山东 烟台	2010 年蹼泳 世界杯烟台站	4×100 米 接力	1	2:45.07	南宁市 南宁市
					4×200 米 蹼泳接力	1	6:29.14	
	岑金龙				50 米潜泳	3	14.81	百色市
					100 米器泳	1	32.85	
					4×100 米 接力	3	2:43.29	
	沈婷婷				青少年组 100 米器泳	1		玉林市
					青少年组 50 米蹼泳	1		
					青少年组 100 米蹼泳	1		
	黄雄漫				青少年组 4×100 米接力	1		玉林市
	沈婷婷				100 米蹼泳	3	40.21	玉林市
游泳	张子山	10 月 13	北京	2010 年国际 泳联短池游 泳世界杯 北京站	100 米蝶泳	5	52.32	桂林市
		10 月 12			100 米个人 混合泳	3	54.27	
跳水	韦　颖	9 月 6	美国 亚利桑那	第 18 届世界青 年跳水锦标赛	女子 3 米板	3	431.15	南宁市
跳水	韦　颖	9 月 6	美国 亚利桑那	第 18 届世界 青年跳水 锦标赛	女子 1 米板	2	404.05	南宁市
	兰　艺				女子跳台	1	405.90	柳州市

队名	姓名	比赛日期	比赛地点	比赛名称	项目	名次	成绩	输送单位
女子举重	吴艳梅	6月14	保加利亚	世界青年举重锦标赛	48kg级	1	抓举84	柳州市
						1	挺举103	
						1	总成绩187	
	邓猛荣	6月16	保加利亚	世界青年举重锦标赛	58kg级	1	抓举98	百色市
						1	挺举123	
						1	总成绩221	
		4月6	乌兹别克斯坦	亚洲举重青少年赛	58kg级	1	抓举98	
						1	挺举123	
						1	总成绩221	
男子举重	李　兵	6月17	保加利亚	世界青年举重锦标赛	94kg级	1	挺举208	桂林市
	谢家武	8月15	新加坡	青少年奥运会	56kg级	2	总成绩254kg	来宾市
		4月6	乌兹别克斯坦	亚洲举重青少年赛	56kg级	1	抓举108	
						2	挺举126	
						2	总成绩234	
男子自由跤	周贵巧	6月10—13	安徽	亚洲青年锦标赛	55kg级	3		桂林

其中:第一名:29个　　第二名:11个　　第三名:12个

第四名:1个　　第五名:2个　　第六名:0个

第七名:0个　　第八名:0个　　合计:55个

2011 年

【概况】 年内，广西共有运动员 740 人，目前在训优秀运动员 499 人。其中国际级运动健将 20 人；运动健将 140 人；国家级教练员 6 人；高级教练员 34 人；中级教练员 42 人；领队 30 人。设有竞赛项目 24 项。全年共承办国内外竞技体育赛事 14 项。其中，国际级赛事 6 项，国家级赛事 8 项。全年自治区优秀运动队在世界三大赛上获冠军 7 个、亚军 9 个、季军 2 个；在亚洲大赛获冠军 4 个、亚军 4 个、季军 2 个；在全国三大赛获冠军 53 个、亚军 38 个、季军 51 个。其中，重竞技中心摔跤运动员杨森莲在法国举行的女子摔跤世界杯赛上获团体冠军；水上中心水球队运动员马欢欢、陈媛、王毅、王莹参加第 14 届国际泳联世界锦标赛水球比赛，获得第二名的好成绩；蹼泳项目岑金龙获 2011 年蹼泳世界杯总决赛 4100 米蹼泳接力冠军、梁耀月获第 16 届世界蹼泳锦标赛 4100 米蹼泳接力冠军；举重中心运动员李兵参加亚洲锦标赛，以 220 公斤本年度世界最好成绩获得挺举金牌。广西区运动员在田径、举重、体操、艺术体操、女子水球、女子摔跤等全运会项目上参加全国锦标赛或冠军赛共获得 9 枚金牌。特别是 11 月在香港举行的 2011 年全国体操冠军赛上，男子体操队年轻队员方海亮不惧强手勇夺自由体操单项冠军，这也是男子体操队时隔十九年来的第一个全国大赛冠军；南宁市运动员雷莉获得第七届全国城市运动会羽毛球项目女子单打冠军，这也是羽毛球项目时隔多年取得的一个单打冠军；此外，柳州籍运动员邓森悦在法国艺术体操世锦赛个人全能项目获得第 13 名，取得 2012 年伦敦奥运会参赛资格。

【第十二届区运会】 广西壮族自治区第十二届运动会于 11 月 7—15 日在钦州市举行。其中，第一阶段 8 个项目（跳水、男子水球、体操、技巧、艺术体操、蹦床、射击（飞蝶）、帆板）比赛于 8 月 7 日至 29 日举行。本届自治区运动会有来自全区 14 个设区市的代表团和 48 个行业体协单位的代表团；运动员、裁判员、工作人员共 7243 人，其中运动员 4202 人，参加青少年组比赛的运动员 3297 人，行业体协组运动员 905 人；本届自治区运动会共设 24 个大项、618 个小项，共决出 658 枚金牌；共有 3 人 6 次破 5 项广西最高纪录（产生金牌 10 枚），17 人 3 队 35 次破 22 项广西青少年纪录（产生金牌 27 枚），青少年组比赛无论在项目设置、奖牌设置和参赛人数方面都超过了历届。南宁市、柳州市、桂林市、北海市、玉林市、贺州市、钦州市、来宾市分别位列青少年组金牌榜前八名；南宁市、柳州市、桂林市、玉林市、北海市、钦州市、百色市、梧州市分别位列青少年组总分前八名。

【承办体育赛事】 年内，全区共承办国内外竞技体育赛事 14 项。其中，国际级赛事 6 项，主要包括：2011 年国际网联女子巡回赛（第二站）、2011 年国际青年男子四大洲篮球挑战赛、第四届中国—东盟男子篮球邀请赛、F1 摩托艇世界锦标赛、南宁国际半程马拉松赛。国家级赛事 8 项，主要包括：2010 年全国热气球锦标赛、2011 年全国春季游泳锦标赛（南区）、2011 年全国攀岩分站赛、首届全国市长杯武术比赛、全国女子水球锦标赛、全国青少年蹼泳锦标赛、全国技巧锦标赛。并积极推动举办中国—东盟武术节。

【调研考察工作】 为深入贯彻落实国家体育总局、教育部、财政部、人力资源社会保障部《关于进一步加强运动员文化教育和运动员保障工作的指导意见》（国办发〔2010〕23 号）文件精神，9 月 26 日，自治区体育局、教育厅、财政厅联合下发了《关于开展业余体校基础设施建设和文化教育情况调研工作的通知》，联合成立了“广西壮族自治区业余体校基础设施建设和文化教育情况调研组”，对全区范围内的业余体校进行了系统、全面、深入的调研工作。调研采取座谈会、调查问卷、书面汇报、专题访谈和现场考察 5 种形式。参与座谈会的对象主要包括被调研市、县体育局（文体局或文体影视局）、教育局、财政局的主管领导，被调研业余体校的领导班子全体成员、基础设施和文化教育主管干部、全体教练员、全体文化课教师。共有103名各市县体育局、教育局、财政局领导同志参加了座谈会，共有355名教练员和172名文化课教师参加了座谈会。共回收业余体校调查问卷52份，校长问卷52份，教练员调查问卷561份，文化课教师问卷237份，学生问卷833份，家长问卷206份，共计回收问卷1941份。此外，共收到各业余体校书面汇报材料46份。调研组对所调研业余体校基础设施进行了现场考察，并要求各学校上交了规划图。此外，5月18日至23日，竞技体育处及射击射箭中心领导前往防城港市上思县、崇左市、凭祥市、来宾市、忻城县、柳州市、桂林市、灵川县、梧州市和玉林市等10个开展竞技体育射击运动的市县，专题调研全区贯彻实施《射击竞技体育运动枪支管理办法》落实情况，看实地、查实物、查资料、查档案、听汇报，全面了解情况，拟定整改方案，促进了全区射击运动单位工作的健康发展。

【竞技体育教练培训工作】 年内，自治区体育局先后选派了北海市体校的6位初级、中级教练员参加国家体育总局青少年体育司主办的全国各级各类体校教练员培训班学习；选派了百色市体校、水上中心、举重中心、射击射箭中心、区体校等单位的6位同志参加国家体育总局青少年体育司主办的全国基层业余训练管理干部培训班学习；选派玉林市3名教练员参加全国各级各类体校田径项目教练员培训班。年初，还选派了2名优秀运动队退役运动员参加国家体育总局举办的为期一年的体能教练员培训班。

【组队参加全国青少年锦标赛】 年内，自治区体育局继续选派业余训练优秀运动员参加全国青少年锦标赛，分别有网球、蹦床、田径、武术套路、手球、武术散打、乒乓球、举重、摔跤、射击、拳击、羽毛球、跆拳道、技巧、游泳、射箭、艺术体操等17个项目22次276人参赛。

【重新启动足球运动项目】 7月31日，通过采取政府主导、体育部门指导、专业机构负责实施，中外合作、社会力量参与、区市共建的管理模式在北海重新组建成立了广西足球队，宣告广西足球队时隔15年后重新组建成立。此后，经过与自治区教育厅协商，联合成立了“广西壮族治区青少年校园足球工作领导小组”，并于9月13日向全国青少年校园足球工作领导小组办公室（以下简称“全国校足办”）提出加入全国青少年校园足球活动的申请。全国校足办于9月19日批复同意我区加入全国青少年校园足球活动，将我区北海市吸纳为全国青少年校园足球活动第48个布局城市。加入全国青少年校园足球活动后，按照全国校足办总体部署和要求，成立了“北海市青少年校园足球工作领导小组”。

【配合国家体育总结完成竞技体育评优活动】 根据国家体育总局《关于表彰2011年全国业余训练先进单位和先进个人的通知》的文件精神，自治区体校、南宁市体校荣获2011年全国业余训练先进单位，陈小松、甄卓新、梁吉棉等三位同志荣获2011年全国业余训练先进个人；常青、马来阳、李朝阳、张红日、李喜兰（女）、林卫、王建生、李振凤（女）等八位同志被国家体育总局授予全国各级各类体校优秀教练员称号；黄宗平被授予全国各级各类体校优秀文化课教师称号。南宁市被评为国家体育总局年度全国最佳赛区。

【反兴奋剂和赛风赛纪工作】 年内，自治区体育局继续认真贯彻国家体育总局赛风赛纪和反兴奋剂专项治理工作的各项措施，以办好第十二届区运会为契机，把赛风赛纪工作和反兴奋剂工作当成重中之重的头等大事，本着及早动手、措施到位、明确责任、狠抓落实的原则，出台了严厉的纪律规定，采取了一系列前所未有的措施和办法，取得了明显成效。

【对外交流活动】 全年共接待来自越南的田径、体操、乒乓球、武术、蹼泳、摔跤、跆拳道等7个项目共15批次教练员、运动员189人到广西

训练和学习。中国—东盟体操交流合作基地于 6 月 6 日在自治区江南训练基地正式挂牌。

【竞技体育相关审批、注册和培训工作】 年内，竞技体育处申报并获批准的国际运动健将运动员有 2 人、国家运动健将有 29 人。审批了一级运动员 28 人、二级运动员 226 人、三级运动员 6 人。在裁判员培养方面，经过国家体育总局相关中心培训考核和批准，全区通过晋级国际级考试 1 人；晋级国家级裁判员 7 人。经过竞技体育处组织的培训考核，自治区体育局批准手球等 11 个项目国家一级裁判员 161 人，国家二级裁判员 2490 人，国家三级裁判员 3926 人。并完成了裁判员证制作发放工作。

【国际级、国家级运动健将与国家级裁判员】 年内，全区共有 2 名运动员被批准为国际运动健将，分别是羽毛球队陆璐（女）；水球队陈媛（女）；共有 29 名运动员被批准为运动健将，分别是水球队岑黎发、王宇、黄美才、邓钰（女）；柔道队陆云（女）；跳水队邹曜泽（女）、邓阿玲（女）；体操队骆建林；射击队刘军、吕堃；武术队陈桂真（女）；举重队蒙珊珊（女）、岑利（女）、陶玲爱（女）、罗雄魏、罗玉全；摔跤队钟雪纯（女）；跆拳道（1 人队肖月花（女）；艺术体操队文豇华（女）、袁佳雪（女）、甘宛鹭（女）、吴蔚羚（女）、李剑鲨（女）、袁文彬（女）、邓楚彬（女）、蓝河洪（女）；技巧队蒋庆龙、黄东盛；帆板队莫陈程。此外，举重队黄耀林晋升为国际级裁判员；

同时有 7 名裁判员晋升为国家级裁判员，蹦床项目裁判陈杨；举重项目裁判肖双贵、徐标；网球项目裁判梁益军、孙振、韦雪亮；门球项目裁判邱秀芬（女）。

世界三大赛名次统计表

单位：个

项目 \ 名次	1	2	3	4	5	6	7	8	合计	备注
蹼泳	6	8	2	1	1	1	1		20	
女子水球		1							1	
男子举重					1				1	
女子自由式摔跤	1								1	
合计	7	9	2	1	2	1	1		23	

亚洲大赛名次统计表

单位：个

项目 \ 名次	1	2	3	4	5	6	7	8	合计	备注
射箭		1							1	
田径		2		1	1				4	
跳水		1							1	
男子举重	4		2						6	
合计	4	4	2	1	1				12	

一般国际比赛名次统计表

单位：个

项目 \ 名次	1	2	3	4	5	6	7	8	合计	备注
射箭		1		1					2	
田径							1		1	
体操	2	2						1	5	
艺术体操			1		2	2			5	
保龄球	2				2	1			5	
蹼泳	5	2		1	2				10	
水球	1							1	2	
游泳							1		1	
男子举重	8	2	2	1		1			14	
女子举重	8	2	5						15	
合计	26	9	8	3	6	4	2	2	60	

全国大赛名次统计表

单位：个

项目 \ 名次	1	2	3	4	5	6	7	8	合计	备注
射击					2				2	
射箭	2	1	3	1	3		3		13	
田径	4	1		2	4				11	
体操	1		2	3		1		2	9	
武术	2		1	1		1	1	1	7	
技巧	3	1	5	13	2				24	
艺术体操	9	1	2	4	2	13	4	3	38	
蹦床			3		1	2	2	1	9	
羽毛球		1	1		2			1	5	
保龄球	2	2		1	1				6	
蹼泳	18	14	15	10	13	9	2	3	84	

水球	1	1			2				4	
跳水	1		3		3	1	2	2	12	
游泳	1	2	2		4	1			10	
帆板		1	2	2	3	2	2	2	14	
帆船								1	1	
现代五项					1		1		2	
男子举重	6	2	3	5	7		3	3	29	
女子举重	2	9	7	4	3		3	2	30	
女子自由跤	1		2				3		6	
男子自由跤		2			3				5	
古典跤							1		1	
跆拳道					1				1	
合计	53	38	51	46	57	30	27	21	323	

一般国内大赛名次统计表

单位:个

名次 项目	1	2	3	4	5	6	7	8	合计	备注
射击								1	1	
射箭								2	2	
田径	5	6	4	7	4	2	6	1	35	
体操	3	3	3	2	3				14	
蹦床		2			1			1	4	
跳水		1			2	1			4	
游泳							1	1	2	
乒乓球	1		1						2	
羽毛球	1							1	2	
举重				2	1		1		4	
自由式摔跤		1							1	
古典式摔跤				1					1	
合计	10	13	8	12	11	3	8	7	72	

全国青、少年比赛名次统计表

单位：个

项目 \ 名次	1	2	3	4	5	6	7	8	合计	备注
射击	1				2	1		2	6	
射箭		1		1	1	1	2		6	
田径	1		1	1			2	1	6	
体操			1		1				2	
武术	1	1	1	1	1				5	
技巧	8	1							9	
蹦床					1		1	1	3	
羽毛球					4				4	
网球	3	7	9		26				45	
帆板			1		2				3	
蹼泳	16	13	17	9	7	8			70	
水球		1		1					2	
跳水				1		1			2	
现代五项	2	1				1			4	
男子举重	10	10	6	3	2	1		1	33	
女子举重	12	5	6	3	4	1	1	1	33	
女子自由跤		1	1				2		4	
合计	54	41	43	20	51	14	8	6	237	

破纪录统计

队名	姓名	比赛日期	比赛地点	比赛名称	项目	名次	成绩	备注
男子举重	李　兵	5.18	苏州	全国锦标赛	94 公斤级	1	挺举 220	全国纪录

世界三大赛成绩统计表

队名	姓名	比赛日期	比赛地点	比赛名称	项目	名次	成绩	原输送单位
蹼泳	岑金龙	9.16	山东烟台	2011年蹼泳世界杯总决赛	4×100米蹼泳接力	1	2:28.21	百色市
					50米屏气潜泳	2	14.13	
					100米器泳	3	33.14	
		7.30	匈牙利	第16届世界蹼泳锦标赛	50米屏气潜泳	4	14.50	
					4×100米蹼泳接力	7	2:28.42	
	梁耀月	7.30	匈牙利	第16届世界蹼泳锦标赛	4×100米蹼泳接力	1	2:42.52	南宁市
	梁耀月	9.16	山东烟台	2011年蹼泳世界杯总决赛	100米蹼泳	1	39.91	
					4×100米蹼泳接力	1	2:55.16	
	许艺川				4×200米蹼泳接力	1	6:50.15	
	梁耀月				50米蹼泳	1	17.37	
	许艺川	7.30	匈牙利	第16届世界蹼泳锦标赛	400米器泳	2	3:01.30	
	梁耀月				50米蹼泳	2	17.69	
	许艺川				800米器泳	2	6:32.34	
	许艺川	9.16	山东烟台	2011年蹼泳世界杯总决赛	1500米蹼泳	2	13:58.57	
					400米器泳	2	3:16.11	
					800米蹼泳	2	7:10.99	
					800米器泳	2	6:47.79	
	陈　芳				100米器泳	3	39.71	玉林市
					50米屏气潜泳	5	18.37	
	许艺川	7.30	匈牙利	第16届世界蹼泳锦标赛	1500米蹼泳	6	14:01.71	南宁市

队名	姓名	比赛日期	比赛地点	比赛名称	项目	名次	成绩	原输送单位
水球	马欢欢 陈　媛 王　毅 王　莹	7.29	上海	第14届国际泳联世界锦标赛水球比赛	集体	2		桂林市 南宁市 南宁市 南宁市
女子跤	杨森莲	3.7	法国	世界杯	55kg级	1		贵港市
男子举重	陆　永	11.12	法国	世界锦标赛	抓举85kg级	5	170kg	柳州市 来宾市

亚洲大赛成绩统计表

队名	姓名	比赛日期	比赛地点	比赛名称	项目	名次	成绩	原输送单位
射箭	李文全	10.20	伊朗	2011年亚洲射箭锦标赛	团体淘汰赛	2		桂林市
田径	韦永丽	7.7—7.10	日本神户	2011年亚洲田径锦标赛	100米	2	11.70	柳州市
	韦永丽				4×100米接力	2	44.23	柳州市
	梁秋萍							钦州市
	劳　义				4×100米接力	4	39.33	北海市
	陈　强							南宁市
	陈　强				100米	5	10.33	南宁市
跳水	李　婷	9.25	马来西亚	2011年亚洲杯跳水赛	1米板	2		桂林市
男子举重队	陆　永	4.15	安徽铜陵	亚洲锦标赛	85公斤级	1	抓举173kg	柳州市 来宾市
						1	挺举212kg	
						1	总成绩385kg	

队名	姓名	比赛日期	比赛地点	比赛名称	项目	名次	成绩	原输送单位
男子举重队	李　兵	4.16	安徽铜陵	亚洲锦标赛	94 公斤级	3	抓举 165kg	桂林市
						1	挺举 220kg	
						3	总成绩 385kg	

一般国际比赛成绩统计表

队名	姓名	比赛日期	比赛地点	比赛名称	项目	名次	成绩	原输送单位
射箭	黄睿	8.22—8.28	波兰	世界青少年射箭锦标赛	个人淘汰赛	2		桂林市
					团体淘汰赛	4		
田径	劳　义	5.15	上海	国际田联上海钻石联赛	100 米	7	10.37	北海市
体操队	廖俊林	3.31—4.1	卡塔尔	2011 年体操世界杯卡塔尔多哈挑战赛	男子吊环	2		广东引进
					男子鞍马	8		
		7 月	韩国	2011 年韩国杯体操国际邀请赛	吊环	1		
		9 月	斯洛文尼亚	2011 年体操世界杯分站赛斯洛文尼亚站	吊环	2		
		11 月	克罗地亚	2011 年体操世界杯分站赛克罗地亚站	吊环	1		
艺术体操	邓森悦	8.20—8.22	广东深圳	2011 年世界大学生夏季运动会	个人全能	6		柳州市
					圈操	3		
					球操	5		
					棒操	6		
					带操	5		

队名	姓名	比赛日期	比赛地点	比赛名称	项目	名次	成绩	原输送单位
保龄球	杜建超	6.8—6.14	韩国	第二十五届东亚锦标赛	男子三人赛	1		桂林市
	米忠礼				男子三人赛	1		桂林市
	杜建超				男子五人队际赛	5		桂林市
	米忠礼				男子五人队际赛	5		桂林市
	杜建超				男子双人赛	6		桂林市
蹼泳	卞文斌	9.16	山东烟台	2011年蹼泳世界杯总决赛	青年组100米蹼泳	1	40.86	玉林市
					青年组50米屏气潜泳	1	16.32	
					青年组50米蹼泳	1	17.84	
	卢　艺				青年组100米蹼泳	1	44.44	桂林市
					青年组50米蹼泳	1	19.61	
	沈婷婷	9.18			青年组100米蹼泳	2	45.62	玉林市
	卢　艺				青年组100米器泳	2	42.04	桂林市
	沈婷婷	9.16			青年组50米屏气潜泳	4	19.51	玉林市
					青年组50米蹼泳	5	20.78	
	乔　敏				青年组50米双蹼	5	24.43	北海市
水球	黄美才	8.23	广东深圳	第26届世界大学生夏季运动会男子水球比赛	集体	8		贵港市

队名	姓名	比赛日期	比赛地点	比赛名称	项目	名次	成绩	原输送单位
水球	马欢欢 陈　媛 王　毅 王　莹	8.22	广东深圳	第26届世界大学生夏季运动会女子水球比赛	集体	1		桂林市 南宁市 南宁市 南宁市
游泳	刘云鹏	8.16	秘鲁利马	世界青年游泳锦标赛	50米蝶泳	7	24.80	抚顺
男子举重队	陆　永	1.15	福州	“明乐杯”国际举重超级大奖赛	85公斤级	1	总成绩 366kg	柳州市 来宾市
	李　兵				94公斤级	1	总成绩 380kg	桂林市
	吴长升	5.17	秘鲁	世界少年锦标赛	94公斤级	2	抓举 143kg	贺州市
						3	挺举 176kg	
						3	总成绩 319kg	
	吕云涛	6.30	马来西亚	世界青年举重锦标赛	56公斤级	4	抓举 120kg	玉林市
						6	总成绩 255kg	
	黄世平	9.15	日本	中日韩举重友好邀请赛	62公斤级	1	抓举 120kg	桂林市
						1	挺举 145kg	
						1	总成绩 265kg	

队名	姓名	比赛日期	比赛地点	比赛名称	项目	名次	成绩	原输送单位
男子举重队	向正权				56 公斤级	1	抓举 105kg	桂林市
						1	挺举 142kg	
						1	总成绩 247kg	
	李　兵	12.10	英国	2012 年伦敦奥运会测试赛	94 公斤级	2	总成绩 362kg	桂林市
女子举重队	蒙珊珊	5.17	秘鲁	世界少年锦标赛	58 公斤级	1	抓举 95kg	南宁市
						1	挺举 118kg	
						1	总成绩 213kg	
	黄月珍	6.30	马来西亚	世界青年举重锦标赛	48 公斤级	2	抓举 86kg	南宁市
						1	挺举 110kg	
						1	总成绩 196kg	
	李荣艳	6.30	马来西亚	世界青年举重锦标赛	75 公斤级	3	抓举 111kg	桂林市
						3	挺举 142kg	
						3	总成绩 243kg	

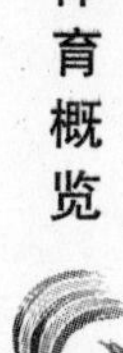

队名	姓名	比赛日期	比赛地点	比赛名称	项目	名次	成绩	原输送单位
女子举重队	陶玲爱	9.16	泰国	亚洲青年举重锦标赛	53 公斤级	1	抓举 89kg	贺州市
						1	挺举 110kg	
						1	总成绩 199kg	
	廖嫦凤				58 公斤级	2	抓举 94kg	百色市
						3	挺举 116kg	
						3	总成绩 210kg	

体育产业

2010 年

【体育彩票销量】 截至 11 月 30 日，广西体育彩票已累计销售 4.8 亿元，其中电脑型彩票 4.08 亿元，即开型彩票 7180 万元。较去年同期上升 89.66％。销售终端净增 287 台，目前在用销售终端 1342 台。目前广西体彩销售份额较大的游戏品种是足彩竞猜玩法、超级大乐透和即开型彩票。截至 11 月 30 日，全区竞猜型玩法累计销售 2.84 亿元，较去年同期增长 156.69％，占总销量的 59.13％。其中竞彩销售 1.47 亿元。乐透型玩法累计销售 1.24 亿元，较去年同期增长 13.83％，占总销量的 25.92％，其中超级大乐透销售 6195 万元，占到总销量 12.90％。即开累计销售 7180 万元，较去年同期增长 116.03％，占总销量的 14.96％。

【研究起草《广西体育产业城项目策划方案》】 年内，经济处在对自治区体育局现有体育基础设施资源基本情况进行系统摸底调查和汇总的基础上，结合从全国先进省区收集到的体育基础设施发展相关资料，提出了能满足广西体育未来发展的基础设施需求指标。在此基础上，委托广西华蓝设计（集团）有限公司编制了《“自治区重大体育基础设施建设 3211 工程”方案》，提出自治区体育专业训练场馆建设和广西体育高等专科学校、广西体育运动学校迁址新建的框架思路。方案提出后，在自治区副主席李康的带领下局领导及相关人员与自治区政府办公厅、发改委、财政厅、住建厅、国土资源厅、南宁市、广西华蓝设计公司等部门负责人，于 3 月 14 日至 16 日到四川、湖北重点考察两省专业训练场馆建设和人才培养、体育科研的经验。在与自治区住建厅、发改委、财政厅、国土资源厅和南宁市等部门交换意见后，研究起草了《自治区重大体育基础设施项目建设方案》（送审稿），并交自治区政府审定。5 月 31 日，由李康副主席主持召开了研究部署推进“九个新”等工作的会议，会上提出要“加快推进重大体育基础设施项目建设”的工作要求。经济处针对广西奥林匹克训练基地和广西体育运动学校的建设，委托广西华蓝设计（集团）有限公司编制《自治区重大体育基础设施项目—广西奥林匹克教科训基地项目建议书》，并于 7 月 30 日获得了自治区发改委以桂发改社会〔2010〕686 号文件同意我局关于自治区重大体育基础设施项目—广西奥林匹克教科训基地重新立项申请的批复。9 月 30 日，自治区主席马飚在自治区人民政府常务会议上提出建设“广西体育产业城”项目的相关指示，按照会议布置，由体育局组织广西体育城项目规划内容的研究。经济处积极与自治区发改委、财政厅、住建厅、国土厅以及南宁市等部门进行了多次沟通，并根据各部门的意见和南宁市提出的规划思路，参考全国体育系统专家和华蓝设计集团相关负责人的意见，对原《自治区重大体育基础设施项目建设方案》进行了调整，形成了《广西体育产业城项目策划方案》。目前该项目策划方案已上报自治区人民政府审定。

【完善《广西体育产业发展规划》】 年内，与上海社会科学院合作编制了《广西体育产业发展规划》并被列入广西经济、社会发展的总体规划。目前规划第五稿已修订完成，进入修改完善阶段。

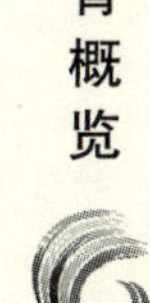

【召开《高危险性体育项目经营活动管理办法(讨论稿)》征求意见座谈会】 落实《全民健身条例》关于高危体育项目监管的规定,国家体育总局经济司牵头成立了高危体育项目监管制度研制工作组,起草了《高危险性体育项目经营活动管理办法(讨论稿)》。为配合总局到广西听取基层体育部门和体育项目经营单位对高危体育项目监管制度的意见和建议,经济处积极筹备,于5月11日召开了《高危险性体育项目经营活动管理办法(讨论稿)》征求意见座谈会。会议邀请了自治区安监局、南宁市工商局、桂林市安监局,南宁、柳州、桂林、河池市体育局,资源县、东兴市文体局等部门的分管领导和区内十余家具有代表性的高危体育项目经营单位的相关负责人参加。会上,体育局领导和参会代表从广西高危项目经营活动的特殊性、发展趋势和面临困难的角度出发,对《高危险性体育项目经营活动管理办法(讨论稿)》提出了许多宝贵的建议和意见。

【会同区党委政研室研究制定《加快广西体育产业发展的若干指导意见》】 为贯彻落实国务院办公厅3月19日颁布的《关于加快体育产业发展的指导意见》(国办发〔2010〕22号)的精神,根据自治区副主席李康指示,由自治区党委政策研究室牵头,会同自治区体育局,组成联合课题组,研究起草加快发展广西体育产业的政策性文件,进一步落实促进广西体育产业发展若干意见工作事宜,于5月中旬启动课题研究,共同签署了《关于共同承担"加快发展广西体育产业课题研究"的协议》,研究制定《加快发展体育产业课题工作方案》,收集课题研究资料。5月24日至6月11日,经济处和区党委政研室相关人员组成的联合课题组分别在区内部分城市和广东、湖南两省以及广州市开展调研。根据调研得到的我区体育产业发展现状、面临形势和区外加快推进体育产业发展先进经验等方面的资料,课题组于6月19日完成了《广西壮族自治区人民政府关于加快发展体育产业的实施意见》(代拟稿),对全区加快发展体育产业的重要性和必要性、指导思想和基本原则、发展目标和主要任务、政策措施以及组织领导等内容都做了明确指示。

【签署《广西体育基础设施和产业发展融资规划合作协议》】 5月4日,在局党组的领导下,与国家开发银行股份有限公司广西分行就《广西体育基础设施和产业发展融资规划合作协议》进行座谈,在合作目标、内容、方式等方面达成共识。5月10日,与国家开发银行股份有限公司广西分行共同签订了《广西体育基础设施和产业发展融资规划合作协议》,这对充分发挥政银合力,加快推进广西体育产业发展具有十分重要的意义。

【召开广西体育产业工作研讨会】 结合我区体育产业工作实际,加快推进全区体育产业发展与进步,经济处积极筹备,在柳州市体育局的配合下于8月24日至25日在柳州召开了广西体育产业工作研讨会。会议邀请了各市体育局、宁铁体协和宾阳县、临桂县、资源县、平果县、乐业县、巴马县等部分县文体局等部门的主要领导,以及广西民族大学体育与健康科学学院、广西师范大学体育学院和区内部分具有体育产业经营单位的相关负责人参加。会上,自治区体育局局长容小宁做了重要讲话,分析了广西体育产业面临的形势与任务。南宁市、柳州市体育局和平果县文体局局长,以及广西华蓝围棋俱乐部、广西体彩中心主要负责人也进行了发言,介绍各自在发展体育产业方面的经验和做法。我局领导还和参会代表进行了座谈交流,研究讨论如何将体育产业和城市文化、经济社会的发展相结合,对《广西壮族自治区人民政府关于加快发展体育产业的实施意见》、《广西壮族自治区体育产业发展规划(2010—2020)》和《广西公共体育设施发展建设规划(2011—2015)》等材料的征求意见稿进行了讨论。

【组织参展和观摩中国体育旅游博览会】 中国体育旅游博览会将于2009年12月17日至19日在海南省举行,为展示和宣传具有广西特色的体育旅游项目,吸引游客、招商引资,推动广西体育旅游事业的发展，体育局积极协助柳州市体育局筹备参展的前期工作、策划参展方案，并负责组织自治区人民政府领导前往考察。一方面，考察当地体育场馆、基础设施建设情况，观摩和学习科学管理模式，提高我区体育人士对发展体育产业和提高体育产业化管理水平的意识；另一方面，了解国外和国内体育旅游的发展情况，学习各省、市、自治区推介体育旅游项目和招商引资的经验，提高发展体育旅游的意识。

2011年

【体育彩票销量】 为激发和调动体育彩票管理中心做好体育彩票工作的积极性，确保全区今年体育彩票工作目标任务的完成，促进广西体育彩票销售工作稳步发展，体育局与体育彩票管理中心签订了体育彩票销售目标责任书。截至9月30日，广西体彩全面超过2010年销量，突破5.35亿元。10月31日，广西体育彩票累计销量达6.03亿元，同比增长43.91%。其竞彩任务为2.1亿元，已完成1.9亿元，完成率为89.06%；即开任务为1.3亿元，已完成8765万元，完成率为66.89%；传统足彩任务为1.5亿元，已完成1.2亿元，完成率为81.15%；乐透玩法任务为1.5亿元，已完成1.47亿元，完成率为96.36%。全区销售终端新增407台（净增191台），销售终端达1671台，专管员队伍达到90人。

【落实系列相关材料文件】 6月29日，自治区人民政府第85次常务会议审议“重振广西体育雄风、实现广西体育工作九个新”系列文件，原则通过《中共广西壮族自治区党委广西壮族自治区人民政府关于重振广西体育雄风、建设西部体育强省区的决定(送审稿)》，并要求按照程序逐个报批其他系列配套文件。其中由体育局和区党委政研室相关人员组成的联合课题组编制《广西壮族自治区人民政府关于加快发展体育产业的实施意见》(以下简称《意见》)作为重振广西体育雄风系列文件之一，以科学发展观为指导，全面贯彻落实国务院办公厅《关于加快发展体育产业的指导意见》，以加快转变经济发展方式为主线，围绕实现我区体育产业跨越式发展这一主题，紧密结合广西实际，提出了今后一段时期加快广西体育产业发展的主要目标任务，有针对性的提出了相关的保障措施，为指导广西体育产业快速健康发展提供政策依据。经济处依次征求了相关部门的意见，并根据反馈的意见和建议对《意见》进行了修改，并积极与自治区发改委、财政厅、法制办等单位等部门进行了多次沟通，对《意见》进行了进一步完善，于今年下半年形成《意见》(送审稿)上报自治区人民政府以待审定。《广西基本公共体育设施“十二五”发展建设规划(2011－2015)》(送审稿)(以下简称规划)作为重振广西体育雄风系列文件之一、结合广西实际情况，对广西基本公共体育设施进行统筹规划，明确广西基本公共体育设施的建设内容和标准，体育局与自治区发改委、住建厅进行了沟通，联合三家上报自治区人民政府请求自治区人民政府办公厅进行转发。

【完成广西体育产业城前期策划工作】 4月11日，经济处将修改完善的《广西体育城开发模式和融资方案建议》上报自治区人民政府，并于4月15日获得自治区人民政府批复，马主席批示“待体育产业城规划审定后，专题研究筹资方式”。下半年以来，自治区党委、政府多次召开专题会议，研究部署项目推进工作。根据自治区党委、政府的指示精神，我处对原上报的《广西体育城策划方案》和《广西体育城开发模式和融资方式建议》进行了多次修改完善，积极与南宁市政府多次沟通，讨论协调关于广西体育产业城的用地规划等问题。全国运动员保障会议召开期间，自治区马飚主席陪同国家体育总局刘鹏局长参观了广西体育中心，并汇报广西体育产业城的进展情况。体育局汇总多方意见对原方案进一步修改完善，形成新的《广西体育产业城项目规划纲要》上报自治区人民政府。今年10月31日，自治区马

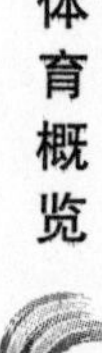

飚主席召开现场会，代表自治区党委、政府原则通过了体育城方案，要求尽快开工，并提出解决前期建设经费。

【农民篮球运动题材电视连续剧剧本创作】 3月10日，自治区副主席李康在北京主持会议，研究合作拍摄广西农村体育题材电视连续剧相关工作。会议提出，要抓住2012年毛泽东同志发表"发展体育运动，增强人民体质"题词60周年的重要契机，拍摄一部以广西农民篮球运动为切入点，反映新农村建设的电视连续剧。在接到政府任务后，经济处认真组织开展了前期工作，与中国电视剧制作中心十佳制片人之一的东方闻樱等影视专家反复协商洽谈，同意合作进行拍摄工作，并与北京大映好禾影视文化传媒有限公司签订了剧本委托创作合同。4月25日上午，组织召开农民篮球运动调研座谈会，邀请部分市、县体育局（文体局）领导和农民篮球队人员与剧本创作组进行座谈，并在3月25日至28日间组织剧本创作组深入来宾市等农村地区进行了第一次采风。经过多次修改完善，创作组与今年10月完成剧本《我们也风流》（暂用名）。

【起草关于推进广西体育彩票县域市场发展试点工作方案】 按照国家体育彩票管理中心重点开拓体育彩票县域市场的工作部署，为进一步拓展全区县域体育彩票市场，筹集更多公益金支持体育事业发展，体育局借鉴江苏、山东等先进省区的成功经验，并结合实际，起草了《自治区体育局关于推进广西体育彩票县域市场发展试点工作方案》（征求意见稿），于6月将《方案》印发全区部分县文体局征求意见。根据反馈意见和掌握的情况，体育局拟选取灵川、灵山、容县、合浦、鹿寨、平果、横县、桂平、环江、东兴10个试点县。截止至10月31日，已有灵川、灵山、容县、合浦4个县管理站建设完成，顺利举行挂牌仪式。县级管理站挂牌成立，标志广西首批县级管理机构正式开始运作，弥补了全区县域体育管理工作的空白，为进一步开拓县乡市场进行铺垫。

【举办广西体育彩票公益金宣传展示活动暨2011—2012中国（广西）气排球俱乐部超级联赛】 为充分利用广西民间特色体育资源，深度开发群众喜闻乐见的气排球项目的产业市场，打造广西特色体育产业品牌赛事，推动广西特色体育赛事产业化发展，经济处于11月至2012年3月期间举办"广西体育彩票公益金宣传展示活动暨2011—2012中国（广西）气排球俱乐部超级联赛"，通过市场化、产业化的赛事运作，实现政府与企业在体育赛事产业化上的双赢，并在全区掀起体育彩票公益金使用宣传的高潮，提升体彩公益金使用的社会认知度。本次联赛拟在全区设立7个分赛区，以来自社会各界的气排球俱乐部为参赛单位，通过产业化、市场化的运营模式组织和运作。赛期，将进行体育明星开球仪式、明星互动友谊赛及颁奖晚会、对进入总决赛阶段重点场次进行现场录播等多项活动。为延伸拉动赛事产业链，与广西多家知名企业合作，通过转让赛事总冠名、指定用品、俱乐部冠名等为比赛筹集资金，为企业拓宽宣传渠道，并邀请区内广西卫视、广西科教频道、广西广播电台等多家主流媒体进行宣传报道，扩大赛事宣传效应。

少数民族传统体育

2010 年

【挂牌成立广西民族体育研究发展中心】 7月6日，自治区体育局与广西民族大学签订共建协议，挂牌成立广西民族体育研究发展中心。

【挂牌成立广西民族体育产业研究发展中心】 10月27日，自治区体育局与广西师范大学签订共建协议，挂牌成立广西民族体育产业研究发展中心。进一步挖掘整理我区少数民族传统体育文化，积极开展申报民族体育非物质文化遗产工作。

【举办第十二届全区少数民族传统体育运动会】 11月18—23日，第十二届全区少数民族传统体育运动会在玉林市举行。运动会共设置花炮、珍珠球、射弩、陀螺、投绣球、毽球、龙舟、高脚竞速、三人板鞋竞速、武术 10 个比赛项目和综合类、技巧类、竞技类 3 个民族表演项目。共有 14 个市代表团、1 个高校代表团的 973 名运动员参加了 11 个大项、31 个小项的比赛。各代表团共派出团部人员 168 名，领队、教练员 184 名。组委会共抽调 145 名裁判员参加运动会执裁工作。从 11 月 19 日至 23 日的 5 天比赛中，共决出金牌 49 枚、银牌 49 枚、铜牌 47 枚，表演项目评出一等奖 3 个、二等奖 5 个、三等奖 5 个。通过评选，有 15 个代表团、196 名运动员、30 名裁判员获得体育道德风尚奖。在第十二届全区民运会期间，还对全区民族体育先进个人和集体进行了表彰。

【开展命名传统体育示范学校】 年内，开展民族体育特色之乡、民族体育传承人、民族体育传承馆命名活动。开展少数民族传统体育进校园活动，命名 14 所广西民族传统体育示范学校。

2011 年

【组团参加第九届全国少数民族传统体育运动会】 9月10日至19日，第九届全国少数民族传统体育运动会在贵州省贵阳市举行。广西组成约 250 人的代表团参加花炮、珍珠球、毽球、龙舟等 10 个竞赛项目及竞技类、综合类表演项目的比赛，42 个运动队获得名次，其中二等奖 19 个，三等奖 23 个，广西代表团荣获“体育道德风尚奖”称号。

【创建国家少数民族传统体育保护传承示范区】 年内，创建国家少数民族传统体育保护传承示范区。自治区体育局联合广西民族大学，研究制定了《广西壮族自治区少数民族传统体育文化保护规划(2011－2015 年)》。并于 12 月组织课题组赴全区开展调研，形成《国家少数民族传统体育保护传承示范区调研报告》，并最终形成示范区创建方案和标准。

【评选民族传统体育示范学校】 年内，在全区评选了 14 所民族传统体育示范学校，并加强少数民族地区社会体育指导员培训，为少数民族体育事业的发展和繁荣提供人才保障。11 月下旬，“星火相传——民族传统体育进校园”展示活动拉开帷幕，既丰富少数民族地区中小学校体育活动的内容，又可在学校普及民族传统体育活动，为培养少数民族体育人才奠定基础。

【广西壮族自治区少数民族传统体育文化保护规划(2011－2015 年)】 年内，联合广西民族

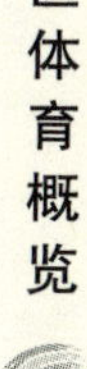

大学，研究制定了《广西壮族自治区少数民族传统体育文化保护规划(2011－2015 年)》。并于 12 月，组织课题组赴全区开展调研，形成《国家少数民族传统体育保护传承示范区调研报告》，并最终形成示范区创建方案和标准。

【积极挖掘少数民族传统体育项目】 年内，在举办广西体育节、万村农民篮球赛等的基础上，积极挖掘少数民族传统体育项目，打造田阳山歌运动会，红水河流域绣排球赛、民族体育欢乐节等浓郁民族特色的全民健身活动和赛事，为少数民族体育事业的发展和繁荣提供活动保障。

体育对外交流

2010年

【概况】 年内，广西共派出体育团队40个团组182人次，出访韩国、南非、泰国、老挝、越南、柬埔寨、美国、英国、日本、墨西哥、伊朗、乌兹别克斯坦、保加利亚、澳大利亚、印度、新加坡、波兰、约旦、罗马尼亚、匈牙利、朝鲜、俄国、法国、加拿大、土耳其、克罗地亚、德国、瑞典、马来西亚等29个国家和中国香港、台湾地区。全年广西选派教练执行援外任务的运动项目有游泳、举重、羽毛球、武术等。接待到广西访问、训练、比赛的团队28个共计279人次，来访的国家以越南为主，涉及的运动项目有田径、游泳、跳水、摔跤、举重、武术、武术散打、拳击、体操、乒乓球、羽毛球、手球、射击、射箭等。

【中韩群众体育交流活动团】 4月8—14日，中韩群众体育交流活动团在韩国举办。代表团团长、国家体育总局群众体育司盛志国司长和代表团副团长、广西区体育局岑汉康巡视员的带领一行62人参加。韩方为交流团精心准备了丰富多彩的友谊比赛、文化考察等交流活动。开展了乒乓球、网球、羽毛球、保龄球4个运动项目的友谊赛；考察了有关历史文化场馆。

【广西体育局接待日本青少年体育指导者交流团】 10月21—25日，广西体育局接待日本青少年体育指导者交流团在广西桂林举办，应国家体育总局邀请，日本青少年体育指导者交流团一行9人来访；广西体育局副巡视员容代生、竞技体育处副处长潘玲、人事教育处副处长龚德青等接待。交流团与桂林市体育局及其下属的桂林市体校、桂林市体育中心等单位座谈，交流青少年体育训练工作；并安排其参观桂林市体育中心的场馆设施以及桂林市体操学校、桂林市体校的设施及业余训练情况。双方就青少年体育训练中的有关具体问题进行了交流。

【2010中国一东盟国际汽车拉力赛】 10月3—19日，国家体育总局、自治区人民政府、东盟秘书处共同主办，中国汽车运动联合会与广西壮族自治区体育局共同承办的中国一东盟国际汽车拉力赛从中国出发，途经越南、老挝、柬埔寨、泰国4个国家。车队由27辆车、129名包括了来自中国、越南、泰国、老挝、柬埔寨、马来西亚、新加坡的参赛车手和国内外媒体记者和工作人员组成。本次中国一东盟媒体汽车拉力赛邀请国内外媒体共计12家，记者21名参赛，本次赛事的集结赛中，记者与拉力赛大车组混合编组，参与比赛。此举打破了以往媒体人员只作为观察者不参与比赛的惯例。本次赛事设置了四段集结赛、越南场地趣味赛以及泰国卡丁车场地赛。组委会于8—9月举办了2010中国一东盟国际汽车拉力赛暨中国一东盟媒体汽车拉力赛形象大使选拔赛。获胜的冠亚军两位佳丽作为本届赛事的形象大使随队出赛并参与各项交流活动。组委会与北京市汽车摩托车运动协会、爱车文化传播(北京)有限公司共同举办了“全国车友聚绿城自驾助威万里行”活动，活动车队由22辆车55人组成，中央人民广播电台都市之声、中国广播网、环球车旅网作为活动的宣传支持单位均派记者全程跟踪报道，活动得到途经省份及城市人民的广泛关注，拉力赛知名度在国内得到进一步提升。

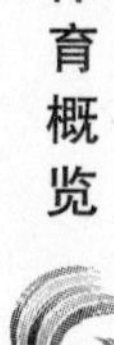

【举办系列中国一东盟国际体育赛事及活动】 9月9—11日，由广西壮族自治区体育局主办，广西体操武术运动发展中心、广西永年太极拳研究院承办的"中国一东盟太极一家亲"国际太极名家交流大会在南宁市举行，来自中国、越南、新加坡、加拿大等、泰国等国家的60名代表，以及驻邕高校东盟留学生参加本次交流大会11月30日至12月6日，第三届"中国一东盟CBO男子篮球邀请赛"，在广西平果县体育馆举行。于在百色市平果县举行。来自菲律宾、越南、泰国、马来西亚和中国澳门、香港等9支篮球队展开角逐。12月4—6日，首届中国一东盟体育产业发展论坛在广西平果县举行，来自新加坡、马来西亚、泰国、越南、缅甸、老挝、印度尼西亚等东盟国家及北京、上海、广东、四川、福建、广西、中国台湾等地的专家、学者、企业家近200人出席了论坛。

【成立系列中国一东盟体育机构】 4月15日，在广西体育高等专科学校成立"中国一东盟体育信息中心"和"中国一东盟体育人才培训基地"。7月6日，广西体育局与广西民族大学合作共建中国一东盟体育交流合作中心。"基地"与"中心"集人才开发、人力资本运作、情报收集、信息沟通、产业合作与开发、教育教学改革为一体，将形成中国与东盟各国体育教育和体育资源的优势互补和资源共享，有利于大力发展体育教育事业，打造体育精英人才，促进体育产业开发，为体育业界提供智力支持、人才支持和信息支持。一系列中国一东盟体育机构标志着我区和东盟各国在体育领域开始向人才开发、信息交流、产业合作与开发、科学研究等方向进军。

【接待来访情况】 年内，接待到广西访问、训练、比赛的团队28个共计279人次，来访的国家以越南为主，涉及的运动项目有田径、游泳、跳水、摔跤、举重、武术、武术散打、拳击、体操、乒乓球、羽毛球、手球、射击、射箭等。

【教练员援外情况】 年内，全区选派教练执行援外任务的运动项目有游泳、举重、羽毛球、武术等。

2011年

【概况】 年内，广西共派出体育团队45个团组242人次，出访韩国、泰国、老挝、越南、柬埔寨、新加坡、马来西亚、美国、墨西哥、澳大利亚、新西兰、匈牙利、瑞士、丹麦、德国、法国、秘鲁、印尼、日本、俄罗斯、罗马尼亚、西班牙、朝鲜、英国、荷兰、塞内加尔、马达加斯加、意大利、土耳其、菲律宾、塞尔维亚等33个国家和中国香港、台湾地区。全年广西选派教练执行援外任务的运动项目有游泳、武术等。接待到广西访问、训练、比赛的团队22个共计240人次，来访的国家以越南为主，涉及的运动项目有田径、游泳、潜水、摔跤、柔道、跆拳道、武术、体操、乒乓球、手球、蹦床、射击、射箭等。

【广西体育代表团访台开展交流活动】 4月22—29日，自治区体育局组成以容小宁局长为团长的广西体育代表团一行29人(其中团部8人，气排球、羽毛球、乒乓球、网球、篮球、围棋队员、教练员20人，广西日报记者1人)赴台湾花莲县、高雄市等地开展文化交流活动。在台期间，双方多次开展桂台体育交流合作事宜，广西壮族自治区体育总会还与花莲县政府教育处共同签署了加强桂台体育交流合作的会谈纪要；双方还进行了气排球、羽毛球、网球友谊赛。代表团先后在台湾花莲县、高雄市等地参观考察学校、社区体育设施及大型公共体育场馆，详细了解当地场馆设施建设、使用、管理、运营、维护等情况。本次桂台体育交流系列活动是桂台经贸文化论坛的重要活动内容。

【自治区体育局组团赴澳大利亚、新西兰学习考察活动】 7月25日至8月4日，以岑汉康巡视员为团长的考察团一行5人赴澳大利亚、新西兰开展学习考察活动，参观了新南威尔士大学体育康乐中心、在新西兰参观考察了奥克兰大学体育娱乐中心，与新南威尔士大学、奥克兰大学体育工作的管理者和老师，就学校体育设施建设、管理、维护、使用以及学校体育赛事活动组织等进行了座谈研讨，并交换了工作经验和体会，并向新南威尔士大学和奥克兰大学的老师们赠送了壮锦和绣球。考察团一行还参观了澳大利亚悉尼市、布里斯班市、墨尔本市以及新西兰奥克兰市、罗托鲁阿市等城市社区公共体育设施，学习维护、运行经验。

【广西体育代表团赴瑞士、丹麦学习交流】 10月8日至18日，应瑞士克莱恩·蒙塔纳、丹麦欧登塞体育部门或协会的邀请，以自治区体育局局长容小宁为团长，成员包括体专、体校、体育医院和体育经济处等单位和部门人员赴瑞士、丹麦学习考察，参观了国际奥委会总部、国际奥林匹克博物馆、国际足球联合会总部等一系列体育文化设施，考察了国际足联医院、国际奥林匹克医院等体育医疗机构。专题调研了克莱恩·蒙塔纳和欧登塞两地的社区配套体育设施、运动场馆，与丹麦欧登塞当地行使政府体育部门职能的体育协会进行了交流座谈，听取了协会关于组织架构、场馆设施建设及赛事组织等方面的介绍；双方就如何增进两区市体育交流、加强双方合作等问题做了进一步的探讨。

【2011 中国—东盟国际汽车拉力赛】 9月20日至10月12日，2011年度的中国—东盟国际汽车拉力赛开赛。车队由来自中国、越南、泰国、柬埔寨、老挝、马来西亚、新加坡等国的34辆车和154名参赛车手、记者和工作人员组成。车队在南宁发车并从东兴出关，途经越南、老挝、柬埔寨、泰国、马来西亚、新加坡六国，从凭祥友谊关回到南宁。行程约10,000公里。历时23天。本届赛事将老挝和马来西亚设为主题国，并围绕主题国开展一系列庆祝活动。在老挝举行了庆祝中老建交50周年联谊酒会；与老挝国家体委代表签署了双边体育交流合作备忘录；举办向老挝国立大学赠书活动；在首都万象举行场地绕桩赛，在巴塞市举行定速赛；参观老挝著名景点；在马来西亚吉隆坡举办联谊酒会；在雪邦F1赛车场组织了一系列赛事及体验活动，参观了泛太平洋地区法拉利房车挑战赛、经典赛车锦标赛等高水平的汽车运动赛事等。在各国举办的各项交流活动中均有相关领导出席，东盟秘书处作为主办者之一、副秘书长孙达姆给发车仪式发来贺电表示祝贺。此次比赛参加的总人数和总车辆数、东盟参赛车辆和人数都创造拉力赛纪录，其中东盟共有6辆车23名车手及媒体记者参赛(其中，包括越南1辆车5人、老挝1辆车4人、马来西亚1辆车3人、泰国2辆车5人、新加坡1辆车2人、柬埔寨3人)。老挝首次派出车辆和人员参赛。竞赛内容也趋于多元化，组委会在境外举行了5场比赛：老挝场地趣味赛、马拉西亚卡丁车赛、老挝和泰国各1段集结赛以及本届赛事首次引进的老挝定速赛1段。除主赛事外，今年组委会对国内活动做了系统包装，提出了“三行一选秀”的系列活动概念(“三行”即东盟行、万里行和八桂行，“一选秀”即拉力赛形象大使选拔赛)。本次拉力赛在规则和组织形式上进行了很多有益的尝试，取得了不少经验，为下届组织竞赛打下了良好基础。

【举办系列中国一东盟的体育赛事及活动】 年内，第四届“中国—东盟CBO男子篮球邀请赛”在广西平果县体育馆举行，共有马来西亚、柬埔寨、新加坡、越南、老挝、缅甸和中国澳门、香港、台北、广西及广西平果11支球队参赛，最终马来西亚、广西、新加坡队分获前三名。首届中国—东盟武术节于12月16—20日在中国广西南宁举行。来自中国、文莱、菲律宾、新加坡、越南、柬埔寨、老挝、泰国、法国、加拿大、德国等境内外国家和地区50支队伍535名运动员、教练员“以武会友”，共同推进中国与东盟体育文化事业的交流合作。11月21日至22日，由国家体育总局、广西壮族自治区人民政府、亚洲及大洋洲地区大众体育协会主办，国家体育总局群体司、广西壮族自治区体育局、广西民族大学承办的亚太大众体育合作发展论坛暨中国一东盟大众体育合作发展论坛在南宁举办，来自亚洲及大洋洲地区大众体

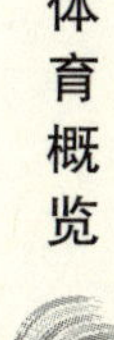

育协会、东盟十国、港澳台地区及国内的体育官员和专家学者围绕“大众体育、健康和谐、合作发展”的主题，做了 27 个关于大众体育的高端专题演讲，并发表了旨在促进亚太和中国一东盟地区大众体育发展与合作的纲领性文件《南宁宣言》。太极拳与健康研究——过去、现在与未来暨首届中国一东盟武术发展论坛于 12 月 15—17 日在南宁举行，各路武术精英豪杰展开“对话”，共同探讨太极拳与健康的关系、太极拳与健康研究的科学方法，以及太极拳促进社会公众健康的合理发展模式。

【成立系列中国一东盟体育机构】 4 月 6 日和 12 月 16 日，在南宁分别成立“中国一东盟体操交流合作基地”和“中国一东盟武术交流合作基地”，为开展中国一东盟国家的体操及武术交流与合作提供了实体性的基础支持。

【来访情况】 年内，接待到广西访问、训练、比赛的团队 22 个共计 240 人次，来访的国家以越南为主，涉及的运动项目有田径、游泳、潜水、摔跤、柔道、跆拳道、武术、体操、乒乓球、手球、蹦床、射击、射箭等。此外，台湾花莲县文化教育体育代表团一行 30 人参与第三节广西体育节的开幕式活动，并与广西群众代表进行多场体育交流赛事活动。

【教练援外任务】 年内，全区选派教练执行援外任务的运动项目有游泳、武术等。

体育经费

2010年

【2010年体育经费】 年内，整个局系统预算共安排26160.81万元，同比去年减少2287.96万元，减少8%。其中，基本支出8037.87万元，比2009年减少1189.55万元，下降率13%；专项支出18122.94万元，比2009年减少1098.41万元，下降率5.7%，为局全年各项工作的经费保障打下了坚实基础。全年体育局系统总收入25678.54万元，总支出数为24816.89万元，收支结余4069.55万元。

【竞技体育全年经费支出】 为全力做好广州亚运会及第十二届全国运动会备战工作，自治区体育局安排体育竞赛经费1709万元，其中备战第12届全国运动会经费500万元、参加全国青少年锦标赛200万元、举办全区青少年锦标赛210万元、后备人才基地配套和培养经费550万元、裁判员和教练员培训经费60万元以及广州亚运会观摩调研经费40万元，保障了各优秀运动队的训练、比赛经费需求，为广州亚运会成绩突破及备战新周期赛事打下坚实基础。

【群众体育全年经费支出】 自治区体育局今年群众体育预算为3175万元，其中财政拨款安排专项经费825万元，体育彩票公益金安排2350万元。为做好各赛事活动和全民健身工程建设工作，安排第四届体育大会经费150万元，用于组队参加第四届全国体育大会，安排广西少数民族体育运动会专项经费300万元，用于补助举办广西少数民族体育运动会，安排100万元用于开展中韩体育交流活动，促进中韩两国群众体育文化交流，增进两国人民友谊；安排红水河、中越边境农民体育建设工程专项经费1000万元，用于建设村级篮球场；安排全民健身路径建设经费400万元，专项用于全区全民健身路径建设；安排经费306万元用于举办广西第二届城乡万队气排球大赛；安排经费248万元用于举办第二届广西体育节等。

【完成中区直单位2009年度决算报表编制工作】 年内，完成了2009年部门决算编制工作；认真汇总全区2009年体育事业统计数据并及时上报国家体育总局。4月完成了全区2009年体育彩票公益金使用情况上报自治区财政厅。每月按时按质完成南宁市固定资产投产统计报表工作。

【完成各体育协会的财务审计】 圆满完成2009年度体总、门协、足协、桥协、网协、体操协会、篮协、健美和健美操协会、老协、游协、保协、武协等12个协会的年度财务审计工作。

【完成新国库支付系统上线工作】 年内，自治区财政厅上线使用新的国库支付系统，新支付系统融合了国库支付、工资统发、公务卡管理以及非税收入管理几大功能。经济处积极配合财政厅新支付系统上线工作，组织直属单位有关人员参加系统上线培训和实务操作，保证了新系统能够及时平稳运行。

【完成财务管理新软件系统上线工作】 根据财政厅国库处工作部署，在全区范围内推广使用新的财务管理软件，体育局作为区直试点单位，认真配合财政厅在局系统全面推广使用新财务软件，在财政厅的大力支持和各直属单位的配合下，新财务管理软件系统已进入正常运行轨道。

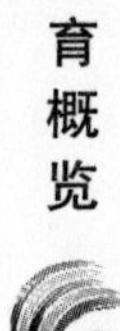

【完成政府采购网报系统上线及采购计划管理工作】 年初，财政厅在全区范围内上线使用网络版的政府采购审批系统，经济处认真组织各有关单位参加财政厅组织的采购网报系统培训班，并通过相互学习切磋等方式，保证了局系统政府采购计划报送审批流程畅通无阻。按照财政厅的要求，组织局本级及直属单位于每月10日前报送当月采购计划，认真执行国家和自治区政府采购规则制度，统筹使用部门预算采购资金，节约资金，满足部门日常工作各项采购需求。

【完成财务统计工作】 4月，根据自治区统计局的工作部署，认真组织广西体育系统报送了2009年全区体育事业发展情况。南宁市统计局上线了新的劳动工资和行政事业单位财务情况报表网报系统。经济处认真组织本级和各直属单位参加南宁市统计局新劳动情况统计和行政事业单位财务情况报表网报系统的学习培训工作，保证了网报工作的顺利开展。6月，完成了全区2009年体育彩票公益金统计汇总上报工作。12月，组织召开全区体育事业统计工作布置会议，布置开展全区体育事业统计工作。经济处荣获"2010年自治区社会科技统计工作先进集体"称号。

【完成基建项目建设工作】 认真配合后勤中心做好体育局基建项目政府采购计划报送、招投标以及财务管理等工作。保证各项目按照国家有关规定执行政府采购工作要求，规范项目投资建设行为，为项目的顺利完成提供保障。

【完成"小金库"综合治理工作】 根据自治区"小金库"治理领导小组的工作部署，经济处通过发文等形式，认真组织本级和各直属单位做好"小金库"综合治理的回头看工作，坚决杜绝私设"小金库"的违规行为，建立"小金库"治理工作长效机制。

【经费支持中韩群体交流活动和参加第四届全国体育大会】 根据国家体育总局的工作部署，体育局今年负责组团参加中韩群体交流活动，为保证中韩群体活动互访工作的顺利开展，经济处积极争取自治区财政的支持，年初部门预算安排了100万元作为活动经费，保障了活动的经费需求。韩方交流团也于11月造访桂林市，活动取得圆满成功。为保证全区体育代表团能在第四届全国体育大会上取得好成绩，争取财政厅安排预算资金150万元给予支持广西体育代表团参加第四届全国体育大会，本次盛会，广西体育健儿不负众望，取得了优异成绩。

【完成全民健身路径和农民体育健身工程建设工作】 年内，配合各部门做好城乡风貌二期工程建设、全民健身路径和农民体育健身工程建设工作，协助做好全民健身路径政府采购和农民体育健身工程篮球架采购工作，同时向中央和自治区财政争取资金支持红水河流域和中越边境农民体育健身工程建设，为全面贯彻执行《全民健身条例》创造条件。

【全面合理安排各项经费支出】 严格按照各单位今年部门综合预算执行各项收支，加强对二层单位财务的监管力度，避免在预算执行过程中出现收支不平衡，收入严重偏离预算的情况。同时，在经费使用上及时向分管领导及各处(室)通报经费的使用情况，确保工作进度和使用效果，充分发挥监督和服务职能，为各部门领导及时提供决策依据。

【完成编制2011年度部门预算】 今年部门预算编制工作于8月中旬展开，按照自治区财政厅工作安排，仍然按照"二上二下"的方式进行上报，经济处认真对各专项安排及预算数据进行核查、排除漏洞，全面合理安排好明年各项工作所需经费及其他重大专项资金需求，已按照自治区财政厅下发的控制数将明年各部门预算"二上"报自治区财政厅及自治区人大财经委初审。

【完成后期保障工作】 年内，根据工作安排，认真做好公积金缴存、公积金支取以及调整公积金缴存基数等工作。组织局系统财务人员完成年度后续教育学习任务。成功举办了财务人员培训班，要求自治区财政厅和广西财经学院教授为体育局系统财务工作人员讲授财务工作专业知识和工作经验。根据自治区财政厅要求，组织局本级及各直属单位做好行政事业单位资产管理清查工作，该项工作已于8月底顺利完成。

2011年

【2011年体育经费】 年内，整个局系统预算共安排33165.37万元，同比增加7004.56万元，增长27%。其中，基本支出7207.31万元，比2010年减少830.56万元，下降率10%；专项支出25928.06万元，比2010年增加7805.12万元，增长率43%，为局全年各项工作的经费保障打下了坚实基础。

【竞技体育全年经费支出】 年内，自治区体育局安排体育竞赛经费3430万元，其中财政拨款2620万元、彩票公益金拨款810万元。经费主要用于：第12届广西壮族自治区运动会专项500万元、备战第12届全国运动会经费500万元、参加全国青少年比赛及全区年度青少年单项锦标赛专项450万元、国家级高水平后备人才基地和自治区级后备人才基地资助经费及运动员、教练员等人才引进专项1000万元、运动队集训及改善运动队训练条件和重大器材采购专项500万元、国家高水平后备人才基地配套专项经费250万元以及裁判员和教练员培训经费60万元等，为举办第12届全区运动会、备战第12届全国运动会和全区后备人才基地建设提供资金保障，为重振广西体育雄风，建设西部体育强区打下基地。

【群众体育全年经费支出】 自治区体育局2011年群众体育预算为3158万元，其中财政拨款安排专项经费270万元，体育彩票公益金安排2888万元。主要用于：组团参加第九届全国少数民族传统体育运动会150万元、挖掘保护传承少数民族传统体育示范基地专项200万元、第15批全民健身路径专项经费360万元、举办第三届广西体育节暨全民健身日活动180万元、红水河流域、中越边境农民体育健身工程专项经费1000万元、创建国家级少数民族体育示范区专项100万元、举办广西第三届万村农民篮球赛专项300万元、舞动广西一民族体育健身舞蹈专项150万元以及中国武术(广西)进东盟专项200万元等，为全区各项全民健身活动、农民体育建设工程建设以及民族传统体育示范区建设等方面提供了资金保障，促进了全区全民健身体育事业飞蓬勃发展。

【完成中区直单位2010年度决算报表编制工作】 年内，完成了2010年部门决算编制工作；认真汇总全区2009年体育事业统计数据并及时上报国家体育总局。4月完成了全区2009年体育彩票公益金使用情况上报自治区财政厅。每月按时按质完成南宁市固定资产投产统计报表工作。自治区体育局获“2010年度决算工作先进单位一等奖”，获“2011年自治区社会科技统计工作先进集体”。

【完成各体育协会的财务审计】 圆满完成2010年度体总、门协、足协、桥协、网协、体操协会、篮协、健美和健美操协会、老协、游协、保协、武协等12个协会的年度财务审计工作。

【完成国库支付工作】 年内，指导和监督各直属单位做好国库支付管理工作，按照财政厅的支出进度要求合理安排资金使用计划，截止11月18日局系统完成一般预算拨款支出比率80%。

【完成财务季报工作】 年内，督促各单位使用新财务系统，组织报送并汇总季度报表报送财政厅。完成局系统财务人员后续教育学习工作，组织局系统财务工作人员参加各类财务培训班并举办专题财务人员培训班，提高财务工作人员业务水平和工作效率。

【完成审计工作】 8月，配合国家体育总局完成全区2008年至2010年中央彩票公益金项

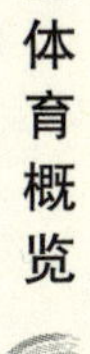

目执行情况审计抽查工作，工作完成情况得到国家体育总局经济司肯定。10月份配合自治区财政厅完成2008—2010年局系统部门预算执行情况审计工作，并按照自治区财政厅有关要求，进一步完成部门预算编制和执行工作，提高部门预算执行效益。同时组织体育总会和各项目协会完成年度财务审计工作，并做好民政厅年度检查工作。配合人事处做好2010年局系统10人次的离任审计汇总工作；配合后勤中心做好羿园小区和五环星光小区的工程审计工作。

【完成政府采购任务】 年内，组织各单位按时报送政府采购计划和政府采购信息报送工作，保证了各项采购能按时完成。完成全区公共服务中心、城乡风貌三期工程建设、“两项工程”以及全民健身路径等体育器材采购工作，共采购篮球架816副、全民健身路径110条。积极配合完成青秀山体能训练与康复馆工程建设各项政府采购工作。

【资产清查及“小金库”综合治理】 按照自治区财政厅资产管理处工作部署，组织各单位对资产清查数据进行核实，并填报2010年固定资产报表，汇总数据报送财政厅资产管理处。配合监察室做好局系统小金库和局所管辖的12个社会团体的小金库全面复查、自查工作并按时按要求报送工作总结。4月，组织人员完成局本级和各大协会2010年会计凭证装订工作，移交2009年会计凭证和账本给局档案室。

【完成各项活动后勤保障工作】 年内，协助各有关处室做好大型活动后勤保障工作，包括局机关迎新春联谊活动、全国体育系统办公室工作会议、全区体育系统亚运会表彰会、广西赴台参加桂台经贸论坛活动、广西体育首届领导干部清华大学培训活动、第九届全国民运会、中国—东盟国际汽车拉力赛、自治区运动会以及与总局联系群体等相关活动。

【规范财务管理制度建设】 年内，继续建立、健全内部控制制度和财务管理制度，严格贯彻和落实《会计法》等国家相关财务法律法规，相继完善本单位、本部门相关经济制度，结合《广西体育局内部资金管理办法》及实际情况，紧紧围绕重点、难点问题开展财务管理工作，加强检查监督，确保经济活动合法、合规。

体育基础设施建设

2010 年

【加大城乡基层公共体育设施建设力度】 年内，在全区实施中国（广西）红水河流域民族体育工程、中越边境（广西）全民健身工程和各类体育健身工程，并配合自治区党委、政府实施城乡风貌改造二期工程和村级公共服务中心建设。多方筹措 5930 万元，支持各地建设 75 个国家级乡镇农民体育健身工程、1830 个农民体育健身工程（村级篮球场）、90 条全民健身路径工程，启动建设 1 个国家级全民健身活动中心、2 个雪炭工程。带动地方投入建设乡镇农民体育健身工程 20 多个，村级篮球场 1000 多个，全民健身活动中心、体育公园、健身广场、户外营地及其他公共体育场地 500 多个。会同教育部门和地方政府，继续推动学校体育场馆向公众开放。

【完成固定资产投资任务】 年内，督促检查今年前三个季度全区体育系统投资目标工作责任落实情况，完成今年前三个季度和上半年全区体育系统固定资产投资完成情况统计和投资目标工作责任落实情况报告，并印发了前三个季度的《全区体育系统固定资产投资工作责任落实情况通报》。今年自治区下达全区体育系统固定资产投资目标任务是 13 亿元，截至三季度，全区已完成投资 14.5 亿元，提前一个季度完成任务。

【完善《广西公共体育设施发展建设规划》】 5 月 5 日，组织召开了《广西公共体育设施发展建设规划》第六稿评议会，并邀请自治区发改委、财政厅、住建厅和广西民族大学、广西师范大学等相关部门专家参加。会上，局领导和专家根据国家体育总局颁布的《“十二五”公共体育健身场地设施规划》和国家颁布的相关政策，对《广西公共体育设施发展建设规划》提出了修改意见。此后，经济处又多次组织相关人员，根据国家和自治区的最新政策以及国家体育总局正在编制的《“十二五”全国体育基本公共服务设施建设规划》对原规划进行调整，最终形成了《“十二五”广西基本公共体育设施发展建设规划》（征求意见稿）。

【完成《城乡一体化进程下的农村公共服务体系：重组与构建——广西建立“农村公共服务中心”试点经验研究》课题研究】 年内，中国社科院数量经济与技术经济研究所承担广西《城乡一体化进程下的农村公共服务体系：重组与构建——广西建立村级“农村公共服务中心”试点经验研究》课题研究。6 月 28 日至 7 月 3 日，为配合课题组专家在广西进行调研工作，在自治区体育局副局长张冬梅的领导下，积极组织相关人员陪同课题组专家到部分市、县和基层进行调研，收集有关农村社会事业基础设施的现状和公共财政对农村社会事业基础设施的投入情况等方面的资料。

【推进青秀山体能训练与康复馆前期工作】 为确保青秀山体能训练与康复馆项目顺利实施，实现明年年底竣工的目标，经济处加紧推进项目的前期工作，委托广西华蓝设计（集团）有限公司编制《广西体育局青秀山体能训练与康复馆项目建议书》，提出了能弥补青秀山训练基地无运动员训练康复、放松以及医疗保障等功能的设施这一不足的建设方案，并积极与自治区发改委、南宁市规划局等有关部门进行协调，推动项目尽快落地。目前，该项目已于 7

月30日经自治区发改委同意立项，总平规划和初步设计已经基本完成。

【开展体育经营场所安全生产检查】 为贯彻落实国家体育总局《关于进一步加强体育经营场所安全生产工作的通知》(体经字〔2010〕15号)精神，掌握我区漂流场所的现状，加强对漂流项目经营活动的管理和监督，根据《自治区体育局关于开展全区高危险性体育项目经营场所安全生产督查工作的通知》(桂体经字〔2010〕4号)要求，由经济处牵头，联合柳州市体育局和广西水上运动发展中心，于12月到柳州市开展了漂流场所的安全督查工作，对漂流场所安全生产状况进行了实地检查。

2011年

【加强城乡基层公共体育设施建设】 年内，多方筹措资金5745万元，在全区建设了17个国家级乡镇农民体育健身工程、144个农民体育健身工程、249个中国(广西)红水河流域民族体育工程和中越边境(广西)全民健身工程篮球场、99个城乡风貌改造三期工程篮球场、527个村级公共服务中心篮球场、90个全民健身路径工程，开工建设5个雪炭工程，资助94个传统项目学校、15个青少年体育俱乐部和20个冰冻灾害场馆设施修复，全区城乡基层公共体育设施条件进一步得到改善。

【完成固定资产投资目标任务】 为鼓励各市体育局和区局系统继续推进全区体育系统项目建设，确保完成自治区政府下达的2011年全区体育系统固定资产投资20亿的目标任务，我处根据2010年固定资产投资完成情况，将目标任务分解下达至各市体育局，并与各市体育局签订固定资产投资目标责任书，明确各市固定资产投资工作的目标任务，确保顺利完成。截止第三季度，全区体育固定资产投资项目共207个，比上半年增加35个，其中单项总投资1000万元以上的项目74个(其中总投资10000元以上的30个)。年度投资计划289034万元，完成体育固定资产投资170957.8万元，为自治区下达年度目标任务的85.48%，比去年同期增长了25389.8万元，增长17.44%。建成了钦州市体育中心、广西体育中心二期工程、柳州李宁体育馆、来宾农民体育馆、华蓝羿园等一批体育标志性工程。

【开展全区体育固定资产投资工作目标责任落实情况调研工作】 为推进全区体育固定资产投资工作目标责任的完成，经济处与监察室、群体处共7位同志，组成3个调研组，按照桂体经字〔2011〕17号文《关于对全区体育系统固定资产投资工作目标责任落实情况进行调研的通知》的要求，于7月4日至8日到全区14个市，通过听汇报、查阅资料、实地调查和上机指导等方式对上半年完成目标任务、组织机构及制度建立、重大项目进展等相关情况进行了调研，并根据调研得到的信息形成调研报告。

【正式启用"固定资产投资和广西体育资源及建设项目库"】 为更好地统计全区体育资源建设情况，加强体育项目储备和培育，完善体育资源及体育设施建设项目管理，发挥项目库在体育产业中基础性作用，体育局委托专业软件设计公司研制开发了"广西体育资源及建设项目库"系统。经过一段时间的试运行，该系统已于4月在全区体育系统正式启用。同时为更好的完成固定资产投资相关工作，进一步明确上报固定资产投资完成情况的相关重点及注意事项，尽快熟悉和掌握"广西体育资源及建设项目库"软件的使用方法和操作流程，发挥项目库软件的功能，8月31日至9月1日经济处在北海举办了"体育系统固定资产投资和广西体育资源及建设项目库"软件培训班，并组织全区14个地市和部分县区文体局具体负责固定资产投资相关工作的人员参加。培训班就固定资产相关知识和内容，项目库相关功能和操作方法进行了详细的讲解。

【组织各级干部参加体育场馆管理培训】 为进一步提高全区体育系统干部队伍的理论水

平和工作实务能力，5 月 10—14 日，由经济处牵头，组织自治区体育局青秀山训练基地，区体育馆，河池市、金城江区体育局，资源、浦北、大化、龙州县及凭祥市文体局主要领导参加由北京体育大学研究生院主办、中青教育体育发展研究中心承办的体育场馆经济实务高级研修班，针对性地学习当前体育场馆管理及全民健身的科学组织方式和运作模式，同时结合观摩成都体育用品博览会，以达到开阔视野、更新观念、转换思路、提高能力的目的。为学习高水平体育赛事的组织工作和上海市体育产业发展的先进经验，近距离观摩国际水平赛事，7 月 20—24 日，经济处结合第 14 届国际泳联世界锦标赛，在上海举办由上海社科院和上海体育学院博士生导师授课的上海国际泳联世界锦标赛观摩培训班，并组织各市体育局主要负责人和横县、宾阳县、柳南区、鹿寨县、岑溪县、阳朔县、灵山县、平果县、富川县、金秀县等十个县区文体局主要负责人参加。

【开展广西“政府购买”体育场馆公共服务试点工作】 为探索促进全区体育公共服务供给合理分配、关注民生的新方法，寻求与经济社会发展相适应的体育公共服务新途径，提高体育场馆设施的使用效率，推动“政府购买”方式在体育服务领域的实践，根据国家体育总局的部署，经济处牵头编制了《广西“政府购买”体育场馆公共服务试点工作方案》，将广西体育馆作为第一个试点单位，通过“政府购买”体育公共产品和服务的方式，保证社会公众能按规定免费或享受半价优惠使用体育场馆设施和各类体育服务项目，提高体育场馆设施公共服务供给的效益，为市民体育锻炼提供优质的场地和服务，提供人民群众身体健康和生活质量水平，并通过开展试点工作，探索政府购买体育公共服务的新方法，实践提高体育场馆运营管理的新思路。经济处计划 11 月 27 日在广西体育馆举行“2011 年广西“政府购买”体育场馆公共服务启动仪式”，围绕公共体育场馆对外开放的主题开展一系列公益活动。

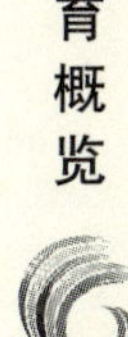

体育人才队伍建设

2010 年

【自治区体育局竞技体育有关单位领导干部培训班】 3 月 10—12 日，江南基地、青秀山基地、各运动项目中心、区体校、区体科所领导班子成员在南宁市银林山庄以专题讲座、专题讨论及户外拓展训练相结合的方式举办了一期领导干部培训班。讲授内容有领导决策与工作创新、领导认知心理学、公文写作、领导干部廉洁从政、领导形象及公务礼仪、领导执行力等。培训中还讨论了“做好正职要具备的七大能力”、“班子中如何处理好集体领导和个人负责的关系”、“管理工作中影响中层领导干部发挥作用的主、客观因素”等主题，进一步培养团队协作意识。

【广西国民体质监测工作监测人员暨社会体育指导员培训班】 4 月 10—25 日，广西国民体质监测工作监测人员暨社会体育指导员培训班分别在南宁市、桂林市、玉林市举办。南宁市、桂林市、玉林市体育局群体科科长及选派 15－30 人组成本市的检测队参加培训。培训班中讲授了 2010 年广西国民体质监测工作方案、各类测量方法与工具的使用、一级社会体育指导员技术等内容。

【新任领导干部廉洁从政学习班】 6 月 3—5 日，广西体育局纪检组在百色举办新任领导干部廉洁从政学习班，近两年新任的局机关和直属单位 37 位领导干部参训。学习班以辅导报告、音像教学、自学研读、知识测试、参观体验等为主要学习形式，讲授了我党的革命历史、廉洁从政知识等，把廉政教育列入干部教育培训计划，有针对性地开展示范教育、警示教育、岗位廉政教育”的要求，进一步加强了新任领导干部反腐倡廉教育，增强了新任领导干部廉政风险防范能力。

【社会体育指导员管理系统培训班】 6 月 7—9 日，自治区体育局在南宁举办社会体育指导员管理系统培训班，并邀请国家体育总局体育科学研究所和“体育管理在线”相关工作人员进行授课培训。共有来自全区 14 个地市体育局、宁铁体协及各社会体育指导员培训基地的 40 人参加了此次培训。本次培训采用理论讲解及上机操作同时进行的方法，内容主要包括社会体育指导员管理系统的使用方法及社会体育指导员重点工作任务。

【运动训练专题培训班】 8 月 16—17 日，在广西体育局江南训练基地举办了运动训练专题培训班，各运动项目中心全体工作人员及教练员、广西体校、各市体校教练员及相关业务人员参训。培训内容有运动员运动大赛前的心理准备、运动协调能力训练、兴奋剂及相关问题、运动员训练生理生化监控等。此次培训丰富了广大教练员现代竞技运动理论知识，掌握现代竞技体育训练方法，增强管理能力，提高执教水平。

【自治区体育局基地系统干部职工职业道德教育培训班】 10 月 29 日至 11 月 5 日，自治区体育局基地系统干部职工职业道德教育培训班在广西体育局江南训练基地举办，江南、青秀山训练基地全体干部职工参训。培训内容有团队建设、强化执行力、职业道德概述、服务工作中的礼仪形象等课程。通过培训学习促进基地干部职工遵守职业道德，规范职业行为，增强严格履行岗位职责和依法行政的能力。

【农民体育健身工程管理人员培训班及社会体育指导员展示活动】 12月16—17日，农民体育健身工程管理人员培训班及社会体育指导员展示活动在北海市举办，各市体育局分管群体领导或群体科科长、2009年农民健身工程（仅限全区50个乡镇试点）管理人员1名、各市选派1名优秀社会体育指导员、各社会体育指导员培训基地派1名负责培训工作的同志参加了培训。培训中讲授了体育行政管理基础理论知识；体育竞赛的组织与管理；篮球、气排球等竞赛项目的组织、管理、编排、裁判工作；各市所选派的指导员进行3—5分钟的技能展示。此次培训提高了体育管理人员及社会体育指导员的工作能力，加强了农民健身工程工作。

【年度体育系列职称评审工作】 广西体育系列高级教练职称评审会于12月28日在自治区体育局召开，评委会委员15人，到会14人。评委会对20名申报高级教练资格的同志进行评审，结果冯艳波、韩俊刚、梁军、莫运德、韦少勇、高宏、刘毅、吴政等8名同志获得规定票数通过。为了凸显高级评审会公平公正的评选原则，根据区职改办要求成立了体育系列高级评审委员会库。成立的评委库有评委63人，其中有南宁、柳州两个地市的教练员第一次入选评委库。由于严格执行评审的资格条件，对达不到条件的一律不予上报。最后达到条件评审条件的全区共有20人，其中8人通过，通过率仅为40%。

2011年

【羽毛球专项体能培训班】 1月29—30日，羽毛球专项体能培训班在广西体育局江南训练基地举办，此次培训班聘请了国家羽毛球队体能教练讲学，各市体校选派1名羽毛球教练，广西羽毛球队、区体校羽毛球队全体教练参训。本次培训丰富了全区羽毛球教练员现代竞技运动理论知识，提高了专项体能训练手段和方法。

【广西体育局体育产业经营管理培训项目赴美国培训班】 2月18日至3月12日，由广西体育局主办、广西国际人才交流中心承办了一期体育产业经营管理培训班，体育系统领导一行9人赴美国纽约、亚特兰大、洛杉矶等地参加培训。承办机构亚特兰大中美人才交流项目对整个培训精心设计，周密安排，使整个学习培训过程体现了“四个结合”，即理论与实践相结合、课堂讲授与实地访问相结合、参观考察与现场体验相结合、听取讲授与专题讨论相结合。培训班先后在美国纽约、亚特兰大和洛杉矶的体育产业相关机构场所进行学习访问、观摩考察，具体学习了解美国体育产业发展的基本情况和经营管理方法，共进行了16场次有关体育产业内容的专题讲座、实地访问和参观考察及现场体验。听取了范德敏、何振亚、Dr. DanBenadot等专家教授分别讲授的美国体育产业运营的有关理论和实践问题。通过学习培训，了解了美国体育产业的发展和经营管理基本状况，学习了先进的体育产业管理理念方法，围绕体育产业经营管理进行了深入的学习研讨，观念进一步得到更新，知识结构得到丰富，视野得到开拓，对今后开拓工作思路、借鉴经验抓好工作、增强业务工作本领十分有益。

【广西体育团赴英国培训学习】 3月4—24日，以自治区体育局吴数德副局长为团长的体育系统领导一行11人赴英国培训学习。培训采取授课、考察、座谈、研讨等方式进行培训和学习了《英国的政治体制、经济发展状况、文化风俗》、《英国体育发展现状》、《英国中央及地方体育机构的设置及其职能》、《英国中央及地方体育相关政策法规》、《英国中央及地方政府推动体育发展的政策及措施》、《英国中央、地方政府以及民间组织在体育发展中的协作》、《英国对运动员、运动队的管理以及奖惩政

策》、《英国国家运动员职业资格认定、标准及考核制度》、《英国体育民间组织的现状及规模》、《英国体育民间组织的经费来源及运作》、《英国群众体育的开展》、《英国体育民间组织在体育事业中的作用》、《英国民间特色项目发展及普及、英国体育民间产业的发展》等 13 个专题内容，经过学习讨论，对英国的体育理念、体育管理模式等方面有了一个较深的了解，结合广西的实际，就竞技体育、群众体育和体育教育等方面的工作思路提出建设性的意见和建议。

【广西体育系统领导干部创新管理研修班】 6 月 8—14 日，广西体育系统领导干部创新管理研修班在清华大学开班。来自全区 14 个市体育局、自治区体育局处级领导干部、直属单位领导班子成员和后备干部共 110 多人参加了培训，各直属单位的主要负责人全员参与培训。培训的内容新颖，集中了国内外最前沿的理论、热点和发展趋势；授课师资实力雄厚，有来自中国省部级研究机构的学者，有国内著名高校的教授，北京市政府部门执政经验丰富的高官。他们的知识和观点令学员们大开眼界、深为叹服。这是体育局在"十二五"开局之年、重振广西体育雄风迈出崭新步伐的关键时期举办的一次大规模专题培训，也是广西体育系统首次在清华大学这样顶尖高校进行集中培训，开创了广西体育系统培训史上的先河。中国体育报、广西日报、南国早报等多家国内知名媒体对此进行了连续报道。

【西南片区优秀退役运动员综合素质及健身教练培训班】 6 月 27 日，国家体育总局人力资源开发中心和广西体育局主办的西南片区优秀退役运动员综合素质及健身教练培训班在南宁开班。培训为退役运动员提供健身教练国家职业资格培训，帮助退役运动员提高综合素质和就业能力，创造实习、实训和就业上岗机会。40 名来自四川、重庆、贵州、广西、江西等地的 40 位刚退役的昔日全国、亚洲乃至世界冠军参加了培训。原广西体工大队杰出运动员李菲应邀授课，讲述自己从一名武术运动员，到上市公司副总裁和影业公司董事长的传奇经历，鼓励他们"从赛场冠军到职场冠军"。受到现场运动员的好评。培训帮助退役运动员充实了知识，树立了正确的择业观念，提高了就业能力，为他们顺利实现职业转型作出了积极努力。

【"广西教育培训网"在线培训】 年度局机关公务员、直属单位领导干部利用广西教育培训网建立的"网上题库"，在网上进行学习培训、讨论答疑、作业练习、考评测试等个人自主日常化学习，并通过考试。局机关公务员参与率和通过率都为 100%；直属单位领导干部参与率为 100%，通过率为 98.5%。

【年度体育系列职称评审工作】 年度广西体育系列高级教练职称评审会于 11 月 3 日在自治区体育局召开，评委会委员 15 人，到会 14 人。评委会秉持以往严格审查、公正评选的原则，对 26 名申报高级教练资格的同志进行评审，结果林伟、黄绮莉、黄文贵、邓年生、李秋兰、林健康、梁凤斌、章国新、雷军、李群芳等 10 名同志获得规定票数通过，通过率仅为 38%。

体育宣传工作

2010 年

【全方位报道广西体育活动】 按照第二届广西体育节总体工作部署，认真制定第二届广西体育节宣传活动工作方案，围绕以“人人运动，健康广西”为主题，掀起“人人运动”新高潮，树立“健康广西”新形象，建设和谐新广西。据统计中央驻桂、区级主流媒体等近 35 家媒体及全区 14 个市新闻媒体对体育节活动进行了全方位的报道，共刊发了约 106 篇报道文章。活动共有 36 个区内外网站进行了刊发或转摘，据统计，通过百度探索，找到有关第二届广西体育节活动内容的网页记录约 76800 条，点击率超过 5 万次，境外媒体香港商报、香港文汇报、香港大公报也对体育节活动进行了专题报道。

【大力宣传第十六届亚运会】 年内，按照国家体育总局和亚组委执委会宣传部门的要求，认真贯彻国家体育总局“关于第十六届亚运会期间中国体育和中国体育代表团宣传要点的意见”精神，专门召开全区媒体记者会议，集中学习，统一思想，明确宣传方向，按照总局亚运会宣传工作的“五点意见”贯彻落实。制定了第十六届亚运会广西体育宣传工作方案，从报道情况看，内容丰富、形式多样，圆满完成亚运会宣传以及广西籍运动员参加亚运会比赛宣传报道工作任务。

【体育法规工作成果显著】 在国家体育总局开展全国体育政策法规工作和全国“五五”普法工作的评选中，得到国家体育总局表彰，自治区体育局荣获了全国体育政策法规工作先进单位和全国体育系统“五五”普法先进单位荣誉称号，柳州市体育局荣获了全国体育系统“五五”普法先进单位；局法宣处陈伟宁同志荣获了全国体育政策法规工作先进个人和全国体育系统“五五”普法先进个人荣誉称号，柳州市体育局曹滨同志荣获了全国体育系统“五五”普法先进个人荣誉称号。

2011 年

【着力报道广西体育活动】 第三届广西体育节以“科学健身，幸福一生”为主题，全面贯彻落实《全民健身条例》、《全民健身计划(2011—2015)》和《广西壮族自治区全民健身实施计划(2011—2015 年)》。举办了第三届广西体育节“全民健身，活力广西”摄影大奖赛，并发布了拍摄大奖赛的征稿启事宣传广告。据统计中央驻桂、区级主流媒体等近 30 家媒体 60 多名媒体记者及全区 14 个市新闻媒体对体育节活动进行了报道，共刊发 100 多篇报道文章，共有 1950 个区内外网站进行刊发或转摘，通过百度探索，找到有关第二届广西体育节活动内容的网页记录约 78500 条，点击率超过 72400 次，境外媒体香港《大公报》也对体育节活动进行了专题报道。组织中央媒体和自治区主流媒体深入我区开展“全民健身八桂行”采访报道工作。国家体育总局宣传司和自治区体育局共同组织 9 家中央媒体和 5 家自治区主流媒体共 19 人深入广西河池金城江、百色右江区和平果县、来宾武宣县、防城东兴市、北海市等六个市县和有关乡镇开展为期六天的“全民健身八桂行”采访报道活动，集中展示了我区开展全民健身活动取得的成果以及经验与做

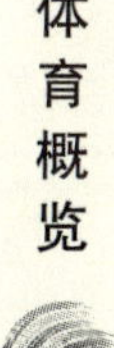

法。积极做好第十二届全区运动会新闻宣传工作，紧紧围绕“千帆竞发、精彩区运”的宣传主题，中央驻桂和自治区主流媒体在赛前集中钦州对本届运动会特色和亮点进行深入采访报道，营造良好的社会氛围和舆论环境。举行了亚洲及大洋洲地区大众体育合作发展论坛暨中国一东盟大众体育合作发展论坛，按照论坛宣传工作方案，完成了论坛宣传报道工作，有 30 家新闻单位 60 多名媒体记者参加宣传报道。

【大力做好体育法规工作】 加快体育立法工作步伐，拟制定《广西壮族自治区体育后备人才培养管理办法》，并已上报自治区人民政府。2011 年自治区体育局分别被中央宣传部司法部授予“2006－2010 年全国法制宣传教育先进单位”；被广西壮族自治区委员会、广西壮族自治区人民政府授“2006－2010 年全区法制宣传教育先进单位”等国家级和自治区级荣誉。

广西体育事业“十二五”发展规划

“十二五”时期，是我区贯彻科学发展观，促进体育事业全面、协调、可持续发展，重振广西体育雄风的历史机遇期。按照自治区党委自治区人民政府有关重振广西体育雄风建设体育西部强省（区）的决定的总体部署和重振广西体育雄风建设体育西部强省（区）三年攻坚总体方案的工作要求，依据自治区国民经济与社会发展第十二个五年发展规划纲要的精神，结合我区体育工作实际情况，以努力实现建设体育西部强省（区）为目标，以满足广大人民群众日益增长的体育文化需求为宗旨，大力推进我区富民强桂新跨越，特制定本规划。

第一章 “十一五”时期工作回顾

第一节 “十一五”时期体育事业成就辉煌

“十一五”期间，在自治区党委、自治区人民政府的坚强领导下，在全区各族人民的大力支持下，在全区体育战线的共同努力下，深入贯彻落实《全民健身计划纲要》和《全民健身条例》，使我区体育事业发展取得了巨大成就。成功打造了广西万村农民篮球赛、广西城乡万人气排球赛、广西体育节、广西“红水河杯”绣排球赛等群众性品牌赛事活动。全区经常参加体育健身活动的人数占到总人口数的31%，达到《国民体质测定标准》合格标准的城乡居民人数比例为91.8%，达到优秀标准的人数比例为19%。组织实施了农民体育健身工程、国家级乡镇农民体育健身工程及中国（广西）红水河流域民族体育工程、中越边境（广西）全民健身工程等健身工程，全区城乡公共体育设施大幅度增加，群众体育健身的环境与设施条件不断改善。群众性体育组织日益健全，社会体育指导员队伍不断扩大。青少年体育、残疾人体育、妇儿体育、少数民族体育等方面工作取得新的发展。群众体育法制建设进一步加强，群众体育管理逐步进入法制化轨道。全民健身服务业正在兴起，群众体育消费水平不断提高。全民健身宣传工作逐步加强，科研成果不断涌现，群众体育事业充满发展生机和活力。竞技体育综合实力和竞争力不断提高，“十一五”期间，我区运动员共获世界冠军33个。其中，2006年多哈亚运会，获金牌4枚、银牌3枚、铜牌2枚；2008年第29届北京奥运会，获金牌1枚、铜牌1枚；2009年第11届全运会，获金牌7.5枚、奖牌15枚、总分413.75分，金牌数、总分数分列全国排位第21位和第22位，西部地区分别排名第3位和第4位，并荣获了体育道德风尚代表团称号；2010年第十六届亚运会，获金牌6枚、银牌2枚、铜牌1枚；在2005～2008年周期中获得国家级高水平后备人才基地5个，2009～2012年周期增加到9个。“十一五”期间，全区体育固定资产投资共35亿元，兴建了一批城乡体育基础设施，总投资相当于广西前十个五年计划投入的总和，新建了广西体育中心、南宁李宁体育园、北海市北部湾体育中心、钦州市体育中心、玉林市体育中心等一批市县体育场馆。体育产业取得长足进步，我区从实际出发，不断推进体育产业化进程，体育产业政策与环境得到逐步改善，体育彩票销量与“十五”期间相比增长了162%，2009年体育彩票销售总量达2.8亿元，2010年突破5亿元。体育法制建设不断完善，国家《全民健身条例》等一系列法律法规的颁

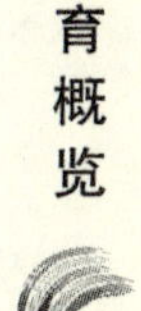

布与实施为我区体育改革与发展提供了重要保障。体育人才队伍建设力度不断增大，研究生以上学历人才由 2005 年的 76 人增加到 141 人，其中博士学历增加 2 人；高级以上职称的由 104 人增加到 149 人，年均增幅为 9%。体育科技、体育教育、体育法制、体育宣传等事业取得长足发展，体育对外交往不断扩大，特别与东盟体育交流日益频繁，从事体育交流的年均达到 200 人次以上。“十一五”时期体育事业的发展与进步，对我区经济建设和社会发展做出了应有的贡献，为“十二五”时期体育事业的发展奠定了良好基础。

第二节　体育事业发展面临的主要矛盾和问题

第一，体育资源短缺严重制约了我区体育事业发展。长期以来，我区的体育事业经费和体育基建投资在全国排名中均落后于大多数省区。2008 年，全区体育事业支出 8.61 亿元，在全国排名第 24 位；人均体育支出 17.05 元，在全国排名第 26 位。我区人均体育支出占人均 GDP 的比例过低，使人民日益增长的体育需求与短缺的体育资源之间矛盾突出，严重制约了我区体育事业的健康发展。

第二，竞技体育整体实力与先进省市区差距明显。近年来，我区竞技体育后备人才培养体系不够完善，科学化训练水平不高，优秀运动队训练场馆设施器材与先进省份相比相对落后。优秀运动队还存在着新人尖子不多、重点项目优势不再、争金夺牌点不广、总体竞争实力不强等问题。

第三，体育产业发展规模与效益不高。我区体育产业规模小，投入少，实力弱，人才缺，效益低，仍处于起步发展的初始阶段。特别是产业意识薄弱、体育用品制造业几乎空白、体育竞赛表演市场有待开发、体育产业的区域及城乡发展不平衡、体育产业结构不合理、缺乏政策的有效扶持、体育产业的供给与市场需求脱节等问题十分突出。我区体育产业的整体发展水平明显落后于全国的平均水平。

第四，公共体育设施供给需求矛盾突出。主要表现在：全区体育场地设施总量严重不足，人均体育场地面积为 0.75 平方米，落后于 1.03 平方米的全国平均水平；发展结构失衡，区域之间、城乡之间的基本公共体育设施发展结构不均衡；场地类型发展不平衡，新建大型体育场馆少，全民健身活动中心不足，布局不够合理；体育基本建设资金投入不足，投资渠道单一；场地利用率不高，各类学校、企事业单位现有体育设施未能向社会开放；缺乏公共体育设施可持续发展的运行管理机制。

第五，各类体育人才短缺。我区高水平体育管理干部偏少，国家级教练员人才、高级体育产业管理人才紧缺，竞技体育后备人才严重不足，体育科技人才和群众体育组织管理人才数量和质量不足、整体水平不高。

第六，体育科技对我区体育事业发展的贡献率有待提高。我区体育科研经费短缺、科技保障与服务机制不够健全、科研设施设备落后、高水平科技成果较少，使得体育科学技术没有在促进我区体育事业发展过程中发挥应有的作用。

第三节　基本经验

第一，以政府为主导，完善市场机制，促进体育事业的社会化、市场化和科学化。自治区政府发挥了政府主导作用，不断完善体育社会化、市场化机制，建立健全体育公共服务体系，加快发展公益性体育事业，扶持经营性体育产业，营造良好的政策环境，为体育科学、快速发展奠定坚实基础。

第二，发挥本地区优势，走广西特色的体育事业发展道路。广西体育事业充分利用地区的自然地理条件并根据体育发展的实际情况，在群众体育方面发挥本地区优势，走广西特色的群众体育道路，积极开展少数民族传统活动，共举办了十二届少数民族传统体育运动会；注重少数民族地区体育项目的挖掘整理，全面提高竞赛项目的规范性和科学性；以民族运动会的举办和民族体育项目竞赛为杠杆，注重少数民族地区体育人才的培养；深入挖掘整理少数民族体育竞赛项目，积极创民族体育品牌。在发展竞技体育方面提出了坚持和完善竞技体育"灵、小、短、水"优势发展战略，调整、完善项目设置和布局，制定和实施以培养优秀运动员为主要目标的"尖子工程"，加强体育后备人才的基地建设，我区竞技体育发展取得长足进步。

第三，扩大开放，加强交流，不断创新合作平台。通过整合中国—东盟体育资源，以体育为载体，全面推进了体育的交流与合作，挖掘和整理富有区域特色的体育活动品牌，采取政府和民间相结合、双边合作与多边合作等形式，加强分类指导，积极引导开展丰富多彩的具有区域特色和优势的体育活动，打造体育交流合作品牌。

第四，群众体育、竞技体育与体育产业的协调发展。坚持普及与提高相结合，处理好群众体育、竞技体育、体育产业等各项体育工作之间的关系。协调城市与农村以及不同区域之间体育发展，加大对农村地区体育的支持力度，不断缩小城乡之间、区域之间体育事业发展的差距，积极扶持边区、落后和少数民族地区发展体育事业，充分发挥社会力量办体育的积极性；积极发展体育产业，通过创新体育产业发展机制，优化体育产业布局，确定体育产业优先发展项目，加大体育产业发展政策扶持力度，建立体育产业联动机制等手段，促进广西体育产业的发展，使之与群众体育、竞技体育协调发展。

第二章　发展优势与机遇

第一节　发展优势

第一，区位优势广西是我国唯一与东盟国家既有陆路通道又有海上通道的省区，是中国—东盟合作的重要门户和平台，是西南地区最便捷的出海大通道，在促进区域协调发展、深化与东盟开放合作、维护国家安全和西南边疆稳定中具有重要战略地位。

第二，经济发展优势在我国《国民经济和社会发展第十二个五年计划纲要》以及国家发改委公布的《西部开发重点专项规划》中，明确了广西是西部开发的 3 个重点区域之一。广西经济持续快速发展，特别是最近几年年增长率都超过 10%。综合经济实力的提高为体育事业的发展提供了坚实的基础，有利于拉动群众的体育消费，推动民族体育的繁荣发展。

第三，得天独厚的自然条件广西体育旅游资源丰富，具有种类多，分布广、等级和品位高等特点，有助于我区合理利用资源开展将旅游与体育相结合的一系列特色体育项目。

第四，民族传统体育资源优势广西拥有丰富的民族传统体育资源。少数民族传统体育约有三百多个项目，拥有内容丰富、形式多样、风格独特，具有很高的健身、娱乐价值和极高的历史、文化、观赏价值。

第二节　发展机遇

第一，体育强国建设机遇 2008 年奥运会结束后，胡锦涛总书记提出了建设"体育强国"的伟大战略构想。这是党中央对我国体育事业发展提出的新的要求和奋斗目标，也是提升体育事业整体水平和综合实力，丰富人民群众物质文化生活需求，建设和谐社会的重大任务。建设体育强国战略的实施，为我区体育事业发展提供了千载难逢的历史机遇。

第二，重振体育雄风机遇自治区党委和政府高度重视我区体育事业发展，提出了有关重振广西体育雄风建设体育西部强省（区）的决定的总体部署和重振广西体育雄风建设体育西部强省（区）三年攻坚总体方案的工作要求，为我区体育事业发展提供了难得的政策保障。

第三，西部大开发机遇国家实施西部大开发新一轮战略，国家出台了《国务院关于进一步促进广西经济社会发展的若干意见》（国发〔2009〕42 号），从战略的高度对广西经济社会

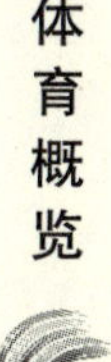

发展进行全面系统的指导。新一轮西部大开发战略的实施，为我区体育事业发展提供了重要的环境机遇。

第四，中国一东盟合作机遇按照党中央、国务院要把广西建设成为“国际区域经济合作的新高地”的要求，2010 年中国一东盟自由贸易区正式建成。在中国一东盟合作交流的框架内，已经建立了政府、经济、安全三个合作平台，正在建立第四个文化合作平台包括文化、体育、旅游、教育、媒体等。这为进一步推进我区与东盟各国体育事业的交流与合作提供了重要的条件。

第五，经济发展机遇按照党中央、国务院把广西建设成为“我国沿海经济发展新的增长极”，及高起点、高水平、高标准加快实施广西北部湾经济区发展规划的要求，我区已经进入经济发展的快车道。随着泛北部湾经济合作和泛珠三角区域合作区的建成，我区在区域经济发展中正在发挥越来越重要的作用。我区国民经济的迅猛发展为我区体育事业发展奠定了扎实的经济基础。

“十二五”期间，要进一步明确体育事业的发展目标，统筹规划，认真做好“十二五”期间的各项体育工作，促进我区体育事业全面协调可持续发展，努力为建设体育强国而奋斗。

第三章　指导思想、发展目标与基本原则

第一节　指导思想

高举中国特色社会主义伟大旗帜，以邓小平理论和“三个代表”重要思想为指导，深入贯彻落实科学发展观，适应国内外形势新变化，顺应各族人民过上更好生活的新期待，以科学发展为主题，以固本强基、转变发展方式为主线，以改革创新为动力，突出重点，深化体育管理体制改革，建立健全公共体育服务体系，促进群众体育、竞技体育、体育产业科学发展，为实现富民强桂新跨越发挥重要作用。

第二节　发展目标

总体目标努力实现群众体育有新发展、竞技体育有新突破、体育产业有新跨越、民族体育保护传承有新进展、体育对外交流有新成效、体育基础设施建设有新改善、体育人才有新涌现、体育改革有新机制、体育政策有新完善。“十二五”期间，重点推进把广西建设成为西部体育强省（区）、国家少数民族传统体育保护传承示范区、区域性国际体育对外交流合作中心三项重点工作。特别在“十二五”时期的前二年是重振广西体育雄风的攻坚阶段，要把三项重点工作起好步，打好基础，做好前期筹备、建设工作。同时，继续抓好实施十大体育工程、十大体育品牌赛事、三大体育节庆活动，并突出抓好组织实施《全民健身计划》和《广西壮族自治区全民健身实施计划》，使我区基本公共体育设施和服务均等化水平明显提高，初步架构起广西基本公共体育设施地市、区（县）、街道（乡镇）和社区（行政村）四级体系及与之相适应的管理机制，确保全区人均体育场地面积达到 1.5 平方米的全国平均水平，经常参加体育锻炼人数比例达到 35%以上。参加 2012 年第三十届奥运会获得 1～2 枚金牌并荣获国家体育总局颁发的参加奥运会重大贡献奖，参加 2013 年十二届全运会获得 8～10 枚金牌并荣获“体育道德风尚奖”，竞技体育总体实力保持西部地区前列。体育彩票年销售额达到 10 亿元以上，体育产业增加值快速递增，重振广西体育雄风初见成效。

经过“十二五”时期和后一个五年计划的努力，要达到基本解决经常参加体育锻炼人数、人均体育场地、优秀运动队与二线队伍的结构比例、体育产业增加值等低于全国平均水平的问题，体育各项综合指标达到全国平均水平以上，把广西建设成为西部体育强省（区）、国家少数民族传统体育保护传承示范区、区域性国际体育对外交流合作中心。

群众体育完成自治区“十二五”国民经济

和社会发展规划及国家和自治区体育事业发展规划中确定的群众体育任务，顺利实现《重振广西体育雄风建设西部体育强省（区）三年攻坚总体方案》确定的奋斗目标，实现我区群众体育与国民经济和社会事业的协调发展。广泛开展全民健身运动，进一步增强城乡居民体育健身意识和体育科学素养，使体育健身成为更多人的生活方式，提高全民族健康素质。改变城乡基层尤其是农村基层公共体育设施落后和不足的局面，明显提高城乡公共体育服务能力。健全“政府主导、部门协调、社会支持、全民参与”的群众体育管理机制，加强和完善政府对群众体育的社会管理和公共服务职能。建立健全群众体育组织网络，促进城乡、区域之间群众体育协调发展。形成比较完善的、体现广西特色的全民健身服务体系。到2015年，全区经常参加体育锻炼人数比例达到35%以上。在校学生每天至少参加一小时体育锻炼。全区达到《国民体质测定标准》合格标准的城乡居民（不含在校学生）人数比例增加到95%以上，达到优秀标准的人数比例增加到22%以上。在校学生普遍达到《国家学生体质健康标准》的基本要求，耐力、力量、速度等体能素质明显提高，达到优秀标准的人数比例达到25%以上。抓好残疾人体育工作，提高残疾人参加体育锻炼人数比例。

竞技体育坚持和创新竞技体育“灵、小、短、水”优势发展战略，全面提升优势项目的整体实力与水平，通过调整运动项目布局，优化结构，提高效益，加强竞技体育后备人才梯队建设，夯实竞技体育发展的基础；加大竞技体育训练与比赛基础设施建设，重点建设广西奥林匹克训练基地和国家南方滨海水上训练基地，改善训练条件，并加快“科、训、医、教”一体化进程；力争在2012年夏季奥运会上取得1—2枚金牌，力争在2013年第12届全运会上取得金牌8～10枚，金牌数与总分位次稳中有升。

体育产业打基础，扩总量，增效益，扩大体育产业对国民经济发展的贡献率，到2015年缩小我区体育产业的综合指标与全国平均水平的差距。传承与发展民族体育，开发传统体育与民族体育市场，打造一批国内知名的民族体育品牌，培育若干个具有国际影响力的广西体育品牌。加快建设广西体育产业城、体育公园、各类健身场所等一批体育场地设施，初步架构起广西基本公共体育设施地市、区（县）、街道（乡镇）和社区（行政村）四级体系及与之相适应的管理机制。积极开展面向东盟和亚太地区的跨国体育培训、体育交流，丰富我区对外体育交流合作内容。加强体育彩票工作，力争到2015年我区体育彩票年销售额达到12亿元以上。

公共体育设施初步架构起广西基本公共体育设施四级体系及与之相适应的管理机制。全区体育系统场地100%对外开放，50%的各类学校、企事业单位体育设施对外开放，为确保全区人均体育场地面积达到1.5平方米的全国平均水平做出重要贡献。

民族传统体育少数民族传统体育文化保护意识明显增强，注重保护少数民族传统体育文化的原生态、现时性、完整性，优先抢救和保护具有重大历史、科学、教育、健身价值且处于濒危状态的品种、项目和传人，基本建成有组织、有设施、保护运行机制完善的可持续发展的少数民族传统体育文化保护制度与保护体系，注重传承创新，合理开发，基本实现国家级少数民族传统体育文化保护示范区建设目标，初步实现广西少数民族传统体育文化保护工作的科学化、规范化、网络化、法制化。

对外交流合作在中国—东盟自由贸易区建设的总体发展战略指导下，利用中国—东盟交流合作机制平台，构建多渠道、多形式的体育交流合作格局，使东盟不同国家、不同地区的优秀体育文化和各种类型的体育文化产品找到展示与交流的空间，使广西真正成为在国内外极具体育交流合作竞争力、汇聚效应和辐射能力的区域性国际体育交流合作中心。

体育人才培养进一步完善“三级”训练网络，按照1∶3∶9原则，保证一线优秀运动队运动员和二线在校训练的竞技体育后备训练人才在原有规模基础上有所增长，发展三线长期参加体育训练的少年儿童初学者近万人。各级各类竞技体育后备训练人才培养基地平均每年向优秀运动队输送约50名具备发展潜力的优秀人才。与有关部门合作培养一批高水平教练人才、高级体育产业管理人才、体育科技人才及群众体育组织管理人才。

第三节 基本原则

——坚持以人为本，科学发展。坚持把以人为本作为发展体育事业的核心理念，就是要以科学发展观为统领，坚持以增强人民体质、提高全民族身体素质和生活质量、促进人的全面发展为目标。

——坚持政府主导，社会参与。坚持发展体育事业的政府职能，进一步认真履行政府在发展体育事业中的基本职责。明确各级政府必须加大对基本公共体育设施和优秀运动队、各级各类体育运动学校的投入，引导和鼓励社会资源参与发展体育事业。

——坚持突出重点，固本强基。要不断巩固和发展我区的优势项目，进一步深化对项目规律的再认识，调整竞技体育“灵、小、短、水”的项目布局，重点解决高水平教练员等优秀人才和后备体育人才短缺的问题，着重解决优秀运动队的训练场馆设施落后问题，为重振广西体育雄风夯实基础。

——坚持统筹兼顾，协调发展。就是要坚持体育发展与经济社会发展的相互协调、相互促进，着力解决公共体育均等化服务水平问题和人民群众日益增长的体育需求与政府提供的体育活动场地不足的矛盾问题。着力解决体育产业基础薄弱，政策法规相对滞后的问题。促使群众体育、竞技体育、体育产业协调发展。

——坚持改革创新，激发活力。以观念创新为先导，全面推进体育事业发展的理念创新、内容形式创新、体制机制创新和传播手段创新，全面提高我区体育事业发展的自主创新能力，积极探索我区体育创新体系建设。

第四章 主要任务

第一节 群众体育

第一，积极开展全民健身活动，努力提高经常参加体育活动人口数量。按照《全民健身条例》及《全民健身计划》(2011－2015年)的要求，有效开展青少年、农民、职工、妇女、老年人等健身活动；积极号召乡镇、社区、各级党政机关、企事业单位开展各类小型多样、科学文明的群众性体育活动。同时要通过多种途径开展全民健身活动的宣传，普及科学、文明、健康的健身知识。继续做好“全民健身活动日”及广西体育节、万村农民篮球赛、城乡万人气排球赛等具有地方特色的全民健身“精品”赛事。

第二，健全城乡基层全民健身组织网络。大力开展青少年体育俱乐部和社区体育俱乐部的创建工作。到2015年，力争全部县(区)建有体育总会，80%以上的街道和60%以上的乡镇建有体育组织，40%以上的街道和20%以上的乡镇建有1所依托学校或公共体育设施的青少年体育俱乐部；居委会、社区和行政村普遍建有全民健身活动站点；基层体育组织自主开展经常性和制度化的体育健身活动。广泛建立城乡基层的，分行业、项目和人群的体育社会团体，全力推进基层体育组织实体化。

第三，发展壮大社会体育指导员队伍，提高群众体育骨干队伍素质。到2015年，获得社会体育指导员技术等级证书的社会体育指导员达到3.6万人以上，获得社会体育指导员国家职业资格证书的人数达到3000人以上。社会体育指导员素质和技能有较大提高。县级以上地方普遍建立社会体育指导员协会和社会体育指导员培训基地，实现社会体育指导员协会的规范化管理和培训工作制度化。普遍开展全民健身志愿服务活动，大幅度提高以社会体育指导员为主体的全民健身志愿服务者的指导比例，形成较为完善的全民健身志愿服务工作机制。

第四，加强民族传统体育保护传承工作。编制并组织实施《广西壮族自治区少数民族传统体育文化保护规划》，研究民族体育文化保护政策，进行保护试点推广。打造一批民族体育品牌赛事与节庆，申报一批国家级民族体育非物质文化遗产代表作，出版一批民族体育著作与音像作品，建立一支完备的民族体育保护队伍，评选与命名一批民族体育特色之乡、示范学校、传承馆（人）。构建少数民族传统体育文化保护体系。通过政府主导与社会参与方式，建立自治区－市－县（市、区）－乡镇（街道）－村（社区）五级保护工作机制，构建以广西民族大学为龙头，校际保护传承联盟工作机制。在我区创建国家少数民族传统体育保护传承示范区。

第五，加强群众体育宣传和科研工作。进一步发挥宣传和科技保障作用，营造全民健身良好氛围，提高群众科学健身水平。借助全民健身日、广西体育节等重大节庆活动，加大对群众体育的宣传力度，提高广大群众体育健身意识和科学健身知识水平。进一步加强对群众体育的科学研究、项目推广和科普工作，不断创新群众体育的活动形式和内容，普及新的体育健身知识。

第六，加强青少年体育工作。认真落实“健康第一”的指导思想，把增强学生体质作为学校教育的基本目标之一，纳入学校教育考核主要指标。健全学校体育工作机制和督导制度，提高体育教学质量，全面实施《国家学生体质健康标准》，广泛开展“阳光体育运动”，积极开展课余体育训练，倡导科学、健康的青少年健身和运动理念。办好各级各类业余体育运动学校、体育传统项目学校，加强青少年体育俱乐部和青少年户外体育活动营地建设，建立和完善学校、社区、家庭相结合的青少年体育网络和联动机制。

第二节　竞技体育

第一，实施竞技体育金牌工程，全力备战奥运会、全运会等重大赛事。建立符合广西社会经济发展实际情况的竞技体育发展模式，建设一支全方位的人才队伍，确立重点优势项目在全国的一流地位。坚持“优势项目，优先发展，优先投入”原则，继续巩固游泳（跳水、水球）、射箭、田径、羽毛球、体操（艺术体操、蹦床）、举重、国际式摔跤等优势项目，对优势项目的资源配置、梯队设置、训练网络、场地器材等方面集中财力、物力、人力给予倾斜投入。坚持“潜优势项目，重点发展，重点投入”原则，加强射击、手球、帆板、乒乓球、跆拳道等潜优势项目。对篮球、拳击、柔道、网球等弱势项目坚持“侧重发展，效益投入”原则，尽快提升竞争力。继续保留武术（套路、散打）、技巧、蹼泳等成绩突出的非奥运会项目。积极筹备开展女子拳击、高尔夫球等奥运会新设置的运动项目，在游泳、田径等基础大项上拓展长距离项目，加强跳水、体操、射击等金牌大户项目，增加拳击、柔道、跆拳道、武术散打等分级别对抗性项目的运动员编制数，努力拓宽训练项目的竞争力、竞争面，确保金牌目标的实现和突破。完善有利于优秀运动队成长和发展的分配激励约束机制，创新有利于竞技体育后备人才成长的全区竞赛机制，改善优秀运动队训练场馆设施制约发展的不足因素，调动优秀运动队后勤保障工作积极主动性，打造积极进取的争金夺银队伍，向管理要质量、要效益、要成绩、要金牌。

第二，建立完善的“训、科、医、教”一体化管理模式。提高我区竞技体育的实力，建立以运动项目为中心，以重大比赛为导向的“训、科、医、教”一体化管理模式。要系统整合我区训练基地、体育科研所、体育医院、高等学校等部门的资源，打造包括科研攻关、医疗康复、运动员职业规划与教育一体化和系统化的竞技

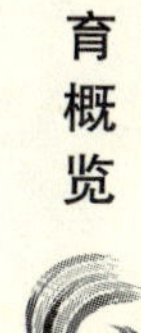

体育服务和管理平台，为我区竞技体育发展提供多系统的、高水平的、整体化的保障体系，全面提升我区竞技体育竞争力和可持续发展能力。尤其应探索建立“科、训、医、教”四位一体化的训练基地模式，加强对训练基地科研测试、医疗康复、文化教育条件的投入。

密切关注和分析国内外竞技体育发展的动向和趋势，深入研究竞技体育的发展规律、运动项目的制胜规律、体育竞赛的备战参赛规律、运动队伍的管理和训练规律等，重视对国内、国际先进训练理念、经验、方法手段的总结和整理，运用多学科知识研究影响项目发展的重大技术环节和薄弱环节，为运动训练提供理论依据和实践借鉴。坚持严格要求、严格管理和“从难、从严、从实战出发，科学的大运动量训练”的训练原则。制定实施系统完善的备战计划，做到重点管理、重点保障，全面提高训练质量和夺金概率。

第三，实施竞技体育后备人才培养基地建设工程，完善后备人才培养体系。建立和完善运动项目发展中心与各级各类业余体校相结合，优秀运动队与后备人才培养基地相结合，各级各类业余体校相互衔接的竞技体育后备人才培养体系。后备人才培养基地建设工程要遵循“质量优先、扶优扶强”的资助原则，遵循“目标考核，强化输送”的资助原则，遵循“市级高水平，质量和数量并重”的资助原则，全区重点扶持 14 个场地设施比较完善的综合性竞技体育后备人才基地。县级业余训练是后备人才培养的重点环节，遵循“县级高质量，打造拳头项目”的资助原则，重点开展游泳(跳水、水球)、射箭、田径、羽毛球、体操(艺术体操、蹦床)、举重、国际式摔跤等优势项目的 50 所后备人才培养基地创建活动。

抓好后备人才的培养、注册、选拔、输送、招录等关键环节的工作，完善后备人才培养的评估体系、监督体系、激励体系、竞赛体系、服务体系和保障体系，重视后备人才的文化教育工作，规范竞赛活动，理顺训练与竞赛的关系，发挥竞赛的杠杆作用，把后备人才培养基地的选材、业余训练和文化学习引导到科学化的轨道上来。

遵循各级各类体校分类指导原则，鼓励多种办学模式，明确交流政策，在后备人才培养、流动和输送机制方面，建立有偿流动和输送机制，建立多形式、多渠道、多层次的有效联结机制，根据“谁培养、谁受益”，完善后备人才交流办法，规范管理，提升培养的积极性。

依靠全社会各方力量，建设以体育行政部门投入的各级各类青少年体育运动学校、公办业余体校为龙头，以传统项目学校、青少年体育俱乐部、体育特色学校以及社会力量培养为辅的竞技体育后备人才培养体系，形成政府主导，全社会广泛参与的后备人才发展新格局。

第四，加快广西奥林匹克训练基地、国家南方滨海水上训练基地建设。广西奥林匹克训练基地，是我区体育专业运动队训练、科研和教学基地，基本满足我区运动员的训练需求。并具备年接待 500 人次东盟国家教练员、运动员交流学习和长期训练的能力，形成“训、科、医、教”一体化模式。国家南方滨海水上训练基地，是利用广西沿海独特的自然及气候优势，打造一个能承担国家冬季综合训练、国内、国际单项赛事的国家体育训练示范基地，服务全国冬训。同时，加快广西体育运动学校新校区建设工作。

第五，实施运动员“好苗子”工程和教练员“强将”工程。关心青少年学生运动员的成长和教育，加快优秀运动队管理的信息化进程。建立青少年后备人才数据库，建立优秀运动队运动员数据库，建立监督评估、决策支持和公共服务的信息化应用管理系统。

加强各级各类教练员的培训工作，把培训作为上岗准入的基本条件，加大培训力度，建立培训制度，制定培训计划，筹措培训资金，重视培训实效。进一步重视基层教练员政治待遇、经济待遇和培训再提高。推动教练员绩效考核和上岗执教资格认证制度建设，加强绩效评估工作，实行教练员考核和评聘制度，实行任期目标责任制。加强优秀运动队与后备人才队伍教练员之间的“纵向交流”，鼓励优秀运动队富余教练员、职业转换过渡期内的优秀运动员到基层任教和蹲点，充分发挥退休教练员技术骨干积极作用。

第六，完善竞技体育配套政策。努力提高优秀运动员、教练员、基地和项目中心工作人员、后勤保障人员和科研医务人员的待遇，调整全运会成绩奖金的分配办法；根据运动项目训练规律和运动员成材特点，积极探索运动员四年一周期的成材率考核，完善教练员四年一周期的聘用上岗制度；根据各市年度锦标赛成绩、输送高水平后备人才情况、是否被评为国家或自治区高水平后备人才基地等指标，改革和完善青少年锦标赛公费名额的分配办法。

第七，积极推动“教体融合”新模式建设。推进“教体结合”向“教体融合”的转变，积极构建常态化制度化的教育、体育协商机制和工作促进机制，构建长效化“优势互补、资源共享、义务共尽、成果共享”的体育、教育优质资源整合机制。积极推动各级各类、多层次多形式的学生竞技体育比赛和运动会，通过办赛选拔人才，通过办赛扩大后备训练人才队伍。统筹协调体育与教育，体育与社会各方的关系，建立较为完善的以体育行政管理部门为主导，体育、教育及相关部门各负其责的后备训练人才的管理体制和运行机制。推动自治区教育厅、自治区体育局签订广西“教体融合”合作框架，指导全区的“教体融合”工作。积极探索将职业教育和职业培训内容纳入体校运动员文化教育必修课程，积极探索推进各级各类业余体校向中等职业教育学校转变的工作。

第八，加强运动员文化学习和保障工作。深入贯彻国办发《关于进一步加强运动员文化教育和运动员保障工作指导意见》，重视和做好优秀运动队运动员和竞技体育后备训练人才的文化教育工作。依据《教育法》加强义务教育阶段的青少年学生运动员的文化教育工作，确保达到国家规定的基本质量要求，保证运动员完成九年义务教育和高中阶段教育，并逐步扩大接受专科和本科学历教育的比例。建立教育、体育行政管理部门组成的联席会议制度和督导制度，形成体育行政管理部门为主，教育、体育各负其责的教育保障制度和机制。体育、教育、财政、人力资源社会保障等部门要密切配合，分工负责，充分利用国家相关职能部门的行政和政策资源，认真解决运动员文化教育和保障政策落实中的突出问题，完善保障体系。后备训练人才培养基地要处理好比赛与训练、训练与文化教育、出成绩与出人才的关系，以人为本，促进青少年学生运动员德智体美全面发展。加强运动员保障工作，实施工伤保险和运动员奖学金、助学金制度。加强运动员的职业转换过渡期培训和职业技能鉴定工作，提高退役运动员的再就业能力；健全运动员自主择业经济补偿标准动态调整机制，对退役运动员自主创业按规定给予政策性支持；进一步拓宽运动员安置渠道，对在国内外重大比赛中取得优异成绩做出突出贡献的优秀退役运动员，在组织安置上给予适当的鼓励。继续落实和完善退役优秀运动员免试进入高等院校学习的各项政策，为退役及现役运动员接受高等教育创造条件。

第九，完善体育竞赛制度。建立以体育系统为主导，社会各界广泛参与的多元化、立体化的全区竞赛新体系。整合和调动社会资源，鼓励和引导各行业以及社会力量举办各级各类体育竞赛。以全区竞赛为抓手，改革区运会的计分办法，对一些重点优势项目或者潜优势项目实行双计分的办法，增设输送奖励等引导各地市增加投入，夯实项目的后备人才基础。适当精简我区体育系统比赛中项目的设置，对某些非奥运项目、长期落后项目交由社会或其他系统组织承办。积极承办国际、国内的重大赛事，特别是广西与东盟的体育赛事活动。建立大型国际、国内比赛活动的资助制度。坚持和完善竞赛招标制度和年度比赛赛制，加强比

赛管理，树立全区性的竞赛品牌。

第十，加强竞技体育领域的国内外交流与合作。建立跨区域、跨部门共同培养高水平体育人才的激励和保障机制，加强同先进省市区的合作。加强同国内著名高校合作，合作培养优势和潜优势项目的优秀后备人才。加强同国内外在竞技体育科研攻关、专家咨询、教练员培养、运动员集训等方面的合作。

第三节　体育产业

第一，努力构建广西体育产业“一轴两带”的战略格局。“十二五”期间，充分利用广西体育资源优势，着力实施“一轴两带”体育产业发展布局，构建以桂林—柳州—来宾—南宁—北钦防沿海城市（北海、钦州、防城港）为主轴，以桂东、桂西为两带（桂东包括梧州、贵港、玉林、贺州四市，桂西包括百色、河池、崇左三市）的我区体育产业发展大格局，重点培育广西体育产业城，柳州水上运动娱乐中心，桂林体育旅游，北海、钦州、防城港滨海体育休闲和冬训基地，梧州、贵港、玉林、贺州体育用品制造，百色山地体育运动，河池、来宾民族体育、休闲养生，崇左中国－东盟快乐缘体育主题园等一批重点项目。

第二，加强体育产业基地建设及重大产业项目开发。我区应加强建设及开发全区各地体育产业基地的建设及重大体育产业项目的开发，争取在国家体育总局和自治区人民政府的支持下创建1－2个国家级体育产业示范园区，建设一批自治区级体育产业示范基地，在全区树立体育产业发展的标杆。

大力推进广西体育产业城、北海北部湾体育中心、钦州市体育中心、贵港市体育中心等重大项目的建设。组织实施一批体育产业示范工程如：南宁李宁体育园、南宁华蓝弈苑、柳州水上运动娱乐中心、桂林智力运动园、平果体育产业园、崇左中国－东盟快乐缘体育主题园和大新明仕田园体育休闲基地等。

第三，大力实施体育竞赛表演和俱乐部的品牌建设。加强与国际国内体育组织和运动单项协会的合作，引进一批国内外知名体育赛事落户广西，办好F1摩托艇世界锦标赛（中国柳州）大奖赛、世界杯滑水赛（中国柳州）大奖赛、世界水上摩托锦标赛等具有国际影响力的大型体育赛事。发挥自身优势，继续培育中国—东盟国际汽车拉力赛、南宁国际半程马拉松比赛和百色国际山地户外运动挑战赛以及平果CBO篮球邀请赛等一批有影响力的国际赛事。

打造职业体育品牌俱乐部。扶持华蓝围棋俱乐部、柳州水上摩托艇俱乐部等一批职业俱乐部建设，鼓励大型企业办高尔夫、篮球等项目的职业俱乐部，鼓励地方政府、企业、高校与自治区体育局合办优秀运动队。

第四，发展体育旅游休闲产业。努力挖掘、整理、传承和开发利用我区民族民间传统体育资源。立足资源，面向市场，联合旅游、文化等产业，分期分批对我区特有的竞技、游戏、舞蹈、表演、节会、养生等六大类民族体育资源进行市场开发，打造我区体育产业的特色产品和特色品牌。

利用我区得天独厚的“山”、“河”、“海”以及亚热带气候资源条件，发展体育休闲旅游项目，组织开展户外山地运动、探险体验、赛艇、海钓等经营活动，创建一批获国家认可的体育旅游精品项目。

第五，培育体育传媒产业发展。发挥我区的区位优势，筹建中国—东盟体育媒体合作网络，建立中国—东盟体育媒体合作交流的常设机构和服务平台。积极拓宽传播渠道，整合跨媒体的体育传播；发展以弘扬体育文化为主题的整合销售，以拓宽体育传媒的产业空间。鼓励有实力的传媒机构介入体育咨询服务、体育公关服务、体育经纪服务等市场，打造具有竞争力的体育传媒品牌，开发一批有特色的体育专栏、体育频道、体育作品、体育互动项目，提升休闲体育的国际化、娱乐性、社会化内涵。

建立多元化的体育媒体经营模式，建立多

元投资的体育传媒集团，并且以合资、合作、资源共享、战略合作伙伴、项目委托、版权代理等方式，开展与东盟国家的体育媒体合作。要加强体育资讯方面的信息服务，充分发挥各类媒体在宣传体育彩票方面的作用，全方位指导彩民投注、增强体育彩票娱乐性。

第六，做大体育彩票产业。

1. 科学规划，确立战略目标。将扩大体育彩票的销售、提高产业效益作为体育彩票产业的核心环节，在2011－2015年五年内实现全区体育彩票销量和网点规模平均年递增20%，争取在2015年实现体育彩票销售12亿元，体育彩票投注站达到3000个的目标。

2. 扩大规模，夯实基础。一是围绕完成年度销售任务的核心奋斗目标，根据“稳步推进竞猜型规模，努力提高乐透型销量，全面扩大即开型市场”的思路，开展以市场为导向、营销为中心、服务为手段、产品为重点的市场开拓和营销工作。二是实施增机扩点，填补农村空白点，扩大网点规模；加强网点基础形象改造，构建规范的基层网点服务平台，提高单机销量和销售效益。三是建立规范化的多元化、立体化的销售渠道网络体系，完善销售管理体系和技术管理体系；四是强化分类管理，推进统筹经营，将全区14个城市根据经济实力、城市规模、市场份额等划分为三类，实施差异化管理，提供具有针对性的帮扶措施，提高资源利用率。

3. 加强管理，依法治彩。一是深入贯彻《彩票管理条例》，坚持依法治彩。二是加强资源整合，强化营销宣传，配合公益金的使用和宣传，充分整合和挖掘利用宣传体育彩票的有效渠道和平台，树立公益形象，提高公信力。三是加强队伍建设，扩充人才储备，优化队伍结构，严格执行绩效考核管理制度。加强行业培训，对销售网点实施精细化管理，提高全体从业人员的业务水平和服务质量。四是完善各项规章制度，优化工作流程，加强对人事、财务、资产、技术等关键环节的监督检查，全面贯彻落实安全运营的理念。

第四节　公共体育设施

第一，扩大城乡体育基本公共服务设施的覆盖面，努力推动公共服务均等化。初步构建与广西经济社会发展水平相适应的地市、区(县)、街道(乡镇)和社区(行政村)四级基本公共体育设施体系。到2015年，基本实现：

地市级，全区14个地级市基本实现“五个一”，即一个大型全民健身活动中心、一个体育场、一个体育馆、一个游泳馆和一个体育公园的建设。

区(县)级，全区34个城区基本实现“两个一”，即一个中型全民健身活动中心、一个体育公园的建设；75个县50%完成“四个一”，即一个中型全民健身活动中心、一个体育馆、一个田径场和一个体育公园的建设。

街道(乡镇)级，全区105个街道办事处50%完成“两个一”，即一个小型全民健身广场、一片笼式多功能球场的建设；1126个乡镇50%完成“两个一”，即一个带看台的灯光篮球场、一个小型全民健身广场的建设。

社区(行政村)级，全区1701个社区基本实现“两个一”，即一片多功能运动场地、一条健身路径的建设；14353个行政村50%完成“两个一”，即一个室外篮球场、一个室外乒乓球场(配置两张乒乓球台)的建设。

各类学校和企事业单位，广西体育高等专科学校、广西体育运动学校和全区92所市县级业余体校，通过安全开放条件的改造，100%实现对外开放；全区其他17696所各类学校，通过安全开放条件的改造，50%实现对外开放。全区有条件的企事业单位的体育设施，50%实现对外开放。

第二，加强业余体校建设。新建完善14个地级市14个业余体校的体育设施，各包含1座综合训练馆等；新建扩建109个县区级业余体校(规模在100人左右)，含体育场馆(一个简易田径场、一个综合训练馆)、教学楼、宿舍

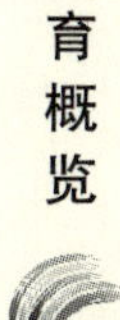

楼等。

第三，加快大专院校体育馆建设。计划“十二五”期间，选取全区 20 所大专院校建设一个体育馆，建设规模固定观众席位 4000 座以上。

以上项目均涵盖了中国（广西）红水河流域民族体育工程、中越边境（广西）全民健身工程的建设内容。

第四，建设体育公共服务体系的长效机制。要建立基本公共体育设施建设和管理两手抓、两手硬，可持续发展的长效管理运营模式。

各级政府要将基本公共体育设施日常运行和维护经费列入本级财政预算。县以上人民政府行使对基本公共体育设施收费、收费标准的审批权。县以上人民政府体育行政主管部门要建立基本公共体育设施备案管理制度；按年度向公众公布基本公共体育设施名录；对街道乡镇和社区基本公共体育设施建设和运营进行指导管理。财政投资建设的党政机关和学校体育设施，要首先向社会进行开放。

组织开展基本公共体育设施“公建民营”试点工作。通过委托经营等形式，吸引管理运营能力强的企业对基本公共体育设施进行运营，提高公共体育设施使用率和经济社会效益。引导和鼓励社会力量参与公共体育设施的管理运营维护工作。

第五节　体育科技与教育

第一，加强竞技体育科研团队建设。围绕广西竞技体育优势项目，努力培养体育科研带头人，形成不同项目的科研攻关团队。结合国内竞技体育发展的趋势及我区竞技体育发展的需求，我区竞技体育科研团队应主要围绕运动训练监控与恢复、高原训练、心理调控、伤病预防与治疗等四个领域进行建设。竞技体育科研团队包括优势项目的教练员，体育科研团队的管理建立岗位责任制及合同制，围绕全运会及奥运会周期体育局与各科研团队签订协议，科研团队的收入及相关奖励与其服务的运动队或运动项目所取得的成绩挂钩。体育局在课题立项、科研经费及科研条件等方面向优秀科研团队倾斜，逐步形成具有较强科技攻关能力、理论与实践紧密结合、知识基础扎实、思维敏捷的科研团队群及科研带头人队伍。

第二，明确重点科研领域，集中资源实施重点突破。我区集中有限的资金和科研骨干，集中突破关乎我区体育事业发展成败的重点项目。积极开展运动员选材、心理、伤病预防康复、训练比赛个性化设计、竞技状态诊断调控等方面的研究工作。

第三，加强体育科技基础条件建设。

加强国家体育总局重点实验室建设。积极争取国家体育总局重点实验室建设落户广西，该项目成为我区“十二五”期间体育科技工作的重点。我区重点实验室建设应当与我区建设“训、科、医、教”一体化训练基地紧密结合起来，使实验室真正能够为高水平运动训练提高重要的科技支撑和服务。

加强高水平运动队科学训练信息化平台建设。高水平运动队科学训练信息化平台的建设对规范我区高水平运动员训练管理、加强后备人才培养及运动员选材跟踪都具有极为重要的意义。我区高水平运动队科学训练信息化平台的建设要加强技术开发，建立标准平台数据库版本，实现信息的方便快捷录入和查询，完善补充现有数据库信息数据，增强信息化平台的实用性和可操作性。

“科、训、医、教”四位一体训练基地建设。以自治区体育局训练基地为核心，加强对训练基地科研测试、医疗康复、文化教育条件的投入，探索建立“科、训、医、教”四位一体化的训练基地的模式。

第四，进一步加强广西体育高等教育。加强体育高等教育工作，发挥体育高等教育在我区体育事业中的作用。加强广西体育高等教育院校建设、学科建设和人才队伍建设，鼓励、支持体育院校开展群众体育、竞技体育、民族体育等方面的研究，兴办高水平运动队，推进广西体育高等学校新校区建设，推进广西体育学院申办和建设。

第六节 体育对外交流

第一，加强组织领导。尽快成立“中国—东盟体育交流合作”领导小组，加快实施《中国—东盟体育交流合作总体规划》，建立健全规划实施办法，并逐渐形成定期的工作会议制度，设立“中国—东盟体育交流合作重点项目目录”推介机制；建立中国—东盟体育交流合作秘书处，强化政策支持，拓宽筹资渠道，争取优惠政策，通过社会筹资等渠道弥补资金不足；确立中国—东盟体育交流合作工作目标责任制，建立计划实施监督和评估制度；建立中国—东盟体育交流合作数据库，建立规范化的中期评估、动态监测机制。

第二，开展内容丰富、形式多样的体育对外交流合作。

举办中国—东盟系列体育赛事。继续办好中国—东盟国际汽车拉力赛、中国—东盟篮球邀请赛、南宁国际龙舟赛、南宁半程马拉松赛、环北部湾公路自行车赛以及中越边境的传统体育赛事等。举办中国—东盟系列国际体育赛事，培育国际赛事品牌。

培养东盟高级体育管理人才，扩大中国体育文化影响力。“十二五”期间，我区应积极整合国内体育专家资源，创办中国—东盟中青年体育领导人训练营，加强中国—东盟体育人才培训基地指导、支持工作，发挥其应有作用。为东盟国家培养中青年高级体育领导人、高水平体育教练、高级体育经营管理人才，推动东盟体育事业发展，扩大中国及广西体育文化影响力。

创建中国—东盟体育人力资源培训中心。以中国—东盟体育信息中心为起点，进一步加强体操、武术、网球、篮球等运动项目的人力资源交流。

加强中国—东盟体育学术交流。通过举办中国—体育发展论坛、中国边境地区全民健身论坛等活动增进国际体育学术交流；建立中国—东盟体育研究中心，指导、支持中国—东盟体育信息中心工作，进一步加强中国—东盟体育的学术研究与交流。

配合中国与东盟国家重大外交活动。配合中国—东盟国家重点外交活动，开展有广西特色和较大影响力的体育对外交流活动。

第三，拓展中国—东盟交流合作领域和范围。开展中国—东盟体育交流合作，要力争在广西首府南宁构建一个综合性的中国—东盟体育交流合作服务中心，并以此为核心，在广西形成桂林、柳州、北海、钦州、防城港、百色、玉林等区内辐射地带，在国内形成“泛珠三角”、“泛长三角”等经济活跃区域和相邻的西南省区积极参与的局面，在国际上形成东盟国家和地区广泛参与的局面。

第七节 人才队伍建设

树立人才资源是第一资源的理念，遵循人才发展规律，把促进我区体育事业发展和人才全面协调发展作为根本出发点，以能力建设为核心，以高层次人才、重点领域人才培养为重点，进一步完善人才评价、使用和激励机制，营造良好人才环境，充分发挥人才作用，统筹推进各类人才队伍建设，培养造就高素质的体育人才队伍，为我区体育事业的可持续发展提供充足的人才和智力储备。

第一，体育管理人才。培养和造就具有较高政治理论水平、较强宏观管理和科学决策能力、驾驭全局和战略思维能力、有较高综合素质和工作水平、精通各项体育业务、能把握体育工作规律的“复合型”高素质体育管理人才。以自治区和地市体育部门处以上领导干部、领导班子和自治区体育部门事业单位领导班子为重点，努力建设一支政治坚定、能力突出、勤政廉政、勇于创新，能够带领广西体育事业实现跨越式发展的高素质体育管理人才队伍。到2015年，具有大学本科以上学历的干部占

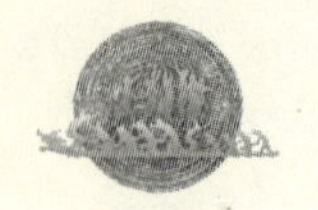

体育管理人才队伍的 70%，专业化水平明显提高，结构更加合理。

第二，体育教练人才。培养和造就掌握现代体育训练竞赛规律、业务水平高、实践经验丰富，把握当代竞技体育发展趋势，能培训运动员获奥运会、全运会等国内外重大比赛冠军的高水平体育教练人才。以优秀运动队教练员为重点，依托我区“灵、小、短、水”传统优势项目，到 2015 年，力争每个重点布局和优势项目有 1 名国家级教练员。

第三，体育产业人才。培养和造就谙熟广西群众体育、竞技体育、体育市场开发和体育产业经营规律，把握国内外体育产业发展趋势，具有良好的经济专业知识背景、市场运作能力的高层次体育产业人才。到 2015 年，体育产业人才大学本科以上学历达到 70%，一批体育产业领军人才脱颖而出。

第四，统筹推进其他各类人才队伍建设。(1)体育学术技术人才。建设一支事业心强、治学严谨，具有较深学术造诣和较强创新能力，学术技术水平处于区内领先地位的体育学术技术人才。以培养中青年学术技术带头人为重点，培养 1 至 2 名在国内具有一定影响的体育科研专家。到 2015 年，体育科学技术人才队伍中研究生以上学历达 45%，高级职称达到 25%以上。(2)体育教学人才。建设一支事业心强，熟悉体育教学理论和课堂教学步骤、技巧，具有良好的语言素质，掌握一定的科研方法，教学水平处于区内领先地位的体育教学人才。(3)优秀运动员人才。建设一支作风顽强、技术精湛、勇于攀登、掌握制胜规律、具有较高文化素质和良好体育道德的优秀运动员队伍。(4)体育外事人才。建设一支熟悉外事特别是广西—东盟的体育交流外事业务、熟悉民族体育、外语水平高、具有较强的体育对外交流组织协调和沟通能力的体育外事人才队伍。(5)社会体育指导员。建设一支系统掌握体育锻炼和比赛的理论与方法，能在群众体育活动的技能传授和锻炼指导中取得一定成效，能够承担自治区社会体育活动组织工作的优秀体育指导员队伍。(6)体育裁判员。建设一支能够及时掌握各单项技术规则的最新标准和变化，有能力承担大型综合运动会和国内各级比赛任务的高水平裁判队伍，重点抓好全运动会项目的裁判队伍建设。

第五，加强对体育从业人员的教育培训。鼓励和支持机关、事业单位工作人员通过多种方式在职接受更高学历的教育，研究制定人才学习培训奖励制度，建立干部网络培训制度，推动各类体育人才积极参加培训学习，重点抓好处科级管理人员、中级以上专业技术人员和重点项目带头人的定期培训。通过公开报名、择优选拔的方式，每年选送一批特别优秀的管理人员、教练员、体育产业管理人员到国内著名高校、国内外培训机构进行培训或进修，全面提高体育人才综合素质。

第五章　保障措施

第一，组织保障。各市县要充分认识到广西体育事业“十二五”发展规划的重要意义和主要任务，切实加强组织领导，并落实各级政府和相关管理部门的改革责任。各市县体育局要按照本意见的要求，结合各地区体育发展实际情况，制定具体实施方案和有效措施，精心组织，有效推进，确保规划任务有效实施。

第二，完善体育法制。制定并完善相关政策文件。依据《中华人民共和国体育法》和广西的地方性体育法规管理体育工作，依法保护现有体育场馆设施不受侵占，坚持把体育工作纳入法制化轨道，坚持依法行政，依法治体，坚决纠正体育行业不正之风，促进体育事业健康发展；各地市县体育局要按照自治区体育事业“十二五”发展规划确定的指导原则和基本目标，抓紧制定相关配套政策文件，进一步深化、细化和实化体育各项具体任务，并做好相关制度、政策的衔接，协调推进各项改革。

第三，增加经费投入。各级政府将体育事

业经费、基本体育建设资金列入自治区财政预算和基本建设投资计划，确保体育事业经费随着财政收入的增加逐步加大；将公共体育设施建设依法纳入城镇建设规划和土地利用总体规划；各级财政部门每年要安排必要的经费用于公共体育设施维护。

第四，培养引进各类体育人才。全面实施人才强体战略，制定人才培养、使用和管理的科学评价标准，逐步建立比较完善的体育人才选拔、评价、激励和竞争机制；建立"能进能出、能上能下"的人才管理模式；敢于突破资历、地域和薪酬等限制，破格提拔和大胆吸纳各方有真才实学、能开拓创新的优秀拔尖人才；加速培养和引进优秀教练员、科研人员和体育经营管理等紧缺人才，研究制定吸引国际、国内人才和人才发展的优惠政策措施。

第五，制定配套政策。各级政府和相关管理单位要加强沟通协商，密切配合，尽快制定完善各项配套政策措施和办法，保障改革的有效实施。尽快制定加大体育经费投入政策、鼓励社会民间资本投资体育事业政策、体育发展激励政策、体育产业税费优惠政策等，保障和促进我区体育事业"十二五"发展规划的顺利实施。

摘金荣耀

2011年4月20日，自治区领导荣仕星（右二）、李康（右一）、林国强（右三）等给参加第十六届亚洲运动会获奖的广西运动员颁奖

2010年5月12日，自治区有关领导接见陆永先进事迹报告会报告团成员并合影

2010年5月12日，陆永先进事迹报告会在南宁举行

北京奥运会冠军陆永在会上作报告

2011年4月20日，在第十六届亚运会获奖牌的广西运动员、教练员合影

2011年8月10日，自治区体育局局长容小宁给第十届全区运动会获奖队员颁奖

2010年11月17日，陆永（右二）获第十六届亚运会男子举重85公斤金牌，实现奥运会、世锦赛、亚运会、全运会比赛大满贯

2010年11月22日，劳义（中）获第十六届亚运会田径男子100米、4×100米接力两枚金牌

2010 年 5 月 20 日，自治区体育局岑汉康巡视员（中）与参加第四届体育大会获奖运动员合影

2011 年 9 月 15 日，获得第十二届全区运动会艺术体操团体冠军的运动员合影

局属单位工作

广西体育局江南训练基地

2010 年

【概况】 广西体育局江南训练基地坐落在南宁市邕江南岸，地处星光大道11号，占地面积35万平方米，建筑面积10多万平方米。基地始建于1958年11月，最早称为广西体育集训大队。1972年1月，更名为广西体育工作大队（简称广西体工大队）；1985年改称广西体育工作第一大队；2002年5月，广西体工大队改为广西体育局江南训练基地（正处级）和广西田径运动发展中心、广西水上运动发展中心、广西乒乓球羽毛球运动发展中心、广西体操武术运动发展中心、广西重竞技运动发展中心和广西球类运动发展中心6个（副处级）单位，直属广西体育局管理。广西体育局体育局对驻江南训练基地各运动项目发展中心进行调整，增设举重运动发展中心（未批复），将乒乓球羽毛球运动发展中心并入球类运动发展中心，重竞技中心迁至青秀山训练基地。江南训练基地负责基地及所驻各项目中心的人事、经费、物业管理与训练场馆的维修管理，以及膳食营养、交通服务。所辖广西体育运动创伤专科医院为运动队提供医疗康复服务。广西职工体育运动技术学校（与基地1套机构，2块牌子）负责运动员文化教育工作。基地拥有游泳馆、跳水馆、综合练习馆、手球馆、体操馆、散打馆、举重馆、技巧蹦床馆、武术馆、羽毛球馆、乒乓球馆、篮球馆、田径场、足球场、网球场等训练场馆27个，办公教学综合楼1栋，以及运动员公寓、五环餐厅、服务部、图书室、网吧等文化和生活配套设施。2010年，有在编管理人员206人。驻基地各中心运动队包括田径、游泳、跳水、水球、蹼泳、帆板、体操、技巧、蹦床、艺术体操、武术、散打、举重、拳击、柔道、跆拳道、摔跤、手球、篮球、网球、乒乓球、羽毛球队。在训运动员440人，拥有教练员88人，其中国家级教练6人，高级教练33人，中级教练36人。至2010年，基地所驻运动队获奥运会金牌8枚，获世界冠军140次，亚洲冠军244次，全国冠军1068次。

【接待比赛任务】 全年接待比赛任务35次；接待外来运动员训练800多人次；接待外国集训队162人次，其中越南队员短期训练135人次、老挝16人次、日本9人次、加拿大2人次；接待参加国内省市培训和比赛团队接待各级领导和单位人员运动健身600多人次。在10月20日至24日期间，圆满完成承办第七届CAEXPO“网球之友”联谊活动任务，为中国一东盟博览会做贡献。

【运动员教育工作】 职工体校在校学生324人，共为小学31人、初中53人、中专61人办理毕业手续。99人取得《全国计算机信息高新技术办公应用软件操作员级（国家职业资格四级）证书》《中华人民共和国职业资格证书（中级）》；在中专增设社会体育指导员培训课程，共有59人获得社会体育指导员资格证。50人获国家助学金，27人享受免交学费资格。今年体育单招共有63名运动员考生被各高校录取，录取率达83%。

【运动员文化生活】 广西职工体育运动技术学校与基地团委开展系列活动，丰富运动员的业余生活，促进运动员德、智、体、美的全面发展。职工体校举办主题为“加强疏散演练，确保学生平安”的演习，组织观看交通安全、食品

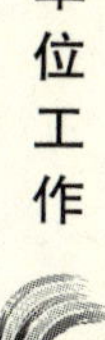

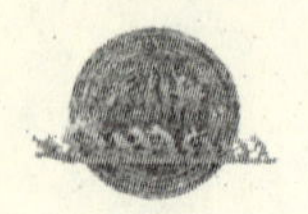

卫生、防止校园暴力的教育片，开展禁止毒品进校园专项治理，举办艾滋病防治知识教育课。团委组织青年团员为广西“抗旱救灾”捐款；组织开展飞行棋、扑克比赛和第六届卡拉ok唱歌比赛。

【多彩职工生活】 工会举办第四届职工运动会，开展扑克牌、拔河、钓鱼、羽毛球等4项比赛，共有200名职工参加。“三八”妇女节期间，工会女工委组织基地、各中心在岗女职工到南宁嘉和城温泉景区开展活动；并组织基地、各中心在岗女职工到区人民医院做妇科检查。一线后勤科室根据自身特点组织开展业务技能培训比赛。在自治区体育局人事教育处举办的体育局基地系统干部职工职业道德教育培训班中，基地全体干部职工参加了培训，取得了大规模培训干部职工，大幅度提高干部职工素质的效果。

【场馆维修工程】 年内，完成技巧乒乓馆、篮球散打馆、田径场周边人工草等维修工程和室外网球场地建设工程；完成散打馆西面木地板维修500㎡；技巧馆，羽毛球馆木地板修补100㎡，体能健身馆安装配套器械等工作。网球外场地硬化工程、游泳二馆除湿工程、乒乓、羽毛外墙翻新工程年内施工。

【党建工作】 基地通过开展党组织建设年和创先争优活动，进一步加强和改进党的建设，在基层党建工作中，通过配强“一把手”，完善制度建设、开展主题活动等措施，进一步提高党支部的战斗堡垒作用；召开了第三次全体党员大会，选举产生江南训练基地第三届党委委员；组织已到期的党支部开展换届选举工作；举办2010年度入党积极分子、发展对象培训班，共发展7名同志加入了党组织。年内，组织基地党员干部196人观看廉政纪实影片《潘作良》和《北极雪》，邀请区直机关纪工委书记李少英同志为基地100多名党员干部群众就《中国共产党党员领导干部廉洁从政若干准则》进行专题辅导讲座。在“党组织建设年”活动中，基地文教科党支部与贵港市覃塘区石卡镇村面村党支部结成对子，开展“结对共建．先锋同行”活动，共享党建工作信息。期间，基地帮助村面村修建党员活动室，建立党建宣传栏，赠送党建类、农业科技类书籍306册；并在局机关党委的大力支持下，为村面村申请专款援建一个篮球场。此外，与江东社区开展“送温暖、献爱心”结对扶贫助困主题实践活动；开展向玉树灾区奉献爱心，为广西“抗旱救灾”捐款，为自治区体育局对口扶贫点（百色市右江区大楞乡龙和村）进行募捐等献爱心活动。

【生活管理服务保障工作】 管理科根据工作需要将原有的7个班组合并精简为3个班组，提高了工作效率。年内，管理科抢修运动员公寓污水抽水泵，检修、更换运动员公寓楼7台排水泵；全面清洗运动员公寓、综合办公楼、体育医院办公楼空调机；做好修整绿化带和大院清洁卫生工作，积极参与创建全国卫生城活动；纯净水厂全年生产饮用水36397桶，并将生产的桶装纯净水送至自治区疾病预防控制中心检验，保证了运动队的饮用纯净水卫生安全；司机班的同志一年来风雨兼程，加班加点，完成1672次出车任务，安全行驶17万公里。

【膳食营养保障工作】 膳食科在冬训期间，采取分时、分批炒制供应热菜，确保做好“三热”（热饭、热菜、热汤）保障工作，并为一、二类重点运动员供应小炖盅和自助火锅。在夏训期间，每周一至六将绿豆海带糖水送到封闭不透风训练场馆供运动队解暑。年内进行改造安装食堂三楼餐厅空调，改造食堂内、外排水沟，改造餐厅木板墙裙以及炒菜炉灶排烟道维修和煲汤工作间天面补漏工程，改善了就餐环境。

【医疗保障工作】 体育医院为做好新周期医疗服务保障工作，围绕“科教兴院”发展思路，强化管理工作，加大硬件投入，鼓励医务人员工作、实践、学习三结合，提高科研水平。为适应新周期工作需要，确定各中心运动队队医的分工安排。年内，投入110万元资金，用于购买c臂x光机、射频治疗仪和动静态平衡仪等医疗设备及改造和更新基础建设，并引进了康复训练新手段——悬吊，提高医院技术水平。向自治区科技厅申请了《运动防治糖尿病知识丛书》的课题，组织3名医生参与题为《运动保健按摩》教材的编写工作；加入广西医学情报所的医学信息检索系统，拓宽医务人员获取医学信息渠道。从9月起接受玉林师范学院体育系2007级运动康复与健康专业19名实习生为期4个月的实习。上半年顺利通过南宁市卫生局校验年审检查工作，并得到该部门对体育医院工作的肯定和认可。体育医院完成259名运动员2010年至2011年的意外保险续保工作，人保科完成440名运动员伤残互助保险参保工作。年内，为15名运动员办理伤残互助保险申请理赔，共获赔付3.3万元；1人申请困难补助金，获3万元资助。

【先进表彰】 基地工会获得2009年度区直属企事业工会重点工作考评二等奖、女职工工作考核三等奖和经审工作考核鼓励奖等荣誉。基地被南宁市江南区政府评为"江南区2009年度人口和计划生育先进单位"。

2010年驻基地各中心运动员参加重要赛事获奖情况统计表

单位：个

世界三大赛名次									
名次 项目	1	2	3	4	5	6	7	8	合计
田径						1			1
体操		1							1
技巧				1					1
蹼泳	4	1	2						7
女子水球			1						1
男子举重				1	1	1			3
合计	4	2	3	2	1	2			14
参加亚洲大赛名次									
名次 项目	1	2	3	4	5	6	7	8	合计
田径	2	1					1		4
艺术体操					2				2
保龄球			1	1		4			6
女子水球	1								1
男子水球		1							1
游泳				1					1
蹼泳	4	2	1						7

男子举重	1								1
合计	8	4	2	2	2	4	1		23
参加全国大赛名次									
名次 项目	1	2	3	4	5	6	7	8	合计
田径	8	7	2	2	2	4		2	27
体操		1	1	1					3
艺术体操	14	8	9	9	4	5	2		51
蹦床			1	2	1	2	1	3	10
技巧	2	4	16	5	3				30
武术	4	1			3	3	2	2	15
散打			1		2		1		4
羽毛球			1	1					2
帆板	1	3	1	1	3	2	1	2	14
蹼泳	13	17	24	21	14	14			103
游泳	1	3	1	2		3			10
跳水						3			3
水球	1	1		2					4
男子举重	13	2	3	1	1	6	3	4	33
女子举重	5	8	3	2	2	3	1	4	28
合计	62	55	63	49	35	45	11	17	337

2011 年

【概况】 年内，基地有在编管理人员 201 人。驻基地各中心运动队包括田径、游泳、跳水、水球、蹼泳、帆板、体操、技巧、蹦床、艺术体操、武术、散打、举重、手球、篮球、网球、乒乓球、羽毛球队。在训运动员 475 人，拥有教练员 84 人，其中国家级教练 4 人，高级教练 32 人，中级教练 34 人。至 2011 年，基地所驻运动队获奥运会金牌 8 枚，获世界冠军 147 次，亚洲冠军 253 次，全国冠军 1128 次。

【接待比赛任务】 基地全年接待比赛任务 50 多次；接待国内外来运动员训练 260 多人次；接待台湾集训队 3 人次；接待外国集训队 225 人次，其中越南队员短期训练 215 人次、印度尼西亚 4 人次、缅甸 2 人次、加拿大 1 人次；接待参加国内省市培训和比赛团队接待各级领导和单位人员运动健身 1500 多人次。在 10 月 22 日至 26 日期间，圆满完成承办第八届 CAEXPO“网球之友”联谊活动任务，为中国一东盟博览会做贡献。

【运动员教育工作】 职工体校在校学生372人，共为小学26人、初中17人、中专38人办理了毕业手续。54人取得《全国计算机信息高新技术办公应用软件操作员级(国家职业资格四级)证书》《中华人民共和国职业资格证书(中级)》；在中专增设社会体育指导员培训课程，共有41人获得社会体育指导员资格证。50人获国家助学金，22人享受免交学费资格。今年体育单招共有52名运动员考生被各高校录取，录取率达88%。

【运动员文化生活】 广西职工体育运动技术学校筹集6万元专款购置图书，增加图书室的藏书量。基地团委组织驻基地运动员团员青年组织举办基地团委迎新文艺晚会，开展“体育大百科”知识竞赛活动，开办2期共8个月的吉他、电子琴兴趣班，开展“捐出十元零用钱，让农民工子女穿上校服”关爱农民工子女志愿服务活动，与南宁市锦唐学校开展关爱农民工子女志愿服务结对活动，与宾阳县和吉镇惠良学校开展结成扶困活动，到广西重阳老年公寓看望慰问孤寡老人。

【多彩职工生活】 工会组织举办第五届职工健身运动会，设有钓鱼、羽毛球、拖拉机、气排球等4项比赛。组织干部职工组队参加区直、中直企事业单位职工扑克连牌(拖拉机)比赛。组织在职干部职工到区医院体检中心进行身体健康检查。组织一线后勤科室根据自身特点组织开展业务技能培训比赛。“三八”妇女节期间，工会女工委组织基地、各中心全体女职工到江南宾馆开展聚餐、抽奖活动。2012年元旦前夕，开展“庆元旦，迎新春”活动。

【维修工程】 年内，安排185万元专项资金完成了游泳二馆除湿工程、游泳二馆屋顶补漏维修工程和乒乓羽毛外墙维修工程等；修补了足球场人工草皮500㎡和羽毛球、技巧馆、散打馆木地板200㎡。安排160万元专项资金翻新改造招待所一二号楼。

【党建工作】 今年共发展3名同志加入了党组织，分批选派7名党员干部到区直党校学习培训，成立首批8名党员组成的基地志愿者服务队，开展免费义诊活动深化与村面村“结队共建、先锋同行”活动。同时给基地及各中心副科以上党员干部发放《中国共产党党员领导干部廉洁从政若干准则》题库及光盘；组织副科级以上党员干部参加廉政准则考试和纪念中国共产党成立90周年反腐败知识竞赛；组织参观地震海啸核辐射科普展览、广西反腐倡廉建设成果展览和国防教育图片展，观看电教片《复兴之路》、《我和红七军》、《建党伟业》、《第一书记》、《杨善洲》、《飞天》和广西“道德模范故事汇”基层巡演，参加自治区庆祝中国共产党成立90周年党史知识竞赛活动和开展重温入党誓词、主题党日等活动。

【生活管理服务保障工作】 管理科全方位做好公寓管理工作，实行每日运动员家属来访登机制度，进一步加大对运动员公寓违规饲养宠物行为的管理力度。改造和搬迁运动员公寓抽水配电柜，更换运动员公寓外墙PPR管为铜朔复合管。在台风季节来临之前，修剪大院绿化树木；检测体育局大院电器线路；整改基地大院的场馆和宿舍楼防雷设施。纯净水厂全年生产饮用水15454桶，司机班完成1614次出车任务，安全行驶18万公里。

【膳食营养保障工作】 膳食科在夏训期间供应中草药凉茶、冰冻西瓜和海带绿豆汤等清凉饮品，冬训期间做好“三热”(热饭、热菜、热汤)保障工作，为重点运动员供应小炖盅和自助火锅。并抓好配套设施建设，安排35万元专项资金加建冷藏库房和肉类、水产品粗加工间，装修改造洗碗间、餐具消毒间、洗菜间和熟食间等工作间。年内，举办营养搭配专题培训班和食品安全培训班，派出班组长和技术骨干到本地酒楼饭店学习交流。

【医疗保障工作】 体育医院开设增针灸室，新增针灸业务。派出医生参加感控知识培训、关节镜手术技术和针灸课程进修。组织医务人员申报自然学科课题两项。印制各季度《药物

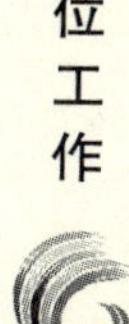

手册》，出版预防艾滋病宣传板报，发放防艾宣传资料 1000 份。为做好受伤运动员的医疗保障工作，派出 1 名理疗师到国家女子手球队担任队医；委托南宁市 120 急救中心赶赴安徽将高位截瘫的广西举重运动员吴艳梅安全接回南宁医治，并为其办理工伤认定及报销医疗费近 90 万元。人事保卫科完成 396 名运动员伤残互助保险参保工作，共办理 13 名运动员伤残保险申报，获赔金额 28000 元。

【"小金库"专项治理工作】 基地在所属治理范围的 7 个单位开展"小金库"专项治理工作。基地"小金库"专项治理工作领导小组研究制订了《江南训练基地"小金库"专项治理工作实施办法》，开通了举报电话。经自查，基地按照非税收入的收入预算管理，通过部门预算落实"收支两条线"，收取的非税收入全部纳入预算管理，未发现违规违纪现象。

【"科学管理年"专项活动】 根据《自治区体育局直属竞技体育单位"科学管理年"专项活动方案》，基地深入开展"科学管理年"专项活动。在"制度建设年"清理 59 项制度基础上，再次对管理过程中存在的问题进行系统梳理，共清理现有的制度 56 个，其中留用制度 30 个、修订制度 25 个、废止制度 1 个、新立制度 3 个。并制定《江南训练基地 2011—2013 年发展规划》，组织各科室编写各部门的工作标准。

【节能减排】 为确保完成节能降耗工作目标任务，基地与各科室签订《节能减排责任书》，促使该项工作有效落实。为做好夏季用电高峰期节能减排工作，管理科定期对各办公室、训练场馆、运动员公寓用电情况进行监督检查。膳食科通过改造炉灶，使当月柴油用量比上月节省了 25%；场地科通过更换游泳三个馆淋浴间水阀、96 个节水型快排淋浴水阀，使每回开关均能节水 0.5—1 升水。

【考察调研】 5 月至 6 月期间，基地领导班子及中层干部组成的 3 个考察组分赴祖国西北、西南和华东的部分兄弟省份体育后勤单位考察学习。学习考察期间，考察组通过听取介绍、座谈交流、实地考察和索取资料等方式，实地了解了华东、西南、西北部分省（直辖市、自治区）的体育后勤单位建设情况，学习了创新性的管理经验和做法。考察学习结束后，基地召开专题会议，各考察组对学习调研的成果进行交流学习，各科室根据自身实际对基地今后的发展建言献策。

【先进表彰】 基地获得 2010 年度区直企事业工会重点工作考评二等奖，广西体育局系统庆祝建党 90 周年"永远跟党走"歌咏晚会一等奖，被南宁市江南区政府评为"江南区 2010 年度人口和计划生育先进单位"。基地膳食科被自治区总工会授予广西工人先锋号荣誉称号。在广西体育局纪念建党 90 周年暨"创先争优"活动表彰大会上，基地有 3 个先进基层党组织、17 名优秀共产党员和 5 名优秀党务工作者受到了上级党委的表彰。

2011 年驻基地各中心运动员参加重要赛事获奖情况统计表

单位：个

世界三大赛名次									
项目＼名次	1	2	3	4	5	6	7	8	合计
蹼泳	6	8	2	1	1	1	1		20
女子水球		1							1
男子举重					1				1

合计	6	9	2	1	2	1	1		22
参加亚洲大赛名次									
项目 \ 名次	1	2	3	4	5	6	7	8	合计
田径		2		1	1				4
跳水		1							1
男子举重	4		2						6
合计	4	3	2	1	1				11
参加全国大赛名次									
项目 \ 名次	1	2	3	4	5	6	7	8	合计
田径	4	1		2	4				11
体操	1		2	3		1		2	9
武术	2		1	1		1	1	1	7
技巧	3	1	5	13	2				24
艺术体操	9	1	2	4	2	13	4	3	38
蹦床			3		1	2	2	1	9
羽毛球		1	1		2			1	5
保龄球	2	2		1	1				6
蹼泳	18	14	15	10	13	9	2	3	84
水球	1	1			2				4
跳水	1		3		3	1	2	2	12
游泳	1	2	2		4	1			10
帆板		1	2	2	3	2	2	2	14
帆船								1	1
现代五项					1		1		2
男子举重	6	2	3	5	7		3	3	29
女子举重	2	9	7	4	3		3	2	30
合计	50	35	46	45	48	30	20	21	295

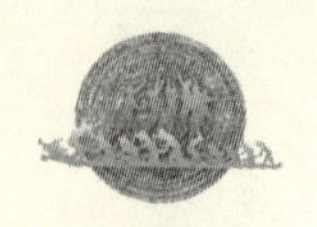

广西体育局青秀山训练基地

2010 年

【概况】 广西体育局青秀山训练基地基地坐落在南宁市柳沙路 9 号，位于广西首府南宁市青秀山风景区，东靠风景秀丽的青秀山山脉，西傍邕江河畔，依山傍水，山清水秀，空气清新，北距市区中心仅 6 公里，交通便捷，被誉为绿城南宁唯一无环境污染的净土地带，常年气温比市区低 2 至 3 度，非常适宜于体育运动训练。基地主要为广西射击射箭中心、广西重竞技中心的优秀运动队提供后勤服务保障，同时部分场馆向社会开放，为“全民健身”开展体育锻炼活动提供优良服务。基地是广西体育局直属事业单位。占地 15.47 万平方米。初建于 1958 年。前身为广西国防体协射击俱乐部（简称广西射击场），1977 年改为广西军事体育学校集训地；1985 年改为广西体育工作第二大队，在民族大道东段；1989 年迁现址，1992 年建成投入使用，2002 年改今名。基地内驻广西射击射箭运动发展中心和广西重竞技运动发展中心，包括射击、射箭、柔道、古典式摔跤、自由式摔跤、女子摔跤、拳击、跆拳道等项目训练，射运中心教练共 19 名，其中正高级教练员 3 名、副高级教练员 5 名，中级教练员 7 名，助理级教练员 4 名；重竞技中心教练共 16 名，其中正高级教练员 3 名、副高级教练员 5 名，中级教练员 5 名，助理级教练员 3 名。基地主要负责基地与所驻项目中心的人事、经费、物业管理、文化教育与场地器材维修管理，以及膳食、医疗、交通服务等，目前在编管理人员 33 名，专业技术人员 3 名，后勤工作人员 9 名。基地内设面积为 6.24 万平方米的大型综合射击训练场 1 个，2.08 万平方米的射箭训练场 1 个，建筑面积 7200 平方米的综合训练馆 1 个，建筑面积 2100 平方米的大型室内训练场 1 个，塑胶地面篮球场及网球场各 2 个，5 人制足球场 5 个，运动员宿舍、运动员餐厅、医务室、招待所、中型会议室等生活配套设施一应俱全。全年基地建设资金总投入为 3882 万元。截至年底，驻基地的广西运动队获世界冠军 9 次，亚洲冠军 5 次，全国冠军 84 次。近几年来，为适应社会及体育事业不断发展的需要，基地的功能也从单一模式向训练保障，全民健身、休闲娱乐，体育竞赛等产业多元化发展，并取得了一定的社会效应。

【多项基础建设顺利竣工】 年内，基地新建、改造的基础建设工程任务较为繁重，在区体育局的大力支持下，在基地领导班子的带领下，及时成立基地基建维修工程领导小组，多次召开工程协调会议、工程交底会等，与承建方商讨部署具体的施工方案、施工期限、施工要求等相关事宜，使每个工程在不影响运动队训练的前提下完成。全年先后完成了基地食堂加层及底层装修工程、办公楼加盖工程、篮球场及网球场钢棚及配套工程、基地枪弹库天面墙防水翻修及滴水线翻修工程、基地 25 米靶场运动员宿舍洗衣房工程建设、基地食堂及大会议室防盗窗制作安装工程、基地 114.7 米安全护栏安装工程的施工结算和审核工作。在办公室全体人员的不懈努力下，以严格的程序及高度的责任心来完成每项工程，有效改善了运动员及基地、各中心干部职工训练、工作、生活的环境，更得到区体育局领导和基地领导班子的一致认可及赞赏。

【完成场馆设施维修】 年内，完成飞碟靶场围墙维修工程。完成射箭靶场靶棚隔热设施工程，完成了增设隔热层及维修夜训灯光的工程。完成多向靶场、双多向靶场靶棚、靶壕防盗门的翻修以及飞碟靶场水沟清淤工作。

【完成运动员训练设备采购及维修维护工作】 重竞技中心迁到入基地后，基地上报区体育局并申请专项经费，通过招标、政府采购的形式，完成了90万元身体训练器材的采购任务，并及时安装投入正常使用，保证了运动队的正常训练。同时对基地现有的20台飞碟抛靶机、6组25米转靶、40台10米输送器全年累计完成60余次的机器故障维修，确保了所有设备的正常运转。同时找专人对胶垫进行重新设计，并加装固定架。

【加强党政制度建设】 3月，调整基地落实党风廉政建设责任制工作领导小组成员，健全组织结构。制定、出台基地《2010年落实党风廉政建设责任制工作要点》、《落实党风廉政建设和反腐败工作责任分解意见》两个文件，加强基地党风廉政建设工作。制定基地工程建设领域突出问题专项管理规定。4月，制定、出台《青秀山训练基地关于落实2010年党风廉政建设责任分解意见》、《关于调整党风廉政建设责任制领导小组成员的通知》、《青秀山训练基地2010年党风廉政建设和反腐败工作要点》三个文件，并于4月20日上报局监察室。

【加强教育理论学习】 5月26日，基地组织召开基地全体干部职工向奥运会冠军陆永同志学习动员大会。5月27日上午，基地团总支召开座谈会，组织全体团员学习奥运会冠军陆永先进事迹。6月2日基地党总支组织重竞技中心和射击射箭中心45名少先队员集中学习北京奥运会冠军陆永同志先进事迹，并发放"六·一"儿童节慰问品。

【开展多项活动】 9月30日，基地活动服务中心组织了青秀山训练基地2010年首届"众之兴杯"羽毛球比赛。11月，组织重竞技中心约30名运动员到区体育场参加区体育局举办的"万人拔河比赛"。12月，基地团总支组织举办了如拉丁舞培训班、圣诞舞会等多项娱乐活动。12月，成立由卢意文书记担任组长，罗健萍副主任为副组长的青秀山训练基地参加局系统六运会领导小组，并组织共79名人员参加此次运动会。

2011年

【加强运动队后勤保障】 年内，基地各部门不断提高工作效率与服务质量，为运动队冬、夏训提供了有力的后勤保障。6月3日起，医务室实行门诊刷卡收费制度，当月处方量立减三成，有效地控制药费支出。同月，理疗室、推拿室改扩建工程竣工，投入使用，有效地改善了运动员的就医环境。据统计，全年累计推拿治疗900人次，物理治疗450人次，针灸治疗约260人次，处方约800多张，运动员的康复治疗得到加强。投入近10万元购买了一批先进的医疗器械，已投入使用。完成了运动员伤残互助保险参保工作，自主择业运动员的销编手续，伤残保险、新华保险理赔材料；办理了运动员2010年度中华体育基金会特困补助金申报工作，为运动员提供可靠的社会保障。先后组织了23名退役运动员参加国家体育总局举办的退役运动员培训班。通过外出学习培训，提高基地员工的综合素质与专业技能水平。

【训练场地和设备器材维修管理】 1月，维修射击靶场多向机器2台、10米输的监管力度。2月，基地办公室完成了射箭队宿舍二楼晒衣棚的修建工作，并及时投入使用。完成运动员宿舍1台新开水机的采购工作。3月，完成了25米靶场的训练器械安装工作并投入使用。3月，办理去年订购的19支进口枪支的相关手续，顺利入库。制作了射运中心步枪班外出训

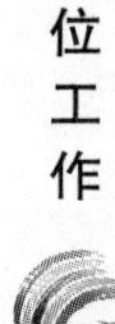

练比赛枪弹携运证。12月，基地与射运中心沟通协商，收置射箭项目训练器材，并落实出租足球场3—5号场地的拆除改建。

【举办各类赛事】 5月23日至26日，基地举办广西青少年射击锦标赛（飞碟项目），共有来自南宁市、柳州市、梧州市等全区7个市共62名运动员参加此次比赛。6月22日，基地举办广西“体彩杯”青少年女子柔道（国际式摔跤、拳击、跆拳道）锦标赛暨广西第十二届运动会资格赛。

广西体育高等专科学校

2010 年

【概况】 广西体育高等专科学校占地面积 8.8 万平方米，教学行政用房面积 2.9 万平方米，学生宿舍面积 1.1 万平方米。截至年底，学校各类教学科研仪器设备总值 624 万元。拥有教学用计算机 220 台，9 个多媒体教室和 2 个语音实验室，多媒体座位 1373 个，图书近 10 万册。今年学校有各类学生 1850 人，其中普通全日制专科在校生 1640 人，各类成人高等教育学生 210 人（含联办本科）。在校教职工 176 人，专任教师 110 人。其中，教授、副教授 32 人，国际级、国家级裁判员 18 人，国家级社会体育指导员 20 人，不少人是广西区内外知名的专家学者。教职工中，另有专职辅导员 7 人。此外，学校还聘请了曲宗湖、朱咏贤、邢文华、邹亮畴、李志清、蒋心萍等国内知名专家、教授为客座教授。学校设有体育系、运动系、体育人文社科系、运动人体科学系、高尔夫与休闲旅游系、教育技术部等 6 个系部，设有学校办公室（党委办公室、校长办公室、党委宣传部）、组织人事处（党委统战部）、教务处、学生工作处（党委学生工作部）、后勤管理处（武装保卫处）、团委、工会、纪检监察室、科研管理处、招生就业处、财务基建处、图书馆等党政机构。拥有心理咨询、体育教育、运动训练、社会体育、体育保健、体育服务与管理、高尔夫运动技术与管理、运动休闲服务与管理等 8 个普通专科专业和户外运动与旅游、模特与表演、公共营养管理等 13 个专业方向。高尔夫运动技术与管理、保健按摩、武术与跆拳道等专业方向是学校的特色专业。田径、健身健美操、运动人体科学基础、推拿与按摩是自治区精品课程。

【教学改革】 年内，学校申报的广西新世纪教改工程项目中有 7 项获得立项。其中重点项目 1 项，一般项目 A 类 2 项、B 类 4 项。在全区高等学校高校体育优质课展示活动中，《健美形体》获得了全区高校体育优质课展示一等奖，《刀术》课获得了二等奖。在第七届广西高职高专教育技术教学应用大赛上，《健身健美操编排的基本方法》获得大赛一等奖，《篮球普修一侧掩护配合》获得二等奖，《摆动类手法一滚法》和《运动人体科学基础一消化系统》获三等奖，另有 3 项作品获得优秀奖，学校还获得大赛的“优秀组织奖”。学校成立 6 个校级运动队包括男子篮球队，女子篮球队，男子气排球队，女子气排球队，男子足球队，健美操队。在全年参加各类比赛中取得了较好的成绩。其中，健美操队获得了全国啦啦操锦标赛街舞组一级比赛第一名、广西第三届健美操锦标赛竞技健美操成年组男子单人操第二名和大众健美操大专院校组第二名；男子篮球队、女子篮球队参加南宁市篮球联赛分获男子组第四名、女子组第三名。

【党建工作】 年内，学校党委结合学校实际情况，紧紧围绕“创建先进基层党组织，争当优秀共产党员”目标，深入开展党组织建设年、创先争优和“结对共建、先锋同行”活动。积极培育学习型党组织，创建优秀党组织，扩大党组织覆盖面，共有教职工党支部 14 个。上半年，新建 3 个学生党支部，发展党员 33 人。其中发展大学生党员 32 人，职工党员 1 人；报校党委批准由预备党员转为正式党员 3 人，其中学生党员 2 人，职工党员 1 人。增强党组织凝聚

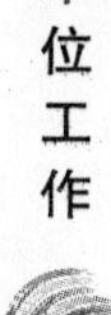

力，与社区党组织、离退休党组织、各实习实训基地结对共建实现资源共享，互利共赢。

【科研工作与服务社会】 年内，学校加强对外联系，强化科研服务社会的功能。学校与中盛天鸿产业集团一周厨品公司合作成立了“广西体育高等专科学校一周厨品研究所”；协助广西区体育局承办“首届中国—东盟体育产业发展论坛”；向广西体工大队运动员提供心理咨询与辅导服务；《运动》杂志社工作站落户我校。创新科研机制，实行了青年教师导师制，促进青年教师的成长；建立系级学术委员会，形成校系两级学术委员会，发布实施了3个新的科研管理文件，科研制度管理朝规范化发展。6项由青年教师担任主持人的课题获得校级科研立项；6项课题获得纵向项目立项；荣获广西第十一次社会科学优秀成果三等奖1项。公开发表论文82篇，其中核心期刊论文30篇，占论文总数的37%，论文总数比上年增加31%。14篇论文在国际学术会议上参与交流，其中1篇获得一等奖，5篇获得二等奖，CPCI收录1篇。学校还先后承办全区体育高考，举办了全区首届大众跆拳道比赛；广西体育行业特有工种职业技能鉴定站先后开展了3批游泳救生员鉴定，共鉴定初级游泳救生员110人，中级游泳救生员3人，开启我区救生员持证上岗的先河。本年度，我校还成立了普通话培训、测试站，承担了全国计算机等级考试培训、考点工作。体育人文社科系师生组成国民体质监测队，为南宁市六县六城区3900多名群众进行国民体质监测。体育教育训练系教师承担了厦门国际马拉松、亚太地区—美国中学生田径总决赛及全国青少年武术、太极拳、足球等多个项目比赛的裁判工作。

【干部培养】 年内，学校除了定期举办中层干部培训班外，还派出3名处级干部脱产学习，10名干部参加党务和思政工作培训，3名干部参加相关业务培训。其中，1人被评为国家级会计领军人才。组织开展并聘任了2名校级学科带头人、3名校级专业带头人和4名校级骨干教师。对14名青年教师导师09年工作成果进行了认真考核。完成了2010年职称答辩推荐上报工作，今年分别推荐了3名教师申报教授（正高级）职称，8名教师申报副教授（副高）职称。完成了13名教师入编录用工作，聘用了教师2名、机关工作人员4名。与自治区局人事教育组成联合考察组，严格按照考核程序完成了各岗位试用满期9位处级干部、9科级干部进行了考核工作。推荐了3名处级干部，1名科级干部，分别到北海市、上思县、平果县、崇左市进行两年挂职锻炼。

【招生就业】 年内，学校面向河北、山西、甘肃、海南、安徽、贵州、四川、云南、广西等9省（区）计划招生780人。在工作中，学校不断加大招生宣传力度，拓宽招生渠道，共录取917人。基本完成了国家教育部和自治区教育厅下达的招生计划任务，录取过程公平公正，录取规模和生源质量较以往也有较大提高。同时，加强毕业生就业工作，把毕业生就业工作作为“一把手”工程来抓，在政策、人力、物力、财力等各方面给予了“倾斜”。学校紧紧围绕搞好服务、提高就业率和就业质量的工作目标，认真贯彻上级有关文件的精神，认真做好毕业生就业工作。一方面加强对毕业生就业的指导和教育；第二，严格执行就业有关政策，规范用人单位招聘程序，认真收集就业信息，逐步加强了推荐毕业生的力度，为促进毕业生就业工作顺利开展采取了一系列行为有效的措施。截至8月30日，毕业生就业率为91.67%。先后获得“全国普通高校毕业生预征工作先进集体”和“全区高校毕业生就业工作先进集体”。

【对外交流与合作】 学校高度重视对外交流与合作，充分发挥优势，主动寻求国际国内教育合作伙伴，积极开拓国际国内教育市场，逐渐走出了一条教育合作发展之路。先后与北京体育大学、上海体育学院、武汉体育学院等国内知名大学联系办学，同时不断加强与越南、泰国、加拿大、毛里求斯、缅甸等国高校和机构的洽谈，并与越南河内体育师范大学、泰国素叻他尼皇家大学、泰国清迈体育学院、泰国皇家师范大学等国外高校建立了合作关系，合作内容广涉科学研究、合作办学、师资培训和干部队伍建设等方面。此外，还向毛里求斯大学、越南河内体育师范大学派出多名专家授课，深受对方学校的好评。9月迎来了首批越南留学生，实现了对外交流的新开端。

【新校区建设】 实现了预定的引资6500万元的目标，并于8月13日与南宁市相思湖新区管委会签订了《项目入区协议书》。获得南宁市规划局《建设项目选址意见通知书》和《建设用地规划许可证》。10月，土地预审已上报待批。11月，通过竞争性谈判，确定编制单位，及时开展地质灾害、压覆矿产资源的编制和评审工作。

【基础设施建设】 引入盛天集团“一周厨品”公司，改造更新食堂的设备设施，使学生餐厅的面积增加了近1000平方米，改善了学生的就餐环境。完成了综合练习馆建设工程、乒乓球馆建设工程、花圃修缮工程、综合练习馆辅助用房建设工程、游泳池辅助用房建设工程和体育艺术馆、体操武术馆装饰工程等新建和维修工程。

2011年

【概况】 截至年底，学校各类教学科研仪器设备总值688万元。拥有教学用计算机210台，9个多媒体教室和2个语音实验室，多媒体座位1373个，图书近10.35万册。学校有各类学生1754人，其中普通全日制专科在校生1732人，成人高等教育学生22人。在校教职工151人，专任教师94人。其中，教授、副教授31人，国际级、国家级裁判员18人，国家级社会体育指导员20人，不少人是广西区内外知名的专家学者。教职工中，另有专职辅导员7人。此外，学校还聘请了曲宗湖、朱咏贤、邢文华、邹亮畴、李志清、蒋心萍等国内知名专家、教授为客座教授。今年学校设有体育系、运动系、体育人文社科系、运动人体科学系、高尔夫与休闲旅游系、公共课教学部、教育技术部等7个系部，设有学校办公室（党委办公室、校长办公室、党委宣传部）、组织人事处（党委统战部）、教务处、学生工作处（党委学生工作部）、后勤管理处（武装保卫处）、团委、工会、纪检监察室、科研管理处、招生就业处、财务基建处、图书馆等党政机构。拥有心理咨询、体育教育、运动训练、社会体育、体育保健、体育服务与管理、高尔夫运动技术与管理、运动休闲服务与管理、民族传统体育、表演艺术、新闻采编与制作、营养与食品卫生等12个普通专科专业和户外运动与旅游、模特与表演、公共营养管理等10个专业方向。高尔夫运动技术与管理、保健按摩、武术与跆拳道等专业方向是我校的特色专业。田径、健身健美操、运动人体科学基础、推拿与按摩是自治区精品课程。运动训练专业和体育保健专业获得自治区特色（优势）专业一体化建设项目和中央财政支持专业。此外，广西国民体质监测中心、广西教练员岗位培训中心、广西体育传统项目学校体育教师资格培训基地、广西社会体育指导员培训基地、广西体育特有行业职业鉴定站、广西救生员培训基地、中国—东盟体育人才培训基地、中国—东盟体育信息中心等机构均挂靠在学校。分别承担了广西体育管理干部、全国和全区教练员岗位培训以及各运动项目裁判员和社会体育指导员等级培训考试的任务；承担全区的国民体质监测工作、东盟各国的体育人才培训等工作。

【教育教学改革】 编制出台学校“十二五”规划。召开迎评促建动员大会，成立迎评工作领导小组和工作机构，制定实施《广西体育高等专科学校迎接2012年教育部人才培养工作评估实施总方案》，全面开展迎接教育部人才培养工作评估各项工作。成立了高尔夫与休闲旅游系，建立了学校专业建设指导委员会和教材建设指导委员会，出台了专业建设指导委员会章程、教材建设指导委员会章程以及人才培

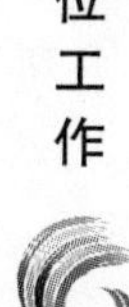

养方案、通识课、学校教改项目、教学团队、顶岗实习等一系列管理办法，1 人获教育厅“优秀教学管理工作者”称号。学生综合素质进一步增强，陶正杰同学通过选拔赛入选大学生高尔夫国家集训队；陈家怡同学以优异的比赛征服了评委和观众，夺得“2011 年中国一东盟礼仪形象大使”大赛总决赛男子组冠军，罗忆珊同学则获“最佳气质奖”；校代表团参加第七届自治区大学生运动会，获得金牌 5 枚、银牌 7 枚、铜牌 14 枚，以总分 511 分名列乙组团体第三名，实现了新的突破。校街舞代表队和啦啦操代表队参加全国亿万青少年啦啦操规定套路明星展示大赛，分别获得金星组(大学组)二级街舞舞蹈啦啦操第一名，金星组(大学组)一级花球舞蹈啦啦操比赛第二名。校代表队“蓝焰冲天”夺得第三届驻邕高校大学生礼仪风采大赛团体第一。

【专业建设】 体育保健专业和运动训练专业分别获得自治区特色专业和优势专业，同时获得广西特色专业与课程一体化建设项目立项。新增 2 项中央财政支持专业职业能力建设项目，获项目财政支持近 400 万元。营养与食品卫生专业、民族传统体育专业、表演艺术专业、新闻采编与制作专业等 4 个新增专业和 6 个新增专业方向获得审批和备案，教师参加各级课件大赛获全国多媒体课件大赛二等奖 1 项，优秀奖 1 项；第八届自治区教育软件大赛一等奖 1 项，二等奖 2 项，学校获得优秀组织奖。有 9 个教改工程项目获得新世纪广西高等教育教改工程项目立项。

【科学研究与服务社会】 科学研究立项项目数量与科研成果取得新突破。陆勇军等教师编写的《2005 年广西国民体质研究报告》获得广西第十一次社会科学优秀成果奖三等奖。教师在国内学术刊物公开发表学术论文 67 篇，其中在核心期刊公开发表 22 篇，约占公开发表论文总数量的 33%；14 篇论文在国际学术会议上参与交流，其中 2 篇获得一等奖，5 篇获得二等奖，7 篇获得三等奖。承担各级各类科研课题 25 项，其中省部级 5 项，厅级课题 15 项，横向课题 1 项，校级科研课题 4 项，推进了学校科研水平的发展。科研服务社会能力持续拓展。承担广西国民体质监测任务，开赴区内 6 县 6 城区及各区、市直单位，为近 3 万名群众“把脉”，开展了相关研究；学校教师研究开发的糖尿病量化运动处方在区内外多家医院和社区推广使用。挂靠学校的广西国民体质监测中心均获得“2007－2010 年全区群众体育先进单位”称号，3 名教师被评为“2007－2010 年全区群众体育先进个人”；运动人体科学系被授予“2011 年全区体育系统先进集体”称号，1 名教师被评为“2011 年全区体育系统先进工作者”。承办了第三届广西体育节民族传统体育技能大赛和“三国杀竞技赛”，学校被评为“第三届广西体育节特别贡献单位”。此外，学校大力推动广西体育行业职业技能鉴定工作的开展。共开展 8 批游泳救生员职业技能培训和鉴定工作，鉴定人数 384 人；健美操社会体育指导员培训鉴定 2 期，鉴定人数为 72 人次；健身教练一期，培训人数 40 人，鉴定人数 35 人。承办西南省区市退役运动员培训班、全区中小学校少数民族传统体育运动项目教师培训班、体育传统项目学校体育师资培训班。召开了全区体育行业职业技能培训工作会议，授予 11 家单位为广西体育行业职业技能培训试点单位。主持全区体育高考术科考试。完成体优生和三批术科考生共 7000 余人的考务工作。

【新校区规划建设】 年内，继续推进相思湖校区项目前期工作，完成了前期环境评估、水土保持方案编制及可行性研究报告评审。自治区人民政府作出了打造广西体育产业城重大举措，把 500 亩新校区用地入南宁市五象新区广西体育产业城内的广西体育运动教育基地。

【国际交流】 年内，学校选派 4 名教师赴缅甸担任国家运动队主教练，受自治区侨办委派，1 名教师赴老挝教授武术。巩固与越南、泰国高校的关系，泰国清莱皇家大学、素叻他尼皇家大学代表团先后来我校访问，并签订了合作框架协议。学校代表团赴越南河内体育师范大学进行了工作访问，深化了两校的合作。有4名越南留学生参加并通过了汉语水平四级考试。

【党建工作】 年内，开展4期党委中心组学习，组织以庆祝和纪念党的九十周年为主题的各种活动和纪念辛亥革命爆发100周年系列活动。深入开展了“党员志愿服务”活动，发起了创先争优先进评选表彰活动，评选出2009—2010年度先进基层党组织5个、优秀党员15名、优秀党务工作者11名，以及月度先进党支部和先进党员，开展了创先争优的点评工作、公开承诺活动、“亮出党员身份”活动、结对共建各项等活动。共发展了学生党员49人，报校党委批准由预备党员转为正式党员23人。召集全校教职工学习全区教育系统以案明纪警示教育大会精神。组织副科级以上党员领导干部进行了《中国共产党党员领导干部廉洁从政若干准则》内容学习考试。

【人事改革】 年内，举行广西体专岗位设置与聘用签约仪式暨聘书颁发大会，为全校在编教职工颁发了岗位聘书。制订《广西体育高等专科学校教师学术假暂行办法》、《广西体育高等专科学校教学名师评选暂行办法》、《广西体育高等专科学校学科带头人、专业带头人和骨干教师考核实施办法》等制度；开展2011年青年教师导师申报聘任工作；有2名教师取得教授专业技术资格，6位同志取得副教授专业技术资格；引进和录用12名教师职工。全年派出教师、干部外出学习、培训69人次。有3名教师参加博士学位考试获得了入学通知书；1人获出国访问资格，2人获国内访问学者资格，1人获资助人才推荐。

【招生就业】 完成今年新生录取工作，学校共有12个专业面向全国12个省（区）招生，实际录取人数为748人，实际到校502人。截止2011年8月31日，全校毕业生人数为297人，就业率为91.95%，被自治区教育厅授予“全区普通高校毕业生就业工作先进单位”，1人获“全区普通高校毕业生就业工作先进个人”。

【校园文化及宣传】 完善学校主页，推进新闻报道专题化，全年校园首页新闻突破550篇，比去年新增150多篇。各大省市主流媒体刊发我校各类新闻50多则。全年举办校内大小活动80多项，包括爱国主义教育活动、文体活动、实践活动；学生参加校外活动20余项。选派学生参与服务“两会一节”、第12届自治区运动会、中国—东盟汽车拉力赛、“达佳杯”中国—东盟体育舞蹈比赛、广西区公务员运动会等活动。学校的大学生暑期支教希望小学社会实践活动项目荣获了广西大学生社会实践成果优秀奖，学校获广西大学生社会实践优秀组织奖，裁判协会荣获了首届广西高校“优秀大学生社团”荣誉称号。

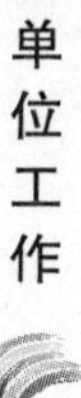

广西体育运动学校

2010 年

【概况】 年内,广西体育运动学校调整了领导班子,完成了校党委及各党支部换届选举。承办了国家田径单项奥林匹克后备人才基地命名大会和全区青少年田径锦标赛。获得国家体育总局田径运动管理中心授予的国家田径短跑、跨栏、跳远和三级跳远项目后备人才基地称号,获得中国羽毛球协会后备人才培养基地称号。全年完成招生 286 人(春季 121 人、秋季 165 人),测试筛选后录取 209 人(春季 88 人、秋季 121 人)。共向自治区体育局各项目发展中心输送后备人才 43 人,新增抽调至各中心集训队员 78 人,总集训人数达 93 人。在校学生全年在全国各项比赛中共获金牌 97 枚、银牌 69 枚、铜牌 68 枚。中专部 115 人参加高考,96 人获高校录取,其中本科 15 人,录取率为 83.5%。广西体育运动学校在 2010 年中自筹经费,聘请了专业保安队伍,并建立了校园安全电子监控系统,进一步加强了学校的校园安保工作。加强学校基本建设,投入 47.35 万元,对学生宿舍(白楼)和 2 号羽毛球馆进行了装修维护,总维修面积 1789 平方米。投入了 185 万元,完成了医务所顶楼加层工程,总建筑面积 1583 平方米,用作学校多媒体会议室。

【运动员比赛成绩】 年内,广西体育运动学校输送的运动员在国际重大比赛中取得金牌 4 枚、银牌 1 枚、铜牌 2 枚。其中杨森莲在南京举行 2010 年女子摔跤世界杯赛上获女子摔跤团体金牌;梁耀月在法国举行 2010 年蹼泳世界杯获女子 50 米蹼泳、女子 50 米屏气潜泳和女子 100 米蹼泳金牌;马欢欢在新西兰举行 2010 年国际泳联世界杯女子水球赛获铜牌;江钰源在 2010 年 10 月世界体操锦标赛获女子全能银牌,团体铜牌。8 月,在新加坡举行的首届青年奥运会中,学校输送队员谢家武获男子举重 56 公斤级总成绩银牌;何宇翔获蹦床网上个人赛银牌。11 月,在广州举行的第十六届亚运会上,学校输送的劳义、梁秋萍、马欢欢、黄美才、江钰源、朱芳雨等 6 名运动员共获得金牌 5 枚,银牌 2 枚。其中劳义在获田径男子 100 米、4x100 米接力比赛金牌;马欢欢与队友获女子水球比赛金牌;江钰源与队友获体操女子团体金牌;朱芳雨与队友获得金牌;黄美才与队友获男子水球比赛银牌;梁秋萍与队友获田径女子 4100 米接力银牌。

【文化教学成果】 广西体育运动学校刘思贤等 2 名学生在全国小学生英语竞赛中获得全国三等奖,罗周集锦等 6 名学生获得广西赛区的一、二、三等奖,谢莉芳等 7 位老师获优秀指导老师称号。学校啦啦操队先后获得全区健美操比赛中学组一等奖、全国啦啦操联赛华南赛区中学组第 1 名。学生罗忆姗参加 2010 年广西中等职业学校模特比赛获得一等奖,并代表广西参加全国比赛获三等奖。中专部学生覃雅文参加广西中等职业学校“文明风采”大赛,获大赛一等奖。文化教师徐丽娟、黄宗平、陈琰参加兴宁区教育局举办的优质课比赛,分别获得化学、英语、历史课程一等奖。赛后徐丽娟还入选兴宁区代表队,代表兴宁区教师参加了南宁市教学优质课比赛。

【教育培训】 年内组织了教练员参加自治区内、外学习培训 84 人次,其中由国家体育总局举办的培训 35 人次,由自治区体育局举办培训49人次。邀请专家到校开办了一期体能训练及核心力量训练的理论与实践培训班。组织文化教师参加由自治区教育厅、南宁市教育局和兴宁区教育局等开办的各类培训120人次。

【校园活动】 学校实施校园及周边治安环境集中整治百日专项行动，创建平安校园。学校团委组织学雷锋活动月活动，举办校园文化艺术节。5月，学校开展创先争优活动和党组织建设年活动，评选师德标兵、服务标兵；组织开展向北京奥运会冠军陆永同志学习活动，举办了一期陆永先进事迹报告会，邀请陆永启蒙教练兰燕云同志到校作报告。南方旱灾、玉树地震期间，开展了“心系灾区献爱心”和“支援地震灾区”等募捐活动，组织教职工共向我区河池、百色等旱灾受灾地区捐款6339元，向玉树地震灾区捐款13005元。旱灾期间，学校团委还组织学生开展“一人一瓶水，爱心送旱区”的爱心捐款活动，共为灾区筹集人民币3614.5元。

【校园大事记】 1月，自治区体育局党组对学校领导班子进行人事调整：韩俊刚任校长，钟友强任党委书记，李菲任副校长（留任），蒋小敏任副校长、肖建钢任校长助理。4月，学校召开中共广西体育运动学校第四次党员大会，完成新一届党委和各党支部的换届选举工作。钟友强、韩俊刚、李菲、蒋小敏、肖建钢五位同志组成新一届广西体育运动学校党委。3月，学校相继出台《广西体育运动学校关于党风廉政建设和反腐败工作任务分工的意见》和《关于调整广西体育运动学校党风廉政建设工作领导小组成员的决定》。4月底正式启动“科学管理年”专项活动，出台了《运动队学生选拔招生工作管理规定》、《设备采购和工程维修管理办法》和《信访工作制度》。5月底开展赛风赛纪和反兴奋剂的专项治理工作，制定了《赛风赛纪和反兴奋剂专项治理工作实施方案》，与各项目领队、教练员签订了《赛风赛纪和反兴奋剂责任书》。9月30日，自治区人社厅核准广西体育运动学校《岗位设置方案》。

【承办大型活动】 1月25日至2月3日，学校承办国家田径单项奥林匹克后备人才基地命名大会，共有来自国家体育总局田径运动管理中心领导、各单项后备人才基地领导及各省、市体育局主管部门领导约80人参加了会议。学校短跑、跨栏、跳远和三级跳远三个项目在会上被授予国家田径单项奥林匹克后备人才基地称号。大会还安排了短跑、跨栏和跳远和三级跳远项目集训营，于1月26日至2月3日进行，有近300名运动员、教练员参加。7月23至25日，学校承办全区青少年田径锦标赛，共有全区各市、县（区）24支代表队，共计1073人参赛。

【学校完成评估工作】 4月27日至28日，国家体育总局乒乓球羽毛球运动管理中心来校开展新周期中国羽协羽毛球学校评估检查，检查组专家在实地评估后，对学校羽毛球项目发展给予了较高评价。8月，学校顺利通过认定工作，被授予新周期中国羽毛球协会后备人才培养基地称号。

2011年

【概况】 年内，学校先后获得全国业余训练先进单位、全区体育系统先进集体、年度竞技体育“科学管理年”先进单位和广西体育系统“节能减排”工作先进单位称号。全年完成招生232人（春季70人、秋季162人），测试后录取试训生182人。全年共向自治区体育局各项目发展中心输送后备人才40人，在各项目中心集训的人数达139人。本年度学校在校学生参加国际青少年比赛共获金牌2枚、银牌2枚、铜牌2枚；参加全国青少年比赛，共获金牌37枚、银牌33枚、铜牌15枚。2011年学校参加高考103人，有101人获得高校录取，录取本科17人，高专9人，高职75人。毕业班理化实验操作考试达标率100%。完善校园建设，

共完成基建项目9项，涉及建筑面积约3700平方米，共用经费约423万元。其中三项重点工程分别为综合楼顶层改建工程，于11月13日完成施工，工程面积1643平方米，投资金额180万元；举重馆扩建及学生浴室改造工程，于11月底完工，工程面积549平方米，投入资金55万元；食堂加层工程，于10月底完工，工程面积998平方米，投入资金80万元。

【输送队员比赛成绩】 年内，我校输送的运动员在国际大赛中获得金牌5枚、银牌2枚、铜牌1枚：杨森莲在法国举行的2011年女子摔跤世界杯赛上荣获女子摔跤55公斤级金牌。梁耀月在匈牙利举行2011年世界蹼泳锦标赛上获4X100米蹼泳接力第1名，50米蹼泳第2名；在烟台举行的2011年蹼泳世界杯总决赛获50米蹼泳、100米蹼泳、4X100米蹼泳接力三项第1名。马欢欢与队友在上海举行的第14届国际泳联世界锦标赛获女子水球第2名。江钰源获2011年世界体操锦标赛女子团体第3名。在其他国际比赛上共获得金牌7枚、铜牌3枚：朱芳雨与队友获2011年亚洲男子篮球锦标赛第1名。蒙珊珊参加第二届世界青少年举重锦标赛获女子58公斤级抓举、挺举、总成绩3枚金牌。李荣艳获世界青年女子举重锦标赛75公斤以上级抓举、挺举、总成绩3项第3名。陶玲爱获亚洲青少年举重锦标赛女子(青年组)53公斤级抓举、挺举、总成绩3项第1名。在全国大赛中共获得金牌10枚、银牌12枚、铜牌8枚。

【文化教学成果】 在全国小学生英语竞赛中，学校郑欣、周天雨等3名学生荣获全国三等奖，黄祺等4名学生荣获广西赛区一、二等奖，谢莉芳等7位老师荣获优秀指导老师奖。中专部健美操队获全国普及健美操系列推广赛——有氧健身操二等奖，全国啦啦操联赛(南宁站)花球规定动作第3名。2009(1)班覃雅文、施键获第十二届全区中等职业学校“文明风采”大赛——卡通动漫二等奖，周可、邓文海获三等奖；覃雅文、施键代表广西队参加第十二届全国“文明风采”大赛并获得卡通动漫优秀奖。小学部郭妙昱等11人参加第十六届全国书画大赛，1人获得一等奖、3人获得二等奖、4人获得三等奖、3人获得优秀奖。文化老师任素梅、郭媛媛参加全区中职学校优质课比赛和信息化教学大赛获三等奖。

【教科研成果】 陈琰等13位文化老师撰写的论文在第六届中国教育学会和第十二次广西教育学会优秀科研成果评比中获得一、二、三等奖。韩俊刚校长主持的一级立项课题《广西青少年高水平运动员人才培养现状分析》通过教育厅课题中期评检，同时课题论文获得了全国高等院校体育教学训练论文报告会一等奖。

【教育培训】 全年组织教练员参加各级各类培训43人次；组织教练、队员分批赴中心观摩学习517人次，组织重点培养队员到中心走训2490人次，邀请中心领导、教练员来校视察队员、指导训练90余人次。组织文化教师参加上级教育行政主管部门培训144人次，其中，张晓阳、覃顺林老师获得“2011年全区中职骨干班主任自治区级培训”班主任技能大赛特等奖，杨洁老师获得二等奖。

【校园活动】 5月下旬，学校开展了以“学先进、争先进、立足岗位作贡献”为主题的先进典型交流活动。6月，学校分别在教练、教师和后勤机关设立了“党员示范岗”。6月1日自治区体育局在学校举行“中华体育基金会青少年助训关爱计划资助金发放仪式”，学校22名困难队员获得该项资助。5月6日，围绕中国共产党建党90周年，开展了一系列纪念活动。组织了“党在我心中”征文比赛，共收到作品32篇；邀请专家来校上专题党课，总结分析党的经验与教训；开展爱国主义教育活动，组织党员参观党史纪念馆，重温入党誓词；6月30日组织职工参加自治区体育局“永远跟党走”主题歌咏晚会，学校大合唱节目获得晚会一等奖。9月教师节前夕，学校表彰了25名在训练教学岗位和机关后勤服务岗位上工作表现优秀的同志，其中11位教练、教师获得了“师德标兵"称号,14 位干部职工获得了"服务标兵"称号。教师节期间,学校工会特邀广西书画名家来校慰问,义务开办书法兴趣班。3 月,学校团委组织学生开展"爱国旗、唱国歌"爱国主义教育活动,举办第二届校园文化礼仪教育活动月系列活动。

【承办活动】 12 月 20 日至 23 日,学校在桂林阳朔召开了业余体校校长交流会暨广西体育运动学校训练网点年会,共有 26 所体校的 53 名代表参加。会议还决定接纳柳州市体校、柳州体操学校、柳州市体育中心运动学校、合山市体校成为学校新的训练网点,使学校的业余训练合作网点学校数量发展至 23 所。

【完成"科学管理年"专项活动】 6 月底,为期 12 个月的"科学管理年"专项活动进入总结验收阶段,学校共留用制度 21 项,修订制度 15 项,废止制度 12 项,新制定制度 31 项。新订制度包括《校长办公会集体议事制度》、《党的会议制度》、《行政会议制度》、《办文制度》、《教练员、领队轮值巡课制度》、《信息反馈制度》、《教职工重大疾病医疗费困难补助办法》等。学校管理进一步科学化,形成了以人为本,有章可循,用制度管人,按制度办事的长效机制。在评估验收中,我校获得 96 分,被评为优秀等级。

【校园大事记】 2 月底,学校开展了事业单位首次岗位设置和聘任工作。经两次广泛征求群众意见建议后,学校出台了广西体育运动学校专业技术、管理、工勤技能岗位的《首次聘用任职条件》。3 月,学校根据岗位说明书和任职条件,与在编的 175 名教职工全部签订了事业单位聘用合同。冬训期间,学校加强了冬训的督查管理,首次实行了《信息反馈制度》,要求冬训督查组建立冬训检查台账,定期对督查中收集到的问题进行督办和回访,检查落实情况。5 月,在秘鲁举行的第二届世界青少年举重锦标赛上,学校在校学生陈春连获女子 44 公斤级比赛金牌 2 枚,银牌 1 枚;吴长升(集训队员)获男子 94 公斤级比赛银牌 1 枚,铜牌 2 枚。7 月,学校接待越南河内武术队一行 7 人来校训练交流。11 月,广西第十二届运动会隆重开幕,我校 293 名在校运动员和输送的 120 名集训队员在比赛中共获金牌 236 枚,其中在校生获得 77 枚金牌、97 枚银牌、98 枚铜牌;集训队员获得 183 枚金牌、104 枚银牌、56 枚铜牌。12 月,学校实施内设机构撤并,将学校内设机构调整为 8 个科室,3 个教辅机构,并按有关规定和章程设置了工会、团委。撤并后的管理机构分别为:办公室、人保科、训练科、教务科、学生科、总务科、财务科、膳食科;教辅机构分别为:医务所、图书馆、电教科研中心。

【完成新周期聘任】 6 月,学校召开了第六期聘期工作总结与新周期领队、教练员聘任大会,总结和分析了学校第六聘期的各项工作,表彰、奖励了聘期内完成输送任务的领队和教练员。随后,全面启动了第七聘期聘任方案的实施工作,共有 58 位领队、教练受聘上岗。在新周期聘任方案中,学校进行了三项调整:一是增设射击项目;二是打破职称界限,对教练员分三种类别进行聘任,按相应类别进行考核和奖励,根据受聘教练承担的任务,确定带队人数和输送指标;三是完善了风险激励机制,通过设置完成任务保证金、完成任务奖、超额输送奖、大赛成绩追加奖等形式,明确了任务和要求,充分调动广大教练员的积极性。

广西田径运动发展中心

2010 年

【概况】 年内，完成中心领导层换届、新的周期教练员聘任、机关人员聘任、运动员调整等人事工作。调整后广西田径运动发展中心有管理干部 6 人(其中 1 人为教练员兼职)，教练员 13 人，其中国家级教练员 1 人，高级教练员 6 人，中级教练员 5 人，初级教练员 1 人；在训运动员 59 人，其中国际运动健将 2 人，运动健将 8 人。所设的竞技项目有：男子：100、200、400、400 栏、跳远、三级跳远、十项全能、4100 接力、4400 接力。女子：100、200、400、800、400 栏、跳远、三级跳远、标枪、七项全能、4100 接力、4400 接力。

【参加第 16 届亚洲运动会】 第 16 届亚洲运动会 11 月在广州举行，田径中心以男、女短跑项目为重点，积极参加国家体育总局有关亚运会的选拔、集训工作，对有望入选亚运会的运动员加强生化、物理、心理等方面的康复措施，保证在外地参加集训的运动员各种后勤保障。9 月，男子运动员劳义、女子运动员梁秋萍入选亚运会中国代表团，参加男子 100 米、女子 200 米、男子 4100 接力和女子 4100 接力四个项目的比赛。11 月，获得亚运会金牌 2 枚、银牌 1 枚(详见表 1)。劳义获得中国参加亚洲运动会 36 年来的首枚男子百米金牌，并通过 100 米国际运动健将标准。

【重大荣誉】 4 月 20 日，广西壮族自治区人民政府表彰参加 2010 年第 16 届亚洲运动会有功人员，授予劳义“自治区劳动模范”称号、授予教练员陈文忠“自治区先进工作者”称号；给予广西田径队记集体一等功 1 次；给予梁秋萍、教练员田玉梅各记一等功 1 次；自治区总工会授予劳义“广西五一劳动奖章”；共青团广西壮族自治区委员会授予劳义“广西青年五四杰出贡献奖章”、授予梁秋萍“广西青年五四贡献奖章”；自治区妇女联合会授予梁秋萍广西壮族自治区“巾帼建功”标兵荣誉称号。

【国内竞技赛事】 在全国田径锦标赛、全国田径冠军赛共获金牌 6 枚、银牌 3 枚(详见表 2)；参加全国青年锦标赛获金牌 2 枚(详见表 3)。在比赛中没有出现任何违犯兴奋剂纪律和违犯赛场纪律现象。比赛服装设备为李宁体育用品有限公司提供。

【运动训练】 针对 2013 年的第 12 届全国运动会做好远期训练准备，加强对新运动员的选材和集训，强调对不同年龄、不同水平层次的运动员的区别训练，细致打好基础，避免急功近利、拔苗助长。对已经具备一定水平的运动员，强调赛练结合、以赛促练。对不同季节的训练，采取数量和质量的不同组合。重视第 12 届全国运动会的四年积分政策，多参加计分的全国区域比赛，为 2013 年积累能够参加决赛的分数。加强教练员的业务学习，聘请国家田径队教练员阚福林讲课，搜集各种资料，了解国内外训练的最新动态和手段创新。并继续与广西体育科研部门密切配合，系统地跟踪检查运动员的生理指标，以利于采取各种针对性的恢复措施。针对国际田联从 1 月 1 日起对田径比赛实行“零抢跑”的重要规则变化，全队加强运动员的起跑训练，在全年比赛中无抢跑现象。通过一年训练，优秀运动员劳义、梁秋萍在原有水平上又有提高，在亚洲比赛、全国比赛取得好成绩。新运动员在整体上进步快速，个别新运动员成为全队的主力。

【青少年培训】 在广西各市、县举行田径运动会时，教练员到各市、县进行观察选材和训练交流，在学校寒暑假期，选拔各地优秀苗子到队进行集训、走训。7月，指导和参与在南宁举行的广西青少年田径锦标赛，全区各地有966名运动员、102名基层体育干部、教练员参加了运动会。

【重要会议】 3月，参加全区体育工作会议；7月，参加广西体育局加强2010年度各项赛事赛风赛纪和兴奋剂工作会议；8月，参加国家体育局关于进一步加强2010年省（区、市）运动会反兴奋剂工作会议；9月，参加全区竞技体育工作会议。

【对外交流】 接待越南、中国香港的运动员。10月16日组队参加第5届南宁国际半程马拉松比赛暨28届南宁解放日长跑活动。

广西田径运动发展中心运动员在第16届亚洲运动会所成绩表

姓　名	日期	地点	竞赛名称	项目	名次
劳　义	2010.11	广州	第16届亚洲运动会	男子100米	1
劳　义	2010.11	广州	第16届亚洲运动会	男子4×100接力	1
梁秋萍	2010.11	广州	第16届亚洲运动会	女子4×100接力	2
梁秋萍	2010.11	广州	第16届亚洲运动会	女子200米	7

2010年广西田径运动发展中心运动员获全国大赛前三名统计表

姓　名	日期	地点	竞赛名称	项目	名次
劳　义	2010.6	重庆	全国田径冠军赛	男子100米	1
梁秋萍	2010.6	重庆	全国田径冠军赛	女子200米	1
曾幼霞　梁秋萍 韩　玲　韦永丽	2010.6	重庆	全国田径冠军赛	女子4×100接力	1
梁秋萍	2010.6	重庆	全国田径冠军赛	女子100米	2
陈　强　施　杨 劳　义　庞桂斌	2010.6	重庆	全国田径冠军赛	男子4×100接力	2
劳　义	2010.8	济南	全国田径锦标赛	男子100米	1
梁秋萍	2010.8	济南	全国田径锦标赛	女子200米	1
曾幼霞　梁秋萍 韩　玲　韦永丽	2010.8	济南	全国田径锦标赛	女子4×100接力	1
梁秋萍	2010.8	济南	全国田径锦标赛	女子100米	2

2010 年广西田径运动发展中心运动员获全国青年锦标赛前三名统计表

姓 名	日期	地点	竞赛名称	项目	名次
欧媛媛	2010.4	石家庄	全国青年田径锦标赛	女子 400 栏	1
施杨 罗陈 万达标 陈亨宇	2010.4	石家庄	全国青年田径锦标赛	男子 4×400 接力	1

2011 年

【概况】 年内，广西田径运动发展中心有机关干部 6 人(其中 1 人为教练员兼职)，教练员 15 人，其中国家级教练员 1 人，高级教练员 7 人，中级教练员 4 人，初级教练员 3 人；在训运动员 57 人，其中国际运动健将 2 人，运动健将 6 人。所设竞技项目有：男子：100、200、400、400 栏、跳远、三级跳远、十项全能、4100 接力、4400 接力。女子：100、200、400、800、400 栏、跳远、三级跳远、标枪、七项全能、4100 接力、4400 接力。

【竞技赛事】 参加亚洲田径锦标赛获银牌 2 枚；在全国田径锦标赛、全国田径冠军赛共获金牌 4 枚、银牌 1 枚；参加全国青少年比赛获金牌 1 枚、铜牌 2 枚。在嘉兴、昆山、吴兴等地参加 2011 年亚洲田径大奖分站赛，获第 1 名 5 项、第 2 名 3 项、第 3 名 2 项，男运动员劳义、陈强，女运动员梁秋萍、韦永丽入选田径世界锦标赛；韦永丽通过国际运动健将标准；符合年龄规定的青少年运动员代表各地市参加广西壮族自治区第 12 届运动会田径比赛，获金牌 24 枚、银牌 25 枚、铜牌 15 枚。

【运动训练】 为加强 2012 年第 30 届奥运会和 2013 年第 12 届全运会的备战工作，在科研人员和医务人员的参与下，对优秀运动员进行会诊，制定切实可行的成绩目标和素质目标，围绕目标确定训练思路，设计训练结构，选择训练手段。以系统思维对训练各要素进行新的组合，以负熵思维加强运动数量和运动质量的科学联系，及时总结反馈今年在世界田径锦标赛和亚洲锦标赛成绩不够突出的原因，提高训练的目的性和有序性，在实践中更深刻认识项目本身的特点和规律，从而增强主力队员成绩巩固性，改变专项成绩的大起大落现象。

【赛风赛纪和反兴奋剂工作】 对遵守赛风赛纪和杜绝兴奋剂进行长年不断地学习和监督，特别是对误服含有兴奋剂食品的预防。在全年比赛中严格遵守了有关规定，无违犯赛风赛纪现象，国家体育总局规定的运动员在赛前进行有关兴奋剂的考试也全部通过。

【业余训练】 年内，组织教练员到南宁、桂林、柳州、玉林、百色等市进行指导和选材工作，与当地体校教练、体校运动员、各中学的体育教师、运动员进行广泛的交流和指导；寒暑假期间选拔全区各地青少年业余运动员到队进行短期训练。

【体育赛事指导】 6 月，在南宁举办广西青少年锦标赛暨广西第 12 届运动会资格赛，全区共有 614 名运动员，87 名领队、教练员参加运动会。11 月 11 日至 15 日，参加在钦州举行的广西壮族自治区第 12 届运动会田径比赛，协助运动会做好运动员注册、年龄审定和比赛工作。全区各地有 457 名运动员，79 名领队、教练员参加了区运会的田径比赛。

【重要学习文件】 6 月，基地组织人员学习《自治区体育局领导在全区体育系统赛风赛纪和兴奋剂工作专题会议讲话》文件；12 月学习国家体育总局《关于认真落实刘延东同志重要批示，进一步加强运动队教育管理工作》文件。

2011年广西田径运动发展中心运动员在亚洲田径锦标赛成绩表

姓　名	日期	地点	竞赛名称	项目	名次
韦永丽	2011.7	日本神户	亚洲田径锦标赛	女子100米	2
韦永丽　梁秋萍	2011.7	日本神户	亚洲田径锦标赛	女子4×400接力	2
劳　义　陈　强	2011.7	日本神户	亚洲田径锦标赛	男子4×400接力	4
陈　强	2011.7	日本神户	亚洲田径锦标赛	男子100米	5

2011年广西田径运动发展中心运动员获全国大赛前三名统计表

姓　名	日期	地点	竞赛名称	项目	名次
韦永丽	2011.7	南昌	全国田径冠军赛	女子100米	1
韦永丽	2011.7	南昌	全国田径冠军赛	女子200米	1
曾幼霞　梁秋萍 韩　玲　韦永丽	2011.7	南昌	全国田径冠军赛	女子4×100接力	1
陈　强	2011.7	南昌	全国田径冠军赛	男子100米	2
黄秋菊　梁秋萍 韩　玲　韦永丽	2011.9	合肥	全国田径锦标赛	女子4×100接力	1

2011年广西田径运动发展中心运动员获全国青少年比赛前三名统计表

姓　名	日期	地点	竞赛名称	项目	名次
杨玉芳	2011.6	济南	全国青少年田径锦标赛	女子标枪	1
赵耀柯　罗　陈 陈亨宇　施　杨	2011.6	济南	全国青少年田径锦标赛	男子4×400接力	3
赵耀柯　罗　陈 施　杨　陈冠杰	2011.10	南昌	第七届全国城市运动会	男子4×400接力	3

2011年广西田径运动发展中心运动员参加一般国际比赛成绩表

姓　名	日期	地点	竞赛名称	项目	名次
陈　强	2011.5	嘉兴	2011年亚洲田径大奖赛(分站赛)	男子100米	1
韦永丽　梁秋萍	2011.5	嘉兴	2011年亚洲田径大奖赛(分站赛)	女子4×400接力	1
劳　义　陈　强	2011.5	嘉兴	2011年亚洲田径大奖赛(分站赛)	男子4×400接力	2
韦永丽	2011.5	嘉兴	2011年亚洲田径大奖赛(分站赛)	女子100米	2

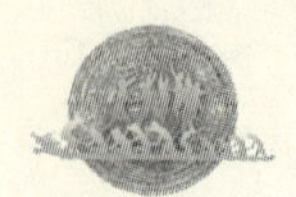

姓　名	日期	地点	竞赛名称	项目	名次
陈　强	2011.6	昆山	2011 年亚洲田径大奖赛(分站赛)	男子 100 米	1
劳　义　陈　强	2011.6	昆山	2011 年亚洲田径大奖赛(分站赛)	男子 4×400 接力	1
韦永丽	2011.6	昆山	2011 年亚洲田径大奖赛(分站赛)	女子 100 米	3
韦永丽　梁秋萍	2011.6	昆山	2011 年亚洲田径大奖赛(分站赛)	女子 4×400 接力	3
韦永丽　梁秋萍	2011.6	吴江	2011 年亚洲田径大奖赛(分站赛)	女子 4×400 接力	1
韦永丽	2011.6	吴江	2011 年亚洲田径大奖赛(分站赛)	女子 4×400 接力	2

2011 年田径队参加第 12 届区运会比赛前三名成绩表

姓　名	项　目	名次
陈冠杰	男子甲组 100 米	1
陈冠杰	男子甲组 200 米	1
赵耀柯	男子甲组 400 米	1
陈小康	男子甲组 110 米栏	1
陈小康	男子甲组 400 米栏	1
梁　滔　林圣伟　陈冠杰	男子甲组 4×100 米接力	1
梁　滔　林圣伟　陈冠杰	男子甲组 4×400 米接力	1
梁伟肯	男子甲组三级跳远	1
刘柱东	男子甲组七项全能	1
周　煜	男子乙组 100 米	1
周　煜	男子乙组 200 米	1
杨家林	男子乙组 400 米	1
杨　茂	男子乙组 400 米栏	1
韦　胜　杨家林	男子乙组 4×100 米接力	1
杨　茂	男子乙组 4×400 米接力	1
吴小霞	女子甲组 100 米	1
吴小霞	女子甲组 200 米	1
王美媛	女子甲组 400 米	1
杨　柳	女子甲组 800 米	1
庞凯波　张丽雯　吴小霞	女子甲组 4×100 米接力	1
庞凯波　张丽雯　吴小霞	女子甲组 4×400 米接力	1

姓　名	项　　目	名次
陈菲菲	女子甲组跳远	1
陈菲菲	女子甲组三级跳远	1
杨玉芳	女子甲组标枪	1
纪术新	男子甲组 100 米	2
赵耀柯	男子甲组 200 米	2
林圣伟	男子甲组 400 米	2
石嘉文	男子甲组 800 米	2
祝豫中	男子甲组 400 米栏	2
纪术新	男子甲组 4×100 米接力	2
陈小康　谢庆虹	男子甲组 4×400 米接力	2
谢庆虹	男子甲组跳远	2
陈胜忠	男子甲组三级跳远	2
杨　茂	男子乙组 400 米	2
杨家林	男子乙组 400 米栏	2
周　煜	男子乙组 4×100 米接力	2
杨家林	男子乙组 4×400 米接力	2
陈菲菲	女子甲组 100 米	2
王美媛	女子甲组 200 米	2
张丽雯	女子甲组 400 米	2
张丽雯	女子甲组 800 米	2
杨　柳	女子甲组 1500 米	2
杨　柳	女子甲组 3000 米	2
吴春燕　陈菲菲	女子甲组 4×100 米接力	2
杨　柳	女子甲组 4×400 米接力	2
杨玉芳	女子甲组铅球	2
黄诗婷	女子乙组 400 米	2
欧阳微	女子乙组 800 米	2
陈兰裕　黄诗婷	女子乙组 4×400 米接力	2
陆升占	男子甲组 400 米	3
陆升占	男子甲组 800 米	3

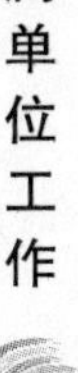

姓　名	项　　目	名次
陈小康　谢庆虹	男子甲组 4×100 米接力	3
陆升占	男子甲组 4×400 米接力	3
谢庆虹	男子甲组三级跳远	3
杨　茂	男子乙组 4×100 米接力	3
周　煜	男子乙组 4×400 米接力	3
柳　捷	男子乙组跳远	3
吴春燕	女子甲组 200 米	3
庞凯波	女子甲组 400 米	3
陈菲菲　吴春燕	女子甲组 4×400 米接力	3
庞凯波	女子甲组三级跳远	3
黄诗婷	女子乙组 200 米	3
陈兰裕	女子乙组 200 米	3
陈兰裕　黄诗婷	女子乙组 4×100 米接力	3

广西水上运动发展中心

2010年

【概况】 广西水上运动发展中心，是广西壮族自治区体育局直属事业单位。成立于2002年5月，位于南宁市星光大道11号。目前开展游泳、跳水、水球、蹼泳、帆板、现代五项、OP帆船等7个运动项目。现设有游泳、跳水、水球(含男、女子)、蹼泳、帆板5个专业队。总编制153人，实有133人。有正处级2人、副处级2人、正科级3人、副科级4人；拥有各种职称教练员20人，其中，高级职称8人，中级职称4人。中心机关下设办公室、竞赛训练部。中心成立以来截止2012年间，在国内外重大比赛中，共获奥运冠军1个，世界冠军28个，亚洲冠军36个，全国冠军187个。中心和所属的广西跳水学校获中国游泳协会、国家体育总局分别授予的“第28届奥运会跳水运动员输送特别贡献奖”、在2004—2008年、2009—2012年、2013年—2016年三个周期中连续被国家体育总局评为“国家高水平体育后备人才基地”。

【教练员聘任工作顺利完成】 根据体育竞赛四年一周期聘任工作的需要，中心根据新周期各运动项目的实际需要和竞聘人员的申请条件，在双方达成责、权、利共识的基础上，完成所管辖游泳、跳水、水球、帆板、蹼泳等项目的教练员、领队的聘任工作，并与聘任人员签订聘任书。

【加强运动队思想教育工作】 年内，中心对运动队的思想教育工作非常重视，经常召开中心全体人员大会，强调思想道德品质对中心的每一位人都非常重要，尤其对每位运动员的成材起着至关重要的作用，要做好运动员的思想教育和管理工作必须认清运动员的特点和个性及思想教育的社会性、时代性。各运动队思想教育工作，坚持以时代性为主，抓难点、找突破点，为重振广西体育雄风提供坚强的思想保证，从而确实提高中心各队伍的战斗力。

【不断推进后备人才梯队建设】 今年是十二运周期的第一年，是“大考年”，各队将会迎来老队员的“退役潮”，与此同时各队亟须充实后备人才，完善队伍梯队配置。根据此种情况，中心今年以来共短期集训84人次，一年试训9人，向区体育局申报招收入队运动员13人。通过集训观察，选拔了一批有潜力的队员充实到备战十二运周期中。

【加强运动员反兴奋剂教育】 长期以来中心一直致力于反对使用违禁药品。年内，国家体育总局进一步强调了反兴奋剂的重要性，中心根据实际情况同时加强了反兴奋剂教育，设立专人负责运动员行踪信息报告，防止漏报事情的发生，加强对运动营养品、食品的监管。防止误服事件的发生。保护中心优秀运动员的身心健康，维护体育竞赛的公平竞争。由于措施得力，中心优秀运动员在年内各类大赛事中没有发生一例违规事件。

【进一步加强党的基层组织建设】 为加强党的基层组织建设，根据自治区体育局党组织的指示精神，水上中心党支部进行了人事调动，冉启恩同志任中心支部书记，成立了新的支部委员会，进一步加强了对中心支部工作的领导。选派具有高素质的干部任用在关键岗位，充分发挥党支部的战斗堡垒作用。

【努力保障中心的国家队队员】 为使中心现

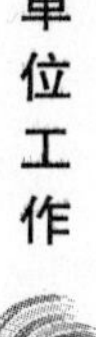

役国家队选手黄美才、张子山、李婷不断提高运动技术水平,保持自身优势和桂籍运动员在国家队占有率格局不变,中心领导及其他负责人经常和桂籍运动员所在项目的国家队总教练、主教练进行沟通,及时了解运动员的思想、训练、伤病等情况,配合国家队做好运动员的日常生活管理、训练安排、伤病防治等工作,为他们今后在国际大赛上赛出水平打下了良好的基础。

【交流双计分制】 为增强中心游泳、跳水、现代五项项目在全国运动会上的竞争力,我中心制定了“让优秀人材走出去”的战略,并最终确定与中国人民解放军体工大队展开长期合作。其中,在跳水项目上,中国人民解放军海军队的主教练均兼任国家队教练,他们有丰富的执教经验和过硬的执教水平,此外,海军队还拥有一批综合能力很强的裁判队伍。我中心继2003年交流游泳运动员赖忠坚到海军游泳队、2005年交流游泳运动员罗烈到八一现代五项马术队、2007年交流跳水运动员韦颖、兰艺、田红、谢元宇到海军跳水队后,12月又将黄小惠、潘江南、潘江丹等3名很有潜力的跳水小将交流到海军跳水队。实践证明,这些广西运动员在部队中经过更科学、更系统训练后,水平得到很大的提高。而根据国家体育总局的双计分制规定:凡地方体育单位输送到部队的专业运动员,参加全运会比赛所获得的奖牌或积分,可以分别计入解放军代表队和该队员输送省份代表队。

【OP帆船与山东有偿互利合作】 为增强中心OP帆船项目在全国运动会上的竞争力,根据国家体育总局相关注册规定,本着有偿互利的原则,中心从今年开始与山东青岛体育训练基地展开合作,出资请该基地为中心培养OP帆船运动员。山东青岛体育训练基地在OP帆船项目上具有较强的实力,曾培养出许多优秀运动员。经友好协商,中心与该基地签约培训第一批6名运动员,培训期限为1月1日至2013年12月31日。并且商定,第12届全国运动会结束后,如双方愿意继续合作,另行签订协议。

【全国水上运动会获佳绩】 8月28日至9月8日,中国水上运动会在山东省日照市举行,中心派出由90人组成的代表团参加游泳、跳水、水球、蹼泳、帆板5个项目的角逐,中心主任黎春生担任副团长。经过奋力拼搏,中心运动员共取得了第一名6个、第二名11个、第三名10个、第四名8个、第五名6个、第六名6个的好成绩。

【第十六届亚洲运动会】 11月在广州市举行第16届亚运会,中心女水运动员马欢欢、王毅、王莹;男水运动员黄美才;游泳运动员张子山入选中国体育代表团,代表中国队参赛。其中,女子水球获1枚金牌、男子水球获1枚银牌,游泳队获1个第四名的成绩。

【主办自治区水上项目的年度比赛及国赛】 年内,中心在完成正常工作的同时,还根据国家体育总局游泳运动管理中心的竞赛安排,配合自治区体育局承办(1)全国春季游泳锦标赛:有15个单位,299人参赛;(2)全国青年男、女水球锦标赛:有男、女各6支队伍,共206人参赛。全区年度青少年锦标赛在钦州市举行,游泳有23单位的617人参赛、跳水有8个单位的110人参赛、帆板有4个单位的40人参赛;男子水球、蹼泳在百色市举行,男子水球有3个单位的48人参赛、蹼泳有10个单位的226人参赛。

【全国青年以上比赛成绩】 年内,在国内外各项赛事中,中心共获得51金、44银、45铜的好成绩。其中,世界三大赛第一名4个、第二名1个、第三名3个;亚洲大赛第一名5个、第二名3个;第三名1个、第四名1个;一般国际赛事第一名9个、第二名2个、第三名9个、第五名1个;全国大赛第一名16个、第二名24个、第三名26个、第四名26个、第五名17个、第六名22个、第七名1个、第八名2个;一般国内大赛第一名2个、第二名2个、第三名1个、第五名1个、第六名2个、第七名1个;全国青年赛第一名15个、第二名12个、第三名3个、第四名1个、第七名1个、第八名1个。

2010 年广西水上运动员参加全国青年以上比赛成绩表

队别	竞赛名称	比赛成绩							
		1	2	3	4	5	6	7	8
游泳	第 16 届亚运会游泳比赛				1				
	国际泳联短池游泳世界杯北京站			1		1			
	中国水上运动会暨全国游泳锦标赛	1	1		1				
	全国游泳冠军赛		2	1			2		
	全国春季游泳锦标赛	2	2	1		1	2	1	
	全国青年游泳锦标赛	2							
跳水	第 18 届世界青年锦标赛	1	1	1					
	全国跳水锦标赛						1		
	全国跳水冠军赛						2		
	中国水上运动会暨全国青年跳水锦标赛	1						1	
水球	女子水球世界杯			1					
	第 16 届亚运会女子水球比赛	1							
	第 16 届亚运会男子水球比赛		1						
	中国水上运动会暨全国女子水球锦标赛	1							
	中国水上运动会暨全国男子水球锦标赛				1				
	全国女子水球冠军赛		1						
	全国男子水球冠军赛				1				
	全国青年女子水球锦标赛		1						
	全国青年男子水球锦标赛			1					
帆板	中国水上运动会暨全国帆板锦标赛		1	1	1	1	2	1	
	全国帆板冠军赛	1	2			2			2
	全国青年帆板锦标赛								1
蹼泳	世界杯总决赛	4	1	2					
	第 12 届亚洲锦标赛	4	2	1					
	蹼泳世界杯分站赛烟台站	8	1	7					
	第 4 届全国体育大会	2	2	4	3	2	2		
	中国水上运动会暨全国蹼泳锦标赛	3	9	9	5	5	4		
	全国春季蹼泳锦标赛	8	6	11	13	7	8		
	全国青年蹼泳锦标赛	12	11	2	1				
现代五项	全国现代五项锦标赛				1		1		
合计	215 枚	51	44	45	28	19	22	3	3

2011 年

【开展“科学管理年”活动提效能】 年内，开展“科学管理年”活动，重点是实现管理理念进一步更新，强化“向管理要成绩，以管理带队伍，用管理促发展”的意识。在活动中促进各部门各运动队主动完善管理工作，更加注重管理效益，科学高效地安排、调度和使用人、财、物等各种资源，向管理要质量、要效益、要成绩、要金牌，同心协力落实“竞技体育有新突破”及“重振广西体育雄风”的任务目标。

【协助国家体育总局做好伦敦奥运会备战工作】 今年是备战伦敦奥运会至关重要的一年，中心承担金牌任务的运动员都在国家队，中心与国家队、总局游泳运动管理中心保持畅通的沟通，做好思想稳定、后勤保障工作，主管领导还利用国内全国冠军赛、锦标赛的机会亲自到赛场观战，了解情况，联络感情，为中心运动员能顺利入选伦敦奥运会而做贡献。

【抓好队伍梯队建设】 游泳是水上项目的基础，有了游泳好的基础，转项也会有用武之地。游泳队在去年聘任教练人选确定后进行了队伍的调整，今年多次安排教练到柳州、玉林、百色等地进行选才，组织了多次短期集训，且利用全区运动会在今年举行，各地积极组队参赛的契机，从中遴选更多优秀的人材。在今年夏天的暑假试训中，选拔了一批成绩好、具有发展潜力的运动员进行集训观察。

【获体育系统集体二等功】 工作扎实，开拓进取，为推动广西体育事业快速、健康发展而作出积极贡献。本年度在全区体育系统 16 个单位授奖中，广西水上运动发展中心荣获广西壮族自治区人力资源和社会保障厅、广西壮族自治区体育局授予的全区体育系统集体二等功。

【获先进基层党组织称号】 本年度，由于出色完成比赛成绩、目标任务及发展党员工作积极稳妥，水上中心被中共广西壮族自治区体育局直属机关委员会授予 2009－2010 年度先进基层党组织称号。

【教练员培训班】 为保证第十二届广西壮族自治区运动会水上项目比赛顺利进行，同时提高裁判队伍的整体水平，中心在区运会期间举办了跳水、游泳、水球裁判员培训班，为此请来了一批专家、权威人士为裁判员们授课。其中，在跳水项目培训上请来了海军跳水队总教练杨小萍、广西国家 B 级裁判员吴浩涛，在游泳项目培训上请来了王昌平、殷玲玲、曾宇、曾玮，在水球项目培训上请来了范献华、黄怀南，给我区裁判员提供了一个很好的学习机会。

【现代五项与山东有偿互利合作】 为增强中心现代五项项目在全国运动会上的竞争力，中心在与中国人民解放军军事体育运动大队进行运动员交流的同时，也尝试与山东展开有偿互利合作。中心在出资请山东青岛体育训练基地代为培养现代五项运动员。山东青岛体育训练基地在现代五项项目上具有较强的培训能力，曾培养出许多优秀运动员。今年中心首批签约培训 7 名运动员，培训期限为 1 月 1 日至 2013 年 12 月 31 日。并商定，第 12 届全国运动会后，如双方愿意继续合作，再另行签订协议。

【马欢欢代言平果铝】 8 月 30 日，广西女子水球队国手马欢欢与广西最大的有色金属生产基地企业一广西平铝集团签约，开创了水上中心运动员与赞助商合作共赢的新局面。马欢欢在一系列国际国内大赛上的优异表现极大提升了赞助商的知名度，给赞助商带来了良好的社会效益和经济效益。

【承办体育总局全国性比赛】 年内，中心承办(1)全国春季游泳锦标赛，有 18 个单位的 431 人参赛；(2)全国青少年蹼泳锦标赛，有 20 个单位的 309 人参赛；(3)全国女子水球锦标赛，有 9 个单位的 165 人参赛。承办以上三个项目的大型比赛，对于我中心来说是组织办赛能力的一次极大考验，同时也是对中心与基地协调工作的考验。根据总局“安全、顺利、完满”办赛要求，较好地完成这些赛事的办赛任务。

【协助组织区运会的竞赛组织工作】 今年是广西壮族自治区第12届运动会的举办年，中心协助广西体育局做好水上各项目区运会的竞赛组织工作。四年一届的区运会是对广西四年来业训工作成果的一次大检验，区运会比赛工作做得好不好，将会直接影响基层业训工作的积极性。在运动会中：游泳项目有12个单位的268人参赛、蹼泳项目有8个单位的149人参赛、跳水项目有7个单位的78人参赛、男子水球项目有3个单位的43人参赛、帆板项目有4个单位的40人参赛。

【全国青年以上比赛成绩】 今年在国内外各项赛事中，中心共获得52金、45银、42铜的好成绩。其中，世界三大赛第一名6个、第二名9个、第三名2个、第四名1个、第五名1个、第六名1个、第七名1个；亚洲大赛第二名1个；一般国际赛事第一名6个、第二名2个、第四名1个、第五名2个、第七名1个、第八名1个；全国大赛第一名21个、第二名18个、第三名22个、第四名12个、第五名26个、第六名13个、第七名7个、第八名8个；一般国内大赛第二名1个、第五名2个、第六名1个、第七名1个、第八名1个；全国青年赛第一名19个、第二名14个、第三名18个、第四名10个、第五名8个、第六名10个、第七名1个。具体如下表：

2011年广西水上运动员参加全国青年以上比赛成绩表

队别	竞赛名称	比赛成绩							
		1	2	3	4	5	6	7	8
游泳	世界青年游泳锦标赛							1	
	全国游泳锦标赛		2	1		1	1		
	全国游泳冠军赛	1		1		3			
	第7届城市运动会							1	1
	全国青年锦标赛	2		2					
跳水	亚洲杯跳水比赛		1						
	全国跳水锦标赛暨奥运会选拔赛	1		1		2		1	1
	全国跳水冠军赛			2		1	1	1	1
	第7届城市运动会		1			2	1		
	全国青年跳水锦标赛				1		1		
	全国青年跳水冠军赛	1		1	1		2	1	

队别	竞赛名称	比赛成绩							
		1	2	3	4	5	6	7	8
水球	第 14 届国际泳联世界锦标赛女水比赛		1						
	第 26 届世界大学生夏季运动会女水比赛	1							
	第 26 届世界大学生夏季运动会男水比赛								1
	全国女子水球锦标赛	1							
	全国男子水球锦标赛					1			
	全国女子水球冠军赛		1						
	全国男子水球冠军赛					1			
	全国青年女子水球锦标赛				1				
	全国青年男子水球锦标赛		1						
帆板	全国帆板冠军赛		1	1				2	1
	全国帆板锦标赛				1	1	1		
	全国翻波板锦标赛			1	1	2	1		1
	全国 OP 帆船锦标赛								1
	全国青年帆板锦标赛			1		1			
跳水	第 16 届世界跳水锦标赛	1	3		1		1	1	
	跳水世界杯总决赛	5	5	2		1			
	跳水世界杯总决赛（青年组）	5	2		1	2			
	全国跳水锦标赛	7	7	10	2	8	5		
	全国春季跳水锦标赛	11	7	5	8	5	4	2	3
	全国青年跳水锦标赛	14	12	14	7	7	6		
现代五项	全国现代五项冠军赛					1		1	
	全国青年现代第五项锦标赛	2	1				1		
合计	248 枚	52	45	42	24	39	25	11	10

广西体操武术运动发展中心

2010 年

【比赛成绩】 截至 11 月底，中心所属项目在 2010 年度国际比赛取得第一名 2 个，第二名 2 个；今年全国大赛上共取得第一名 17 个，第二名 10 个，第三名 21 个，第四名 15 个，第五名 9 个，第六名 8 个，第七名 5 个，第八名 3 个。

【严抓管理加强队伍建设】 年内，中心制定和完善相关规章制度，加强对人、财、物的管理。充分体现和贯彻“有章可循”的管理理念，使各项工作井然有序，为中心工作的全面展开提供依据。加强教练员队伍建设，新周期对教练员队伍进行调整，理顺关系；对运动员进行资源重组，合理调配，调动教练员的积极性，提高运动员的训练积极性。中心领导班子利用每周一上午的时间召开周例会，听取各领队及各部门的汇报，针对运动队近期在训练、学习、生活中所出现的问题进行探讨并加以制定对策，做到群策群力，及时发现问题，及时处理，尽早达成了共识，积极投入管理工作当中。

【加强赛风赛纪整治和反兴奋剂工作】 年内，中心成立广西体武中心赛风赛纪和反兴奋剂专项治理工作领导小组。进一步强调反兴奋剂工作的重要性，及时向全体教练员、运动员传达和学习了《国家队运动员兴奋剂违规处罚办法实施细则》、《关于体操、蹦床、艺术体操等项目赛风赛纪和反兴奋剂工作有关要求的通知》和自治区体育局的有关文件，要求全体教练员、运动员对反兴奋剂工作高度重视，严禁发生服用兴奋剂事件。同时加强对运动队训练、比赛、生活的管理，加强饮食安全，防止误服事件，杜绝一切兴奋剂违规事件的发生。

【加强思想政治学习】 年内，积极开展各种形式的专题学习和研讨，深入学习贯彻中央有关文件和会议精神。坚持和落实政治理论学习制度?，领导班子及其成员不断加强政治理论学习，努力提高思想业务素质和把握大局的能力。积极开展解放思想讨论以深入学习科学实践。解放思想，更新观念，是发展体育事业的重要保证。

【加大教练员业务培训力度】 年内，中心积极组织教练员、运动员参加自治区体育局举办的各种理论学习与培训，通过理论学习进一步加强对科学训练的理解，结合实际情况，查找问题剖析原因，并将理论知识落实的日常工作中去，提高训练效率强化训练效果，为以后开创训练工作新局面打下良好基础。

【加强后勤保障工作】 中心加强与江南训练基地的工作协调和沟通，加大运动队未成年人思想道德教育和文化督导工作力度，正确引导运动员热爱学习，加强文化学习的重要性。同时得到财务科、场地器材科等方面的多方配合支持。中心所取得的成绩离不开基地其他部门的后勤服务保障。

【承办各级赛事】 10 月 9 日至 15 日，中心承办全国艺术体操锦标赛，接待来自全国各地的艺术体操官员、裁判员、教练员、运动员和工作人员近 180 人。各工作小组积极认真的开展工作，将工作职责分别进行了具体分工和落实，及时汇报和解决赛程期间的各种突发情况。中心全体工作人在中心领导的亲自带领

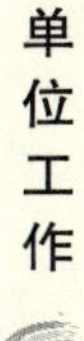

下，群策群力、精心组织，克服了各种困难，最终保证了赛事的圆满完成。通过承办本次比赛，锻炼了队伍，提高了影响力。7月至8月，中心承办了“广西少年儿童艺术体操锦标赛”、“广西少年儿童技巧锦标赛”及“广西少年儿童蹦床锦标赛”等各级赛事共3次，接待参赛人数共计190多人，并协助指导柳州市、梧州市、钦州市承办的3项全区赛事的竞赛组织工作。同时在各项目比赛前夕，举办了体操、艺术体操、蹦床、技巧、武术、散打等6各项目的培训班，并结合全区比赛现场观摩，理论与实践相结合的学习方式，在一定程度上提高了我区教练员、裁判员队伍的业务水平，并为我区裁判员、教练员正确理解新规则做出了指导性工作。

【推动社会体育发展】 年内，广西武术协会于6月6日在南宁召开了广西武术工作会议暨广西武术协会换届大会，成立了由杜雪峰担任主席，李振潜担任名誉主席，钟江宁担任副主席兼秘书长的新一届领导机构，推动武术工作再上新台阶。9月，中心在广西壮族自治区体育局的大力支持下承办了2010年第二届广西体育节全民健身系列活动，10月下旬、11月中旬，在国家体操中心和自治区体育局的指导和大力支持下，中心成功承办了“2010年全国万人健美操大众锻炼标准广西分区赛暨广西第三届健美操锦标赛”、“2010年全国啦啦操联赛（华南赛区）”等两个赛事。两个赛事吸引了来自广西各市、县以及各高校及社会团体近1000多人报名参加，赛况空前，成绩显著。

【加强对外体育交流】 10月，“中国—东盟太极一家亲”国际太极拳名家交流大会。参加本次交流会的代表有中国、越南、新加坡、加拿大等国家和中国香港地区，驻邕高校东盟国家留学生近60人。此次交流会的举行对本地区太极拳运动的发展与提高起到了积极的作用。

2010年体操武术发展中心运动员参加国际比赛成绩表

<table>
<tr><th>队名</th><th>姓名</th><th>比赛名称</th><th>项目</th><th>名次</th></tr>
<tr><td rowspan="2">蹦床</td><td rowspan="2">何宇翔</td><td>2010年亚洲体操、蹦床青少年锦标赛暨新加坡青奥会资格赛</td><td>男子个人网上</td><td>1</td></tr>
<tr><td>2010年第一届青年奥运会</td><td>男子个人网上</td><td>2</td></tr>
<tr><td rowspan="4">体操</td><td rowspan="4">廖俊林</td><td>2010年体操世界杯葡萄牙站</td><td>男子吊环</td><td>2</td></tr>
<tr><td>2010年体操世界杯德国站</td><td>男子吊环</td><td>4</td></tr>
<tr><td rowspan="2">2010年世界杯英国站</td><td>男子吊环</td><td>1</td></tr>
<tr><td>男子吊环（总成绩）</td><td>2</td></tr>
</table>

2010年体操武术发展中心运动员参加全国大赛前三名成绩表

队名	姓名	比赛名称	项目	名次
蹦床	杨　哲 刘倩蕊	2010年全国蹦床冠军赛	女子双人同步	3
体操	梁明声	2010年全国体操冠军赛	男子双杠	2
	廖俊林	2010年全国体操锦标赛 暨世界锦标赛、亚运会选拔赛	吊环	3
武术	陈桂真	2010年全国武术太极拳锦标赛	传统武式太极拳	1
	周琳海	2010年全国武术太极拳锦标赛	传统杨式太极拳	1
散打	许桂武	2010年全国男子武术散打锦标赛	男子52公斤级	3
技巧	韦　笑 黄海洋	2010年第四届体育大会技巧比赛	女子双人全能	2
			女子双人第一套	2
			女子双人第二套	1
	丁　悦 莫芷欣 乔　丹	2010年第四届体育大会技巧比赛	女子三人全能	3
			女子三人第一套	3
			女子三人第二套	3
	黄东盛 蒋庆龙	2010年第四届体育大会技巧比赛	男子双人全能	3
			男子双人第一套	3
			男子双人第二套	3
	黄东盛 蒋庆龙	2010年全国技巧冠军赛系列赛 暨青少年锦标赛	男子双人全能	3
			男子双人第一套	3
	黄海洋 梁林虎	2010年全国技巧冠军赛系列赛 暨青少年锦标赛	混合双人第二套	3

2010年体操武术中心运动员参加艺术体操成绩表

队名	姓名	比赛名称	项目	名次
艺术体操	文亘华、李剑鲨 吴蔚羚、蓝河洪 袁文彬、袁佳雪	2010年全国艺术体操集体锦标赛	集体全能（少年）	3
			5圈（少年）	3
			5带（少年）	3
	谢　菲	2010年全国艺术体操集体锦标赛	5圈（成年）	2
			3带2绳（成年）	2

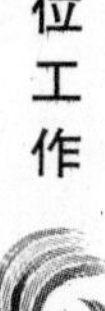

<table>
<tr><th>队名</th><th>姓名</th><th>比赛名称</th><th>项目</th><th>名次</th></tr>
<tr><td rowspan="17">艺术体操</td><td>黄潇萱、陈意婷
罗曦、欧阳梦佳
吴铭璇、文豇华
李剑鲨、吴蔚羚
蓝河洪、袁文彬
袁佳雪</td><td>2010 年全国艺术体操集体锦标赛</td><td>团体总分</td><td>2</td></tr>
<tr><td rowspan="5">邓森悦</td><td rowspan="5">2010 年全国艺术体操个人冠军赛</td><td>个人全能</td><td>1</td></tr>
<tr><td>绳操</td><td>1</td></tr>
<tr><td>圈操</td><td>1</td></tr>
<tr><td>球操</td><td>1</td></tr>
<tr><td>带操</td><td>1</td></tr>
<tr><td>覃晓薇、邓森悦
黄潇萱、吴铭璇</td><td>2010 年全国艺术体操个人冠军赛</td><td>团体总分(成年)</td><td>3</td></tr>
<tr><td rowspan="5">邓森悦</td><td rowspan="5">2010 年全国艺术体操冠军赛</td><td>个人全能</td><td>1</td></tr>
<tr><td>绳操</td><td>1</td></tr>
<tr><td>圈操</td><td>1</td></tr>
<tr><td>球操</td><td>1</td></tr>
<tr><td>带操</td><td>2</td></tr>
<tr><td>文豇华、李剑鲨
吴蔚羚、蓝河洪
袁文彬</td><td>2010 年全国艺术体操冠军赛</td><td>集体全能(少年)</td><td>3</td></tr>
<tr><td>邓森悦、覃晓薇
黄潇萱、吴铭璇</td><td>2010 年全国艺术体操冠军赛</td><td>个人团体(成年)</td><td>3</td></tr>
<tr><td>文豇华、李剑鲨
吴蔚羚、蓝河洪
袁文彬、黄潇萱
陈意婷、吴铭璇
罗曦、欧阳梦佳</td><td>2010 年全国艺术体操冠军赛</td><td>集体团体总分</td><td>3</td></tr>
<tr><td>邓森悦、覃晓薇
文豇华、李剑鲨
吴蔚羚、蓝河洪
袁文彬、黄潇萱
陈意婷、吴铭璇
罗　曦、欧阳梦佳</td><td>2010 年全国艺术体操冠军赛</td><td>团体总分</td><td>2</td></tr>
</table>

队名	姓名	比赛名称	项目	名次
艺术体操	邓森悦	2010年全国艺术体操锦标赛	个人全能	1
			绳操	1
			圈操	1
			球操	1
			带操	1
	文豇华、李剑鲨 吴蔚羚、蓝河洪 袁文彬、袁佳雪	2010年全国艺术体操锦标赛	5带(少年)	2
	邓森悦、覃晓薇 黄潇萱、吴铭璇	2010年全国艺术体操锦标赛	成年个人团体	2
	邓森悦、覃晓薇 黄潇萱、吴铭璇 文豇华、吴蔚羚 邓楚彬、甘宛鹭	2010年全国艺术体操锦标赛	个人团体总分	3
	黄潇萱、陈意婷 罗曦、欧阳梦佳 吴铭璇、文豇华 李剑鲨、吴蔚羚 蓝河洪、袁文彬 袁佳雪	2010年全国艺术体操锦标赛	集体团体总分	3
	邓森悦、覃晓薇 黄潇萱、陈意婷 罗曦、欧阳梦佳 吴铭璇、文豇华 李剑鲨、吴蔚羚 蓝河洪、袁文彬 袁佳雪、邓楚彬 甘宛鹭	2010年全国艺术体操锦标赛	团体总分	2

2011 年

【比赛成绩】 年内,中心各项目按竞赛计划顺利完成各项全国比赛任务,取得较好成绩,基本完成预定目标。在今年的全国性比赛中,本中心各项目运动员在各项全国比赛中获得第一名 15 个,第二名 2 个,第三名 14 个,第四名 20 个,第五名 5 个,第六名 17 个,第七名 6 个,第八名 7 个。特别是 11 月在香港举行的 2011 年全国体操冠军赛上,广西男子体操队发挥出色,取得多年来参加全国比赛的最好成绩。共获得 1 枚金牌、1 枚铜牌、2 个第 4、1 个第 6、1 个第八名,4 人次进入 6 个单项前八名的决赛,其中年轻队员方海亮不惧强手勇夺自由体操单项冠军,黄熙获跳马铜牌,很大程度提升广西体操队的士气。另外,邓森悦在 2011 年法国艺术体操世锦赛个人全能项目获得第 13 名,取得 2012 年伦敦奥运会参赛资格。

【举办"李宁杯"西南体操联盟邀请赛】 4 月,中心承办第二十五届"李宁杯"西南体操联盟邀请赛,广西、四川、湖北等六省(区)和李宁体操学校共七个代表队约 60 名运动员参加比赛。本次比赛的成功举办,探讨促进了西南各省(区)体操运动交流合作的新途径。

【举办第十二届区运会相关项目比赛】 8 月,中心在南宁承办第十二届区运会第一阶段的体操、艺术体操、蹦床和技巧比赛;11 月,分别在浦北县和钦州市组织区运会武术套路和散打竞赛工作。区运会各项比赛组织有序,公平公正,获得圆满成功。区运会各项比赛,检阅了各项目在各市的训练水平,为今后如何加强各项目后备人才建设提供重要依据。

【举办高水平活动、赛事】 年内,中心举办参加各类竞技武术比赛。冬训期间,举办了一次全区散打苗子选拔赛和中越散打交流赛;6 月,在防城港市组织举办了全区散打王擂台赛。通过举办各类武术比赛,发现人才,锻炼队伍,促进竞技武术水平的提高。

【开展武术下基层活动】 春节期间,广西武术队到邕宁县王里坡村表演;元宵节,广西武术队分别到防城港市、平果县进行武术展演;7 月,组织 20 多个社会文艺团体在南宁市人民公园举行庆祝建党 90 周年文艺武术汇演。通过深入基层进行武术表演,在群众中展示了武术文化的魅力,弘扬了武术的文化。

【举办全民健身比赛活动】 10 月,全国"市长杯"武术太极拳比赛在桂林举行,本次比赛规格高,共有来自全国 30 名左右厅级领导干部参赛,在全国领导干部中掀起习武健身的风气。11 月,全区健美操锦标赛和全区中老年柔力球比赛同时在南宁举行。这两项比赛的举办将有力推动我区全民健身运动的发展。

【加强对外体育交流活动】 广西武术运动与东盟国家的交流活动非常频繁。3 月份,越南胡志明市、永福省武术队来广西武术队训练;广西武术代表队于 2 月和 7 月分别访问泰国和越南。两次出访活动,多方面展示了中国武术的魅力,弘扬了中国丰富的武术文化,出色地完成体育交流的任务,达到了加深了解、增进友谊、促进交流合作的目的。中国一东盟武术节于 12 月在南宁举办,本中心全力做好协办工作,本次武术节包括专家论坛、武术比赛、社区交流等活动,形式多样,参与国家、地区人数众多,在东盟和亚太国家武术界具有广泛影响。

【建立中国—东盟体操、武术交流合作基地】 4 月,经国家体育总局体操运动管理中心批准,建立了中国—东盟体操交流合作基地。12 月,建立中国—东盟武术交流合作基地。中国一东盟体操交流合作基地和中国一东盟武术交流合作基地主要是面向东盟国家,打造中国—东盟体育交流合作平台、体育人才培训平台、对外体育交流服务平台、体育信息交流平台。

2011年体操武术中心运动员参加全国大赛前三名成绩表

队名	姓名	比赛名称	项目	名次
蹦床	杨　哲、张雨薇	2011年全国蹦床锦标赛	女子双人同步	3
	杨　哲、张雨薇 庚　雪	2011年全国蹦床冠军赛	女子网上团体	3
	何宇翔	2011年全国蹦床冠军赛	男子网上个人	3
体操	廖俊林	2011年全国体操锦标赛	男子吊环	3
	方海亮	2011年全国体操冠军赛	男子自由操	1
	黄　熙	2011年全国体操冠军赛	男子跳马	3
武术	陆　树	2011年全国武术套路冠军赛（传统项目）	男子南棍	1
	周琳海	2011年全国武术套路冠军赛（传统项目）	男子杨式太极拳	1
	陈桂真	2011年全国武术套路太极拳锦标赛	女子武式太极拳	3
技巧	乔　丹、梁林虎	2011年全国技巧锦标赛	混合双人第二套	3
	黄东盛、梁林虎 蒋庆龙、莫芷欣 乔　丹、张智云	2011年全国技巧锦标赛	集体项目	3
			团体	3
	黄东盛、蒋庆龙	2011年全国技巧冠军赛	男子双人第一套	3
	乔　丹、梁林虎	2011年全国技巧锦标赛	混合双人全能	3
	莫芷欣、张智云	2011年全国技巧锦标赛	女子双人第二套	2
	崔启南 潘思懿 黄海洋	2011年全国技巧锦标赛	女子三人全能	1
			女子三人第一套	1
			女子三人第二套	1
	黄东盛、梁林虎 蒋庆龙、莫芷欣 乔　丹、张智云 崔启南、潘思懿 黄海洋	2011年全国技巧锦标赛	集体项目	3
艺术体操	邓森悦	2011年全国艺术体操个人冠军赛	个人全能	1
			带操	1
			圈操	1
			球操	1
			棒操	2

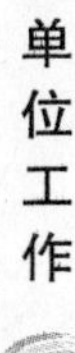

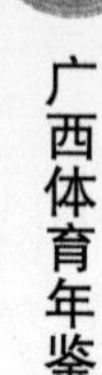

队名	姓名	比赛名称	项目	名次
	邓森悦、谢 菲 文亘华、欧阳梦佳	2011 年全国艺术体操个人冠军赛	个人团体	3
	邓森悦	2011 年全国艺术体操冠军赛	个人全能	1
			带操	1
			圈操	1
			球操	1
			棒操	3

2011 年体操武术中心运动员参加国际赛事前三名成绩表

队名	姓名	比赛名称	项目	名次
艺术体操	邓森悦	第 26 届世界大学生夏季运动会	圈操	3
体操	廖俊林	2011 年体操世界杯分站赛卡塔尔站	男子吊环	2
		2011 年韩国杯体操国际邀请赛	男子吊环	1
		2011 年体操世界杯分站赛斯洛文尼亚站	男子吊环	2
		2011 年体操世界杯分站赛克罗地亚站	男子吊环	1

广西举重运动发展中心

2010 年

【广西举重中心成立】 2 月，广西举重运动发展中心成立，负责广西举重项目专业训练和竞赛组织工作。中心领导班子设置书记 1 人、主任 1 人、副主任 1 人，下设办公室、竞训部、举重运动队。男女举重队教练员 9 人，顾问 1 人，举重队实行总教练负责制。男队在编运动员为 32 人，女队在编运动员为 16 人。

【竞赛成绩】 年内，举重队在各项比赛中取得了优异的成绩。4 月 26 日至 29 日，男子举重队在河南省郑州市举行的全国男子举重锦标赛，获得团体总分冠军，覃义福获 62 公斤级挺举(179 公斤)第一名，总成绩(318 公斤)第二名，陆永获 85 公斤级抓举(173 公斤)，挺举(210 公斤)，总成绩(383 公斤)三项第一名，李兵 94 公斤级，挺举(212 公斤)和总成绩(377 公斤)两项冠军。5 月 4 日至 7 日，女子举重队参加在江苏省南京市举行的全国女子举重锦标赛，获得团体总分第三名，唐爱青获得 48 公斤级抓举(90 公斤)第二名，总成绩(197 公斤)第二名。黄月珍获得 48 公斤级挺举(107 公斤)第二名，总成绩(196 公斤)第三名。李荣艳获 75 公斤级挺举 142 第二名，总成绩 250 公斤第三名。3 月 16 日至 23 日，全国青年举重锦标赛在陕西省宝鸡市举行的全国青年锦标赛，本次比赛设置有 20 岁组以下和 21—23 岁组两个年龄组别，广西派 15 名男运动员和 8 名女运动员参赛共获取得 19 个第一名(男 5 个女 14 个)。10 月 16 日至 19 日，女子全国举重冠军赛于在安徽省蒙城县举行，分设成年组和青年组，广西队有五名运动员参加了成年组的比赛，获 5 个第一名(58 公斤级邓猛荣的抓举、总成绩和李荣艳抓举、挺举、总成绩三项)；青年组广西 6 人参赛，获团体总分第一名及 7 个单项第一名。广西运动员陆永代表中国参加广州亚运会获得 85 公斤级冠军。

【基层业余训练与赛事组织】 广西举重事业坚持发展全区业余训练网，从青少年抓好后备力量的培养，有区体校举重队，吴数德举重学校，桂林市体校举重班、柳州市体育中心举重班，北海市体校，百色市体育民族中心，来宾市体校，等是广西举重点布局的“三集中”业训点，是广西举重的后备力量培养骨干力量。7 月 14 日至 20 日，在贺州市举行广西青少年举重锦标赛，有 238 人(其中 140 人为女子)参加了本次锦标赛，是本年度广西举重后备力量训练的一次检验与锻炼。并通过比赛、选拔运动员参加本年度的全国青少年分龄赛和全国举重高水平后备人才基地比赛等赛事。

2011 年

【加强队伍管理建设】 年内，举重中心着重加强队伍的管理和作风建设，向管理要成绩；强化运动员思想道德教育，培养祖国意识，锤炼敢于拼搏、不畏强手的意志品质。

【竞赛成绩】 举重中心运动员参加全国、亚洲、世界举重比赛赛共夺得 50 枚金牌、29 枚银牌、32 枚铜牌。其中：全国青年男子锦标赛获 7 金 8 银 4 铜，冠军赛获 3 金 3 银 3 铜；全国青年女子锦标赛共获 11 金 1 银 2 铜，并取得了全国青年女子团体第三名，冠军赛获 1 金 3 银 5 铜。全国男子锦标赛获 5 金 2 铜；全国女子锦

标赛获 2 金 5 银 4 铜;全国男子冠军赛获 1 金 2 银 1 铜;全国女子冠军赛获 4 银 3 铜。中日韩举重友好邀请获 6 枚金牌,亚洲青年锦标赛获 3 金 1 银 2 铜;亚洲锦标赛获 4 金 2 铜。世界青少年举重锦标赛获 5 金 1 银 1 铜;世界青年举重锦标赛获 2 金 1 银 3 铜;陆永参加在法国举行的世界锦标赛上,取得了抓举第五名。94 公斤级运动员李兵,首次参加了亚洲锦标赛获得 1 金 2 铜,这是该队员在亚洲赛上的最好成绩。陆永在亚锦赛上获抓举 173kg、挺举 212kg、总成绩 385 三项冠军。

【后备人才的培养和输送】 年内,举重中心加大了后备人才的培养力度,先后分 3 批选调全区青少年运动员集训,年初第一批是在去年集训的基础上转为一年,第二批暑假集训 21 天的,第三批是在暑假集训队员中再次选拔 8 名优秀队员进行为期 3 个月的集训观察。通过集训,大部分队员的成绩明显提高,为运动队的梯队建设培养了优秀苗子。在选材集训的同时,我们积极向国家队输送优秀运动员,有 7 名运动员被输送到国家队集训,他们是男子 85 kg陆永、94 kg李兵;女子 48 kg黄月珍、53 kg李燕、58 kg蒙珊珊、63 kg邓猛荣、75 kg李荣艳。女队是建队以来人选国家队人数最多的一次,这对在区队训练的运动员是极大的鼓舞。

【积极争取参加国际赛事名额】 年内,全区共有举重运动员 13 人次参加国际赛事,是中心成立以来,运动员参加国际赛事名额较多的一年。陈春莲、蒙珊珊、吴长升在参加世界青少年举重锦标赛上,取得了 5 金、1 银、1 铜;黄月珍、李荣艳、吕云涛参加在马来西亚举行的世界青年举重锦标赛上,取得了 2 金、1 银、3 铜;陆永参加在法国举行的世界锦标赛上,取得了抓举第五名;黄世平、向正权参加在日本举行的中日韩举重友好邀请赛上,分别包揽了男子 62 公斤级和 56 公斤级的 6 枚金牌。陶玲爱、廖嫦凤参加在泰国举行的亚洲青年锦标赛上,取得了 3 金、1 银、2 铜;陆永、李兵参加在中国铜陵举行的亚洲青年锦标赛上,取得了 4 金、2 铜。通过参加这些国际赛事,使队员们得到了很好的学习和锻炼。

【协助钦州办好第十二届区运会举重比赛】 11 月 6 日至 11 日,自治区第十二届运动会举重比赛在钦州市综合训练馆举行,共设男女甲、乙、丙组 29 个组别的比赛,除河池市未有女队参赛以外,各市均派出男、女队 27 支队伍共计 239 人参赛。经过 6 天共计 9 场 28 个组别的比赛(女子甲组 48 公斤组只有 1 人报名被取消),共角逐出男、女单项 84 枚金牌、84 枚银牌、75 枚铜牌,有 2 人 8 次破 6 项全区 18 岁以下青少年纪录。在区运会之前,为保证区运会的顺利进行,中心按照自治区体育局的统一部署,于 5 月 27 日至 6 月 6 日在南宁举办了全区青少年举重锦标赛暨第十二届区运会资格赛。按照区运会竞赛规程总则的要求,对参赛运动员进行一次全面资格审查,以至决赛阶段没有发生资格造假和赛风赛纪问题。

【开展创先争优活动】 年内,中心深入推进创先争优活动,涌现出一批先进典型。魏鹤同志被自治区体育局评为 2009－2011 年度“优秀党务工作者”,陶闯同志被区直工委推荐为“自治区级先进人物典型”、并推荐参加“全国优秀共产党员”评选活动;女子举重队团支部被江南训练基地团委评为年度先进团支部,李斌钺、郭金演等 4 人被评为优秀团干、优秀团员;陆永运动员及其教练员陶闯在“广西参加第十六届亚运会总结表彰大会”上受到自治区的表彰;广西男子举重队被自治区体育局推荐参加“全国体育系统世纪十佳”评选活动,陆永同志被推荐参加“全国敬业奉献”评选活动。举重中心被自治区体育局评为“全区体育系统先进集体”。此外,中心党支部与广西体专人事处党支部共同开展“结对共建”,利用各自优势深入推进创先争优活动。通过开展创先争优活动,较好的宣传了中心的良好形象,提高了中心的声誉和知名度。

广西重竞技运动发展中心

2010 年

【加强队伍管理建设】 年内，为提高广西重竞技运动项目发展，认真实施“金牌工程”，坚持和创新“灵、小、短、水”竞技体育优势发展战略，重竞技中心在年初正式分立为重竞技中心与举重中心，其中重竞技中心所属项目为国际式摔跤、跆拳道、男子拳击和女子柔道，中心就对教练员提出的竞聘要求，并通过上一周期任职工作期间的表现和能力，以及对新周的目标任务及发展思路等综合情况的分析，对教练员进行了客观的评定，进行新周期教练聘任工作。按过去的经验和惯例，每个周期结束后，教练员队伍都会进行适当的调整。运动队教练员、运动员在聘任前没有出现不稳定现象，所有运动队的训练、管理工作有条不紊进行。

【制定科学备战计划】 年内，中心根据各项目的实际情况，与新聘任的领队、总、主教练以及教练员签订目标责任书，明确提出了新周期的目标任务和逐年指标落实情况。

【组建新队伍】 年内，组建女子拳击集训队。由于女子拳击已被列为 2012 年伦敦奥运会正式比赛项目。中心通过今年全区拳击青少年锦标赛选拔出了一批具有发展潜力的运动员进行集训，力求在 2013 年第十二届全运会上有所突破。

【重竞技中心运动成绩】 年内，今年国内外各项赛事中中心共获得 6 金 6 银 9 铜的好成绩。其中，世界杯赛冠军 1 个；亚洲锦标赛冠军 1 个；亚洲青年锦标赛第三名 1 个；全国冠军 2 个，第二名 5 个，第三名 3 个，第五名 4 个，第七名 4 个；全国青年赛冠军 2 个，第二名 1 个，第三名 5 个，第五名 1 个，第七名 1 个。

2011 年

【加强队伍管理建设】 年内，中心通过会议等形式组织运动员学习了《优秀运动队管理条例》，加强了教育，增强责任意识。中心还要求教练员在教学中积极培养运动员的团队精神，加强队伍作风建设，确保有一支作风过硬，成绩过硬的队伍。

【组织区运会资格赛】 5 月 23 日至 7 月 18 日，中心陆续举办了柔道、跆拳道、拳击、国际式摔跤等 5 个项目项目区运会资格赛。在领导高度重视下，中心领导和工作人员都做了大量的工作保证了赛事成功举办。本次比赛，中心各项目参赛人员总数达 997 人次，其中，国际式摔跤 452 人（古典式摔跤参赛 145 人、男子自由式摔跤参赛 171 人、女子自由式摔跤参赛 136 人），柔道参赛 106 人，跆拳道参赛 281 人，拳击参赛 158 人。

【协助组织区运会】 中心各部门及时总结预赛工作的经验教训，根据实际制定了区运会决赛阶段的工作计划，具体划分了阶段性工作，明确了工作的方向，使工作方案行之有效。中心领导分工合作，黄奕科主任总体负责，黎胜副主任负责跆拳道、拳击项目，严伟霞副主任负责柔道、国际式摔跤项目。10 月底，中心领导分批抵达赛区对所属项目进行场地验收工作。确保第十二届区运会重竞技项目顺利圆满举行。

【冬训工作】 重点抓好体能训练和技战术提

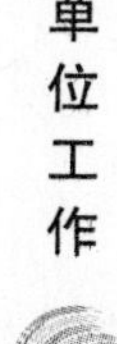

高。在冬训中，各队都把身体素质训练放到重要的位置上，坚持强体能，上强度，不断强化身体素质，减少创伤，增强体质。同时根据各项目的特点，强化专项技术的灵活、多变性，提高技战术水平。力求经过此次冬训，各方面的能力得到普遍提高。

【重竞技中心运动成绩】 年内，在参加的各项全国比赛中，中心 5 个项目共取得世界冠军 1 个。全国第一名 1 个，第二名 3 个，第三名 2 个，第五名 3 个，第七名 5 个。其中：下半年，苏贵北获得全国女子自由式摔跤锦标赛冠军。钟兴云获得全国男子自由式摔跤冠军赛第二，李鸿男获得全国男子自由式摔跤冠军赛第五。

广西球类运动发展中心

2010 年

【与乒羽中心合并组建新的球类运动发展中心】 年初，球类中心与乒羽中心合并，两中心合并后，立即进行了党支部的换届改选工作。中心领导班子成员、中层干部担任支部委员，并进行了明确分工。中心党支部在人员配备到位后，立即进行了党支部的换届改选工作。中心领导班子成员、中层干部担任支部委员，并进行了明确分工。为了便于运动队开展学习活动，根据中心运动项目场馆的地理位置，分成了机关党小组、乒乓球羽毛球党小组、篮球手球网球党小组。支部及时制定了中心组理论学习计划下发到各党小组，由小组长组织开展学习活动。

【制定《广西球类中心自费集训管理规定》】 为解决公费集训名额少，经费不足，后备人才匮乏的难题，中心有组织、有计划地招收部分运动员进行自费集训。为此，中心专门制定了《广西球类中心自费集训管理规定》，要求有自费集训项目的运动队，领队负责每月将费用交基地财务，并由财务开具收款收据给队员，从源头上防治腐败现象的发生，从管理制度上做好了“小金库”长效机制的建设工作。

【完成新周期队伍建设工作】 新的中心领导班子上任后，立即着手进行了中心各运动队领队、教练员新周期的聘任工作。经中心领导班子开会讨论研究，对各运动队领队在原来的基础上进行了个别人员调整，并制定了教练员新周期的聘任方案上报自治区体育局。为重振广西羽毛球的辉煌，中心聘请著名羽毛球名将、世界冠军赵剑华担任广西羽毛球队总教练，希望通过赵剑华的专业能力和个人影响力，帮助广西羽毛球队走出低谷，再创佳绩。

【开展赛风赛纪和反兴奋剂专项治理工作】 根据《广西体育局赛风赛纪和反兴奋剂专项治理工作方案》精神，中心根据实际情况制定了赛风赛纪和反兴奋剂专项治理工作实施方案。并实施以下措施：中心成立了专项治理工作领导小组，召开了赛风赛纪和反兴奋剂专项治理工作动员大会；在中心各项目训练场馆悬挂宣传条幅并制作宣传板报，营造良好的舆论氛围；各运动队利用周末队会时间开展赛风赛纪和反兴奋剂知识的学习；邀请队医给全体运动员、教练员、领队进行反兴奋剂知识专题讲座等，为广大教练员、运动员敲响警钟。中心专项治理工作领导小组还深入运动队进行督查，确保专项治理工作取得实效。

【利用社会资源为运动队提供经费保障】 为解决运动队训练、比赛经费不足的现象，中心通过各种渠道积极为各运动队争取企业的赞助支持。6 月，广西乒乓球队与广西梧州中恒制药集团公司签约，在这个全运会周期为广西乒乓球队提供 210 万元的经费赞助。广西梧州中恒制药集团公司的大力支持，对广西乒乓球事业的发展起到了很好的促进作用。

【加强对运动队的管理工作】 为加强运动队管理，中心要求各运动队做好防暑降温工作和安全用电工作，并陆续出台运动队出早操考勤、队干部值班、运动员公寓卫生流动红旗评比等制度，来进一步加强运动队的管理。同时做好教练员的思想教育工作，加强工作责任心的培养。并将初步拟定的上述规章制度下发

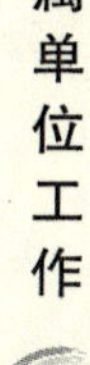

至各运动队，以征求反馈意见及试运行。伴随各运动队休整和自我检查，有伤病、状态不理想的队员及时进行治疗和心理辅导，争取尽快恢复，避免训练过度带来隐患。

【顺利完成广西青少年年度比赛及中心承办的各项赛事】 年内，中心除完成年度广西青少年年度比赛外，还组织承办了广西“公仆杯”领导干部乒乓球赛和第三届中国—东盟男子篮球邀请赛，充分展示了广西人民健康文明、积极向上的精神风貌，推动了全区全民健身运动的深入开展。

【中心各运动队及运动员比赛成绩】 年内，中心各运动队参加了国内多项赛事，取得一定的成绩：雷莉、徐嘉韵获得“李宁杯”全国少年乙组羽毛球比赛女子双打第一名，唐渊婷、吕晨妮获第六名，莫明明获男子单打第四名；鲁恺、陆璐获得“李宁杯“全国青年羽毛球锦标赛混合双打第一名，唐渊婷、吕晨妮获女子双打第二名；曾韵霓、谢宁（建达俱乐部）获全国青少年网球排名赛 14 岁组第七站女子双打第三名，杨佳琦、谢思琪（成都）获女子双打第五名，曾韵霓获女子单打第五名，曾韵霓、谢宁（建达俱乐部）获全国青少年网球排名赛 14 岁组第八站女子双打第五名，广西网球队获全国网球团体锦标赛男子团体小组第六名，女子团体小组第四名；广西女子篮球队获全国女子篮球乙级联赛第五名，广西男子篮球队获 NBL 全国男子篮球联赛第一阶段比赛第九名；广西女子手球队获全国女子手球锦标赛第九名，获全国女子手球青年赛第一阶段比赛第六名。

2011 年

【开展科学管理年专项工作】 中心根据自治区体育局“科学管理年”专项活动要求，于 2010 年下半年至 2011 年上半年期间，开展“科学管理年”专项活动。通过成立专项活动小组、制订活动方案、梳理完善各项规章制度等工作步骤切实开展科学管理年专项活动。经过深入开展“科学管理年”专项活动，中心在队伍规范化管理、教练员、运动员综合素质、中心整体凝聚力等方面都有了明显的进步，也为中心下半年各项工作的开展和顺利迎接第十二届区运会奠定了良好的基础

【积极开展先进教育树立优秀典型活动】 为迎接建党 90 周年，深入贯彻落实科学发展观，以党的执政能力建设和创先争优发挥党员先锋模范作用，中心开展了系列庆祝建党 90 周年、树立先进典型的宣传教育活动。

【加强教练员队伍建设】 为促进队伍的发展，中心领导想方设法，千方百计为运动队解决部分队伍教练员不足的难题。中心聘请金峰为羽毛球队男二队教练，希望通过他的专业能力为广西羽毛球队培养后备力量，完善队伍的梯队建设。乒乓球男、女队合并为广西乒乓球队后，实行主教练负责制，同时，以中心名义为乒乓球男女队各聘请教练员一名。教练员队伍业务水平不断进步和人员的充实，使教练员整体执教水平得到提高，运动队后备力量的梯队建设得到加强。

【完成中心项目十二届区运会钦州比赛】 第十二届区运会第二阶段的球类项目的比赛于 11 月 2 日正式在钦州拉开帷幕。本届区运会球类项目共有 7 个项目 13 项比赛，共有 1792 名运动员，451 名裁判员参加，共决出金牌 209 枚。为保证第十二届区运会球类项目比赛的顺利进行，我中心集全体人员之力做好各项工作。经过 15 天的共同努力，球类各项目均圆满完成比赛任务，据区运会单项比赛裁判员工作统计表统计，大部分参赛人员对本届裁判员的执裁工作很满意或满意，对执裁工作提出质疑的比赛判罚，在现场经仲裁委员会和裁判长根据规则、规程的有关条款做解释工作，均得到圆满解决。

【协助北海市体育局完成广西足球队重建工作】 为认真贯彻落实“重振广西体育雄风，建设西部体育强省（区）”的有关精神，按照桂体

竞字〔2011〕29号文件精神，恢复成立了广西足球队，进一步普及提高足球运动，加快我区足球事业的发展。经过研究决定，广西足球队将按照“区市共建”的模式，由北海市体育局负责队伍的组建、训练和日常管理工作，并聘请欧管（北京）国际体育管理有限公司作为广西足球队运营管理机构，负责教练员选拔、教练聘请和日常管理及与足球机构的合作与交流等事项。我中心参与了广西足球队重建可能性、必要性、重建条件等重大问题的讨论，并积极联系足球教练，与他们商讨重建事宜，为重建广西足球队发挥了重要作用。按照《北海市体育局关于成立广西足球队管理委员会》文件精神，我中心作为广西足球队管理委员会一员，将继续承担管理队伍等相关工作。

【协助广西领导干部乒乓球协会做好领导干部乒乓球比赛工作】 今年领导干部乒乓球比赛赛事频繁，全年举办5场以上相关赛事，并协助广西乒乓球协会赴新疆、内蒙古参赛，获得区内外领导干部和参赛群众的一致好评。

【中心各运动队及运动员比赛成绩】 中心各运动队全年共参与区内、国内外比赛共计37项，其中羽毛球7项，乒乓球10项，网球12项，男女篮4项，女子手球4项。经过教练员的细心栽培和运动员的刻苦努力，在技战术发面得到了一定程度的突破，部分队员的成绩显著，取得了以下成绩：羽毛球队雷莉获全国第七届城市运功会羽毛球女子单打第一名；乒乓球队熊欣芸获全国第七届城市运功会乒乓球女子单打第三名；广西羽毛球男队获全国第七届城市运功会男子团体第八名；网球队在2011年全国青少年网球排名赛各站各组别中荣获冠军3个，亚军7个，季军8个，其中，杨佳琦荣获全国青少年网球排名赛U14组第一站女子双打冠军；廖信全荣获全国青少年网球排名赛U16组第六站、第七站冠军及总决赛双打第三名。

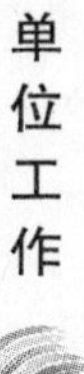

广西射击射箭运动发展中心

2010 年

【加强党组织建设】 年内，中心党支部进行了换届改选，成立了以付涛、李鉴明、吴少兴、麦英、黄安羿等五人为委员的新一届支委会。新的党支部委员会成立后，积极发展新党员，经过对董志雄、陆星好两位同志进行长期的考察，支部党员大会一致讨论并通过了发展这两位同志为中国共产党预备党员。七一前后，中心党支部分别组织了两批党员赴革命老区百色市以及大明山进行学习交流活动，同时出版了一期纪念中国共产党成立八十九周年的宣传板报。组织生活的健全完善，党建活动的正常开展，增强了党支部的凝聚力与战斗力。

【完成新周期聘任工作】 年内，中心新领导班子深入教练员运动员队伍中仔细了解情况，认真调查研究，按照区体育局的要求，为适应新周期的工作任务需要，开展并完成了教练员的聘任工作以及机关人员的聘任工作，已上报局里等待批复。

【加强业务联系】 年内，中心领导十分注重加强与国家体育总局射运中心的沟通与联系，多次上北京汇报工作；同时积极与区体育局主管部门合作，加强与青秀山训练基地的业务交流，重视与教练员、运动员之间的交流与沟通。从而使横向纵向的关系更加和谐顺畅，为今后各项工作的开展打开了良好的局面。

【完善队伍管理】 年内，中心班子十分注重做好教练队伍的思想政治工作，要求广大教练员不计较个人得失，以大局为重，以中心的任务目标为重，要求机关干部必须树立一流的服务意识与保障意识，全心全意为一线队伍做好各种后勤服务工作。同时加强领队工作的力度，为运动队配备专职领队。对运动队的管理要求制度化、严格化、人性化、细节化。经调查研究，从广西射击项目的长远战略发展出发，恢复了原来因种种原因取消的手枪慢射项目，并抓紧有利时机做好选材训练工作。

【加强训练设备管理】 作为特殊项目，枪支弹药的管理与安全使用是头等大事。所以中心领导班子十分重视枪、弹使用的安全教育与监督检查，加强与基地的协同管理，使广大教练员运动员对枪械弹药使用的安全问题不能松懈，时刻防患于未然。

【严整赛风赛纪】 按照自治区体育局赛风赛纪和反兴奋剂专项治理工作的总体要求，认真组织教练员运动员学习了整治赛风赛纪和反兴奋剂工作的有关条例和规定。制订了中心赛风赛纪和反兴奋剂专项治理的工作方案，并通过各种渠道大力宣传，组织学习。

【完成全区运动员注册的审核及制证工作】 此项工作于今年初开始进行，5 月 20 日结束。因第 12 届区运会于明年举行，参加的运动员必须在今年的比赛中露面，注册的运动员较多，工作量巨大，竞训部克服各种困难完成此项工作。

2010年广西射击射箭发展中心射击队比赛成绩一览表

项目	国际比赛				全国比赛		
射击队	飞碟多向班	射击飞碟时间锦标赛	第二名	1个			
	男子手枪班	射击手枪世界青少年锦标赛	第一名	3个	全国射击锦标赛	第五名	1个
			第二名	1个	全国射击冠军赛	第四名	1个
			第三名	1个			
			第五名	1个			
	男子双多向				全国射击冠军赛	第六名	1个
					全国射击总决赛	第六名	1个
	女子双向班				全国射击冠军赛	第八名	1个
	女子双多向				全国射击冠军赛	第六名	1个
					全国射击锦标赛	第五名	1个
	女子步枪班				全国射击锦赛（团体赛）	第四名	1个

2010年广西射击射箭发展中心射箭队比赛成绩一览表

项目	女子			男子			混合团体		
射箭队	全国射箭冠军赛	第七名	1个	全国室内射箭锦标赛（团体赛）	第一名	1个	全国冠军赛	第七名	1个
	全国室内射箭锦标赛（团体赛）	第四名	1个	全国室内射箭锦标赛个人排名赛	第七名	1个	全国奥林匹克项目锦标赛	第一名	1个
	全国室内射箭锦标赛（个人赛）	第一名	2个	全国室内射箭锦标赛个人决赛	第五名	1个	全国室外射箭锦标赛（团体赛）	第八名	1个
	全国室内射箭锦标赛（个人排名赛）	第三名	1个		第七名	1个			

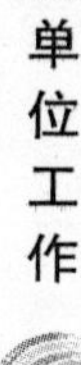

项目	女子			男子			混合团体		
	全国室内射箭锦标赛（个人排名赛）	第四名	1个	全国奥林匹克项目锦标赛	第四名	1个			
	全国室外射箭锦标赛（团体赛）	第四名	1个		第六名	1个			
	全国室外射箭锦标赛女子个人70米	第四名	1个						
	全国室外射箭锦标赛（团体赛）	第三名	1个						
	全国室外射箭锦标赛女子个人60米	第七名	1个						
	全国室外射箭锦标赛男子个人淘汰赛	第八名	1个						
	全国室外射箭锦标赛女子个人50米	第七名	1个						
	全国室外射箭锦标赛女子个人淘汰赛	第六名	1个						
	全国青少年射箭锦标赛	第三名	1个						
		第四名	1个						

2011 年

【加强中心党建工作】 年内，配合青秀山训练基地组队参加了区直机关“七一”文艺汇演；同时参加了体育局系统庆祝中国共产党成立 90 周年“永远跟党走”歌咏晚会的大合唱比赛，并荣获一等奖。通过这项活动提升了全体干部职工尤其是党员干部对党对祖国的真挚情怀，展示了中心团队意气风发、团结和谐的精神面貌。利用检查区运会场地的机会，中心党支部组织了部分党员下乡进行学习交流活动，并组织党员重温了入党誓词。积极开展“创先争优”活动，涌现了一批先进人物。其中付涛、吴少兴、韦飞智、陆瑞珍等党员分别被评为自治区体育局系统 2009—2011 年度优秀党务工作者和优秀共产党员。

【加强队伍管理建设】 年内，中心班子十分注重做好教练队伍的思想政治工作。要求机关干部必须树立一流的服务意识与保障意识，全心全意地为一线队伍做好各种后勤服务工作。同时加强领队工作的力度，让领队起到积极配合运动队管理的作用。对运动队的管理既做到制度化、严格化，也做到人性化、细节化。通过努力，逐渐组建起一支思想稳定、爱岗敬业、团结奋进、共同为广西射击射箭事业贡献力量的和谐团队。

【外聘专家教练】 中心原有的男子手枪速射项目具有一定的优势，但手枪项目缺乏教练。3 月，中心聘请了原八一队高级教练石召礼任女子手枪班教练，并负责管理苏嘉荣的一些计划及比赛方案的制订修改，尽量让一些优秀运动员的竞技水平得以发挥。

【加强训练设备安全管理】 射击射箭作为特殊项目，枪支弹药的管理与安全使用是头等大事。中心领导班子十分重视枪、弹使用的安全教育与监督检查，加强与基地的协同管理，使广大教练员运动员对枪械弹药使用的安全问题一丝都不能松懈，时刻防患于未然。

【严整赛风赛纪】 年内，按照自治区体育局赛风赛纪和反兴奋剂专项治理工作的总体要求，对赛风赛纪的宣传整治工作一刻也不能松懈。今年在中心参加和承办的所有比赛中，没有出现任何违反安全规则及赛风赛纪和兴奋剂违规的事件。

【年轻运动员培养】 今年中心蓝宇雯、陆星妤、李文全和黄睿 4 名运动员到国家队训练。其中蓝宇雯的进步比较明显，在进行的奥运选拔赛上，气步枪项目打出了 400 环满环的好成绩，并打进了 2013 年伦敦奥运组队的大名单，将有机会参加明年的奥运选拔赛。射箭队也涌现出了黄睿等一些比较有实力的年轻运动员，并在今年的几场比赛表现优异而入选了国家队。射击飞碟项目较年轻的运动员孙树栗今年的训练进步也比较明显，通过今年参加的全国性比赛看，一场比一场的比赛成绩在不断提高，被国家飞碟射击队的教练看中，作为有发展前途的年轻苗子人选进入国家二队进行培养。中心在体育局的领导下，积极配合，较好地完成了局交办的第十二届运动会射击、射箭项目的所有比赛，并通过比赛从中发现了一批比较有发展潜力的年轻运动员。飞碟项目运动员孙树栗、陈宇曦、男子手枪慢射运动员罗誉荣等等。

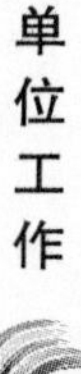

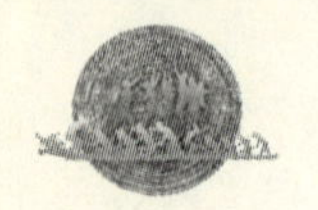

2011 年广西射击射箭发展中心射击队全国比赛成绩一览表

<table>
<tr><td>全国射击冠军赛(手枪项目)</td><td>第五名</td><td>1个</td></tr>
<tr><td>全国射击团体、个人锦标赛(步枪项目)</td><td>第五名</td><td>1个</td></tr>
<tr><td rowspan="4">全国青少年射击锦标赛</td><td>第一名</td><td>1个</td></tr>
<tr><td>第五名</td><td>2个</td></tr>
<tr><td>第六名</td><td>1个</td></tr>
<tr><td>第八名</td><td>2个</td></tr>
</table>

2011 年广西射击射箭发展中心射箭队比赛成绩一览表

<table>
<tr><td colspan="3">国际比赛</td></tr>
<tr><td rowspan="2">世界青少年射箭锦标赛</td><td>第二名</td><td>1个</td></tr>
<tr><td>第四名</td><td>1个</td></tr>
<tr><td>亚洲射箭锦标赛</td><td>第二名</td><td>1个</td></tr>
<tr><td colspan="3">全国比赛</td></tr>
<tr><td rowspan="4">全国射箭冠军赛暨第三十届伦敦奥运会
射箭项目选拔赛/资格赛</td><td>第一名</td><td>1个</td></tr>
<tr><td>第三名</td><td>1个</td></tr>
<tr><td>第五名</td><td>1个</td></tr>
<tr><td>第七名</td><td>3个</td></tr>
<tr><td rowspan="4">全国室内射箭锦标赛</td><td>第一名</td><td>1个</td></tr>
<tr><td>第二名</td><td>1个</td></tr>
<tr><td>第三名</td><td>1个</td></tr>
<tr><td>第五名</td><td>1个</td></tr>
<tr><td rowspan="3">全国室外射箭团体锦标赛</td><td>第三名</td><td>1个</td></tr>
<tr><td>第四名</td><td>1个</td></tr>
<tr><td>第五名</td><td>1个</td></tr>
<tr><td rowspan="5">全国青少年射箭锦标赛</td><td>第二名</td><td>1个</td></tr>
<tr><td>第四名</td><td>1个</td></tr>
<tr><td>第五名</td><td>1个</td></tr>
<tr><td>第六名</td><td>1个</td></tr>
<tr><td>第七名</td><td>2个</td></tr>
</table>

广西社会体育运动发展中心

2010 年

【开展中国—东盟、海峡两岸全民健身活动】 年内，为了更好地利用有利的地理位置条件，与东盟国家、海峡两岸发展体育交流建立友好关系，在第二届广西体育节社体中心正式开展中国—东盟、海峡两岸全民健身活动。

【广西体育节—海峡两岸水上摩托车、摩托艇表演】 8 月 11 日，在北海市南国星岛湖举行广西体育节—海峡两岸水上摩托车、摩托艇表演，有来自 12 名来自安徽的世界级摩托艇选手和来自台湾的摩托艇爱好者。设有水上摩托车分列式、障碍赛、花式表演、竞速表演及救溺表演等项目。

【第二届广西体育节—"明仕杯"中越钓鱼友谊赛】 9 月 25 日至 26 日，在风景秀丽的大新县"明仕山庄"举行，约有 100 名选手参赛，其中有来自越南、台湾以及南宁、柳州、玉林、贵港、河池、崇左等赛事。

【建立广西高、专科院校的实习基地】 年内，为方便学生把所学知识能够学以致用，培养学生的实践能力，让学生在实习平台上得到更大的锻炼，社体中心成为广西各高、专院校的实习基地。

【组织培训】 年内，为了适应社会的需求，掌握对赛事能力的认识、组织管理的能力，中心在 5 月份邀请在办赛理念有经验的老师给中心和拉力办人员进行培训。

2011 年

【第三届广西体育节—"五粮醇"气排球大奖赛】 年内，中心举办了第三届广西体育节——"五粮醇"气排球大奖赛，比赛涉及全区 10 个市，5000 多名运动员参加。

【第三届广西体育节—首届环北部湾自行车公路赛】 8 月 8 日，在南宁、横县、灵山、合浦、北海、钦州、防城港举行了第三届广西体育节—首届环北部湾自行车公路赛，参赛人数有 86 人。

【第三届广西体育节—2011 年中国(南宁)·东盟钓鱼大赛】 11 月 12 日至 13 日，在广西南宁水产畜牧兽医局水牛研究所举行了第三届广西体育节—2011 年中国(南宁)·东盟钓鱼大赛，有来自越南、泰国、印度尼西亚、宝岛台湾选手参加，参赛人数约 500 人。

【第三届广西体育节—"宏桂杯"城市象棋联赛】 年内，分别在南宁、贵港两个城市举行了第三届广西体育节—"宏桂杯"城市象棋联赛，此次比赛的特点在于我区最优秀的青少年棋手都集中到城市象棋联赛。

【第三届广西体育节—万人拔河锦标赛】 年内，在广西体育馆举行了第三届广西体育节—万人拔河锦标赛，共有 178 支队伍参赛。

【第三届广西体育节—"名仕杯"中越钓鱼友谊赛】 年内，在大新县"明仕山庄"举行了第三届广西体育节—"名仕杯"中越钓鱼友谊赛，参赛国家有越南、台湾、中国(南宁、柳州、玉林、贵港、河池、崇左)，中央电视台在黄金时段播

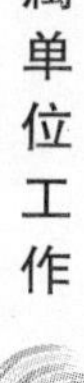

出该赛事新闻。

【第三届广西体育节—台商运动会】 年内，为促进发展两岸体育文化交流，举办了第三届广西体育节—台商运动会，此次运动会是在两岸关系走向和平、两岸经贸日益发展的新形势下举行。本次运动会设投垒球、高尔夫球、羽毛球三个项目，比赛参与人数众多，气氛热情高涨，受到海峡两岸群众的欢迎。

【建立广西体育院校实训基地】 为方便学生能把所学知识学以致用，培养学生的实践能力，让学生在实习平台上得到更大的锻炼，社体中心成为广西各体育院校的实习基地并长期为学校培养优秀人才。

广西体育彩票管理中心

2010年

【全年销售情况】 年内，广西体育彩票累计销售5.35亿元，其中电脑型彩票4.58亿元，即开型彩票7742万元。较去年同期上升88.99%。增长速度名列全国第一，市场份额增长排名全国第四。其中，竞猜型玩法累计销售3.2亿元，较去年同期增长155.77%，占总销量的59.73%。其中竞彩销售1.69亿元。乐透型玩法累计销售1.38亿元，较去年同期增长15.04%，占总销量的25.81%，其中超级大乐透销售6667万元，占到总销量12.46%。即开累计销售7742万元，较去年同期增长102.95%，占总销量的14.46%。

【终端建设情况】 年内，广西体彩中心延续了2009年以来的新增点奖励政策，并通过绩效考核督促分中心加强增机扩点。同时，为确保年度增机布点工作顺利开展，体彩中心配合自治区政府采购中心完成了本年度525台终端机的招标采购工作。截至12月31日，全区电脑体育彩票在用终端数达到1338个，净增269个，其中竞彩终端数246个。

【行政支持情况】 国家体育总局彩票管理中心和自治区体育局、自治区财政厅对广西体彩的发展给予了高度重视和大力支持。总局中心为广西捐赠了30万元抗旱专款，并将广西作为新长城助学活动的受援省份。自治区财政厅考虑到体彩中心经营实际，延长了财政借款的还款期限，缓解了中心的经济压力。3月5日，自治区财政厅副厅长曾纪芬、自治区体育局副局长张冬梅等一行专门到广西体彩中心视察指导工作，听取了中心的工作汇报，鼓励大家真抓实干，敢于面对困难、克服困难，扎扎实实地打基础，不断学习，不断进步。年初，自治区体育局下发了《关于下达全区各市体育局2010年体育彩票销售任务的通知》，要求各市体育局从重视"体育工作生命线"的高度，加大对体育彩票销售工作的支持力度，确保全年销售任务的顺利完成。各市体育局根据通知要求纷纷制订细化落实方案，采取有力措施促进市县体育彩票工作的深入开展。

【实行差异化管理协调区域发展】 为解决区域发展不平衡问题，体彩中心确定了"抓一、促二、保三"的发展思路，将全区14个市根据经济实力、城市规模、市场份额等指标划分为三类，实施差异化管理。同时，为保障实施效果，体彩中心进一步加强了分中心的基础设施建设，中心为全区14个分中心配齐了业务专用车，采购了一批电脑、相机等办公设备，支持分中心对办公环境进行整改，改善了分中心的办公条件。对于一类城市（南宁、柳州、桂林），体彩中心采取做大做强的发展策略，从政策扶持、物质激励、绩效考核等方面给予支持，使之更灵活、更有效地开展工作。体彩中心从1月1日起在南宁分中心试行分级管理体制，给予二级财务管理权、人事管理权、行政管理权等政策倾斜。自实施分级管理后，截至12月31日，南宁分中心共销售体育彩票1.96亿元，每月都超额完成任务，年任务完成率为121.58%。对于二类城市（玉林、北海、梧州、贵港、百色、河池），体彩中心以扩大规模、促进发展为目标，将规范分中心日常管理、提升网点服务水平、提高销售员素质作为夯实基础的重点，实施了春、夏、秋三次全区市场大巡检，

开展了即开票生动化展示培训、超级大乐透营销培训、营销"关键时刻"培训等工作，实施了分中心额度管理制度，通过基础工作的巩固和发展来带动了二线城市销量的提高。经过一系列工作的开展，二类城市的体彩工作取得了较好的进展，市场份额从年初的 25.6%提升到 29.98%。对于三类城市(钦州、防城、来宾、崇左、贺州)，体彩中心积极做好当地市场培育，认真做好对网点和彩民的帮扶工作，加强市场基础建设，努力提高整体工作水平，结合实际情况稳步开拓市场。

【稳步推进竞彩店建设】 广西体彩中心从促进体彩事业长远发展、以新玩法抢占广西彩票市场先机的高度出发，全面策划、严格管理，确保竞彩在广西顺利上市。上半年精心策划和组织了对内征招、对外扩招、全面建设、宣传培训、巩固提高、全面冲刺六个阶段工作，推进竞彩建设稳步前进，取得明显效果。在竞彩店建设过程中严格遵循充分准备、严格要求、培训到位、宣传有度和加强管理共五项原则，通过五项原则的贯彻落实，对于存在的问题和隐患及时排查解决，确保体彩区竞彩网点建设和运营质量不断提升。截至年底，竞彩店已达 232 家，竞彩销量 1.69 亿元，任务完成率 187.55%，占体彩份额 31.53%，已成为广西体彩销售的生力军。

【多管齐下拓展即开票市场】 一是加强即开票管理安全。按照防火、防盗、防潮完善即开票仓库硬件设施，健全了即开票出入库账务管理制度，规范了工作流程，同时还下调了 IVT 押金，以提高 IVT 的使用率。二是理顺了销售代表队伍。体彩中心主要从五方面加强管理：修订合同，明确职责；加强培训，提高素质；强化监督，加强管理；扩大规模，优胜劣汰；奖励先进，鼓励积极。三是及时总结推广即开票销售经验。四是加大宣传力度。针对各种新票的上市开展了形式多样的宣传活动。五是加强培训工作。邀请培训师进行即开票生动化展示培训，全区 800 多人参加了培训，同时给网点派发了 2500 本《即开展示手册》，并认真做好 2010 年全国即开型体育彩票生动化陈列展示评比工作。六是在中秋国庆期间开展即开奖上奖促销活动，通过活动促进几款滞销票的销售。

【开展超级大乐透培训工作】 广西体彩市场以竞猜游戏为主导玩法，乐透型玩法的销量远远低于其他省市。为了提高超级大乐透销量，进一步优化产品结构，体彩中心主要围绕超级大乐透的培训和推广来开展工作。首先是要求各分中心做好当地网点海报张贴、横幅悬挂、奖池公告等工作；其次是要求各市加大宣传力度；再次是组织形式多样的超级大乐透培训活动。3 月、6 月、7 月、11 月均邀请外省培训师到广西进行巡回讲座，总培训人次超过 2000 人。同时，为配合全区开展的大乐透培训，体彩中心策划了超级大乐透荐号争霸赛，通过竞赛推广优秀投注技巧，通过网点业主调动彩民的参与积极性，促使网点主动与彩票消费者建立互信共赢的良好关系。

【筹备高频游戏】 为加快高频筹备进度，体彩中心抽调业务骨干组成筹备组，全体动员，整合力量，高频筹备工作在 10 月份取得实质性进展，7 月 19 日至 8 月 3 日，广西体彩中心邀请河南省资深彩票营销、玩法培训师赵明福，分五批次在全区开展营销业务技能培训。10 月 15 至 16 日，广西体彩中心在南宁举办了全区高频业务培训班，共计 120 人参加，培训分为两部分内容，一是针对专管员的业务知识培训，二是邀请山东省培训师开展高频玩法培训。10 月底，高频筹备已完成了高频玩法的首期培训，并拟定了征召方案、技术方案和风险防范方案，重点抓网点升级改造建设工作，加强技术帮扶，做好高频游戏在广西上市的前期销宣传工作。为高频游戏上市做好准备。

【开展网点形象规范工作】 年内，体彩中心在全区范围内统一开展了网点基础形象改造，对网点门头招牌进行免费更新。体彩中心于 4 月开展了即开票生动化展示系列活动。11 月，体彩区传统网点形象改造工作全面展开，体彩中心根据网点的实际情况制定出了适应广西体彩发展的示范网点建设标准，规范统一了门头及店内部分设施。

【开展世界杯系列营销宣传活动】 4月至5月，体彩中心开展世界杯主题宣传活动。4月中旬开始，在《南国早报》《当代生活报》等合作媒体上陆续刊登世界杯和竞彩宣传文章共计54篇。与新影响国际传媒合作在世界杯期间发行一份特刊《新高度》世界杯专刊，针对广西高端人士、高端场所发行。自5月9日起，在新开播广西电视台《科教频道》节目中播放竞彩的广告片。与广西电视台《新闻在线》合作，安排全年的每日字幕广告。自5月12日开始，在南宁市投放为期一个月的公交车广告。对现有的自办报纸《体彩快讯》进行全面改版，丰富信息内容。5月，体彩中心制作并下发竞彩网点物料13种共195800份，促销奖品物料9种共26500件，发放到网点用以营造足彩销售氛围。5月17日至7月10日，体彩中心举办“精彩世界杯开心在足彩”有奖问答活动共8期，并专门搭建短信平台，组建短信答题数据库，以支持活动的顺利开展。6月，体彩中心开展世界杯系列宣传之中国体育彩票杯颠球大赛，大赛分为海选、周决赛、总决赛三个阶段，分别在南宁市梦之岛、九一天地、南城百货等知名商场举行，中央电视台一套《新闻二十分》、中央电视台新闻频道《新闻直播间》先后五次进行了转播，活动获得广泛好评。

【调整通信专线资费】 年内，体彩中心对全区体彩专线进行了较大范围的调整，线路带宽、资费标准、缴费方式、MODEM维护等都发生了较大的改变，电信部门在业务项目中专门增设了体彩套餐项目，在总体资费不变的情况下，给予增加话费返还、承担网络设备的维护、免费增加带宽等优惠。

【建立短信平台与网站平台】 为满足业务开展需要，体彩中心于5月份建立了短信平台，为体彩中心日后开展宣传活动、扩大与彩民的沟通交流、实现内部信息畅通提供了极大的技术支持。同时广西体彩网（www.lottery.gx.cn）在5月份正式全新改版上线。网站设置了新闻聚焦、竞彩专区、即开专区以及各类乐透型玩法专区等13个栏目，提供开奖信息、走势图和玩法分析等实用工具，成为体彩中心与彩民实现互动的有效平台。

【开展超级大乐透荐号争霸赛】 8月16日至9月11日，广西体彩中心开展超级大乐透荐号争霸赛，即超级大乐透第10095期—10106期，共12期。活动评选出乐透奖网点40个，送出冰箱16台，显示器14台。周推荐王181名，月推荐王10名，共送出20200元即开票。本次活动参与网点467个，参与手机号675个，共收到有效参与短信19052条。

【开展有奖征文活动】 10月，广西体彩有奖征文活动评出一等奖1名、二等奖2名、三等奖3名、鼓励奖3名。获奖作品有《广西体彩中心人才队伍结构探析》、《浅析来宾体彩市场的现状与营销对策》、《桂林竞彩店运营管理规范化的现状及研究》等，选题有队伍构建、市场营销、运营管理、打击私彩等，对体彩工作具有一定的现实指导意义。

【举行足彩发行九周年庆典活动】 10月23日，广西体彩中心在南宁市九一天地广场举行了“竞猜大本营，精彩嘉年华”足彩发行九周年庆典活动。本次足彩9周年庆典活动共设即开销售、游戏体验和足彩九周年主题晚会三大板块。晚会结合足彩发行九周年主题开展表演，穿插关于足彩品牌知识、游戏玩法、竞猜赛事等相关知识问答，吸引了大批彩民参与互动，取得了较好的成效。

【开展抗旱救灾公益活动】 4月，广西体彩中心与辽宁体彩积极行动，联合开展抗旱救灾捐赠活动。捐赠仪式于4月9日在河池市凤山县举行，活动共为凤山县、巴马瑶族自治县、东兰县捐赠40套抽水器材，以解决灾区生产用水困难，确保上半年的播种和下半年的收成，

得到了当地政府和山区人员的赞扬。5月8日，广西体彩中心在南宁朝阳广场举行“情系灾区大爱无疆”大型公益活动，将总局体彩中心救灾款30万元捐赠给河池、百色修建水柜。在捐赠仪式上，广西体彩全体员工现场还为玉树灾区进行了爱心捐款，体彩员工和投注站业主纷纷踊跃捐款。自5月以来，广西体彩员工和业主已数次为玉树灾区捐款，总额约2.8万余元。

【举行特困大学生助学关爱行动新闻发布会】 11月2日，“中国体育彩票？新长城助学基金”2010广西特困大学生关爱行动新闻发布会在广西民族大学举行。国家体育总局体育彩票管理中心副主任于建勇、公共关系处处长杨旸、广西区体育局副局长张冬梅、中国扶贫基金会新长城项目部高级顾问焦万曼、广西民族大学党委副书记武波、区中心主要领导出席了仪式。本次活动对广西民族大学50名学子进行资助，每人将在两年内得到4000元爱心助学金。

【举办竞彩业务培训会】 11月23日至24日，广西体彩中心举办了全区竞彩业务培训会。本次培训分为两部分内容，一是通报2010年全区竞彩市场销售情况，分析广西竞彩店存在的具体问题并提出如何开展竞彩店营销的若干措施；二是邀请广东足球培训师何俊明传授足球彩票投注技巧及盘口分析策略，河南赵明福老师讲授大乐透投注技巧和网点形象改造等课程，共计285人参加，会议期间专门安排研讨会，各方反映良好，成效显著。

【开展中层干部岗位竞聘】 1月，体彩中心举行了整改以来的第二次中层干部岗位竞聘，提供了8个中层岗位在全区系统内进行竞聘。经过个人申请、竞聘演讲、群众评议、结果公示等流程，8名优秀的年轻员工通过考核出任中层干部岗位，并带领分中心顺利完成了年度销售任务。区中心各业务部在人员减少近三分之一的情况下，经常高负荷地开展大量工作，较好地完成了预定任务。

【举办优秀销售网点表彰会】 1月22日，广西体彩中心在南宁举办“2009年度全国及全区体育彩票优秀销售网点表彰大会”，表彰49个全国电脑体育彩票优秀销售网点、101个全区电脑体育彩票优秀销售网点、10个全国即开型体育彩票优秀销售网点。会议为获奖业主颁发了奖牌，鼓励业主再接再厉，共创2010年销售好成绩。会议还专门安排业主和代表观看全区体育系统的春节文艺汇演。

【建立来宾、崇左分中心】 1月9日，广西体彩来宾分中心正式挂牌成立。区体彩中心领导和来宾市体育局主要领导共同主持挂牌庆典活动。活动现场还举办“购中国体育彩票赠国民体质检测”活动，为60多名市民进行了国民体质检测。3月13日，广西体彩崇左分中心正式挂牌成立。来宾、崇左分中心的成立，预示着我区的体育彩票管理机构已覆盖至全区14个地市。

【体育彩票战略研讨会在邕召开】 4月14日至18日体育彩票战略研讨会在南宁召开。国家体育总局体彩中心王卫东主任、魏吉祥副主任、艾郁副处长、刘春宏副处长、董红芳副处长等领导，山西省体育局苏君亚局长、江苏省体育局颜争鸣副局长等5个省市体育局分管体彩工作的领导，以及浙江、山东等6个省市体彩中心主任出席会议。会议总结了“十一五”以来体育彩票事业发展经验的基础，深入分析了2010年体育彩票工作重点。

【组织员工参加各类培训】 年内，广西体彩中心已组织培训逾95场共计2800人次接受培训。除了邀请外省培训师到广西进行业务培训外，中心还积极组织员工参加总局中心组织的新任分中心主任、制度建设、大乐透培训、技术培训、新闻发言人、新闻素养与技能、竞猜型彩票业务管理等培训班。

【建立全日制专管员队伍】 4月，体彩中心在原有县级协管员的基础上招募了50名专管员，并在10月对专管员进行了专门的培训。

专管员队伍的建立填补县级网点管理的空白，有利于县级体彩市场的开拓。

【执行绩效考核管理办法】 为加强分中心员工的管理，1月至2月，中心派出工作组对分中心员工进行2009年绩效考核复查工作。7月开展年中考核评测。11月开展年终考核评测。一年来，先后共有11名员工经竞聘和轮岗，调整到中层岗位，8名中层因不胜任或失职，被免职和解聘，18名员工经过考核，进行调岗、辞职、劝退和除名。根据绩效考核管理办法，广西体彩中心在全区体彩系统内部开展中层干部轮岗锻炼工作。共有6个地市的中层干部进行轮岗锻炼，2名分中心员工借调至区中心工作，1名分中心员工赴其他地市交叉锻炼学习，6名区中心员工赴基层轮岗。

【开展制度建设工作】 4月，广西体彩中心在区中心各部门开展定岗、定编、定责的三定工作。明确了5个部门26个岗位的职责、权限。在"三定"工作的基础上，坚持依法、精简、实用的要求，修订了51项规章制度、61项工作流程，为体育彩票事业发展提供有力的制度保障。

【开展廉政建设工作】 根据自治区纪委、自治区体育局关于开展"反腐倡廉制度建设年"活动的部署，体彩中心结合体育彩票工作实际，高标准、严要求组织开展了学习实践科学发展观和党风廉政建设系列教育活动。一是领导带头学习，营造浓厚的学习氛围。二是通过召开专题会、出版专题板报的教育活动开展廉政教育，不断强化全体人员的廉洁意识。三是认真对照《广西体育彩票管理中心制度汇编》，严格检查各部门、分中心的廉政建设情况，明确责任，加强管理。四是组织部门和分中心签订《广西体彩中心2010年度党风廉政建设责任书》，切实落实廉政建设责任制。五是加强廉政制度建设，健全采购制度和程序，规范中心的采购工作。

【开展《彩票管理条例》培训工作】 为了更好地学习贯彻《彩票管理条例》，提高体彩工作人员把握市场、活用政策的能力，体彩中心将总局中心印发的《彩票管理条例释义》下发到部门和分中心，组织全系统开展学习，并要求分中心对销售网点业主、销售员进行全员培训。

2011年

【年度销售及终端建设情况】 截至12月31日，广西体育彩票累计销量达7.24亿元，同比增长35.44%。竞彩任务为2.1亿元，已完成2.3亿元，完成率为112.18%；即开任务为1.0亿元，已完成1.0亿元，完成率为100.29%；传统足彩任务为1.5亿元，已完成1.57亿元，完成率为104.67%；乐透玩法任务为1.5亿元，已完成1.76亿元，完成率为117.33%。今年全区销售终端新增194台，在用销售终端达1532台，专管员队伍达到100人。

【落实廉政建设责任制】 年内，体彩中心坚持发挥党组织的政治核心作用，每月至少安排1次以上的学习例会，按季度下发4期廉政学习材料，组织全体员工学习，并召集部门、分中心签订《2011年廉政建设责任书》，充分利用各种业务会强调廉政意识和安全工作的重要性。今年体彩中心还获得自治区直属机关"先进基层党组织"称号。通过组织学习、强化监督，构建和完善了体彩区体育彩票安全工作的监管机制。

【做好中心资金管理工作】 年内，体彩中心继续实行分中心月度预算管理，并进一步加强了预算执行情况的监督检查。全年共开展16次分中心财务检查，组织2次财务培训，督促分中心不断提高财务工作技能。

【出台系列政策加强基础管理】 年内，体彩中心出台了禁止取消票、设立增机扩点奖励资金、增加基层专管员市场开拓费、制定员工异地工作补助发放暂行办法、实行分中心月度经费预算管理、调整全区网点履约保证金等一系

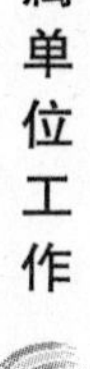

列政策和规定。

【开展市场巡检】 年内，体彩中心围绕每个季度的工作重点开展了4次全区市场巡检。市场巡检内容包括高频游戏“30天零距离帮扶”执行情况、超级大乐透亿元派奖宣传、增机扩点工作进度、传统网点形象化改造、竞彩店规范化建设、业务员和专管员工作情况等，巡检组听取各地分中心工作汇报，并实地走访销售网点，针对基层存在的问题提出整改意见和帮扶建议。

【技术安全管理工作】 年内，体彩中心针对技术系统安全、设备维护、服务质量等方面采取了一系列优化措施：优化新增网点电信线路办理流程，提高VPDN通讯故障排查处理效率；对热线销售系统的LNS认证安全进行全面排查，确保线路的稳定安全；对彩票系统账号管理进行重置，加强规范管理；对全区热线销售系统主备电信LNS路由设备进行升级，解决增机扩点带来的负荷问题，新的LNS设备每台承载量约为8000台终端机，确保全区热线销售系统正常运转；配合总局体彩中心开展MIDS项目试点工作，对竞彩店原IDS线路进行升级改造；编制了终端故障处理、技术业务流程、技术管理规定三方面的《技术知识库》，不定期对业务员和专管员进行培训考核。

【组织元旦即开卖场】 元旦期间，体彩中心在14个地市开展了元旦即开促销活动。元旦3天全区共组织58处即开型体育彩票“顶呱刮”户外卖场，其中县份卖场35个，市区卖场23个，3天即开总销量为332万元，其中，元旦当天销售达164万元，创造了广西体彩即开日销售首次突破百万元大关的历史性突破。

【高频游戏11选5在广西上市】 3月26日，体育彩票高频玩法11选5游戏（50%返奖率）正式在广西上市发售，体彩中心在南宁市北湖路00405竞彩店组织高频游戏“11选5”上市首发仪式，自治区财政厅、自治区体育局相关领导出席首发仪式，广西电视台、南宁电视台及区内各主流媒体对活动进行了报道。此前，体彩中心按照预热、上市、巩固三个阶段进行高频上市大力宣传。3月26日至4月25日，体彩中心开展了高频网点“30天零距离帮扶”工作。在30天的零距帮扶工作中，全区各地分中心克服人手少、任务重的困难，认真落实帮扶工作。各地市的业务员、专管员坚持深入网点，高频游戏开售时间里始终坚守在一线，分别从宣传、技术、营销、培训等方面对所辖片区的高频网点进行了帮扶及指导，同时对各网点的销售情况进行即时跟踪、反馈，及时地掌握网点的销售情况变化。

【开展超级大乐透亿元派奖宣传工作】 5月至6月，广西体彩中心对超级大乐透亿元大派奖活动进行营销宣传，通过广西电视台都市频道、广西电视台科教频道的走低字幕发布大乐透派奖相关信息，印制发放各种宣传资料逾10万份，通过合作媒体《南国早报》、《当代生活报》等报刊媒体刊登大乐透专版，利用广西电视台都市频道、广西电视台科教频道的走低字幕发布大乐透派奖相关信息。开展针对超级大乐透的“大乐透派奖期间销售员奖励活动”，对评比周期内每个销售网点超级大乐透销量在全区排名前200名及销量较上月增长率在全区排前100名的网点销售员进行奖励。超级大乐透25期每期400万的“亿元大派送”于7月结束。我区超级大乐透销量在派送之前，短期销量（周一、周三）为55万元左右，派奖期间达到85万元左右。长周期销量（周六）原为70万元左右，派奖期间为95万左右。派送期间最高短周期销量达96万元，长周期销量达到102万元，广西大乐透主玩法较去年同期增长78.22%。

【开展NBA主题即开票的系列宣传及NBA挑战投篮王比赛】 5月至6月，广西体彩中心结合NBA主题即开票的上市与推广，利用电视、电台媒体，进行新票上市信息发布，在报刊媒体上连续刊登NBA主题即开票票面故事；在全区范围内策划开展“NBA城市广场挑战投篮王”大赛，14个地市共开展了26场比赛。截至

6月30日，全区共销售NBA主题5元票306.06万元，NBA主题10元票468.84万元；共发放NBA特许商品273套。

【开展“购足彩赢意大利超级杯决赛门票抽奖活动”】 7月，广西体彩中心开展“购足彩赢意大利超级杯决赛门票抽奖活动”。凡购买足球彩票单票面值在20元及以上者均可参与抽奖，在为期8天的活动里，共收到有效参与短信751条，抽出10名幸运参与者，送出鸟巢决赛门票10张。

【举办“体育彩票杯”2011广西三人制草根足球争霸赛】 为迎接新赛季的到来，7月15日至31日，广西体彩中心启动“体育彩票杯“2011广西三人制草根足球争霸赛报名工作。自8月起，在南宁、柳州、桂林、北海等八个地市分设分赛区，比赛历时1个月，参与者主要以全区各销售网点业主、彩民、足球爱好者为主。全区共有165支球队报名参加。9月17日至18日在南宁市九一天地广场开展总决赛，全区16支晋级球队汇聚南宁进行总冠军的角逐。广西电视台、南宁电视台、南国早报、生活报等对比赛情况尤其总决赛活动进行了播报宣传。

【实施增机扩点风险抵押目标责任制】 7月，为加快网点建设速度，广西体彩中心在第三季度实施增机扩点风险抵押目标责任制。风险抵押责任制秉承自愿参与原则，经过积极动员，全区共139名员工参加。各分中心（包含专管员）对本辖区内的第三季度增机扩点目标任务负责，区中心全体员工（包括班子成员）对全区的第三季度增机扩点目标任务负责。以业务部及分中心的名义集体与班子签订风险抵押目标责任书，并以集体的名义按参与人员的标准和数量自愿交缴纳风险抵押金。

【开展“足彩集结号我与足彩十载情”有奖征文活动】 8月22日，体彩中心开展“足彩集结号我与足彩十载情”有奖征文活动。征集内容分为足彩宣传口号和足彩征文故事两部分。征集活动持续1个月，于9月22日顺利结束，共收到足彩宣传口号519条、征文故事74篇。经过严格评选，分别评出了宣传口号和征文故事一等奖1名、二等奖5名、三等奖10名。

【开展“购传统足球彩票，赢顶呱刮即开礼包”营销活动】 9月12日，广西体彩中心开展“购传统足球彩票，赢顶呱刮即开礼包”营销活动。每7天为一个周期开展活动，连续进行4期。各分中心根据本地实际情况加强宣传力度，充分利用网点LED屏、自主制作的横幅、当地的合作媒体等渠道对本次活动进行宣传。截至活动结束，共收到1500多条参与短信，抽取80个幸运奖，送出总计24900元的即开票。

【召开广西体彩新赛季投注技巧培训会】 9月15日至20日，广西体彩中心邀请国内资深体彩专家在全区巡回开展“2011年广西体彩新赛季投注技巧培训会”。此次培训采取片区培训的形式，分别在玉林、北海、南宁、柳州、桂林5个城市进行了6场培训，其中南宁为2场。全区约540人参加培训。

【召开网点形象改造现场办公会】 9月21、28日，广西体彩中心在南宁市00887网点召开两次现场工作会，市场部全体成员、各分中心主任分别参加现场办公会。会上展示了试点网点00887所做的店招、瀑布形象墙，销售组合柜等改造，并向各分中心主任介绍了《中国体育彩票销售网点店面形象手册》中各元素在网点中的应用，下发了《关于做好传统网点标准化建设前期工作的通知》。

【召开县域市场发展试点工作会议】 9月28日，自治区体育局在南宁召开全区体育彩票县域市场发展试点工作会议。自治区体育局容小宁局长、张冬梅副局长及相关处室领导，各市体育局、县文体局分管体彩工作的领导，以及体彩中心全体员工60人参加会议。

【配合总局体彩中心开展MIDS调研工作】 10月26日，MIDS项目组一行10人在总局体彩中心公共关系处胡铮副处长带领下到广西体彩中心调研指导工作，并对广西竞彩店进行

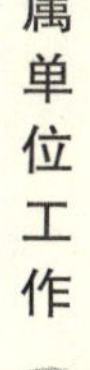

了实地考察，共同确定了试点实施计划。11月3日，完成了南宁、桂平市部分竞彩店IDS升级改造MIDS的试点工作，并由总局中心相关人员对广西体彩中心业务员开展了整体培训，安装工作全面铺开。截止11月30日，广西体彩中心共安装完成243台，完成率达90%。

【开展竞彩单关固定奖上市宣传工作】 10月份，在竞彩单关固定奖上市之际，广西体彩中心在《南国早报》、《当代生活报》投放了为期10天的提花广告及39万份夹页广告，在FM95.0广播电台投放了为期1个月的30秒硬广，对竞彩单关固定奖上市销售进行了预告宣传，并利用合作报刊持续刊登玩法上市新闻稿件。

【开展新春即开促销活动】 12月，广西体彩中心为新春即开促销活动制作并派发了年历海报3000份、门贴5000份、对联2000份、吊旗4.5万份以及龙形抱枕、玩偶、浴巾礼盒等宣传物料。新春系列营销活动包括"顶呱刮"进货奖励、户外卖场促销活动、新春网点氛围营造等。营销活动自12月底至2012年1月底。广西体彩中心积极组织销售代表在新春期间组织即开户外卖场销售，提供条幅、海报、小气球等宣传品、拱门、帐篷、销售桌椅、促销奖品等。12月，分中心还安排了新春网点氛围营造工作，督促协助网点张贴新年宣传品。

【获总局体彩中心奖励】 1月14日至15日，广西体彩中心主任曾庆光赴北京参加全国体育彩票工作会议，在全国会议上广西荣获了"2010年度全国体育彩票销售贡献奖""2010年度全国体育彩票销售增长奖""2010年度全国体育彩票市场增长奖"。会后，广西体彩中心及时召开了全区会议，向全区所有分中心主任和区中心全体员工传达了会议精神。全体体员工认真学习了总局、总局中心的领导讲话精神，认真研究全国体彩十二五规划纲要，认真学习先进省市在"十一五"期间体育彩票工作经验，并科学规划未来五年的发展战略，合理布置今年体育彩票工作。

【国家体育总局杨树安副局长等领导到广西体彩视察指导工作】 4月7日下午，国家体育总局副局长杨树安、经济司司长陈恩堂、总局中心主任王卫东、总局办公室主任史强、总局党组秘书兼局长办公室副主任刘君柱、杨局长秘书杨阳，在区体育局局长容小宁、副局长张冬梅、纪检组长吴海琴的陪同下，利用参加全国体育系统办公室主任会议的期间，视察了南宁市的两家体彩店，并到区体彩中心慰问全体员工。杨副局长鼓励大家要有信心，虽然目前广西体彩起点很低，但发展空间巨大，前景可观，体彩中心全体员工要加倍努力打开新局面，为广西的体育事业作出新的贡献。

【国家体育总局晓敏局长助理等领导到广西体彩视察指导工作】 11月16日，国家体育总局局长助理晓敏、总局体彩中心主任王卫东在自治区体育局局长容小宁、副局长张冬梅的陪同下，到广西体彩中心视察指导工作并召开座谈会，晓敏同志和王卫东主任对广西体彩近年的整改工作给予了肯定，勉励大家克难奋进、努力工作。会后，广西体彩中心组织体彩系统认真学习了晓敏同志和王卫东主任的讲话精神。

【举行2010年度表彰大会】 1月17日至18日，广西体彩中心在南宁市举行2010年度表彰大会，授予00405号等80个网点"2010年度全国体育彩票优秀投注站"荣誉称号，授予62018号等107个网点"2010年度全区体育彩票优秀投注站"荣誉称号，授予陶亚芬等9人"2010年度全区即开型体育彩票优秀销售代表"荣誉称号。同时对体彩中心30名优秀个人和优秀团队进行了表彰。

【参加全区体育局长工作会议】 3月1日至2日，自治区体育局召开2011年全区体育局长工作会议。广西体彩中心在本次会议中与全区14个地市体育局签订了《2011年度体育彩票销售目标责任书》。根据2010年销售总量、增长速度、市场份额等因素，自治区体育局向14个市体育局、46个县文体局颁发了"2010年度支持广西体育彩票完成任务奖"、"2010年度支持广西体育彩票销量增长贡献奖”、“2010年度广西体育彩票销售百万元县”等奖牌及奖金，鼓励获奖单位继续支持加大力度支持彩票事业的发展。

【召开第一季度体彩工作会议】 4月11日12日，广西体彩中心在玉林召开2011年第一季度体彩工作会议。区中心中层以上干部及14个分中心主任参加了会议。会议主要内容：对一季度市场状况进行分析，全面总结一季度工作中的成败得失；对部分分中心主任进行技能考核，专门安排了网点现场评测；分组对高频网点建设、如何提升高频销量、增机扩点工作、县级市场开拓等问题进行探讨；县级市场开拓培训；遵守规则，服从制度、全面提高工作技能专题培训。

【举办三期规范化管理培训会】 4月24—25日，广西体彩中心在北海市举办了今年第一期分中心规范化管理培训会。首批培训以行政、财务、即开管理三项内容为主，中心领导、部分地市分中心主任、员工等45人参加。培训会上学员们认真学习，并踊跃报名、积极承办分中心建章立制工作的各项编写任务。6月2日至4日，在桂林市举办第二期分中心规范化管理培训会。本次培训以行政、财务、即开管理、增机扩点、宣传员培训等内容为主。8月26日，召开第三次规范化建设工作暨新赛季业务培训会。区中心全体员工、14个地市分中心主任和业务骨干共计55人参加了培训会。会上结合本月开展的第三季度巡检，就上一阶段分中心规范化管理执行情况进行了工作总结并提出整改要求。会议还介绍了我区的足彩10周年暨下半年竞猜型彩票营销活动方案及网点形象改造工作方案。

【启用OA办公自动化系统】 5月，广西体彩中心启用OA办公自动化系统。该系统集成了包括内部电子邮件、短信息、公告通知、日程安排、工作日志、考勤管理、工作计划、网络硬盘、工作流、讨论区、文件柜、人事档案、工资管理、人员考核、办公用品、会议管理等功能，基本涵盖内部办公需求，有利于促进中心内部的通信和信息交流快捷通畅，提高整体的反应速度和决策能力。

【召开上半年工作总结会暨半年评测会】 7月7日至8日，广西体彩中心召开2011年上半年工作总结会暨半年评测会。区中心全体员工、14个地市分中心主任参加了会议。会议按照中层干部述职和员工评测，县级市场开拓情况汇报、“体彩进社区”活动介绍和分中心规范化管理三项专题工作小结、上半年工作总结和下半年工作部署三大内容展开。

【公开竞聘选拔中心副主任】 根据我区体彩事业发展的实际情况，经上级部门批准，体彩中心于7月15日在系统内部发出通知，通过内部公开竞聘的方式选拔中心副主任1名。7月21日，公布符合竞聘条件的6名员工的名单，8月1日，组织竞聘演讲考核，邀请了自治区体育局人事、纪检监察部门监督指导。经过综合评测、公示环节，选拔任用副主任1名。

【配合总局体彩中心开展信息安全调研工作】 10月31日至11月3日，由总局体彩中心于建勇副主任带队，信息安全调研组一行7人到广西体彩中心开展信息安全调研工作。调研针对信息安全方针及目标、人事安全管理、信息资产管理等9大类开展。调研组认真查看了中心的规章制度条款、物理和环境安全状况，并到南宁市体彩投注站进行实地考察。调研小组充分肯定了广西体彩中心在安全风险控制方面有较强的意识以及在建章立制工作方面取得的成绩。

【举办年度考核暨2012年度中层管理岗位竞聘会】 12月8至9日，体彩中心举办了年度考核暨2012年度中层管理岗位竞聘会。会议从市场销售、管理工作、存在问题三个方面对今年的工作进行总结和点评。2名业务部长和11名分中心主任及负责人在本次会议中对全年工作情况进行了述职，并接受现场评测。评测会还对区中心员工进行了年度绩效考核。

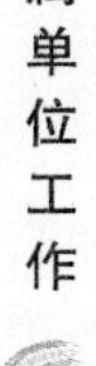

根据绩效考核结果，共有 4 个中层管理岗位列入竞聘范围。岗位竞聘工作在 8 日下午举行，共有 14 名员工参与中层管理岗位竞聘工作，最终 4 名人员脱颖而出，担任分中心负责人岗位。

【举办 2012 年度分中心专业岗位竞聘会】 12 月 15 日 17 日，南宁、柳州、桂林分中心举办 2012 年度分中心专业岗位竞聘会。此次竞聘，共有 42 名员工参加 22 个专业岗位的竞聘工作。通过现场演讲、民主评测等方式，最终 19 名员工脱颖而出，担任专业岗位工作。

【全员参与培训】 年内，鉴于体彩中心处于高速发展期，对普通员工的培训以"提高个人素养，加强团队协作"为主，着重于入职培训、职业素养、技能提升方面。为了缓解员工工作压力，提高员工的团队合作意识，体彩中心还组织了 2 次拓展训练。对于中高层管理人员则以"提高管理技能，打造执行力"为目标，参加总局体彩中心举办的各类玩法营销技能提升培训会（竞猜型、乐透型、即开型），还派出 10 名中层干部参加了体彩中心主任业务培训班。通过外派培训，与参会代表交流，了解先进省市体彩中心在内部管理、市场开拓等方面的先进经验，进一步拓宽了中层干部的工作思路。

广西体育科学研究所

2010 年

【概况】 广西体育科学研究所隶属自治区体育局，创建于 1980 年 5 月，占地 2000 多平方米，建筑总面积 900 多平方米。重点开展运动医学、运动训练学、运动员科学选材、运动生理学、运动生物力学、运动营养学、运动心理学、运动康复保健和国民体质等学术领域的研究。年内，广西体育科学研究所经费得到自治区科技厅和自治区体育局的双重支持，购置了“三维动作捕捉与分析系统”等大型仪器设备，总采购量达 130 多万元。机构设置有办公室和财务室，研究一室、研究二室、研究三室、《体育科技》编辑部和《运动精品》杂志社等 5 个部门。至 2010 年末，在职职工人数 17 人，其中专业技术人员 15 人，具有正高级专业技术职称 2 人，副高级专业技术职称 3 人，中级职称 8 人，有硕士学位 9 人。

【课题研究】 年内，继续开展男女举重队、跳水、游泳、蹼泳及水球队选材的研究；开展短跑运动员无氧功率、等速肌力训练研究；继续开展区科技厅立项科研课题《不同运动负荷对大鼠主要器官一氧化氮合酶基因表达影响的研究》的研究。向科技厅申报课题《广西优秀运动员肌肉功能监测分析与训练系统的构建》，获广西科技计划基金资助。由北京体育大学牵头组织，该所参与国家科技部“十一五”科技支撑计划重点课题《青少年健康体质综合评价关键技术的研究与应用》的研究工作。

【改善科研条件】 在自治区科技厅的大力支持下，科研所完成“三维动作捕捉与分析系统”等改善科研仪器设备专项项目的政府采购公开招标、安装调试、培训工作，并立即投入到备战 2012 年伦敦奥运会和 2013 年辽宁全运会的科技服务工作中，起到良好效果。

【加强科研队伍建设】 年内，采取请进来送出去的办法对在职科研人员进行专业学习和培训；重视在职人员职称评定工作，努力提高科研人员层次，全年有 2 名科技人员晋升为研究员职称，使科技人员的职称层次有了大幅提高。

【坚决贯彻执行反兴奋剂监测工作】 科研所通过组织员工学习国家体育总局《2010 年兴奋剂目录公告》、《2010 年禁用清单》、《关于湖南省体育局在委托兴奋剂检查中发生严重兴奋剂违规事件的通报》等文件，充分认识到违反赛风赛纪和《反兴奋剂条例》的危害性。在组织学习区体育局下发的《关于加强 2010 年度各项赛事赛纪和反兴奋剂工作的通知》、《容小宁局长、吴数德副局长对广西体育局赛风赛纪和反兴奋剂专项治理工作重要批示和讲话》精神的基础上，严格把好运动营养品的补充方案和营养品使用关，要求所有提供给运动员的营养品，必须是国家队公布的运动营养品目录上的营养品才能使用。把赛风赛纪和反兴奋剂工作作为一项非常重要的工作来抓，以保证科研人员和教练员、运动员在全年没有出现任何违反赛风赛纪和反兴奋剂规定的事件发生。

【科技项目与经费】 年内，科研所申报自治区科技厅科技计划课题 1 项，科技厅在研课题 1

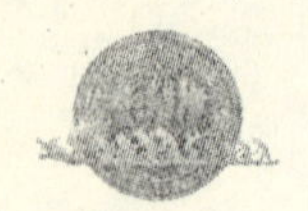

项，联合参与的科研课题1项。总投入经费14万元。向科技厅申报的课题《广西优秀运动员肌肉功能监测分析与训练系统的构建》，获广西科技计划基金资助，黄志平任课题负责人；继续开展区科技厅立项科研课题《不同运动负荷对大鼠主要器官一氧化氮合酶基因表达影响的研究》的研究，杨小英任课题负责人；由北京体育大学牵头组织，科研所参与国家科技部"十一五"科技支撑计划重点课题《青少年健康体质综合评价关键技术的研究与应用》的研究工作，黄志平任课题负责人之一。自治区体育局按年度拨给常规科技服务经费，以保证运动员冬训和夏训科技服务及国民体质检测工作的正常开展。利用国民体质检测系统和瑞典Monark 894E无氧功测功车和Monark 839E有氧功测功车为田径队开展一般身体机能和无氧能力的检测及训练；利用等速肌力测试训练系统、振动力量训练台和生物反馈仪等世界上先进训练仪器为田径队、摔跤队、射箭队、艺术体操队等运动队的重点运动员进行最大力量、力量耐力、核心力量的训练及心理训练等，达到每周有6～8个训练单元，使科研与运动训练更好的结合，有效地提高了运动员的成绩。2010年冬训及夏训共进行了900多人次的生化指标检测。

【科技服务与成绩】 年内，科研所最重要的工作就是为参加广州亚运会的运动员提供科技保障服务。科研人员按《科医人员下队管理办法》的要求，坚持每周下队不少于5次，为运动员做好生化检测、体能康复、等速肌力训练等随队科技保障工作。根据运动队训练计划，制定详细的冬训科技服务计划，对重点运动员进行细致跟踪，进行生理生化检测、机能评定，冬训及夏训共进行了900多人次的生化指标检测。利用等速肌力测试训练系统、振动力量训练台和生物反馈仪等世界上先进训练仪器为运动队的重点运动员进行最大力量、力量耐力、核心力量的训练及心理训练等，为广西运动员在国际、国内各种体育比赛取得良好成绩提供了坚实保证。

【人才与创新团队】 年内，科研所积极探索培养人才与引进人才的双优模式。运用灵活的机制，通过委托培养和引进两种方式，不断提高人才层次。截至年末，全所拥有硕士学位人数9人，使科研人员的学历得到大幅提高。2010年，全所有2名科技人员被评为研究员。至此，科研所已形成了较为合理的、老中青相结合的、具有科技创新活力的梯次人才队伍。

【科研平台建设与科研仪器设备】 科研所以申报国家体育总局重点实验室为目标，从软件（制度建设）和硬件（仪器设备）两方面入手，加强科研平台建设。年内科研所投入130万元购入"三维动作捕捉与分析系统"，该系统用红外采集运动的物体轨迹和用视频采集高速视频影像，自动识别反光标记，及时反馈运动轨迹，通过数据采集，可生成二维或三维图像，对运动员进行动作技术的测试、分析，可指导运动教练员纠正动作技术、开发高难度动作，完善科研所对竞技体育科技服务体系，加强运动科学监控系统与训练的建设。

【国民体质检测】 年内，科研所开展全民健身活动的重要内容之一是进行国民体育监测。4月底至5月初在南宁、桂林、玉林三市举办广西国民体质监测培训班，共培训约120人的检测队伍，培训内容包括广西国民体质监测工作方案，问卷调查内容及登录书填写方法、身体形态、机能和素质测量方法，国民体质评价软件使用方法，质量控制及网络系统使用方法。学员参加了检测仪器的操作与实习、理论考试及实践操作考核，对考核合格者发给2010年广西国民体质监测人员上岗证。5月10日起，南宁、玉林和桂林先后开始体质检测工作，各检测队严格按照培训要求及检测质量规定，以每天平均测试约130人，误差率平均在2.5%的进度进行，每天向国家国民体质监测中心上报工作进度。至6月30日，三市已全部结束国家要求的监测样本的采集工作，共测试10800人。8月底承办国家体育总局主办的“2010年‘科学健身全民健康’全国运动健身科学指导活动(南宁站)”活动，宣传《全民健身条例》；并结合第三次国民体质监测工作，为大众提供切实可行的体质评价方法和增强体质的科学指导。10月承办由国家国民体质监测中心主办的“第三次国民体质监测数据处理暨‘监测公报、监测报告’编写工作会议”，本次会议由国家国民体质监测中心组织，国家体育总局群体司领导及全国20多位专家学者参加，主要是进行数据处理环节质量控制工作及编写“第三次国民体质监测公报”及“监测报告”工作。1月、5月、10月、12月分别到来宾、防城港和自治区农业厅、自治区海事局以及南宁市贝特尼斯俱乐部为市民和职工进行国民体质检测，共检测1000多人，同时还进行大众健身方法的宣传和普及。

【科技交流与合作】 年内，科研所积极探索依靠社会力量实施体育科技攻关之路。与北京体育大学等单位交流协作，该所作为参与单位，北京体育大学作为牵头单位，课题《青少年健康体质综合评价关键技术的研究与应用》获得国家科技部“十一五”科技支撑计划重点课题立项，开创合作科技交流、联合攻关的新模式。出版《体育科技》4期，共刊发科研论文160多篇。

2011年

【概况】 年内，接受自治区科技厅和自治区体育局的双重领导，经费也得到自治区科技厅和自治区体育局的双重支持。在科技厅的支持下，投入136万元购进美国魔神公司研制的“运动生物力学录像解析系统”设备一套。机构设置有办公室、科研一室、科研二室、科研三室、《体育科技》杂志编辑部和《运动精品》杂志社。截至年末，在职职工人数17人，其中专业技术人员15人，具有正高级专业技术职称2人，副高级专业技术职称3人，中级8人；有硕士学位9人。主办《体育科技》和《运动精品》2个期刊。

【课题研究】 年内，按期完成区科技厅2008年下达的广西青年基金项目《不同运动负荷对大鼠主要器官一氧化氮合酶基因表达影响的研究》的结题工作。向科技厅申报课题《广西优秀运动员肌肉功能监测分析与训练系统的构建》，获广西科技计划基金资助。继续开展男女举重队、跳水、游泳、蹼泳及水球队选材的研究；开展短跑运动员无氧功率、等速肌力训练研究。参与北京体育大学牵头组织，国家科技部“十一五”科技支撑计划重点课题《青少年健康体质综合评价关键技术的研究与应用》的研究工作。负责由国家体育总局体育科研所牵头承担的科技部科技基础性工作专项项目《中国运动员体能素质、身体形态参数调查及参考范围构建》子课题《广西区运动员体能素质、身体形态参数调查》的测试与研究工作。

【科技项目与经费】 年内，科研所共承担广西科技厅科研项目2项，总投入经费12万元，其中已结题1项，投入经费8万元。3月，按期完成区科技厅2008年下达的广西青年基金项目《不同运动负荷对大鼠主要器官一氧化氮合酶基因表达影响的研究》的结题工作。开展广西科技计划课题《广西优秀运动员肌肉功能监测分析与训练系统的构建》的试验测试与研究工作。同时负责由国家体育总局体育科研所牵头承担的科技部科技基础性工作专项项目《中国运动员体能素质、身体形态参数调查及参考范围构建》子课题《广西区运动员体能素质、身体形态参数调查》的测试与研究工作。该项目通过调查并建立我国不同运动项目优秀运动员体能素质及身体形态参数数据库，为不同项目选材、运动员专项体能素质训练提供参考标

准，帮助提高各项目运动员选材的科学性和科学化训练水平，同时作为体育和其他相关研究领域的公共资源。根据广西各运动队的实际情况，本年度完成 7 个中心 360 名运动员所有相关指标的测试工作。做好国家科技部“十一五”科技支撑计划重点课题《青少年健康体质综合评价关键技术的研究与应用》的测试与研究工作。继续开展男女举重队、跳水、游泳、蹼泳及水球队选材的研究。

【科技成果与转化】 3 月，按期完成区科技厅 2008 年下达的广西青年基金项目《不同运动负荷对大鼠主要器官一氧化氮合酶基因表达影响的研究》的结题工作，结题评为“优秀级”。该项目首次从基因水平较全面探讨不同运动负荷对运动大鼠心、脑、骨骼肌等重要器官的 NOS 的 mRNA 表达比较，为进一步探讨一氧化氮在运动员运动训练过程中对机体的影响提供更有价值的理论依据。

【科技服务与成绩】 根据区体育局的总体安排，组成科技服务队伍到运动队一线为运动员提供科技服务。采用访谈法为重点运动员和有需要的运动员及时进行心理疏导，引导运动员在合适的时候进行合理的心理宣泄，去除心理疲劳。采用暗示法对运动员进行树立自信心和危机意识的调控，正确自我定位，避免过度心理落差所带来的情绪低落、自信心不足等一系列负面情绪。运用心理训练方法，引导运动员集中注意力，结合实际情况，准确找到焦点所在。随射箭队到外省比赛现场为运动员提供赛前及赛后心理疏导，根据比赛现场情况，和教练员进行探讨，尝试调节的方法，挖掘运动员的心理根源，调节好运动员的心理状态。使用生物反馈仪为运动员进行心理训练与辅导，让运动员在训练中不断发现自己的心理弱点，有针对性地进行自我调节、放松及表象，收到良好效果。

【科研平台建设与科研仪器设备】 年内，科研所继续以申报国家体育总局“重点实验室”为目标，加强实验室建设。不断完善《实验室管理办法》、《实验室安全工作管理办法》、《仪器设备安全管理工作办法》、《实验室管理人员职责》、《实验室仪器操作规范》等实验室管理制度和办法，以加强实验室管理。同时加大资金投入，加强硬件设施建设。在科技厅支持下，投入 136 万元购进美国魔神公司研制的运动生物力学高速录像采集与解析系统一套。新设备的投入使用，使运动生物力学实验室建设得到进一步加强和完善，科技服务能力进一步提高。另外还购入便携式智能身心反馈训练仪、智能身心反馈训练系统、运动员竞技心理能力和状态诊断系统等仪器设备，完善了心理实验室建设。

【国民体质检测】 组织科研人员录入和处理 2010 年广西第三次国民体质监测数据，撰写国民体质监测公报和国民体质监测研究报告。承办第三届广西体育节“体育进万家”志愿者服务启动仪式，组织科研人员组成国民体质检测队伍到钦州市、柳州市、南宁铁路局和南宁市 33 多个小区单位免费为 2000 多名居民进行体质检测，开出运动处方，指导他们科学健身，为提高我区人民体质健康尽力。承办第三届广西体育节“著名专家全民健身八桂行讲座”活动，组成专家团队，行程数千公里，到达全区 14 个市，为全区社会体育指导员、专兼职体育工作干部、相关工作人员及积极参与健身活动的机关公务员、企事业单位职工、社区居民、农民及学生等近 3000 人传授有关“国民体质测定方法、健康评估及运动处方”、“大众健身伤病预防及治疗”和“体育运动在预防及治疗糖尿病或痛风和肥胖病等疾病中的作用”等方面专题知识。全区多家电视台、广播电台、报纸和网站给予报道，收到良好的社会效果。

【科技交流与合作】 年内，干部职工参加了“国家体育总局全国运动医务监督与青少年运动员健康促进培训班”、“专项力量、技术训练新型仪器器材应用培训班”、“2011 年全国体质测量与评定技术培训班”、“西部地区短期讲学培训班”、“广西第十二届运动会兴奋剂检察官培训班”、“2011 年全区期刊编辑研修班”、“运动员心理训练、调节与监控培训班”、“2011 年度会计人员后续教育”、“2011 中国—东盟出版博览会数字出版论坛”等培训。出版《体育科技》4 期，共刊发科研论文 170 余篇。出版《运动精品》12 期。全年科研所科研人员共发表论文 10 篇，其中 2 篇发表在核心期刊。

广西体育馆

2010 年

【加强党建工作】 广西体育馆坚持以邓小平理论和"三个代表"重要思想为指导，深入贯彻落实科学发展观，组织全体党员干部职工认真学习胡锦涛同志在第十七届中纪委五次全会上的重要讲话，区纪委九届八次全会精神，《中国共产党党员领导干部廉洁从政若干准则》，通过学习提高全体党员干部的政治素质，进一步加强了党性、党风、党纪教育，强化了广大党员干部的作风建设。按照上级的部署并结合实际，制定了体育馆 2010 年党建工作要点、党员干部学习计划、廉政风险防范工作方案、"三重一大"议事规则、安全工作等方案。开展党组织建设年和"创先争优"、"结对共建，先锋同行"等主题活动。注重在解决实际问题上下工夫，着力破解影响体育馆发展的突出难题，实现了"两不误、两促进"的工作目标。

【配合相关部门做好场馆的修缮工作】 今年是体育馆主体建筑改造之年。2009 年 12 月为配合改造工作的开展，全体员工自己动手搬迁办公室，对仓库进行分类整理，对重要设施设备进行了加固和采取了安全防范措施，并每天安排人员对上述部位和地点进行巡查。对工程建设过程中出现的问题，及时与施工队伍进行沟通协调并向体育局有关领导和部门汇报，使工程施工得以顺利进行。在工程验收过程中，对未达到使用要求部位提出了一十六项整改意见，并监督完成。

【开展全民健身和文艺演出活动】 尽管体育馆维修不能开放，但练习馆还是坚持每天上午 6:00 到 8:00 时段对羽毛球爱好者以成本价优惠开放。4 月，改造游泳池水循环系统的管线和更衣房，游泳池设施和水质达到卫生部门的卫生标准要求。开办青少年暑期游泳、羽毛球培训班，培养青少年的健身兴趣及信心。8 月底，体育馆改建工程竣工，随即开展系列群体活动，营造全民健身热潮。承办、承接了"广西食品药品监督管理局系统职工运动会"、"中国移动杯"邀请赛，"广西财政系统运动会"，"人力资源和社会保障系统运动会"，"国家统计局调查总队运动会"，"广西民政系统运动会"，"广西顶佳电脑公司运动会"，"广西万人气排球比赛"等赛事，和"香港别安乐队演唱会"、"蔡琴演唱会"等。12 月份，举行"周华健演唱会"、"齐秦、齐豫演唱会"。这些活动在全社会影响大、群众参与面广，受到社会各界关注好评。

【加强安保和消防管理】 采取新的管理模式，引进物业服务公司对体育馆公共区域进行物业管理，一方面规范对往来车辆停放的管理，另一方面，保安人员对体育馆周边进行二十四小时巡逻，使体育馆的治安保卫工作得到进一步的提升。安排专人每天对体育馆改造工程工地进行安全检查，着力整治各种火灾隐患，做到有情况及时处理。始终把安全生产工作作为头等大事来抓，有效遏制了安全事故发生。体育馆工程竣工后，顺利通过了消防安全检查。

【加强职工技能培训】 年内，体育馆认真抓好人才队伍培养，努力提高员工综合素质，组织全体职工进行计算机收费系统培训，救生员救生知识培训，公文写作培训及治安消防安全防范培训班等。通过培训，进一步提高员工的业务水平，提高执行力，切实推动工作开展。

2011 年

【履行场馆公益服务职能】 体育场馆坚持履行社会职能，在创建文明城市活动中，体育馆被定为未成年人思想首批建设工作测评实地考察单位，在履行体育场馆的公益性职能中，体育馆将每年6月1日和8月8日定为场馆开放日，免费为青少年提供活动场地。下半年，我馆遵照自治区人民政府印发的《广西壮族自治区全民健身计划（2011－2015）》要求，作出计划每周安排 3 个半天，向中小学生、未成年人、残疾人及农民工子女和社区离退休人员实行优惠或免费开放。我馆积极与广西佰斯特青少年健身俱乐部建立了开展工作合作机制，拓宽了体育馆经营渠道，使体育场馆的功能和公益性充分发挥出来。

【承接和组织赛事】 修缮后的体育馆，场地设施得到改善，进一步提升了服务档次。全年各项活动赛事不断，先后举办了司法系统运动会、全市公安系统大演练、神冠杯第二届广西民营企业运动会、广西交通运输系统第四届交通杯球类运动会、桂西公路管理局第八届职工运动会、广西体育局红歌比赛、广西投资（招商）促进系统首届运动会、农业厅气排球比赛和齐秦演唱会等活动，平均每月就有 4 场运动会在体育馆举行。为推进全区全民健身事业发展做出较大贡献。

【规范内部管理水平】 年内，体育馆进一步加强内部管理，严格执行各项规章制度，落实岗位责任制。在各场馆将各岗位制度上墙，便于群众监督，有效提高各岗位人员执行规章制度的自觉性。为加强游泳池的安全经营管理，强化落实安全责任制度，加强游泳减溺安全保障，通过对救生员安全意识教育和救生专业知识培训，增强工作责任心。在工作中统一着装，为泳客创造安全、优美的游泳健身环境。按质按标做好水质监测工作和设备维护工作，圆满完成游泳池的夏季开放工作。

【修缮场馆】 体育馆附属馆今年全面翻修，更换室内木地板、钢结构顶棚及隔热层，重新布置灯光，增加照明，改造卫生间，并对练习馆大门进行改造，使练习馆空间得到有效利用。面貌焕然一新，地板舒适度、照明强度、空气流通等各方面均得到了进一步改善。将游泳池老化的滑道拆除，消除安全隐患，并在泳池上空增设顶棚，使经营效益得到进一步提高。对体育馆东门两侧地面进行重新铺设，使其原常年被车辆碾压，下雨变泥泞状态的地方。经过改造铺设成草石砖后，即方便停车，又美化环境。

【举办消防大演练】 结合体育馆实际情况，重新调整了大型活动消防安全指挥领导小组，制定了消防安全预案，和市消防队在全馆开展了一次实地消防演习活动。代表南宁市接受公安部对大型场所消防安全的检查和演习并得到了检查组的好评。

【关心职工生活】 全面做好关心职工生活工作，不断提高职工的生活质量和水平。节假日对离退休职工进行了慰问，看望慰问因病住院的退休职工，为全体员工购买运动服和劳保设备。给全体聘用员工增加了工资，改善了职工生活，把关爱送到每一个职工。

【荣获南宁市文物保护点】 广西体育馆在建筑风格上具有采光、透风的优点并被收入大学建筑设计教科书中，为了对体育馆进行有效保护和合理利用，我馆积极向南宁市有关部门报告和沟通，配合专家们进行实地考察，精心准备材料并上报，最终在今年被南宁市批准为南宁市不可移动文物。

广西体育场

2010 年

【完成夏季游泳池对外开放工作】 年内，游泳池开放切合“狠抓安全，热情服务”活动主题，在工作规章，工作流程，工作内容上有新举措新变化。所有工作人员戴证上岗，设立投诉电话和意见箱；重新整理、修改、完善《区体育场场馆部管理条例》，明确各岗位责任，严格履行岗位职责，按时按质完成工作任务，并接受监督检查；增设痰槽，维护池水质量；购进一批新用具，如锁头、泳圈等。游泳池狠抓安全，做到无事故发生，做到服务热情周到，为游客创造了良好的游泳锻炼环境。生动地把创先争优活动做到了经营的第一线，使游泳池开放工作顺利完成，并得到广大游客的充分肯定。游泳池五个月的开放期，获营业收入约 97 万元，与去年同期相比，增加收入 4 万元。在扩大全民健身参与人数创造良好社会效益的同时，也提高了经济效益。

【业余体校参赛成绩】 7 月，体育场共组织 7 名游泳培训班学员参加“2010 年广西少年儿童游泳锦标赛”，其中庞程鸿小朋友分别获得女子 93—95 组 400 米自由泳第二名、200 米自由泳第四名和 50 米自由泳第四名，莫富国小朋友获得男子组 200 米自由泳第三名。同时输送莫富国、李宗铭、张梦恬三位小运动员到区体工队参加集训。

【切实做好场地房屋租赁工作】 年内，切实抓好场地租赁工作。场地租赁收入是我场资金来源的主渠道。为了增加收入，体育场尽可能地挖掘潜力，盘活房源地产进行出租，并积极追收租金，保证了应收租金收缴率达到 97%以上。认真管理、监督租户做好铺面卫生和消防安全工作，做好流动人口登记，规范对租户的管理。全年已按规定向各级财税部门上缴利税 30 多万元。

【积极发挥体育场的功能实现为全民健身服务】 积极发挥体育场的功能为全民健身服务。充分利用足球田径场、游泳池为南宁市各中小学、机关团体、企事业单位提供场地开展体育活动。11 月 12 至 14 日，协助广西日报社当代生活报在广西壮族自治区体育场举办“广西体育节万人拔河比赛”，参赛的队多达 25 队，进场观看的人员（包括拉拉队员）多达 1 万人次。

【发挥体育场功能】 9 月 25 日，协助广西南宁尚都文化传播公司在广西壮族自治区体育场成功举办了由香港歌星张卫健、许志安、苏永康、梁汉文四人组成的“BIGFOUR”组合，“THEBIGFOUR 世界巡回演唱会南宁站”，进场观看演唱会人数多达 3 万人。12 月 16 日，协助北京九维文化传播有限公司在广西壮族自治区体育场成功举办了“2010COCO”李玟世界巡回演唱会南宁站”，进场观看演唱会人数多达 3 万人。演唱会举办盛况空前，社会影响极佳，充分发挥体育场功能。

2011 年

【体育场游泳池对外开放】 年内，游泳池仍实行定额、定岗、定员、定责的目标管理制度，进一步调动了职工的工作积极性。组织救生员、教练员进行岗前培训学习，制定并组织全体职工集体学习《游泳池安全管理制度》，成立安全管理小组，以确保游客的人身安全。此外，认真做好卫生管理宣传工作，在游泳池张贴《公共场所卫生管理条例》、《公共场所卫生监督量化分级管理指南》及《艾滋病防治条例》等相关宣传资料，向广大游客宣传公共场所卫生知识。游泳池环境卫生和水质保持良好，真正做到服务水平上档次，安全管理见成效。全年没有发生安全事故。游泳池5个月的开放期，获营业收入约114万元，与去年同期相比，增加收入17万元。在扩大全民健身参与人数、创造良好社会效益的同时，也提高了经济效益。

【业余体校取得良好成绩】 年内，组织几名游泳培训班学员参加"2011年广西青少年游泳锦标赛"，其中李宗铭小朋友分别获得男子丙组450米自由泳接力、450米混合泳接力第一名以及男子丙组100米自由泳、100米蛙泳第三名，此外，在11月初进行的广西第12届运动会上，李忠铭小朋友更是获得了450米自由泳接力第一名；张梦恬小朋友获得"2011年广西青少年游泳锦标赛"女子丙组50米仰泳第五名。同时输送莫富国、李宗铭、张梦恬三位小运动员到区体工队参加集训。

【抓好做好场地房屋租赁工作】 年内，体育场尽可能地挖掘潜力，盘活房源地产进行出租，并积极追收租金，保证了应收租金收缴率达到97%以上。认真管理、监督租户做好铺面卫生和消防安全工作，做好流动人口登记，规范对租户的管理。

【发挥体育场的功能实现为全民健身服务】 利用足球田径场的现成条件为南宁市各中小学、机关团体、企事业单位提供场地开展体育活动。发挥体育场业余体校的职能，利用场地积极开展业余游泳培训，拔河比赛和田径运动，高尔夫球运动等。11月4日至6日，协助广西日报社当代生活报在广西壮族自治区体育场举办"广西体育节万人拔河比赛"，参赛的队数多达35个队，进场观看的人员（包括队员及拉拉队员）多达两1.5万人次。

【贯彻落实各项政策】 认真贯彻落实自治区纪委、监察厅、财政厅、审计厅联合制定的《关于印发〈广西壮族自治区"小金库"专项治理工作实施办法〉的通知》（桂纪发［2009］11号）及《关于印发＜2011年广西壮族自治区"小金库"专项治理工作实施方案＞的通知＞》精神，严格按照全面复查、督导抽查、整改落实、机制建设和总结验收的步骤开展"小金库"治理工作。经过多次检查，发现区体育场并无"小金库"问题。成立区体育场节能减排工作领导小组。专职联络员每季度向区体育局节能减排工作小组报送季度能耗数据统计表，建立节能降耗统计台账制度，由专人管理。

【完成南宁市人民代表大会换届选举工作】 积极配合兴宁区政府做好2011年全市人民代表大会换届选举工作，按照要求张贴相关宣传资料，发放并回收选票，对选举结果进行公示，真实反映选民的意愿。

【发挥体育场功能】 1月11日至2月1日，在广西壮族自治区体育场成功接待了由南宁市龙海展览贸易有限责任公司为主办单位的"2011年第六届广西（南宁）迎春商品交易暨年货会"。协助浙江台州市丰源展览展销有限公司在广西壮族自治区体育场成功举办了"2011首届羊绒、皮草品牌服装暨地方特产博览会"，进场人流量每天约3000人次。9月11日，协助广西东联博世广告有限公司成功举办了"动力火车演唱会"，进场观看演唱会人数达2万多人。9月17日，协助南宁市飞云会展服务有限公司在广西壮族自治区体育场成功举办了"谭咏麟再度感动中国巡回演唱会．南宁站"，进场观看演唱会人数达3万多人。10月7日，协助南宁市弘脉文化传播有限公司在广西壮族自治区体育场成功举办了"2011张惠妹中国—南宁演唱会"，进场观看演唱会人数达2万多人。12月16日协助广西西娱文化传播有限公司在广西壮族自治区体育场成功举办了"2011岁末巨献．音乐盛典—爱在黎明"群星演唱会，进场观看演唱会人数多达3万人。12月30日协助南宁人民广播电台在广西壮族自治区体育场成功举办了"2012女王驾到新年演唱会"，进场观看演唱会人数多达3万人。充分球场功能，提高社会效益和经济效益，丰富了南宁市民的文化生活。

广西体育大厦

2010 年

【业务概况】 据统计，共接待团体会议、培训班、比赛等活动及散客 23 批次，13000 人次，客房利用率全年平均达到 40%，完成营业额 299 万元，营业成本 130 万元，工资、福利、养老保险、医疗保险、公积金共 151 万元，缴税费 18 万元。

【改革举措】 年内，招待所带领干部职工认真学习贯彻科学发展观，更新经营管理新知识，转变企业发展观念，创新发展动力。年内，为提高招待所经营效益，我所采取一系列改革措施，创新发展，包括扩大企业业务宣传力度，加大外联业务和自我推销力度，努力打造自我品牌，参加南宁市政府采购会议定点饭店招投标，继续中标获得"会议定点饭店"称号，提高了对外营业的知名度；通过改善客房内景布置、降低价格，投入资金 9 万元更换了床上用品等新举措，吸引客户租住，促使招待所在艰难的经营中继续盈利。

【做好中国—东盟汽车拉力赛后勤保障工作】 年内，由于各种原因，中国—东盟汽车拉力赛的后勤保障工作起初并不安排由招待所接待，领导班子和外联部高度重视，积极主动到有关部门公关，最终把接待任务交由招待所完成，因接待工作出色，得到拉力赛举办方的广泛赞誉，实现荣誉、效益双丰收。

【文体活动】 11 月，积极响应广西体育局党组的号召，组织全体员工参加了广西体育局第六届全民健身运动会的动员会，充分激发广大员工积极报名参加比赛的热情，丰富了员工业余生活，增强员工体质，培养了员工相互关怀、关心集体、团结协作的情怀。

2011 年

【业务概况】 据统计，全年招待所营业收入达 656 万元，与去年同期营额 299 万元，增收 357 万元，比同期增长 119%，客房利用率全年平均达 75%，比去年同期高出 35%。营业总支出 569 万元，其中：在职职工和临时工工资、福利、出勤费、加班费、过节费等共支出 115 万元，退休人员工资及福利支出 65 万元，住房公积金补贴 3 万元，养老、医疗和社会保险费支出共 12 万元，各项维修费 81 万元，缴纳税费 38 万元，直接成本费用支出 255 万元，实现盈利 87 万元。

【改善营业环境，提高营业效益】 年内，招待所在创收的形势下，积极争取自治区体育局部分资金支持，加大对硬件的投入，拿出 81 万元用于改善各项设施，投入 24 万元更新 80 间客房的地毯和铺木地板，投入 27 万元更换 95 间客房墙纸，投入 15 万元补漏 2 号楼天面，投入 15 万元更换床上用品。这些举措，有效改善招待所的经营环境，吸引了顾客的入住。

【抓好教育培训，提升员工素质】 年内，招待所派员参加了赴美国学习、赴清华大学学习，还派员定期参加财务管理等行业知识进修学习，提高员工综合素质，有效更新管理理念，转变发展观念。

【招纳人才】 根据自治区体育局党组决定，针对副所长空缺职位，向本系统公平、公开、公正进行招贤纳士，有 4 名不同专业、不同岗位的优秀年轻干部参与竞岗，这一举措有效充实了备后人才，提升了招待所人才综合素质、优化了人才结构。

广西武鸣体育训练基地

2010 年

【加强党风建设】 年内，基地按照区体育局统一部署和要求，切实把思想作风建设列入日常工作范围，常抓不懈，成效显著。按照区体育局相关文件的要求，基地把党性党风党纪学习教育作为全年思想教育活动的一项重要任务来抓。今年五月党支部指定人员负责按照文件要求，制定学习方案，安排授课人员，配备学习资料，并编辑成册，发放到每一位党员手中。并组织全体党员集中开展学习，会上农庆功主任对十七届中央纪委会第五次全会精神做了深层次的解读，结合我国近期反腐倡廉的典型例子及取得的成效，深刻阐明党员领导干部思想作风建设的重要性和紧迫性。同时联系到本单位的实际工作和干部职工的思想动态，对今后的工作提出了目标和要求。之后基地苏一晋副主任对《中国共产党党员领导干部廉洁从政若干准则》做了宣讲，并组织党员深入开展讨论，撰写心得体会。同时就建立健全惩治和预防腐败体系的要求，提出要进一步认识到反腐倡廉是一项长期性的工作，要强化预防职务犯罪的工作力度，全面深化党风廉政建设特别是廉洁从政工作。今年是学习型党组织建设。

【基地设施改造】 8 月，基地运动员餐厅正式重新投入使用，该工程于 2009 年 9 月中旬开始动工，主体工程于当年 12 月份完工，建筑面积达 1500 平方米，建成后的餐厅分为两层，建筑面积达 1500 平方米，环境优美，设施齐全，运动员的饮食标准得到大幅度提高。两栋运动员公寓楼分别于年初和 8 月修缮完毕并投入使用，修缮后的运动员公寓楼大部分楼层安装了木地板，配备了热水器、宽带、空调等设备，住宿条件明显改善。

【基地场地维护】 年内，基地场馆维护工作成效显著，东大院修建了一块面积为 100 米 x50 米的射箭训练场地和一条排污沟，场地跑道为水泥硬化，方便运动员做体能训练，3 月平整和绿化工作已经完成，经过几次修剪、平整，目前这片训练场已经发挥着应有的作用；西大院比赛场地建起一个 60 平方米的器材保管仓库，同时在起射线后建起 120 米 x6 米的钢架棚，并加建了挡土墙，训练环境进一步改善。

【承办广西全区青少年射箭锦标赛】 8 月，基地承办全区青少年射箭锦标赛。共有来自全区 10 个不同市运动队参赛，人数达 186 人。共决出男子甲、乙组 50 米、40 米、30 米、20 米单轮单项、单轮全能、单轮团体，女子甲、乙组 50 米、40 米、30 米、20 米单轮单项、单轮全能、单轮团体这几个项目的名次。

【冬训接待工作】 11 月至 12 月，西藏射箭队 14 人、广西残联射箭队 12 人到基地进行冬训，12 月北京朝阳区射箭队 25 人在基地进行为期 10 天的集训。

2011 年

【重点抓好队伍建设创建和谐基地】 年内，基地认真组织开展理论学习，注重发挥党员的模范带头作用，力求通过良好的党风促进基地干部职工工作作风的转变。完善党内民主生活会制度、党员民主评议制度、党风廉政建设制度，用制度规范管理各项党务工作。在日常出

勤方面，通过制定考勤制度、请销假制度，坚持严格上班纪律、严格工作要求、严格职责分工、严格做好服务，树立基地整体的良好形象

【基地集训冬训接待工作】 11 月西藏射箭队到基地进行为期 5 个月的冬训，12 月北京青少年射箭集训在基地举行，2 月广西残联射箭队在基地集训。这是基地基础设施建设明显改善及新领导班子成立后，最先入住基地训练的队伍。领导班子高度重视，为运动员的食宿提供优质后勤服务。场馆科人员积极协助教练员布置场地，保证运动员的训练、比赛顺利进行。

【基础设施建设工作】 年内，基地基础设施建设重点放在宿舍区停车棚的建设、东大院场地排污沟的维修、小餐厅的重建上，截至 10 月份停车棚已竣工投入使用，排污沟及小餐厅的建设正在紧锣密鼓进行中。

广西航空运动学校

2010 年

【概况】 广西壮族自治区航空运动学校隶属于自治区体育局，全民所有制单位，学校地址及办公地点在广西南宁市武鸣县定罗路 5 号，距南宁市区 37 公里。前身是广西航空俱乐部，成立于 1959 年 10 月，1985 年更名为广西航空运动学校。学校目前占地面积约 123 万平方米，房屋建筑物面积 11833 平方米，含教室、办公室、接待楼、学生宿舍、职工宿舍、食堂及各种仓库 22 栋。学校有大小机库各一座，面积分别为 1500 平方米和 500 平方米，飞机停机坪面积 3500 平方米，学生操场面积 1500 平方米，标准篮球场、排球场各一个、足球场 5 个，校园水泥路面积 7600 多平方米，学校有各种公用及飞行训练车辆 6 辆，包括公务车、旅行小客车、塔台指挥车、滑翔机牵引绞盘车、收索机、侧三轮摩托车等。有飞行训练飞机 19 架，包括有动力滑翔机和无动力滑翔机。以及各种地面及飞机上的配套设施及通讯导航设备。还有各种航空器如：热气球、滑翔伞、牵引伞、塔伞、动力伞及各种航空模型等。学校现有编制 26 人，实有人数 20 人。行政管理人员 9 人，飞行员 2 人，机务、地勤人员 9 人，离、退休人员 1 人。学校宗旨和业务范围：为航空及体育事业服务。航空体育飞行培训、比赛、接待，通用航空服务，航空、航海模型，航空体验飞行及对青少年航空科普教育，接待运动队训练等。

【参加“2010 海口市热气球节”】 6 月初，学校派出 2 名热气球飞行员到海口市参加“2010 海口热气球节”的比赛，并出色地完成飞行表演、竞赛和喷火游行的任务。

【协办“2010 全国热气球锦标赛”】 2 月，学校协助国家体育总局航空运动管理中心成功举办“2010 全国热气球锦标赛”。

【参加“天佑德”杯全国热气球精英挑战赛】 6 月底，学校派出 2 名热气球飞行员和 1 名工作人员到青海互助县参加“天佑德”杯全国热气球精英挑战赛，热气球飞行员潘荣标同志在首次主飞的情况下取得了第 13 名的好成绩。

【参加第二届山东莱芜航空体育大会热气球比赛】 9 月下旬，学校唐校长和 1 名热气球飞行员参加第二届山东莱芜航空体育大会的热气球比赛，在比赛期间，积极与各省的兄弟航校、航空体育运动员进行学习交流，了解国内航空体育活动的动态，同时为了今后航空体育事业的发展谋求新路子。

【学校食堂维修工程】 11 月至 12 月，斥资二十万对学校老旧破损的食堂进行了翻新和维修。

2011 年

【参加“2011 海口市热气球节”】 6 月初，学校派出 2 名飞行员到海口市参加“海口市 2011 年热气球节”的比赛，并出色地完成飞行表演、竞赛和喷火游行的任务。

【参加全国热气球精英赛】 7 月中旬，学校派出 1 名热气球飞行员和 1 名工作人员参加青海德令哈市“全国热气球精英赛”。

【参加甘肃“中国嘉峪关航空滑翔节”】 7 月下旬，学校派出 1 名热气球飞行员和 2 名工作人

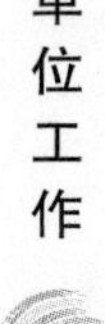

员参加甘肃“中国嘉峪关航空滑翔节”。

【参加内蒙古包头“2011 年全国热气球锦标赛”】 8 月，学校派出 2 名飞行员参加在内蒙古包头市举行的“2011 年全国热气球锦标赛”并取得优异成绩。

【参加第三届山东莱芜航空体育大会】 9 月下旬，唐卫东校长参加第三届山东莱芜航空体育大会，积极与各省的兄弟航校、航空体育运动员进行学习交流，了解国内航空体育活动的动态，同时为今后航空体育事业的发展谋求新路子。

【新增航空飞行器设备】 今年学校投入 98 万资金，采购了一架动力悬挂三角翼，2 架无人遥控飞机，20 套模拟飞行训练器。

【举办“2011 年广西区模拟运动培训班”】 6 月，国家体育总局航管中心在南宁市举办“2011 年广西区模拟运动培训班”，国家体育总局航管中心模拟部朱建成副主任亲临现场为我区广大模拟飞行教师、爱好者进行培训教学。

【申报建成国家级“模拟飞行教室”】 10 月，学校向国家体育总局航管中心申报国家级模拟运动指导站，已建成国家级“模拟飞行教室”。为广西区模拟飞行运动发展和航空科普知识普及提供了很好的服务平台。

【参加“2011 年全国模拟飞行锦标赛”】 11 月，黄兴国和李贤军 2 名运动员参加“2011 年全国模拟飞行锦标赛”，分别取得了模拟塞斯纳飞机本场五边飞行全国第一名和模拟直升机精准着落全国第六名的好成绩。

2011年8月8日，自治区有关领导参加健身走

2011 年 8 月 8 日，第三届广西体育节开幕式南宁主会场在李宁体育园举行

2011年12月20日，第三届广西体育节闭幕式在来宾市体育馆举行

2011年11月16日，第十二届全区运动会闭幕式在钦州市体育馆举行

2011年6月21日，广西·来宾体育农民体育健身北京行新闻发布会在国家体育总局举行

2011年5月19日，广西篮球队与来宾农民篮球队进行友谊比赛

2011年6月21日，国家体育总局副局长冯建中（左）向来宾市长杨和荣赠送纪念品

2011 年 6 月 22 日，广西来宾农民篮球队与国家体育总局篮球队合影

2010 年 12 月 22 日，广西体育局第六届全民健身运动会气排球比赛

2010 年 11 月 18 日，广西第十二届少数民族运动会开幕式表演

2010 年 12 月 22 日，广西体育局第六届全民健身运动会开幕式在广西体育馆举行

2011 年 9 月 10 日，参加第九届全国少数民族运动会的广西体育代表团入场

2011 年 9 月 14 日，广西龙舟队（上）在第九届全国少数民族运动会上比赛

2011 年 8 月 20 日，第十二届全区运动会技巧女子三人比赛

2011年11月8日，第十二届全区运动会游泳比赛

2011 年 11 月 10 日，第十二届全区运动会举重男子甲子组 56 公斤级比赛

2011 年 11 月 14 日，第十二届全区运动会田径女子甲组 4×100 米接力决赛

2011 年 10 月 18 日，广西区直机关公务员运动会工间操自治区体育局代表队比赛

2010 年 5 月 22 日，第四届全国体育大会广西队技巧女子双人比赛

各市体育建设

南　宁　市

全市体育工作综述

2010 年

2010 年是实施“十一五”规划的决胜之年。我市体育事业与全市经济社会各项事业一样，继续保持迅猛的发展势头。全市全年共举办各级各类运动会、单项比赛和健身活动 800 多项次，参与人数 351 万人次，群众参与率达 51%。成功举办了第二届广西体育节开幕式南宁主会场活动、元旦邕江冬泳、端午节龙舟赛、气排球联赛、城乡万人气排球比赛等活动，各县区、各行业全民健身活动蓬勃开展。我市运动员梁耀月在 2010 年蹼泳世界杯总决赛上获 3 项冠军，许艺川获 1 项冠军 1 项亚军 1 项季军；王莹、王毅获第十六届亚运会女子水球金牌。公共体育设施进一步完善，共完成体育设施建设投资 7.15 亿元，投资超亿元的有广西体育中心、李宁体育园 2 个项目。南宁市体育局完成职责、内设机构和人员编制核定工作，县（区）文体局进行了合并改革。

2011 年

2011 年南宁市认真贯彻落实《全民健身条例》、《全民健身计划（2011－2015 年）》、《广西壮族自治区全民健身计划（2011－2015 年）》精神，唱响“体育为人民群众服务、为经济发展助推”的主旋律，组织开展各行业、各县区、各人群、各类型的全民健身活动，群众体育蓬勃发展。组队参加第七届全国城运会和第十二届广西区运会，取得优异比赛成绩，竞技体育总体实力进一步提升。成功举办了中国水城“中国联通杯”南宁国际龙舟邀请赛、2011 年亚洲沙滩排球巡回赛（南宁站）等一系列重大体育赛事活动，体育文化进一步繁荣。体育产业加快发展，经济社会效益日益明显。公共体育设施不断完善，群众身边体育服务设施网络进一步健全，全市体育事业建设开创崭新局面。

群众体育

2010 年

【获奖荣誉】　年内，南宁市全民健身形成良好态势。马山县、邕宁区中和乡、江南区江西镇、隆安县那桐镇荣获自治区民族体育特色之乡称号，马山县民族展示馆荣获自治区民族体育传承馆称号，马山县百龙滩镇王政勤、白山镇韦建廷、加方乡莫菊花，邕宁区中和乡孙子奇荣获自治区民族体育传承人称号。国家体育总局授予南宁市体育局“2010 年全民健身活动优秀组织奖”，授予隆安县文化广播影视和体育局、南宁百货大楼股份有限公司“2010 年全民健身活动先进单位”。南宁市民委文教科和南宁市体育局群体科荣获“广西壮族自治区民族传统体育先进集体”称号，邱蕾、梁祥春、李天诚、郑本平荣获“广西壮族自治区民族传统体育先进个人”称号。张洪兰、陶剑锋荣获“广西优秀社会体育指导员”称号。

【冬泳邕江】　1 月 1 日，由市人民政府主办，南宁市体育局、南宁市体育总会、广西游泳协会、南宁市冬泳协会承办，南宁市教育局、南宁市公安局、南宁市城乡建委、南宁市卫生局、南宁市工商局、南宁市城管局、南宁市总工会、南宁海事局、六城区人民政府、南宁市体育管理培

训中心、市大桥管理处、滨江公园共同协办的"2010年南宁冬泳邕江活动"在邕江一桥水域举行，来自区直、市直、城区机关、企事业单位，教育系统的师生和冬泳爱好者以及百色、崇左、玉林市、南铁冬泳协会队伍共计2100人参加了活动。

【"端午节"龙舟系列比赛】 6月15日至17日，南宁市举"端午节"龙舟系列比赛，竞赛项目设公开组12人标准小龙舟800米直道竞速和公开组22人传统龙舟800米直道竞速。全市设1个主赛场(隆安县)，4个分赛场(横县、宾阳县、江南区、西乡塘区)。除宾阳县因洪水无法举办外，主会场隆安县及分会场横县、江南区、西乡塘区共93支队伍参加这一民间传统体育活动，吸引了近25万群众到各赛场为龙舟健儿呐喊助威。

【第二届广西体育节开幕式南宁市主会场活动】 8月8日，第二届广西体育节开幕式南宁市主会场活动在南湖名树博览园举行。自治区领导沈北海、车荣福、文明、李康、李达球、李彬，自治区体育局容小宁局长，南宁市市长黄方方等400多名省部、厅级领导及区市各界群众共6000多人出席活动。开幕式现场还组织了花式篮球街舞、马术展示、花式轮滑、跆拳道表演、攀岩体验、自行车特技、气排球、投篮等八个活动项目展示；市老年人体育协会在南湖公园北广场举办了南宁市中老年人健身走活动。为期100天的第二届广西体育节在全区范围正式拉开了序幕。

【"中恒杯"第七届残疾人运动会暨第二届特殊奥林匹克运动会】 7月12日至18日，由广西壮族自治区残疾人联合会、广西壮族自治区体育局主办，南宁市人民政府承办，南宁市残疾人联合会、南宁市体育局、广西梧州中恒集团协办的广西壮族自治区"中恒杯"第七届残疾人运动会暨第二届特殊奥林匹克运动会在南宁市举行，运动会设田径、游泳、乒乓球、举重、羽毛球、飞镖、盲人柔道、男子聋人篮球、女子坐式排球9个项目，特奥会设田径、游泳、乒乓球、滚球4个项目。全区14个市及南宁铁路局共535名运动员参赛。南宁市代表团获金牌41枚，银牌24枚，铜牌6枚，获金牌总数和团体总分第一名。参赛各代表团获体育道德风尚奖，111名运动员、51名裁判员荣获体育道德风尚奖称号。

【南宁市未成年人传统健身游戏大赛】 南宁市精神文明建设委员会办公室、南宁市体育局、南宁市教育局联合举办"2010年南宁市未成年人传统健身游戏大赛"。年度总决赛于12月18日在南湖广场名树博览园举行，比赛设扔沙包、滚铁环、三人板鞋竞速、踢毽子、六人板鞋竞速、跳大绳等六个项目，共有15个代表队784人参赛。

【"体育活动黄金周"】 11月8日至14日，由南宁市体育局、南宁市体育总会主办，南宁市体育管理培训中心承办的2010年"南宁体育活动黄金周"各项赛事分别在南宁市体育场和各城区的球馆举行，活动涵盖了南宁市篮球联赛、南宁市气排球锦标赛、南宁乒乓球公开赛、"欧亚杯"南宁业余网球双打比赛、南宁羽毛球锦标赛，共有1065人参赛。

【"真龙杯"广西第二届城乡气排球赛(南宁赛区)】 10月27日至31日，由南宁市体育局主办，南宁市体育管理培训中心、各县区文体局承办的广西第二届城乡气排球赛南宁市赛区总决赛在新屋村球场举行，共有102支队伍921人参赛。经过选拔，南宁市派出5个队参加11月16日至18日在南宁举办的广西总决赛的比赛，获单位混合组第一名，女子公开组第二名，男子公开组第七名，女子街道乡镇组第四名，男子街道乡镇组第七名。

【广西第二届"红水河杯"绣排球比赛】 9月25日至27日，广西第二届"红水河杯"绣排球比赛在来宾市举行，共有来自红水河流域的6个城市8支队伍参赛，由南宁市气排球协会选拔组成的南宁市代表队，在继去年获该项比赛的冠军后，再次蝉联冠军并荣获体育道德风尚奖。

【学校体育】 年内，南宁市学校体育工作围绕贯彻落实《全民健身条例》、《学校体育工作条例》、《中共中央国务院关于加强青少年体育增强青少年体质的意见》，积极深入各学校指导开展各项体育活动。发动师生参加冬泳邕江活动、第十二届全区少数民族传统体育运动会、市未成年人传统健身游戏大赛、第28届南宁解放日长跑活动、全区传统校篮球、乒乓球和足球赛等大型赛事活动。

【农村体育】 随着近几年各级政府对村级体育场地和设施的投入不断加大，农村体育呈现健康发展态势，各地利用新建设的体育场地和设施，因地制宜开展当地农民喜闻乐见的体育活动。全年开展的活动有1月18日至21日在武鸣县举行的南宁市2010年村级公共服务中心建设年村级篮球赛决赛，全市49个村级公共服务中心的篮球队经过预赛，各县各选拔出1支优秀队伍参加决赛，活动取得良好效果。

【老年人体育】 全年新审批晨练站5个，培训人员250人次，举办传统赛事、精品赛事共11项次，其中影响较大的活动有：南宁市中老年人中国象棋比赛、南宁市门球甲级队比赛、南宁市老年人慢步走活动、中老年人迎春秧歌比赛等。组织老年排球、乒乓球、太极柔力球、健身球操、门球、网球等9个队参加中南、西南协作区和自治区老体协年度常规比赛，获2枚金牌、3枚银牌和1枚铜牌。

【社团体育】 年内，南宁市社会体育建设和社团蓬勃发展，共举办17项次市级赛事，参与人数达13000多人。全年共审批二级社会体育指导员48人，新成立4个协会(南宁市蟋蟀协会、南宁市网球协会、南宁市举重协会和南宁市羽毛球协会)，6个俱乐部(南宁市健泳游泳俱乐部、南宁市大拇指足球俱乐部、南宁市泳将游泳俱乐部、南宁市贝特尼斯健身俱乐部、南宁市群英会马术俱乐部和南宁市凌励乒乓球俱乐部)。全市共有社会体育指导员15080人，体育协会19个，俱乐部38个。

【第三次国民体质监测】 今年是国家体育总局每五年一次的国民体质监测年，南宁市体育局从5月10日起，在全市范围内开展国民体质监测工作，共抽取体质测试样本3792人。经过一个多月的辛勤努力，圆满地完成了这次监测任务。通过测定，使更多的群众了解了自身的体质状况，增强了体育锻炼的意识，并根据运动处方获得日常健身的科学指导，受到广大群众的好评，推动了全民健身活动的深入开展。

2011年

【获奖荣誉】 年内，南宁市举办各级各类群众体育运动会、单项比赛和健身活动400多项次，参与人数280多万人次，群众参与率达41%，社会体育指导队伍达15000多人，社会健身网点352个，老年体育活动日趋活跃，形成了全民健身的良好态势。在全民健身事业发展进程中，一些表现突出的单位和个人脱颖而出，获得国家体育总局和自治区体育局授予的各种荣誉称号，主要有：市体育局获国家体育总局颁发全民健身活动优秀组织奖称号；隆安县文广体局、南宁百货大楼股份有限公司获国家体育总局颁发全民健身活动先进单位称号；市体育局同时获国家体育总局授予2010年国民体质监测工作先进集体称号，莫树森、姜碧英获国家体育总局授予2010年国民体质监测工作先进个人称号；市体育局等5个单位和8个个人获广西区体育局授予的2010年国民体质监测工作先进单位和先进个人称号；市体育局等十个单位获2007－2010年全区群众体育先进单位称号，梁桦中等十一名同志获2007－2010年全区群众体育先进个人称号；市体育局获2011年广西全民健身工作先进单位称号；张洪兰、陶剑锋获广西优秀社会体育指导员称号；横县和南宁市李宁体育园、南宁沛鸿民族中学，分别获广西全民健身示范县和示范单位荣誉称号；朱庆邦同志获南宁市委、市政府创建全国民族团结进步活动个人嘉奖。

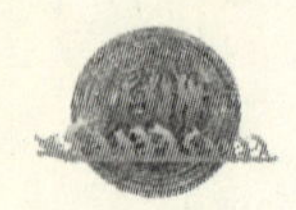

【邕江冬泳】 1月1日，由南宁市人民政府主办，南宁市体育局、南宁市体育总会、广西游泳协会、南宁市冬泳协会承办，南宁市教育局、南宁市公安局、南宁市城乡建委、南宁市卫生局、南宁市工商局、南宁市城管局、南宁市总工会、南宁海事局、六城区人民政府、南宁市体育管理培训中心、市大桥管理处、滨江公园共同协办的"2011年南宁冬泳邕江活动"在邕江一桥水域举行。作为南宁市四大传统项目之一，冬泳有着丰厚的历史和文化底蕴，再加上其强身健体、锻炼意志的功能，吸引着大量爱好者参与其中。首府各界及周边各县市冬泳爱好者共计2011人报名参加了活动，打响了我市全民健身的第一炮！

【第三届广西体育节开幕式南宁市主会场活动】 活动于8月8日在南宁市李宁体育园成功举办。参加开幕式及有关活动的有自治区党委、人大、政府、政协直属部门和机构的有关领导，中直有关单位及南宁市四家班子的领导等500多名省部、厅级领导与区市各界群众共6000多人出席本次活动。

【恢复工间操】 为深入贯彻实施《全民健身条例》和《全民健身计划(2011—2015年)》，市人民政府决定在全市范围内开展广播体操活动。各单位根据场地情况，以集中或相对集中的形式进行，每个工作日1次。为推进该活动的开展，11月2日至3日在南宁市李宁体育园举办了2011年南宁市工间操教员培训班。全市各县区各党政及企事业单位约500多人参加了为期两天的培训，掀开了南宁市恢复工间操活动的序幕。

【南宁市未成年人传统健身游戏大赛】 南宁市精神文明建设委员会办公室、南宁市体育局、南宁市教育局继续联合举办"2011年南宁市未成年人传统健身游戏大赛"。年度总决赛于12月17日在南宁市南湖广场名树博览园举行，比赛设扔沙包、滚铁环、三人板鞋竞速、踢毽子、六人板鞋竞速、跳大绳等六个项目，共有20个代表队1115人参赛。

【大明山登高旅游节暨2011中国达人秀第二季年度达人卓君"圆梦之旅"比赛】 该项比赛于9月24日在大明山天坪广场举行。28个队300多人沿山路参加健步走比赛，活动收效良好。

【"体育活动黄金周"】 该项活动从12月2日至30日，历时将近一个月，期间的活动包括12月2日至4日举行的南宁乒乓球公开赛、12月12日至19日举行的南宁市气排球比赛、12月21日至30日南宁市篮球联赛，整个"黄金周"活动吸引了2500名体育爱好者参加，受到市民欢迎。

【学校体育】 南宁市体育局积极贯彻落实《全民健身条例》、《学校体育工作条例》、《中共中央国务院关于加强青少年体育增强青少年体质的意见》，积极配合市教育局深入各学校指导开展各项体育活动，积极发动师生参加冬泳邕江活动、南宁解放日长跑活动、南宁市未成年人传统健身游戏大赛、传统校青少年田径、举重、武术、游泳等大型赛事活动。

【农村体育】 1月18日至21日，在武鸣县举行了南宁市2010年村级公共服务中心建设年村级篮球赛决赛。全市49个村级公共服务中心的篮球队经过预赛，各县各选拔出1支优秀队伍参加决赛。活动取得良好效果，受到49个村村民的欢迎。根据自治区体育局的统一安排，指导组织开展了广西第三届万村农民篮球赛南宁赛区预赛阶段各县区、乡镇、行政村篮球比赛，南宁赛区的决赛将在2012年2月份在武鸣县举行。为了提高农民象棋爱好者的项目交流和技术水平，派出2名农民象棋手，参加4月21日至24日在玉林市举行的2011年广西农民象棋比赛，获得男子双人赛第二名和男子个人快棋第三名。各县区利用节假日，积极开展了一系列群众喜闻乐见、形式多样、内容丰富的群众体育活动与竞赛，这些活动规模大、辐射广、群众参与度高，有力地推动了全民健身活动蓬勃开展。

【老年人体育】 今年是南宁市"十二五"老年体育事业发展好、起步好的重要一年。举办了第十届迎春秋歌比赛等19项活动,31个单项比赛,共有284个队、12044人报名参加;举办柔力球创编套路、第九届健身球操辅导员培训班,培训人员92人;组队参加自治区老体协主办的5项比赛。年内新增晨练站6个,目前晨练站总数为351个。南宁市老年人体育协会被自治区体育局评为"2007—2010年"群众体育育先进单位。全年举办的赛事活动中,参与人数最多的是"市第26届中老年人太极系列项目比赛"。该比赛于3月20日在江南区休闲公园分4个赛场同时进行,共有102个队、1428名老年太极爱好者参加42式太极拳(剑)、柔力球、四种健身气功等16个单项的比赛。此外,本市还积极打造"重阳节"系列活动。从8月至10月开展了以"重阳节"为主题的全市老年人健身活动,举办门球、太极功夫扇百人团体赛、柔力球创编套路团体赛、国民体质测定和第二届重阳长者健身展示活动等5项比赛,参加与人员达5266人。

【社团体育】 自2008年北京成功举办奥运会,各项体育运动得到广泛宣传,尤其是许多非传统项目开始走进群众生活。至2011年底,我市共发展了20个体育协会,41个俱乐部,不仅涵盖了篮球、气排球、足球、游泳等传统项目,还有很多新兴的非传统项目加入其中,如轮滑、马术、台球、自行车等,给南宁市社会体育建设和社团的蓬勃发展不断注入新鲜血液。各体育社团围绕《全民健身条例》和《全民健身计划(2011－2015年)》,积极开展了多项全民健身活动,每年参与者均达上万人,体现了社团作为群众体育基石的重要性和积极性。其中最具代表性的有南宁市气排球协会和南宁市轮滑协会,不但创办了项目联赛,让气排球、轮滑运动得到更大程度的普及和发展,还分别承办了全国性、国际性的赛事——全国老年人气排球交流大会和首届南宁?东盟国际轮滑邀请赛,开创了社团挑大梁办赛的先河,更是树立了正面榜样,进一步推动我市其他社团向规范化、高标准发展,以便更好地为群众体育服务。

竞技体育

2010年

【概况】 今年是南宁市备战自治区第十二届运动会和全国第七届城市运动会的第三年。为做好各项备战工作,南宁市竞技体育工作继续实施《奥运争光计划》,根据自治区竞技体育"短、小、灵、水"发展思路,积极构建市县级业余训练网络,以优势项目为突破口,努力提高竞技体育运动水平。南宁市籍运动员参加国际体育比赛,获金牌5枚,银牌1枚,铜牌1枚;参加全国体育比赛,获银牌3枚、铜牌2枚;参加全区年度比赛,获金牌196枚、银牌142枚、铜牌136枚。加强业训管理,对训练工作开展得比较好29个训练网点下拨业余训练经费86550元,为全市承担24个重点项目训练的单位核拨了158000元业余训练经费。调整取消了训练网点1个,新设立训练网点3个。

【备战"两会"工作】 积极做好广西第十二届运动会和第七届全国城市运动会的备战工作。多次召开工作会议,研究对策、周密部署,形成合力,制定"两会"的夺金目标,加强对教练员、运动员思想教育和监督管理,增强责任意识、严肃运动队纪律。及时调整了"两会"的工作人员,为实现"两会"的预期目标而积极备战。备战城运会工作方面。组织召开了参加第七届全国城市运动会专项工作座谈会,明确工作重点和任务。根据国家体育总局下发的竞赛规程总则所设的竞赛项目,结合我市运动员的特点,与自治区各运动中心联系,经过区、市教练员的精心考察,确定了参加第七届全国城市运动会运动员名单。编制了代表团组团方案,并报市政府同意。根据组团方案,南宁市将参加游泳、跳水、射箭、田径、羽毛球、体操、蹦床、射击、乒乓球、跆拳道、举重、国际式摔跤、武术

套路等13个项目的比赛。同时，密切跟踪各项目运动员的训练过程，了解他们的体能、状态等情况，做好下一步报名参赛工作。备战区运会工作方面。组织召开了区运会筹备工作和全区单项锦标赛召集人、领队会议，明确各项目召集、领队人选和工作职责，提出具体工作要求。与自治区相关部门的沟通与联系，掌握和了解本项目各市备战区运会动态，及时掌握主要对手情况，制定夺金对策。成立了报名工作小组，认真做好接收、核查和报项工作，顺利完成第一次报项（除帆板外的19个比赛项目）和运动员初步报名工作。利用参加各级别各项目比赛的机会锻炼队伍，以赛带练，取得了较好的效果。冬训组织素质测验，检验训练效果，共有田径、游泳、蹼泳等21个队491名运动员参加了素质测验，467人达标，达标率达95%。建立了备战"两会"工作的激励机制，拟制了《南宁市运动员教练员和有关有功人员奖励办法（草案）》，并上报市政府常务会议通过，为我市备战"两会"保障工作奠定了坚实基础。

【参加各类体育比赛】 7月至11月，广西青少年锦标赛在全区11个市县举行，南宁市派出880名运动员组成南宁市队和南宁市联队参加了蹦床、技巧、举重、篮球、乒乓球、蹼泳、拳击、柔道、射击、射箭、手球、摔跤、水球、跆拳道、体操、田径、跳水、网球、武术散打、武术套路、艺术体操、游泳、羽毛球、足球等24个项目的比赛，获得金牌196枚、银牌142枚、铜牌136枚。8月2日，南宁市派出19名运动员组成代表队前往湖南长沙参加全国高水平后备人才基地赛，获得3枚金牌、3枚银牌、2枚铜牌、6个第四名、2个第五名、第七名2个、第八名3个，并获"体育道德风尚奖运动队"称号，其中2名运动员被评为"体育道德风尚奖运动员"。10月，南宁市籍运动员梁耀月参加在法国举办的蹼泳世界杯总决赛，获得女子50米蹼泳、女子50米潜泳、女子100米蹼泳3枚金牌；许艺川获得女子400米蹼泳金牌，女子800米蹼泳银牌，女子200米蹼泳铜牌。11月，南宁市籍运动员王毅、王莹参加在广州举办的第16届亚洲运动会，获得女子水球项目第一名。

【举办南宁市第八届运动会】 4月16日—30日，由南宁市人民政府主办，南宁市体育局、南宁市体育总会承办的南宁市第八届运动会在南宁市体育场举行。赛事设老年组、公开组、青少年甲组、青少年乙组、小学组等5个组别；篮球、羽毛球、乒乓球、五人制足球、气排球、拔河、健美操和拉拉操、围棋、象棋、网球、自行车、轮滑、田径、游泳、武术套路、举重等16个大项477个小项，决出金牌486枚。共有来自各县区、开发区、学校、各社会团体的17个代表团4773名运动员参加各项目比赛。经过15天的激烈比赛，在公开组中，前三名分别为青秀区、兴宁区、西乡塘区；在县区青少年组中，前三名分别为青秀区、西乡塘区和宾阳县；在县区小学组中，前三名分别为青秀区、西乡塘区、江南区；在学校青少年组中，前三名分别为青秀区、西乡塘区和武鸣县。

【广西体育中心启用仪式暨"天昌杯"中国之队国际足球赛】 8月11日晚，在广西体育中心主体育场举行"天昌杯"中国之队国际足球赛，这是南宁市首次启用第一个大型体育场馆、近20年最高规格的国际足球赛。全国政协副主席何厚铧、自治区领导郭声琨、马飚、马铁山，国家体育总局足球运动会管理中心主任、中国足协副主席韦迪以及其他自治区、南宁市四家班子领导，第五届泛北部湾经济合作论坛的嘉宾代表出席了仪式。赛事吸引了中央、自治区和市属100多家媒体、150多名记者前来采访报道，30多家商家企业参与投资赞助，近4万观众到现场观战。经过90分钟的激战，最终双方以1：1握手言和。

【第五届南宁国际桥牌邀请赛】 9月9日至15日，第五届南宁国际桥牌邀请赛在南宁浙商大酒店隆重举行。本次比赛设公开队式赛、瑞士移位赛、公开双人赛、东盟国家单冠军双人赛4个项目，共有来自印度尼西亚、新加坡、泰国、香港、澳门、台北、南宁等8支代表队、50名运动员参赛。经过六天的激烈角逐,来自印度尼西亚、中国台北的选手包揽了东盟国家单冠军双人赛前三名,广西、南宁、印度尼西亚分获团体前三名。

【第六届南宁国际围棋邀请赛】 9月20日至24日,第六届南宁国际围棋邀请赛在我市开赛,比赛设团体赛和个人赛两个竞赛项目,采用积分编排制,共赛7轮,以个人成绩决定团体名次。共有来自文莱、柬埔寨、荷兰、印尼、日本、老挝、马来西亚、菲律宾、新加坡、泰国、美国洛杉矶、越南、香港、澳门、台北、高雄等国家和地区及东道主广西、南宁市代表队参加。经过7轮角逐,美国洛杉矶队的严仲泰、中华台北队的张琪珉和日本队的山本兴治分别拿下个人赛前三名;团体赛前三名分别是美国洛杉矶队、中华台北队、南宁队。

【第二届南宁象棋国际邀请赛】 9月20日至24日,第二届南宁象棋国际邀请赛在南宁市翔云大酒店举行,比赛设团体赛和个人赛两个项目,采用瑞士制(积分编排制)比赛规则。共有包括澳大利亚、缅甸、菲律宾、加拿大东、加拿大西、英国、德国、荷兰、日本、越南、台北、广西、南宁13支队伍参加比赛。经过激烈角逐,广西队、南宁队和越南队占据了团体前三名,个人前三甲为广西队秦荣、秦劲松和南宁队蓝向农。

【南宁"中国石化杯"国际田联世界半程马拉松锦标赛】 10月16日,由国际田径联合会主办,中国田径协会、南宁市人民政府承办的2010年南宁"中国石化杯"国际田联世界半程马拉松锦标赛在南宁市举行,一并举行的海有第5届南宁国际半程马拉松比赛暨28届南宁解放日长跑活动(即大众赛)。第五届南宁国际半程马拉松比赛同时承办全国马拉松积分赛。锦标赛设半程马拉松男子、女子组个人赛和团体赛;大众赛设男子、女子半程马拉松和男子、女子10公里比赛,4公里健康跑等5个比赛项目(活动)。锦标赛共有30个国家、55名官员和123名运动员参赛;大众赛有日本、越南、肯尼亚、南非、香港、澳门、国内各省区市、区内个专业队和业余选手14234人参赛。经过激烈角逐,锦标赛组:肯尼亚选手Wilson KIPROP获得半程马拉松男子组个人第一名,肯尼亚选手Florence Jebet KIPLAGAT获得半程马拉松女子组个人第一名;肯尼亚分别获得男子和女子团体第一名。大众组:肯尼亚选手Musyoki Jhon Wambua获得半程马拉松男子组第一名,北京选手付傲霜获得女子马拉松组第一名;越南选手NGUYEN VINH THIEN获得10公里男子组第一名,越南选手NGUYEN THI MY THOA获得10公里女子组第一名。

【南宁环青秀山山地自行车越野公开赛】 12月18日,南宁环青秀山山地自行车越野公开赛在青秀山举行,共有来自北京、广东、香港、四川、湖南等地和区内、市内的200多名选手参赛,比赛设自行车男子、女子公开组和大众组。来自江苏的封宽杰拿下男子公开组冠军,亚季军分别是香港CS车队车手卢小勇和四川南充无限单车俱乐部的李昌德;女子公开组前三为香港CS车队的吕桃涛、四川选手夏兰和浙江选手王仙芳;大众组的前三为来自南宁麦思车队的黄世腾、桂林车手宁周军、南宁峰行车队的周圣淞。

【荣誉表彰】 3月23日,黄月珍在全国青年女子举重锦标赛中三创全国青年纪录,荣获全国青年女子举重锦标赛体育道德风尚奖运动员。8月2日,蒙珊珊、黄明康在全国高水平后备人才基地举重锦标赛中获体育道德风尚奖运动员称号。12月24日,王莹、王毅在广州举办的第十六届亚洲运动会上获得女子水球金牌,被授予广西壮族自治区劳动模范称号。

2011年

【概况】 年内,继续坚持以"灵、小、短、水"的发展战略,加大业余训练工作力度,提供优质平台,使业训工作取得良好成绩。在全国性单项锦标赛中,共获金牌16枚,银牌16枚,铜牌

15 枚；南宁籍运动员获世界大赛冠军 11 个，亚军 9 个(含青少年)。向国家青年男子羽毛球队输送 1 名运动员，向区体校输送运动员 11 名、区中心 9 名，区体校向区中心输送南宁市籍运动员 3 名。完成国家二级裁判员 847 人和国家二级运动员 61 人审批工作。

【广西青少年锦标赛暨广西第十二届运动会资格赛】 5 月至 7 月，广西青少年锦标赛暨广西第十二届运动会资格赛在南宁市举行，南宁市派出 330 名运动员组成南宁市队参加了举重、田径、游泳、柔道、摔跤、跆拳道、拳击、羽毛球、乒乓球、篮球、足球等 11 个项目的比赛，获得金牌 52 枚，银牌 68 枚，铜牌 62 枚。

【全国高水平后备人才基地赛】 10 月 25 日，南宁市派出 15 名运动员组成代表队前往湖南吉首参加全国高水平后备人才基地赛，获得银牌 3 枚、铜牌 2 枚、第四名 2 个、第五名 2 个、第六名 9 个、第七名 5 个、第八名 3 个，并获“体育道德风尚奖运动队”称号，其中 1 名运动员被评为“体育道德风尚奖运动员”。

【全国举重分龄赛】 8 月 20 日，南宁市派出 5 名运动员代表广西参加在湖南吉首举办的全国举重(13－16 岁组)分龄赛，获得金牌 7 枚、银牌 4 枚、铜牌 2 枚；第四名 1 个、第五名 1 个。

【第 16 届世界蹼泳锦标赛】 7 月，第 16 届世界蹼泳锦标赛在匈牙利举行。南宁市籍运动员许艺川获得 50 米蹼泳、4100 米蹼泳接力 2 枚金牌；梁耀月获得 4100 米蹼泳接力金牌，50 米蹼泳银牌。

【蹼泳世界杯总决赛】 9 月，蹼泳世界杯总决赛在山东烟台举行。梁耀月获得 100 米蹼泳、50 米蹼泳、4100 米蹼泳接力 3 枚金牌；许艺川获得 4100 米蹼泳接力金牌，1500 米蹼泳、800 米蹼泳、400 米器泳、800 米器泳 4 枚银牌。

【第 14 届世界游泳锦标赛】 7 月，上海第 14 届世界游泳锦标赛南宁市籍运动员王毅、王莹、陈媛参加水球项目，获得女子水球团体第二名。

【世界举重少年锦标赛】 5 月，在秘鲁世界举重少年锦标赛我市运动员蒙珊珊包揽 58 公斤级抓举、挺举、总成绩 3 枚金牌。

【世界举重青年锦标赛】 6 月世界举重青年锦标赛在马来西亚举行，我市运动员黄月珍独揽 48 公斤级抓举、挺举、总成绩 3 枚金牌。

【全国第七届城运会】 年内，南宁市派出 136 人组成的代表团，共参加举重、蹦床、跳水、游泳、羽毛球、摔跤、柔道、乒乓球、射击、田径、跆拳道、体操等 12 个项目的决赛，共取得金牌 1 枚，银牌 4 枚，铜牌 2 枚，3 个第四名，4 个第五名，2 个第六名，4 个第七名和 5 个第八名，获得体育道德风尚奖，运动成绩超上届。

【广西第十二届运动会】 年内，南宁市派出 745 人组成的代表团参加了除帆船(帆板)外蹦床、技巧、举重、篮球、乒乓球、蹼泳、拳击、柔道、射击、射箭、手球、摔跤、足球等共 24 个项目的比赛，共获金牌 134 枚，银牌 120 枚，铜牌 123 枚，奖牌总数 377 枚，团体总分 9138.5 分，实现代表团制定的金牌总数第一，奖牌总数第一，团体总分第一的战略目标。并荣获代表团输送奖第一名，竞技体育突出贡献奖和体育道德风尚奖。

【中国—东盟国际职业拳王争霸赛暨龙行天下之决战南宁】 4 月 23 至 6 月 18 日，中国—东盟国际职业拳王争霸赛暨龙行天下之决战南宁系列赛在广西区体育馆举行，这是 WBC MUAYTHAI 中国区排名赛的首赛季赛事，本赛季通过开幕战、中级战、冠军总决赛决出中国 147 磅、155 磅冠军金腰带得主，共有来自中国香港、台湾的现役顶尖职业拳手 16 人参赛。WBC 世界拳击理事会欧美总监丹尼斯・沃特(Dennis. Warner)、WBC MUAYTHAI 世界拳击理事会泰拳委员会中国区总监托尼・陈(Tony Chen)出席了 4 月 23 日的揭幕战，同时，赛会还布置了 WCK 世界冠军卫冕战、WBC 洲际冠军超级战和 WCK MMA 冠军资历战等明星超级战，为绿城南宁呈现了精彩的搏击盛宴。

【第七届中国水城“中国联通杯”南宁国际龙舟邀请赛】 6月3日至4日，第七届中国水城“中国联通杯”南宁国际龙舟邀请赛在南湖隆重举行，共有来自英国、澳大利亚、加拿大、香港特别行政区、澳门特别行政区、国际联队以及市内外的54支队伍1164名运动员前来参赛。区市领导车荣福、刘新文、蒋济雄、黄方方等参加了开赛仪式。赛事共设国际公开组标准龙舟250、500米直道竞速，国际公开组小龙舟250、500米直道竞速，国际混合组标准龙舟250、500米直道竞速，国际混合组小龙舟250、500米直道竞速，绿城组标准龙舟250、500米直道竞速，绿城组小龙舟250、500米直道竞速六个组别12项竞赛项目；设单项前六名奖72个，总成绩前六名奖36个共108个奖项。

【第七届南宁国际围棋邀请赛、第六届南宁国际桥牌邀请赛和第三届南宁象棋国际邀请赛】 9月26日，“棋圣”聂卫平，国家体育总局棋牌运动管理中心主任、中国棋院院长刘思明，中国围棋队领队华学明等棋坛重量级人物出席了开赛仪式。本次赛事首次将围棋赛、桥牌赛和象棋赛“三赛合一”，共有来自越南、马来西亚、菲律宾等21个国家和地区的149名运动员、教练员参加比赛。

【“中国联通”南宁国际半程马拉松比赛暨29届南宁解放日长跑比赛】 12月10日，共有来自肯尼亚、越南、美国等境外国家和地区及区市内外的长跑运动员、爱好者11700多人参加此次比赛。

【亚洲沙滩排球巡回赛（南宁站）】 11月29日至12月5日，南宁国际会展中心，共有来自日本、韩国、印度尼西亚、马来西亚等11个亚洲国家和地区的32支代表队参加此次比赛。赛事包括沙滩宝贝选拔活动、亚洲沙滩排球技术会议、中国老女排庆祝夺冠30周年庆祝活动和千人排球活动等延伸活动，的办赛形式，是本市推进“政府推动、社会参与、市场运作”办赛机制的一次成功探索，进一步促进体育赛事市场化发展。

【“超大杯”中国（南宁）东盟武术节】 2月15日至18日，共有来自文莱、菲律宾、法国、加拿大等10个国家和国内14个省（区）、市的535名运动员、教练员参赛，赛事对促进武术运动在南宁的普及和推广，加强南宁与东盟各国的武术文化交流发挥了积极的作用。

【获得荣誉】 年内，南宁市体育局获得广西区体育局授予的竞技体育贡献奖。

南宁市体育运动学校获得国家体育总局授予2011年全国业余训练先进单位。体操教练员李朝阳、举重教练员马来阳获得国家体育总局表彰为2011年优秀教练员。

体育产业

2010年

【体育彩票销售】 全市体育彩票销收入达1.96亿元（含六县），同比增长69.2%，占全区总销量的36.6%，位列全区第一名，其中公益金收入883万元，上交所得税384万元。新增网点180个。

【赛事市场化运作】 年内，主动对接市场，努力培育开拓体育市场、大力招商引资。仅南宁市第八届运动会、“天昌杯”中国之队国际足球赛、“中国石化杯”国际田联世界半程马拉松锦标赛三大赛事活动就累计招商500万元，比上年全年翻了一番，极大弥补了赛事经费不足，提高了经济社会效益。

【产业效益】 南宁手球训练基地宾馆营业收入190万元，年均住客率达到83%，食堂营业额收入290万元，超过预定目标16%。市体育场共接待了竞技体育比赛6项（次），训练队训练30多项（次），群众体育活动30项（次），学

校体育1万多人次，共接待顾客584437人次，营业总收入143万元，取得了较好的经济效益和社会效益。

【社会体育产业】 年内，积极培植各种社会体育经营项目，使本市的社会体育产业得到了迅速发展，全市体育产业已初步建立起健身休闲、竞赛表演、体育用品、服务贸易、中介咨询、体育彩票六大门类的体育市场体系，体育产业的质量、效益和增加值稳步提高，体育产业发展总体水平特别是彩票销售、赛事运作、场馆多元化经营等发展势头较好。

2011年

【体育产业管理】 年内，继续加大对全市体育产业经营单位的管理和指导力度，建立了公开、透明、管理规范的市场服务机制，充分发挥政策对体育产业发展的引导和扶持作用，落实国家制定的体育服务行业标准，加强对体育市场的服务与管理，落实体育经营管理的法律、法规，保障体育市场规范运作，促进体育市场的健康、规范、有序发展。

【体育彩票业】 年内，体育彩票完成销量24585万元，占任务的98.6%，销量比去年总体销量增长25.31%，占全区销量约37%，并名列全区销量第一。其中电脑彩票销量达到约2.12亿元，即开型彩票约3367万元。

【产业开发】 局属体育产业经营实体积极探索多种经营渠道，开辟新的经营项目，增收节支，取得了良好的经济效益和社会效益。体育场馆共接待竞技体育比赛6项(次)，运动队训练40多项(次)，群众体育活动60项(次)，学校体育1万多人次，共接待顾客45万人次，经营管理收入323万元；南宁手球基地食堂营业收入336万元，超额完成预定目标的16%；基地奥体宾馆营业收入212万元，年均住客率达到83%，超额完成预定目标的12%，取得了较好的经济效益和社会效益。

【社会体育产业】 随着南宁市经济持续增长，社会公众参与健身娱乐的积极性不断提高，推动了体育健身娱乐业的发展。全市体育服务业服务经营单位不断增多，销售收入不断提高，经营项目门类齐全，主要有羽毛球、棋牌、乒乓球、游泳、体操(包括各类健身、健美操)、高尔夫球和网球等。体育中介、竞赛表演、体育培训等新兴行业增长速度较快，显示出强劲的发展势头。

体育对外交流

2010年

【概况】 年内，全年接待越南集训队伍共150人次；派员赴国外学习考察19人次；承办重大国际赛事5次，在所承办的国际体育赛事中，以广西体育中心启动仪式暨“天昌杯”中国之队国际足球赛、2010年南宁“中国石化杯”国际田联世界半程马拉松锦标赛等为亮点，不断深入推进南宁与世界，尤其是与东盟国家及城市的交流合作，进一步增进了解、促进合作、推动发展。

【组团出访交流】 3月23日至28日，由市政府办公厅邓卫民副秘书长率队，市体育局副局长宋君辉、竞体科副科长潘建辉等一行6人，赴卡塔尔多哈市向国际田联汇报世界半程马拉松锦标赛筹备工作情况。11月22日，南宁市市长黄方方、市体育局局长梁桦中和市外办副主任吴天成一行受邀赴摩纳哥参加国际田联颁奖盛典。

【组队出访参赛】 3月9日至15日，市体育局梁桦中局长率市体校武术队一行共12人，赴香港特别行政区参加第八届香港武术节比赛。10月3日至18日，经市政府同意，南宁市派出由市体育局莫树森副局长任领队的南宁市车队，参加了由自治区人民政府和国家体育总局主办的中国一东盟国际汽车拉力赛，途经越南、泰国、柬埔寨、老挝等四个国家共14个城市，行程达6000公里，获得了越南站场地赛第一名、集结赛海防至荣市赛段冠军车组的好成绩，进一步提高了南宁市的知名度和影响力。

【来访与业务交流】 年内，南宁市体育局与越南河内市文化体育和旅游局继续广泛开展合作交流，河内市文化体育和旅游局派出田径、体操、蹼泳、手球、羽毛球等8支队伍共150人(次)前来南宁市体育局进行集训；6月13日，国际田联联络官员来南宁实地考察和进行工作对接；7月1日至3日，国际田联技术官员来南宁考察世界半程马拉松锦标赛的赛道并召开技术对接会议；8月10日至11日，巴林国家男子足球队一行30多人来访南宁，参加广西体育中心启用仪式暨天昌杯中国之队国际足球比赛，并与南宁市的中学生开展交流活动；8月12日，国际田联技术官员抵达南宁，就半程马拉松赛事筹备情况进行工作对接；8月25日，国际田联IT代表和摩纳哥精工公司代表抵达南宁进行网络系统工作对接；8月26日，国际田联广播部官员抵达南宁进行电视直播、转播工作对接并进行实地考察；9月9日至24日，由市体育局主办的2010年南宁象棋国际邀请赛、南宁围棋国际邀请赛、南宁桥牌国际邀请赛相继在南宁市举办，据统计有来自越南、菲律宾、文莱、美国、澳大利亚、加拿大、中华台北等国家和地区的代表队参加了上述赛事。9月24日，国际田联官员一行6人抵达南宁进行工作对接，考察世界半程马拉松锦标赛筹备情况；10月16日，2010年国际田联世界半程马拉松锦标赛在南宁举办，来自肯尼亚、埃塞尔比亚、墨西哥、秘鲁、加拿大、日本等世界各地30多个国家和中国香港、澳门地区的130多名境外运动员来到南宁市参赛交流。

2011年

【概况】 年内，积极拓展体育文化对外交流合作的层次和领域，不断提升和扩大城市知名度和影响力，推动南宁市体育事业快速发展。全年共接待越南集训队71人次；派员赴境外学习考察3个团(次)13人次；承办国际赛事8次，邀请国内外代表队和运动员前来参赛。在承办的体育赛事中，南宁国际龙舟邀请赛、南宁国际半程马拉松赛等逐步成为南宁市乃至广西体育文化对外交流合作的品牌，与世界尤其是东盟国家的交流合作不断推进，实现了增进了解、促进合作、推动发展的目标。

【成功申办2014年世界体操锦标赛】 申办工作自2010年11月启动，市委、市政府主要领导的高度重视，作出了“申办工作只能成功，不能失败”的具体指示。2月，南宁市正式向国际体操联合会提出申请；5月，向国际体操联合会交付申办保证金；8月，国际体操联合会秘书长致函国家体育总局体操运动管理中心，同意将2014年世界体操锦标赛交由我市承办；10月，市组成考察团赴日本东京学习考察第43届世界体操锦标赛；11月，国际体操联合会与中国体操协会签订合同，将2014年世界体操锦标赛举办权授予南宁市。这是继2010年成功举办世界田联国际马拉松赛后，南宁市又一次获得举办权的高规格国际重大赛事，标志着南宁市办赛能力、体育设施、人文环境和经济社会建设得到国内国际体育协会组织的肯定和认可，也标志着南宁市对外体育交流事业发展达到了一个全新水平。

【出访交流】 3月10日至16日，市体育局党组书记陆兴南率市体育运动学校武术队赴香港特别行政区，参加第九届香港武术节比赛活动，取得较好成绩和良好的交流成果；9月20日至10月12日，经市政府同意，市体育局由党组书记陆兴南担任领队，派出代表队一行3人参加了2011年中国－东盟国际汽车拉力赛，提高了南宁市的知名度和影响力；10月10日至17日，由市体育局副局长宋君辉率队，一行5人组成考察组，赴日本东京观摩第43届世界体操锦标赛，为南宁市举办2014年世界体操锦标赛积累办赛经验。

【来访交流】 年内，南宁市共接待越南来邕集

训队 71 人次，举办了中国—东盟国际职业拳王争霸赛暨龙行天下之决战南宁系列赛、第七届中国水城“中国联通杯”南宁国际龙舟邀请赛、第七届南宁国际围棋邀请赛、第六届南宁国际桥牌邀请赛、第三届南宁象棋国际邀请赛、2011 年亚洲沙滩排球巡回赛（南宁站）、2011 年“中国联通”南宁国际半程马拉松比赛暨 29 届南宁解放日长跑活动、2011 年“超大杯”中国（南宁）—东盟武术节等重大赛事活动。

少数民族体育

2010 年

【参加赛事获奖】 11 月 18 日至 24 日，南宁市组成 183 人的代表团参加在玉林举行的第十二届自治区少数民族传统体育运动会，参加抢花炮、珍珠球、毽球、投绣球、板鞋竞速、高脚竞速、武术、龙舟、打陀螺、射弩 10 个竞赛项目和 1 个表演项目的比赛。共获得 17 枚金牌、9 枚银牌、12 枚铜牌，金牌和奖牌数均名列全区第一，并获体育道德风尚奖。

2011 年

【参加赛事获奖】 年内，南宁派出 35 名运动员代表广西参加 9 月 10 日至 18 日在贵阳举办的全国第九届少数民族传统体育运动会上毽球、板鞋竞速和表演项目的比赛，其中毽球获得男子项目二等奖，女子项目二等奖，板鞋竞速获得三个二等奖，两个三等奖，表演项目获得三等奖。同年派出 6 名射弩运动员参加 4 月 13 日于桂林举行的全区少数民族传统体育射弩选拔赛，获得 1 个跪姿第一，1 个站姿第二，此外，还获 5 个第三，5 个第四；派出板鞋队和陀螺队参加于 9 月 20—22 日在河池举行的中国广西（河池）民族体育欢乐节，与各兄弟市的少数民族朋友增进了友谊，提高了交流。11 月 29 日，在南宁广西体专举行的少数民族技能展演竞赛中，南宁市选派的四个节目分别获一、二、三等奖和优秀奖各一名，我市同时获优秀组织奖。

体育基础设施建设

2010 年

【完成体育设施建设】 年内，根据自治区政府为民办实事、南宁市政府为民办实事等工作要求，南宁市体育局组织实施了多项新农村建设和为民办实事项目工程，新建或改扩建各类体育场地面积达 122570m²，建设 49 个村级公共服务中心项目，国家级乡镇农民体育健身工程 6 个；村级篮球场二类项目 24 个；村级篮球场三类项目 33 个和村级篮球场四类项目 40 个；城乡风貌改造二期工程村级篮球场建设项目 14 个；在六县六城区和市区公园、公共社区等公共场所共增加建设 60 套户外运动健身路径，促进了城乡体育设施配套工程的进一步完善。

2011 年

【完成体育设施建设】 年内，完成自治区政府为民办实事项目—修建 63 个村级服务中心篮球场并组建了 73 支农民篮球队；完成了市政府为民办实事项目——在市区公园、公共社区等公共场所增加建设 40 套健身路径的建设任务，同时还完成了 2 个国家级乡镇农民体育健身工程项目、14 个农民体育健身工程村级篮球场、4 个全区城乡风貌改造三期工程村级篮球场和广西特色名村村级篮球场建设项目、8 个中越边境全民健身工程、红水河流域民族体育工程项目村级篮球场、10 处自治区第十五批全民健身路径工程项目建设，建设面积约 73286m²，投入资金约 1194 万元。这些设施投入使用后，将为城乡居民提供更便捷、更舒适的健身服务。

体育人才队伍建设

2010 年

【体育行政管理队伍建设】 通过组织集中学习、外出学习、理论宣讲、研讨座谈会，观看电影电教片等方式，进一步完善体育行政事业管理人员的知识结构。根据《党政领导干部选拔任用工作条例》、《南宁市机关科级领导职位竞争上岗工作实施意见》等相关文件规定，完成南宁市体育局机关及局属二层单位干部考察、申报、转正等共 8 人次；完成局机关空缺 2 个科级领导岗位竞争上岗工作，选拔任用局机关科级领导干部 2 名；二层事业单位空缺 8 个科级领导职位竞争上岗工作正稳步开展。体育干部人才队伍结构进一步优化。

【教练员队伍建设】 年内，组织举办南宁市残疾人举重裁判培训班；组织南宁吴数德举重学校 14 名教职工前往广州观摩第十六届亚运会举重比赛，学习了解先进办赛理念和技术动作；派出教练员参加国家级、自治区级业务培训班和业余体校培训班，南宁市体育运动学校全体教练员均参加了自治区级以上培训，培训比例达 100%。

【后备人才队伍建设】 年内，南宁市共向自治区体育局各训练中心和自治区体校输送了 24 名运动员、向国家女子举重集训队输送运动员 2 名，获得广西专业队试训集训 23 人，运动水平居全区前列。完成 798 名国家二级裁判员的审批工作以及全市 24 个项目 482 名运动员的注册工作。

【基层体育队伍建设】 年内，南宁市体育局荣获先进单位 1 个、先进工作者 1 名；完成了自治区第七批优秀专家推荐工作，共向市委组织部门推荐优秀专家 2 名，进一步加强基层体育队伍建设。

2011 年

【体育行政管理队伍建设】 进一步优化体育干部人才队伍结构。根据《党政领导干部选拔任用工作条例》、《南宁市机关科级领导职位竞争上岗工作实施意见》等相关文件规定，完成南宁市体育局机关及局属二层单位干部选拔任用 5 人、转正 1 人。按照市委组织部相关文件精神，完成了新农村指导员、挂职干部推荐工作 4 人次。按组织程序完成了南宁市 2010 年度先进工作者、先进单位，以及全区体育系统先进集体和个人的推荐工作。

【教练员队伍建设】 年内，组织安排 1 名教练员参加全区举重裁判培训班；派出 5 人次参加第七届全国城市运动会、广西第十二届运动会举重比赛裁判员工作。

【后备人才队伍建设】 今年是“第七届全国城运会”和“第十二届广西区运会”举办年。继续坚持“灵、小、短、水”的发展战略，加大业余训练工作力度，提供优质平台，使业训工作取得良好成绩。向国家青年男子羽毛球队输送 1 名运动员，向区体校输送运动员 11 名、区中心 9 名，区体校向区中心输送南宁市籍运动员 3 名。完成国家二级裁判员 847 人和国家二级运动员 61 人审批工作。

【基层体育队伍建设】 进一步加强基层体育队伍建设。马山县、邕宁区中和乡、江南区江西镇、隆安县那桐镇荣获自治区民族体育特色之乡称号，马山县民族展示馆荣获自治区民族体育传承馆称号，马山县百龙滩镇王政勤、白山镇韦建廷、加方乡莫菊花，邕宁区中和乡孙子奇荣获自治区民族体育传承人称号。国家体育总局授予南宁市体育局“2010 年全民健身活动优秀组织奖”，授予隆安县文化广播影视和体育局、南宁百货大楼股份有限公司“2010 年全民健身活动先进单位”。南宁市民委文教科和南宁市体育局群体科荣获“广西壮族自治区民族传统体育先进集体”称

号，邱蕾、梁祥春、李天诚、郑本平荣获"广西壮族自治区民族传统体育先进个人"称号。张洪兰、陶剑锋荣获"广西优秀社会体育指导员"称号。

县域体育

2010 年

【兴宁区】 年内，组织开展了形式多样、内容丰富的全民健身活动，其中赛事规模和影响力较大的主要有兴宁区迎新春农民篮球比赛、兴宁区第七届老年人运动会、兴宁区直属机关党工委迎"七一"气排球比赛、兴宁区第二届非公有经济运动会等 20 多项活动，参与人数达 3000 多人，全民健身态势良好。组队参加第一届全国老年人气排球比赛获银奖；参加广西第二届万村农民篮球大赛南宁赛区比赛获第三名；参加南宁市第六届老年人运动会获第一名 3 个、第二名 1 个。投入 52 万元完成 8 个灯光球场的为民办实事项目建设，为社会主义新农村的建设打下了坚实基础。

【江南区】 全年开展全民健身活动 1666 场次，投入资金 27.74 万元，参与人数达 24.4 万人次。组队参加南宁市老年人运动会、万村农民篮球大赛、第六届南宁市国际龙舟邀请赛、南宁市第九届少数民族传统体育运动会等体育比赛活动。在南宁市第九届少数民族传统体育运动会中，获得 1 金，2 银，3 铜的好成绩。年内，在辖区街道、公园等人口密集的空地上新建健身路径 6 条，新建村级篮球场共计 41 个，新建村级健身路径 1 条，新建村级室外乒乓球台 68 个，共投入资金 174.6 万元。

【青秀区】 结合元旦、春节、中秋节、国庆节等节假日，在辖区各镇、街道举办了丰富多彩的群众体育活动，参加体育活动人数达 8 万多人次。举办三级社会体育指导员培训班 2 期，培训并审批三级社会体育指导员 200 名，覆盖学校、机关事业单位及社区、行政村、屯等。组团参加广西万村农民篮球赛、南宁市老年人运动会、南宁市农民趣味运动会、南宁市直机关篮球赛和南宁市第九届少数民族传统体育运动会等 5 项赛事，取得了较好的成绩。完成村级文化活动室配套文体设施 30 个；投入 60 万元建设村级文体活动室 6 个；投入 24 万元建设村级(含社区)篮球场 8 个；完成安装全民健身路径 6 套。

【西乡塘区】 全年开展一系列丰富多彩的群众体育活动，先后举办了城区迎春系列文体活动、第四届职工气排球比赛、趣味体育比赛、全民健身日启动仪式等 20 多项活动，参与人数达 4000 多人。积极组织人员参加南宁市元旦冬泳邕江活动、南宁市"与奥运同行"健身游戏大赛(学校组)年终总决赛、南宁市首届妇女运动会、广西万村农民篮球赛、南宁国际龙舟邀请赛、南宁市第六届老年人运动会、南宁市第九届少数民族运动会等 8 项体育赛事，获第一名 3 个，第二名 6 个，第三名 4 个。完成农民体育健身工程体育健身路径安装建设 2 处；完成为民办实事体育工程建设点 12 个，新建村级篮球场 29 个。

【邕宁区】 全年共组织开展各级各类全民健身活动 213 多次(项)，参加活动人数 35228 人次。组织青少年体育代表队参加市级以上体育比赛，共获得金牌 52 枚，银牌 63 枚，铜牌 57 枚。辖区共有业余体育训练网点 3 个，训练项目有田径、羽毛球、篮球、拳击、跆拳道等，受训学生总数 295 人。全年共向区体工大队输送体育苗子 1 名，区体校 1 名，向广西篮球学校输送体育苗子 3 名。完成 2009 年为民办实事项目村级篮球场和健身路径建设任务，新建农村水泥篮球场 12 个，安装室外健身路径器材 6 套。

【良庆区】 全年组织、指导开展各类体育活动和比赛 26(项)次，参加人数 2000 多人次。组团参加广西万村农民篮球大赛、南宁市冬泳邕江活动、南宁市第六届老年人运动会、第二届农民体育运动会、南宁市首届妇女运动会、南宁市第九届少数民族运动会等6项区、市级体育赛事，获得了较好的成绩。完成为民办实事篮球场项目建设8个、以奖代补篮球场建设4个；完成城区扩大内需篮球场建设项目26个；扶持成立良庆区雪域跆拳道馆和重阳城晨练站。

【武鸣县】 年内，组织开展老年人迎春环城健身走活动、武鸣“三月三”民族体育竞技展演、首届广西体育节武鸣县系列体育活动等10多项活动，参加人数近2万人，投入经费约20万元。同时，组队参加广西青少年锦标赛、首届南宁市妇女运动会、南宁市第六届老年人运动会、南宁市第二届农民趣味体育运动会等7项区、市级赛事，取得优异成绩。向自治区体校输送运动员2名，向市体中输送运动员6名，全县新增三级裁判员17人、三级社会体育指导员120名，获二级运动员称号8人。完成为民办实事项目“村级篮球场和体育健身设施”建设12个、农村文化以奖代补村级体育设施建设项目4个。

【横县】 年内，组织开展横县第一届运动会、端午节龙舟赛、“广西体育节”横县系列活动、横县乡镇篮球赛等20余项活动，参与人数达1万多人。组队参加各级各类比赛，其中：参加全国青少年蹼泳锦标赛、全国青少年举重分龄赛共获4枚金牌；参加跆拳道、举重、田径等项目的全区单项锦标赛，共获得金牌17枚，银牌9枚，铜牌15枚。向区体校、区体工队、市体中输送运动员22名。投入130多万元用于县体校3个蓝球训练场建设以及县体育中心、体育馆的改造和修建。

【宾阳县】 全年共开展各级各类群众体育健身活动100多次，参与人数达100余万人次。组织参加全国体育竞赛，获得金牌1枚、铜牌1枚、第四名1个、第五名1个；组织参加自治区级青少年体育比赛，获得金牌3枚、银牌1枚、铜牌6枚、第五名2个。向区体工大队输送体育人才2人、向广西体校输送3人、向市级体校输送39人。共有单项体育协会16个，基层健身辅导站16个，农民体育协会12个。审批社会体育指导员、裁判员113名。引进和承办广西第二届万村农民篮球大赛“荣和花园杯”南宁市决赛、广西青少年乒乓球锦标赛等10几项赛事，吸引承办赛事资金或赞助物资等570万元。

【上林县】 年内，组织开展篮球、气排球、乒乓球、羽毛球、气排球以及拔河比赛等近10个项目的比赛，参与人员覆盖学校、机关企事业单位及社区、街道、乡镇村屯等，群众参与度高。组队参加南宁市第九届少数民族体育运动会，获金牌4枚；参加首届广西传统武术赛获金牌1枚、一等奖1个；参加南宁市机关单位“红牛杯”篮球赛获第二名。共有体育场地366个，其中标准283个（篮球场275个，其他场地12个）非标准83个（篮球场45个，其他场地38个）；社会体育指导员145人。

【马山县】 全年开展全民健身活动多达210多场次，参加人数近2万人。马山县籍运动员在各级各类比赛中共获第一名13个，第二名16个，第三名17个。向区体校输送4名运动员，培养了的大批社会体育骨干，完成审批三级社会体育指导员400名。完成南宁市新农村体育项目、南宁市为民办实事村（屯）篮球场项目、红水河流域民族体育工程、以奖代补、库区移民工程篮球场建设等体育项目工程，新建和改建37个篮球场；完成为民办实事项目建设安装全民健身路径4套；配合自治区体育局在马山县周鹿镇开展“国家级乡镇农民体育健身工程”试点工作，建设一处总占地面积约1500m² 以上的体育活动场地。投资362万元实施马山县体育馆三期工程建设。

【隆安县】 全年举办各类体育活动13项，参加体育活动的人数占全县总人口的近20%，社会体育指导员695人。积极组队参加各级各类比赛，参加国家级赛事获金牌3枚；参加国际邀请赛获2金1银；参加区级比赛获5金3银3铜；参加市级比赛10项次，并获优秀组织奖和体育道德风尚奖。向南宁市吴数德举重

学校、市体中输送 3 名运动员。完成篮球场建设共 33 个，投入资金 93 万元；完成安装“农民体育建设试点工程”健身路径 4 条，总投资 80 万元。

2011 年

【兴宁区】 年内，举办兴宁区第八届老年人运动会、迎新春农民篮球比赛、村级公共服务中心村级篮球比赛、气排球比赛等多项影响力大的全民健身活动，参加人数 1450 人次，投入经费约 15 万元。组队参加市级体育比赛 2 次，获银牌 1 枚。同时，完成建设村级公共服务中心灯光篮球场 2 个，健身路径 5 条

【江南区】 全年开展体育比赛和活动 96 项次，参加人数 2 万多人次，投入资金 90 多万元。辖区社区、村委会建设有不少于 600 平方米的公共体育设施 53 个，乡镇、社区气排球队 15 个，村级篮球男、女队 6 个，晨晚练点 36 个，体育人口 10 万多人。组队参加市级体育比赛活动 7 次，参加市体育传统项目学校比赛获金牌 13 枚；参加广西第十三届运动会获金牌 3 枚；向自治区输送体育苗子 3 人。

【青秀区】 全年举办各类全民健身活动 21 项次、比赛场次 2560 场，参赛人数达 2 万多人。实现体育活动与加大非物质文化遗产保护和利用的结合，把获得自治区非物质文化遗产名录的长塘芭蕉香火龙舞、壮族斗竹马提升为充满青秀体育特色的精品。完成建设村级公共服务中心 6 个。

【西乡塘区】 全年开展全民健身活动 40 多场次，参与人员 20 万余人次，投入活动经费近 10 万元。举办一期社会体育指导员培训班，培训人数 100 多人；举办两期篮球裁判员培训班、一期排球裁判员培训班，审批三级篮球、排球裁判员 265 人。组队参加市级体育比赛获铜牌 1 枚。完成建设村级公共服务中心 3 个，为民办实事项目健身路径 6 条。

【邕宁区】 年内，组织开展各类全民健身活动竞赛 145 次（项），参加活动人数达 10765 人（次），观众人数 16.9 万人（次），投入活动经费 84 万元。举办气排球裁判员、门球裁判员、木兰扇、柔力球、广播体操教练员培训班共 7 期，参加学习培训 427 人次。组队参加市级体育比赛获第一名 1 个，第二名 2 个，第三名 3 个。完成建设村级篮球场 2 个、健身路径 2 套。

【良庆区】 全年组织开展各类全民健身活动 35 项（次），比赛 220 多场（次），观众达 13.8 人（次），投入资金 108 万多元。举办培训班一期，共培训社会体育指导员 35 名，全城区社会体育指导员已发展到 402 人。良庆区运动员参加国家、自治区、市级比赛获奖牌 52 枚，其中市级比赛 30 枚金牌、8 枚银牌、铜牌 3 枚。向区市运动队输送运动员 5 人。完成安装全民健身工程 4 处，建设村级公共服务中心篮球场 2 个。

【武鸣县】 年内，组织篮球、气排球、门球、健身走、民族体育竞技等项目的群体竞赛活动共 23 次，参加活动人数近 2 万人次，观众人数 30 多万人次，投入经费约 20 万元。举办县社会体育指导员培训班一期，培训人数 105 人，审批三级社会体育指导员 80 名，三级篮球裁判员 30 个，二级篮球裁判员 25 个。县籍运动员参加广西第十二届运动会获金牌 6 枚，银牌 3 枚，铜牌 4 枚；向区体校输送 1 名男子篮球运动员，向市体校输送 4 名摔跤运动员、6 名举重运动员。完成县体育馆投资建设 1200 万元。完成建设村级公共服务中心建设年村级篮球赛 7 个、村级篮球场农民体育健身工程 2 个、南宁市为民办实事项目全民健身路径 3 条。

【横县】 全年举办各类全民健身活动 25 次，参加活动人数近万人次，比赛项目有气排球、围棋、中国象棋、羽毛球、乒乓球、足球、篮球等。县籍运动员参加上级举办的各类比赛 5 次，共获金牌 7 枚、银牌 4 枚、铜牌 6 枚。完成建设村级公共服务中心 14 个，南宁市为民办实事项目全民健身路径 3 条。

【宾阳县】 全年举办各类全民健身活动16次，体育比赛达150多场次，参加活动人数达30万多人次。县社会体育指导员已发展到2436人，成立县、乡镇体育协会12个；各级篮球、气排球、健身操等业余体育队伍1300多个。组队参加全国、自治区、市级比赛共8次，获金牌8枚、银牌12枚、铜牌12枚。向市体校输送运动员15名，向区体校输送运动员1名，向区体工队输送运动员1名。年内投资60多万元建设村级篮球场11个，健身路径2条。

【上林县】 全年举办各类全民健身活动52次，参加比赛人数6213人次。举办培训班一期，培训社会指导员100余名。县青少年女子手球队代表南宁市参加广西第十二届运动会，荣获第二名。县体校开展手球、跆拳道、篮球、举重项目训练，接受培训在校生100多名。向区体工大输送9名手球运动员。完成建设国家级乡镇体育工程项目1个、健身路径1套、村级公共服务中心5个、村级篮球场2个。

【马山县】 全年举办各类体育活动186场（次），参加活动人数3326人次，观众人数8万多人次。县籍运动员参加自治区蹦床锦标赛获金牌1枚，银牌2枚；参加自治区举重锦标赛获金牌6枚，铜牌6枚；参加广西第十二届运动会获得金牌4枚，银牌枚银2，铜牌5枚；向区体工队输送举重运动员2名。完成南宁市为民办实事户外全民健身路径任务；建设村级公共服务中心6个、新建标准灯光球场6个；完成中越边境全民健身工程、红水河流域民族体育工程项目选址4个；投入160多万元对县体育馆室进行装修改造。

【隆安县】 全年举办全县性体育比赛活动5次，成功举办了首届民间气排球比赛。成立了县篮球协会和气排球协会；举办篮球和气排球裁判员培训班各一期；全县有各级社会体育指导员336人，组队参加区市级比赛4次，参加广西第十二届运动会获得银牌2枚。向上输送田径、举重体育试训生2名，在区体工队集中训练人数6名。完成建设全民健身路径7条，村级篮球场62个。

柳 州 市

全市体育工作综述

2010 年

2010 年，柳州市体育工作坚持以科学发展观为指导，以重大项目为抓手，深入贯彻党的十七届四中全会精神、全区体育工作会议精神和市委十届十二次全会精神，紧紧围绕自治区政府马飚主席提出的重振广西体育雄风“九个新”的要求和市委、市政府提出的“科学发展、党建引领，创新创业、优化提升，统筹兼顾、和谐共进，建设美好柳州”的“三十字方针”，狠抓各项工作的落实，积极推进群众体育、竞技体育和场馆建设协调发展，较好地完成了全年的工作任务。

以深入贯彻实施《全民健身条例》为中心，努力推动群众体育工作迈上新台阶。为贯彻落实好自治区体育工作会议的精神，以开展《全民健身条例》学习宣传活动为主题，扎实推进群众体育服务体系建设，着力培养广大人民群众的体育健身意识，激发人民群众参与体育的热情，营造“我参与、我幸福、我快乐”的全民健身氛围，促进群众体育工作有了新发展。其一，抓好《全民健身条例》的学习、宣传工作，今年是《全民健身条例》贯彻实施的第一年，制定了全市《2010 年全民健身活动计划》下发给各有关单位，同时采用报刊、悬挂横幅、黑板报、集中学习、印发小册子、召开座谈会等有效载体，开展了《全民健身条例》的学习宣传活动，得到了广大市民的积极支持和参与，收到了较好的社会效果。其二，统筹兼顾，以贯彻实施《全民健身条例》为契机，按照自治区体育局的要求，制定了贯彻广西体育节活动实施方案和落实的具体措施，并按照计划积极推进广西体育节的各项筹备工作，圆满完成了广西体育节各项比赛活动任务。组织开展生动活泼、富有民族特色的群众体育活动，丰富广大市民的体育文化生活，抓好开展全民健身系列活动工作。开展了元旦长跑、元宵千人横渡柳江、端午节龙舟赛等 100 多项群众性体育活动。配合市直机关工委、市总工会，分别举办了市直机关运动会、市职工运动会。机关各部门、企事业部门、学校也积极组织开展一系列体育活动，有力地推动了全市全民健身活动的广泛开展，据不完全统计，全市参加体育活动的人口达到 40%以上。其三，抓好群众体育组织网络建设工作。完善市区、街道、社区群众体育组织管理网络，积极为社区晨、晚健身网点提供指导服务，认真规范了各单项体育协会的年审工作和工作报告制度，充分发挥各单项体育协会作用，调动了各单项体育协会的积极性，推动了群众性单项体育活动的开展，市舞蹈协会举办了全市舞蹈比赛，无线电协会承办了全国无线电等级考试，篮球协会和其他协会也开展了老年人、未成年人培训等一系列活动，各单项体育协会组织体育比赛达 40 多次。其四，为推进老年体育和特殊群体体育全面协调发展，协调落实了老体协的办公地点和训练场所，继续分时段(每周一至周五上午 8:30 至 10:30 时)免费向老年人开放市属部分场馆；积极配合民委做好市少数民族运动会的筹办工作；加强对农村体育活动的指导，为各县乡镇培训体育社会指导员 100 名。其五，认真指导，与市教育局配合，抓好青少年体育工作。加强全市体育传统项目学校建设，在全市学校积极组织开展青少年体育活动，全面推进“阳光体育运动”，举办了小学生乒乓球、羽毛球等项目比赛，完成中小学校推标的检查验收工作，合格率达95%以上。其六，抓好少数民族传统体育工作。主动与柳州市民委配合，做好少数民族传统体育的保护和活动的开展工作，举办了市第二届少数民族传统体育运动会，进行了7个大项、27个小项的比赛，并与柳州市民委组队参加在玉林举行的全区少数民族传统体育运动会。

以“国家高水平后备人才训练基地”为龙头，努力推动竞技体育全面协调可持续发展。其一，认真了解柳籍运动员在区队、国家队集训情况，积极做好运动员训练比赛信息收集和跟踪保障服务工作。其二，强化管理，提高训练质量。重点抓好市级8个训练网点和柳江、鹿寨体校及体育传统项目学校的管理工作，细化工作指标，落实工作责任，推进目标管理，提高了各训练网点的自觉性。以国家高水平后备人才举重训练基地、体操训练基地为“龙头”，突出抓好教练员队伍建设以及在训运动员管理，培养运动员良好的训练作风、生活作风、比赛作风，充分调动运动员训练的积极性和主动性，确保了各训练网点的安全稳定。全年注册运动员478人。其三，抓好市第十二届运动会的各项组织工作。柳州市第十二届运动会于今年10月31日至11月13日举行，来自各县区10个代表团近3900多名运动员参加了篮球、足球、羽毛球、田径等25个项目、350个小项目的激烈角逐，产生了金、银、铜牌各350枚，在组委会的精心组织和其他部门的支持配合下，市运会获得圆满成功。一是严密组织，各方通力合作。按照市委、市政府的部署，市运会组委会下设了办公室、竞赛处、安全保卫处、后勤保障处、招商处等部门，各部门做到分工不分家，互相支持，互相配合，为各项任务的顺利完成打下了基础；二是抓好宣传，营造氛围，市体育网站刊增了市运会相关情况，使全国各地网友在互联网中可了解到市运会的盛况，成为了柳州体育对外宣传的窗口，在市主要街道、桥梁悬挂了刀旗、高杆公益广告，市属媒体安排主要版面强势报道了市运会，每天公布各代表团成绩，为运动会的成功举办营造了浓厚的氛围；三是全面策划，打造开幕式精品《生命的风采》，集中展示了柳州的经济发展、社会进步、民族风情，四是努力筹措经费，共筹集经费近200万元，弥补了赛事经费不足。五是狠抓赛风赛纪，认真做好各代表团领队、教练员和裁判员的思想教育和作风教育，纯洁赛场的风气，确保了比赛公平公正。六是周密部署安全保卫工作，积极主动向公安机关通报市运会赛场情况，争取公安部门的大力支持，确保赛场内外的安全稳定，实现了市运会团结、和谐、安全的目标。其四，抓好全区第十二届运动会的备战工作。市属8个训练网点按照签订的目标责任状，制定了备战2011年第十二届全区运动会工作计划和应对措施，召开训练总结会议和教练员座谈会，并利用举办市十二运会的机会，认真选拔优秀队员，组队训练，积极备战，力争我市代表团有更多的运动员获得参加全区十二届运动会的决赛资格，为实现金牌超上届或位于全区的前列打下了基础。其五，抓好收集申办全国综合性运动会信息工作。按照市领导的要求，加强与国家体育总局、自治区体育局的联系，了解申办全国综合性运动会相关信息和申办工作程序、计划，并积极与市有关部门配合，按计划有序地推进申办相关准备工作。其六，抓好各类赛事组织和教练员培训工作。全年举办各类比赛为：全国职工“钱柜杯”射击射弩比赛、全国冶金系统职工羽毛球赛，亚洲水上摩托对抗赛(4月至11月共6站比赛)，第十五届国际奥委会主席杯全国百城市自行车赛柳州预赛暨市运会自行车赛，全市体育舞蹈比赛，市直机关气排球赛，漓泉杯五人足球赛等比赛；举办了一期全国网球教练员学习班，参加培训人员30人。

以重大项目建设为抓手，努力推动全市体育基础设施建设。加强与市发改委、国土局、规划局、市建投公司等市相关部门的协调联系，稳步推进在建重点项目建设。其一，李宁体育馆、市游泳馆项目建设。按照李宁体育

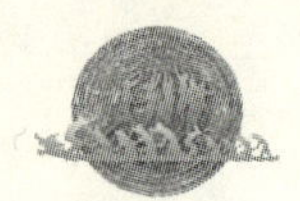

馆、市游泳馆两馆项目建设计划，做好施工监督工作，每月召开一次两馆指挥部会议，协调解决两馆建设中出现的问题。截止 11 月 2 日，李宁体育馆已完成金属屋面 60%和消防系统、智能化系统安装工程，地砖、腻子、空调安装完成 80%，累计完成投资 16800 万元；市游泳馆已完成水处理系统，金属屋面完成 80%，消防、智能化系统工程、地砖 80%，空调安装完毕。累计完成投资 15400 万元；两馆累计共完成投资 32200 万元，按计划有序推进。其二，水上娱乐中心基地项目建设。水上娱乐运动中心基地项目是 2010－2012 年柳州市十大重点旅游项目工程。我局主动与市龙建公司、市发改委、市规划局、市旅游局等部门联系，对基地项目建设规划进行了多次对接、论证，已投入资金 3500 万元，完成了项目一期工程建设，满足了今年承办世界水上极速运动大赛的需求，项目二期工程正在稳步推进。其三，体育中心相关设施建设。积极做好体育中心备场、内场场地改造建设的前期工作，启动了体育中心广场地掷球场项目开工建设工作，投入资金 68 万元，8 月中旬已完工交付使用。其四，抓好基层体育设施建设。一是抓好自治区下达的村级公共服务中心项目建设，投入 150 万元启动建设六县 6 个村级公共服务中心，现已全部完工；二是投入体彩公益金 10 万元为 20 个村级篮球场购置一批体育器材，已完成场地硬化建设，正进行器材安装工作；三是按照自治区体育局以奖代补的要求，积极争取上级资金资助建设 6 县四区村级篮球场，投入 80 万元建设 4 个乡镇健身工程，投入 190 万元建设 108 个村级篮球场，现项目建设按计划有序推进。其五，抓好体育园区项目建设。洛满体育公园的项目建设工作进展顺利，已完成地热井成井工作，开工建设占地 300 亩的温泉度假村休闲设施，今年 1 至 11 月 10 日已投入资金 5200 万元，累计投入 13200 万元。

以举办重大赛事为平台，努力推动打造水上品牌赛事。世界水上极速运动大赛和 2010 年斯坦科维奇杯洲际篮球赛等多项国际顶级赛事落户柳州。在国际摩托艇联合会、国际篮球联合会、国家体育总局水上运动管理中心、篮球管理中心、自治区体育局、市委市政府和赛事运营机构的精心指导下，柳州市分别于 7 月 28 日至 8 月 1 日、10 月 12 日至 17 日成功地举办了“2010 年斯坦科维奇杯洲际篮球赛”和“2010 中美滑水明星对抗赛、2010 水上摩托世界锦标赛、2010F1 摩托艇世界锦标赛中国大奖赛”。在举办这两项大赛的基础上，开展了一系列水上竞赛和表演活动，5 月起每月举行一站亚洲水上摩托公开赛，新加坡和中国的香港、澳门、台湾、广州、佛山等地区均派队参赛，努力打造柳州水上品牌赛事。赛事期间，有国内外运动员、教练员、裁判员、官员、记者近 1100 多人云集柳州。其中：有来自中国、美国两个国家的 60 多名运动员参加了中美滑水明星对抗赛；有来自澳大利亚、意大利等三十多个国家的 50 艘赛艇 150 多名运动员、裁判员、官员参加了世界水上摩托锦标赛；有来自卡塔尔、英国、阿联酋等十一个国家和地区的 24 艘赛艇 300 多名运动员、裁判员、官员、工作人员参加了 F1 摩托艇世界锦标赛中国大奖赛；有来自澳大利亚、斯洛文尼亚、伊朗、中国四个国家的男子篮球队和工作人员 300 参加了斯坦科维奇杯洲际篮球赛。中央电视台 5 频道全程直播了 8 场篮球赛；美国国际管理集团旗下卫星转播机构的三颗卫星在全球近一百多个国家和地区为 F1 摩托艇世界锦标赛中国大奖赛进行电视转播，近 200 个国家和地区对大奖赛进行宣传报道；中央电视台、北京电视台、广西电视台、柳州电视台对赛事进行直播或录播，新华社、新浪网、搜狐网、中央人民广播电台等近百家媒体对比赛进行了报道，信号覆盖了全世界数亿人口，向世界各国和全国各地宣传了柳州，展示了柳州，提高了百里柳江的国内外影响力。

以加快体育彩票销售为主线，努力推动体育产业有新发展。为贯彻落实自治区体育局的要求，体育局把体育彩票销售工作当做一把手工程和体育产业的一号工程来抓，认真贯彻

《体育彩票管理条例》，合理扩大销售网点，举办了2期网点业务培训和营销培训班，努力提高服务质量，增加彩票销售网点，确保体育彩票健康稳定运行，促进体育彩票销售稳中有升，截止10月31日，柳州市体育彩票销售点有164个，销售额为3486.7万元(即开428万元，电脑彩票3058.7万元)；积极引导和规范大型赛事的市场化运作，创造条件，扶持社会民间资本进行体育投资，开展服务经营，开发体育市场，培育洛满体育公园、北京今日影响文化体育发展有限公司、市摩托艇运动协会等投资主体和赛务执行主体，有效地推进了全市体育实体化进程。

以开展体育战略谋划和研究为重点，努力推动编制柳州市体育事业“十二五”发展规划。按照市政府以及市相关部门的要求，认真总结柳州“十一五”以来体育发展情况，完成了柳州体育年鉴资料收集整理工作，深入开展了群众体育、竞技体育、体育设施、培育品牌赛事和体育产业发展等基础性工作的调查研究，召开了机关务虚会议，广泛地听取意见。以市委、市政府提出的“三十字方针”为依据，以“健康市民，活力柳州”为理念，积极启动编制柳州市体育事业“十二五”发展规划工作，现已完成规划初稿，正进一步征求有关专家和相关人员的意见。

2011年

2011年是“十二五”规划实施的第一年，全市体育工作坚持以科学发展观为指导，以重大项目为抓手，深入贯彻全区体育工作会议精神和市委十届十四次全会精神，紧紧围绕市委、市政府提出的“科学发展，升级转型；聚集人气，做大城市；努力学习苏州；全面发展柳州”的“二十八字方针”，狠抓各项工作的落实，积极推进群众体育、竞技体育和场馆建设协调发展，较好地完成了全年的工作任务，为“十二五”时期起好步，开好头奠定了基础。

以深入贯彻实施《全民健身条例》为主线，努力构建面向大众的公共体育服务体系。今年是《全民健身计划(2011—2015)》贯彻实施的第一年，为使全市体育工作人员和广大市民了解和掌握《全民健身计划》的内容，引起全社会的重视，开展了《全民健身计划(2011—2015)》的学习宣传活动，得到了全市人民的积极支持和参与，扩大了落实《全民健身计划(2011—2015)》的影响。积极指导各县区文体局理清工作思路，争取当地党委政府的重视支持，各县区政府全部实现全民健身工作“六纳入”，逐步构建全市公共体育服务体系。制定了全市《2011年全民健身活动计划》下发给各有关单位组织开展活动。按照自治区体育局的要求，结合我市实际，制定贯彻广西体育节活动实施方案和落实的具体措施，丰富广西体育节的活动内容，培育有广西体育节特色的群众性赛事活动，按照计划完成了广西体育节14项活动任务，万村篮球赛的各项筹备工作也有序推进。

以贯彻实施《全民健身计划(2011—2015)》和《广西壮族自治区全民健身条例实施计划(2011—2015)》为契机，组织开展生动活泼、富有民族特色的群众性体育活动。全年市区开展了元旦长跑、元宵千人横渡柳江、端午节龙舟赛等100多项群众性活动。各县区也结合自身的特点，积极开展了群众喜闻乐见的特色群众体育系列活动，推动了全市全民健身活动的广泛开展，据不完全统计，全市参加体育活动的人口达到45%以上。

与市民委配合，做好少数民族传统体育保护、开发工作，积极开展以少数民族传统体育项目为主的体育活动，扶持优秀的民族民间传统体育项目的发展，组队代表广西参加了全国少数民族运动会抢花炮、赛龙舟项目比赛，均取得好成绩；做好体育惠民工作，分时段(每周一至周五上午8:30至10:30时)免费向老年人开放市属部分场馆，承办了广西老年人门球比赛；积极配合残联开展残疾人体育活动；加强对农村体育活动的指导，全年培训一级社会体育指导员230多人；积极推进少数民族体育、老年人体育和残疾人体育全面协调发展。

与市教育局配合，抓好青少年体育工作。加强全市体育传统项目学校建设，在全市学校组织开展青少年体育活动，全面推进“阳光体育运动”，举办小学生乒乓球、羽毛球等项目比赛，完成了2011年学校推标的检查验收工作，合格率达95%以上。

完善市区、街道、社区群众体育组织管理网络，积极为社区晨、晚健身网点提供服务，认真规范各单项体育协会的年审工作和各单项协会的小金库清理整改工作，落实协会财务公开制度，充分发挥各单项体育协会作用，调动了各单项体育协会的积极性，推动了群众性单项体育活动的开展，一年来市各单项体育协会组织体育比赛达40多次，市游泳协会、市无线电协会主动为抗洪抢险救灾提供服务，得到了柳州市相关部门的肯定和表扬。

以参加全区第十二届运动会为契机，努力提升全市竞技运动水平。成立了以市委常委、宣传部部长、副市长曾艳为团长的柳州市代表团，选派553名运动员参加了27个大项目的比赛，获得金牌105枚，银牌89枚，铜牌81枚，团体总分6316.5分，金牌和团体总分分别位列全区第二名，实现了双二的目标，稳固了柳州市位居全区第二的地位；同时，柳州市代表团还获得广西第十二届运动会先进代表团和体育道德风尚奖。

以国家高水平后备人才体操训练基地、举重训练基地为导向，完善市属8个训练网点和县体校的项目设置，逐步形成市属有优势，县有拳头，校有传统的训练格局，保证项目人才梯队的衔接。加强与教育部门的协调配合，推进体教结合工作，依托学校和社会训练网点资源，选拔培养优秀人才。加强教练员的思想政治教育工作，增强教练员的事业心和责任感；加强教练员队伍的作风建设，切实纠正行业不正之风；提倡鼓励各级教练员积极参加业务培训，加快知识更新，提高训练层次和管理水平；建立完善教练员的激励机制和保障机制，今年举办了4期教练员和裁判员培训班。

重点抓好市级8个训练网点和柳江、鹿寨体校及体育传统项目学校的管理工作，在现有的训练管理体制下，不断创新管理模式，推进目标管理，细化各项工作指标，落实各项工作责任，突出抓好科学训练，抓好运动员管理，培养运动员良好的训练作风、生活作风、比赛作风，充分调动运动员训练的积极性和主动性，使各训练网点保持安全稳定。

全年举办市级以上比赛为：2011中国摩托艇联赛揭幕赛和闭幕赛，亚洲水上摩托城市公开赛，全国冶金系统职工羽毛球赛，第十六届国际奥委会主席杯全国百城市自行车赛柳州预赛，全市体育舞蹈比赛，市直机关气排球赛等比赛。

认真抓好柳籍运动员训练比赛跟踪服务工作，我市运动员在国内外赛场上争金夺银，获得金牌8枚，银牌1枚。其中：举重运动员陆永在2011年亚洲举重锦标赛中获得3枚金牌，体操运动员邓森悦在全国艺术体操赛中获得1枚个人全能金牌，3枚单项金牌，1枚银牌。

重视对国内先进训练经验的总结、整理和借鉴，加强体育训练理论建设，借助国家男子手球队2次来柳集训的机会，学习国内先进的管理经验和训练方法，提高体育科研对全市运动队伍的服务水平。

以举办重大水上赛事活动为亮点，努力打造水上娱乐运动之都。柳州市成功地举办了2011年世界水上极速运动大赛、2011年中国摩托艇联赛和亚洲水上摩托公开赛等多项国际顶级赛事，努力培育世界水上极速运动大赛和水上摩托亚洲城市公开赛品牌赛事，提高柳州城市知名度，打造水上娱乐运动之都。6月、9月成功地举办了2011中国摩托艇联赛揭幕赛和闭幕赛，每站赛事有国内8个省市俱乐部、行业队伍100多名运动员参加。狂欢节期间举办了F1摩托艇世界锦标赛中国大奖赛、世界水上摩托锦标赛、中美澳滑水明星对抗赛、国际高空跳水邀请赛、名人帆船邀请赛等12项体育赛事活动，有来自国内外运动员、裁判员、媒体记者和社会各界嘉宾1000多人参加赛事活动，有10多万观众游客参与赛事活动体验互动，有30多万人次观看赛事，中央电视台和121个国家主流电视台进行了赛事直播或转播，国内近100多家媒体进行了赛事报道。12月14日至18日在柳州市李宁体育馆成功举办了2011世界羽联超级系列赛总决赛，观赛人次达10万多人次。

以重大项目建设为抓手，努力推进公共体育设施建设。继续推进李宁体育馆、市游泳馆工程项目建设。按照两馆项目建设计划，做好施工监督工作，协调解决两馆建设中出现的问题，现李宁体育馆已验收准备交付使用，柳州市游泳馆的收尾工作也基本完成，李宁体育馆累计完成投资20453万元，市游泳馆累计完成投资20138万元，两馆累计共完成投资40591万元。

稳步推进静兰水上运动赛场项目二期建设。积极与市龙建公司等有关部门联系，推进项目二期VIP楼工程建设，现项目二期工程建设进展顺利，VIP楼金属屋面已基本完工，进行室内装修，满足了承办2011世界水上极速运动大赛的需求，截止11月10日止，投入资金7500万元，累计投入资23500万元。

积极做好体育中心相关设施建设。与市相关部门联系，完成体育中心景观项目的规划设计工作，体育中心备场、内场场地改造项目建设筹备工作已基本就绪。

抓好基层体育设施建设(为民办实事工程)，共建成村级篮球场32个，村级公共服务中心7个:市级体育彩票公益金为扶持基层体育设施建设，投入11万元为22个村级篮球场购置篮球架等器材，已完成地面水泥硬化，篮球架安装工作；完成柳城县7个村级公共服务中心建设工作；积极争取上级资金30万元资助建设6个村级篮球场；投入8万元为城乡风貌改造建设村级篮球场4个。

洛满体育公园的项目建设工作进展顺利，今年已投入资金6180万元，累计投入22280万元；三亚鸿洲游艇会投资建设的柳州山水游艇会所及码头项目已投入资金8900万元。

以水上娱乐运动基地为中心，努力推进体育产业发展。以国办发[2010]22号《关于加快发展体育产业的指导意见》精神为依据，积极推进静兰水上娱乐运动基地建设(自治区体育局命名为广西体育产业示范基地)，基地规划建设方案待柳州市政府审批，争取引进社会资金投资完善基地项目，开展服务经营，促进基地产业升级，实现可持续发展，提升社会效益和经济效益；认真贯彻《体育彩票管理条例》，按照自治区体育局要求，配合体彩中心加强体育彩票销售管理工作，提高服务质量，增加彩票销售网点，确保体育彩票健康稳定运行，促进体育彩票销售大幅上升，截止11月15日，柳州市体育彩票销售点有164个，销售额为6191.45万元(即电脑传统玩法彩票2994.2万元，竞彩玩法2545.75万元，即开型彩票651.5万元)，与去年同期相比，彩票销售额增长了59.3%；规范大型赛事的市场化运作，逐步推进体育实体化进程。

以开展体育战略谋划和研究为重点，继续努力推进编制柳州市体育事业“十二五”发展规划。按照市政府以及市相关部门的要求，认真总结柳州“十一五”以来全市体育发展情况，完成了柳州体育年鉴资料收集整理工作，深入开展了群众体育、竞技体育、体育设施、培育品牌赛事和体育产业发展等基础性工作的调查研究。以市委、市政府提出的“二十八字方针”为依据，以“健康市民，活力柳州”为理念，确定了“以重大项目建设为核心”作为“十二五”时期的主要工作思路，积极推进编制柳州市体育事业“十二五”发展规划工作，经过全局上下的共同努力，认真地征求局机关、系统中层以上干部和各县区、各单项体育协会以及社会各界的意见，进行反复修改，聘请市分管领导和有关专家进行研究论证，10月份编制出可操作性强的体育事业“十二五”发展规划印发有关单位，并附之实施。

群众体育

2010 年

【开展全民健身运动】 全年开展了元旦长跑、元宵千人横渡柳江、端午节龙舟赛等 100 多项群众性体育活动。配合市直机关工委、市总工会，分别举办了市直机关运动会、市职工运动会。机关各部门、企事业部门、学校也积极组织开展一系列体育活动，有力地推动了全市全民健身活动的广泛开展，据不完全统计，全市参加体育活动的人口达到 40%以上。充分发挥各单项体育协会作用，调动了各单项体育协会的积极性，推动了群众性单项体育活动的开展，市舞蹈协会举办了全市舞蹈比赛，无线电协会承办了全国无线电等级考试，篮球协会和其他协会也开展了老年人、未成年人培训等一系列活动，各单项体育协会组织体育比赛达 40 多次。

【完善群众体育组织网络建设】 完善市区、街道、社区群众体育组织管理网络，积极为社区晨、晚健身网点提供指导服务，认真规范了各单项体育协会的年审工作和工作报告制度，充分发挥各单项体育协会作用，调动了各单项体育协会的积极性，推动了群众性单项体育活动的开展，市舞蹈协会举办了全市舞蹈比赛，无线电协会承办了全国无线电等级考试，篮球协会和其它协会也开展了老年人、未成年人培训等一系列活动，各单项体育协会组织体育比赛达 40 多次。

【学校体育工作】 认真指导，与市教育局配合，抓好青少年体育工作。加强全市体育传统项目学校建设，在全市学校积极组织开展青少年体育活动，全面推进“阳光体育运动”，举办了小学生乒乓球、羽毛球等项目比赛，完成中小学校推标的检查验收工作，合格率达 95%以上。

【为民办实事工程】 为推进老年体育和特殊群体体育全面协调发展，协调落实了老体协的办公地点和训练场所，继续分时段（每周一至周五上午 8:30 至 10:30 时）免费向老年人开放市属部分场馆；为各县乡镇培训体育社会指导员 100 名。投入 150 万元启动建设六县 6 个村级公共服务中心；投入体彩公益金 10 万元为 20 个村级篮球场购置一批体育器材；投入 80 万元建设 4 个乡镇健身工程，投入 190 万元建设 108 个村级篮球场

【承办各层次体育赛事】 全年承办市级比赛 4 次：全市第二届少数民族传统体育运动会，全市体育舞蹈比赛，市直机关气排球赛，漓泉杯五人足球赛比赛。全年承办全国性赛事 8 项：全国职工“钱柜杯”射击射弩比赛、全国冶金系统职工羽毛球赛，亚洲水上摩托对抗赛（4 月至 11 月共 6 站比赛），第十五届国际奥委会主席杯全国百城市自行车赛柳州预赛暨市运会自行车赛，2010 年斯坦科维奇杯洲际篮球赛，2010 中美滑水明星对抗赛，2010 水上摩托世界锦标赛，2010F1 摩托艇世界锦标赛中国大奖赛。

2011 年

【开展广西体育节活动】 按照自治区体育局的要求，结合我市实际，制定贯彻广西体育节活动实施方案和落实的具体措施，丰富广西体育节的活动内容，培育有广西体育节特色的群众性赛事活动，按照计划完成了广西体育节 14 项活动任务，万村篮球赛的各项筹备工作也有序推进。

【开展全民健身运动】 年内，柳州市体育局获第三届广西体育节优秀组织奖，获 2007 年—2010 年全区群众体育先进单位。指导鱼峰区举办了首届社区运动会，参赛项目达到了 20 项，参与人数过万人，指导鹿寨县举办了首届农民运动会，参赛项目达到了 11 项，参与人数过万人，此外，各县区挖掘自身体育优势，举办体育竞赛，调动县区群众参与体育，积极健身

的兴趣，推动了县区体育运动的发展。鹿寨县四排乡人民政府、融水县滚贝侗族乡、融安县长安镇人民政府、三江侗族自治县八江乡人民政府以及柳北区钢城街道办事处获得了2007—2010年全区群众体育先进单位的荣誉称号。各县区体育的蓬勃开展使我市群众体育保持在全区前列。获得4年一度的奖项来之不易。组织开展了生动活泼、富有民族特色的群众性体育活动。全年市区开展了元旦长跑、元宵千人横渡柳江、端午节龙舟赛等100多项群众性活动。8月，在市江滨路举办了万人健身走；7月—8月，在市文昌桥门球场举行全区“百队千人”门球；9月，在市篮球训练基地举行“千人”羽毛球大赛等多项全民健身大型赛事活动。通过层层宣传，组织发动和新闻媒体对活动的宣传报道，在社会起到了影响大、振动大的宣传效果。活动的影响辐射六县四城区，群众踊跃报名参加，掀起全民健身热潮。各县区也结合自身的特点，积极开展了群众喜闻乐见的特色群众体育系列活动，推动了全市全民健身活动的广泛开展，据不完全统计，全市参加体育活动的人口达到45%以上。

【完善群众体育组织网络建设】 完善市区、街道、社区群众体育组织管理网络，积极为社区晨、晚健身网点提供服务，认真规范各单项体育协会的年审工作和各单项协会的小金库清理整改工作，落实协会财务公开制度，充分发挥各单项体育协会作用，调动了各单项体育协会的积极性，推动了群众性单项体育活动的开展，一年来市各单项体育协会组织体育比赛达40多次，市游泳协会、市无线电协会主动为抗洪抢险救灾提供服务，得到了柳州市相关部门的肯定和表扬。

【学校体育工作】 认真指导，与市教育局配合，抓好青少年体育工作。加强全市体育传统项目学校建设，在全市学校组织开展青少年体育活动，全面推进“阳光体育运动”，举办小学生乒乓球、羽毛球等项目比赛，完成了2011年学校推标的检查验收工作，合格率达95%以上。

【为民办实事工程】 做好体育惠民工作，分时段（每周一至周五上午8:30至10:30时）免费向老年人开放市属部分场馆；积极配合残联开展残疾人体育活动。加强对农村体育活动的指导，全年培训一级社会体育指导员230多人。共建成村级篮球场32个，村级公共服务中心7个：市级体育彩票公益金为扶持基层体育设施建设，投入11万元为22个村级篮球场购置篮球架等器材，已完成地面水泥硬化，篮球架安装工作；完成柳城县7个村级公共服务中心建设工作；积极争取上级资金30万元资助建设6个村级篮球场；投入8万元为城乡风貌改造建设村级篮球场4个。

【承办各层次体育赛事】 全年承办省级以上比赛7项：世界水上极速运动大赛，中国摩托艇联赛，亚洲水上摩托公开赛，世界羽联超级系列赛总决赛，全国冶金系统职工羽毛球赛，第十六届国际奥委会主席杯全国百城市自行车赛柳州预赛，广西老年人门球赛。全年举办市级以上比赛有全市体育舞蹈比赛，市直机关气排球赛等比赛。

竞技体育

2010年

【柳籍运动员代表国家队参加国际比赛成绩优异】 年内，柳州市运动员参加国际比赛，获得金牌9枚，银牌4枚，铜牌3枚，其中：体操运动员周施雄获得3枚金牌，3枚银牌，1枚铜牌；吴柳芳获得3枚金牌，1枚铜牌；江钰源在荷兰举行的世界体操锦标赛中夺得个人全能银牌，团体铜牌；举重运动员吴艳梅获得3枚金牌。陆永、朱芳雨、韦秋香等5名柳籍运动员代表中国参加了11月在广州举行的亚洲运动会，夺得举重冠军、男子篮球冠军和女子手球冠军。

【组队参加全区赛成绩良好】 年内，柳州市组队参加全区年度锦标赛，获得金牌75枚，银牌69枚，铜牌55枚，为柳州争得了荣誉。柳州市第十二届运动会于10月31日至11月13日举行，来自各县区10个代表团近3900多名运动员参加了篮球、足球、羽毛球、田径等25个项目、350个小项目的激烈角逐，产生了金、银、铜牌各350枚，市运会获得圆满成功。举办了市第二届少数民族传统体育运动会，进行了7个大项、27个小项的比赛。组织开展全市体育舞蹈比赛，市直机关气排球赛，漓泉杯五人足球赛等比赛。

【举办和参与全国赛事情况】 年内，与柳州市民委组队参加在玉林举行的全区少数民族传统体育运动会，成绩良好。全年举办全国性赛事为：全国职工“钱柜杯”射击射弩比赛、全国冶金系统职工羽毛球赛，亚洲水上摩托对抗赛（4月至11月共6站比赛），第十五届国际奥委会主席杯全国百城市自行车赛柳州预赛暨市运会自行车赛。

【举办2010年中国柳州上汽通用五菱杯世界水上极速运动大赛和斯坦科维奇杯洲际篮球赛等多项国际顶级赛事】 年内，中国柳州上汽通用五菱杯世界水上极速运动大赛和斯坦科维奇杯洲际篮球赛等多项国际顶级赛事落户柳州。在国际摩托艇联合会、国际篮球联合会、国家体育总局水上运动管理中心、篮球管理中心、自治区体育局、市委市政府和赛事运营机构的精心指导下，柳州市分别于7月28日至8月1日、10月12日至17日成功地举办了“2010年斯坦科维奇杯洲际篮球赛”和“2010中美滑水明星对抗赛、2010水上摩托世界锦标赛、2010F1摩托艇世界锦标赛中国大奖赛”。在举办这两项大赛的基础上，开展了一系列水上竞赛和表演活动，5月起每月举行一站亚洲水上摩托公开赛，新加坡和中国香港、澳门、台湾、广州、佛山等地区均派队参赛。赛事期间，有国内外运动员、教练员、裁判员、官员、记者近1100多人云集柳州。其中：有来自中国、美国两个国家的60多名运动员参加了中美滑水明星对抗赛；有来自澳大利亚、意大利等三十多个国家的50艘赛艇150多名运动员、裁判员、官员参加了世界水上摩托锦标赛；有来自卡塔尔、英国、阿联酋等十一个国家和地区的24艘赛艇300多名运动员、裁判员、官员、工作人员参加了F1摩托艇世界锦标赛中国大奖赛；有来自澳大利亚、斯洛文尼亚、伊朗、中国四个国家的男子篮球队和工作人员300参加了2010年斯坦科维奇杯洲际篮球赛。中央电视台5频道全程直播了8场篮球赛；美国国际管理集团旗下卫星转播机构的三颗卫星在全球近一百多个国家和地区为F1摩托艇世界锦标赛中国大奖赛进行电视转播，近200个国家和地区对大奖赛进行宣传报道；中央电视台、北京电视台、广西电视台、柳州电视台对赛事进行直播或录播，新华社、新浪网、搜狐网、中央人民广播电台等近百家媒体对比赛进行了报道，信号覆盖了全世界数亿人口，向世界各国和全国各地宣传了柳州，展示了柳州，提高了百里柳江的国内外影响力。

2011年

【柳籍运动员代表国家队参加国际比赛成绩优异】 年内，柳州市运动员在国内外赛场上争金夺银，获得金牌8枚，银牌1枚。其中：举重运动员陆永在2011年亚洲举重锦标赛中获得3枚金牌，体操运动员邓森悦在全国艺术体操赛中获得1枚个人全能金牌，3枚单项金牌，1枚银牌。

【组队参加区运会比赛获奖】 以市委常委、宣传部部长、副市长曾艳为团长的柳州市代表团，选派553名运动员参加了27个大项目的比赛，获得金牌105枚，银牌89枚，铜牌81枚，团体总分6316.5分，金牌和团体总分分别位列全区第二名，实现了双二的目标，稳固了柳州市位居全区第二的地位；同时，柳州市代表团还获得广西第十二届运动会先进代表团和体育道德风尚奖。

【举办市级以上比赛和参与全国赛事情况】 全年举办市级以上比赛为有2011中国摩托艇联赛揭幕赛和闭幕赛，亚洲水上摩托城市公开赛，全国冶金系统职工羽毛球赛，第十六届国际奥委会主席杯全国百城市自行车赛柳州预赛，全市体育舞蹈比赛，市直机关气排球赛等比赛。组队代表广西参加了全国少数民族运动会抢花炮、赛龙舟项目比赛，均取得好成绩。

【举办“2011世界水上极速运动大赛”暨“中国柳州国际水上狂欢节”和2011世界羽联超级系列赛总决赛等多项国际顶级赛事】 柳州市成功地举办了“2011世界水上极速运动大赛”暨“中国柳州国际水上狂欢节”、2011年中国摩托艇联赛和亚洲水上摩托公开赛，2011世界羽联超级系列赛总决赛等多项国际顶级赛事。通过世界水上极速运动大赛和水上摩托亚洲城市公开赛品牌赛事，提高柳州城市知名度，打造水上娱乐运动之都。6月、9月成功地举办了2011中国摩托艇联赛揭幕赛和闭幕赛，每站赛事有国内8个省市俱乐部、行业队伍100多名运动员参加。狂欢节期间举办了F1摩托艇世界锦标赛中国大奖赛、世界水上摩托锦标赛、中美澳滑水明星对抗赛、国际高空跳水邀请赛、名人帆船邀请赛等12项体育赛事活动，有来自国内外运动员、裁判员、媒体记者和社会各界嘉宾1000多人参加赛事活动，有10多万观众游客参与赛事活动体验互动，有30多万人次观看赛事，中央电视台和121个国家主流电视台进行了赛事直播或转播，国内近100多家媒体进行了赛事报道。12月14日至18日在柳州市李宁体育馆成功举办了2011世界羽联超级系列赛总决赛，观赛人次达10万多人次。

体育产业

2010年

【体育彩票销售】 全年有体育彩票销售点164个，体育彩票销售款为3486.7万元。

2011年

【体育彩票销售】 全年有体育彩票销售点164个，体育彩票销售款为6191.45万元，与去年同期相比，彩票销售额增长了59.3%。

体育基础设施建设

2010年

【李宁体育馆、市游泳馆工程项目建设】 按照李宁体育馆、市游泳馆两馆项目建设计划，做好施工监督工作，每月召开一次两馆指挥部会议，协调解决两馆建设中出现的问题。现李宁体育馆已完成金属屋面60%和消防系统、智能化系统安装工程，地砖、腻子、空调安装完成80%，累计完成投资1.68亿元；市游泳馆已完成水处理系统，金属屋面完成80%，消防、智能化系统工程、地砖80%，空调安装完毕。累计完成投资1.54亿元元；两馆累计共完成投资3.22亿元，按计划有序推进。

【水上娱乐中心基地项目建设】 水上娱乐运动中心基地项目是2010－2012年柳州市十大重点旅游项目工程。该基地项目建设规划已进行多次对接、论证，已投入资金3500万元，完成了项目一期工程建设，满足了今年承办世界水上极速运动大赛的需求，项目二期工程正在稳步推进。

【基层体育设施建设】 年内，投入150万元启动建设六县6个村级公共服务中心，现已全部完工；二是投入体彩公益金10万元为20个村级篮球场购置一批体育器材，已完成场地硬化建设，正进行器材安装工作；三是按照自治区体育局以奖代补的要求，积极争取上级资金资助建设6县四区村级篮球场，投入80万元建设4个乡镇健身工程，投入190万元建设108个村级篮球场，现项目建设按计划有序推进。

【体育园区项目建设】 年内，洛满体育公园的项目建设工作进展顺利，已完成地热井成井工作，开工建设占地300亩的温泉度假村休闲设施，今年已投入资金5200万元，累计投入1.32亿元。

【体育中心相关设施建设】 与市发改委、市建投公司等部门联系，积极做好体育中心备场、内场场地改造建设的前期工作，启动了体育中心广场地掷球场项目开工建设工作，投入资金68万元，8月中旬已完工交付使用。

2011年

【李宁体育馆、市游泳馆工程项目建设】 继续推进李宁体育馆、市游泳馆工程项目建设。按照两馆项目建设计划，做好施工监督工作，协调解决两馆建设中出现的问题，现李宁体育馆已验收准备交付使用，柳州市游泳馆的收尾工作也基本完成，李宁体育馆累计完成投资2亿元，市游泳馆累计完成投资2亿元，两馆累计共完成投资4亿元。

【水上娱乐中心基地项目建设】 水上娱乐运动中心基地项目是2010－2012年柳州市十大重点旅游项目工程。年内，积极与市龙建公司等有关部门联系，稳步推进项目二期VIP楼工程建设，现项目二期工程建设进展顺利，VIP楼金属屋面已基本完工，进行室内装修，满足了承办2011世界水上极速运动大赛的需求，截止11月10日止，投入资金7500万元，累计投入资2.35亿元。

【基层体育设施建设】 共建成村级篮球场32个，村级公共服务中心7个：市级体育彩票公益金为扶持基层体育设施建设，投入11万元为22个村级篮球场购置篮球架等器材，已完成地面水泥硬化，篮球架安装工作；完成柳城县7个村级公共服务中心建设工作；积极争取上级资金30万元资助建设6个村级篮球场；投入8万元为城乡风貌改造建设村级篮球场4个。

【体育园区项目建设】 洛满体育公园的项目建设工作进展顺利，今年已投入资金6180万元，累计投入2.2亿元；三亚鸿洲游艇会投资建设的柳州山水游艇会所及码头项目已投入资金8900万元。

【体育中心相关设施建设】 年内，与市相关部门联系，完成体育中心景观项目的规划设计工作，体育中心备场、内场场地改造项目建设筹备工作已基本就绪。

体育人才队伍建设

2010年

【项目布局】 以国家高水平后备人才举重训练基地、体操训练基地为“龙头”，突出抓好教练员队伍建设以及在训运动员管理，培养运动员良好的训练作风、生活作风、比赛作风，充分调动运动员训练的积极性和主动性，确保了各训练网点的安全稳定。

【网点训练管理工作】 市级8个训练网点和柳江、鹿寨体校及体育传统项目学校通过细化工作指标，落实工作责任，推进目标管理，提高了各训练网点的自觉性。

【培养乡镇体育社会指导员】 年内，加强对农村体育活动的指导，全年为各县乡镇培训体育社会指导员100名。全年注册运动员478人。

2011年

【项目布局】 以国家高水平后备人才体操训练基地、举重训练基地为导向，完善市属8个训练网点和县体校的项目设置，逐步形成市属有优势，县有拳头，校有传统的训练格局，保证项目人才梯队的衔接。加强与教育部门的协调配合，推进体教结合工作，依托学校和社会训练网点资源，选拔培养优秀人才。加强教练员的思想政治教育工作，增强教练员的事业心和责任感；加强教练员队伍的作风建设，切实纠正行业不正之风；提倡鼓励各级教练员积极参加业务培训，加快知识更新，提高训练层次和管理水平；建立完善教练员的激励机制和保障机制，今年举办了4期教练员和裁判员培训班。

【网点训练管理工作】 市级8个训练网点和柳江、鹿寨体校及体育传统项目学校的管理工作，在现有的训练管理体制下，不断创新管理模式，推进目标管理，细化各项工作指标，落实各项工作责任，突出抓好科学训练，抓好运动员管理，培养运动员良好的训练作风、生活作风、比赛作风，充分调动运动员训练的积极性和主动性，使各训练网点保持安全稳定。

【培养乡镇体育社会指导员】 年内，加强对农村体育活动的指导，全年为各县乡镇培训体育社会指导员230名。

县城体育

2010年

【城中区】 年内，在柳州市第十二届全运会上，城中区组成850多人的强大阵容代表团，参加本届游泳、举重、乒乓球、羽毛球等26个大项目的比赛，通过奋力拼搏，城中区代表团一举获得金牌63.5块、银牌50块、铜牌45块，金牌总数和团体总分第二的好成绩。我区还获得本届运动会的组织奖和体育道德风尚奖。为迎接第二个“全民健身日”的到来，我区成功举办了“欢乐城中”全民健身日城中区第三届运动会暨第五届气排球比赛，共有来自辖区各行业40多个单位（部门）近千名干部群众参加，先后进行了240多场比赛，这是一次规模大，参赛面广，时间长，效果好的比赛。同年12月在人民广场下沉式举行“乐欢城中”2010年广西桂中地区跆拳道、武术散打比赛，有来自全市六县四区及来宾、钦州等广西周边地区约300多名运动员、教练员共参加了120多场比赛。

【鱼峰区】 年内，鱼峰区以科学发展观为统领，牢固树立以人为本，立足体育工作职能，开展了一系列卓有成效的工作，不断推进鱼峰区群众体育事业科学、和谐、可持续发展。7月至9月，开展了国家“全民健身日”系列活动。主要活动内容有：首届社会化管理退休人员运动会、鱼峰区第一届非公有制经济组织和社会组织气排球比赛、鱼峰区教育系统2010年趣味运动会等，掀起了全区“人人运动”新高潮，吸引了街道（社区）、群众及辖区企事业单位4000多人参加，得到了上级领导的肯定和广大群众的好评。今年，鱼峰区政府组成了600余人的参赛代表团参加柳州市第十二届运动会，其中运动员521人，分别参加全部项目共25个大项的比赛，比上届增报6个大项，在项目布局上有所拓展。在柳州市第十二届运动会自行车比赛暨奥委会主席杯选拔赛的比赛中，辖区选手刘玲发挥出色，战胜了来自其他县区的共17名选手获得了女子组冠军，这是市十二届运动会产生的首枚金牌。在取得自行车女子组冠军后，刘玲、李建林还代表我区参加了9月份在江苏省举行的第十五届“国际奥委会主席杯”全国百城自行车赛决赛，获得了3150米接力赛第二名的好成绩，鱼峰区共夺得金牌21枚、银牌37枚、铜牌34枚，团体总分969分，获得体育道德风尚奖和组织奖，取得了运动成绩和精神文明双丰收，完成了区委、区政府交给的任务。今年鱼峰区政府向驾鹤、水南、鸡喇等3个村委赠送了一批价值2万余元的体育器材，为农民开展健身活动提供了保障。

【柳北区】 年内，在7月至9月组织开展“真龙杯”城乡万人气排球比赛，在辖区三个镇、7个办事处开展比赛，参加队伍共有90多支，运动员3000多人；在全民健身日活动中，共组织开展气排球、乒乓球、趣味竞技、拔河、跳绳、游泳等9项比赛，参加人数达7000多人，观众近6万人；积极组队参加全民健身日桥牌、钓鱼、乒乓球、气排球、羽毛球、健身气功、五禽戏等项目比赛，共获得一等奖1个，二等奖1个，三等奖2个。组队参加柳州市第十二届运动会和第二届少数民族运动会等各类大型体育赛事，成绩斐然。柳北区共组织运动员545人参

加柳州市第十二届运动会的足球、篮球、气排球、田径、射击等24个大项的比赛，共取得39块金牌、47块银牌、59.5块铜牌；同时组织运动员100多名参加市第二届少数民族传统运动会7个大项比赛，共获得金牌4块，银牌4块，铜牌5块。在两次大型赛事中均获得优秀组织奖和体育道德风尚奖。今年筹措资金1.2万元为白露办事处园艺村购买健身器材9件，筹措资金1.5万元购买固定篮球架和移动式篮球架各一副赠送给石碑坪村新中屯、长塘村二队；筹措资金3.5万元购买移动式羽毛球、气排球柱6套、乒乓球桌8副、移动式篮球架1副、篮球、足球各10个，充实了二十九中学训练基地的训练器材。

【柳江县】 1月，在县体育中心举办迎新春篮球赛，运动员人数154人，观众10000人。3月，在县体育中心举办"腾安·迅达杯"气排赛，参赛运动员800人，观众人数6000人；庆祝"三八"国际劳动妇女节100周年，设置拔河、跳绳项目比赛，参赛人数达800人。5月，县总工会、县文化和体育局共同举办了具有柳江特色的庆五一职工拔河赛，来自各行业的56支队伍参加了比赛；举行庆"五一"气排球比赛，分为行政机关、企、事业单位组和全县村级男子三个组别的比赛，创下了历年气排球比赛最高纪录：参赛队达69支代表队，共进行了9天的比赛，使我县的群众体育活动及气排球竞技水平上了一个新的台阶。年内，开展全民健身月活动暨柳江县第三届体育运动会，在县体育中心举办柳江县第三届体育运动会暨全民健身日启动仪式活动，在活动中全县近万人参加了仪式，本届运动会开设了11个竞赛项目，设有足球、篮球、乒乓球、羽毛球、田径、大众广播操、抢花炮、游泳、门球、气排球、农民趣味健身活动比赛，来自机关、社区、乡镇、学生等近万名运动员18个代表团参加比赛，教练员、运动员达3680人，历时69天，决出奖牌273枚(其中金牌92枚，银牌92枚，铜牌89枚)，破运动会纪录48项次，观众人数达7万人次，全民掀起了新一轮的全民健身热活动，市领导及周边县区、县委、县政府四家领导班子及全县干部职工参加了开幕式及启动仪式。11月，举办柳江县教育职工气排球赛，参赛运动员1200人，观众2000人。12月举行全县中小学生田径运动会田径赛，参赛人数400多人。组队参加区、市组织各项体育活动，如全区的锦标赛、市中、小学生运动会，并取得优异的成绩，组队参加全区青少年拳击、手球锦标赛，拳击项目获银牌2枚、铜牌3枚，手球项目获第四名；7月，组队参加柳州市中学生篮球赛，获男子组的初中组冠军、季军，女子初中组第一名。10月，参加柳州市田径运动会获初中组男子团体总分第一名，获柳州市第十二体育运动会道德风尚奖、组织奖，金牌数位列第四，团体总分位列第六。组队参加柳州市第二届少数民族传统体育项目运动会，获得女子组板鞋比赛第二名、高脚马男、子女第二名、花炮第二名、太极拳个人第二名。柳江籍运动员参加区级以上比赛成绩良好。原体校学生韦霞猛获得了广西青少年举重锦标赛男子丙组52公斤级4枚金牌、黄子敏夺得举重第二名、第三名。原我校手球队员韦秋香11月参加广州第十六届亚运会获女子手球项目冠军。继续完善乡镇组织的老体协组织，目前老体协有门球队11支、气排球队21支、地掷球队12支、乒乓球队4支、羽毛球队4支、篮球队1支、武术队4支、体操队5支。全县的12个乡镇17个社区建有老体协组织，目前在县城成立了43个辅导站，人数达到了1400多人。村屯目前全县屯级老体协组织已达到了240个，重阳节举行老年人"五大球类"(气排球、乒乓球、门球、地掷球、羽毛球)体育活动，全县老年人(包括各乡镇的老年人)1000多人参加了比赛。10月在拉堡镇开展柳江县第四届老年人气排球比赛，全县12个乡镇的老年人组队参加了比赛。县体育中心投资100多万建成了1500多平方米的柳江县体育训练馆，县政府经多方筹集60多万元，成功举办了柳江县第三届体育运动会。县政府通过各种渠道挤出23万专款用于组队参加“市十二运”运动会的各种费用。组织全县体校教练到广州现场观看亚运会女子手球运动员韦秋香的比赛，韦秋香回到柳江县时，县四家领导专门召开庆功会，并给予该运动员及启蒙教练颁发奖金。投入资金70万元用于体育中心灯光球场维修改造、花炮基地维修改造、群众体育健身设备购置项目。争取村级服务中心建设经费121万元，建设洛满露南村（25万元），土博北隆村、里雍广石岩冲屯、穿山竹山村、进德琼林村、百朋根林村、拉堡黄岭村（各16万元）等7个村（屯）级服务中心。

【鹿寨县】 年内，在黄冕乡举办创新的时尚赛事，即首届环新农村山地自行车大赛，运动员有来自新疆、深圳、南宁、柳州、桂林、玉林、河池、来宾等三省（区），参赛运动员共128人。本次比赛提升了村级赛事的知名度，吸引了来自各地观众有5000多人。

【柳城县】 春节期间举办迎春象棋赛、围棋赛、醒狮闹春赛、乒乓球赛等系列体育活动。3月联办“会员杯”门球赛、“三八节“妇女气排球赛、5月职工篮球赛、羽毛球团体争霸赛、庆“七一”党政气排球赛等。与有关单位联合举办全区妇女门球赛，柳城县围棋邀请赛、柳城县庆“三八”妇女拔河赛，柳城县科级、处级领导干部乒乓球赛，庆“七一”县直属工委党员气排球赛、国庆围棋邀请赛；协助县老体协承办柳州市老体协门球赛。6月组队参加柳州市“十二运”和第二届少数民族传统运动会，获得市十二运29金19银22铜的好成绩，男女篮球队双双夺冠，金牌总数排名第六位；在柳州市第二届少数民族传统运动会上共获3金4银1铜的好成绩，摘得抢花炮冠军，代表柳州市参加全区少数民族传统运动会。11月承办首届体育运动会、第四届生态蜜橘节篮球精英赛，获得圆满成功。8月组队参加全国、市级体育比赛并获奖，其中我县6名花炮队员代表广西参加第九届全国少数民族运动会花炮比赛荣获第二名的好成绩，县男子篮球队参加柳州市“红牛杯”篮球联赛获冠军。5月在县文化广场和白阳公园安装健身设施70件，对县体育馆进行补漏和维修，在凤山镇、马山乡、社冲乡等乡镇建成6个村级篮球场，并完成6个篮球场配套设施的配送工作。凤山镇和六塘镇新建文化体育休闲广场，丰富了本乡镇群众文化生活。

【融安县】 融安县体育工作紧紧围绕区、市体育主管部门的工作部署，重点抓好以文化体育项目建设为依托，改善乡村文化体育设施，做好8个村级公共服务中心体育基础设施建设，投资200万元建成塑胶跑道。春节期间组织开展男子篮球赛、中国象棋、围棋、斗鸡、斗鸟等一系列体育赛事，参加人员来自贵州省、湖南省以及广西桂林、柳州、柳城、三江、融水等县市；开展“税收杯”和“教工杯”气排球赛等一系列体育赛事；加强老年体育运动，组织举办柳北区老年气排球赛。2月21日至24日在县文体中心举行融安县春节男子篮球赛，共有乡镇、县直属机关、企事业19支队伍参加，经过四天的角逐，县直企事业组东方上城队和乡镇组大将队获得冠军。3月23日至25日在县城河西小广场门球场举行首届“友好杯”老年门球赛，共有16个会员队110余名老年门球爱好者参赛。4月14日至15日，由县财税部门组织开展以“税收·发展·民生”为主题的全县财税系统气排球赛，共有19支代表队200多人参赛。由县教育局、县文体局、县总工会联合举办的教育系统庆“五一”女教职工气排球赛于4月16日至18日在县文体中心篮球馆举行，共有自来全县34所中小学校的女教职工400名队员参赛。4月19日至26日，举办庆“五一”第七届职工气排球赛，比赛在县总工会球馆进行，共有全县各机关、企事业单位63支队伍700余人参加。5月12日，全县体育工作者在县青少年活动中心举行学习陆永奥运

会夺冠精神报告会。由县教育局、县文体局联合举办的2010年中学生篮球赛5月24日拉开帷幕，共有来自各乡镇12支男子、13支女子代表队参赛，经过4天的紧张而激烈比赛，于5月27日结束。5月28日至29日在县图书馆多媒体教室举办乒乓球、羽毛球、篮球裁判员培训班，邀请柳州市一级裁判员授课，参加培训人员80多人，是柳州市本年度裁判员培训人员最多的一次。县计划生育局、文体局联合举办纪念“5·29”计划生育协会会员活动日气排球比赛，共有来自全县13个代表队参赛。文体局联合举办的小学生篮球赛于5月31日在县文体中心拉开帷幕，共有12支男队、8支女队参赛。6月10日，由柳州市老年人协会举办的柳北片老年人气排球赛在融安县文体中心举行，共有来自柳州市柳石办及融水、融安、三江县4支气排球代表队参加角逐。6月25日，县委组织部在县文体中心隆重举行第四届“党建杯”篮球赛，共有36支代表队参赛。7月1日，由融安县委主办，县文体局承办的庆祝建党89周年拔河赛在县文体中心拉开帷幕，共有48支代表队分县直组和乡镇组参赛，每队由8名男党员和2名女党员组成。7月29日至31日，柳州市纪检监察机关第二届体育运动会在融安县文体中心举行，本次运动会由柳州市纪委机关、市监察局举办，运动会设立跳绳、羽毛球、气排球等竞赛项目，共有来自柳州市、县(区)纪检监察机关400多名运动员参加历时三天的比赛。融安县第一届体育运动会“华海木业杯”乒乓球赛8月27日至28日在县文体中心举行，共有县直、企事业单位19支男队和14支女子代表队参加角逐。融安县第一届体育运动会“东方明珠杯”气排球赛9月10日在县文体中心拉开帷幕，共有16个代表团18支男队和14支女队，运动员380人参赛，采用两个阶段分组单循环赛、交叉淘汰赛，经过三天73场激烈角逐。具有传统民族特色的融安县龙舟大赛，于9月19日在县城融江河面举行，共有来自融安、融水、三江、鹿寨四县93支龙舟队，经过一天的预赛、复赛、决赛共三轮的激烈争夺，最后融水贝江1队夺得男子组冠军，融安县竹子队获得女子组冠军。10月16日，融安县第一届体育运动会在县文体中心隆重举行，县四家班子及应邀嘉宾出席了开幕式，共有16支代表团参加，本届运动会设大众广播体操、气排球、篮球、乒乓球、羽毛球、抛绣球、板鞋竞速及田径等11个大项19个小项。10月26日至27日，县政协第二届委员体育运动会在县文体中心举行，共有8支代表队参加，比赛设气排球、乒乓球、羽毛球团体赛。融安县第一届体育运动会，经过近2个多月的比赛，完成了全部赛事，于10月29日顺利闭幕，闭幕式在县文体中心篮球馆举行，县四家班子领导、嘉宾及16支代表团2000多名运动员参加闭幕式，共产生了金、银、铜牌各159枚、产生团体总分前6名、金牌总数前6名，并评出了6个优秀组织奖和6个体育道德风尚奖。12月11日至12日，县第二届“建设杯”气排球赛在县文体中心举行，共有县直、企事业单位22支代表队220名运动员参赛。年内，举办全县的裁判员培训班，邀请柳州市国家一级裁判员授课，为全县裁判员队伍建设打好又一坚实的基础。积极引导农民群众开展各种各样有益的体育活动，鼓励和引导体育爱好者带动广大群众强身健体；在县城广场、社区、乡镇、村屯等地，开展健美操、太极拳、扇子舞、秧歌、舞剑等多种形式的健身活动。

【融水县】 县文体局乘创建区级文化先进县东风，勇于开拓、努力拼搏、体育事业取得突破性发展，全县20个乡镇农民体育协会，县城龙舟、足球、乒乓球等15个群众性协会得到巩固提高，全年举办、主办、承办、协办大、中、小型体育活动85次，尤其是自治县第二届民族体育运动会，参赛队伍和比赛人数有所突破，比赛项目有所出新，增加了板鞋、苗族拉鼓、抢花炮等。各种群众体育活动的开展，充分展现了融水群体工作的广泛性、参与性及普及性。本级财政下拨文体活动及添置设备等经费达1276.9万元，获上级财政下拨的文体活动经费及指标性经费达209.7万元。

【三江县】 2月，由中共三江县委，三江县人民政府主办，三江县委办公室，政府办公室、县委组织部，县文化和体育局承办，在县健身馆、体育馆、灯光球场举行三江县第四届领导干部体育运动会，参赛单位为县四家领导班子，各乡镇党委政府及县。直属单位共20个队，取前八名，观众4000人。4月，县总工会在县健身馆、体育馆、灯光球场举办第三届职工运动会，县直机关的干部职工，企事业厂矿职工组队参赛。6月，由市委宣传部、市委文明办、市体育局共同主办，广西鸿翔心堂药业有限公司承办了柳州市“广西鸿翔——心堂杯”端午节龙舟比赛暨第十二届市运会龙舟表演赛。7月，在县健身馆、体育馆、灯光球场举办柳州市司法系统(三江站)气排球赛。9月举办“六县党委办公室气排球赛”；举办“真龙杯”柳州市第二届城乡万人气排球赛(三江赛区)。10月，组队参加柳州市第十二届运动会，获得举重、跆拳道、游泳等项目获5金5银3铜的好成绩，象棋比赛获团体第六名，个人第七名。柳州三江籍女大力士吴艳梅参加保加利亚首都索菲亚第十六届世界青年举重锦标赛，以抓举84公斤、挺举103公斤、总成绩187公斤获三枚金牌，让三江传统体育项目走向世界，让世界认识了三江。4月26日，全国男子陆永参加85公斤级举重锦标赛(重庆)，获抓举、挺举、总成绩三枚金牌。5月，吴艳梅在南京参加全国女子举重锦标赛，获48公斤级抓举第三名；梁安超在江西新余市参加全国青少年男子举重分龄赛，获69公斤级抓举、挺总成绩三枚金牌。8月，在广东湛江举行的全国青少年蹼泳锦标赛上，柳州运动员(三江籍)荣国亿获男子接力4x50米蹼泳和50米蹼泳2枚金牌，同年，参加区少年游泳、蹼泳、水球锦标赛赛获4枚金牌。三江县业余体校开办第一期气排球裁判员培训班，培训人员106人，普及了气排球裁判知识。

2011年

【城中区】 年内，以打造“欢乐城中”文体活动品牌为主题，广泛开展形式多样的群众性体育活动和百姓广场健身热舞活动，5月份“欢乐城中”ANP六周年暨全国街舞明星邀请赛在市民广场隆重举行，本次比赛有来自广西、广东、湖南、贵州等全国各地26支队伍参赛，有近万余名观众观看了本次比赛。同月，城中区机关第四届气排球大赛在体育中心篮球训练基地隆重举行，共有50支代表队，近2000名运动员报名参赛。其参赛规模之大，比赛时间之长，影响面之广均超过了往届，市体育局副局长梁文翔、群体科长李凌等领导应邀参加了运动会的开幕式。

【鱼峰区】 今年是实施“十二五”规划的开局之年，也是鱼峰区体育事业发展史上的一个丰收之年。鱼峰区体育工作在区委、区政府的正确领导下，在市体育局的关心、指导下，取得了令人鼓舞的成绩。全民健身活动蓬勃开展，群众体育运动丰富多彩，成功举办了“全民健身日”系列活动、第一届社区运动会和承办了军地篮球赛，获得全国“2010年全民健身活动先进单位”。主要做好三方面工作：一是全民健身运动。为推动全民健身运动更广泛深入地开展，丰富社区(村)居民的体育文化生活，鱼峰区成功举办第一届社区运动会暨鱼峰区“全民健身日”系列活动。本届运动会首次不以某系统单位为主要活动对象，而是向各社区(村)管辖内的群众、学生、企事业单位工作者延伸，扩大群众参与面。整个社区运动会从八月持续至十一月，设置竞赛项目13个，参与运动会约10000多人。8月，辖区在柳州市八中成功举行“全民健身日”启动仪式暨第一届社区运动动会开幕式，近1500名运动员代表参加开幕式。《新播报》、《柳州新闻》、《摆古》、《柳州日报》、《南国今报》等多家新闻媒体对开幕式进

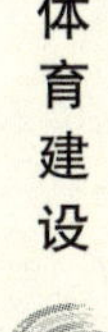

行广泛宣传。二是机关群众体育活动。为展现辖区机关干部积极、健康、向上的精神风貌和促进辖区军地之间的互相了解，鱼峰区成功举办了广播操比赛、“迎国庆”趣味运动会和军地篮球邀请赛。三是体育设施建设方面。年内，辖区荣军街道办事处乘龙社区获得了自治区体育局增配的价值 10 万元的健身器材，为社区群众提供更好的锻炼环境。四是业务培训工作。积极组织辖区体育专干及专业体育老师 5 人参加柳州市篮球裁判业务知识的培训；组织街道、社区文体辅导员约 100 人次参与气排球裁判培训工作。

【柳北区】 通过打造柳北体育品牌，丰富群众体育生活，年内，举办“商建杯”柳北区职工气排球邀请赛、柳北区门球友谊赛、柳北区第四届社区气排球比赛、柳北区第三届教职工“快乐健身”运动会等辖区体育品牌活动，约 3300 名运动员参加了比赛，不但激发了广大职工群众参与体育锻炼的积极性，同时进一步促进了这些运动的普及与发展，提高了群众的健康水平，得到了各级领导的认可。为加快社会主义新农村建设，推动全市农民体育健身工程的实施，改善农民运动健身条件，筹集资金 7 万元为沙塘镇龙卜村修建篮球场、篮球架、健身路径，得到了村民的一致好评；投资 5 万元购买单人健身机、太极揉推机、下拉训练器等健身器材 24 件分别赠送给祥和社区、新锋社区。通过加强体育基础设施建设，真正使居民群众得到实惠。全年举办全民健身月系列比赛，各种球类、棋牌类竞技比赛，结合各项中心工作以及节假日，共组织开展竞技类比赛 80 多场，这些赛事对群众体育活动的发展起到了良好的促进作用，逐步实现群众参与体育活动范围的扩大和档次的升级，质量和水平不断提高。今年组织上报培训辖区一级体育指导员 52 名。坚持从实际出发，结合柳北区情况，开展了体育进社区、体育“三下乡”活动，通过组织开展柳锌社区开展迎新春攻擂、金茂园社区首届和谐文化体育节、下陶村三下乡游园活动、石碑坪镇、钢城街道及锦绣街道趣味运动会等体育活动 8 次，涉及气排球、拔河、趣味竞技、跳绳、棋牌等 9 个体育内容，参加人数达 7000 多人，观众近 6 万人。组队参加柳州市全民健身月各项比赛、各种球类、棋牌类比赛，共获得一等奖（第一名）22 个、二等奖（第二名）31 个、三等奖（第三名）40 个，并荣获全民健身工作先进单位荣誉称号。

【柳江县】 2 月，在柳江县体育中心训练馆、柳江县老体协等地举办春节赛事活动，设乒乓球、象棋、篮球、气排球四个项目，参赛人数 1200 多人，其中，“腾安杯”篮球赛共有 15 支队伍参赛，观众达数万人。3 月，在县体育中心举办庆“三八”国际劳动妇女节文体活动，所设项目有四人趣味接力、集体鱼贯跳绳，参赛女运动员有 600 多人，观众达 2000 人。4 月，举办庆“五一”干部职工趣味竞赛活动，项目为四人趣味接力、集体鱼贯跳绳，运动员 900 人，观众达 3000 人。7 月，举行庆祝中国共产党成立 90 周年气排球比赛，共有 70 多支队伍，800 多人参加，观众人数达到 5000 多人；3 月，柳江县中小学生篮球赛在县体育中心拉开战幕，全县各乡镇的中、小学生参加了比赛，在县城举行，参赛队员 500 多人。10 月，在柳江县文化宫广场举办庆国庆龙狮争霸赛，来自各乡镇的 8 支龙狮队参加了比赛，经过激烈的争夺，百朋镇飞虎堂狮子队以踩高桩，高难度，超精彩的表演获得第一名的好成绩，观众达到了 4000 多人。10 月，在县体育中心举行了秋季干部职工气排球比赛，共有 71 支队伍参加比赛，观众达到了 6000 多人。广西第三届体育节万村农民篮球赛柳江赛区暨柳江县“丰收杯”村级男子篮球赛第一阶段在各乡镇举行；11 月，在县城举行进行第二阶段比赛，全县 12 个乡镇 13 支队伍参加比赛，百朋镇代表队百朋村委获得了第一名。全年完成了柳江县村级公共服务中心建设点共 8 个。组队参加柳州市中学生篮球赛，获全部4块金牌中的3块金牌；组队参加区级锦标赛，获金牌17块，银牌3块，铜牌4块，其中拳击获3块金牌、1块银牌、3块铜牌，举重锦标赛获3块金牌、2块银牌、1块铜牌；田径队代表柳州市参加全区青少年田径锦标赛获11块金牌。柳江体校运动员代表柳州市参加了全区综合运动会举重、田径、拳击三个项目比赛，获10金6银7铜优异成绩，此成绩在全区县级业余体校是独一无二的，同时为柳州市代表团实现金牌总数和总分双双排列全区第二名的目标立下汗马功劳。县体校运动员代表广西参加全国青少年举重锦标赛，获2块金牌，1块银牌。

【鹿寨县】 鹿寨县年内全民健身运动启动三个“首届”。2月份至4月份，由金地公司主办的首届社区篮球联赛暨“金鹿新城”首届男子篮球联赛在金鹿新城小区篮球场进行，共有8支队伍参赛，运动员均来自全县事业单位、企业单位、学校和个体等领域篮球爱好者，参赛运动员近100人，裁判员均在各参赛队中抽取，联赛分为两轮共计56场进行比赛，每周星期一至星期三晚上比赛，每晚比赛两场。本次比赛是社区篮球联赛的先创，在铺开全民健身工作中起着突破性的作用。3月至5月，由文体局和教育局联合举办的首届中学生篮球联赛在县城各学校进行，参赛单位由县城实验中学、镇一中、镇二中和镇三中四所学校组成，项目分为男(女)子甲组(初三组)、乙组(初一、初二组)，参赛运动员近200人，裁判员由学校体育老师和县业余体校教练组成，联赛分为两轮共计48场进行比赛，每周星期四下午4:30进行。本次篮球联赛在推进学校体育工作中起着积极的作用，奠定了学校体育舞台扩展的基础。10月，举办首届农民运动会，参赛队以乡镇为单位，共9个代表团，参赛运动会达400多人次，比赛项目共设11个大项31个小项，赛事共历经10天，经过一场场、一回回的激烈角逐，最后获得金牌数前三的分别是寨沙阵、四排乡、导江乡，获得团体总分前三的分别是四排乡、寨沙镇、导江乡。本次农民运动会的成功举办标志着县农村体育已经走向成熟。

【柳城县】 年内，群众性体育活动丰富多彩。2月，举办迎春象棋赛、迎春围棋赛、醒狮闹春赛、乒乓球赛等系列体育活动。联办“会员杯”门球赛、“三八节“妇女气排球赛、职工篮球赛、羽毛球团体争霸赛、庆“七一”党政气排球赛等。组织县象棋队、乒乓球队、男子篮球队参加柳州市职工运动会。组织我县各乡镇体育干部参加柳州市社会体育指导员培训班学习，提高农村基层开展各项群众体育运动的组织和指导能力。组织参加柳州市“十二运”和第二届少数民族传统运动会。本县获得市十二运29金19银22铜的好成绩，男女篮球队双双夺冠，金牌总数排名第六位；在柳州市第二届少数民族传统运动会上共获3金4银1铜的好成绩，摘得抢花炮冠军，代表柳州市参加全区少数民族传统运动会。成功承办全县首届体育运动会、第四届生态蜜橘节篮球精英赛。指导和监督各中小学校正常开展阳光体育工作，做好全县中小学校《推标》检查验收工作。指导县直各单位、各乡镇开展丰富多彩的全民健身体育活动。竞技体育及学校体育工作得到进一步加强。

【融安县】 在县委、县政府的正确领导下，积极开展各类群众体育竞技活动、掀起全民健身热潮。举办了“投资开发”杯足球赛、“职工杯”气排球赛、全县中小学生篮球赛、庆祝建党90周年体育活动、“蓝山岛咖啡杯”气排球赛、钓鱼比赛、万村农民篮球赛等各种体育赛事，在全县范围开展的一系列有声有色的全民健身活动。在县城广场、社区、乡镇、村屯等地，开展健美操、太极拳、扇子舞、秧歌、舞剑等多种形式的健身活动。举办全县的裁判员培训班，邀请柳州市国家一级裁判员授课，参加的学员有乡镇文化站、社区、学校、体育专干等80多名。参加各类比赛，成绩显著。组织龙舟队参

加柳州市端午节龙舟赛，取得较好成绩；组织融安下河龙舟队参加了贵州环江龙舟赛获得第二名；组织夏河、竹子龙舟队参加“柳州国际水上狂欢节”龙舟邀请赛，夏河队获得 200 米和 500 米双冠军，竹子队获得 200 米和 500 米两个第三的好成绩。3 月 7 日，县老年门球赛在河西小广场举行，共有 8 支代表队 70 名老年妇女参赛。1 月 1 日到 3 月 24 日，融安县“投资开发杯“足球赛在县文体中心足球场举行，共有 14 支足球队参赛，历时三个月，融安万德七星水泥有限公司代表队获得冠军。5 月 1 日至 2 日，融安县庆“五一”门球赛在县河西小广场门球场举行，共有 16 支代表队 110 名运动员参赛，经过两天角逐，神州、商业、检察、粮食、桔香、长安代表队分别获得一、二、三名。由县教育局、县局联合举办的中小学生篮球赛于 5 月 24 日至 6 月 2 日在县文体中心举行，比赛分为中学组、小学组共各有 11 支男队和 14 支女队、12 支男队和 9 支女队参赛。6 月 9 日至 12 日，融安县第八届职工气排球赛在县文体中心举行，共有县直、企事业单位 40 支代表队 500 多名运动员参赛。融安县政协第三届体育运动会于 6 月 15 日至 16 日在县文体中心举行，共有 8 支代表队 87 名委员参赛，设比赛项目气排球、篮球接力赛、三人板鞋竞速、乒乓球单打和羽毛球单打五个项目。由县委、县委组织部主办，县文体局承办的庆祝建党 90 周年体育比赛于 6 月 23 日至 30 日在县文体中心举行，比赛项目设有篮球、羽毛球、乒乓球、拔河赛，共有 47 支代表队 700 名运动员参加 8 天的比赛。8 月 13 日至 14 日，融安县举行共有 10 支男队和 8 支女队参加。“蓝山岛咖啡杯“气排球赛。8 月 30 日至 31 日，融安县大坡乡率先举行广西万村篮球赛预赛，来自全乡 4 支篮球队参加预赛，大坡乡率先举行广西万村篮球赛预赛。9 月 9 日至 11 日，融安县广西第三届体育节乒乓球赛在县文体中心举行，共有来自全县各乡镇和县直机关及社会团体共 18 支代表队 100 多名运动员参赛。10 月 15 日至 16 日，融安县 2011 年体育工作业务培训班在县图书馆二楼多媒体教育举行，来自县直各单位及各乡镇体育工作者 70 余人参加培训。自 6 月启动的第三届广西体育节于 10 月 23 日下午圆满闭幕，县组织开展了气排球、乒乓球、钓鱼、足球、篮球等系列体育竞技活动，进一步繁荣融安体育。10 月 10 日，举办庆重阳节大型文体活动，活动内容有二十四式太极拳、武当剑、柔力球第一套、健身球操、太极剑、三十二式太极拳、健身球操第八套、广场舞、太极功夫扇等。

【融水县】 融水县文体局以推进体育工作上新台阶为目标，认真落实上级主管部门下达的重点工作任务，坚持科学发展观，结合实际，创新工作，积极开展城乡群众体育活动，强身健体、幸福生活的理念日益深入人心。全县共举行龙舟、篮球、气排球、乒乓球、足球比赛等活动 164 场次。获得市级以上荣誉称号 8 项，群众竞技奖 18 项，全年本级财政投入体育活动经费 68 万元，获上级扶持资金 82.58 万元，不断完成农村体育基础建设，完成和睦镇吉塘村等 18 个村屯篮球场建设任务。

【三江县】 1 月，由广西壮族自治区体育局和广西翠屏酒业有限公司主办，三江县文体局承办，“五粮醇”酒业经销商协办，在县健身馆、体育馆、举行广西首届“五粮醇”杯气排球大赛，参赛单位有工厂、农村、部队、机关、社区、社会团体等等 35 队，观众 3000 人。2 月，由中共三江县委，三江县人民政府主办，三江县委办公室，政府办公室、县委组织部，县文化和体育局协办，在县健身馆、体育馆、灯光球场举行三江县第五届领导干部体育运动会，参赛单位有县四家领导班子、各乡镇党委政府共 20 个队，设有为篮球、气排球、乒乓球、象棋、围棋、拔河、4x200 米接力赛 4x50 米板鞋接力赛、登山、跳绳等活动项目。3 月，由县妇联主办、县文体局承办而“庆三八、展风采、促和谐”主题活动，参赛队 38 队，活动项目为：拔河、跳绳、4x200 米接力赛等，观众 5000 人。4 月，由三江县总工会主办，三江县文体局承办的第四届职工运动会，有各乡镇、教育、基层工会共35队参赛，观众5000人。5月，组织梅林龙舟队参加柳州市龙舟赛，获800米顺水竞速冠军。6月，协助柳州市老年体协开展气排球赛，让老年人老有所乐。1月至6月，开展举重、游泳陆上训练，为参加柳州市十三届运动会蓄势。7月至8月开办2期少儿游泳、乒乓球培训班，学员200人，激发少儿锻炼身体。8月，荣国亿参加在广西南宁举行的全国青少年蹼泳锦标赛，获男子少年乙组50米蹼泳第一名，获男子少年乙组200米蹼泳第一名。8月—9月，由三江县文体局主办，三江县荣兴地产置业有限公司、琦龙生态农业有限公司承办，老年协会、乒乓球协会协办，在三江县城举办"国家全民健身日"暨第三届广西体育节系列活动，县直各机关干部、城乡居民踊跃参加。8月至10月，在县民族实验学校开办了2期篮球、气排球裁判员培训班，学员有120人。10月，在老堡乡举办龙舟赛、独峒乡斗牛节等民俗活动。12月在实验学校小学部多媒体教室，开办了篮球、气排球裁判员培训班，培训300人次，提高了裁判员的执法水平。

桂 林 市

全市体育工作综述

2010 年

2010 年，桂林市拥有体育场地 5129 个，其中二类村级篮球场 23 个，三类村级篮球场 52 个，四类村级篮球场 50 个，城乡风貌篮球场 22 个，村级服务中心篮球场 58 个；有业余体校 14 所，专职教练 78 人，文化教师 11 人，在训学生 579 人，输送运动员 16 人（区体操武术运动管理中心 2 人，区体育运动学校 14 人），发展二级裁判员 293 人。桂林市运动员参加世界三大赛获铜牌 1 枚、第四名 1 个。参加第 16 届亚运会获金牌 1 枚、铜牌 1 枚、第四名一 1 个、第六名 2 个；参加一般国际比赛获金牌 1 枚、铜牌 5 枚；参加全国赛获金牌 41 枚、银牌 55 枚、铜牌 32 枚。桂林市体育局荣获“2010 年度支持广西体育彩票完成任务奖”、“2010 年度支持广西体育彩票销量增长贡献奖”；灵川县、阳朔县分别荣获“2010 年度广西体育彩票销售百万元县”二等奖，临桂县、荔浦县、兴安县、平乐县、永福县、恭城县分别荣获“2010 年度广西体育彩票销售百万元县”三等奖。

2011 年

2011 年，桂林市拥有体育场地 5248 个，其中，二类村级篮球场 23 个，三类村级篮球场 52 个，四类村级篮球场 50 个，城乡风貌篮球场 22 个，村级服务中心篮球场 119 个。全市有业余体校 11 所，专职教练 78 人，文化教师 11 人，在训学生 540 人，输送运动员 29 人，发展二级裁判员 81 名、三级裁判员 88 名、二级运动员 84 人。桂林市运动员参加世界及全国赛获金牌 8 枚（世界赛 2 枚）、银牌 4 枚（世界大赛 2 枚）、铜牌 6 枚。市体育局被自治区体育局评为“全区体育系统先进集体”。

群众体育

2010 年

【桂林市中小学生比赛】 3 月至 11 月，市体育局与市教育局联合举办全市中小学生乒乓球、篮球、排球、软式网球、足球、羽毛球、游泳、田径等 8 个项目的比赛，参赛学生 3280 名。

【“中国体育彩票杯”气排球赛】 5 月 26—28 日，在市第二体育馆举行“中国体育彩票杯”2010 年桂林市直机关、事业单位气排球赛，共有 93 支队伍 1000 多名运动员参加比赛。

【第 12 届“漓泉啤酒 · 桂林晚报杯”5 人制足球赛】 7 月 31 日至 9 月 5 日，市体育局、桂林日报社在桂林铁路俱乐部举行第 12 届“漓泉啤酒 · 桂林晚报杯”5 人制足球赛，共有 170 支队伍参赛。

【“全民健身日”暨“第二届广西体育节”桂林市启动仪式】 8 月 8 日，市人民政府在市中心广场举行“全民健身日”暨“第二届广西体育节”桂林市启动仪式，有来自桂林市五城区、市直机关、学校以及驻桂部队约 5000 人参加。

【第十四届全国漓江漂流活动】 8 月 8 日上午，在桂林漓江举行全国第十四届全国漓江漂流活动，共有来自河南、四川、广东、山东、辽宁、吉林、重庆等 7 省市 27 支队伍 1500 人参加。

【广西城乡万人气排球赛(桂林赛区)】 8月13日至15日，在市第二体育馆举行广西城乡万人气排球赛(桂林赛区)的比赛，共有来自全市12县5城区37支队伍276人参赛。

【第二届广西体育节“真龙杯”业余羽毛球俱乐部争霸赛(桂林赛区)】 8月28日至29日，在市体育馆举办第二届广西体育节“真龙杯”业余羽毛球俱乐部争霸赛桂林赛区决赛，共有16支队伍160名运动员参赛。

【第二届重点中学篮球赛】 10月12日至16日，市体育局、市教育局在市体育中心联合举办桂林市第二届重点中学篮球赛，桂林中学、桂林第十八中学、灌阳县高级中学、广西师范大学附属中学、广西师范大学附属外国语学校、临桂中学、灵川中学、荔浦中学、龙胜中学、平乐中学、全州中学、兴安中学、阳朔中学、永福中学、资源中学、恭城中学等16所重点中学共有36支队伍312人参加比赛。

【桂林篮球锦标赛】 10月19日至29日，在市体育馆举办2010年桂林篮球锦标赛，共有28支队伍350余人参加比赛。

【桂林市首届围棋联赛】 10月24日，由市体育局、桂林晚报联合主办的桂林市首届围棋联赛在桂林棋院举行，共有100多名运动员参赛，是桂林市围棋史上规模最大、规格最高的业余围棋赛事。

【“博尔顿——切尔西——维根188精英杯”足球赛】 10月28日，市体育局、桂林日报社在桂林铁路俱乐部联合举办2010“博尔顿——切尔西——维根188精英杯”足球赛，由来自南宁市、柳州市、桂林市、梧州市、北海市、防城港市、贺州市等7个城市32支足球队选拔出来的8支足球队与广东、上海赛区的前4名足球队，共16支队伍进行精英赛。获前四名的足球队分别是：南宁羿世达足球俱乐部、海美仑大酒店足球队、广东东莞汇星橱柜拓天球队、桂林金号二环业余足球俱乐部。

【“雁山——解放杯”长跑赛】 11月22日，为纪念桂林解放61周年，由桂林市委宣传部、市体育局、雁山区人民政府联合举办“雁山——解放杯”长跑赛，有来自桂林市直机关、企事业单位、部队、学校及离退休老年人约3000人参加长跑活动，全程约3000米。

【体育场馆对外开放】 年内，市体育局所属的体育场馆，在充分发挥为训练、比赛和健身提供场所的同时，还充分发挥服务社会功能，为全市开展各类文化娱乐和公益性活动提供场地，全年市直机关、企事业单位、社会团体在市体育中心和市体育二馆举办各种文化娱乐、健身以及公益性活动达37场次，参加活动者及观众达12万人，取得了良好的社会效益。其中，1月10日，在市体育场举办纵惯线演唱会，观众多达2万人。3月18日至19日，在市体育馆举办全国中学英语改革及复习教学研讨会，有6000人参加。5月10日至11日，在市体育馆举办钢琴演奏会，观众达3000人。5月22日，团市委在市体育二馆举办青春艺术节活动，观众达2000人。3月25日至28日、4月12日至14日和5月22日，分别在市体育馆举办桂林市教学观摩会，参加者共有25500人。9月27日至28日，在市体育馆举办中南六省中学语文教师研讨会，共有6000名教师参加。10月18日，在市体育场举办桂林市创新创意文化节暨动漫节群星演唱会，观众达2万人。

2011年

【迎新春气排球比赛】 1月13日至14日，为丰富春节期间群众的文化生活，市体育局在市体育中心举行全市迎新春气排球比赛，共有19支队伍200多人参加比赛。

【“体坛导报－彰泰杯”首届桂林气排球大奖赛】 5月21日至6月28日，市体育局与桂林日报社在市体育馆和市第二体育馆共同举办

"体坛导报一彰泰杯"首届桂林气排球大奖赛，共有120支队伍1200名运动员参赛，观众多达3000余人。

【第十三届"金世邦实业·体坛导报杯"五人制足球赛】 8月至9月，市体育局与桂林日报社在市东环路的二环足球场和安新洲足球场联合举办第十三届"金世邦实业·体坛导报杯"五人制足球赛，共有196支队伍2352人参加了比赛。

【大众篮球赛】 10月28日至12月11日，在市体育中心举行2011年大众篮球赛，吸引了全市各个行业共60支队伍800多人参赛。

【第十八届"七星一解放杯"长跑赛】 为纪念桂林解放62周年，缅怀革命先烈，弘扬革命精神、倡导全民健身，11月20日，中共桂林市委宣传部、七星区人民政府和市体育局在市甲天下广场联合举办第十八届"七星一解放杯"长跑赛活动，比赛分为青少年男子组、青少年女子组、成年男子组、成年女子组、中老年男子组、中老年女子组等六个组别，共有来自市直机关、企事业、驻桂部队、市总工会、团市委等单位共约3000人参加了长跑活动。

【"汇荣杯"首届桂林国际马拉松(半程)邀请赛】 6月29日，由市人民政府主办，临桂新区管委会和市体育局在临桂新区承办了"汇荣杯"首届桂林国际马拉松(半程)邀请赛，有来自国外、国内省市以及桂林市直机关、企事业单位、12县五城区等40多个单位近5000人参赛，为加强对外体育交流，打造桂林国际性体育品牌赛事奠定基础。

【"全民健身日"暨第三届广西体育节启动仪式】 为深入宣传《全民健身条例》，进一步提高广大人民群众的体育健身意识，推动桂林全民健身运动的深入开展，8月8日桂林市政府在市中心广场隆重举行"全民健身日"暨第三届广西体育节启动仪式，共有4000多人参加了系列活动。

竞技体育

2010年

【桂林籍运动员参加国内外比赛取得佳绩】 年内，桂林市运动员在国内外的比赛中，发扬顽强拼搏精神，取得优异成绩。其中，6月17日，李兵参加在保加利亚举行的世界青年举重锦标赛94公斤级的挺举比赛，获金牌1枚。7月，韦笑参加在波兰举行的第二十二届世界技巧锦标赛，获团体第四名。8月22日，马欢欢参加在新西兰举行的女子水球世界杯赛，获铜牌1枚。11月17日，马欢欢参加在广州市举行的第16届亚运会女子水球比赛，获金牌1枚。11月17日，张子山参加在广州举行的第16届亚运会游泳比赛200米个人混合泳，获第四名。11月15日至24日，杜建超参加在广州举行的第16届亚运会的保龄保比赛，分别获精英赛第三名，双人赛第六名，5人队际赛第六名。

2011年

【桂林籍运动员参加国内外比赛取得佳绩】 年内，桂林市运动员发扬中华体育精神，在国内外比赛中取得优异成绩。11月4日至15日，在钦州市举行的自治区第十二届运动会，桂林市体育代表团448人(运动员350人)参加游泳(跳水)、射箭、田径、羽毛球、体操(艺术体操、蹦床)、柔道、射击、乒乓球、跆拳道、网球、举重、国际式摔跤、武术(套路、散打)、技巧、蹼泳等15个大项的比赛。经过全体参赛运动员的团结拼搏，共夺得金牌90枚、银牌80枚、铜牌81枚，团体总分5815分，有5人打破射击、射箭和田径三个项目的全区青少年纪录，金牌数、奖牌数、团体总分均居全区第三，实现了市体育代表团的参赛目标。7月9日，马欢欢参加上海第14届国际泳联世界锦标赛水球比赛获集体项目第二名。

【承办全国武术赛事和承接武术边疆西部行活动】 9月23日至25日，为构建交流平台，展示领导干部积极进取、乐观向上的精神风貌，推动城市间在经济、文化等方面的交流与合作，促进各项事业与体育共同发展，由国家体育总局武术协会、广西体育局、桂林市人民政府主办、广西体操武术运动发展中心、桂林市体育局在桂林漓江大瀑布饭店共同承办全国首届“市长杯”武术太极拳比赛。比赛设13个项目，有来自9个省、区及单位的33名运动员参加比赛。比赛结束后，9月26日至27日国家体育总局武术运动管理中心，在桂林举行武术边疆西部行活动，活动主要内容有：进行武术器材、服装、书籍等物资捐赠；与武术爱好者进行交流与技术辅导；武术健身与养生讲座；对市运动学校武术运动员进行训练指导。共有400多名习武者与专家进行了交流，200多人听取了专家关于武术健身与养生讲座。

体育产业

2011年

【体育彩票销售】 年内，深入贯彻落实国务院办公厅《关于加快发展体育产业的指导意见》，加强体育产业经营管理。截止到9月底，桂林市体育彩票销售额达6278万元，(传统足球彩票1954万元，竞彩1958万元，乐透型彩票1954万元，即开型彩票779万元，高频彩票633万元)为改善体育设施和开展全民健身活动增加了资金积累。

【发挥体育场馆功能】 年内，充分发挥体育场馆的功能作用，积极开展多种经营动。全年在市体育中心承接了1月15日“中国移动与你同行”新春演唱会、3月18日“魅力新区、花样之年”演唱会、4月30—5月2日第一届北部湾(桂林站)车博会、11月13日张学友个人演唱会等大型活动，收到了较好的经济效益与社会效益。

体育对外交流

2010年

【桂韩体育交流】 10月12日至15日，韩国济州体育交流代表团一行20人到桂林进行体育交流活动。10月13日，韩国济洲体育交流代表团分别与桂林市羽毛球及高尔夫球爱好者进行交流比赛。

【桂日体育交流】 10月21日至25日，日本青少年体育指导者交流团一行10人到桂林市考察访问。在考察访问期间，日本交流团参观考察了桂林市体育中心，临桂县体育场馆及青少年活动，并与桂林青少年进行了友好座谈。

少数民族传统体育

2010年

【第十二届少数民族传统体育运动会】 11月18—23日，自治区第十二届少数民族传统体育运动会在玉林市举行，桂林市体育代表团共有73名运动员参加绣球、陀螺、三人板鞋、高脚马、射弩、武术、《斗竹》表演等7个项目的比赛。全体参赛运动员在比赛中，发扬中华体育精神，团结拼搏，共获金牌2枚，银牌5枚，铜牌2枚，并获《斗竹》表演一等奖，桂林市代表团荣获“体育道德风尚奖”先进集体。

体育人才队伍建设

2010年

【第三次国民体质监测】 桂林市第三次国民体质监测工作于3月至12月在全市范围内进行。本次国民体质监测是在第二次国民监测工作的基础上，进一步充实、扩大并完善桂林

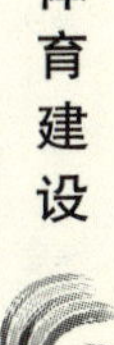

市国民体质监测系统和数据库，了解 5 年来桂林市国民体质状况和变化规律，为《全民健身条例》的实施提供科学依据，为经济建设和社会和谐发展服务。本次国民体质监测对象为年满 3—69 岁的中国国民，分为幼儿（3—6 岁），儿童青少年（7—19 岁，学生由教育部门负责组织监测），成年人（20—59 岁）和老年人（60—69 岁）四个年龄阶段。幼儿抽样本量为 800 人，成年人抽样本量为 2400 人，老年人抽样本量为 400 人，桂林市第三次国民体质监测抽样本总量为 3600 人。本次国民体质监测的内容包括体质监测和问卷调查两部分，由桂林市国民监测工作领导小组下设的办公室负责实施监测工作，并将监测数据及监测卡片报送自治区国民体质监测中心。

梧 州 市

全市体育工作综述

2010 年

2010 年，梧州市体育局根据《关于创新开展基层基础建设、人才队伍建设、作风效能建设的决定》文件精神，以“推动科学发展、重振梧州体育事业”为主题的学习陆永先进事迹活动和“爱岗敬业，加强管理，促进训练，迎接区运”主题教育活动，将开展创建学习型教练员队伍活动与提高机关效能“六项制度”建设活动结合起来，着力解决群众反映的热点难点和其他影响梧州体育事业发展软环境的问题，进一步推动了梧州市体育事业的发展。

年内，体育工作在梧州市市委、市政府的正确领导下，在自治区体育局的具体指导、各兄弟单位和社会各界的关心支持以及全市体育系统干部职工的共同努力下，以科学发展观为指导，认真贯彻全国、全区体育工作会议精神，按照市委、市政府的部署，围绕备战 2011 年自治区运动会，认真贯彻实施《全民健身条例》，促进城乡体育工作协调发展来抓好各项工作的落实，取得了较好成绩，梧州市荣获国家体育总局授予“全国龙狮大联动突出贡献奖”荣誉称号，梧州市体育局获国家体育总局授予“全民健身活动优秀组织奖”荣誉称号、获得国家总局社体中心授予“社会（休闲）体育示范单位”、“年度互信合作伙伴”荣誉称号；获自治区体育局颁发的“第二届广西体育节优秀组织奖”、“十一五”期间全区组织实施农民体育健身工程先进单位等。苍梧县文体局和市冬泳协会荣获国家体育总局“全国群众体育先进单位”荣誉称号。

2011 年

2011 年，梧州体育工作按照“巩固成果，务求发展，注重特色，打造品牌”的总体思路，进一步转变作风、提高效能，以拼搏的精神、务实的态度，扎实的工作，狠抓各项工作的落实，取得了较好的成绩。梧州市人民政府 2009 年以来连续第三年被国家体育总局授予全国龙狮大联动杰出贡献奖；梧州市体育局自 2009 年以来连续第三年被国家体育总局评为全民健身活动优秀组织奖；自 2010 年以来连续第二年被总局社体中心评为全国社会（休闲）体育示范单位；被自治区体育局评为 2011 年度体育系统先进单位、完成广西体育系统固定资产投资目标任务突出贡献奖、优秀组织奖和一等奖、广西体育彩票销售工作二等奖；岑溪市水利电业有限公司、梧州市武术协会被国家体育总局评为 2011 年度全民健身活动先进单位；岑溪市归义镇、苍梧县沙头镇等 5 个单位被评为全区群众体育先进单位；市体育局 1 人被中国龙狮运动协会授予突出贡献奖，5 人被评为全区群众体育先进个人。全国青少年足球工作会议、全区球类运动工作会议先后在梧州市召开。在抓好体育事业发展的同时，梧州市体育局紧紧围绕市委、市政府的中心工作，抓好班子队伍建设和反腐倡廉建设，努力做好服务企业年、党团建设、安全生产、计划生育等各项工作，完成了年度工作任务。

群众体育

2010 年

【推动政府履行公共体育服务职能】 年内，深

入贯彻落实《全民健身条例》，推动政府履行公共体育服务职能“三纳入”，即全民健身事业纳入全市国民经济和社会会发展规划，工作经费列入市政府财政预算，全民健身工作写进《市政府工作报告》。

【“体企联姻”，体育品牌赛事推陈出新】 年内，成功举办了“神冠体育年”系列体育赛事活动、“动向杯”系列体育活动、“体彩杯”青年运动会、“住房公积金杯”围棋赛、“奥奇丽杯”广西青少年围棋赛、“真龙杯”广西气排球、羽毛球大奖赛、“南粤家具杯”乒乓球赛等与企事业单位合作的赛事。全国首届南狮擂台赛、草地趣味运动会，全市首次举办了机关事业单位运动会和环南岸公路自行车个人赛等赛事，达到了预期效果。

【千村万户体育活动】 春节期间，成功开展了覆盖全市各县（市、区）基层的全市“千村万户体育活动”，活动达 300 多场次，直接参加活动群众近 10 万人次，活动受众 20 多万人。通过开展活动，进行《全民健身条例》的宣传，取得良好效果。

【春节系列活动】 2 月 14 日，梧州市第二十一届春节横渡桂江活动在梧州市游泳场举行，400 多冬泳健儿参加活动；16 日在市白云山公园组织举办了春节登山健身活动，800 多名市民参加；17 日，在市大较场举办了春节足球联谊赛，在梧春训的吉林延边队与梧州市体校队、梧州和广东封开两地足球精英分别进行足球友谊赛。春节期间，市区还先后举办了“华泰贺岁杯”全市机关事业单位气排球比赛、春节醒狮汇演、羽毛球、乒乓球、象棋等活动。

【庆“三·八”趣味体育活动】 3 月 8 日，市体育局女干部到市社会福利院开展“送健康、送爱心”活动，为福利院小朋友送去体育器材、水果等，并与小朋友一起进行了趣味体育活动。

【梧州机关事业单位气排球比赛】 2 月 6 日至 7 日，“华泰证券贺岁杯”梧州机关事业单位气排球比赛在太和羽毛球馆开赛，来自全市各个单位的 37 支队伍近 300 名干部职工参加了比赛。

【梧州市群众体育工作会议】 4 月 8 日，梧州市群众体育工作会议在梧州市体育局会议室召开，市体育局领导班子、各县（市、区）文体局分管领导参加了会议。会上，市体育局尹中顺副局长要求全市各级体育部门和体育单项协会要坚持以科学发展观为指导，深刻学习贯彻自治区群众体育工作会议精神，全面贯彻落实《全民健身条例》，认真做好第二届广西城乡万人气排球大赛、第二个“全民健身日”暨“广西体育节”梧州市体育系列活动、梧州市各项群众体育赛事和备战全区少数民族运动会等赛事活动的策划筹备组织实施工作，大力发展公共体育事业，广泛开展全民健身运动，完善基层公共体育设施，保护传承少数民族传统体育文化，打造全民健身活动品牌、培养高素质体育人才队伍，促进群众体育迈上新台阶。

【庆“五·一”系列活动】 劳动节期间，为活跃新时期职工体育工作，推动职工健身运动，市总工会组织开展了庆“五一”全市职工体育系列赛事，比赛项目气排球、羽毛球、象棋等项目，全市 100 多个单位 1700 多名运动员参加了比赛。

【梧州市第二十八届青年运动会】 5 月 4 日至 15 日，“体彩杯”梧州市第二十八届青年运动会开幕式在梧州市体育局机关篮球场隆重举行，中共梧州市委副书记刘有明发表重要讲话并宣布运动会开幕。比赛项目除了足球、篮球、乒乓球、羽毛球、气排球、斯诺克、花式九球、网球等 8 项比赛项目外，还根据我市山水风貌和市民锻炼习惯，创新举办了短距离铁人三项接力赛，这在我市还属首创。青运会各项赛事共吸引了 196 支队伍 1500 多名运动员参赛，其中更有来自广东封开县的队伍和在梧工作学习的越南、日本青年参赛。

【参加第二届全国盲人足球锦标赛】 5 月 22 日，我市 10 多位盲人业余运动员组成足球队代表广西赴青岛参加第二届全国盲人足球锦标赛。

【参加千人横渡母亲河活动】 5月23日，市冬泳协会组织7名会员赴河南三门峡市参加由中国冬泳网和三门峡市共同举办的千人横渡母亲河活动，在活动中用了45分钟时间自东向西顺利横渡1500米黄河。

【梧州龙舟大赛】 6月16日，“神冠杯”梧州龙舟大赛在西江顺利举办。比赛全程约7500米，来自全市的16支龙舟队300多名运动员参加了比赛。经过激烈角逐，藤县塘步赤水队以全程21分30秒的成绩获得本次比赛的第一名，苍梧人和队获得第二名，龙华丰业龙舟队获得第三名。市四家班子主要领导观看了比赛并为获奖的队伍颁奖，比赛吸引了沿西江两岸的近10万市民观看。赛后，获得第三名的龙华丰业男子龙舟队参加第九届广东肇庆龙舟邀请赛，与来自国内外的36支队伍同场竞技，取得了较好的成绩。

【广西青少年围棋赛】 7月，广西青少年围棋赛在南宁拉开帷幕，由梧州市希望之星围棋文化服务中心派出52名小选手组成梧州市少儿围棋代表队参加了比赛。经过四天的激烈角逐，梧州市参赛选手黄首创获得A3组第五名，陈俊儒获得A2组第十名，林煜乾获得B1组第九名。此外，陈俊儒、郭方舟晋升业余四段，黄首创、黄晓聪、罗志远、甘嘉晖晋升业余三段，何金屿晋升业余二段，林煜乾、李俊锋、何柏希、梁锋毅、聂嘉慧、严扬天、易明灏、王靖一、冯雅靖晋升业余一段。

【中国联通“乒临城下”乒乓球挑战赛】 7月23日，中国联通“乒临城下”第二届乒乓球挑战赛梧州赛区比赛在市工会乒乓球馆正式拉开战幕，梧州市政协副主席何深、市政协副秘书长李振源、体育局副局长聂振传、中国联通梧州分公司总经理滕江、副总经理蒋生权出席开幕式。本次比赛共吸引了156名国球爱好者参赛。经过两天的激烈角逐，五个小组共有10名选手脱颖而出成功晋级，将代表梧州赛区参加广西赛区选拔赛。赛事期间，梧州联通与梧州市零距离网站、布兰卡摄影俱乐部合作联合举办了“乒临城下”有奖摄影比赛，共有30多名摄影爱好者利用手中的“长枪短炮”，记录下赛事的精彩瞬间。同时，梧州联通充分利用零距离网站、公司官方微博、西江都市报影像版，实时上传赛事图片和摄影图片，使更多的市民及时了解比赛盛况。由于场面盛大、选手众多、活动精彩，梧州日报也对赛事进行了实时报道。

【承办自治区传统体育项目学校足球比赛】 8月1日至5日，自治区传统体育项目学校足球比赛在我市进行，来自南宁、柳州、北海和我市等地的自治区传统项目学校的12支足球队150多人参加了比赛，我市参赛的梧州一中和大东路小学分别获得了中学组和小学组的冠军。

【参加亚洲水上摩托中国柳州公开赛】 8月14至15日，梧州市水上运动游艇协会组队参加在柳州举行的亚洲水上摩托中国柳州公开赛，梧州市选手黄建华获水上摩托艇直线竞速绕标项目亚军。

【羽毛球混合团体邀请赛】 8月6日至8日，梧州市第七届“漓江村杯”羽毛球混合团体邀请赛在梧州市工人羽毛球馆开赛。

【体育节系列活动】 8月8日，梧州市以“运动快乐，健康和谐”为主题，大力倡导“低碳生活、健康体育”理念，举行了隆重热烈的第二届“全民健身日”暨“广西体育节”启动仪式，随后进行自行车健身游。体育节期间，还开展了“千村万户”体育活动、万人登山健身、“璀璨广场”全民健身专场汇演、“庆国庆”万人全民健身大联欢、“动向杯”两岸五地（桂台粤港澳）青少年足球联赛、“神冠体育年”系列体育活动。本届体育节历时50天，共开展各类覆盖全市的体育活动300多场次，参加活动群众10多万人次，活动受众20多万人，得到《中国体育报》、

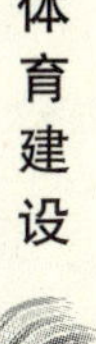

新华网等媒体报道。

【两岸五地(桂台粤港澳)青少年足球联赛】 8月11日至16日,“动向杯”两岸五地(桂台粤港澳)青少年足球联赛在广西梧州体育训练基地隆重开幕,吸引了来自广东、香港、台湾、澳门等地15支队伍300多名青少年参赛。经过7天的角逐,北海体校队夺得甲组冠军,广州市第五中学队屈居甲组亚军,首次来梧参赛的台湾高雄市立中正高工队获得甲组季军。16日晚,大赛主办方专门举办了颁奖晚会,副市长关远芳、市政协副主席陈澄波出席晚会并为获奖队伍颁奖。

【梧州市青少年围棋锦标赛】 8月28日至29日,“公积金杯”2010梧州市青少年围棋锦标赛在梧州市长城大夏九楼举行,全市130多名青少年棋手共进行11轮比赛。本次比赛分A组(1991年1月1日以后出生)、B组(1997年1月1日以后出生)、C组(2003年1月1日以后出生)三个组别举行,经过激烈的角逐,黄文辉、钟帅和邓君临分别获得A、B、C三个组别的第一名。根据比赛成绩,共有25人分别获定段为1—3段,50人分别获定位为1至10级。

【广西业余羽毛球俱乐部争霸赛(梧州赛区)】 9月4日至5日,2010年广西“真龙杯”业余羽毛球俱乐部争霸赛梧州赛区分赛在梧州市工人羽毛球馆开幕。共有16支队伍160多名运动员进行了34场角逐。经过两天的精彩对抗,梧州烟草公司队获得第一名,并将代表梧州参加11月份在南宁举行的总决赛。

【全球通VIP第八届羽毛球大赛】 9月12日至13日,中国移动“动力100杯”全球通VIP第八届羽毛球大赛在市工人羽毛球馆进行,吸引34支代表队600名运动员参加了比赛。该项赛事至今已连续成功举办了8届。

【梧州市第二届中年球友足球赛】 9月25日至10月3日,梧州市第二届“动向杯”中年球友足球赛在梧州市大较场举行,来自广西、广东两地的13支队伍100多名中年足球爱好者参加了比赛。

【国庆体育活动】 10月1日晚在市政广场组织开展了全市群众“庆国庆”全民健身万人大联欢活动,各体育单项协会分别进行了了舞狮、武术和体育舞蹈表演,活动场面盛大,气氛热烈,掀起了全民健身的热潮。2日举办“舞动全城”街舞大赛,全市近百名青少年进行了时尚街舞运动的精彩展示。

【广西青少年围棋赛(梧州赛区)】 10月6日至7日,“奥奇丽”杯第一届广西青少年围棋团体对抗赛在梧州市开赛。吸引了来自梧州、南宁、桂林、柳州、北海、玉林、钦州等地的24支队伍160多名青少年围棋爱好者参加了比赛,中国围棋协会副主席、广西围棋协会主席季桂明先生观看了比赛并为获奖运动员颁奖。经过两天的捉对厮杀,广西希望之星一队、桂林文化宫棋艺中心队、柳州希望之星一队分获A组前三名,B组前三名则由广西希望之星一队、柳州希望之星一队和广西希望之星二队包揽。

【“真龙杯”城乡万人气排球比赛】 10月23日至24日,“真龙杯”广西第二届城乡万人气排球比赛(梧州赛区)在梧州市体育局综合训练馆举行,共有59支队伍500多名运动员参加了比赛,是历年来参赛队伍和参赛运动员最多的一次气排球赛事。

【梧州市草地趣味运动会】 11月21日,“神冠杯”2010年梧州市草地趣味运动会在广西梧州体育训练基地隆重举行,吸引了100支队伍500多名市民群众参与了活动。比赛项目设有草地高跷足球、草地三人背式拔河、草地三人篮球赛、草地滑板、草地气足球赛等趣味运动等项目,所有项目简单易学、趣味盎然,令人在阳光碧草中享受体育锻炼的乐趣,是一项极具参与性与趣味性的体育赛事,可以引导广大市民积极参加户外活动,体会全民健身的乐趣,在娱乐中健身,同时倡导科学健康文明的生活方式。本次运动会是梧州首次举办的草地群众趣味体育赛事，也是全国首创的精品体育赛事，受到了全市各界的广泛关注。由于本次草地运动会不设门槛，现场来了一支名为“爱心队”的参赛队，近30人的队伍中大部分都是弱视的市民，他们联合家人、朋友一起参与到比赛中。参赛队员都能在赛场上大显身手，在比赛中找到成功的感觉，体验了参与的快乐。

【梧州市区机关事业单位职工运动会】 12月18日至19日，“2010神冠体育年”梧州市区机关事业单位职工运动会在梧州市政广场举行，比赛包括气排球男女混合赛、足球绕杆射门比赛、拔河比赛、团体登山等比赛，40多个梧州市机关单位近1000多人参加本次运动会。本次比赛以“运动快乐，健康和谐”为主题，针对我市机关事业单位干部职工特点，开展各项极具参与性和趣味性的比赛项目，目的就是通过引导广大机关干部职工养成良好的体育锻炼习惯，带动全社会形成崇尚健身、参与健身，追求健康文明生活方式的良好环境和氛围。

【全国第一届南狮擂台赛】 12月26日至27日，“神冠杯”2010年全国第一届南狮擂台赛在梧州学院体育馆举行。本届大赛组委会大胆创新比赛形式，将梧州市历年举办的国际狮王争霸赛改变为舞狮擂台搏击赛的形式进行，在展示传统南狮(醒狮)的风采的基础上，融入了丰富的武术元素，体现了中国舞狮文化的精髓，在全国乃至全世界都属首创，吸引了来自全国各地的8支狮队16头“醒狮”100多名运动员参加了比赛。本届擂台赛分为105公斤级和120公斤级两个比赛级别，采取单循环淘汰制，采用三局两胜制，每局净打时间为2分钟，每局之间有2分钟的休息时间。本届擂台赛还制定了全新的规则，进一步细化计分的规则，跟散打比赛相似，即把对手踢下台、踢倒在地或击中有效部位都能得分。每个得分点都有规定，因此比赛更加客观，观众看起来也一目了然。

2011年

【“庆元旦”系列体育活动】 元旦期间，梧州市各体育协会、各企事业单位分别组织举办了丰富多彩的群众体育活动。市冬泳协会组织开展的广西苍梧县首届畅游西江活动在苍梧县粤东会馆码头举行，来自市区、苍梧县、藤县等地的300多名冬泳健儿以畅游西江的形式喜迎新年。市街舞协会组织举办了“舞动全城”梧州市街舞大赛，来自广西区内各城市和广东等地的200多名街舞爱好者来梧参赛。市体育舞蹈协会在鸳江丽港中心广场进行了精彩的体育舞蹈表演活动。广西广电网络HITV“贺岁杯”梧州市气排球邀请赛和广西首届“五粮醇”气排球大奖赛先后在举办，50多支队伍近600人次先后参加了这两项比赛。

【“迎新春”系列体育活动】 春节期间，梧州市区举办了春节醒狮汇演、老年人抛绣球比赛和门球赛、羽毛球精英赛、象棋赛等市民群众关注高系列体育活动。2月3日，由梧州市冬泳协会组织的梧州市第二十二届春节横渡桂江活动在市游泳场举行，400多冬泳健儿参加活动；当天上午9点，“神冠杯”梧州市自行车环南岸公路个人赛在市政广场发车，来自本市及南宁、广东等地的100多名运动员，分别参加了专业组和大众健身组的比赛。这是近年来梧州市首次举办的中长距离自行车比赛。5日至7日，“动向贺岁杯”足球邀请赛在市大较场举办，梧州、广东两地足球爱好者组成的四支队伍以球会友，共庆新春佳节。19日，“史诺舒杯”2011年梧州市迎新年全民健身登山活动在梧州市白云山景区举办，市区100多个机关、企事业单位的7000多名干部职工群众参加了活动。同时，各县(市、区)围绕“千村万户体育活动”主题，根据当地居民的习俗和喜好，组织开展了形式多样、丰富多彩、深入基层村镇社区、贴近生活的群众体育活动。

【第一届侨(外)资企业职工运动会】 3月26日至4月1日，“茂圣杯”2011年梧州市第一届侨(外)资企业职工运动会在梧州市体育局灯光球场、体育场举行。本次运动会是梧州市首次举办，得到了全市各侨(外)资和台港澳资企

业的广泛关注和踊跃参加。据统计，全市共 20 多家企业 60 多支队伍 300 多名运动员参赛。比赛项目设男子五人制足球、气排球男女子混合赛、乒乓球项目的男女子混合团体赛单打、男子单打、女子单打等。

【自治区政府法制办系统运动会】 4 月 18 日至 20 日，自治区政府法制办系统运动会在梧州市举办，来自全区各市的 300 多名法制办系统干部职工进行了个乒乓球、羽毛球、气排球 3 个项目的比赛。

【梧州市乒乓球排位赛】 4 月 23 日，"南粤家具杯"梧州市乒乓球排位赛开赛，共有 120 多名乒乓球爱好者参赛，创历年来我市乒乓球单项比赛参赛人数之最。

【梧州市第二十九届青年运动会】 5 月 4 日至 15 日，"动向杯"梧州市第二十九届青年运动会拉开战幕。本届青运会共设有足球、篮球、乒乓球、游泳、山地自行车个人赛 5 个项目，近 1000 名青年市民群众参加。其中，游泳项目是应广大网友要求增设的项目，受到市民群众的追捧，分为少年组和成年组，还有家庭成员一起来参赛的。

【职工羽毛球男女混合团体赛】 5 月 14 日至 15 日，"真龙杯"2011 年梧州市职工羽毛球男女混合团体赛在梧州市工人体育馆举行，共有 48 支参赛队 384 人参加了比赛。

【梧州市职工羽毛球男女混合团体赛】 5 月 14 日至 15 日，"真龙杯"2011 年梧州市职工羽毛球男女混合团体赛在梧州市工人体育馆开赛，共有 48 支参赛队伍 384 人参加了比赛。

【梧州市首届网球赛】 5 月 14 日至 15 日，梧州市首届"中行杯"网球比赛在市公路局和市体育局网球场开赛，共有 120 人参加了比赛。比赛设有男女混双组、领导组、精英组及同乐组。

【"拖拉机"扑克牌邀请赛】 5 月 14 日，广西广电网络 HITV 给力"拖拉机"扑克牌邀请赛在梧州市广电局开赛，共有 96 人参加了比赛。

【梧州市龙舟大赛】 6 月 6 日，"神冠杯"梧州市龙舟大赛在西江隆重举行，共有 17 支龙舟队参加了角逐，竞赛路线从梧州西江大桥汉河桥北桥头至云龙大桥桥底，全长 7500 米。17 支参赛队伍分别是苍梧人和队、藤县塘步赤水队、藤县塘步赤水 B 队、龙圩镇四合新安新龙队、藤县塘步双旺佰利高岭土队、、寺冲 B 队、龙圩镇四合白沙龙舟队、藤县塘步南安队、长洲区队、龙圩四合村龙舟队、藤县塘步赤水河边村队、苍梧龙圩镇都坎村龙舟队、梧州渔联队、龙圩四合库区龙舟队、苍梧航运一公司队、长洲区泗恩青年队、苍梧人和 B 队。17 支参赛队伍经过激烈角逐，苍梧人和队勇夺冠军。

【房地产企业职工运动会】 6 月 11 日至 12 日，首届梧州市房地产企业职工运动会在梧州市体育局灯光球场举行，全市近 20 家房地产企业的 300 多名职工参加了比赛。

【校园足球活动】 6 月 28 日，梧州市青少年校园足球活动举行启动仪式，并向活动重点布局县和活动试点学校进行授牌，发放活动经费和装备。第一批梧州市青少年校园足球活动重点布局县为藤县，第一批梧州市青少年校园足球活动试点学校为梧州市大东小学、梧州市钱鉴小学、梧州市第二实验小学、梧州市高旺小学、梧州市第五中学、梧州市第六中学、梧州市第十四中学梧州市旺甫初级中学、藤县潭津中心校梧州市蒙山镇第一小学、蒙山县一中、藤县濛江镇第一初级中学、蒙山县西河中学苍梧县龙圩中学、岑溪市体育实验中学、溪市一中、岑溪市二中

【红牛城市羽毛球公开赛】 7 月 9 日至 10 日，"羽林争霸"红牛城市羽毛球公开赛在梧州市体育局灯光球场举行，共有 27 参赛队 180 多名运动员参加了角逐。最终，中外运仓码一队获得了冠军，并于 7 月 24 日代表我市参加在南宁举办的全区决赛，获得第四名的较好成绩。

【太极拳和办公室健身操比赛】 7月20日至21日，梧州市机关事业单位太极拳和办公室健身操比赛在梧州市市政广场举行，全市23个单位参加了比赛。

【“乒临城下”业余乒乓球挑战赛】 7月23日至24日，由市联通公司、市体育局联合举办的第二届中国联通“乒临城下”业余乒乓球挑战赛(梧州赛区)在市乒乓球协会永强俱乐部开赛，共有150多名乒乓球爱好者参加了比赛。

【两岸五地(梧州)青少年足球邀请赛】 8月6日至10日，“动向杯”2011年两岸五地(梧州)青少年足球邀请赛在广西梧州体育训练基地举办。来自香港、澳门、台湾、广东、广西的29支队伍近800名青少年足球选手，到梧参加了为期五天的交流和培训。6日，在广西梧州体育训练基地举行了隆重的开幕式，市委副书记、常务副市长全桂寿出席开幕式，并代表市委、市政府致欢迎词，宣布比赛开幕，市委常委、宣传部长、副市长刘咏梅主持开幕式。国家体育总局足球运动管理中心副主任、中国足球协会副主席林晓华，中国足球协会副主席容志行，原国家男子足球队主教练高丰文、戚务生等领导和嘉宾参加了开幕式。比赛的成功举办，为两岸五地青少年开展校园体育活动搭建了新的平台。在开幕式上，中国足协梧州训练基地正式命名揭牌。

【“漓江村杯”羽毛球混合团体邀请赛】 8月5日至7日，由梧州市总工会、梧州市体育局联合主办的梧州市第八届“漓江村杯”羽毛球混合团体邀请赛在市工人羽毛球馆举行，吸引了来自广东、广西等地25支队伍参加比赛。

【全民健身专场表演】 8月7日晚上，在市政广场举行的梧州市“璀璨广场”全民健身专场表演，共有300多名体育协会会员参加表演，吸引了3000多观众观看，《全民健身条例》宣传效果非常好。

【体育节系列活动】 8月8日，“全民健身日”暨“第三届广西体育节”梧州市启动仪式在梧州市市政广场举行，市委常委、副书记、常务副市长全桂寿、政协副主席陈澄波、市政府副秘书长覃振明出席开幕式，并作动员讲话。随后进行“万人太极拳汇演”，在市政府中心主会场共有20支机关企事业单位代表队720人同台表演。从8月8日起至11月8日，以“科学健身，幸福一生”为主题，在全市范围内组织开展全民健身体育专场晚会、登山、青少年足球邀请赛、武术大赛、醒狮擂台赛、象棋擂台赛等系列全民健身活动。与此同时，各县(市)也相应组织进行了太极拳汇演等全民健身系列活动。当天还在白云山公园、一中花圃、潘塘公园、鸳江丽港广场、鸳江春泛等地组织开展太极拳表演、全市干部职工白云山健步走、体育协会全民健身活动展示、老年人系列体育活动等。

【广西三人制草根足球赛】 8月25日，由自治区体育彩票管理中心主办，梧州体育彩票管理中心承办的“中国体育彩票杯”广西三人制草根足球赛(梧州赛区)在梧州市拉开帷幕，共有30支队伍参加了比赛。

【全球通VIP羽毛球大赛】 9月17日至18日，“i万家”杯全球通VIP羽毛球大赛在梧州市工人羽毛球馆举行，来自全市各地的47支队伍600名运动员参加了比赛。

【户外越野定向团体赛】 9月25日，“红牛杯”户外越野定向团体赛于在梧州市白云山景区举行，共有82支参赛队伍250名运动员参加比赛。

【全国第二届南狮擂台赛】 10月29日至30日，“神冠杯”2011年全国第二届南狮擂台赛在梧州学院体育馆举行。来自江西、福建、广东、广西等地的10支狮队20头“醒狮”为梧州市民带来连场惊险、刺激、新奇、精彩的南狮擂台巅峰之战。参加比赛的狮队有江西师范大学体育学院队、福建厦门奕尊龙狮团、广东广州番禺珠坑龙狮团、广东深圳怀德醒狮团、广东佛山南国雄狮龙狮团、广东佛山南海西樵中学威武龙狮团、广东肇庆学院金龙醒狮团、广西

北部湾龙狮团、广西梧州精武龙狮团、广西梧州苍梧新安武术醒狮团。本次南狮擂台赛采用国家体育总局审定的南狮擂台比赛规则，分为120以下公斤级和120以上公斤级两个级别，赛事在2009年成功举办第一届的基础上继承与创新，对南狮擂台搏击比赛的形式和内涵进行了深入发掘和传承发展，既展示了传统南派醒狮表演的风采和魅力，又融入了富有观赏性的武术散打元素，增添了新内涵。经过预、决赛2天共三轮的比赛，苍梧新安醒狮团获得120以上公斤级第一名，深圳怀德醒狮团获得120以下公斤级第一名。本次南狮擂台赛规模大，属全国性赛事，影响较大，中国龙狮运动协会还将本次比赛规则作为全国龙狮比赛裁判员培训班内容，本次比赛的赛制和规模有望在全国推广。黄振饶、竺坤松、补祥斌、陈澄波、陈宗林等我市党政军领导和梧州学院副院长玉振明参加了开幕仪式并观看比赛。

【全区统计系统运动会】 11月15日至18日，全区统计系统运动会在梧州市市工人羽毛球馆举行，有来自各地市16支队伍参加羽毛球、气排球、乒乓球的角逐。

【"中行杯"网球比赛】 11月25日日至27日，梧州市第二届"中行杯"网球比赛于在市体育局网球场、公路局网球场举行，共有50多人参加比赛。

竞技体育

2010年

【概况】 年内，梧州市体育局以备战2011年自治区第十二届运动会为目标，围绕"推动科学发展，重振梧州体育雄风"的主题，开展"创建学习型的教练员队伍"活动，取得成效；冠军培养计划进展顺利，射击运动员苏迪、麦安然2人，代表广西队参加全国射击锦标赛，并获选进入国家集训队；新增武术散打训练项目，全市青少年业余训练项目14项；各级体校共有教练员47人，在训运动员680多人，输送到自治区级运动队19人；参加广西青少年年度锦标赛项目16个，获得36枚金牌、34枚银牌、39枚铜牌，创近三年最好成绩；梧州市代表队参加广西篮球联赛获得自治区第5名；承办广西青少年武术套路锦标赛、广西象棋锦标赛、广西青少年围棋锦标赛、广西青少年传统项目学校足球锦标赛、第23届广西老年健康杯桥牌邀请赛等5项自治区级比赛；举办全市象棋排位赛、全市中小学生田径运动会、全市青少年男篮锦标赛、全市第三届示范性高中篮球赛等赛事。

【年度锦标赛】 年内，梧州市共派出354名运动员参加了广西青少年16个项目的年度锦标赛，共获得36枚金牌、34枚银牌、39枚铜牌，是近三年最好的一次年度赛成绩，达到了锻炼队伍、发现人才的目的。

【全国U－15少年足球队春训】 1月2日至30日，由中国足协组织的全国U－15少年足球队春训于在广西梧州体育训练基地举行，共有36支队伍924名运动员参加了训练。参训队伍有沈阳鑫远翔、长春亚泰、杭州绿城A、B队、北京三高、天津泰达、河南建业、湖北省体校、新疆、北京少年宫、上海浦东、上海申花、北京东方奥景、山东鲁能、武汉足校A、B队、昆明锐龙、江苏舜天、广州、上海幸运星、天津东达、陕西产霸、武汉足协、北京越野、北京天之骄子、长沙金德、延边、青岛足协、四川足协、成都足协、青岛中能、辽宁省体校、北京琅跃、青岛中能、大连实德、北京越野等U－15少年足球队。

【全国U－15男子足球赛】 1月16日至26日，2010年"耐克杯"全国U－15男子足球赛(梧州赛区)第一阶段比赛在广西梧州体育训练基地举行，共有32支队伍600名运动员到梧进行了112场比赛。32支冬训队伍分为8个小组，进行第一阶段的比赛，参赛队员均为1995年1月1日以后出生。梧州赛区获得前十一名的球队参加2010年中国赛区耐克杯总决赛。本次比赛执法裁判由参加国家级裁判员培训班的学员担任。

【国家少年男足U—14年龄组】 1月27日至2月5日，国家少年男足U—14年龄组共26名运动员在广西梧州体育训练集训。

【全国U—13少年足球队春训】 2月2日至28日，由中国足协组织的全国U—13少年足球队春训在广西梧州体育训练基地举行，共有23支队伍638人参加了训练，参加训练的队伍有上海普陀、郑州八十二中、长春亚泰、昆明足协、北京少年宫、贵州足协、广州、新疆、江苏足协、大连阿尔滨、南昌八一、南京足协等U—13少年足球队。

【广西第七届残疾人运动会暨第二届特殊奥林匹克运动会】 7月12日至18日，广西第七届残疾人运动会暨第二届特殊奥林匹克运动会在广西南宁举行，残运会比赛项目有田径、游泳、举重、乒乓球、羽毛球、盲人柔道、飞镖、男子聋人篮球、女子坐式排球等9个项目，特奥会比赛项目有田径、游泳、乒乓球、滚球4个项目。梧州市共派出38名残疾人运动员组成梧州市代表团参加田径、游泳、羽毛球、飞镖、聋人篮球等5个大项26个小项的角逐，获得18金牌、13银牌、12铜牌的历史最好成绩，4人5次打破全区纪录，获得金牌总数第五名，团体总分第七名的历史最好成绩，并获得体育道德风尚奖。刘清梅代表梧州随广西代表团奔赴浙江杭州参加第八届全国残运会，夺得女子跳远F45/46级比赛的银牌。

【广西青少年武术套路锦标赛】 8月广西青少年武术套路锦标赛在我市举办，来自南宁、桂林、柳州、梧州及藤县等10个市(县)代表队的近200多名青少年运动员参加了比赛。梧州市代表队取得了2枚金牌、4枚银牌、5枚铜牌，团体总分243.8分的成绩，并获得了体育道德风尚奖。

【全市竞技体育工作会议】 10月11日，梧州市竞技体育工作会议在梧州市体育局会议室召开。会议传达学习了日前召开的自治区竞赛训练工作会议精神，对近年来我市竞技体育和青少年训练水平现状进行了分析，并对下阶段我市参加2011年自治区第十二届运动会的备战工作作了部署。藤县文体局就承办梧州市第十一届运动会的筹备情况进行了汇报。

【全市中小学生田径运动会】 10月11日至13日，梧州市中小学生田径运动会在梧州市一中体育场举行，比赛分小学、初中、高中和中职四个组别，全市各级各类学校共组成了36个代表团515名运动员参加了比赛。自治区体育局田径中心教练组到梧观摩了比赛并进行了选材。

【广西第十二届少数民族运动会】 11月18日至23日，广西壮族自治区第十二届少数民族传统体育运动会在玉林市举行，运动会共设花炮、珍珠球、射弩、陀螺、投绣球、毽球、高脚竞速、板鞋竞速、武术、龙舟等10个大项49个小项比赛项目，13个表演项目。我市派出37运动员组成梧州代表团参加了陀螺、投绣球、高脚竞速、板鞋竞速、表演等5个项目比赛，并取得了良好成绩。

【梧州市纪检监察系统首届运动会】 11月6日，梧州市纪检监察系统首届运动会开幕，共设有篮球、乒乓球、羽毛球、气排球四个比赛项目，近300多名纪检监察系统干部职工参加了比赛。

【广西工商系统第七届红盾运动会】 11月22至23日，广西工商系统第七届红盾运动会在梧州市举办，来自自治区工商局及全区14各市的15个代表队500多名运动员参加比赛。

【全国U—19青年足球队冬训】 12月1日至2011年1月31日，由中国足协组织的全国U—19青年足球队冬训在广西梧州体育训练基地举行，共有24支队伍620名运动员参加了训练，参加训练的队伍有新疆、北京国安、陕西产霸、长春亚泰、天津泰达A、B队、山东鲁能A、B队、上海杨浦、四川、辽宁足协、广州足协、

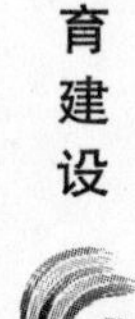

青岛足协、武汉足协、湖北足协、江苏舜天、青岛中能、河北、沈阳体校、辽宁俱乐部、延边、重庆足协、国家青年队等 U－19 青年足球队

【国家青年男足 U－19 年龄组】 12 月 15 日至 31 日，国家青年男足 U－19 年龄组共 29 人在广西梧州体育训练基地集训。

2011 年

【概况】 年内，梧州竞技体育工作以参加区运会为平台，不断提高竞技体育水平。派出 301 名运动员组成梧州体育代表团参加 18 个项目的角逐，获得 11 枚金牌、25 枚银牌、28 枚铜牌共 64 枚奖牌，总分 1942.5 分，并获得体育道德风尚奖代表团称号，总奖牌数和总分均超过上届。成功申办 2015 年广西第十三届运动会。梧州市第十一届运动会于 2012 年 11 月在藤县举办，为确保梧州市第十一届运动会举办得热烈、精彩、圆满、顺利，印发了市运会系列文件，并与市政府督查室多次到藤县督查市运会场馆建设情况。去年向区级运动队输送运动员 18 名，其中输送到广西队的射击运动员苏迪、麦安然和体操运动员罗钧栊、黄昭先后进入国家集训队集训。为表彰市运动员、教练员在国内外重大体育比赛中取得的优异成绩，充分调动运动员、教练员积极性，根据国家体委、人事部印发的《运动员教练员奖励实施办法》和《广西壮族自治区参加重大体育比赛奖励办法》的精神，结合实际，市政府重新修订出台了《梧州市优秀运动员教练员和有关有功人员奖励办法》，加大对优秀运动员、教练员和有功人员的奖励力度。

【广西第十二届运动会】 广西第十二届运动会于 11 月在钦州举行，我市派出 301 名运动员组成梧州体育代表团参加举重、射击、羽毛球、拳击、网球、游泳、田径、艺术体操、乒乓球、跆拳道、武术套路、摔跤、武术散打、篮球、足球、体操、蹦床、跳水等 18 个项目的角逐，获得 11 枚金牌、25 枚银牌、28 枚铜牌共 64 枚奖牌，获总分 1942.5 分，并获得体育道德风尚奖代表团称号，总奖牌数和总分均超过上届。本届运动会中，市体校派出 209 名运动员参加 15 个项目（除举重、摔跤、拳击外）的比赛，获得 10 枚金牌、23 枚银牌、20 枚铜牌，总分 1302.9 分；苍梧县派出 17 名运动员参加田径、篮球 2 个项目比赛，获得 1 枚金牌，总分 55.5 分；岑溪市派出 26 名运动员参加田径、篮球、跆拳道、武术套路、乒乓球等 5 个项目比赛，获得女子甲组乒乓球团体金牌 1 枚、第二名 2 个、第三名 4 个，总分 155.85 分；藤县派出 3 名运动员参加篮球项目比赛，获得 1 个第八名，总分 3.75 分；蒙山县派出 1 名运动员参加田径项目比赛，获得 2 枚铜牌，总分 28 分。

【成功申办 2015 年广西第十三届运动会】 为推动梧州市体育事业快速发展，积极配合市人民政府向自治区人民政府申请 2015 年第十三届区运会承办权。经过审查、考察和陈述、投票等程序，我市获得了承办权。

【全国 U－17 青少年足球队春训】 1 月 3 日至 2 月 3 日，由中国足协组织的全国 U－17 青少年足球队春训在广西梧州体育训练基地举行，共有 25 支队伍 731 名运动员参加了训练。参加训练的队伍有延边、山东鲁能、北京国安、云南足协、沈阳东进、河南建业、长春亚泰、天津东达、武汉足协、杭州绿城、广州足协、江苏足协、湖北足协、天津泰达、上海足协、陕西产霸、山西大同、新疆、重庆足协、青岛中能、山西全运、上海浦东、成都足协、广东足协等 U－17 青少年足球队。

【全国青少年男子足球联赛青年组省市联赛】 1 月 13 日至 26 日，全国青少年男子足球联赛青年组（17 岁以下）省市联赛第一阶段比赛在广西梧州体育训练基地举行，共有 26 支队伍近 300 名运动员进行了 78 场比赛。

【全国 U－15 青少年足球队春训】 2 月 5 日至 3 月 3 日，由中国足协组织的全国 U－15 青少年足球队春训在广西梧州体育训练基地举行，共有 43 支队伍 1265 名运动员参加了训练。参加训练的队伍有延边、湖北、大连阿尔滨、长春亚泰、武汉足协、湖北省体校、南昌八一、北京越野、中国足球希望队、北京三高、新疆、江苏足协、大连实德、广州足协、陕西产霸、山东鲁能A、B队、杭州绿城、杭州体育中心、广东足协、天津泰达、上海根宝、抚顺新野、沈阳东进、四川足协、北京郎跃、成都足协、北京阳光、河北、武汉十二中、天之骄子、新疆体校、昆明足协、北京朝阳、青岛中能、河南建业、山西足协、云南足协、广西足协、辽宁宏远俱乐部、重庆、延边等全国U－15青少年足球队春训。

【全国青少年男子足球联赛少年组省市联赛】 4月4日至12日，全国青少年男子足球联赛少年组(15岁以下)省市联赛第二阶段比赛在广西梧州体育训练基地举行，共有17支队伍近350名运动员进行了34场比赛。

【桂林体育国标舞蹈邀请赛暨桂林体育舞蹈运动协会锦标赛】 6月，梧州市体育舞蹈协会组队参加桂林体育国标舞蹈邀请赛暨桂林体育舞蹈运动协会锦标赛，获得5枚金牌、2枚银牌、1枚铜牌的较好成绩。

【全国U－19青年足球队冬训】 11月29日至12月23日，由中国足协组织的全国U－19青年足球队冬训在广西梧州体育训练基地举行，共有18支队伍508名运动员参加了训练，参加训练的队伍有北京国安、大连实德、河南建业、延边、沈阳、大连、天津泰达、中国火车头、山东鲁能、湖北足协、江苏足协、陕西、河北、青岛中能、重庆力帆、东莞南城、重庆足协、延边等U－19青年足球队。

【全国U－19足球锦标赛】 12月12日至22日，全国U19足球锦标赛在广西梧州体育训练基地举行，有18支队伍250人参加了进行了68比赛。

【全国U－17青少年足球队冬训】 12月26日至2013年1月20日，由中国足协组织的全国U－17青少年足球队冬训在广西梧州体育训练基地举行，共有25支队伍695名运动员参加了训练，参加训练的队伍有延边、北京天路、河南建业、北京国安、山西全运、上海杨浦、沈阳沈北、大连阿尔滨、长春亚泰、广西、天津泰达、辽宁俱乐部、杭州绿城、江苏足协、新疆足协、重庆足协、上海足协、北京三高、云南、湖北足协、陕西产霸、山东鲁能、广东足协、青岛中能、成都足协等U－17青少年足球队。

体育产业

2010年

【体育彩票】 年内，认真贯彻落实《彩票管理条例》，扩大体育彩票销售网点，改进体彩的促销手段，今年市体育彩票销售点新增20多个，目前有69个，全市体育彩票销售量2015万元，比上年增长85%，创历年最好成绩。

【体育市场】 加强管理，促进体育市场发展鼓励各开放场地和各协会开展体育项目培训。由武术协会举办的武术散打培训班成为了市体校发现和输送人才的新渠道。新落成的市乒乓球协会球室为了不同年龄阶层市民锻炼健身提供了便利。指导体育健身网点建设。奥斯力特健身房、飞越印象健身俱乐部等由社会力量举办的大型综合体育健身场馆成为了群众健身锻炼的好去处。

2011年

【固定资产】 年内，全市体育固定资产投资项目12个，完成体育固定资产投入2亿多元，同比增长217.5%，超额完成了自治区体育局下达的任务，并改造升级3个体育场馆(市冰泉游泳跳水射击综合训练馆、藤县体育馆、岑溪市水利局灯光球场)。

【体育彩票】 今年梧州体育彩票销量2826万元，同比增长41.3%，增加销售网点30个，被自治区体育局评为广西体育彩票销售工作二等奖。

【体育市场】 据不完全统计，去年体育部门吸纳社会资金约500多万元用于举办各类赛事。神冠公司发展不忘回报社会，发展不忘支持梧州体育，公司积极组织职工开展体育活动，连续两年拿出经费共200多万元支持市体育局开展体育赛事；中行梧州分行每年拿出50万元（连续10年）支持梧州网球协会开展各项赛事；移动公司每年都安排资金支持各项体育比赛；漓江村公司连续举办了八届"漓江村杯"全市羽毛球赛。现在梧州市社会支持、赞助举办的赛事越来越多，体育用品市场越来越多，参加体育活动的群众越来越多。

体育对外交流

2010年

【全面加强体育工作交流】 梧州体育对外交流频繁，取得较好社会效果。成功举办"神冠杯"全国第一届南狮擂台赛、"动向杯"两岸五地（桂台粤港澳）青少年足球邀请赛等全国有影响力的赛事；市老年体协受邀参加香港国际太极拳比赛载誉而归；市冬泳协会组织会员参加台湾畅游日月潭活动；邀请了欧足联、亚足联、英超联赛的足球教练到梧执教和访问等，促进了梧州体育的对外交流合作。梧州市体育系列赛事得到中央电视台体育频道、《中国体育报》、新华社、广西电视台等媒体记者莅梧报道，自治区体育局《广西体育工作》每期都有梧州市体育工作动态。全年出版《全民健身条例》系列专题宣传板报10多期。构建了电视、报纸、电台、网络的立体式宣传平台，取得了上级领导关注体育、市民群众参与体育、社会各界支持体育的良好效果。广州亚运会期间，梧州市派出教练员和场地管理人员赴广州观摩比赛和学习大型比赛组织和场地管理的先进办法。年内先后有湖南、广东和广西区内部分兄弟城市体育部门领导干部到访我市交流体育工作经验，促进了梧州市体育的对外交流合作。

【参加自治区体育工作会议】 3月4日，自治区体育工作会议在南宁召开，梧州市市委常委、宣传部长、副市长刘咏梅和体育局局长徐相池参加了会议。会上，我市有4个单位被评为全国群众体育先进单位，3位同志被评为全国群众体育先进个人，市体育局被评为2009年度广西体育彩票销售组织奖和2009年完成广西体育系统固定资产投资目标任务三等奖。3月23日召开梧州市体育工作会议，传达了自治区体育工作会议精神，市委常委、宣传部长、副市长刘咏梅参加了会议并提出了要求。

【河池市体育局来访】 5月12至13日，由河池市体育局局长梁春球带队的干部、教练员一行13人到访，梧州市体育局与河池市同行们就两地体育事业发展情况进行了友好交流。

【自治区体育彩票工作会议在梧召开】 5月12至14日，自治区体育彩票工作会议在梧州市召开。自治区体彩中心有关领导和各市体彩分中心主任出席了会议。会议期间，与会代表还到本市部分体彩销售点参观学习。

【参加澳门工联总会成立60周年系列体育活动】 2月，经中央政府驻澳门特别行政区联络办牵线搭桥，澳门特别行政区工联总会体委主任阮爱武一行到访梧州市，就梧州、澳门两地的体育发展经验进行了交流。8月，市体育局组织干部职工气排球队和青少年男子足球队参加澳门工联总会成立60周年系列体育活动，首次将气排球运动带到了澳门，并对澳门工联总会体委进行了回访。

【"梦想成真"青少年校园足球精英选拔赛】 梧州市青少年业余体校刘兆森等3名足球运动员在2010动向"梦想成真"青少年校园足球精英选拔赛（梧州站）中脱颖而出，7月份前往英国布鲁克豪斯学院参加了为期一个月的足球训练和交流。

【受邀参加全国社会体育工作会议】 5月，全国社会体育工作会议日前在浙江海宁召开。梧州市体育局是全国参会的仅有的两个地级市体育局之一，受国家体育总局社体中心邀请，局长徐相池参加了本次会议，并接受了总局社体中心授予的2009年度互信合作伙伴荣誉奖牌。会议期间，徐局长考察了全国社会体育先进单位海宁体育局辖属的社会体育健身中心和亚洲最先进的轮滑基地，还与兄弟省市交流了工作经验。

2011年

【加大体育赛事活动交流】 年内，连续举办了四届港澳台粤桂"两岸五地"（梧州）青少年足球邀请赛；两届全国南狮擂台赛；第一次承办了中国足协乙级联赛和全国青少年U15男足分区赛；完成了全国足球冬春训任务，共接待来梧冬训的青少年足球队100多支近3000人，新一届国家男足青年队在梧州市选拔组建；体训基地被中国足协命名为中国足协训练基地。首次承办了全国青少年男子足球联赛工作会议，中国足协副主席薛立等领导出席了会议，并对本市多年来大力支持中国足球发展表示了肯定。国家体育总局、中国足协、部分省市体育部门领导和一些国内外知名教练先后到访梧州。

【全国青少年男子足球联赛工作会议】 2月13日至14日，全国青少年男子足球联赛工作会议在梧州召开，中国足协副主席薛立，梧州市委常委、宣传部长、副市长刘咏梅出席会议。来自全国各地的足协会员协会的秘书长60多人参会。会上，薛立充分肯定了梧州市三十多年来为中国足球的发展所作出的贡献。会议决定，从今年起，每年都将举行全国青少年男子足球联赛，通过比赛发现球队里的好苗子，向国家输送人才，同时将大力开展校园足球工作，以加快青少年足球发展。

【全国社会体育工作会议】 3月28日至4月2日，全国社会体育工作会议在海南省召开，体育局局长徐湘池应邀参加了会议。会上，国家体育总局社会体育指导中心授予梧州市体育局2010年度社会（休闲）体育示范单位荣誉称号，全国仅三个地级市体育部门获此称号。

【广州市海珠区教育局学校体育工作考察团】 6月23日，广州市海珠区教育局学校体育工作考察团一行67人到访，先后到本市的体育场馆了解情况，同我市的足球队进行足球比赛，双方就如何开展学校体育工作进行了交流。

【纪念中国共产党成立90周年党日活动】 6月24日，为纪念建党90周年，加强与企业党组织的联系和交流，梧州市体育局组织党员30多人，到挂点服务企业—梧州双钱实业有限公司开展党日活动，深入了解企业生产经营情况，并与企业职工开展了体育联谊活动。

【全国龙狮运动工作会议】 8月15日至17日，国家体育总局社会体育指导中心和中国龙狮运动协会于在佛山市召开了2011年全国龙狮运动工作会议，局长徐相池受邀参加会议。会议对梧州市举办的2009年全国第一届南狮擂台赛进行了总结，对南狮擂台赛提出了整改意见。

少数民族传统体育

2010年

【抢花炮活动】 抢花炮这项民俗活动在民间已经开展了几百年，目前在梧州市辖区内的岑溪糯垌、三堡、安平以及苍梧石桥、沙头等乡镇农村均有流传。在每年的正月或者三月都有持续开展，有的地方每年都举办，有的地方三年举办一届。这项民间民俗活动很受当地群众欢迎，有着广阔的群众基础，是一项散落在民间的珍贵的非物质文化遗产岑溪糯垌抢花炮自康熙年间形成以来已有近500多年的历史，从最初的纪念关羽的十大功德及其爱国、爱民的精神，逐步发展到今天，已经成为一种集体育精神和娱乐性为一体的综合性大型民间民俗活动。同时，抢花炮还是亲情延续的契机，每年正月十三这一天，出外打工的糯垌人

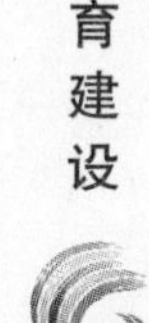

要回乡庆祝，嫁出去的姑娘也要借此机会回娘家，与家乡父老一起沉浸于抢花炮的热闹氛围中，他们把这个节日作为对故土的眷恋和对亲缘维系的一个支点。炮会当天先由上年抢到花炮的人家举行隆重的送炮仪式，接着各花炮到镇小学操场集中，然后在跑会的带领下游街，最后开始新一轮的抢花炮，抢得花炮者，则获保佑五谷丰登、万事吉祥如意，这体现出人们对美好幸福生活的向往与渴望。抢花炮的程序有文艺游行、抢花炮、还炮酬恩等工作。十尊炮是以关羽一生中的十大功德来确定每届庙会放炮数量的，这个习俗一直沿袭至今。传说花炮象征吉祥福祉，国泰民安，五谷丰登。抢得花炮之人便添福禄寿，丁财贵旺，样样齐全。文艺游行：人们护着“炮镜”，一路燃放鞭炮，抬着金猪、银猪、金果、银果和童男童女飘饰，舞龙舞狮，吹打八音锣鼓把糯垌街游了个遍。连绵数里长的游行队伍蔚为壮观，游者自信，观者快乐了，本地和外地来的群众沉浸在一片欢乐之中。抢花炮：在田野里，十尊炮依次燃放。炮胆爆炸时的威力把炮圈冲天而起，抢花炮者凭着勇气和智慧，团结一致、齐心合力地抢夺花炮。“抢花炮”场面富有竞争性又有戏剧性，是人们最爱看到的。还炮酬恩：十尊炮各归其主，新炮东在敬了神，拜了关公之后，又回去准备来年的还炮酬恩、文艺游行、抢花炮工作了。抢花炮是岑溪糯垌镇特有的一项大型的群众民间民俗活动，其独特的表演形式、浓厚的地方色彩、丰富的文化内涵和群众热情参与、奋发拼搏的精神引起了社会各界的广泛关注。这项节庆活动在广西乃至全国地方民俗活动中有着重要的地位，已列入广西区非物质文化遗产名录。糯垌花炮会的花炮共有十炮，分头炮、二炮、三炮……每炮都系上一个象征幸福的铁圈，外面用红布包扎，放于大鞭炮中，铁圈冲上高空，落下时人们争抢，先得者胜。头炮称“丁炮”，二炮为“财炮”，三炮为“贵炮”。

【岑溪糯垌“三月三”抢花炮活动】 每年的农历正月十三日，是广西岑溪市糯垌街一年一度的花炮会。糯垌花炮会从清朝康熙年间开始，历史久远，长盛不衰。文革停止一段时间，改革开放后至今，已经成功地举办了21届。花炮会都是由民间举办，在当地享有盛名。岑溪市糯垌花炮会有传统的历史，每到这天大街小巷热闹非凡。上年抢到花炮的人家就要举行隆重的送炮仪式，各个炮馆各显其能，应有尽有地装扮自己的游行队伍。

体育基础设施建设

2010 年

【免费开放公共体育设施】 年内，继续加大公共体育设施的开放力度。年内全市加大公共体育设施投入，将梧州市体育局管辖下的所有体育场所在每月最后两天免费向市民开放。此举实施以后，每个免费开放日里，大批的体育爱好者总是早早地结伴来到各体育场馆，参加各种体育健身锻炼。此项措施自2008年实施以来，从不间断，受到广大群众的一致好评。

【加大基层体育设施建设力度】 年内，全市全年体育固定资产投资项目12个，完成资产投资6,777万元，为自治区体育局下达任务1,500万元的451%。建成村级公共服务中心示范项目的篮球场6个、村级公共服务中心篮球场30个、国家级乡镇农民健身工程点5个、城乡风貌改造二期工程村级篮球场11个、村级农民健身工程篮球场79个、体育健身路径101套，并指导成立村级篮球队30个。市体育场（市体育中心项目）重新规划、选址并开工建设。市陆上游泳池维修工程按进度加快建设。苍梧县、蒙山县建成综合体育馆，岑溪市文体中心开工建设。新建成奥斯力特健身房、飞越印象健身俱乐部、中山公园足球场等社会力量投资承办的健身场馆3个。

【广西梧州体育训练基地】 为进一步巩固和强化基地作为国家级青少年足球训练基地的地位，结合梧州市建设“一城市两基地”战略部署和南岸开发，市体育局加强与城市规划、旅游、交通等部门的联系与合作，增加旅游等配套服务设施，举办一系列体育健身休闲的项目，丰富服务内容，进一步将基地建设成两广自驾车旅游宿营地和打造特色的市民体育休闲基地。全年共接待来自全国各地114支队伍2680多人到梧进行足球训练，先后有欧足联、亚足联、英超的外籍教练到梧执教和访问。

【梧州市体育场】 年内，接待各类赛事活动100多项，接待到场锻炼市民群众约50万人次。积极响应市委、市政府和市体育局号召，每月最后两天免费向市民开放。

【梧州市游泳场】 年内，接待各类赛事活动80多项，接待到场锻炼市民群众达25万人次，举办了救生员培训班3次、救生演练2次，紧急救护演练2次，公共突发事故预案的演练1次，为梧州市的游客提供了可靠的安全保障。积极响应市委、市政府和市体育局号召，每月最后两天免费向市民开放。

【梧州市体育射击俱乐部】 年内，接待自治区跳水锦标赛1次，接待到场锻炼市民群众约10万人次，同时为市航道局游泳队和武警支队潜水救生提供训练场所。二是积极响应市委、市政府和市体育局号召，每月最后两天免费向市民开放游泳池、跳水池。三是为市射击队、跳水队训练提供良好的环境。

2011年

【免费开放公共体育设施】 年内，继续加大公共体育设施的开放力度。年内全市加大公共体育设施投入，将梧州市体育局管辖下的所有体育场所在每月最后两天免费向市民开放。此举实施以后，每个免费开放日里，大批的体育爱好者总是早早地结伴来到各体育场馆，参加各种体育健身锻炼。此项措施自2008年实施以来，从不间断，受到广大群众的一致好评。

【扩大体育活动场地建设】 年内，梧州市体育中心体育场投资近2000万元，进入基础工程建设阶段；投入近300万元的冰泉游泳跳水射击综合训练馆维修完毕，游泳馆新安装了水循环过滤系统，经试运行阶段，基本达到预期效果，游泳馆已正式对外开放，为业余体育训练和体育爱好者提供了一个环境优雅、卫生干净的活动场所；新建了1个30万元的国家级乡镇农民健身工程、7个5万元的村级灯光球场、39个3万元的村级公共服务中心篮球场和2个城乡风貌改造三期工程篮球场以及10个红水河流域健身工程篮球场（群体科查询）、健身路径3套等一批基层公共体育场地设施，使城乡基层公共体育设施进一步得到改善，大大提高了城乡居民参加体育锻炼的热情。万秀区旺甫村农民体育爱好者黄伟文致富不忘体育，连续多年自己掏钱，逐步建起了一个灯光球场，一座集羽毛球场、气排球场、乒乓球场为一体的室内球馆，无偿提供给村民锻炼。

【广西梧州体育训练基地】 年内，广西体育训练基地（以下简称为体训基地）圆满完成年度全国足球冬春训任务。去冬今春，全国各地200多支队伍3000多人到梧进行足球训练，新一届国家男足青年队在该训练营中选拔组建，先后有国内外知名教练到梧执教和访问，国家体育总局、中国足协和各省市体育部门领导到访我市。2月，体训基地被中国足协命名为中国足协训练基地；成功承办了全国青少年男子足球联赛工作会议，中国足协副主席薛立等领导出席了会议，并对我市多年来大力支持中国足球发展表示了肯定；成功接待了全国青少年U15男足球队和中国足球乙级联赛（中乙）球队共500多人进行了近一个月的赛前集训和比赛，这是基地成立以来首次于非冬训期间接待中国足协安排的足球集训队伍。5月，利用地理优势，承接3个系统（单位）的业务培训班，培训时间共计15天，接近300人参加了培训；承接了2个系统（单位）活动，参加人数接近400人。

【梧州市体育场】 年内，接待各类赛事活动130多项，接待到场锻炼市民群众约60万人

次，同时为市武术、足球、羽毛球队训练提供良好的环境。

【梧州市游泳场】 年内，接待各类赛事活动90多项，接待到场锻炼市民群众达30万人次，举办了救生员培训班2次、救生演练2次，紧急救护演练3次，公共突发事故预案的演练2次，为梧州市的游客提供了可靠的安全保障，同时为市游泳队训练提供良好的环境。

【梧州市体育射击俱乐部】 年内，接待自治区跳水锦标赛1次，接待到场锻炼市民群众约10万人次，同时为市航道局游泳队和武警支队潜水救生提供训练场所，同时为市射击队、跳水队训练提供良好的环境。

体育人才队伍建设

2010年

【人才输送】 年内，各级体校共有教练员47人，在训运动员680多人，输送到自治区级运动队19人。

【冠军培养计划】 冠军培养计划进展顺利，射击运动员苏迪、麦安然2人，代表广西队参加全国射击锦标赛，并获选进入国家集训队。

【社体指导员培训】 年内，举办二级社会体育指导员培训班2期，培训200多学员。选派2人参加广西社体指导员培训，2人参加国家级社体指导员培训。

【国家级足球裁判员培训班】 1月14日至27日，国家级裁判员培训班在梧州开班，共有28人参加了培训。

【裁判员培训班】 5月15至16日，市体育局在梧州学院举办2010年全市二、三级裁判员培训班，培训篮球裁判46人、羽毛球裁判32人、排球裁判38人。共有76人被授予二裁判员，39人被授予三级裁判员。

【全国第一届南狮擂台赛培训班】 12月11日至12日，由国家体育总局社会体育指导中心、中国龙狮运动协会主办，梧州市体育局承办的2010年全国第一届南狮擂台赛培训班梧州市开班，共有来自广西、广东、江西三个省份的40多名裁判员、教练员参加了本次培训。

2011年

【冠军培养计划稳步推进】 年内，向区级运动队输送运动员18名，其中输送到广西队的射击运动员苏迪、麦安然和体操运动员罗钧栊、黄昭先后进入国家集训队集训。

【梧州市优秀运动员教练员和有关有功人员奖励办法】 为激励梧州市运动员、教练员在国内外重大体育比赛中取得更多优异成绩，市人民政府结合实际，新修订出台了《梧州市优秀运动员教练员和有关有功人员奖励办法》。

【加大力度培养社会体育指导员】 年内，举办一期全市羽毛球、篮球、围棋裁判员培训班，审批了二级裁判员60人、三级裁判员101人。举办两期全市机关事业单位太极拳和办公室健身操辅导员培训班，对全市各机关事业单位近200名学员进行了培训；举办了全市机关事业单位太极拳和办公室健身操比赛，共有20多个单位近600名干部职工参赛，对提高机关企事业单位干部职工的身体素质起到了积极的作用。深入开展“送培训下基层促发展”活动，先后与挂点联系的岑溪市水汶镇党委、政府以及万秀区、蝶山区政府联合举办了两期三级社会体育指导员培训班，共培训社体指导员300多人。目前，全市共有各级社体指导员742人，其中国家级社体指导员7人、一级社体指导员115人、二级社体指导员318人、三级社体指导员302人。

【太极拳辅导员培训班】 3月22日，由市直属机关工委和我局联合举办的全市机关事业单位职工太极拳辅导员培训班在梧州市体育局灯光球场开班，来自全市各机关事业单位的100多名学员参加了培训。

【篮球公开课】 3月26日，广西体育运动学校篮球高级教练苏国培到我市苍梧县篮球馆举办篮球公开课，指导和讲评本市篮球教练员。

【办公室健身操辅导员培训班】 4月21日，由梧州市直属机关工委和梧州市体育局联合举办的全市机关事业单位办公室健身操辅导员培训班在梧州市体育局灯光球场开班，来自全市各机关单位的70多名学员参加培训。

【羽毛球裁判员培训班】 5月22日至23日，由梧州市学院和梧州市体育局联合举办的全市羽毛球裁判员培训班在梧州学院开班，共有44人参加了培训。

【“送培训下基层促发展”活动】 7月15日，梧州市体育局与挂点联系的岑溪市水汶镇党委、政府于联合举办了一期三级社会体育指导员培训班，对来自该镇各单位干部职工、村社区干部、学校老师和体育爱好者60多人，进行了体育政策理论和专业技能业务培训，使他们达到了三级社会体育指导员的要求。12月24日，又联合举办了一期岑溪市篮球裁判员培训班，来自岑溪市和水汶镇的党政事业单位、学校、村(社区)干部职工共40多人参加培训。

【著名专家全民健身八桂行讲座】 9月22日，“著名专家全民健身八桂行讲座”在梧州市党校举行，来自全市各单位200多名干部职工参加了讲座。

【二级社会体育指导员培训班】 12月10日至11日，梧州市体育局举办了一期梧州市二级社会体育指导员培训班在，来自全市各机关单位工会干事、团组织负责人和社区文体干部80多人参加了培训。

县域体育

2010年

【万秀区】 年内，组织举办了万秀区“千村万户体育”活动，在全区营造全民健身的氛围。万秀区旺甫镇旺甫村参加万村农民篮球赛在市级比赛中获得第四名；组队参加“中国移动G3杯气排球联赛”获得第二名；参加市青年运动会“公积金杯”获女子第五名的好成绩。二是争取各级主管部门的支持，丰富了辖区居(村)民的体育健身活动。加强体育基础设施建设，在辖区范围内配套了14套价值30元万人民币的体育健身路径设施，把新农村建设、城乡风貌改造等工作结合起来，在做好选址工作的基础上，坚持因地制宜，便民实用，积极引导群众参与，倡导健康文明的生活方式；通过以奖代补的方式，在城东镇思扶村、扶典村和双桥村及旺甫镇龙洞村、祝洞村、鹤洞村建设篮球场各一个，为我区村民群众就近健身锻炼提供了良好的环境和条件，受到了农民群众的欢迎与称赞。

【蝶山区】 年内，蝶山区共开展各类体育活动160余场次，其中组织大型体育活动6次。活动覆盖各类人群，直接参与体育活动人数10万人次，体育受益人群近20万。利用节假日时间，开展系列亲民赛事活动。元旦、春节期间组织“蝶山风采贺新春”系列活动及蝶山居民节(文体类)系列活动，各社区参与人员达3万人次。春节期间，蝶山区龙湖镇、夏郢镇举行农民篮球赛共有10几个村，开展活动30余场次。妇女节期间组织“迎三八·巾帼风采”参加人员达3000余人。全国助残日期间的残疾人体育活动，劳动节、国庆节期间的机关气排球大赛等均取得较好的社会效益。积极开展为期100天的体育节系列活动，通过参加单车健身游、老年人体育健身运动展示、乡镇篮球赛等活动形式，坚持大型集中活动与小型多样的经常性活动相结合，设置了丰富多样的全民健身活动项目，适应各行业领域、各年龄段人群的广泛参与。据不完全统计，超过8万人参与其中，体验运动健身的快乐。积极组队参加青年运动会、城乡万人气排大赛等系列全市性体育赛事。11月举办“中恒集团杯”2010年蝶山区第二届运动会，比赛项目设有篮球、气

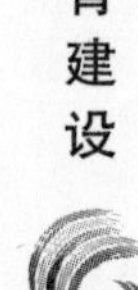

排球、足球、乒乓球、田径、拔河、中国象棋等 11 个项目，吸引了辖区单位 38 个代表团 1660 名运动员参加，开幕式到场参与的人数超过 5000 人，梧州电视台进行录播并作重点报道，梧州电台进行全程直播。加强体育基础设施建设，在辖区完成安装价值 30 多万元的健身路径 14 套，分别在下冲社区、市福利院、镇安村、平安村、龙骨社区等投入使用，这些健身路径每天都吸引着数千人次的体育健身；建成夏郢镇镇安村、平安村和德安村 3 个村村级公共服务中心，每个村建设一个篮球场（套气排球场）、一个室外乒乓球场及健身路径等，建成满足农民群众有文体娱乐、健康服务等基本需求；配合广西城乡风貌改造，建设村级篮球场建设，年内完成龙湖镇塘源村城乡风貌改造。村级篮球场建设顺利完工。

【长洲区】 年内，长洲区积极通过广播、电视、报纸等媒体和宣传栏、板报、标语等形式，进一步运用体质测试、健康咨询等方式，进一步宣传体育科普知识，大力推广和普及科学的全民健身方法，营造浓烈的全民健身氛围，继续抓好和推进辖区全民健身活动。春节期间，组织各镇、村开展篮球、拔河等各项群众体育比赛 153 场次，广大干部群众踊跃参加，使各项活动丰富多彩；组织开展“广西万村篮球赛”长洲赛区比赛，并组队参加市级的比赛；组队参加梧州市“青春杯”篮球赛。4 月举办了“迎五一”气排球和羽毛球比赛，长洲区直机关各部门（包括各镇办）全体干部近 300 人参加了比赛，决出气排球和羽毛球一、二、三等奖各三名。5 月举办了“迎五四青年节”气排球和羽毛球、乒乓球比赛，近 500 名青年干部职工进行了 62 场比赛，工营造了热烈的节日氛围。6 月组织了四条龙舟参加 2010 年“神冠杯”梧州龙舟大赛。体育节期间，开展了自行车健身游、老年人体育健身运动展示、乡镇篮球赛等系列体育赛事活动。同时，利用各晨（晚）练点组织节日体育健身活动，开展璀璨广场晚间的体育健身活动，体育舞蹈等；辖区内机关干部周一至周五下班后利用利用长洲区办公大楼场地开展气排球、羽毛球、踢毽子等体育锻炼活动。每逢周四下午在市技工学校定时定场开展机关干部的气排球、羽毛球赛。据不完全统计，年内，长洲区组织开展各项体育活动 286 场次，参与市民达 30 万人次，既增强了干部群众的体质，又达到了全民健身的目的。全年安装了 14 套全民健身路径。

【苍梧县】 1 月，举行了“苍梧县千村万户”体育活动，并在县城世纪广场举行了隆重的动启动仪式。2 月，在苍梧县世纪广场球馆举行了世纪广场球馆落成庆典篮球邀请赛，梧州市、岑溪市、藤县和本县篮球队参加了比赛。春节期间，举办了迎春醒狮表演、中国象棋擂台赛、气排球赛、家庭趣味体育活动等系列活动，营造了祥和热烈的春节气氛。3 月，举办“三八”妇女节趣味体育活动，全市 30 多个机关企事业单位近 300 名妇女参加了比赛。4 月，举行“庆五一·迎五四”职工气排球比赛，并组队参加梧州市“庆五一”气排球比赛；在石桥镇协助开展“三月三”系列体育活动；石桥镇龙岩村举办了“三月三”抢花炮活动，吸引了邻近各县、企业的 7 个队伍 100 多人参加。6 月，组织 6 支龙舟参加 2010 年“神冠杯”梧州龙舟大赛，其中苍梧县人和龙舟队获得了第二名、苍梧航运一公司龙舟队获得第八名；组织苍梧县篮球队参加 2010 年“真龙杯”广西气排球梧州赛区比赛，获得第一名，并代表梧州市参加全区比赛获得第六名。8 月，举办了盛大隆重的第二届“全民健身日”、“广西体育节”活动；承办了梧州市青少年男篮锦标赛；举办了全县气排球大赛、羽毛球比赛、教育系统气排球比赛、电业系统运动会、第四届工业园区企业员工运动会；协办第二十一届梧州江南片中等职业技术学校篮球赛。12 月，举办了苍梧县体育系列活动青少年啦啦操比赛，共 10 个单位 160 多名运动员参加比赛。选派教练员协助县水利电业有限公司、县财政局、县法院、中国农业银行苍梧县支行、新华书店等单位，进行体育比赛指导，协助各单位组队单位各系统运动会；协助梧州市团委带队到北京参加篮球比赛等，有力地推动我县全民健身活动的开展。参加全区青少年田径锦标赛，刘柱东获男子甲组七项全能第一名；莫武园获得男子甲组 100 米、200 米第四名；易婷婷获女子甲组 4400 米第二名、4100 名第四名的好成绩。组队参加梧市青少年男篮锦标赛获第二名。加强体育基础设施建设，梨埠镇梨埠村、广平镇思化村、沙头镇大寨村获得 2010 年村级篮球场工程二类项目，补助金额每个为 3 万元；广平镇萻金村、沙头镇沙岐村、沙头镇龙科村大圳小组、六堡镇大中村、岭脚镇古能村、六堡镇普旺村获 2010 年村级篮球场工程三类项目，补助金额每个为 2 万元。投资 30 万元在沙头镇永乐村、横江村水口组，大坡镇育民村、新龙村富元组，新地镇都梅村，石桥镇永安村、培中村，六堡镇合口村，岭脚镇福传村，梨埠镇梨埠村，狮寨镇政府，龙圩中心校，世纪广场等村、校和公共场所安装 14 套健身路径。在梨埠镇大塘石岛组、大坡镇松柏村、沙头镇大寨村、龙圩镇社区、沙头镇沙莲塘组、沙头镇大圳组、京南纯冲村、六堡镇大中村、六堡镇普旺村等 15 个村建成篮球场 15 个，投资 23.88 万元。建成新地镇都梅村、沙头镇永乐村、石桥镇永安村、六堡镇四柳村、岭脚镇福传村、梨埠镇梨埠村 6 个村公共服务中心，总投资 192 万元，每个村服务中心包括一个篮球场（配套气排球场）和室外乒乓球场、一个文艺舞台、一栋公共服务综合楼（包括多功能活动室、农家书屋、人口计生服务室、卫生室等），组建 1 支农民文艺队、1 支农民篮球队。

【岑溪市】 3 月，举办“妇女节”与妇联联办全市气排球大赛；5 月举办全市气排球赛。6 月承办梧州市公安系统第九届运动会田径项目比赛。8 月至 11 月举办“全民健身日”一系列活动，活动项目包括篮球赛、羽毛球赛、乒乓球赛、气排球赛，太极拳剑、健身舞、健身操、武术、舞狮等的表演等系列体育活动。10 月举办“樟木街杯”乒乓球赛。7 月组队参加梧州市在苍梧县举行的青少年篮球锦标赛；组队参加在广西体育运动学校举行的全区青少年田径锦标赛，获得田径女子甲组的 100 米第一名、女子甲组 300 米第二名、女子甲组 400 米第六名、跳远第六名。8 月本市运动员代表梧州市参加区跆拳道锦标赛，获得跆拳道男子甲组 55KG 级第一名、男子乙组 51KG 级第三名、女子乙组 45KG 级第三名、女子甲组 43KG 级第二名；武术第五名 2 个、第六名 2 个。8 月我市运动员代表梧州市参加区武术锦标赛。加强体育基础设施，在岑溪市文体局的积极努力争取下，岑溪获批中国体育彩票“雪炭工程”援建项目一个；全民健身路径 14 套（每套器材共 14 件）；获“2010 年国家级乡镇农民体育健身工程项目”2 个，每个投资 20 万元；获 2010 年村级篮球场工程（二类）5 个，每个投资 3 万元；获 2010 年村级篮球场工程（三类）11 个，每个投资 2 万元。进一步开展本市的业余训练工作，把市业余体校训练点放到有条件的市一小、市五小、市一中等市直学校。重点抓各项目的重点队员，把主要任务放在培养尖子运动员和向上输送人才上，为培养优秀体育人才创造良好的条件。组织市体校各项目教练员到各乡镇进行选才，根据全市各小学体育教师提供的情况，有好苗子，直接到所在村小学进行目测，并把选上来的学生安排在体校住宿，联系附近小学就读，解决学生的读书、住宿问题。

【藤县】 年内，藤县深入开展全民健身活动，元旦、春节期间，组织开展了篮球赛、气排球赛、冬泳等体育活动，举办了龙狮表演赛、龙狮闹新春等迎春活动。同时，利用重大节日分别与县总工会、纪委、市中级人民法院、米兰房地产有限公司等单位、公司举办“五一”职工运动会、“清风杯”、“米兰房地产杯”、“天平杯”、金融系统运动会等，这些活动的开展，活跃节日气氛的同时，丰富了职工、群众的体育生活。春节期间组织藤县狮队到南宁为中央首长作专场表演，得到中央首长及自治区领导的高度评价，同时，先后到深圳、杭州等地进行表演。4 月，藤县狮队参加在广西百色市田阳县举行的“布洛陀杯”国际狮王大赛中，获得了第二名的好成绩。6 月，组织了赤水龙舟队、南安龙舟

队等龙舟队参加 2010 年梧州龙舟大赛，赤水龙舟队获得了第一名的好成绩。积极到基层选拔运动员。先后到全县 16 个乡镇去选拔有项目优势的体育人才，对选拔上来的体育人才进行训练和筛选，为培养参加上级比赛的人才打好基础。争取到上级下拨全民健身路径器材 14 套，分别安装在体育馆、河东广场等地，丰富群众的体育活动。做好乡镇农民体育健身工程及村级篮球场工程的项目建设争取工作，今年向自治区争取农村一类篮球场项目 1 个，二类 3 个，三类 10 个，目前正在组织实施。积极组织实施城乡风貌改造二期工程村级篮球场项目的建设。

【蒙山县】 年内，蒙山群体工作以提高全县人民群众健康素质为目标，以"农民体育健身工程"为突破口，广泛开展丰富多彩的全民健身活动，用活动作宣传，以宣传促活动，使全县人民群众的健身意识明显增强，参加体育锻炼的人群越来越多，全县参加体育健身活动人数达 40 %。元旦期间举行迎接元旦气排球比赛。1 月组织举办了春节系列体育比赛，包括气排球、足球、气排球、羽毛球、乒乓球、象棋、围棋等项目比赛，参赛运动员达 1200 多人，观众 3500 人次。2 月组织全县千村万户体育系列活动，参加活动率高；组织参加贺州"红花郎杯"乒乓球邀请赛，并荣获团体第四名。3 月举办了全县妇女"健康杯"气排球比赛。4 月与县教育局联合举办全县中学生篮球大赛；组织举办县"财税杯服务杯"气排球比赛。5 月与县总工会联合举办"职工杯"气排球、乒乓球、羽毛球、象棋、围棋比赛；组织参加鹿寨县举行四市十三县乒乓球邀请赛，并荣获团体第二名；协助县教育局做好体育中考考试及体育生中考考试工作。6 月份与县直属工委联合举办全县气排球比赛，290 名运动员参赛了比赛，观众达 2000 多人次；组织 20 人参加社会体育指导员培训。7 月组队参加梧州市"南粤家具杯"乒乓球邀请赛，并荣获团体第四名。8 月举办了经贸系统男子篮球赛；组织全县开展迎接第二个全民健身日暨文本体育节全民健身步走活动，全民健身体育展示活动，参加活动人员达 1300 多人；组织参加梧州市第七届"漓江村杯"羽毛球比赛。9 月举办了"真龙杯"气排球赛。10 月至 11 月举行了蒙山县第六届运动会，本届运动会历时 15 天，共设 11 个大项、79 个小项，全县各乡（镇）、各系统、企业、个体协会和老年体协共 19 个代表团共 1626 人参加了比赛。11 月组队参加容水县举办广西、贵州、湖南 3 省 17 县"甜蜜杯"乒乓球邀请赛并获团体第四名。县文体局继续加大业余训练的管理和投入力度，充分发挥青少年体校在全县业余训练的龙头作用，抓好青少年业余田径训练工作，完成自治区布局的田径项目，年内在训练运动员有 20 多人。7 月组队参加广西青少年田径锦标赛，获得乙组男子 100 米第八名；女子 3000 米第七、八名；丙组男子 100 米栏第六名的成绩。加强体育基础设施建设，完成上级农民体育健身工程项目 24 个，不断完善农村体育场地设施建设，大大改善了县农村体育设施状况，对农村体育事业的发展起到了积极的促进作用。蒙山县体育馆建设正式投入使用，为县体育事业发展注入了新的生机与活力，为群众强身健体和竞技体育运动的发展提供了优质的环境。

2011 年

【万秀区】 年内，万秀区体育工作以面向基层，重抓落实为工作重点，加大农村公共体育设施投入，全区的群众体育蓬勃发展，人民的身体素质不断提高，体育设施不断增多，全民健身活动气氛浓郁。春节期间，举办万秀区迎新春群众体育活动，开展篮球、象棋、拔河等形式多样的体育活动，参与活动人数达 10000 人次。3 月举办庆"三·八节"气排球比赛，共 25 支队伍近 200 人参加了比赛。5 月组队参加第二十九届青年运动会。7 月组队参加梧州市机关事业单位太极拳、办公室健身操比赛。8 月组队参加梧州市"万人太极拳汇演"；组队参加梧州市"璀璨广场"全民健身专场表演。年内，积极组队参加梧州市组织的篮球、气排球、羽毛球、游泳、跑步、登山等体育健身比赛活动，据不完全统计，年内组队参加市级体育赛事活动达100多次，参与人数达10人次。全年新建村级篮球场4个，每个篮球场投资资金5万元。为龙泉社区、南中社区配备体育健身路径设施。

【蝶山区】 春节期间，组织第五届"社区居民节"文体活动，开展趣味体育、登高等活动，参加人员达3万余人次；开展"千村万户"体育活动，村级篮球活动如火如荼，制作千村万户体育活动横幅近20条，悬挂于各街镇、各村级公共服务中心及部分体育活动现场，营造了良好的体育氛围。3月组织开展庆"三八节"系列体育活动，参加赛事活动人数达5000人次。5月举办了蝶山区区直机关气排球赛，吸引了来自蝶山区各机关、企事业单组成的8个队伍近1000人参赛；组队参加梧州市第二十九届青年运动会；组织开展庆"五？一节"系列体育赛事活动，据不完全统计，五一期间，蝶山区区直、镇(街)、村(社区)组织职工开展活动60余场次，直接参与活动人数4000余人次，大大地丰富了群众业余文体生活。8月在潘塘公园举行第三届广西体育节蝶山区活动启动仪式，并在体育节期间组织开展了区辖中小学生广播操展示活动、象棋、围棋、扑克牌等比赛活动、社区趣味体育活动、农村篮球联赛等活动；组队参加梧州市"万人太极拳汇演"，获得第一名；组队参加梧州市"璀璨广场"全民健身专场表演。年内，共发展二级、三级社会体育指导员31人，完成全国联网注册审批86人。今年建成夏郢镇标准灯光球场，投入资金20万；新建4个村级篮球场、1个农民体育健身工程、1个国家级乡镇灯光球场和1条全民健身路径。

【长洲区】 年内，长洲区科技文化体育局大力推进全民健身活动开展，利用春节、"三八"妇女节、"五一"劳动节和"十一"国庆节期间，组织各镇、办事处、村开展篮球、拔河、接力跑、气排球、乒乓球、登山等比赛活动120多场，参与人数达20万人次。5月组织4条龙舟队参加"神冠杯"梧州市龙舟大赛；组队参加梧州市第二十九届青年运动会篮球比赛，获得第三名。7月组队参加梧州市机关事业单位太极拳、办公室健身操比赛。8月组队参加梧州市"万人太极拳汇演"。10月协助举办第三届"坤华杯"长洲区居民乒乓球比赛。完成龙华、长地、富万3个村篮球场硬化工程，在竹湾村建设占地6000平方米小型足球场，更换泗州、平石、古城、仁义、古道村和花洋社区篮球架。

【苍梧县】 春节期间，举办了迎春醒狮表演、中国象棋擂台赛、广电网络用户迎春气排球赛、家庭趣味体育活动等。3月与县妇联联合举办了庆祝"三八"国际妇女节"农行杯"妇女体育活动，活动项目有气排球比赛、拔河比赛和趣味竞技三项，分别有48个、有31个、45个单位参加，活动总人数925人。4月协助水利电业有限公司开展庆"五一"职工气排球比赛，共18支队200多人参加比赛；与县总工会共同主办了"庆五一、迎五四"全县职工气排球比赛，共有30个单位300多人参加了比赛；与县财政局、国税局、地税局共同主办了"财税杯"篮球邀请赛，共有18个单位21支队伍近200名运动员参加了40场比赛，吸引的观众达5万多人次。6月协助县直机关工委开展"七一"气排球比赛，共29支代表队200多名运动员参加比赛；协助县式信局开展"七一"企事业单位气排球比赛，共9个企事业单位参加比赛。7月举办为期一个月共90名青少年参加的暑假篮球、跆拳道、体育舞蹈、街舞项目培训班。8月举办了第三届"全民健身日"暨"广西体育节"启动仪式，并开展为期3个月的系统体育活动，在启动仪式当天，举行老年人健身球、太极拳、太极棍集体表演项目，青少年街舞、跆拳道、体育舞蹈、拉丁舞等集体表演，推动全县全民健身活动的开展。9月协助县工业园区举办第五届职工运动会，设篮球、气排球、羽毛球、乒乓球、拔河等5个项目，参赛运动员650多人。10月协助狮寨镇举办第九届"振狮杯"篮球运动会，300多名运动员展开了5天共79场比赛。派出17名运动员代表梧州参加广西第

十二届运动会(青少年组)田径、篮球 2 个项目比赛,获得 1 枚金牌,总分 55.5 分。12 月与县教育局联合举办苍梧县第二十六届中小学生运动会;举办苍梧县第九届运动会,比赛项目设篮球、足球(7 人制)、气排球、羽毛球、拔河、乒乓球、中国象棋等 7 大项目,11 个小项,共有 1800 多名运动员参加了比赛。加大体育基础设施建设,完成自治区安排苍梧县村级公共服务中心项目 12 个、梧州市安排村级公共服务中心项目 8 个、村级公共服务中心项目共 20 个,每个项目建筑面积均为 200 平方米,与村级卫生室项目结合,配置建设有篮球场、舞台。每个村项目总投资 38 万元,其中,自治区拨款 16 万,自治区卫生厅拨款 8 万,梧州市拨款 7 万,县财政 7 万。新建 1 个县城城东市场篮球场,总投资 17.5 万元。完成 1 个农民体育健身工程项目,总投资 5 万元。完成 2 个城乡风貌三期工程篮球场项目,每个项目投资 2 万元。完成 3 个中越边境红水河流域篮球场项目,每个项目投资 3 万元。

【岑溪市】 年内,岑溪市文体局通过多种形式的体育活动及比赛,推动了全市群众性体育活动的正常、健康开展。春节期间分别举办了“迎春杯”系列比赛,包括“中胜杯”篮球赛、羽毛球赛、乒乓球赛、足球赛、老年人门球赛、麻将赛、太极拳(剑)表演和广西首届“五粮醇杯”气排球大奖赛(岑溪赛区)等赛事。3 月与岑溪市妇联举办了 2011 年庆三八“盛世东方杯”气排球比赛,47 支队伍展开了 117 场比赛;同月岑溪市武术代表队参加第九届香港国际武术节比赛,获得 2 枚金牌、5 枚银牌、1 枚铜牌,2 人获优秀教练员称号。5 月举办庆“五一”岑溪市干部职工气排球赛和羽毛球赛;协办岑溪市卫生系统气排球比赛。6 月举办岑溪市第六届龙舟赛,14 个镇及党政军联队、教育系统、农口线、工信和计划系统 4 个市直单位组成 18 个队伍参加,义昌江沿岸约 5 万多人观看此次龙舟赛活动。比赛分为初赛、复赛、决赛三个阶段进行,经过角逐,岑城镇队夺得第一名、教育系统队获第二名、南渡镇队获第三名。建党 90 周年庆庆典期间举办第六届龙舟赛、篮球赛、气排球赛。8 月举行全民健身日暨第三届体育节启动仪式,以“科学健身,幸福一生为主题”开展为期 60 天的系列赛事活动,包括登山、太极拳、羽毛球、乒乓球、篮球、门球、麻将等 10 多个项目,参加赛事活动人数近 800 人次;举办了第三届广西体育节暨岑溪市中小学生广播体操比赛。邀请国家级篮球裁判员韩克昌来到水汶镇,9 月举办篮球裁判员登记培训班,40 多名学员参加培训,并获得三级篮球裁判员资格证书。7 月至 8 月派出 26 名运动员代表梧州参加广西第十二届运动会(青少年组)田径、篮球、跆拳道、武术套路、乒乓球等 5 个项目比赛,获得女子甲组乒乓球团体金牌 1 枚、第二名 2 个、第三名 4 个,总分 155.85 分。8 月岑溪籍大学生黄健力在广西第七届大学生运动会中,获得 3 枚金牌。10 月协助岑溪市篮球俱乐部举办了“红牛杯”篮球赛;举办岑溪市卫生系统第一届“健康杯”气排球比赛。全年投入 200 多万元新建市综合训练馆;投入 30 万元改造灯光球场;完成 22 个村级公共服务中心建设任务;建成 15 个村级篮球场;配合市有关单位做好岑溪市文体中心的前期建设工作。

【藤县】 藤县全民健身较大活动有序推进。春节期间组织“宏达地产杯”篮球赛。与教育局一起联合举办藤县第十四届“萌芽杯”篮球赛,共有 16 支小学男女篮球队到县城参加决赛;举办全县共有 24 支队伍近 200 人参加的“五粮液杯”气排球赛;协助电业公司组织开展第一届“电业杯”篮球、气排球比赛;承办了梧州市地税系统运动会。4 月与县总工会联合举办“庆五一”职工运动会,设有气排球、拔河、跳绳接力三大项比赛,共有 54 个单位 103 个代表队 1000 多名运动员进行了 60 多场次比赛;参加在百色市田阳县举行的 2011 年百色市“壮城杯”国际狮王争霸赛中获金奖;组织 6 支龙舟队参加“神冠杯”2011 年梧州市龙舟大赛,获得亚军和季军。5 月与藤县冬泳协会组织举办横渡西江活动,吸引了广东番禺、廉江,广西桂平、梧州、苍梧、北海和藤县 200 多名游泳爱好者参加活动；县钓鱼协会在金鸡镇宜昌河举办钓鱼比赛，吸引了南宁、玉林、平南等地200多名钓鱼爱好者参加了比赛。6月组织5条龙舟队参加“神冠杯”2011年梧州市龙舟大赛，获得亚军、季军。7月，派出3名运动员代表梧州参加广西第十二届运动会(青少年)篮球项目比赛，获得1个第八名，总分3.75分。8月举行“全民健身日”暨第三届“广西体育节”启动仪式，以“科学健身·幸福一生”为主题开展为期60多天的系列群众体育赛事活动，包括广播操、田径、拔河、乒乓球、跳绳、篮球等6个大项20多个小项活动。举办2011年藤县首届“保盈杯”篮球、气排球比赛，共有43支队伍600名运动员参加；门球组织5支队伍45人参加，进行为期两天的比赛；象棋俱乐部组织近60人举行青少年象棋比赛；县冬泳协会组织近160多名爱好者在西江边举行钓鱼比赛；篮球协会组织250多名篮球爱好者，举行藤县篮协首届“宏远杯”篮球联赛。8月至10月，举办县财政系统气排球比赛、县金融系统气排球赛、政务中心气排球赛、国土杯篮球、气排球比赛、“保盈杯”健身操(舞)、集体交谊舞等系列赛事活动，参加人数达2000多人次。10月在县城体育馆举办财政系统运动会。11月举办滕州镇第二届运动会，比赛项目有篮球、乒乓球、羽毛球、气排球(混合组)、中国象棋、拔河等，参加人群包括了各阶层干部、职工、居民、农民等人数达2000多人。完成23个村级公共服务中心建设和1个社区公共服务中心建设的目标任务，其中每个村级公共服务中心建设点投入资金30万元；建设15个村级篮球场；完成梧州市第十一届运动会田径、篮球、气排球、羽毛球等比赛场馆建设任务，目前已进入项目建议书编制和可行性研究报告编制、项目评估的前期工作。

【蒙山县】 1月，举办气排球、足球、羽毛球、乒乓球、象棋、围棋等迎新春系列体育比赛，参加运动员达1300多人次。2月组织全县千村万户体育系列活动。3月举办全县妇女“健康杯”气排球比赛。4月举办全县中学生篮球赛、“财税服务杯”气排球比赛。5月举办自行车慢骑、象棋、围棋比赛。6月举办“棋友杯”象棋比赛。7月承办“安逸杯”2011年广西象棋锦标赛。8月开展迎接全民健身日暨第三届“广西体育节”全民环城健步走活动，参加活动人员达2000人。9月与梧州市法院联合举办第六届“天平杯”运动会。10月举办首届“民族团结杯”气排球比赛。11月组队参加“坚信公交杯”2011年贺州市乒乓球混合团体邀请赛、“红牛杯”2011年梧州市女子气排球比赛。今年派出1名运动员代表梧州参加广西第十二届运动会(青少年组)田径项目比赛，获得2枚铜牌，总分28分。今年完成建设9个农民体育健身工作项目。

北 海 市

全市体育工作综述

2010 年

2010 年北海市紧紧围绕马飚主席在全区体育工作座谈会上提出的“九新”目标和全区体育工作会议精神；全力以赴加快北海市各项体育设施建设；围绕第二届广西体育节积极组织开展各项群众体育活动；扎实做好第十二届区运会的各项备战工作；努力提升体育产业的经济效益和社会效益；圆满完成了年度各项工作任务。

体育设施不断完善。北部湾体育中心一期工程业余体校进展顺利，年底前可竣工交付，主体育场设计方案经反复调整论证和优化，方案已基本确定，全年完成投资 6760 万元。山东省体育局北海训练基地 8 月 9 日正式与山东省体育局签订合作协议，项目占地约 42 公顷，总投资超过 6 亿元，由主训练场、皮划艇训练场、帆船帆板训练场三部分构成，规划设计及征地等前期工作已启动，计划 6 月正式动工建设。北岸游泳场改造工程计划总投资 1400 万元，各项报建手续已完成，12 月动工建设，计划 2011 年 5 月建好投入使用。15 条健身路径经政府采购于 11 月 27 日器材到位，总投资为 81 万元，12 月底安装完毕。2 个乡镇农民体育健身工程、8 个行政村篮球场和 6 个城乡风貌改造村的体育设施建设已全部完成，投入资金为 94 万元。

围绕第二届广西体育节积极开展各项体育活动，为全民健身搭建平台。在体育节期间，北海市体育局先后举办了体育节启动仪式、沙滩运动会、环北部湾汽车集结赛、自行车公路赛、摩托艇表演赛、第三届漓泉杯北海市业余足球联赛、千人围棋大赛、老年人健身展示表演、气排球大赛、羽毛球赛等 10 项全区性、全市性赛事及活动，参加人数达 10000 多人，各体育协会、俱乐部开展各类活动 57 次，为各阶层各团体参与健身提供了更多的健身平台，群众参与健身的积极性和健康素质不断提高。同时培训社会体育指导员 107 人。

积极备战第十二届区运会，竞技水平实现历史性突破。通过成立备战机构，制订备战方案，落实备战经费，出台奖励办法等，扎实做好第十二届区运会各项备战工作。在 2010 年全区年度锦标赛中北海市共参加 13 个项目的比赛，获得金牌 56 枚、银牌 46 枚、铜牌 52 枚；特别是在第十六届亚运会上，北海籍运动员劳义勇夺田径男子 100 米和 4100 米接力比赛两项冠军，打破了中国在亚运会田径男子 100 米没有冠军的纪录。同时培训二级裁判员 101 名，三级裁判员 9 名，游泳救生员 19 名。

积极探索北海市体育事业发展思路。为适应北海未来发展需要，加快北海市体育事业发展，北海市体育局先后召开群众体育、竞技体育两个座谈会，广泛听取基层和社会各界的意见和建议，同时组织人员赴部分省市学习考察，在此基础上，结合北海市的实际提出体育事业近、中、远期的发展思路、发展目标和具体措施，明确北海市体育事业今后的发展方向，得到市里有关领导的充分肯定。

抓好体育彩票销售。体育彩票销售点由 2009 年的 47 个增加至 73 个，比 2009 年增加了 64%，全年销售彩票 2939 多万元，比 2009 年翻了一番。

积极完成自治区交办的各项工作任务。9 月底，全区竞技体育工作会议在北海市召开，参会人数213人，为确保会议顺利召开，取得实效，北海市体育局集中力量充分做好会前各项准备工作和会议期间各项服务保障工作，会议开得很成功，得到与会代表的一致好评。

2011年

2011年北海市体育局认真贯彻落实自治区党委、政府关于"重振广西体育雄风、建设西部体育强省（区）的决定"精神，加快实施北海三年跨越发展工程，牢固树立"真抓实干、把事干成、造福百姓"的理念，紧紧围绕足球工作、场馆建设、第十二届区运会等中心工作，真抓实干，开拓创新，各项工作取得了可喜成绩。

足球工作取得重大突破。重新组建的广西足球队在北海市成立。经自治区体育局批准，由北海市具体负责重新组建广西足球，上半年完成了队员选拔、教练聘请、训练场地租用、管理机构聘请等各项前期工作，7月31日在北京航空航天大学北海学院举行了隆重的成立大会，自治区党委常委、政法委书记温卡华，中国足协主席韦迪等领导出席了成立大会。时隔15年广西足球队重新组建，标志着广西足球重返中国足坛，得到了广大球迷和全区体育工作者的大力支持，在社会上产生了极大的影响。广西足球队采取政府主导，体育部门监管，专业机构管理，中外合作，区、市共建，社会参与的全新管理模式，得到了中国足协主席韦迪的充分肯定，为提高北海市足球工作档次，做大足球事业奠定了基础。加入"全国青少年校园足球活动布点城市"。经过充分筹备和积极申请，9月19日，中国足球协会和全国青少年校园足球活动领导小组正式批准北海市加入"全国青少年校园足球活动"布点城市，这是自治区唯一加入全国校园足球活动布点的城市，北海市共有30所小学和16所中学开展校园足球活动。与德国石荷州足协签订了合作备忘录。3月19日，德国石荷州足协应邀到北海市考察和交流，双方就青少年足球培训、人才交流、教练培训等事项进行广泛的协商和交流。并签订了合作备忘录，这对北海市学习借鉴国外先进的足球训练、管理理念，提高北海市足球水平具有极大的促进作用。申请中国足球改革试点城市。中国足协拟在全国挑选10个城市作为中国足球改革试点城市，北海市主动赴北京向中国足协汇报，并按试点城市的条件充分做好筹备工作，中国足协已派考察组到北海市进行考察。对北海市的试点方案给予了充分肯定。

参加第十二届区运会成绩辉煌。广西第十二届运动会11月6～16日在钦州市举行，北海市共派出279名运动员参加田径、游泳等17个项目的比赛，获得金牌76枚、银牌39枚、铜牌45枚，团体总分3161.5分，金牌总数和团体总分别列全区第四名和第五名，这是北海市参加历届区运会的最好成绩。

体育场馆建设掀起新高潮。争取到国家体育总局"雪碳工程"专项经费200万元，并通过市财政落实配套资金316万元，在西藏路建设一座综合健身馆，项目占地约0.32公顷，建设内容包括羽毛球场、乒乓球场和篮球场，设计已完成，并送国家体育总局审定。山东省体育局北海训练基地皮划艇训练基地已于5月开工建设。主训练场规划设计、环评、水土保持方案等前期工作已完成，正在办理项目用地，全年完成投资2570万元。

北岸游泳场改造工程已封顶，正在装修，全年完成投资670万元。北部湾体育中心一期工程。已完成方案调整，新的投资概算北海市政府常务会已通过，全年完成投资100万元。北海体育馆已确定项目选址，占地约6.34公顷，可行性研究报告、初步设计等前期工作已启动，全年完成投资30万元。利用上级专项资金93.68万元，建好了22个村级篮球场，一个乡镇灯光球场。利用体育彩票公益金和争取自治区体育局支持安装了20条健身路径。

以体育节为平台，积极开展各项群众体育活动。围绕第三届广西体育节，举办了北海市全民健身系列活动启动仪式，沙滩运动会、第

二届老年人运动会、全民健身表演、环北部湾自行车公路赛、气排球赛等一系列全民健身活动。制订了《北海市全民健身计划（2011—2015年）》，将全民健身工作纳入财政预算，写入政府工作报告，列为年度绩效考评内容，促进全民健身落到实处。举办社会体育指导员培训班两期，共培训社会体育指导员96人，新成立体育俱乐部3个。

体育彩票销售点由去年的73个增至86个。全年共完成体育彩票销售4200多万元。

群众体育

2010年

【"迎春杯"老年门球赛】 1月28日至31日，"迎春杯"老年门球赛在中山公园举行。本次比赛由北海市体育局、北海市老年人体育协会主办，北海市门球协会协办。全市各单位共24支球队168名老年人参加了比赛。北海市供电局门球队获第一名、合浦县老体协门球队获第二名，北海市老龄一门球队获第三名。

【北海市新春篮球比赛】 由北海市体育局、北海市总工会主办，北海市总工会工人文化宫承办的"2010年北海市新春篮球比赛"，于2月16日至20日在北海市工人文化宫篮球场举行。共有8支球队参赛，经过5天角逐，四方物流队获冠军、合浦体校获亚军、沈阳31中获季军。

【北海市"贺岁杯"足球赛】 2月14日至18日，北海市"贺岁杯"足球赛在北海海浪体育训练基地举行。本次比赛由北海市体育局主办，北海市业余体校承办。共有8支队伍，192人参加，经过5天的激烈角逐，云杉红酒坊队获得第一名、北海市体校队获得第二名、玉琦科技队获得第三名。

【"漓泉杯"广西城市业余足球联赛—北海赛区比赛】 4月4日，在北海海浪体育训练基地落下帷幕。本届联赛由北海市体育局主办，北海市业余体校承办，燕京啤酒（桂林漓泉）股份有限公司和北海海浪体育训练基地协办。从2009年7月25日开始至2010年4月4日结束，历时近8个月，30支队伍分为甲、乙两个级别进行比赛，经过30轮共397场激烈角逐，决出了甲级联赛前八名，乙级联赛前五名。麦大水产和八鑫实业队分获甲、乙组冠军。组委会评选出甲、乙两级联赛的"最佳射手"各1名和甲级联赛的"最佳阵容"前、中、后、守门4名运动员。评出最佳守门员为徐光平、最佳前锋为易德伟、最佳中场为黄宁、最佳后卫为吴勇、最佳射手为叶瑞友。

【第二届广西体育节北海启动仪式暨北海沙滩运动会开幕式】 8月8日，第二届广西体育节北海启动仪式暨北海沙滩运动会在北海海滩公园隆重举行。拉开了为期100天的新一轮全民健身系列活动的帷幕。启动仪式由市委常委、宣传部长、副市长廖德全主持，市委副书记曹坤华、市委秘书长伍国辉、市人大副主任张玉兴、市政府副市长张鹏、市政协副主席林梅溪、韩江初，北海军分区副司令员蔡雄以及市体育局领导出席启动仪式。参加启动仪式的还有市协游泳协会、八达自行车俱乐部成员、市业余体校运动员及市民共1000多人。

【第二届广西体育节北海市老年人体育健身展示会】 9月26日，由市人民政府主办，市体育局、市老年人体育协会承办的第二届广西体育节北海市老年人体育健身展示会在北部湾广场隆重开幕。市人大常委会副主任张玉兴、市政协副主席林梅溪、市老年人体育协会主席宁铿、市老年人体育协会执行主席禤德科以及市体育局、市老体协、县区文体局、县区老体协相关领导参加了展示会开幕式。市老龄协会太极拳队、合浦县老体协健身球队等20多支运动队380名老年体育爱好者参加了太极拳（剑）、木兰拳（剑）、健身操等3个大项的比赛。获得太极拳（剑）一等奖的运动队是市老龄协会太极拳队，获得木兰拳（剑）一等奖的运动队是合浦县老体协木兰剑队,获得健身操一等奖的运动队是红叶艺术团、海城区老体协玉香腰鼓队、安达武术队腰鼓队。

【第二届广西体育节海峡两岸水上摩托车摩托艇表演赛】 8月11日,第二届广西体育节海峡两岸水上摩托车摩托艇表演赛在星岛湖举行,本次比赛由广西区体育局、广西社会体育运动发展中心、北海市体育局、北海市旅游局、中国台湾水上摩托车协会联合举办。参加表演的12名选手来自台湾和安徽,其中有获得过全国摩托艇花样比赛冠军的选手。

【广西“机电杯”首届环北部湾汽车集结赛】 8月8日至10日,广西“机电杯”首届环北部湾汽车集结赛在“环北部湾”高速公路和二级公路上进行。比赛线路经南宁、玉林、北海、钦州、防城港等5个城市,总行程近800千米。本届比赛比以往的赛事更具平民化、低门槛的特点,只要拥有2年以上的驾龄,年龄在25岁以上、60岁以下,持有合法驾驶执照的车手都可报名参赛。8月10日,北海站举行发车仪式,来自全自治区各地30辆私家车参加了北海至防城路段的比赛。

【第二届广西体育节“真龙杯”业余羽毛球俱乐部争霸赛(北海赛区)】 9月17日至18日,第二届广西体育节“真龙杯”业余羽毛球俱乐部争霸赛(北海赛区)在万泉城球馆举行,共有167人参加比赛。经过两天的激烈角逐,北海恒正设计羽毛球俱乐部代表队夺得第一名、风帆羽毛球俱乐部代表队和北海长青羽毛球俱乐部代表队分别获得第二名和第三名。

【“真龙杯”广西第二届城乡万人气排球赛北海赛区决赛】 10月23日至24日,“真龙杯”广西第二届城乡万人气排球赛北海赛区决赛在市工人文化宫羽毛球馆举行,本届比赛由广西壮族自治区体育局主办,北海市体育局承办,北海市工人文化宫、广西中烟工业有限责任公司协办。? 参加北海赛区决赛的共有34支队伍300多人,比赛分城乡街道组(男、女子)、公开组(男、女子)和单位混合组。经过2天的激烈角逐,获得乡镇街道组第一名的是铁山港代表队,获得单位混合组第一名的是海城区文化体育广播电视局,获得女子公开组第一名的是北海至信小额贷款有限公司,获得男子公开组第一名的是北海四方物流有限公司。

【北海市第十八届中学生运动会】 11月4日至12月12日,北海市第十八届中学生运动会在市各场馆举行,设游泳、羽毛球、田径、篮球、男足、乒乓球6个项目的比赛。其中游泳比赛由北海市教育局、北海市体育局主办。获得普高组团体总第一名的是北海市中学、第二名是北海市第七中学、第三名是北海市第二中学;获得初中组第一名的是北海市第一中学、第二名是北海市第五中学、第三名是北海市第三中学;获得普高组金牌第一名的是北海中学、第二名是北海第二中学、第三名是北海七中;获得初中组第一名的是北海一中、第二名是北海八中、第三名是北海五中。

【北海市群众体育工作研讨会】 9月14日,北海市群众体育工作研讨会在市体育局四楼会议室召开。市体育局领导、市教育局领导、一县三区文体局分管的领导以及各体育协会、俱乐部负责人共37人参加了研讨会。研讨会由市体育局副局长邱方宁主持。会议总结了北海市群众体育工作所取得的成绩,分析了存在问题及原因,并就下一步如何开展好群众体育工作中存在的难点问题及建议进行研讨。

2011年

【“迎新杯”老年人门球赛暨北海市第三届老体协杯门球赛】 1月18日至20日,“迎新杯”老年人门球赛暨北海市第三届老体协杯门球赛在中山公园举行。由北海市体育局、北海市老年人体育协会主办,北海市门球协会协办。全市22支球队176名老年人参加比赛。北海市卫协一队获得第一名、公安一队获得第二名,北海市天曲队获得第三名。

【北海市迎新春篮球比赛】 由北海市体育局、北海市总工会主办，北海市总工会工人文化宫、北海市篮球协会承办的“2011 年北海市迎新春篮球比赛”于 2 月 5 日至 8 日在北海市工人文化宫篮球场举行。共 7 支球队参赛，经过 4 天角逐，金癸地产获得冠军、富城获得亚军、市公安局获得季军。

【北海市“贺岁杯”足球赛】 2 月 3 日至 8 日，“贺岁杯”足球赛在北海银沙湾体育训练基地体育训练基地举行。由北海市体育局主办，北海市业余体校承办。共有 8 支队伍，184 人参加，经过 4 天的激烈角逐，玉琦科技一队获得第一名、玉琦科技二队获得第二名、五星·柠檬工房获得第三名。

【“漓泉杯”广西城市业余足球联赛—北海赛区比赛】 4 月 10 日，“漓泉杯”广西城市业余足球联赛—北海赛区比赛在北海海浪体育训练基地落下帷幕。本届联赛由北海市体育局主办，北海市业余体校承办，燕京啤酒(桂林漓泉)股份有限公司和北海海浪体育训练基地协办。从去年 8 月 8 日开始至 4 月 10 日结束，历时近 8 个月，28 支队伍分为甲、乙两个级别进行比赛，经过 26 轮共 364 场激烈角逐，决出甲级联赛前 8 名，乙级联赛前 5 名。玉琦科技队和盛林海鲜楼队分别获得甲、乙组冠军。组委会评选出甲、乙两级联赛的“最佳射手”各 1 名以及甲级联赛的“最佳阵容”前、中、后、守门 4 名运动员。

【第三届广西体育节开幕式北海会场暨北海沙滩运动会】 为深入贯彻实施《全民健身条例》和《全民健身计划(2011－2015 年)》，大力开展群众体育活动，推动全民健身运动，重振广西体育雄风，使建设西部体育强区迈出崭新步伐，自治区定于 8 月 8 日至 11 月 8 日在全区范围内举行第三届广西体育节。今年体育节的主题是：“科学健身，幸福一生”。8 月 8 日上午，第三届广西体育节开幕式北海会场开幕仪式在海滩公园隆重举行，拉开北海市为期 3 个月的新一轮全民健身系列活动帷幕。北海市委常委、秘书长伍国辉，市人大常委会副主任许光波，市政府副市长张鹏、市政协副主席林梅溪出席开幕仪式。开幕仪式后举办了沙滩足球、沙滩排球、沙滩板鞋、全民健身展示等活动，参加人数达 1000 多人。在体育节期间，北海市举行沙滩运动会、广西北部湾国际自行车邀请赛、广西羽毛球争霸赛、北海市第二届老年运动会、北海市千人围棋赛等。

【中国体育彩票杯 2011 广西三人制草根足球争霸赛北海分区赛】 为喜迎中国体育彩票足球彩票发行 10 周年，广西体育彩票管理中心于 9 月 3 日至 4 日举办三人制草根足球争霸赛(北海分区赛)，来自防城港东兴市、钦州市以及北海市 24 支队伍参加了比赛。防城港东兴市获得第一名、北海市体校四队获得第二名、北海市体校二队获得第三名。

【北海市直属机关第三届“先锋杯”气排球比赛】 为庆祝中华人民共和国成立 62 周年，进一步贯彻落实《全民健身条例》，促进市直机关各党组织之间的交流联系，由中共北海市直属机关工作委员会委和北海市体育局主办的北海市直属机关第三届“先锋杯”气排球比赛于 9 月 20 日至 24 日在海南路海建球馆举行，共 44 支队伍 440 多位运动员参加了比赛。经过激烈的较量，北海市城市管理局获得冠军、北海日报社获得亚军、北海市中级人民法院获得季军。

【第三届广西体育节北海市第二届老年人运动会】 9 月 25 日，由人民政府主办，市体育局、市老年人体育协会承办的第三届广西体育节北海市第二届老年人运动会在北部湾广场隆重开幕。市人大常委会副主任张玉兴、市政府副市长廖德全、市政协副主席韩江初、市老年人体育协会主席宁铿、市老年人体育协会执行主席禤德科以及市体育局、市老体协、县区文体局、县区老体协相关领导出席开幕仪式。运动会设太极拳(剑)、门球、乒乓球、健身韵律操等 4 个项目比赛，运动员来自各个老体协、社区、乡镇、村委、居委会，有 55 个参赛队共 600 多人参加比赛。

【第三届广西体育节“五粮醇”气排球大奖赛(北海赛区)】 10月15日至16日，第三届广西体育节“五粮醇”气排球大奖赛（北海赛区）在市文化宫羽毛球馆举办，全市24个气排球代表队200余名运动员、裁判员参加比赛。北海市质量技术监督局获得第一名，工商银行北海分行获得第二名，建荣消防公司获得第三名。副市长陈玉玉出席了开幕仪式，市政协副主席韩江初为获奖运动队颁奖。

【广西第五届“红牛杯”公路自行车邀请赛北海站比赛】 由北海市政府主办、北海市体育局承办、红牛维他命饮料有限公司冠名的广西第五届“红牛杯”公路自行车邀请赛北海站比赛，10月23日在北海拉开帷幕。180多名自行车爱好者来自全国各地和中国香港地区、台湾省。比赛分为折叠小轮车组、大众骑游组、女子组、男子中年组和男子青年组等五个组别。

【第三届广西体育节北海市千人围棋大赛】 10月30日至31日，由北海市政府主办，市体育局、市围棋协会承办的第三届广西体育节北海市千人围棋大赛来开帷幕，比赛分北海市区和合浦县两个赛区，参加比赛的选手共1000多人。经过预赛的淘汰后有500多名运动员进入决赛并决出名次:1各组第一名分别为:罗钰云、黎明伟、江怡萱、甘泉、陈应骏、王灿阳、黄全峰。

【北海市保险行业第二届运动会】 10月30日至31日，北海市保险行业第二届运动会在北海石林球馆举行，本次比赛由广西北部湾保险行业协会主办，主题为“拼搏奋进、展现风采，争创一流、勇于攀登”。近200名参赛的运动员来自北海市16家保险公司，设羽毛球团体赛、乒乓球团体赛、气排球赛等比赛项目，通过开展运动会，活跃了行业文化氛围、增进行业间的了解与友谊。

【广西首届“凤翔杯”乒乓球团体赛暨摄影大赛】 10月5日至6日，广西首届“凤翔杯”乒乓球团体赛暨摄影大赛在广西凤翔集团畜禽食品有限公司文体馆举行，本次比赛由北海市体育局主办，广西凤翔集团畜禽食品有限公司承办，合浦县文化体育新闻出版局、合浦友联乒乓球俱乐部、合浦县摄影协会协办。来自全自治区37个代表队参加为期2天的比赛，经过激烈的角逐，北海东乐中式快餐连锁队获得第一名、凤翔集团队获得第二名、南宁迭戈队获得第三名。

【北海市首届城市足球联赛】 由北海市体育局主办、北海市银沙湾足球训练基地协办的首届北海市城市足球联赛于10月22日在北海市银沙湾足球训练基地举行。联赛采用单循环的形式进行，共26支业余足球队676人参加本届足球联赛，联赛预计于2012年5月结束，届时将决出参赛各队的名次。

【北海市“红牛”杯篮球联赛】 由中共北海市直属机关工作委员会、北海市体育局、北海市总工会联合主办，北海市篮球协会、北海市总工会工人文化宫承办，北京红牛饮料销售有限公司广西分公司协办的2011北海市“红牛”杯篮球联赛于11月30日在北海市总工会工人文化宫举行。联赛分单位组和公开组进行，共30支队伍参加。经过1个多月激烈角逐，北海市体育局获单位组冠军、北海市司法局获亚军、北海市职业学院获季军；诺亚电脑队获公开组的冠军、深港物流队获亚军、客家·良港队获季军。

【参加第三届广西体育节“五粮醇”气排球北部湾总决赛】 12月10日至11日，中国工商银行北海分行、北海技术质量监督局分别组队代表北海市参加在钦州市举行的2011年第三届广西体育节“五粮醇”气排球北部湾总决赛，本次比赛有来自北海市、钦州市、防城港市等16支队伍参加，经过为期2天的角逐，中国工商银行北海分行获第三名，北海技术质量监督局获第五名。

【参加广西第三届“红水河杯”绣排球赛】 由自治区体育局主办，来宾市体育局承办的广西

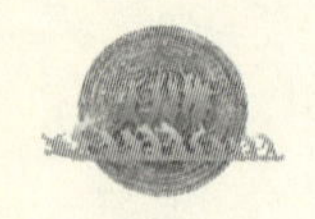

第三届"红水河杯"绣排球赛于12月18日至20日在来宾市举行。来自全自治区各市的15支队伍参加比赛，北海市代表队经过激烈拼搏，获第四名，并获本届比赛体育道德风尚奖。

【北海市青少年校园足球比赛】 12月22日，北海市青少年校园足球比赛在市九中拉开战幕，这是北海市加入全国青少年校园足球活动布点城市后的首次校园足球比赛，标志着北海市校园足球活动全面启动并步入正轨。当天的开幕式结束后，高中组的市九中代表队在主场迎战市五中代表队，双方展开激烈的比赛，最终市九中代表队以6∶1的大比分赢得首场比赛的胜利。本次比赛由市体育局、市教育局主办，比赛共分为大学组、高中组、初中组和小学组四个组级进行比赛，共有30支代表队分别参加不同级别的比赛。第一阶段比赛将于2012年3月2日结束。

【北海市成为全国青少年校园足球活动布点城市】 9月19日，全国青少年校园足球工作领导小组办公室与中国足球协会正式批准北海市成为全国青少年校园足球活动布点城市。

【北海市举办青少年校园足球活动指导员培训班】 10月24日至29日，市体育局邀请全国青少年校园足球活动领导小组办公室培训主管曾丹等3人到北海市，对成为北海市校园足球活动布点学校的30所小学和16所中学的校长和指导员进行业务培训。通过学习，提高各布点学校领导和校园足球指导员的业务知识，掌握校园足球活动的特点及组织开展的办法，为北海市开展好校园足球活动打牢基础。

竞技体育

2010年

【劳义在广州第十六届亚运会上获得2项冠军】 年内，北海籍田径运动员劳义代表中国参加第十六届亚洲运动会，11月22日，劳义在100米决赛中奋力拼搏，以10秒24的优异成绩获得金牌。26日劳义与队友团结协作、密切配合、顽强拼搏、力压群雄，最终以38秒78的成绩取得了4100米接力比赛金牌，相距20年中国又重新捧回该项目金牌。为中国竞技体育作出了积极贡献。

【北海籍运动员参加国际国内比赛】 年内，北海籍运动员参加国际和国内各项锦标赛8个项目获得第一名，6个项目获得第二名，4个项目获得第三名，1个项目获得第四名，2个项目获第五名，1个项目获第六名，1个项目获第七名。

【参加广西青少年年度锦标赛】 广西青少年年度锦标赛于7月16日至8月25日在自治区各地市、县举办。北海市组织413名运动员参加举重等17个项目的比赛，共获得金牌56枚、银牌46枚、铜牌53枚。其中北海市业余体校派出337名运动参加14个项目的比赛，获得金牌42枚、银牌38枚、铜牌48枚的好成绩，分别是：田径获得4金、3银、5铜，游泳获得6金、6银、7铜，跆拳道获得8金、8银、9铜，摔跤获得8金、7银、8铜，散打获得2金、2银、1铜，女子柔道获得5金、3银、2铜，羽毛球获得1银、2铜，乒乓球获得1银、1铜，武术套路获得1银、2铜，举重获得3金、5银、3铜；足球获得1金，帆板获得4金、5铜，拳击获得1铜；蹼泳获得1金、2银、3铜。合浦县业余体校派出76名运动员参加田径、女子篮球、男子篮球、射箭4个项目的比赛，田径获得2金、1银、五个第四名的成绩，女子、男子篮球夺得冠军，射箭获得10金、7银、5铜的好成绩。这是历年来北海市参赛项目和人数最多的一年，也是取得金牌最多的一年。

【中国大学生女子足球锦标赛】 12月6日至14日，"2010年中国大学生女子足球锦标赛"在北京航空航天大学北海学院举行，来自全国各地高校的12支队伍280名运动员参加了比赛，其中，国家女足队员毕妍等13位名将也参加了该项赛事。经过9天30场比赛的激烈角逐，河北师范大学摘得甲组冠军，徐州师范大学以不败战绩荣获乙组冠军。

【长寿杯7+2全国足球赛】 11月12日至16日，“2010年长寿杯7+2全国足球赛”在北航北海学院举行，由中国足球协会主办，北海市足球协会、北京航空大学北海学院现代体育学院承办。参赛运动员要求男队员年满60岁以上、女队员年满33岁以上，比赛采取9人制形式进行，比赛必须有2名女队员上场。本次比赛共有来自全国10支队伍200多人参加了比赛。经过激烈角逐，广东队获得冠军。

【“羽林争霸”红牛城市羽毛球挑战赛(北海赛区)】 “羽林争霸”2010红牛城市羽毛球赛于9月4日起在两广地区十座城市点燃战火，有超过200支队伍，约2500名业余好手为争夺“城市冠军杯”展开角逐。“羽林争霸”红牛城市羽毛球挑战赛在广西分南宁、柳州、桂林、北海、玉林五个赛区。其中北海赛区是由自治区体育局主办，广西球类运动发展中心、北海市体育局承办，北京红牛饮料销售有限公司广西分公司协办。有社会团体、企事业单位共21支队伍，210人报名参赛。于9月11日至12日在北海市万泉城球馆展开激烈角逐。经过两天一夜的角逐，获得冠军的是合浦兴利生物代表队，亚军是北海长青俱乐部队，季军是恒正设计俱乐部队。

【北海市竞技体育工作座谈会】 8月30日上午，北海市竞技体育工作座谈会在市体育局四楼会议室召开。市体育局领导班子、合浦县文体局分管领导、业余体校领导及各项目主教练共28人参加了会议。会议由市体育局副局长陈道武主持，会议总结了2010年度各项目锦标赛的情况，认真分析了北海市竞技体育发展的机遇与优势及存在的主要问题，统一思想认识，理清发展思路，明确竞技体育近期、中期、远期发展目标及保障措施。

【广西竞技体育工作会议】 9月27日至28日，广西竞技体育工作会议在北海市召开。自治区体育局局长容小宁、副局长吴数德、纪检组长吴海琴和自治区体育局各处(室)、各运动中心、各市体育局、特邀单位领导及技术代表共172人参加会议。会议由自治区体育局副局长吴数德主持，北海市副市长文政出席了27日上午的会议并致欢迎词。区体育局局长容小宁、副局长吴数德和纪检组长吴海琴分别作了重要讲话。会议要求全区竞技体育工作者，要抢抓机遇，查找差距，深入分析影响和制约广西竞技体育事业发展的主要问题，坚持创新，科学发展，积极探索竞技体育工作新思路。强调要认真实施竞技体育金牌工程、大力加强竞技体育人才队伍的建设、加大竞技体育硬件基础设施的投入、加大业余训练体育事业经费的投入、强化科学管理、扩大竞技体育对外交流合作。会议对筹备第12届区运会的各项工作进行了布置，并提出了明确要求。

2011年

【参加全区青少年锦标赛暨区运会资格赛】 5月28日至6月20日，全区青少年锦标赛暨区运会资格赛在南宁市举行，北海市共派出295名运动员参加田径、游泳、射击、举重、拳击、跆拳道、柔道、足球、男女篮球、摔跤、羽毛球、乒乓球等14个项目的比赛，共获金牌55枚、银牌49枚、铜牌45枚，金牌总数在全区排第一名，游泳等5个代表队、陈丽霞等31名运动员获“体育道德风尚奖”。

【组队参加广西第十二届运动会】 由广西壮族自治区人民政府主办、广西壮族自治区体育局和钦州市人民政府承办的广西壮族自治区第十二届运动会于11月6至16日在钦州市举行。北海市派出273名运动员参加游泳等17个项目的比赛，获得金牌76枚、银牌39枚、铜牌45枚，并获得竞技体育贡献奖，有2个队及30名运动员获得体育道德风尚奖，金牌数、奖牌榜名列全区第4位，有3人5次打破4项广西青少年纪录，1人3次打破2项广西纪录，取得北海市参加区运会的历史最好成绩，竞技体

育运动成绩和精神文明双丰收，实现了北海竞技体育的跨越式发展。

【全国大学生男子足球锦标赛】 2月18至27日，全国大学生男子足球锦标赛在北海市银沙湾体育培训基地举行，由国家教育部体育协会、中国足球协会主办。北京航空大学?、内蒙古师范大学?、内蒙古科技大学?、沈阳工业大学?、上海大学?、山东大学?、河南大学?、天津师范大学?、深圳大学?、山西太原理工大学等10所大学的代表队参加了比赛。国家教育部体育协会将通过本次锦标赛选拔一批身体和技术素质好的优秀队员组成中国大学生男子足球队，参加8月在深圳举行的世界大学生运动会足球比赛。

【“羽林争霸”2011红牛城市羽毛球公开赛(北海赛区)】 “羽林争霸”2011红牛城市羽毛球赛于6月5日起在国内南北赛区十二座城市点燃战火，有超过200支队伍，2500名业余好手为争夺“城市冠军杯”展开角逐。“羽林争霸”红牛城市羽毛球挑战赛在广西分南宁、柳州、桂林、梧州、北海、玉林六个赛区。其中北海赛区是由自治区体育局主办，广西球类运动发展中心、北海市体育局承办，北京红牛饮料销售有限公司广西分公司协办。有社会团体、企事业单位共20支队伍140人参赛，比赛在7月2日至3日在北海市万泉城球馆展开，经过两天一夜的角逐，北海川崎队夺得第一名，北海风帆俱乐部、北海建业中天羽毛球队分别获得第二名和第三名。

【备战广西第十二届运动会第二次动员大会】 1月5日，广西第十二届运动会第二次动员大会在市体育局四楼会议室召开。市体育局领导班子、局下属单位领导、合浦县文体局局长和分管训练的副局长及各参赛项目教练员、备战办人员共68人参加会议。会上，体育局局长关国明、副局长陈道武及副调研员梁吉棉分别作讲话，市业余体校、合浦县文体局、教练员代表也分别发言。会议要求全体育系统人员要统一思想，明确目标，分析对手，研究战略，查找差距，研究战略，深入分析影响和制约北海市竞技体育发展的主要问题，探索北海市竞技体育工作新思路。强调要大力加强备战区运会训练队伍的管理，加快备战区运会硬件基础设施的建设，保障业余训练经费，科学地强化训练。会议对备战第十二届区运会的各项工作进行了布置，并与市业余体校、合浦县文体局分别签订《北海市第十二届运动会目标管理责任书》。

【重新组建的广西足球队在北海市成立】 7月31日，重新组建广西足球队成立大会在北京航空航天大学北海学院举行，自治区党委常委、政法委书记温卡华，国家体育总局足球运动管理中心主任韦迪，自治区体育局局长容小宁，北海市委书记王小东、市长连友农等领导出席成立大会。重新组建的广西足球队采取政府主导，体育部门指导，专业机构负责实施，中外合作，社会力量参与，区、市共建的管理模式，这在全国尚属首例。

【出征广西第十二届运动会动员誓师大会】 10月28日下午。广西第十二届运动会动员誓师大会在市府小礼堂召开。副市长石昆在会上作动员讲话，并为北海市代表团授旗。石昆在讲话中表示，希望参加广西第十二届运动会第二阶段决赛的北海市体育健儿倍加努力，不畏强手，敢打敢拼。即要牢固树立靠实力取胜的思想，苦练基本功，增强实力；又要认真研究，制定策略，主动地提前做好各项准备工作，以昂扬的斗志和最佳的竞技状态迎接挑战，以优异成绩回报160万家乡父老，为北海人民争光，展示北海体育健儿风采。北海市代表团运动员、教练员代表分别在会上作表态发言。

体育产业

2010年

【冬训基地】 冬训期间，北海海浪基地共接待了42支队伍约2500人，分别来自黑龙江、吉林、辽宁、大连、北京、天津、山东、河南、内蒙古、山西、陕西、青海等省、市、自治区，除了男、女足球队，还有田径、棒垒球、射箭、自行车等5个项目。中国足协沙滩足球队、国家藤球队均在北海市开展冬训。

【体育彩票销售】 年内，北海市体育彩票销售点由上年的47个增加至73个，比去年增加了64%，销售彩票2939万元，比去年翻了一番。

2011年

【冬训基地】 冬训期间，北海海浪基地共接待了60支队伍约3500人，分别来自黑龙江、吉林、辽宁、大连、北京、天津、山东、河南、内蒙古、山西、陕西、青海和贵州等省、市、自治区，除了男、女足球队，还有田径、跨栏等3个项目。

【体育彩票销售】 年内，北海市体育彩票销售点由上年的73个增加至91个，比去年增加了25%，销售彩票4127万元，比上年增加了40%。

体育对外交流

2011年

【北海市体育局与德国石荷州足协签署合作备忘录】 3月21日，北海市体育局在北海香格里拉大酒店与德国石荷州足协签署合作备忘录，双方将在青少年足球发展领域开展合作。合作的主要内容包括多个方面：利用现有设施在北海市建立中德合作青少年足球培训中心；德国石荷州足协选派有经验的教练员和专业顾问，对北海青少年足球队培训、职业俱乐部运作提供指导和咨询；定期在北海共同举办教练员、裁判员培训班，安排中方球队赴德培训、比赛；定期邀请德国球队来北海冬训、比赛，安排中国球员和教练员到德国接受长期培训；双方互派政府、行业管理及学校人员互访，开展校园足球交流等等。

体育基础设施建设

2010年

【北部湾体育中心一期工程】 12月30日，北部湾体育中心一期工程开工建设，业余体校项目进展顺利，截至12月31日，已全部封顶，除训练馆外、生活楼、教学楼等均已装修完毕。主体育场完成2400根桩基础施工后，于4月20日停工，原因主要是需对设计方案和投资概算进行调整。全年完成投资7050万元。

【山东省体育局北海训练基地】 8月9日，由北海市人民政府与山东省体育局在济南签订协议书。项目占地约42公顷，总投资超过6亿元，由主训练场、皮划艇训练场、帆船帆板训练场3部分构成，包括足球、游泳等25个奥运项目，可同时容纳2500人训练。规划设计及征地等前期工作已启动，计划6月正式动工建设，皮划艇训练场2011年底基本完成土建工程，主训练场2012年底建好投入使用。

【北岸游泳场改造工程】 北岸游泳场改造工程项目计划总投资1400万元，改造内容包括游泳池维修改造，加设观众座位，新建一幢三层体育健身娱乐综合楼，综合楼12月动工建设，计划5月建好投入使用。

【农民体育健身工程】 年内，利用上级专项资金及自筹资金253万元，建设了2个乡镇农民体育健身工程、8个行政村篮球场、6个城乡风貌改造村的体育设施以及12个村级公共服务中心体育设施建设。

【北部湾体育中心建设专家咨询会】 6月20日，北部湾体育中心建设专家咨询会在南洋国际大酒店召开。市长连友农，副市长杨志远、张鹏，市体育局和市高昂公司领导，国家奥林匹克体育中心副主任彭维勇等4名在国内体育设施设计、建设与管理方面具有丰富经验的权威专家，南宁、玉林、钦州等市体育局和场馆

建设管理单位负责人应邀参加研讨会。会上，项目设计单位广东省建筑设计院、中智华体（北京）有限公司分别介绍了北部湾体育中心一期工程的设计理念、设计要点及概算。与会专家介绍了国内外现代体育场馆设计的要求、标准及趋势，对设计尤其是体育工艺设计存在的问题提出修改意见，并根据北海的城市规模、发展现状，对体育场馆建设、运作管理等方面提出了意见和建议。市长连友农在充分听取专家各方的意见后强调，项目责任单位、业主要按照市委、市政府的决策和部署，依法依规推进项目建设；设计单位要按专家形成的意见，在5个工作日内调整和完善设计方案，并切实测准投资概算，既要考虑美观实用，又要考虑投资承受力；各施工单位要根据调整完善后的设计图纸，尽快做出相应方案，加强施工力量，在确保建设工程质量的基础上加快施工进度；业主单位和责任单位要加强协调，按专家的意见逐项抓好落实，确保工程按时完成。

2011年

【北部湾体育中心一期工程】 12月30日，北部湾体育中心一期工程开工建设，主体育场已打桩2040根，业余体校项目主体已全部封顶，除训练馆外、生活楼、教学楼等均已装修完毕。截至年底，设计方案调整已完成，重新立项已获市发改委正式批复，计划2012年初复工建设。

【山东省体育局北海训练基地工程】 由主训练基地，皮划艇训练基地组成。主训练基地选址于银海区龙潭村，北部湾体育中心西侧，毗邻北部湾体育中心，占地约42公顷，总建筑面积9.4万平方米。可容纳篮球、羽毛球、体操、游泳等25个项目运动队的2500名以上运动员、教练员训练及生活；皮划艇基地选址于合浦县星岛湖乡洪潮江水库，占地5.73公顷，总建筑面积1万平方米。建设内容包括艇库、综合楼、训练房、码头及生活设施。项目总投资6亿元，资金来源为业主自筹。皮划艇训练基地于5月18日开工建设，主体工程已施工至二层，计划2012年7月竣工投入使用；主训练基地已完成可研、初步设计等前期工作，正在进行项目用地置换工作，争取2012年底动工建设。

【北海体育馆工程】 选址于北海大道东延线以北，天津路以西，占地面积6.34公顷，建筑面积约12000平方米。建设内容为6000座位室内体育馆一座。项目计划总投资2亿元，资金来源为市财政配套、银行贷款。北海体育馆工程已启动前期工作，截至年底，已办理项目选址意见书、红线图，项目建议书编制完成并报发改委审批，正在编制可研、项目总平面规划以及项目单体方案。

【北海市综合健身馆工程】 选址于西藏路西侧，西南大道南侧，占地0.32公顷。建设内容包括室内篮球场、羽毛球场、乒乓球场及办公室、更衣室等配套设施。项目总投资516万元，资金来源为国家体育总局“雪炭工程”专项经费和市财政配套。计划2012年8月开工建设，2012月11月底竣工投入使用。北海市综合健身馆工程已启动前期工作，截至年底，已完成选址意见书、施工图设计工作，正在开展施工图审查工作。

【北岸游泳场改造工程】 北岸游泳场改造工程项目计划总投资1400万元，改造内容包括游泳池维修改造，加设观众座位，新建运动会所。游泳池2010年年底已完成沐浴及办公设施建设，5月1日正式对外开放；运动会所于3月开始基础施工，截止年底，主体封顶，已完成外墙抹灰、涂料施工、玻璃幕墙各节点安装以及屋面防水保温工作。全年投资670万元。

【农民体育健身工程】 年内，利用上级专项资金100万元，建设了1个国家级乡镇农民体育健身工程、8个村级篮球场、1个城乡风貌改造村的体育设施以及14个村级公共服务中心体育设施建设。

【体育惠民工程】 年内，利用体育彩票公益金

65.8万元采购15条健身路径，同时争取自治区体育局帮助解决5条健身路径，在市区安装9条，银海区安装3条，铁山港区安装7条，涠洲岛安装1条，现20条健身路径全部投入使用。

县域体育

2010年

【海城区】 2月初，举办了海城区第二届迎春运动会，来自全区300余名运动员分别参加了气排球、羽毛球、乒乓球赛。赛事组委会分别对气排球赛前8名和羽毛球、乒乓球团体赛前4名进行了颁奖；10月份组队参加广西区"真龙杯"城乡万人气排球赛北海赛区比赛并荣获混合组冠军，并代表海城区前往南宁参加广西区决赛；年内区辖涠洲镇、高德办事处、驿马办事处、海角办事处分别举办了涠洲岛"南油杯"农村篮球大赛、高德第一届农民篮球大赛、驿马办事处运动会、独树根东国家社区体育俱乐部青少年运动会等活动。争取国家体育彩票资金，建成了海城区高德开江、高莱农村篮球场2个，广场东、独树根西、银湾、高莱、高德一居、贵州南等5个室外健身场所。建成了驿马、高莱两个农村公共服务中心。公共服务中心包括一幢200平方米的办公楼，1个高标准篮球场，1个室外建身活动场所等，并成立了一支篮球队。

【银海区】 围绕加强体育基础设施建设，努力构建公共体育服务体系的目标，按要求认真抓好体育基础设施的建设，全年投入100多万元：其中投入35万元建设平阳镇沟边村、老旧场村，福成镇宁海村、门头村、福成村、大水江村，银滩镇关井村，侨港镇侨北社区共7个篮球场；投入24万元建设银滩镇咸田村文体活动中心；投入20万元建设福成镇新安村，平阳镇店塘村、银滩镇南沥社区、侨港镇侨南社区4个健身路径；支持10多万元，配置给银滩镇、平阳镇文化站及银滩镇咸田村、侨港镇亚平村体育设备；投入31万元建设福成镇球馆。体育活动蓬勃开展，举办了庆"三八"节女子体育兴趣比赛活动；举办庆"五一"拔河比赛和9份举办银海区"和谐杯"羽毛球比赛。10月，组织银滩镇电建村、福成镇福成村狮子队参加北海市第五届"海门杯"龙狮比武大赛获二等奖；并组织代表队参加"真龙杯"广西第二届城乡万人气排球赛(北海赛区)，荣获混合组第三名。一年来在机关、乡镇、社区、企业、校园、乡村共举办了体育活动40余次。基层老体协组织网络逐步完善，全区4镇及大部分村(居)委会都建立了老体协机构，并确保了工作有人抓，办公有场所，活动有场地，活动有计划，老体协队伍有所发展，建设有福成镇福成村和竹林村舞蹈队，银滩镇电建村女子舞狮队，白虎头村、咸田村、南沥社区舞蹈队、侨港镇曲艺团等队伍，早晚坚持开展健身舞蹈活动。加强体育骨干培训，6月份组织全区体育骨干到参加市和自治区体育培训班学习。

【铁山港区】 制定了全区文化体育事业发展规划，抓住重点，以点带面，整体推进，全面促进我区文体阵地建设，使基层文体设施建得到加强。以南康镇文化广场为亮点，继续完善农村文化广场建设，投资20万为兴港镇、南康镇、营盘镇安装了6条健身路径。干部职工中开展了4次排篮球体育比赛。

【合浦县】 以抓项目建设为重点，不断完善文体基础设施，完成了城乡风貌改造石康镇十字村、白沙镇洋墩村、山口镇谢屋村3个篮球场建设任务，完成体育场、灯光球场进行维修改造工程，购置了部分文化体育设备。以抓大型活动为重点，组织开展形式多样、内容丰富的体育活动。6月15日至16日举行了至今规模最大、参与人数最多的"玫瑰世家杯"龙舟大赛。10月15日，举办大型广场文化体育活动，县领导参加了这次活动，来自城乡26个基层老体协单位、共430人参加表演，节目有健身操、健身舞、武术、大合唱等，并组织协调各乡

镇开展篮球赛、舞狮、拔河等。加强业余体育训练，提高体育竞技水平，调整合浦县业余体校的领导班子，建立一套比较完善的管理机制，实行科学训练，提高竞技水平，出人才、出成绩。由合浦县输送的射箭运动员陈业青，5月14日至5月19日代表广西参加在青海省举行的全国室内射箭锦标赛上分别获得个人排名第一、个人淘汰赛第一的好成绩；5月26日至6月1日，代表广西参加在浙江省杭州德清举行全国射箭奥林匹克项目淘汰赛上，获得反曲弓混合团体淘汰赛第一名。合浦县运动员在2010年广西青少年锦标取得了2项团体冠军和14枚金牌、11枚银牌、4枚铜牌，其中射箭项目金牌总数24块，合浦代表队获取了12块，男、女篮项目均获得了冠军。在广州亚运会上，合浦西场镇劳义获田径男子100米跑冠军。11月6日至10日，县文体局在县城举办全县村级体育骨干培训班，全县15个乡镇60名村级体育骨干参加培训。由中央补助地方文化体育与传媒事业发展专项资金安排40万元，对灯光球场进行第三次维修。利用城乡风貌改造资金9万元，建设石康镇十字路村、白沙镇洋墩村、山口镇谢屋村3个村级标准篮球场。利用国家体育彩票基金下拨的全民健身器械，在县体育场及县老年人活动中心安装全民健身路径两套共45件健身器具。

2011年

【海城区】 年内，落实资金25万元并从市体育局争取5套价值30余万元的健身器材为高德办事处翁山村、垌尾村，东街办事处北部湾东，西街办事处广场西，地角办事处昆明路等5个农村社区建设健身活动场所。完成了赤西塘儿村、地角下寮灯光篮球场建设。筹集资金8万余元完成了(村级)农民体育健身工程高德办事处龙沟卢村篮球场建设。整合多方力量，新建成海角办事处独树根西文体广场，并配备完善健身器材、乒乓球台等设施。建成马栏村公共服务中心，项目用地积约1000平方米，项目总投资66.7万元，中心包括一栋三层总建筑面积为326.8平方米的公共服务综合楼(一楼设卫生室、卫生服务室，二楼设农家书屋、三楼设多功能活动室等)、一个篮球场(套气排球场)和室外乒乓球场，一座戏台，并组建一支农民文艺队、一支农民篮球队。9月份海城区老体协参加北海市第二届老年人运动会获得健身操集体一等奖；海城区气排球队在第三届广西体育节——"五粮醇"气排球大奖赛区(北海赛区)的比赛中获优异成绩；独树根西社区荣获广西区"2007－2010年全区群众体育先进单位"。

【银海区】 体育设施建设方面，8月份完成福成镇球馆建设工作；投入15万元建设福成镇竹林村和新安村篮球场、乒乓球场；划拨10多万元用于解决银滩镇、平阳镇体育设施的建设；投入6万元建设福成镇宁海村委下佳塘村篮球场、乒乓球场；投入9.98万元购置24张乒乓球台、28副篮球板配送给全区三镇及20多个农村、学校。开展群众性体育方面，1月举办银海区"迎新春"系列比赛，有20支队200人次参加比赛，观众5000人次。举办福成镇"迎新春"篮球比赛，组织了以镇为单位共12支队进行了比赛，观看的群众达到了5000多人；同时在大年初一至初四组织了拔河比赛，观看的群众3000多人。各村也分别开展多种体育活动，西村春节时间举办了村级家庭趣味性体育活动，全村共30多个家庭参加比赛，评出了一等奖5名，二等奖8名、三等奖12名，观众2000人次；组织了七队篮球队进行21场比赛，评出一等奖1名，二等奖1名，三等奖2名，鼓励奖2名；同时还进行了舞狮表演，观众1500人次。宁海村、门头村、红旗村、福成村、畔塘村、山梓村、侨港镇、平阳镇等春节期间也都兴举行了丰富多彩的群众性体育活动。6月30日，由银海区政府主办，区教育文体局承办，组织全区12支队参加了庆建党九十周年羽毛球比赛。加强体育队伍培训，7月，投入2万多元，组织全区体育骨干60多人，在市、自治区级等进行了培训。年内全区共开展体育比赛100场，家庭趣味性体育活动20场，参加活动的体育队伍 200 多支，参加比赛 4000 人次，观众达 60000 人次。

【铁山港区】 铁山港区制定了全区文化体育事业发展规划，基层文体设施是文体事业发展的物质基础。在全区干部职工中开展了三次职工篮球赛。此外，铁山港继区续抓好基层体育设施建设，抓好群众体育工作，积极实施《全民健身纲要》，实施全民健身活动。全年修建成 5 个村级篮球场。重点投资 65 万元建设南康镇水鸭塘村、营盘镇塘仔村 2 个村级文化公共服务点，每点有篮球场、乒乓球场、农民篮球队、文艺队。全区干部职工中开展了 3 次排篮球体育比赛。开展全区农村农民汽排球 2 次。

【合浦县】 年内，合浦县派出运动员 61 人代表北海市参加广西区第十二届运动会男篮、女篮、田径、射箭等四个项目比赛，共获得金牌 15 枚，银牌 2 枚，铜牌 7 枚，是合浦县运动员参加历届全区运动会的最好成绩。其中女篮获得冠军，女子甲组 100、200 米、4100 米、4400 米；男子丙组 100 米栏均获第一；射箭运动员洪兴婷在 40 米单轮比赛获金牌并以 305 环破 304 环广西区青少年记录。同时，组织丰富多彩的各类群体活动，包括“贺新春”篮球赛、回乡大学生足球赛、广西首届“五粮醇”气排球（合浦赛区）大奖赛、第三届广西体育节“五粮醇”气排球（合浦赛区）大奖赛、“和谐税企”杯气排球赛、合浦县“全民健身日”活动、合浦县第四届老年人运动会、第三届广西体育节——环北部湾自行车（合浦站）公路赛、合浦县“凤翔”杯乒乓球赛等。9 月，自治区财政厅下达 2011 年文化体育与传媒事业发展专项资金 60 万元，专项用于维修改造游泳池，我局报县发改局批准立项，在县游泳场内新建一个青少年游泳池，总投资 70 万元，其中自治区下达专项资金 60 万元，自筹 10 万元。该项目于 11 月开工建设。9 月，自治区财政厅下达 2011 年文化体育与传媒事业发展专项资金 35 万元，专项用于县体育场、体育练习馆维修改造。

防城港市

全市体育工作综述

2010 年

当年 5 月，原市文化局、原市体育局、原市新闻出版局的职责整合划入市文化体育新闻出版局。在市委、市政府的领导下，坚持以科学发展观统领体育工作，开拓创新，不断满足人民群众日益增长的健身需求，以增强人民体质为根本任务，以加快市体育场馆建设为当前工作重点，着力提高全市竞技体育运动水平、积极推进体育产业的快速发展，促进了防城港体育工作的稳步发展。

公共体育设施日趋完善。一方面积极推进民生工程建设，以社会主义新农村建设为契机，利用体育彩票公益金推进新农村体育健身活动的开展，以村级、乡镇公共体育场地建设为重点，推动农村体育组织和活动的发展。积极向自治区体育局申报全民健身工程项目，其中自治区批复 3 个 20 万元乡镇农民体育健身工程项目，8 个 3 万元的村级篮球场工程，11 个 2 万元的村级篮球场工程，10 个 5 千元的篮球架项目。铺设了 12 条全民健身路径，分布港口区、防城区的行政村以及社区。另一方面，加强公共体育基础设施建设，完善公共体育服务网络，切实履行公共体育服务职能，不断满足人民群众日益增长的文化体育需求。市桃花湾体育馆项目建设 11 月份完成主体二层建设，进入网架封顶建设，确保年底完成主体建设，2011 年初交付使用。防城港市体育中心在原来已立项批复前提下，市政府积极招商引资，目前正在与几家大型投资公司洽谈资金投入事宜，预计 2011 年能够落实部分建设资金开展前期建设工作。

全民健身运动蓬勃开展。多次组织开展《全民健身条例》学习辅导，提高了各级贯彻落实《条例》的自觉性。深入开展全民健身活动，举办了老年人迎春门球赛、健步走、健身广场系列活动、防城港市首届国际龙舟节、首届北部湾滨海沙滩节气排球赛、白浪滩沙滩汽车赛、中越青年大联欢沙滩趣味体育活动、第二届广西体育节防城港市活动等一系列规模较大、内容丰富、特色鲜明、影响广泛的全民健身活动，掀起了前所未有的全民健身热潮。

竞技体育实力明显提升。认真抓好业余训练工作，努力提高竞技水平，积极备战 2010 年青少年锦标赛的准备工作。3 月份，发动市业余体校教练到全市各县(市、区)中小学校进行了大规模的项目苗子选拔，为 2010 锦标赛和 2011 年区运会打下了基础。认真制订计划和实施方案，全面落实各项目责任人和领队、教练、运动员。2010 年防城港市参加全区青少年锦标赛获 28 金 24 银 22 铜，在全国青少年锦标赛取得 7 金 6 银 12 铜。

2011 年

防城港市文体新局坚持以邓小平理论和“三个代表”重要思想为指导，深入贯彻落实党的十七大和十七届六中全会精神，以科学发展观为统领，认真贯彻落实《全民健身条例》、《全民健身计划(2011－2015 年)》，积极推进我市体育事业的全面发展。一年来所获荣誉有广西体育系统 2011 年落实固定资产投资工作目标责任二等奖、2011 全区体育系统先进集体、2011 年度广西体育彩票工作(市级)三等奖、自治区第十二届运动会体育道德风尚奖。

桃花湾体育馆建成，实现市级体育场馆“零”突破。自4月20日正式开馆以来已经承办了首届宣传文化系统运动会、全市企业职工运动会、首届北部湾搏击王擂台争霸赛等大型体育赛事25场，已成为开展社区文化体育活动的主要场所。市桃花湾体育馆的建成，结束了本市没有市级体育训练场馆的历史，是社会经济进步的重要标志，对开展全民健身活动有重要意义。

打造全民健身“运动西湾”。组织开展了元旦、春节期间等节庆系列群众体育活动，举办或参与了各级机关、部门和企事业单位举办的“广电网络杯”气排球赛、“桂海东盟房产”气排球赛、首届宣传文化系统运动会、企业职工运动会、全市老年人健身球比赛、“麒胤杯”港口区第五届全区职工运动会等各类大型体育赛事达50场次以上。“健康防城港人”全民健身活动普遍开展、自发活动达500多场次，每天参与活动人数3000人以上。广大群众的体育意识普遍增强，参加体育锻炼的人口逐年增加，身体素质明显提高，全民健身工作取得了明显效果。

竞技体育工作有新突破。积极参与体育赛事获奖牌92枚，在2011年“体彩杯”广西青少年锦标赛获19金15银19铜，在广西第十二届运动会获得13金13铜13银，在运动员少、项目少的情况下，每项比赛都取得历史性突破，实现了由上届运动会5金的质的飞跃。

群众体育

2010年

【“三月三”歌圩节武术散打邀请赛】 4月15日至17日，组织参加了在武鸣县举办的“三月三”歌圩节武术散打邀请赛；防城港市双喜散打俱乐部的运动员潘远权夺得武术散打擂台赛冠军。

【广西老年人气排球比赛】 5月18日晚，2010广西老年人气排球赛在防城港务集团球馆举行热烈欢快的开幕仪式，来自南宁、柳州、桂林、防城港等14市和区直的34支男女代表队将展开为期4天的激烈角逐。

【第二届防城港市国际龙舟节】 6月11日至12日，在防城港港口区西湾举行第二届防城港市国际龙舟节，本届龙舟节有来自东盟国家、港澳地区和广西区内外的18支参赛队伍以单位或团体冠名组队参赛，参照国家体育总局最新审定的《龙舟竞赛规则》进行项目比赛。历时两个小时的精彩比赛，最终由广西民族大学男子龙舟队夺得桂冠，广西柳州市贝江龙舟队和防城港市港口区企沙镇华侨龙舟队分列二、三名。

【第二届广西体育节防城港市活动】 8月8日至11月18日，在全区范围内举办第二届广西体育节，按照自治区的统一部署，防城港市委、市人民政府于8月8日在市行政中心广场举行第二届广西体育节防城港市活动开幕式及万人健步走活动。

【中越青年大联欢沙滩趣味体育活动】 8月26日，中越青年大联欢沙滩趣味体育活动在广西东兴金滩举行。众多中越青年参加“两人三足”、“袋鼠跳”、“万水千山中越情”、“友谊对对碰”、“字牌拼拼拼”等趣味比赛活动，隆重热烈的节日氛围，形式新颖的各项活动，体现了“中越友好、青春携手、世代相传”主题。

【中国联通杯．乒临城下”防城港市赛区乒乓球挑战赛】 8月28日至29日，中国联通杯．乒临城下”防城港市赛区乒乓球挑战赛在防城港市海港俱乐部举行。

【漓泉·绿色联盟杯城市足球赛(广西总决赛)】 9月10日至12日，赴南宁参加漓泉杯广西总决赛，防城港市代表队获得第三名。

【“真龙杯”业余羽毛球俱乐部争霸赛防城港市选拔赛】 9月18日至19日，在港口区举办第

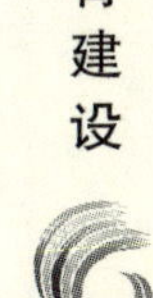

二届广西体育节—“真龙杯”业余羽毛球俱乐部争霸赛防城港市选拔赛，选拔赛所产生的冠军队伍将参加自治区总决赛。

【青岛啤酒．首届北部湾国际滨海沙滩节气排球比赛】 10月1日至5日，在白浪滩举行青岛啤酒·首届北部湾国际滨海沙滩节沙滩气排球比赛。

【“真龙杯”广西第二届城乡万人气排球赛防城港市决赛】 10月29日至31日，“真龙杯”广西第二届城乡万人气排球赛防城港市决赛在港口区港务局篮球场举行。

2011年

【首届宣传文化系统运动会】 4月19日至22日下午，防城港市首届宣传文化系统运动会在桃花湾体育馆举行。参加此届运动会的市直及各县(区、市)宣传文化部门(单位)的13个代表团，在气排球、乒乓球、羽毛球、拔河共四大项目比赛中经激烈、友谊比赛中角逐出名次。

【防城港市国际海上龙舟节】 6月2日至4日，防城港市国际海上龙舟节隆重举行，主要活动有国际龙舟比赛、北部湾(防城港)搏击王擂台争霸赛、海上摩托艇表演、名优特产展销、美食街(啤酒狂欢周)及旅游推介、防城港市非物质文化遗产及民间体育大汇展等系列活动。6月3日下午举行的国际龙舟比赛，共有21支来自不同国家和地区的参赛队展开激烈的角逐，其中加拿大、新加坡、印度尼西亚和中华台北队等四支代表队第一次参加防城港市举行的龙舟赛。本届龙舟赛比赛结果为：缅甸国家队第一名，防城港市港口企沙华侨队第二名，香港队第三名，白沙万第四名，广西民大第五名，广东海洋大学第六名。

【首届北部湾搏击王擂台争霸赛】 北部湾搏击王争霸赛是2011年国际海上龙舟节新增加的赛事，于6月2日至3日在桃花湾体育馆内举行。来自防城港市以及南宁、钦州、玉林、广西武警总队、蔡李佛协会等城市、单位和团体7支代表队的16名搏击高手进行角逐。此次搏击王擂台争霸赛设轻量级和重量级。

【防城港市非物质文化遗产及民间体育大汇展】 防城港2011国际龙舟节活动之一的防城港市非物质文化遗产及民间体育大汇展于6月2日在桃花湾广场开展。展区共设主舞台展示区和4个县(市、区)展示区，展示防城港市丰富多彩的非物质文化遗产资源以及民间长期流传的、富有地方特色的疍家文化及民间传统体育等项目。

【第三届广西体育节防城港市活动】 8月8日上午，由市委、市人民政府主办的“健康防城港人”第三届广西体育节防城港市活动在市桃花湾体育馆拉开了帷幕。本届广西体育节防城港市活动将以“科学健身，幸福一生，健康防城港人”为主题，在全市组织开展包括乡镇级农民篮球赛、气排球赛在内的丰富多彩、形式多样、贴近基层的群众体育活动。期间，开展了第七届“珠江啤酒”足球联赛、中国移动“动力100杯”乒乓球挑战赛、中国联通乒临城下防城港市赛区挑战赛、防城港市老年人健身球比赛、“桂海东盟房产”气排球赛等一系列比赛。

【防城港海滨“北部湾杯”汽车越野邀请赛】 12月10日，中国·防城港海滨“北部湾杯”汽车越野邀请赛暨越野e族钦北防中队年会在防城港市白浪滩举行，来自广西各地及贵州、湖南、四川、广东、香港的选手参加了比赛。

竞技体育

2010年

【参加广西青少年锦标赛及全国比赛】 年内，参加全区青少年锦标赛获28金24银22铜，在全国青少年锦标赛取得7金6银12铜的好成绩，充分展示了竞技体育的拼搏进取精神和我市运动员良好的精神风貌。

2011年

【参加广西青少年锦标赛及全国比赛】 年内，积极参与体育赛事获奖牌92枚，在2011年“体彩杯”广西青少年锦标赛获19金15银19铜，在广西第十二届运动会获得13金13铜13银，在运动员少、项目少的情况下，每项比赛都取得历史性突破，实现了由上届运动会5金的质的飞跃。

【“三月三”歌圩节武术散打邀请赛】 武鸣“三月三”散打擂台赛（精英赛）防城港市双喜散打俱乐部的运动员肖琦、潘远权分别获得48公斤级、52公斤级第一名，其余有获得一个65公斤级第三名，56公斤级、66－75公斤级第四名，60公斤级第六名。

【全国青少年武术散打锦标赛】 7月5日至9日，在武汉举行的全国青少年武术散打锦标赛上，防城港市双喜散打俱乐部的运动员潘远权成功问鼎该赛事的52公斤级桂冠，成为我市首个散打全国冠军。防城港市另一运动员雷露露斩获该级别第四名。

【东盟武术节】 12月15日至18日，防城港市代表团参加在南宁市举行的2011年东盟武术节，分别夺得65公斤级第一名，75公斤级第一名和第二名，60公斤级、65公斤级、70公斤级的第三名，56公斤级、70公斤级的第五名。

体育产业

2010年

【体育彩票销售】 全年销售中国体育彩票1454.28万元，增幅98.79%。

2011年

【体育彩票销售】 全年销售中国体育彩票2153.12万元，增幅48.05%。

体育对外交流

2010年

【第二届防城港市国际龙舟节】 6月11日至12日，港口区西湾举行第二届防城港市国际龙舟节，本届龙舟节有来自东盟国家、港澳地区和广西区内外的18支参赛队伍以单位或团体冠名组队参赛。

【中越青年大联欢沙滩趣味体育活动】 8月26日，中越青年大联欢沙滩趣味体育活动在广西东兴金滩举行。“两人三足”、“袋鼠跳”、“万水千山中越情”、“友谊对对碰”、“字牌拼拼拼”等趣味比赛活动，体现了“中越友好、青春携手、世代相传”主题。

【2010中国东兴·越南芒街元宵节足球友谊赛】 2月28日，中国广西东兴市与越南广宁省芒街市共同在东兴市体育中心隆重举办了“中越元宵节足球友谊赛”，比赛结果为中国东兴队以8:3的高比分胜越南芒街队。20000多群众前来观看比赛，盛况空前。

2011年

【2011中国东兴·越南芒街元宵节足球友谊赛】 2月17日上午，在广西东兴市举行2011中国东兴·越南芒街元宵节足球友谊赛。这场跨国民间足球友谊赛吸引众多中越边民前来观战。越南芒街足球队最终以6比5的比分战胜中国东兴足球队。

【防城港市国际海上龙舟节】 6月2日至4日，防城港市国际海上龙舟节隆重举行，主要活动有国际龙舟比赛、北部湾（防城港）搏击王擂台争霸赛、海上摩托艇表演、名优特产展销、美食街（啤酒狂欢周）及旅游推介、防城港市非物质文化遗产及民间体育大汇展等系列活动。6月3日下午举行的国际龙舟比赛，共有21支来自不同国家和地区的参赛队展开激烈的角

逐，其中加拿大、新加坡、印度尼西亚和中华台北队等四支代表队第一次参加。本届龙舟赛比赛结果为：缅甸国家队第一名，防城港市港口企沙华侨队第二名，香港队第三名，白沙万第四名，广西民大第五名，广东海洋大学第六名。

【首届北部湾搏击王擂台争霸赛】 北部湾搏击王争霸赛是2011年国际海上龙舟节新增加的赛事，于6月2日至3日在桃花湾体育馆内举行。来自防城港市以及南宁、钦州、玉林、广西武警总队、蔡李佛协会等城市、单位和团体7支代表队的16名搏击高手进行角逐。

少数民族传统体育

2010年

【京族哈节趣味体育赛】 7月20日至25日，防城港市京族哈节在东兴市金滩举行。期间开展有沙滩拔河比赛、沙滩自行车赛、游泳比赛、沙滩足球赛、沙滩汽排球赛、顶担比赛、踩高跷捕捞、拉大网等一系列趣味体育活动赛事。

2011年

【钻板佗螺】 年内，防城区垌中镇的“钻板佗螺”参加广西民族体育传统项目展示比赛获得二等奖。

【京族哈节民间传统体育运动项目】 2011防城港市京族哈节7月9日至14日在东兴金滩举行，节日期间展示的系列特色非物质文化遗产及民间传统体育运动项目吸引数万当地民众及各地观光客。期间展示的非物质文化遗产及民间传统体育运动项目包括祭祀海神、百人独弦琴表演、百人竹杠舞表演、百人吹螺号表演、百张渔排出海、万人餐、拉大网、踩高跷捕鱼等。

体育基础设施建设

2010年

【全民健身工程项目】 年内，积极向自治区体育局申报2010年全民健身工程项目，其中自治区批复3个20万元乡镇农民体育健身工程项目，8个3万元的村级篮球场工程，11个2万元的村级篮球场工程，10个5千元的篮球架项目。铺设了12条全民健身路径，分布港口区、防城区的行政村以及社区。

【市桃花湾体育馆项目】 11月，市桃花湾体育馆项目建设完成主体二层建设，进入网架封顶建设，确保年底完成主体建设，明年初交付使用。

【防城港市体育中心】 防城港市体育中心在原来已立项批复前提下，市政府积极招商引资，目前正在与几家大型投资公司洽谈资金投入事宜，预计2011年能够落实部分建设资金开展前期建设工作。

体育人才队伍建设

2010年

【向区级优秀运动队输送苗子】 年内，向上输送优秀运动员4人，全市体育教练员共有13人。

2011年

【向区级优秀运动队输送苗子】 年内，向上输送优秀运动员2人，全市体育教练员共有16人。

县域体育

2010年

【港口区】 年内，积极推进“六统强基”工程和农民体育健身工程，公共服务体系不断完善，文化体育基础设施建设进一步加强和巩固。完成2010年农民体育健身工程和第一批共10个村（社区）的“六统强基”工程建设任务，统一配置有篮球场（套气排球场）、戏台、农家书屋、乒乓球台、文化宣传展廊和农民篮球队、文艺宣传队等内容。致力于丰富和活跃广大群众体育生活，积极开展全民健身活动，举办了系列体育活动，春节期间在三镇两街举行趣味竞技活动、篮球比赛、象棋比赛等活动，“三八”妇女节期间举行全区妇女职工气排球赛、“五一”期间举办港口区职工运动会、七一”期间举行党员篮球赛、8月8日举办全民健身日活动等。

【防城区】 年内，广泛开展全民健身活动。春节期间，举办了“迎春杯”足球邀请赛；纪念国际劳动妇女节成立100周年，举办了“三八”女子气排球比赛；庆“七一”组织了华帝园气排球赛；举办了传统的龙舟赛；配合国税系统开展了和谐杯运动会；组织民间珠江啤酒杯足球联赛。7月16日至19日防城区游泳队代表防城港市参加了在钦州举办的广西青少年游泳锦标赛，共获7金11银7铜，全体总分第七名好成绩。

【上思县】 年内，成功举办上思县第二届运动会，31个代表团，1760名运动员共参加16项目的角逐，决出756枚奖牌，掀起了全民健身运动热潮；组织举办了广西第二届体育节上思县“万人健步走”等相关体育活动；组织参加防城港市第二届国际龙舟比赛，荣获第五名。全年上思县向广西区体育运动学校输送了2名田径运动员和一名举重运动员。上思县运动员代表防城港市参加自治区田径、举重、射击、摔跤、篮球等5个项目的比赛，共获得15金13银11铜的好成绩；有18人代表广西参加全国举重、田径比赛，共获得12金6银7铜的好成绩。

【东兴市】 年内，举办丰富多彩的群众体育活动。举办了春节期间游园、足球等文体活动，丰富群众节庆生活。成功举办了2010中越边境（东兴—芒街）“捷安特杯”沿边自行车邀请赛、2010中越青年界河联欢活动、东兴一芒街2010′元宵节足球友谊和“珠江啤酒杯”足球赛。协同工会组织举办了东兴市庆“5·1”趣味运动会。协助江平镇筹备端午节龙舟赛。

2011年

【港口区】 年内，积极推动全民健身活动的开展，丰富和活跃广大群众体育生活，举办系列体育活动。如春节期间在三镇两街举行趣味竞技、篮球比赛、象棋比赛等活动；五一期间，组队参加全市首届宣传文化系统体育运动会，获得了防城港市首届宣传文化系统运动会拔河比赛第4名荣誉。6月3日在港口区西湾海域圆满成功举行2011年防城港市国际海上龙舟节龙舟赛。8月8日，组织港口区部分职工参加了广西第三届体育节防城港分会场开幕式暨全民健身日活动；8月12日，组织了光坡镇男子篮球队参加了全市乡镇男子篮球赛，取得了优秀奖；9月20日至28日联合区委组织部、区委宣传部、区委统战部、区总工会、区工信局（工业园管理委员会）等单位成功承办了第五届港口区职工运动会。

【防城区】 年内，开展丰富多彩的群众体育。春节期间举办了“迎春杯”足球邀请赛；元宵节邀请了自治区武术队到本县区表演；在“三八”、“五一”“七·一”期间举办防城区女子趣味竞技、气排球比赛；组织承办了防城区2011年端午节龙舟赛；在第三届广西体育节期间，举办健步走，第七届防城港市“珠江啤酒”杯民间足球联赛和“美的照明”杯6制足球赛等一系列体育活动。竞技体育获佳绩。“体彩杯”广西青少年游泳锦标赛暨广西第十二届运动会资格赛在南宁举行，在这次比赛中，防城区游泳队代表防城港市参加比赛，并取得8枚金牌、3枚银牌、4枚铜牌的好成绩，毛超鑫同学获“运动员先进个人”荣誉称号。11月1日至9日，广西第十二届运动会在钦州举行，防城区游泳队共获3金4银3铜的好成绩。

【上思县】 年内，组队参加全市首届宣传文化系统运动会，上思县气排赛、男队羽毛球赛、女队乒乓球赛获得第二名，女队羽毛球赛、拔河队获得第三名，男队乒乓球赛获得第五名的好成绩。参加防城港市国际龙舟节活动。竞技体育工作取得丰硕成果。今年县运动员代表防城港市参加广西青少年系列锦标赛中，共获得 11 金 12 银 14 铜的好成绩；参加广西第十二届运动会获得 10 金 8 银 10 铜的好成绩，其中田径获 7 金 2 银 2 铜，金牌排名全区第五。参加全国少年男女举重分龄赛，共获得 4 金 9 银 5 铜。

【东兴市】 年内，深入开展全民健身活动。倡导和推广"广场体育、街头体育、家庭体育"，围绕"城市以社区为重点，农村以乡镇为重点"开展了一系列的群众体育活动。继续推行全民健身计划，为了调动干部群众参与体育活动的热情，丰富干部群众业余文体生活，积极开展全民健身活动，策划与组织了一系列丰富多彩的体育活动，如举办了"东兴市'汇川杯'迎新气排球赛"、"春节游园活动"、"2011 中国东兴·越南芒街'思丰杯'元宵节足球友谊赛"、第七届民间足球联赛、哈节沙滩足球、气排球、拔河比赛，并组织男子篮球队、女子气排球队参加防城港市农民体育健身活动比赛。

钦 州 市

全市体育工作综述

2010 年

2010 年，钦州体育工作以筹备广西第十二届运动会为契机，认真贯彻贯彻实施《全民健身条例》，加大体育后备人才的培养力度，多措并举超额完成体育彩票销售任务。年内，钦州市获得“全国全民健身活动优秀组织奖”、“支持广西体育彩票完成任务奖”、“完成广西体育系统固定资产投资目标任务二等奖”。

年内，钦州市承办广西第十二届运动会筹备委员会各办事机构开始全面运转。主场馆钦州市体育中心项目及周边配套道路累计完成投资 9.2141 亿元，占总投资 71.93%。宾馆酒店升(申)星改造进入实质性阶段。面向全国公开征集，已选定国家级编导团队和开闭幕式方案。运动会的会徽、会歌、吉祥物、宣传画和主题口号通过专家评审，基本确定采纳作品。成立“钦州市第十二届区运会资源开发有限公司”，确定区内外市场开发代理公司。着手制定安全、交通、供电、通讯、食品安全等系列工作方案。

2011 年

2011 年，钦州市体育工作围绕市委、市政府及自治区体育局工作部署，完成广西第十二届运动会承办任务；落实《全民健身条例》，推动群众体育、竞技体育及体育基础设施建设发展，实现“十二五”规划良好开局。钦州市体育局被自治区体育局评为“全区体育系统先进单位”、“2011 年完成广西体育系统固定资产投资目标任务一等奖”、“2011 年完成广西体育系统固定资产投资目标任务突出贡献奖”、“2011 年度广西体育彩票工作二等奖(市级)”；灵山县文体局被国家体育总局评为“全民健身优秀组织奖”、“2011 年度广西体育彩票工作(县级)二等奖”；浦北县被自治区体育局评为“2011 年自治区全民健身示范县”、“2011 年自治区群众体育先进单位”。

群众体育

2010 年

【全民健身活动】 以贯彻落实《全民健身条例》工作为重点，广泛组织各族人民参与体育健身，倡导全民健身活动，提高全民健身科学水平。年内成功举办了广西体育节钦州市系列活动、钦州市“五一”职工运动会、钦州市首届机关干部职工运动会以及“迎区运”比赛等大型全民健身活动，掀起全民健身小高潮。7 月至 11 月承办了全区青少年锦标赛部分项目和广西首届篮球联赛。

【社团体育】 年内，全市共注册单项体育协会达 9 个、俱乐部达 3 个。各协会共举办各项赛事 40 多场次，直接参加运动人数达 1 万多人次。

【社会指导员】 年内，钦州市利用钦州学院的师资力量，设立了二级社会体育指导员培训基地，逐步提高以社会体育指导员对群众体育锻炼人员的指导比例。加强社会体育指导员队伍管理，对社会体育指导员进行登记造册，系统掌握各层次社会指导员基本信息。

2011 年

【开展与民同乐活动】 年内，组织开展“庆区运同欢乐”广场文艺活动周活动；举办上海芭蕾舞团芭蕾精品晚会和经典芭蕾舞剧《白毛女》专场演出、“区运村”专场文艺演出及“与区运同精彩”北部湾商品博览会、钦州蚝情美食节等系列活动。商品博览会展位 9000 平方米，400 多家企业参展，7 万多人次到会参观，销售额达 1500 多万元，创钦州历次展会之最。

【政策落实】 年内，贯彻落实《全民健身条例》、《全民健身计划（2011～2015）》和《广西壮族自治区全民健身实施计划（2011—2015 年）》，研究拟定《钦州市“十二五”全民健身计划》，面向社会、面向群众、面向基层，构建全民健身服务体系。

【全民健身活动】 年内，全市开展“迎区运、庆国庆”等迎区运系列群体活动 15 次。各县（区）围绕“迎区运”开展系列全民健身活动：灵山县与各行业、各协会举办体育赛事 6 次以上，其中全县首届“农行杯”妇女运动会 45 个代表队 890 名运动员参加；浦北县以县老年人体育协会为龙头，在各镇、村都成立老年人体育协会，健全基层体育组织网络；钦南区指导本区老年人体育协会开展适合老年人特点的各种体育健身活动，推动城区老年体育活动发展；钦北区举办本区农村文化体育大培训，提高体育从业人员的专业素质。

【全民健身工程建设】 年内，全市完成 24 个村级公共服务中心、6 个村级篮球场及 1 条健身路径的建设，完成投资 108 万元，逐步改善基层体育基础设施。

【体育组织建设】 年内，钦州市体育局指导成立体育协会 2 个、俱乐部 6 个。分别为钦州市蔡李佛拳协会、钦州市蔡李佛拳武术协会、钦州市金海豚游泳俱乐部、钦州市黄金气排球俱乐部、钦州市佳乐运动俱乐部、钦州市北部湾乒乓球俱乐部、钦州市瑜海兴运动俱乐部、钦州市乐力气排球俱乐部。

【社会指导员】 年内，钦州市体育局加大社会体育指导员培训力度，发挥社会指导员在推动全民健身活动开展和基层群众体育组织体系建设中的重要作用。年内，在钦州学院社会指导员培训基地开办社会指导员培训班 1 期，培训社会指导员 100 名。配合自治区体育局完成国民体质监测 1 次。

竞技体育

2010 年

【竞赛成绩】 年内，组织 481 名运动员参加年度锦标赛 21 个项目比赛，共获奖牌 161 枚，其中金牌 59 枚、银牌 49 枚、铜牌 53 枚。本市输送的运动员梁秋萍参加广州亚运会也获得了 4100 米银牌 1 枚的好成绩。

【训练网点建设】 以创建国家高水平后备体育人才基地为目标，完善了市本级业余体校的训练设施，加强了体校的管理。全市在训运动员达到 680 人，全市训练项目由原来的 9 个增加到 21 个。其中市本级业余体校“三集中”在训运动员达 200 人以上。

2011 年

【概况】 年内，全市竞技体育以备战、参加广西第十二届运动会为重点，健全青少年业余训练网络，抓好竞技体育梯队建设；增加“体教结合”项目，将体育传统项目学校纳入业余训练网络。为提高教练员积极性，鼓励体育后备人才脱颖而出和激励运动员创造优异成绩，钦州市人民政府出台《钦州参加区运会比赛奖励办法》；为促进学校和县区业余体校体育后备人才培养的规范化和常态化开展，钦州市体育局制定下发《钦州业余体校参加全区年度锦标赛考核奖励办法》。今年钦州市运动员参加世界级比赛获得金牌 2 枚、银牌 1 枚；参加自治区级比赛获得金牌 32 枚、银牌 38 枚、铜牌 47 枚。

【参加广西第十二届运动会】 11 月 6 日至 16 日广西第十二届运动会(简称区运会)在钦州市举行。全自治区 14 个地级市(青少年组)、48 个行业系统(成年组)共 8245 名运动员、领队、教练员和裁判员参加运动会。其中,青少年组运动员 3667 人,行业组运动员 905 人,竞赛官员、裁判员、工作人员 2246 人。青少年组设比赛大项 20 个,成年组比赛大项 9 个,其中青少年组比赛小项 581 个、成年组比赛小项 37 个。青少年组第一阶段比赛时间从 8 月 7 日至 29 日,有 8 大项赛事;第二阶段从 11 月 4 日至 15 日;行业体协组比赛时间从 11 月 5 日至 15 日(其中棋牌类于 10 月 15 日至 21 日提前比赛)。青少年组产生金牌 635 枚、银牌 552 枚、铜牌 551 枚,共产生奖牌数 1738 枚;行业体协组产生金牌 60 枚,银牌 30 枚、铜牌 28 枚,共产生奖牌数 118 枚;其中 3 人 6 次破 5 项广西最高纪录,21 人(队)35 次破 22 项广西青少年最高纪录。其中,获得第 4—8 名的运动员 174 人;获得"体育道德风尚奖运动队"的运动队 12 个;获得"体育道德风尚运动员"的运动员 35 人。本届运动会是历届广西运动会中参加人数最多、比赛项目最多、金牌总数最多的一次运动会。在自治区运动会上首设"区运村"。本届运动会优势项目金牌和小年龄组的小项金牌设置增多,并设置群众喜爱的气排球等项目,体现广西体育特点。获金牌数前六名的单位依次是南宁市、柳州市、桂林市、北海市、玉林市和贺州市,获奖牌总数前六名的单位依次是南宁市、柳州市、桂林市、北海市、玉林市和钦州市。钦州市派出 297 名运动员参加广西第十二届运动会 21 个项目比赛,获奖牌 117 枚,其中金牌 32 枚、银牌 38 枚、铜牌 47 枚,名列全自治区金牌榜第七名;团体总分 2903.5 分,名列全自治区第六名;在游泳项目比赛中有 1 名运动员 2 项打破全自治区青少年最高纪录;钦州市获"体育道德风尚奖代表团"和"竞技体育突出贡献奖"。

【体育人才输送】 年内,钦州市向广西各运动队输送优秀体育人才 12 名,其中运动员陈春莲在第二届世界青少年举重锦标赛上获得金牌 2 枚、银牌 1 枚。

体育产业

2010 年

【体育彩票】 年内,钦州市通过实行绩效考核制度、引入竞争机制、向社会公开征召销售代理权等系列措施,促使全市体育彩票发行工作实现新突破,全年共计完成销售额 1530.751 万元,完成全年目标任务的 153.07%;其中电彩销售 757.576 万元,即开型体育彩票完成 273.42 万元,竞彩完成 499.755 万元,增机扩点 10 台。

【本体产业开发】 年内,钦州市通过市场运作筹措资金,解决承(举)办赛事经费不足的问题。经过商家赞助,成功承办广西男子篮球联赛、广西青少年锦标赛等,成功举办钦州市承办广西第十三届少数民族传统体育运动会筹备工作启动仪式暨"钦江丽景"杯冬季长跑活动等系列赛事活动。同时,加大体育场馆运营力度,逐步探索以馆养馆新路子。

2011 年

【广西第十二届运动会商业赞助】 6 月 23 日,广西壮族自治区第十二届运动会总冠名签约新闻发布会在钦州市召开,广西第十二届运动会组委会与赞助单位正式签约,钦州市年年丰投资有限公司出资 500 万元获得广西第十二届运动会总冠名权。年内,发动 65 个单位赞助区运会,市场开发收入(含实物)达 2700 万元。其中,赞助现金 2364 万元,赞助实物价值 180 万元,开幕式票务开发收入 156 万元。

【体育彩票销售】 年内,体育彩票销售达 2306

万元。各县区体彩工作取得跨越式发展，灵山县体育彩票销售达 690.3 万元，比上年增长 254%；浦北县抓住中出七星彩 500 万大奖良机，开展一系列宣传推广活动，完成张黄、寨圩等大镇的设点工作，实现销售 92.37 万元，比上年增长 98.09%。

【固定资产投资】 年内，钦州市鼓励引导社会力量以各种形式参与体育设施建设，提高全市体育设施建设水平和承办大型赛事的能力。全年完成固定资产投资 3.36 亿元。

体育对外交流

2010 年

【中越青年大联欢钦州活动签名仪式暨体育趣味竞赛】 8 月，钦州市体育局积极配合钦州市人民政府举办庆祝中越建交 60 周年中越青年大联欢钦州活动签名仪式暨体育趣味竞赛，组织了抛绣球等传统体育项目的比赛，加强了民族体育的对外交流。

少数民族传统体育

2010 年

【广西第十二届少数民族运动会】 年内，钦州市积极备战广西第十二届少数民族运动会，组织 67 名运动员参加 7 个项目的比赛并取得较好成绩。钦州市成功取得 2014 年广西第十三届少数民族传统体育运动会的承办权。

2011 年

【支持全县开展各类体育活动】 利用区运会在钦州市举办的契机，鼓励各县（区）、镇（街道）、村（社区）结合各民族特色举办各类全民健身活动。

体育基地设施建设

2010 年

【场馆建设】 年内，钦州市加大体育基础设施的建设力度，全市共完成国家级乡镇农民体育健身工程建设项目 4 个、完成村级公共服务中心建设项目 33 个、完成城乡风貌改造二期工程村级篮球场项目 7 个、完成村级篮球场工程建设项目 42 个、完成健身路径项目 6 个，合计完成投资 297 万元。

2011 年

【场馆建设】 年内，作为主会场的钦州市体育中心（包括体育场、体育馆、游泳馆、跳水馆、射击馆、综合训练馆、体育学校以及室外网球场、篮球场、田径训练场等）在自治区运动会开幕前竣工验收，并经过大型活动检验，达到体育竞赛活动的标准和要求。此外，钦州市对还其他有关院校、分赛区的体育场馆（场地）进行整改完善；按购买类、承制类、租赁类对各类比赛器材进行筹备，做好器材验收、安装、调试等工作。邀请各项目省级专家、专业裁判员、技术人员和自治区体育局职能部门对承办区运会的 25 个场馆进行现场考察把关。运动会第一次采用场馆长负责制，确保各场馆（场地）在比赛期间顺畅运行；在田径、游泳、拳击、跆拳道、举重等项目实行电子计时计分系统，提高场馆建设及竞技比赛的科技含量。

体育人才队伍建设

2010 年

【裁判员培训】 年内，钦州市加强教练员和裁判员的培训力度，按时安排教练员、裁判员参加上级组织的各种培训班；组织参加全区各项目年度锦标赛，通过邀请专家到钦州进行授课等形式，提高教练员、裁判员的理论水平和业务素质。年内举办各项目裁判员培训班 7 次，参加人员 264 人，派到全区各地市培训的裁判员 70 多人。其中获得国家级裁判员 1 人、国家一级裁判员 21 人，逐步满足区运会竞赛组织工作的需要。

2011 年

【开展裁判员培训工作】 钦州市体育局结合钦州市第四届运动会和承办的广西青少年锦标赛，开展 19 个项目的裁判员培训。全年批准晋升二级裁判员 87 人，其中 3 人参加了全国比赛裁判员工作，80 多人参加了广西区比赛裁判工作。今年全市引进教练员数名，组织教练员参加国家级培训 2 人次，参加自治区级培训 10 人次。

县域体育

2010 年

【钦南区】 钦南区高度重视老年体育工作，积极为老年人营造科学、文明、健康的体育健身环境，以满足广大老年人体育健身需要为出发点，努力提高全区老年体育工作的社会化程度。充分发挥老体协的作用，调动各方面的积极因素，采取多种形式筹集老年体育活动经费，确保老年体育活动与竞赛能按计划顺利开展。积极指导区老体协开展适合老年人特点的各种体育健身活动，如开展门球、气排球、乒乓球、健身球操、柔力球等，有力地推动了我城区老年体育活动的蓬勃发展。年内组织球队参加“真龙杯”广西第二届城乡万人汽排球赛钦州赛区比赛，男子气排球队获得街道乡镇组冠军，并代表钦州市参加了在南宁举行的总决赛。完成“城乡风貌改造工程”村级篮球场建设项目建设，3 个村级篮球场建设。年内争取到 2010 年农民体育健身工程项目，总计由国家投入 68 万元，用于建设丽光场和康熙岭镇两个国家级乡镇体育活动中心和沙埠镇大石古村等 12 个村级体育健身点。康熙岭镇高沙村和久隆镇平新村作为钦南区整合村级社会事业项目建设公共服务中心试点村，获得国家总计 50 万元的项目建设资金投入。

【钦北区】 年内，建于钦州市第七小学的体育馆于 9 月底建成并投入使用，总投资 70 万元（其中区本级投入 9 万元）；广场健身路径安装完成并投入使用，总投资 30 万元。完成 8 个村级公共服务中心建设。9 月，建立以小董中学师生为主体的“铜鱼书院狮龙健身俱乐部”，促进民族体育的传承与发展。6 月至 2011 年 6 月，建设小董镇综合性运动场占地面积约 4 亩，包括一个高标准篮球场，配套建设有 600 个观众座位约 1200 平方米的看台，两个乒乓球台，一个多功能舞台，以及一个有健身器械 15 件占地约 100 平方米健身场所，一个环场跑道，计划总投资 80 万元。配合教育部门积极开展中小学生的体育素质教育，开展校园体育竞技和民族体育项目试点工作。配合广西第十二届运动会筹委会，做好选拔裁判的培训工作。结合自身特点开展各种体育活动，举办了钦北区庆“七一”系列体育竞技活动，各乡镇活动此起彼伏，其中以小董“和谐杯”迎春体育赛事、新棠镇“春节篮球邀请赛”和板城镇六虾村的“忠勇杯”篮球赛最为突出，吸引了来自南宁、邕宁、灵山、浦北、钦南及周边乡镇的业余球队前来参加比赛，影响较大。其他各镇以及各单位、学校、企业，都不同程度地开展各种体育活动。

【灵山县】 认真做好中央和自治区、市下达的乡镇、村级体育健身工程项目建设和体育事业发展专项资金项目建设的前期工作。配合县文明办推进村级公共服务中心建设，在村培训中心安装健身器材 15 套。完成体育彩票公益金资助城乡风貌改造二期工程项目资金 2 万元的健身器材安装。认真贯彻落实《全民健身条例》，广泛开展全民健身活动和体育竞技活动，先后举办了春节环城跑、贺新春狮龙表演、

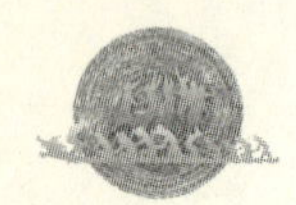

宣传系统气排球赛、县直属机关庆七一“保健杯”气排球赛；协助县政协组队训练参加市政协举办的乒乓球、气排球赛；协助县物价局举办了钦州市物价系统气排球赛；成功举办了灵山“泰业杯”村镇银行开业庆典篮球邀请赛，让广大观众欣赏了高水平的广东东莞男子篮球队与广西男子篮球队的篮球。7月18日至21日成功承办了来自全区18个代表队267名运动员参加的广西青少年乒乓球锦标赛。在全国全民健身日活动和广西第二届体育节活动中，举办了“万人健身跑”灵山站启动仪式；积极组织开展“真龙杯”广西第二届城乡万人气排球赛活动，在10月16日至17日广西第二届城乡万人气排球赛钦州赛区的比赛，灵山县获得了女子公开组、单位混合组两个第一名，并代表钦州市参加全区的总决赛。

【浦北县】 年内，埔北区举办全国全民健身日和广西体育节浦北系列活动，协办了全市财政系统运动会、全县中小学生运动会、农业系统运动会、金融系统、世彪集团等系列运动会。浦北县男子篮球队参加全市比赛获得第三名；浦北县青少年男、女子篮球队代表钦州市参加全区年度锦标赛获得女子篮球队项目第三名，浦北县举重队运动员参加广西年度赛共获金牌17枚，银牌8枚；浦北县培养和输送的运动员参加全国举重比赛获得6个第一名、13个第二名。认真落实中央惠民工程工作，完成农民健身工程、村级公共服务中心示范点建设等工程建设任务。在《新春大学生篮球赛》等重大文体活动中，都以市场化运作方式，基本解决了资金不足的困难。

2011年

【钦南区】 年内，钦南区围绕“庆祝中国共产党成立90周年”，“迎接自治区第十二届运动会”两大主题开展了多项体育活动。9月23日至26日举办“迎区运、庆国庆”干部职工气排球比赛，机关单位及街道办事处共26只代表队参加了比赛。男子气排球队作为钦州赛区街道乡镇组冠军参加“真龙杯”广西第二届城乡万人气排球赛总决赛，获得亚军；钦南区共有87名运动员代表钦州市参加自治区第十二届体育运动会，获得22金12银15铜，4—8名48个。年内完成丽光场和康熙岭镇2个国家级乡镇体育活动中心的建设工作并已投入使用，每个活动中心由国家投资20万元。完成村级公共文化活动中心建设任务5个、村级农民体育健身工程项目13个。指导老体协开展适合老年人特点的各种体育健身活动，如开展门球、气排球、乒乓球、健身球操、柔力球等，推动了钦州城区老年体育活动的蓬勃发展。

【钦北区】 4月28日至5月2日，成立钦北区农村文化体育培训班，参加培训人数达700多人次。2月8日至12日，举办了钦北区“龙腾狮跃”闹新春系列活动。以及为期5天的元宵节机关干部系列体育竞赛活动。3月4日至8日在钦州市第七小学球馆开展了庆“三八”妇女节气排球比赛。6月至7月举办“迎区运、庆“七一”体育系列比赛，设有篮球赛、羽毛球赛、乒乓球赛等，其中共有11支队参加了篮球赛。9月至10月组队参加2011年钦州市“迎区运全民健身系列活动”乒乓球比赛、气排球比赛和篮球赛；组织老体协运动员近100人参加门球比赛、健身操和太极拳等三个项目的比赛，其中门球比赛获得了全市第二名，健身操和太极拳获得最佳组织奖和最佳表演奖。10月8日上午，组织500多人参加钦州城区“庆国庆、迎区万人健步走”活动。

【灵山县】 灵山县着力构建公共服务体系，完成投资80万元的文体中心露天篮球场维修工程、投资55万元的县业余体校游泳池维修工程；完成15个村级公共服务中心建设工程。元旦、春节期间举办“春节环城跑”、“宣传系统气排球赛”；成功举办“庆七一·迎区运陆屋超达杯”第二届乒乓球大赛、灵山县首届“农行杯”妇女运动会；举行第三届广西体育节——迎区运“五粮醇”气排球大奖赛、灵山县迎区运万人健步走活动。其中灵山县首届“农行杯”

妇女运动会规模较大，共有来自全县各镇、县直机关、企事业单位的45个参赛代表队共890名运动员参加，比赛项目为拔河、气排球赛、100米迎面接力、羽毛球、乒乓球等，运动会历时3天，比赛304场。协助县民政局成功承办民政系统“庆七一·迎区运”气排球赛；协助县工信局成功举办工信系统篮球赛；协助县建协会举办全县建筑系统气排球赛。成功承办广西第十二届运动会灵山赛区青少年组射箭和青少年组男子篮球比赛的赛事工作，接待了来自全区的体育官员、裁判员及射箭项目9个代表队、男子篮球9个代表队共324人。

【浦北县】 年内，灵山县完成泉水旧州、张黄邓平、龙门读冲、北通旱田、大成金街、六垠横岭、官垌等7个村级公共服务中心项目的建设任务，完成投资235.5万元；完成8个村级篮球场项目的建设任务，完成投资21万元。积极开展丰富多彩的体育活动，丰富县城居民精神文化生活，如：“庆三八妇女节”趣味竞技活动、“五一”职工篮球赛、浦北“五粮醇”气排球赛，迎区运全民健身大行动暨第三届广西体育节环江跑、中老年人第四套健身单球操比赛等系列活动以及“庆国庆迎区运”万人健身走等体育活动。5月，浦北籍运动员陈春莲在秘鲁首都利马市肯尼迪公园举行的第二届世界青少年举重锦标赛上，荣获女子44公斤级抓举冠军，挺举亚军，总成绩冠军，获得了2金1银的好成绩。组队参加处治区运会资格赛5个项目的比赛，其中女篮荣获第二名，举重队荣获6金9银5铜，跆拳道荣获1金；81名浦北籍运动员代表钦州市参加广西第十二届运动会比赛，其中2名田径运动员荣获2枚金牌，男女子举重荣获10银7铜，女子篮球代表钦州市参赛获得亚军。作为广西第十二届运动会的分赛区，圆满完成青少年武术套路、女子篮球两个项目承办工作。灵山县荣获自治区“全民健身示范县”。

贵 港 市

全市体育工作综述

2010 年

2010 年，贵港市体育工作坚持以邓小平理论和"三个代表"重要思想为指导，以科学发展观为统领，认真贯彻落实《全民健身条例》，全面备战第十二届区运会，繁荣和发展体育产业，扎实开展体育场地基础设施建设，体育各项工作取得长足发展。全年，全市累计组织开展各类群众性体育活动 300 多项(次)，直接参与人数达到 18 万人次。港北区文体局和广西贵港粮食储备库分别被国家体育总局授予"2010 年全民健身活动优秀组织奖"和"2010 年全民健身活动先进单位"。覃塘区樟木乡被自治区体育局命名为首批广西民族体育特色之乡。

2011 年

2011 年，贵港市体育事业成绩显著，全市体育部门投入经费 200 多万元，自行主办或协助举办的各类体育活动 150 多场次，参加人数 4 万多人(次)。全年，全市涌现出一批先进单位和个人。贵港市体育局和港北区新世纪学校分别被国家体育总局评为"2011 年全民健身活动优秀组织奖"、"2011 年全民健身活动先进单位"。贵港市体育局被广西体育局评为"全区竞技体育突出贡献单位"和"2011 全区体育系统先进集体"。在广西体育局组织的 2007—2010 全区群众体育先进单位和先进个人评选活动中，贵港市体育局、港北区文体局、港南区文体局、覃塘区文体局、桂平逸夫实验小学、中国电信股份有限公司平南分公司 6 个单位被评为先进单位；罗均职、丘兴文、杨炯伟、陈世穆、吴秋林、吕彩兰、黄式朗、胡安 8 人被评为先进个人。

群众体育

2010 年

【组织举办迎春杯足球赛】 1 月 10 日至 15 日，由市体育局主办的迎春杯足球赛在市区西站足球场举行，来自城区各单位 30 支队伍 360 名运动员参加了比赛。比赛结果，能者服饰队、港盾安防公司、华城房地产、畅享队、有缘队、开心乐园队分别夺得前六名。

【组织举办春节醒狮表演赛】 1 月 15 日，由市体育局主办的春节醒狮表演赛在新世纪广场举行，有 8 头醒狮参加了表演。

【举办庆"三・八"气排球比赛】 3 月 7 日，由市妇联主办的庆"三・八"气排球比赛在市区安居球馆举行，来自市城区 36 支队伍 432 名妇女参加了比赛。比赛结果，市公安局、贵港电信、贵港供电局、市工商局、中国银行、市交通局分别夺得前六名。

【举办庆"五・一"国际劳动节游园活动】 4 月 29 日，由市总工会、体育局联合举办的庆"五・一"国际劳动节游园活动，来自市城区 1000 多名干部职工以及社会各界群众参加了活动。

【举办庆"六・一"国际儿童节舞蹈比赛】 6 月 1 日，由市教育局、市体育局联合主办的庆"六・一"国际儿童节舞蹈比赛在新世纪广场举行，来自市城区各所小学的 30 支队伍共计 900

名小学生参加了比赛。比赛结果，西江小学、新世纪学校、南江小学、荷城小学、三合小学、县东小学分别夺得前六名。

【举办全市气排球精英赛】 7月9日至11日，由市体育局主办的全市气排球精英赛在市城区举行，来自市城区各机关、企事业单位以及社会各团体68支队伍816名运动员参加了比赛。比赛结果，贵港邮政、贵港粮库、贵港海关、北控水务、通泰集团、市国税局分别夺得单位组前六名；华城队、威虎队、欢乐队、有缘队、普罗旺斯队、广汇队夺得自由组第六名。

【第二届广西体育节贵港分会场启动仪式】 8月8日，由贵港市人民政府主办，贵港市体育局承办的第二届广西体育节贵港分会场启动仪式在新世纪广场举行，来自市城区各机关、企事业单位干部职工以及社会各界群众共计1500多人参加了仪式。第二届广西体育节期间，共组织开展了50多项大型群众性体育活动。

【举办全市羽毛球俱乐部邀请赛】 9月26日至28日，由市体育局主办的全市羽毛球俱乐部邀请赛在市城区举行，有26支队伍260名运动员参加了比赛。比赛结果，安居球馆俱乐部、健翔俱乐部、中海俱乐部、智通俱乐部、卓越俱乐部、普罗旺斯俱乐部分别夺得前六名。

【举办"港桥水泥杯"篮球大赛】 10月11日至19日，由市体育局主办的"港桥杯"篮球精英赛在市城区举行，来自市城区各机关、企事业单位以及社会团体的16支队伍192名运动员参加了比赛。比赛结果，港桥水泥、东津阳光、西江制糖、国土资源、桂南汽车、奥拓燃气分别夺得前六名。

【组队参加广西第二届城乡万人气排球总决赛】 年内，组队参加广西第二届城乡万人气排球总决赛，市代表队获得2个项目冠军，总成绩排全区第一。

【举办第四届"中强·普罗旺斯杯"贵港市环城长跑赛】 12月25日，由市人民政府主办，市委宣传部、市体育局、市体育总会、广西中强置业有限公司联合承办的第四届"中强·普罗旺斯杯"贵港市环城长跑赛活动开赛仪式在市区举行，比赛分青少年组、中青年组、中年组、老年组共四个组别进行，来自市城区各机关、企事业单位、学校以及社会各界长跑爱好者共计2000多人参加了比赛。

2011年

【组织举办迎春杯五人制足球赛】 1月30日至2月3日，由市体育局主办的迎春杯五人制足球赛在市区西站足球场举行，来自城区各单位36支队伍360名运动员参加了比赛。比赛结果，固业安全门、华城地产、贵港电信、龙头山矿业、坚美铝材、豪港华庭分别夺得前六名。

【组织举办迎春醒狮表演赛】 2月3日，由市体育局主办的迎春醒狮表演赛在新世纪广场举行，有8头醒狮参加了表演。

【举办广西万村农民篮球大赛贵港赛区比赛】 2月3日至7日，由市体育局主办，各县市区文体局协办的广西万村农民篮球大赛贵港赛区比赛在市城区及三区两县市举行，共有500支队伍6000名运动员参加了比赛。

【举办广西首届"五粮醇杯"气排球大赛贵港分赛区比赛】 2月10日至12日，广西首届"五粮醇杯"气排球大赛贵港分赛区比赛在市城区举行，共有67支队伍670名运动员参加了比赛。比赛结果，贵港粮库、桂平市、市邮政局、平南县、市检察院、贵港海关分别夺得前六名。

【举办端午节龙舟赛】 6月6日，由市人民政府主办、港南区人民政府和市体育局联合承办的端午节龙舟赛在瓦塘香江举行，共有10支参赛队300百名运动员参加了比赛。比赛结果，南坪村、震塘村、香江村、平乐村、南江村、小江村分别夺得前六名。

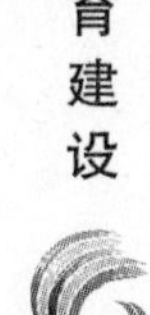

【举办第三届广西体育节贵港市系列体育活动】 8月至11月，组织举办了第三届广西体育节贵港市系列体育活动。活动期间全市累计开展各类大型全民健身活动40多项，直接参与人数20000多人(次)，并选拔一批优秀代表队参加广西体育局组织的比赛活动。

【举办贵港市第五届“港桥水泥杯”篮球精英赛】 10月17日至26日，由市体育局主办的贵港市第五届“港桥水泥杯”篮球精英赛在市城区举行，来自市城区各机关、企事业单位的16支队伍192名运动员参加了比赛。比赛结果，港桥水泥、六景高速、精通投资、市国土局、贵港供电、华润水泥分别夺得前六名。

【举办贵港市第四届老年人体育运动会】 11月15至19日，举办了贵港市第四届老年人体育运动会，全市31个代表队1000多名老年人参加柔力球、健身球、乒乓球、门球、气排球、地掷球、太极拳剑、中国象棋8个项目的比赛。全年，市各级老年人体育协会组织开展了丰富多彩的健身活动，30多万人(次)老年人参与了各类健身活动，参与人数占全市60岁以上老年人总数的47%。

【举办第五届“中强·普罗旺斯杯”贵港市环城长跑赛】 12月17日，由市人民政府主办，市委宣传部、市体育局、市体育总会、广西中强置业有限公司联合承办的第四届“中强·普罗旺斯杯”贵港市环城长跑赛活动开赛仪式在市区举行，比赛分少年组、青年组、中年组、老年组共四个组别进行，来自市城区各机关、企事业单位、学校以及社会各界长跑爱好者共计2000多人参加了比赛。

竞技体育

2010年

【参加年度全区青少年体育锦标赛】 年内，组队参加2010年全区青少年体育锦标赛，共夺得金牌14枚、银牌7枚、铜牌9枚。

【参加国际体育赛事】 市优秀女子摔跤运动员杨森莲参加在印度举行的2010年摔跤亚锦赛和在南京举行的女子摔跤世界杯比赛中均获得女子自由式摔跤55公斤级冠军；市优秀男子水球运动员黄美才参加于11月12日至27日在广州市举行的第16届亚运会，获得男子水球团体比赛第二名。

2011年

【组团参加广西第十二届运动会】 11月6日至16日，广西第十二届运动会在钦州市举行。贵港市组成约300人的代表团参加该届运动会，参加了男子篮球、田径、举重、跆拳道、摔跤、游泳、跳水、武术、乒乓球、射箭10个项目的比赛，共获得奖牌57枚，其中金牌34枚，银牌14枚，铜牌9枚，市代表团获得“体育道德风尚奖”。

【出台《贵港市优秀运动员教练员及有功人员奖励暂行办法》】 8月19日，市政府出台了《贵港市优秀运动员教练员及有功人员奖励暂行办法》，为鼓励和表彰贵港市运动员、教练员在国内外重大体育比赛中取得的优异成绩，充分调动广大体育工作者的积极性和创造性，进一步提高体育运动技术水平，提供了政策保障。

体育产业

2010年

【体育彩票销售】 年内，市体彩销售点由原有的60个新增加到65个，机彩与即开型彩累计完成销售2400多万元。与上年全年销售总额相比增长了一倍。

2011年

【体育彩票销售】 年内，全年全市体育彩票累计实现销售额3333.7万元，与上年同期相比增长35%。同年，市本级获得2011年度广西体育彩票工作(市级)三等奖。

少数民族传统体育

2010年

【参加广西第十二届少数民族传统体育运动会】 11月18至23日，组团参加在玉林市举行的广西第十二届少数民族传统体育运动会，获得2枚银牌，2枚铜牌，一个第四名，一个第六名。

【首批广西民族体育特色之乡】 12月30日，覃塘区樟木乡被自治区体育局命名为首批广西民族体育特色之乡。

2011年

【参加体育民间组织和体育政策法规培训班】 3月3日至24日，市体育局局长罗均职参加由自治区体育局主办，广西国际人才交流中心承办的广西体育局2011年体育民间组织和体育政策法规培训班。

体育基础设施建设

2010年

【市体育中心项目建设】 年内，市体育中心建设项目先后分别列入市"三百工程"项目和自治区层面统筹推进重大项目范畴，项目可研报告审批、经费保障、用地审批、水土保持方案编制等工作也取得了实际性进展。

【农民体育健身工程建设】 年内，市体育局共安排16万元资金购置了一批篮球架、健身路径、龙舟、篮球，排球等器材，支持基层开展体育活动。筹措资金360万元，为基层农村兴建了6个国家级乡镇全民健身中心和150个村级篮球场。

2011年

【市体育中心项目建设】 贵港市体育中心建设项目完成了95%的征地任务以及完成了项目规划设计、环境影响评估、风洞试验、地质勘探、地震安全性评估、初步设计评审、施工图评审等一系列前期工作。

【农民体育健身工程建设】 年内，全市共筹集资金250万元，建设国家级乡镇农民体育健身工程1个、村级篮球场73个，全市农村地区新增体育场地面积4万平方米。

体育人才队伍建设

2010年

【青少年体育后备人才队伍建设】 年内，全市共向自治区输送了10名有竞争实力和发展潜力的运动员。

【社会体育指导员队伍建设】 年内，通过办班、派专家下基层蹲点指导，共为基层培训社会体育指导员150名。

2011年

【体育后备人才队伍建设】 年内，全市三所主要业余体校春秋两季共招录学生约1000名。

【体育系统干部队伍建设】 年内，通过动员和鼓励有条件的干部职工参加体育高等院校(系)函授或寒暑假期集中培训等形式和途径，晋升学历提高专业水平，全市体育系统在职干部队伍中，具有大专以上学历的人数达到90%以上。

县域体育

2010年

【港北区】 港北区全年共举办群众性体育比

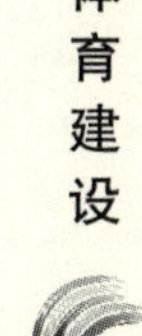

赛活动80多场次，其中："三八"节举办港北区女子集体跳绳比赛；"五四"期间举办港北区青年羽毛球团体赛，同月，组织老年人参加贵港市老年气排球选拔赛获第一名，举办港北区南宁百货首届草根足球比赛；"十一"前夕举办了港北区第三届"漓江村杯"气排球比赛，共有男女40个代表队参赛；8月组队参加广西青少年体育俱乐部羽毛球比赛，获女子单打第二名；9月组队参加贵港市体育先进乡镇篮球比赛和"真龙杯"广西业余羽毛球俱乐部争霸赛贵港赛区比赛，均获团体第二名；10月组织男子公开、女子公开和单位混合3个气排球队参加"真龙杯"贵港市城乡万人气排球赛总决赛，其中女子队荣获女子公开组第一名，男子公开队和单位混合队分别获男子公开组和单位混合组的第二名，女子公开队最后代表贵港市参加"真龙杯"广西第二届城乡万人气排球总决赛(南宁)荣获第一名；6月组队参加自治区老年气排球赛获第八名；8月和11月，分别组织老年人参加了全区万人气排球赛和在贺州举行的广西区老年柔力球赛。全年建成国家级乡镇农民体育健身工程1个在大圩镇，总投资20万元；完成村级公共服务中心篮球场项目5个，分别是港城镇旺岭村旺北屯、麻山村，大圩镇民乐村，中里乡六台村和根竹乡新民村吉祥屯。完成城乡风貌改造二期工程篮球场建设2个，分别是港城镇旺岭村旺北屯和根竹乡新民村吉祥屯，分获城乡风貌改造二期工程村级篮球场项目建设资金2万元；完成村级篮球场工程三类项目6个，分别是庆丰镇高桥村石桥屯、鄱岭村大坡岭屯，大圩镇新建村桂塘屯、大仁村大仁小学，港城镇石寨村白屋屯，奇石乡山乐村，每个项目自治区补助2万元(含一副价值0.48万元的球架和1.52万元的建设资金)。

【港南区】 港南区体育局与有关部门、各系统单位、乡镇政府等年内先后举办"三八"妇女节气排球比赛；"五一"劳动节干部职工气排球赛，"端午"节的龙舟赛、直属机关干部职工"红牛杯"篮球比赛。桥圩镇和木格镇组队参加广西第二届体育节贵港市2010年体育先进乡镇篮球比赛；港南区四家班子领导参加贵港市领导干部体育运动会；港南区人民法院(女队)、江南街道办事处(男、女队)、市二医院(单位队)等4支球队参加广西城乡万人气排球大赛贵港市级决赛。大力加强体育基础设施建设。桥圩镇何平村、湛江镇云柳村、木格镇水泉村等20个村级篮球场，共配备乒乓球台40张，资金达5.3万元。年内，投入资金达131万元，建设了国家乡镇级、村级篮球场项目共26个，港南航运新村、木格镇班凤村联垌屯、瓦塘乡福新村滩平屯、八塘镇山泉村、八塘镇苏岗村、桥圩镇何平村6个村完成了村级公共服务中心篮球场建设任务。

【覃塘区】 春节期间，每个乡镇都举办春节男子篮球比赛。有关部门联合举办了庆"三八"体育活动，项目有拔河赛等，有10多个队参赛。4月20日至30日，文体局与工会联合举办了"五一"职工男子篮球赛，有23支队伍参赛，是历来参赛人数最多的一次，比赛共计80多场。组队参加第二届广西体育节贵港市系列体育活动比赛，获得了很好的名次。举办覃塘区第三届"公仆杯"篮球赛。争取中央资金投入，建成了覃塘区行政中心羽毛球馆，并装上13套健身路径，极大方便了群众的体育锻炼。通过"以奖代补"的形式，建成了10个村标准篮球场。

【桂平市】 全年桂平市参加省(区)级以上重大体育比赛，共获得金牌5枚、银牌5枚、铜牌5枚。其中输送的女子摔跤运动员杨森莲参加3月在南京举行的世界摔跤比赛中获得55公斤级1枚金牌，4月份在北京又获得全国摔跤锦标赛金牌1枚，5月在印度新德里又获亚洲女子摔跤锦标赛55公斤级金牌1枚；其代表中国队参加2010年女子世界杯摔跤团体锦标赛，荣获团体赛冠军，成为了本市第一位世界冠军；4月又在北京参加全国摔跤锦标赛女子自由式55公斤级比赛再夺金牌，5月又获亚洲女子摔跤锦标赛女子自由式55公斤级第一名。7月，在广西青少年摔跤锦标赛上，市选手钟烈劲、陈秋红等八位运动员获得第一、二名各一个，第三名四个，第五名两个。8月，组织武术队参加全区锦标赛获2枚银牌（黄裕恒获南拳银牌；黄裕恒、王毅获对练银牌）；在2010年广西少年儿童武术套路锦标赛上，我市选手王毅、李志坚等六位运动员分别获得两个第二名和五至八名。11月，组队参加在玉林市举办的“第12届广西少数民族传统项目运动会”，市武术运动员获1枚金牌、2枚银牌和1枚铜牌，其中：黄俊华获男子南拳金牌；曾云鹏获刀术银牌；曾云鹏、李剑峰获对练银牌；李剑峰获棍术铜牌。桂平市群众体育活动蓬勃发展，有赖于26个乡镇的农民体育协会组织以及城区16个单项体育协会组织机构。每年，这16个单项体育协会都开展1至3次以上的体育活动或比赛，城区坚持一年一度的军民升国旗仪式暨万人健身走活动，各战线、尤其是宣传、教育、卫生、政法、财税、建设、交通、农业、电业、电信、金融等在每年的第四季度都组织开展单项体育活动或系统运动会。桂平市进一步加强了村级体育健身设施建设，建成国家级乡镇农民健身工程2个，建成村级篮球场工程9个、村级公共服务中心12个。全年体育彩票销售达700多万元，发展社会体育指导员30人。

【平南县】 平南县坚持以邓小平理论和“三个代表”重要思想为指导，深入贯彻落实科学发展观，全面贯彻党的十七大和十七届三中、四中全会和全区、全市文化广播电视新闻出版工作会议精神，解放思想，开拓创新，各项工作都取得了较好的成绩。5月12日，在南昌市举行的全国青少年举重锦标赛中，县体校选送的选手秦国豪获得男子44公斤级抓举第一名、挺举第二名，总成绩第二名。贵港市乒乓球选拔赛林子强获男子丁组第一名，陈威成获男子丙组第二名；江彩评获女子丙组第二名，黄安琪获男子丁组第二名；彭亦铭获男子丁组第三名好成绩。全年完成体育彩票销售量550万元。争取上级“农村文化以奖代补”资金支持，狠抓村级篮球场项目建设，大力改善农村体育基础设施建设。启动投资200万元的中国体育彩票“雪炭工程”平南县体育中心综合训练馆项目建设。该项目工程于6月中旬正式开工建设，工期180天。

2011年

【港北区】 港北区全年共举办群众性体育比赛活动70多次；7个体育项目建设总投资54万，体育基础设施进一步完善。港北区文体局获得了自治区体育局表彰的2007－2010年全区群众体育“先进单位”。年内，共举办群众性体育比赛活动70多场次。5月，组队参加贵港市庆祝建党90周年暨建市15周年气排球大赛，男子队获第二名、女子队获第一名，其中港北区女子队代表贵港市参加自治区庆祝建党90周气排球大赛，也获得了第一名的好成绩；9月份，举办了历时7天共有24个体表队参加比赛的第七届“公仆杯”篮球比赛；10月，组织了大圩镇代表队参加了全市体育先进乡镇篮球邀请赛；10月底和11月，组织干部职工、体育爱好者分别参加了贵港市“智通杯”第四届体能大赛和贵港市“庆元旦、促健康”体育健身活动，组织港北区老年人体育运动代表团参加了贵港市第四届老年人运动会，取得了好成绩，其中气排球取得男子第二名、女子第二名；乒乓球男女队取得女单甲组第一名、丙组第一名、乙组第二名，男团第二名，女团第二名，男单甲组第二名，决赛丙组第二名；太极拳团体第二名，太极剑团体第二名；中国象棋队取得第一名。全年完成国家级乡镇农民体育健身工程1个点武乐乡，总投资30万元；完成村级农民体育健身工程4个，分别是中里乡大圩镇民乐村、大圩镇永福村30队、庆丰镇东碑村、中里村炉村屯，每个项目自治区补助5万元；完成村级公共服务中心篮球场项目2个，分别是中里乡龙山村、奇石乡奇石村，每个项目自治区补助2万元（含价值0.48万元的球架1副和1.52万元的建设资金）；获市村级篮球场篮球球架2副，分别发放到中里乡双古村、奇石

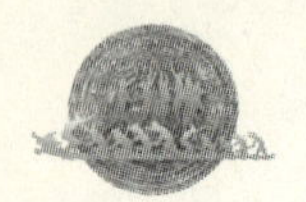

乡桂中村。

【港南区】 港南区体育事业捷报频传，硕果累累。文体局荣获 2007—2010 年自治区群众体育先进单位，吴秋林荣获自治区群众体育先进个人。开展丰富多彩的群众体育活动，举办“三八妇女节”和五一“东兴钢材杯”全区气排球比赛，“端午节”举办瓦塘乡香江龙舟赛；6 月，组织区教科局、港南中学和港南区四家班子代表队参加庆祝建党 90 周年暨建市 15 周年全市气排球大赛，四家班子代表队获得第二名；8 月，组织木格镇男子篮球队参加广西第三届体育节贵港市体育先进乡镇篮球比赛，荣获第二名；11 月，组织老年体协参加贵港市第四届老年人体育运动会，获太极拳和太极扇团体赛 2 个三等奖，健身球操二等奖，同月组织港南中学参加广西第三届体育节“五粮醇”气排球大赛贵港市级决赛；12 月下旬，组织运动员参加第五届“中强 · 普罗旺斯杯”贵港环城长跑赛，本区运动员高佳弟勇夺男子中青年组冠军，李华梁获得男子青年组第 10 名；同月组织举办港南区庆祝新年元旦“华怡杯”气排球赛，有 16 支队共 200 多名运动员、教练员参赛。成立了国家级青少年体育俱乐部——广西贵港市港南区健力青少年体育俱乐部(港南区桥圩高中)。加强体育基础设施建设，完成村级农民健身工程篮球场建设项目 5 个，分别是湛江镇小庄村(14 队)和平江村(上简塘 26 队)、木格镇梁村、桥圩镇二中和南兴村马岭屯，每个项目上级补助 5 万元；完成中越边境全民健身工程、红水河流域民族体育工程 6 个，分别是新塘乡新和村、木梓镇武思村高山屯、湛江镇同安村、八塘镇大新村、东津镇中和村和瓦塘乡思怀村，每个项目上级补助 3 万元。完成桥圩镇永梧村、湛江镇金洲村、八塘镇岑西村、木梓镇木梓村、新塘乡湖龙村和乌柏村、木格镇盘古村七个村级公共服务中心的篮球场建设。9 月 23 日，举办了第三届广西体育节“著名专家全民健身八桂行”港南讲座，广大体育工作者、社会体育指导员及体育爱好者共 500 多人参加了讲座。

【覃塘区】 覃塘区深入宣传贯彻《全民健身条例》，广泛开展宣传活动，大力开展群众体育健身活动。积极推动机关、学校等公共体育场所节假日向群众开放，使群众性体育活动蓬勃开展。成功举办了第四届“公仆杯”篮球赛、庆“五一”气排球赛等，组织优秀队伍参加贵港市体育节先进乡镇篮球赛、农民万村篮球赛等。

【桂平市】 桂平市围绕群众体育、竞技体育、体育队伍建设以及体育设施建设等为主要任务，积极展开各项工作，实现了体育事业与国民经济和社会各项事业的协调发展。市女子摔跤运动员杨森莲在参加国际级比赛中获得金牌 1 枚、铜牌 1 枚，并在法国列文“世界杯”女子摔跤赛上勇夺冠军；桂平市运动员参加全国级比赛中获得铜牌 5 枚，在区级比赛中获得金牌 14 枚、银牌 7 枚、铜牌 11 枚。向上级运动队输送了 2 名优秀体育后备人才，又输送 3 名游泳运动员到自治区水球队参加集训，本市输送运动员在 2011 年广西“体彩杯”青少年摔跤锦标赛暨广西第十二届运动会资格赛上共获得 3 枚金牌、1 枚银牌、一项第 5 名、一项第 6 名、一项第 7 名的好成绩；在广西第十二届运动会跳水比赛上，获男子 10 米跳台金牌、男子 3 米跳板第 4 名、男子 1 米跳板第 5 名的好成绩。注重开展丰富多彩的群众体育活动，春节期间在城乡共举办篮球、乒乓球、象棋赛等体育活动 30 多场次；举办了“灏福杯”2011 年桂平市首届老年人象棋大赛、庆祝“五四”青年节首届“万福豪园杯”青年拔河赛、“学而优杯”桂平市中小学生象棋锦标赛；协办了桂平市庆“三 . 八”妇女节气排球比赛、“中共贵港市市委办系统第二届气排球比赛”、桂平市“庆五一公务员杯”气排球比赛活动。6 月 23 日至 27 日，举办了庆祝建党 90 周年暨 2011 年广西体育节——桂平市第三届“宇洋杯”篮球赛，城乡党政机关、企事业单位、学校、社会团体共有 37 个参赛队近 1000 名干部群众参加活动。8 月 8 日，在市文化广场举办“第三届广西体育节桂平市启动仪式暨桂平市千人太极拳、剑、操表演”活动，在市体育馆举办“东鹏瓷砖杯”五人制足球对抗赛活动；8月11日在城区举办“南百杯”乒乓球应众赛活动，参与的运动员有2000多人，观众人数达20多万；9月29日，在城区举办了庆国庆敬老节联欢会活动，参加活动人员有来自城区业余文艺、体育团队1000多人。全年体育彩票销售达800多万元，再创历史新高，得到区体育局和区体彩中心的表彰，并授予2011年广西体育彩票工作一等奖。建成村级公共服务中心12个，每个服务中心均附属有篮球场和乒乓球台项目的建设。完成了“特色名村”建设前进村灯光篮球场和舞台的改造工作。培训发展社会体育指导员50人，发展国家三级裁判员11人。

【平南县】 平南县体育工作取得了显著成绩。在全区第十二届运动会中，获得3枚金牌、2枚银牌、3枚铜牌、9个第五至七名；在省级其他比赛中，共获取5枚金牌、3枚铜牌、1个第四名、1个第五名、1个第六名、6个第七名、1个第八名，两人获得体育道德风尚奖。体育苗子输送，有1人考上北京体育学院、1人考上武汉体院、1人考上江西科技教育学院、1人考上湖北襄樊师范学院、2人考上玉林师院。11月全区第十二届运动会，选送游泳项目蒙海林、韦雄日，跳水项目李昊，田径项目林华辉、郑仪州、吕胜桂、覃钰、周月玲，举重项目陆振宇，乒乓球项目江采秤参加比赛。年内，全县共举办迎新春群众体育比赛300多场次，日常节庆干部职工各类比赛1000多场次。4月下旬，县图书馆组队参加广西图书馆学会“开卷杯”气排球赛竞赛获第一名。6月，县代表队参加贵港市庆祝建党90周年暨建市15周年全市气排球大赛获公开组第二名。“七一”期间，举办宣传文化系统庆祝建党90周年气排球赛；10月，县代表队参加贵港市先进乡镇篮球赛获第三名。全年体育彩票销售量700万元。加快体育基础设施建设，争取中央农村文化以奖代补项目30万元，投资26万元建设8个村级篮球场和2个农民体育健身工程点。对体育部门及乡镇、村体育骨干进行培训，参训率达100%，进一步提高了体育人才专业水平和业务素质。

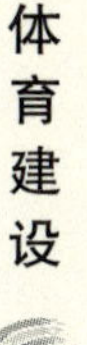

玉 林 市

全市体育工作综述

2010 年

2010 年是"十一五"规划的收官之年，也是玉林市体育事业发展进程中不平凡的一年。在市委、市政府的正确领导下，市体育局以邓小平理论和"三个代表"重要思想为指导，继续深入实践"运动改变城乡，体育促进发展"的理念，以"统筹城乡体育办实事，迎战全区'两会'立新功"为创先争优活动主题，把开展创先争优活动与开展统筹城乡体育为民办实事，加大"体育设施、体育场地、体育组织"办到广大群众身边的工作力度和筹备广西第十二届少数民族传统体育运动会、备战广西第十二届运动会再创新佳绩活动结合起来，努力推进全民健身运动的普及和开展，大力提升竞技体育的总体实力，认真走好体育产业化道路。求真务实，开拓创新，实现了全市体育新发展、新跨越，为重振广西体育雄风，为推动我国从体育大国向体育强国迈进作出新的贡献。

2011 年

2011 是"十二五"开局之年，也是玉林市体育事业发展进程中不平凡的一年。在市委、市政府的正确领导下，市体育局以科学发展观为统领，以贯彻落实《全民健身计划（2011－2015）》和备战参赛广西第十二届运动会为重点，紧紧围绕统筹城乡发展这一重大战略部署，继续深入实践"运动改变城乡，体育促进发展"的理念，全面推动玉林体育事业迈上了新台阶，为实现富民强玉新跨越、加快建设幸福和谐玉林作出了新的贡献。

群众体育

2010 年

【概况】 年内，玉林市全民健身活动以全民健身日和第二届广西体育节为主线，在"精"、"小"、"多"下工夫，即精心组织好自治区体育局打造的广西体育节、万村农民篮球赛、城乡万人气排球赛等品牌活动的同时，带动以小型为主的系列活动，全方位动员、组织和指导玉林市广大群众多开展、多参与活动。全年承办全区性的群众体育活动 12 次，影响较大的有广西第十二届少数民族传统体育运动会、广西第二届体育节气排球大赛和城市象棋联赛、广西水文系统职工运动会等；举办全市性的大型体育活动 39 次，影响较大的有元旦健身跑、第四届百镇千村农民篮球大赛、妇女运动会、城区职工体育运动会等；其他小型活动 100 多次，直接、间接参与健身活动的群众不计其数，形成全民主动、积极参与健身的良好局面。玉林市园艺场全年冠名玉林市中国象棋队参加全区比赛，并取得了广西中国象棋锦标赛团体、个人冠军等优异成绩。

【元旦"体彩杯"玉林市健身跑比赛】 1 月 1 日，由市体育局、教育局、团市委联合承办的元旦"体彩杯"玉林市健身跑比赛在玉林市体育中心举行。玉林师院代表队分别包揽了大中专院校男子组、大中专院校女子组冠军、亚军、季军，并荣获了团体一等奖。

【"移动杯"第三届妇女运动会】 3 月 17 日，由市妇联、市总工会、市体育局联合承办的玉林市“移动杯”第三届妇女运动在玉林市体育馆举行。市委副书记刘子福，市委常委、宣传部部长、副市长陈延国，市人大常委会副主任温祖贞，市政协副主席傅国海等出席开幕式。刘子福宣布玉林市第三届妇女运动会开幕。本届运动会共有来自玉林城区各机关、企事业单位、驻玉中直、区直机关、大中专学校等59个参赛队约1000多人参加比赛。运动会共设有气排球比赛、健美操、两人三足跑、拔河、跳绳等五项趣味体育项目。

【在玉林市召开全区群众体育工作会议】 3月31日，全区群众体育工作会议在玉林市召开。自治区体育局局长容小宁总结了2009年以来的群众体育工作，部署了今年的群众体育工作。玉林市副市长温其辉到会致辞。自治区体育局将组织开展各类全民健身活动，第二届广西体育节拟定于今年8月至10月举行，主题是：人人运动，健康广西。活动内容主要包括多彩民族、八桂田野、金色年华、彩虹之桥、E网健身、协会总动员等6大板块。本届体育节更加注重突出民族性、大众化、时尚化、国际化、市场化，活动规模和时间都将超过去年，真正把广西体育节办成“体育的盛会，人民的节日”。今年还将举办第二届广西城乡气排球大赛。

【全国国民体质监测工作(玉林)培训班】 5月5日，全国国民体质监测工作（玉林）培训班在玉林师范学院举办。经过3天培训及理论考试、测试操作考核合格后，玉林师院体育系将有20多位师生成为全国国民体质监测（玉林）工作活动成员，会同有关部门对玉林城区的八个监测点进行玉林市国民体质监测工作。国民体质监测已经启动，全市将集中于5、6月份在7个县(市、区)的8个监测点对3600个监测样本进行监测。本市受测人群来自各行各业，分成乡镇和城市两部分，年龄从3岁至69岁不等。幼儿组监测人员年龄范围在3岁至6岁之间；成年人分为两个受测组别，分别为20岁至39岁和40岁至59岁；老年人年龄阶段在60岁至69岁之间。他们将会在身体形态、身体机能、身体素质三大方面接受监测，监测小项多达27项，如身高、体重、皮褶厚度、脉搏、肺活量、握力、走平衡木、闭眼单脚站立等。

【第二届广西体育节·玉林市全民健身系列活动启动仪式】 8月8日，第二届广西体育节·玉林市全民健身系列活动启动仪式在玉林市龟山公园举行。玉林市委常委、宣传部部长、副市长陈延国以及玉林市市直机关单位干部职工及市民组成的12支登山队约2000多人参加启动仪式并进行登山活动。

【玉林首届健身健美公开赛】 8月8日，由玉林市体育局主办，玉林市双城健身俱乐部、玉林市中广文化传媒有限公司承办的玉林首届健身健美公开赛在玉林市青年广场举行。在参赛队伍当中，除了本地的健身俱乐部、大专院校代表队之外，还有来自广西南宁、柳州、桂林等主要城市的代表队。此外，还吸引了广州、深圳、中山等地的代表队及个人前来参赛。在参赛选手当中有健坛高手向成月、张德强等，健坛新星覃光云、谢宗君等。

【第二届广西体育节“真龙杯”业余羽毛球俱乐部争霸赛玉林赛区选拔赛】 9月4至5日，由自治区体育局主办、玉林市体育局承办的第二届广西体育节“真龙杯”业余羽毛球俱乐部争霸赛，玉林赛区比赛在市体育馆拉开战幕。来自我市的14支业余羽毛球俱乐部代表队，将展开为期两天的争霸赛。

【“真龙杯”广西第二届城乡万人气排球大赛玉林赛区比赛】 9月25日，“真龙杯”广西第二届城乡万人气排球赛（玉林赛区）在玉林市体育馆开赛，副市长江贵成出席比赛开幕式。本次大赛分男、女街道乡镇组，男、女子公开组，单位混合组共3个组别，共有来自玉林市区和7个县(市、区)的37支队伍参加比赛，每个组别决出的冠军队或优胜队将赴南宁参加“真龙杯”广西第二届城乡万人气排球赛的总决赛。

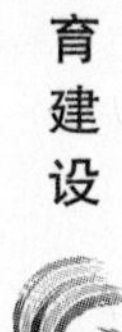

【玉林市健美协会成立】 1月29日，在玉林市体育局会议室举行成立大会。会议主要对健美协会章程进行修改和选举产生玉林市健美协会领导机构。玉林师院党委副书记梁伟江、市中级法院副院长陆敏平担任名誉主席，市体育局林琳副局长当选为第一届健美协会主席，朱波涌等7人当选为第一届健美协会副主席。

2011 年

【概况】 年内，预报临时制定出台了《玉林市全民健身实施计划(2011－2015年)的通知》，组织了第三届广西体育节、广西农民象棋比赛等品牌活动；承办了"五粮醇"气排球大奖赛、"乒临城下"第二届中国联通乒乓球挑战赛等16项全区性大型群众体育活动；联合举办了玉林市地税系统职工运动会、市直机关工委气排球比赛等30多项全市性体育活动。据统计，体育节期间，各县(市、区)、各级体育总会、各体育协会、体育俱乐部、机关、企业和学校等单位开展各类体育活动达300多项，全市形成全民主动、积极参与健身的良好局面。成立了玉林市中国象棋训练基地、玉林市国翔乒乓球俱乐部等群众体育组织，举办了两期社会体育指导员培训班，共培训120多人。

【广西首届"五粮醇"气排球大奖赛玉林赛区比赛】 1月8日，由广西体育局、广西翠屏酒业有限公司主办，广西社会体育运动发展中心、玉林市体育局承办的广西首届"五粮醇"气排球大奖玉林赛区比赛在玉林市体育馆举行。玉林市中级人民法院代表队获第一名，文宇体育代表队获第二名，玉林市机关事务管理局代表队获第三名，金芒果气排球俱乐部代表队获第四名，金聚福代表队获第五名，玉林供电局代表队获第六名。

【参加全国贯彻实施《全民健身计划(2011—2015年)》电视电话会议】 3月1日，在玉林市会议中心第二会议室召开。市长韩元利、市政府秘书长马雄光参加了会议。会议强调，《计划》的出台实施，对进一步推动本市群众体育事业全面、协调、可持续发展具有重大的现实意义和深远的历史意义。按照《计划》的要求，把发展全民健身事业纳入本级政府社会经济发展规划，列入本级政府财政预算，切实履行好《计划》规定的各项职能，为人民群众提供更好的体育公共服务。

【广西农民象棋比赛】 4月21日，由广西体育局主办，玉林市体育局承办的广西农民象棋比赛在玉林市举行。男子团体：崇左市第一名、玉林一队第二名、玉林二队第三名；女子团体：玉林一队第一名、柳州市第二名、贺州市第三名。男子个人：第一名崇左市秦荣、第二名玉林一队陈建昌、第三名来宾市吴宗秀；女子个人：第一名玉林一队林延秋、第二名玉林一队邓冠英、第三名柳州市雷英。男子个人快棋获奖名次：第一名玉林市梁辅聪、第二名玉林市陈建昌、第三名南宁市陆安京；女子组个人快棋获奖名次：第一名玉林市林延秋、第二名玉林市邓冠英、第三名柳州市雷英。男子双人获奖名次：第一名玉林一队、第二名南宁队、第三名柳州队；女子双人获奖名次：第一名玉林队、第二名柳州队、第三名来宾队。

【迎"五·一"万昌东方巴黎杯玉林市气排球大奖赛】 4月23日，由玉林市体育局、玉林市总工会联合主办，玉林万昌房地产开发有限公司协办。为期一个多月的玉林市迎"五一""万昌东方巴黎杯"气排球大奖赛5月29日圆满落幕，第一名至第八名的男女代表队分别排定座次。市机关事务管理局、玉柴、市中级法院、玉林日报社、玉林供电局、玉药、市林业局、市邮政局代表队分获男子代表队第一至第八名。市公安局、市中级法院、玉林信用社、市国税局、市地税局、市政市容局、玉林中石化、玉林供电局分获女子代表队第一至第八名。此次与历年玉林气排球比赛相比，有"五最"：参赛单位最多、赛事时间最长、组织协调最好、奖金最高、社会影响最大。

【三人制篮球赛】 5月1日至3日，玉林市青少年体育俱乐部第十届3人制篮球赛在市体校进行。此次比赛共有14支初中代表队和22支高中队伍(其中2支女队)参赛,比赛决出了初中组和高中男子组各前8名,高中女子组第1名。青少年3人制篮球赛在玉林市已经连续举行了10届,为中学生提供一个学习交流和切磋球艺的平台,营造了良好的篮球运动氛围,给广大青少年献上了丰盛的节日文体大餐。

【第十七届全国农民象棋】 5月14日,第十七届全国农民象棋赛在南宁落下帷幕,代表广西队参赛我市的棋手陈建昌、林延秋(女)在比赛中不畏强手,杀出重围,夺得此次比赛男女混双项目的第一名。在58名选手参赛的男子个人赛中,我市棋手陈建昌获得第6名。

【广电网络嘉年华扑克牌邀请赛】 5月14日至15日,由广西广电网络玉林分公司主办的广电网络嘉年华扑克牌邀请赛,在福满地宾馆举行。此次邀请赛共邀请了玉林分公司及所属5个县分公司的32家客户组队参赛。比赛对获得前8名的选手进行奖励,市广电局队、市三中队分别获得此次比赛的冠亚军。

【玉林市老年人柔力球比赛】 5月18日,玉林市老年人柔力球比赛在市体育馆落幕。市直、玉州区、北流、容县50多名老年选手们参加了角逐。选手们进行了规定套路、自选套路的比赛,市直队最后获得总分第一名。

【“祥通燃气”杯玉林市首届肚皮舞大赛暨第二届金皇冠国际肚皮舞大赛广西选拔赛】 5月21日,由中国肚皮舞协会、中国民族文化艺术研究中心和玉林市健美协会主办,玉林市双城健身俱乐部承办的“祥通燃气”杯玉林市首届肚皮舞大赛暨第二届金皇冠国际肚皮舞大赛广西选拔赛在玉林市青年广场举行。专业组:梧州肚皮舞协会覃琪琪获得冠军、祥通燃气邓月获得亚军、双城健身俱乐部徐一敏获得季军。非专业组:双城健身俱乐部蒋兰纯获得冠军、祥通燃气杨炼月获得亚军、广西工学院李维获得季军。团体组:广西工学院获得金奖、神秘舞团获得银奖、博白红绸带少儿舞蹈专业学校获得铜奖。

【桂东足球俱乐部“萌芽杯”首届校园足球联赛】 5月30日,由市教育局和市体育局主办的桂东足球俱乐部“萌芽杯”首届校园足球联赛已经顺利落下帷幕。此次比赛于4月25日拉开序幕,历时一个多月,共有18支小学生足球队,近150名运动员参赛,比赛采取5人制足球赛形式,这是玉林市首次推出小学生校园足球联赛。闭幕仪式和颁奖仪式,在玉林市育才学校举行,比赛分别对小学3至5年级的前两名进行了奖励。

【“羽林争霸”2011红牛城市羽毛球广西公开赛玉林赛区比赛】 6月13日,由市体育局承办,北京红牛销售有限公司广西分公司协办的“羽林争霸”2011红牛城市羽毛球广西公开赛玉林赛区的比赛经过两天角逐,在市国税球馆落下帷幕。此次比赛采取5人制混合团体赛(男单、男双、混双)的形式进行,一共有24支队伍140多名业余羽毛球好手报名参赛。经过小组赛和淘汰赛两个阶段的角逐,比赛决出了前10名,其中,阳光俱乐部、羽毛球培训中心和阳光伟士俱乐部3支队伍在这次比赛中表现突出,分获前3名。获得玉林赛区前两名的阳光俱乐部队和羽毛球培训中心队,将代表玉林参加7月23日至24日在南宁举行的城际赛。

【玉林市首届野战运动联赛】 7月9日至16日,玉林市首届野战运动联赛在佛子山旅游度假区举行。本次比赛共有16支野战队伍近200名运动员参加,比赛设4个小组,每个组的前两名进入8强淘汰赛。来自桂林的镭战群英会队显示出超群的实力,一路过关斩将,最终获得了比赛的冠军,并捧走5888元大奖。

【玉林市围棋棋王赛暨广西围棋排名赛玉林选拔赛】 7月17日,“万年红杯”玉林市围棋棋王赛暨广西围棋排名赛玉林选拔赛在玉林市围棋协会棋牌会所落下战幕。经过3天9轮的激烈拼杀,北流市梁朝勇结果以8胜1负积

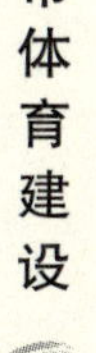

16 分登上本年度玉林市棋王宝座。

【玉林市象棋选拔赛】 7 月 17 日，玉林市象棋选拔赛在市文博棋院城北分院结束所有赛程。经过两天时间的激烈争夺，获得此次比赛前 4 名的王疆、吕皓、陈建昌和陈湖海将代表玉林参加广西象棋锦标赛。

【玉林市少儿象棋大赛】 7 月 30 日下午，玉林市少儿象棋大赛在市文博棋院城北分院落幕，来自东环小学的小将黄治新夺得此次比赛的冠军，盘春烨、陈紫豪分获二三名，比赛共对前 12 名选手进行奖励。

【2011“红牛杯”第二届夏季五人足球赛】 8 月 1 日，由市体育局主办的 2011“红牛杯”第二届夏季五人足球赛在玉林市桂东五人制足球场拉开战幕。此次比赛共吸引了本市 20 支球队 200 多名足球爱好者参与，时间从 8 月 1 日持续到 8 月 14 日。

【第三届广西体育节·玉林市全民健身系列活动启动仪式】 8 月 8 日，第三届广西体育节·玉林市全民健身系列活动启动仪式在玉林城区狮子山公园举行。市委常委、宣传部部长、副市长满昌学以及市直机关单位干部职工及市民组成的 14 支登山队 2000 多人参加启动仪式并进行登山活动。

【“健康杯”广西第二十九届青少年乒乓球等级赛】 8 月 20 日，由广西体育局球类运动发展中心主办，市乒乓球运动技术学校承办的“健康杯”广西第二十九届青少年乒乓球等级赛在市体育中心综合馆拉开战幕。此次比赛面向全区中小学在校生，男子组共分 10 个组别，女子组分 4 个组别，一共吸引了全区 14 个地市 510 名选手参赛。

【广西地方税务系统第二届职工运动会】 8 月 24 日，广西地方税务系统第二届职工运动会在玉林市体育馆开幕。本届运动会为期 5 天，共分气排球、羽毛球、网球、乒乓球、围棋、中国象棋、拖拉机等 7 个项目，有来自 14 个市的 15 支参赛队伍 1000 多人参加角逐。

【全民健身？办公室保健操走进机关企事业大型公益活动】 8 月 26 日，由市体育局主办、双城健身俱乐部承办的全民健身？办公室保健操走进机关企事业大型公益活动在市工商局举行，这是此项活动在玉林市进行的第 4 站。该活动旨在推广全民健身意识，改善机关企事业干部职工的健康情况，解除办公室职业病的困扰，让更多的人能够在繁忙的工作中轻松健身，以健康的身心投入工作，创建更加美好、和谐的社会。

【第三届广西体育节“著名专家全民健身八桂行讲座”】 9 月 20 日，由广西体育局主办，玉林市体育局承办的第三届体育节“著名专家全民健身八桂行讲座”在玉林市人民银行招待所二楼会议室举行，主要目的是为了进一步增强全市广大群众运动健身的意识，提高群众参与健身活动的积极性、科学性和技能性，为大家提供科学可行的体质评价方法和增强体质的健身方法。授课专家有：国家国民体质监测专家、广西国民体质监测中心副主任、广西体育科学研究所所长、副教授黄志平；广西体育科学研究所副所长黄中校；原广西体育运动创伤专科医院副院长、运动创伤副主任医师曾伟；广西体育运动创伤专科医院副院长、运动医学副主任医师李霞。

【广西第二届“五粮醇”气排球大奖赛玉林赛区比赛】 12 月 10 日，由广西体育局、广西翠屏酒业有限公司主办，广西社会体育运动发展中心、玉林市体育局承办的 2011 年广西第二届“五粮醇”气排球大奖玉林赛区比赛在玉林市体育馆举行。此次比赛为五人制混合团体气排球赛（三男两女），共有 24 个代表队报名参赛，分 4 个组进行比赛。经过两天的激烈角逐，市德信机电工程公司代表队力挫群雄，勇夺桂冠，获得第二名至第六名的代表队分别是：市水利局、玉柴、市机关事务管理局、玉林日报社、玉林师院。

【玉林市象棋协会换届】 11月24日，在玉林市体育局会议室举行换届大会。会议主要对象棋协会章程进行修改和选举产生第二届玉林市象棋协会领导机构。赵树森当选主席，涂琳当选常务副主席，林琳、蒋振权、王祥、罗昆、梁家琛、顾海滨当选第二届玉林市象棋协会副主席，李尚东、何卿、陈建昌当选理事。

竞技体育

2010年

【概况】 年内，玉林市竞技体育硕果累累。组队参加广西15个项目青少年锦标赛获金牌62枚，银牌54枚，铜牌60枚。全年共完成田径、男女篮球、射击、游泳、蹼泳、武术、散打、拳击、举重、柔道、跆拳道、摔跤、乒乓球、网球、羽毛球等15个项目共213名运动员的注册工作；给符合条件的34人办理了二级运动员等级证书。

【玉林市青少年田径锦标赛暨第七届“体彩杯”中小学生田径比赛】 5月29日至31日，由市体育局、教育局联合主办的玉林市青少年田径锦标赛暨第七届“体彩杯”中小学生田径比赛在市体育中心举行。本届田径比赛共有来自全市各县(市、区)十多所中小学的212名男子运动员和210名女子运动员参加。北流市代表队夺走了锦标赛冠军，容县屈居亚军，兴业县获得第三名。苗园中学则在玉林市“体彩杯”中小学生田径比赛A组(初中)的比赛中获第一，玉林市三中、南江一中分列二、三名，B、C组(小学)的桂冠被第二实验小学夺取，实验一小紧随其后获得亚军，育才中学附小位居季军。

【玉林市少年儿童游泳锦标赛暨第七届“体彩杯”小学生游泳比赛】 5月22日至23日，由市体育局、教育局联合主办的玉林市少年儿童游泳锦标赛暨第七届“体彩杯”玉林市区小学生游泳比赛在市体育中心举行。玉州、容县、兴业三支代表队的小游泳健儿们充分发挥顽强拼搏的精神，分别在50米，100米自由泳，100米蛙泳以及200米个人混合泳等项目中取得了出色的成绩。其中，兴业代表队的李延年以26秒23的成绩打破了50米自由泳的记录。容县代表队共获得41个第一名，并以总分422分夺得了锦标赛的团体冠军，玉州区、兴业县分列二、三名。东环小学则获得23个第一名，以350分赢得了体彩杯的团体冠军，东成小学名列第二。

【玉林市青少年篮球锦标赛】 5月28日至31日，玉林市青少年篮球锦标赛在玉林市体育中心综合训练馆举行，北流市代表队夺得男子组桂冠，兴业第二，容县第三，陆川县代表队夺得女子组桂冠，兴业第二，玉州第三。

【玉林市少年儿童羽毛球公开赛】 5月22日至23日，玉林市“阳光·威克多”杯少年儿童羽毛球公开赛在玉林市胜利球馆举行，市青少年羽毛球培训中心获得男子甲组单打、女子甲组单打、男子乙组单打、女子乙组单打、男子丙组单打、女子丙组单打、男子甲组双打、男子乙组双打、男子丙组双打、女子丙组双打项目的冠军，北流市迎君羽毛球俱乐部的吴金铭/巫雨薇获得女子乙组双打冠军。

【玉林市青少年乒乓球公开赛】 5月1日至2日，玉林市青少年乒乓球公开赛在玉林市乒乓球运动学校举行。博白县乒乓球俱乐部代表队获得大面积丰收，参赛的18名队员有12名小组出线，其中李杰获甲组第一名，徐卓话获乙组第一名，庞振强获丙组第二名。玉州获1金3银3铜，容县获1金2银3铜，陆川获1金1银，兴业获1金。

2011年

【概况】 年内，玉林市进一步深化了竞技体育体制改革，青少年业余训练普及程度提高，在选才和训练方面科技含量加大，选才面不断扩展，竞技体育后备人才培养成效显著，一批优秀青少年运动员脱颖而出。在区内外体育院

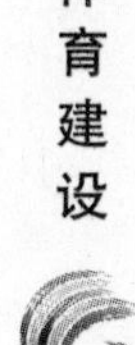

校、基地、中心训练的玉林籍运动员有 100 余名，其中冯君阳（游泳）、罗誉荣（射击）、陈冠杰（田径）等已具备在全国大赛中夺牌的能力。2011 年 11 月 6—16 日，在钦州市举行的广西第十二届运动会，我市代表团克服“后东道主”不利因素，勇夺 61 枚金牌、47 枚银牌、35 枚铜牌，打破 2 项广西成人纪录、2 项广西青少年纪录，位列总分榜第 4 名、金牌榜第 5 名，并首次同时荣获区运会所设置的突出贡献奖、输送奖、奖牌奖、总分奖、体育道德风尚奖全部 5 项代表团奖，取得我市参加区运会的历史性突破。按照区运会的有关规定，在区运会四年周期内，各市的优秀运动员参加奥运会、青年奥运会、亚运会、世界锦标赛、世界杯赛（总决赛）和全运会六大重大比赛取得成绩，给予金牌和分数奖励。我市在本届区运会上除比赛直接夺取 61 枚金牌外，另获以上六大赛奖励金牌 26 枚，金牌数创历史新高。今年组织游泳等 10 个项目共 238 名运动员参加广西青少年锦标赛暨广西第十二届运动会资格赛，夺取金牌 32 枚、银牌 37 枚、铜牌 29 枚。全年共有 36 名运动员办理二级运动员等级证书，完成田径等 14 个项目共 67 名教练员的注册工作，为我市竞技体育的可持续发展奠定了坚实的基础。

【玉林市体育局慰问在邕玉林籍运动员座谈会】 1 月 18 日，玉林市体育局班子成员赴南宁慰问在邕训练的玉林籍运动员，并在广西体育大厦召开了座谈会，为即将参加广西第十二届运动会的全体运动员加油鼓劲。

【召开玉林市体育工作会议暨备战广西第十二届运动会动员大会】 为贯彻落实全区体育工作会议精神，总结“十一五”和上年全市体育工作，研究部署“十二五”和今年工作任务，动员各级各部门积极备战广西第十二届运动会，3 月 22 日，玉林市召开全市体育工作会议暨备战广西第十二届运动会动员大会。市委常委、宣传部部长、副市长满昌学出席会议。满昌学要求，今年全市体育工作奋斗目标是全面夺取第十二届区运会所设置的代表团突出贡献奖、代表团输送奖、代表团总分奖和代表团奖牌奖等四项代表团奖，力争在这个基础上取得更好的成绩。体育系统和各有关单位当务之急是立即行动起来，进一步强化大局意识、责任意识，整合全市力量，上下联动，竭尽全力做好区运会各项备战工作。

【做好全国体育训练基地普查工作】 4 月 12 日，国家体育总局办公厅下发《关于对全国体育训练基地进行普查的通知》（体竞字[2011] 45 号），为促进训练基地的建设和发展，更好地发挥训练基地的服务保障作用，支持国家队完成好备战奥运会任务，国家体育总局将利用 1 个半月时间对全国训练基地包括基本情况、气候和交通条件、人力资源、场馆设施、基地使用状况、基地规划等内容进行普查。5 月 30 日，配合国家体育总局做好并完成体育训练基地的普查工作任务。

【召开玉林市体育系统备战广西第十二届运动会工作会议】 4 月 27 日，在玉林市人民银行招待所二楼会议室召开的这次会议强调，广西第十二届运动会是由自治区人民政府主办、全区规模最大、规格最高、影响最广的大型综合性体育赛事，夺取运动会所设置的代表团突出贡献奖、代表团输送奖、代表团总分奖和代表团奖牌奖这 4 项代表团奖，是既定目标，硬任务，调动一切人力、物力、财力，为备战参赛广西第十二届运动会这个中心服务，抓实赛前备战训练，抓细运动员思想工作，提高队伍整体作战能力，做好后勤保障工作，确保玉林市夺取参加广西第十二届运动会的全面胜利。7 月 7 日，市体育局在市体校召开备战十二届区运会工作会议，市体育局备战十二届区运会领导小组全体成员、市体校各运动队负责人、全体教练员参加了会议，会议要求各训练单位要统一思想认识，增强责任感、紧迫感，把备战十二届区运会作为当前重中之重的工作来抓，从人力、物力、财力等方面给予全方位保证，全面、细致的抓好下一步工作。10 月 26 日，在玉林市体育中心新闻中心召开玉林市代表团参加广西第十二届运动会誓师大会，市委常委、宣传部部长、副市长满昌学出席大会，玉林市将派出265名运动员参加田径、游泳、射击等14个项目的角逐。

玉林市代表团参加2011年广西第十二届运动会名次统计表

项目	金牌	银牌	铜牌	第四	第五	第六	第七	第八
蹼泳	5	6	3	5	4	2	1	2
摔跤	4	7	1	2	1	3	2	0
游泳	21	11	5	13	10	8	9	11
拳击	0	0	1	0	1	0	0	0
射击	9	9	6	3	3	2	1	3
乒乓球	4	4	3	2	2	2	4	1
柔道	1	0	0	1	1	2	1	1
散打	1	0	2	0	3	3	1	1
举重	4	3	3	2	3	3	3	2
羽毛球	0	1	5	3	4	5	0	2
田径	9	3	2	3	4	6	4	4
跆拳道	0	3	4	0	0	6	0	0
篮球	1	0	0	0	1	0	0	0
武术	2	0	0	1	4	3	2	0
合计	61	47	35	35	41	45	28	27

体育产业

2010年

【产业概况】 年内，全市体育彩票销售网点88个，销售3329.647万元，与上年同比增长122%，销售总量全区排名第四位，销售增长幅度全区排名第二位，创造公益金176.81万元，提供就业岗位200多个。广西第十二少数民族传统体育运动会招商收入共计150万元(含实物折款)。

2011年

【产业概况】 年内，玉林市重点培育以兴业、玉州、陆川为体育赛事、体育休闲、竞技体育训练基地；以福绵、博白为体育运动服装制造业；以北流、容县为体育器械制造业、体育旅游、休闲养生等一批重点项目的体育产业发展布局。草拟了《玉林市关于加快发展体育产业的意见》并广泛征求意见，积极落实税费优惠政策、土地保障政策，加大投融资支持力度，确保促进体育产业发展的具体措施落实到位。作为本市体育产业的支柱，今年玉林市体育彩票销售总额达5300万元，与上年同比增长59%，增幅居全区排名第一名，完成任务率居全区第二

名，为玉林创造公益金 266.99 万元，为国家创造公益金近 2000 万元，再创历史新高。

少数民族传统体育

2010 年

【承办广西第十二届少数民族传统体育运动会】 5 月 26 日，自治区政府在我市召开第十二届全区少数民族传统体育运动会筹备会议，会议听取了玉林市关于第十二届全区少数民族传统体育运动会筹备情况的汇报，研究部署下阶段工作；自治区副主席高雄，自治区民委主任卢献匾，自治区体育局巡视员岑汉康，玉林市委书记、市人大常委会主任金湘军，市委常委、宣传部部长、副市长陈延国出席会议，参加会议的还有各市分管副市长、民委主任、体育局长，广西民院。6 月 12 日，玉林市承办广西第十二届少数民族传统体育运动会筹备委员会第一次筹备工作会议在玉林市会议中心召开，市委常委、宣传部部长、副市长陈延国，副市长温其辉出席会议。7 月 23 日，筹委会向社会广泛征集广西第十二届少数民族传统体育运动会吉祥物及宣传画设计作品。10 月 21 日，广西第十二届少数民族传统体育运动会抽签工作会议在玉林市召开，全区 14 个地市和广西民族大学联络员进行了抽签，会议结束后，安排各比赛项目裁判长和联络员到赛场实地考察。11 月 8 日，广西第十二届少数民族传统体育运动会在南宁召开新闻发布会，向区内外各媒体通报本届民族运动会相关情况，组委会还向外揭幕本届届民族体育运动会吉祥物、宣传画。11 月 10 日，广西第十二届少数民族传统体育运动会筹备工作推进会在玉林市体育中心新闻中心召开，市委常委、宣传部部长、副市长陈延国主持会议，市长韩元利、副市长岑宛玙、马雄光秘书长、黄高林、郭铁、廖哲副秘书长出席推进会。11 月 18 日，广西第十二届少数民族传统体育运动会在玉林市隆重开幕，玉林市市长、广西第十二届少数民族传统体育运动会组委会副主任韩元利主持开幕式，玉林市委书记、市人大常委会主任、广西第十二届少数民族传统体育运动会组委会副主任金湘军在开幕式上致辞。自治区马飚主席，国家民委李小满纪检组长，自治区人大常委会吴恒副主任，自治区高雄副主席，自治区政协蒋济雄副主席，自治区人民政府秘书长王跃飞，自治区人民政府副秘书长、办公厅主任周异决，国家民委文化宣传司司长武翠英，自治区人大常委会副秘书长甘益伟，自治区人民政府副秘书长、广西第十二届少数民族传统体育运动会组委会副主任张振东，自治区民委主任、广西第十二届少数民族传统体育运动会组委会副主任卢献匾，自治区体育局局长、广西第十二届少数民族传统体育运动会组委会副主任容小宁，自治区工信委主任束华，自治区财政厅厅长苏道俨，自治区交通运输厅厅长潘巍等领导出席了开幕式。11 月 23 日晚，经过 6 天紧张激烈的比赛，圆满地完成了各项比赛任务，广西壮族自治区第十二届少数民族传统体育运动会在玉林市体育馆胜利闭幕。本届少数民族传统体育运动会，共完成抢花炮、珍珠球、高脚竞速、板鞋竞速、射弩、陀螺、龙舟、毽球、投绣球、武术等 10 个竞技项目和 1 个表演项目比赛，进行了 49 个小项的场地改造和赛事安排；接待来自各市机关、企业、厂矿、学校、农村等各行各业包括壮族、瑶族、苗族、侗族、仫佬族、京族、彝族、回族等多个少数民族运动员、裁判员、领队、教练员和嘉宾、工作人员，共 5000 多人；玉林市 108 名运动员参加了 8 个竞技项目的角逐，共获得 4 枚金牌、3 枚银牌、1 枚铜牌和 1 个表演项目二等奖的好成绩，金牌排名第 5 位，并获得了体育道德风尚奖，实现了玉林市参加广西壮族自治区少数民族传统体育运动会金牌零的突破。

体育基础设施建设

2010 年

【完成固定资产投资】 年内，玉林市体育系统固定资产投资工作取得了很大的突破，全年完成固定资产投资 1293.1 万元，完成任务 431%。投资建设项目包括：农民体育健身工程、村级公共服务中心篮球场、国家级乡镇农民体育健身工程、村级篮球场、健身路径、文体馆、羽毛球馆等。

2011 年

【完成固定资产投资】 自治区体育局下达玉林市体育系统固定资产投资目标任务是 3000 万元。全年实际完成固定资产投资 4503 万元，完成任务 150.1%。投资建设项目包括：市体校室外篮球场改造工程、市游泳池进行改造工程、农民体育健身工程、全民健身路径、文体馆、羽毛球馆等。全年共建设了 1 个国家级乡镇农民体育健身工程建、22 个"中越边境全民健身工程、红水河流域民族体育工程"篮球场、64 个村级公共服务中心篮球场和乒乓球台、16 个村级篮球场、15 套全民健身路径工程和 5 个城乡风貌改造三期工程村级篮球场，稳步推进陆川县雪碳工程。

县域体育

2010 年

【容县】 容县体育运动委员会成立于 1955 年冬，容县业余体育学校成立于 1961 年。1997 年，容县体育运动委员会更名容县体育局，办公地点设在容州镇金珠街 35 号。2001 年 11 月，容县文化局和容县体育局合并成容县文化和体育局（简称容县文体局），办公地点设在容县容州镇东门街 1 号。县文体局行政编制 9 个、事业编制 1 个，现在编在职 12 人，其中局长 1 人，党组书记兼副局长 1 人，副局长 3 人，纪检组长 1 人，副主任科员 2 人；各职能股（室）4 人；内设秘书股、体育股、文化市场管理办公室等 3 个职能股室。管理二层机构有县业余体校等单位。业余体校共有编制 9 人，现在编人员 6 人，拥有一个建筑面积 400 平方米的乒乓球馆以及二个共 1880 平方米的游泳池，常年开办游泳、乒乓球业余训练项目，长期参加训练队员 60 多人。5 月，业余体校参加玉林市青少年乒乓球公开赛，共获得金牌 1 枚、银牌 2 枚、铜牌 2 枚，参加玉林市少年儿童游泳锦标赛暨第七届"体彩杯"玉林城区小学生游泳比赛，共获金牌 41 枚、银牌 13 枚、铜牌 11 枚，团体总分第一名，其中，男子丁组梁耀安、林铭权、李中宇和余家宾四名小队员在 450 米混合泳接力赛中，以 2 分 50 秒 85 的成绩破了该项目 2 分 59 秒 89 的玉林市锦标赛纪录；组队参加玉林市青少年田径锦标赛，获金牌 13 枚，获全市总分第二名；组队参加玉林市青少年篮球锦标赛，荣获第三名。7 月体校游泳队 14 人代表玉林市队参加在钦州市举行的广西少年儿童游泳锦标赛，获得 2 枚金牌、2 枚银牌、11 枚铜牌；乒乓球队 9 人代表玉林市队参加在灵山县举行的广西少年儿童乒乓球锦标赛，获得了男子丙组团体第 2 名和女子乙组团体第 3 名；8 月，体校乒乓球队参加"红双喜杯"广西青少年乒乓球等级赛，获得甲 C 组女子单打第 1 名和甲 D 组女子单打第 3 名，并有 1 人代表玉林市于 10 月下旬参加在广东汕头市举行的全国重点单位乒乓球比赛；9 月下旬，组队参加"真龙杯"广西第二届城乡万人气排球赛玉林赛区全部 5 个组别比赛项目，获 1 个第二名，3 个第三名，1 个第四名的成绩。春节期间文体局先后与公安局、移动公司、经济开发区管委会联合举办了容县贺新春"警民杯"乒乓球比赛、"贺岁杯"五人足球赛、"易兴新城杯"春节篮球运动会和迎春象棋赛等一系列赛事。全县各乡镇在春节期间共有 1134 个队参加了 1724 场次的各类群众体育比赛，参与运动 1.43 万多人次，观众达 43.6 万多人次。4 月中旬，文体局协助县总工会举办"税务杯"气排球赛，共有 117 支男、女队参加了比赛。经过努力拼搏，文体局男子队荣获第一名。8 月 8 日，举办容县庆祝全民健身日暨"真龙杯"广西第二届城乡万人气排球赛玉林市容县赛区比赛，共有 98 支男女队参加了比赛。12 月上旬，

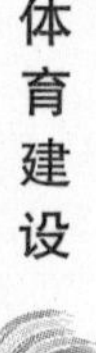

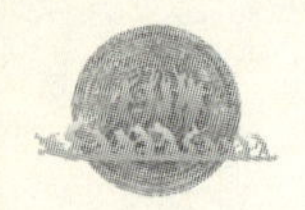

协助县纪委举办“诚信杯”气排球赛。大力抓好体育设施建设，全年上级投入 45 万元，群众自发集资 30 多万元，建设了石寨镇农民体育健身工程以及县底镇古燕村、自良镇古济村等 11 个村级篮球场。做好市委书记金湘军到容县石寨镇进行大接访活动中，现场批示要支持建设的上烟村篮球场建设。自治区体育局投入 16 万元，分别在石寨镇石寨村、杨梅镇杨梅街村、灵山镇六图村、罗江镇黎木村、县底镇泗关村、容州镇千秋村、十里乡大坡村、六王镇塘垌村等 8 个村级公共服务中心建设了篮球场、室外乒乓球等场地，每个中心购置室外乒乓球台 2 张。中央补助地方文化体育与传媒事业发展专项资金 30 万元，加强业余体校游泳池设施建设，目前正在规划建设中。

【兴业县】 3 月，邀请市体校教练员深入兴业县 13 个镇 52 间学校选拔体育后备人才，发现体育新苗 96 人，作为本县体育后备人才培养。县财政划拨经费 1.5 万元，组队参加玉林市 2010 年老年人体育竞赛，运动员 40 多人，参加比赛的项目有气排球、乒乓球、太极拳剑，并取得喜人的成绩。其中，气排球获女子组第三名；乒乓球获男子单打第三名。5 月，组队参加玉林市青少年体育竞赛的游泳、田径、篮球三个项目共 86 人参赛，取得了较好成绩。田径项目获金牌 6 枚、银牌 9 枚、铜牌 4 枚，团体总分第三名；游泳项目获金牌 5 枚、银牌 4 枚、铜牌 3 枚，团体总分第三名；篮球项目男女篮球队皆获第二名。5 月，兴业县派出 5 位工作人员专门负责配合市监测队开展第三次国民体质监测工作，仅用 5 天时间就完成了兴业县幼儿和农民 1200 个监测对象的监测工作，为国家监测中心提供准确、有效的数据。7 月，暑假期间由县业余体校举办青少年篮球暑期培训班 2 期，参加培训学员 40 多名。8 月，在县体育馆举行第二届广西体育节·兴业县全民健身系列活动启动仪式，县委、县政府分管领导出席启动仪式，共有健身爱好者 3000 多人参加，并进行少儿拉丁舞和跆拳道表演。还举行了有 13 个代表队的 300 多名运动员参加的县城区妇女健身操比赛；12 月，举行全县性的气排球裁判员、篮球裁判员、社会体育指导员和老年体育骨干培训班，共有 210 多名学员参加培训，为兴业县今后的全民健身事业发展打下坚实的基础。

【玉州区】 积极抓好城西街道永上村等 5 个村级公共服务中心建设，自治区村级示范点城西街道永上村和市级建设点南江街道常乐村、名山街道太阳村、城北街道钟周村、仁厚镇仁厚村都建成一栋综合楼、1 个篮球场、1 个文艺舞台、2 张乒乓球台、1 个宣传长廊，组建了一支农民文艺队，一支农民篮球队，12 月 12 日中心通过了自治区体育局检查组的检查验收。10 月，投资 10 多万元在玉州区文化馆四楼装修建成全国文化信息共享工程玉州支中心，并把上级配送的价值 54 万元文化共享设备全部安装完毕，11 月下旬通过了自治区文化厅的检查验收。年内先后举办玉州区迎春文艺晚会、元宵曲艺演唱会、“千团万场”和谐文化服务行、“非物质文化遗产”专场、“走进军营”专场、走进仁厚专场，玉州区创先争优文艺汇演暨第二届村(社区)文艺表演大赛、庆祝中华人民共和国成立 61 周年暨祖国颂庆“国庆”广场群众文艺演出、药博会专场文艺演出活动、玉州区群众晨练迎玉博会等 。10 月，举办玉州区十大青年歌手大赛，200 多名选手参加了初赛，经复赛、决赛评出十大青年歌手，社会影响广泛。组队参加广西万人气排球赛，获第五名。于 9 月 5 日至 8 日成功举办了广西离退休干部、职工麻将邀请赛，参赛人数 230 人，决出团体名次 1—6 名，个人名次 1 至 34 名。协助玉州区老年体协组队参加玉林市老年体协举行的气排球、太极拳剑、乒乓球、健身球、门球、地掷球等 6 项比赛。协助老年体协组织气排球男队代表玉林市参加广西老年体协举办的运动会分获气排球赛团体第三名，乒乓球赛团体总分第一名，个人获 3 个第一名 2 个第三名。队队参加玉林市青少年锦标赛田径赛获总分第四名，游泳赛获总分第二名，篮球赛女队获总分第三名。12 月举办玉州区第四届运动会。举办玉州区第五届“园艺场杯”中小学生象棋赛、玉州区第十三届中小学生田径运动会。

2011年

【兴业县】 3月，县体校和龙虎跆拳道馆联合成立兴业县青少年跆拳道训练基地，正常训练的运动员50多人。积极参与广西万村农民篮球大赛活动，全县13个镇参赛队182个，涉及182个行政村，比赛进行225场次，观看比赛人数9.6万人次，石南镇七团村男女篮球队代表兴业县参加玉林赛区的比赛。组队运动员40名参加玉林市老年人体育竞赛；4月，邀请市体校教练员深入全县13个镇的62间学校选拔体育后备人才，发现体育新苗82人，作为兴业县体育后备人才培养。5月，兴业籍运动员李世鑫勇夺在上海举办的第14届世界游泳锦标赛男子1米板跳水冠军。8月，举行第三届广西体育节·兴业县全民健身系列活动启动仪式，县四家班子领导、县直各部门的干部职工共600多人参加拔河比赛、气排球比赛等一系列体育活动。11月，广西第十二届运动会在钦州市隆重举行，兴业籍运动员代表玉林市参加篮球、游泳、乒乓球等12个项目的比赛，夺得金牌13枚、银牌6枚、铜牌8枚，总成绩和金牌数均列玉林市第二位。11月，举行全县性的气排球裁判员、篮球裁判员、社会体育指导员培训班，共有180多名学员参加培训。组织开展“真龙杯”广西城乡万人气排球赛兴业赛区比赛，共进行216场次赛事，运动员360多人，观众达8万多人次，同时组5个队参加玉林赛区的比赛。

【玉州区】 年内，投资84万元建设城西街道新定村、仁东镇石地村、仁厚镇上罗村等3个村级公共服务中心，按“五个一”建设要求，完成全年建设任务的100%。4月，建设谷山、新团等12个村（社区）篮球场；5月至10月积极协助玉州区老年体协组队参加玉林市老年体协举行的气排球、太极拳剑、乒乓球、健身球、门球、地掷球等6项比赛。8月8日积极组织“广西第三届体育节”玉州区全民健身系列活动启动仪式工作及跟踪开展系列活动的工作。10月玉州区老年体协组队代表广西在巴马参加全国老年人气排球交流活动，获优胜奖。年内，玉州区体育局和教育局共同举办了玉州区第十四届中小学生田径运动会，共有200多名运动员参加比赛。

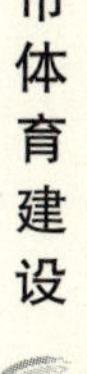

百色市

全市体育工作综述

2010 年

百色市体育局是市人民政府直属职能部门，内设机构为办公室、群众体育科、竞技体育科、体育经济科，下属市民族体育中学、市体育场。市体育局在编干部职工 10 人，市民族体育中学在编干部职工 54 人，市体育场在编干部职工 2 人。12 个县(区)中右江区设体育局，11 各县设文化和体育局。全市有业余体校 6 所，体育总会 1 个，市、县(区)、市直老年人体育协会 14 个，单项体育协会 15 个。市本级有体育广场 1 个，体育馆和“雪炭工程”援建综合训练中心各一个；有县级田径场 1 个，灯光球场 4 个，游泳池 2 个，体育馆 2 个(平果、乐业)；乡(镇)、村新增标准硬化篮球场地 172 个。全年举办国际性赛事 3 个，全市性、群众性大型赛事活动 12 项，举办市级行业系统赛事 16 个。2010 年国家体育总局授予百色市体育局“2010 年度全民健身活动优秀组织奖”称号，授予平果县财政局“2010 年全民健身活动先进单位”称号。百色市百色中学被国家体育总局、教育部授予“全国学校体育场馆向公众开放先进单位”称号。百色市被评为“2010 年十大体育营销城市”。2010 年 2 月中国登山协会批准命名百色乐业县为中国山地户外运动训练基地。

2011 年

百色市体育局内设机构为办公室、群众体育科、竞技体育科、体育经济科，下属市民族体育中学、市体育场。市体育局在编干部职工 11 人，市民族体育中学在编干部职工 53 人，市体育场在编干部职工 2 人。12 个县(区)中右江区设体育局，11 各县设文化和体育局。全市有业余体校 6 所，体育总会 1 个，市、县(区)、市直老年人体育协会 14 个，单项体育协会 15 个。全年市本级有体育广场 1 个，体育馆和“雪炭工程”援建综合训练中心各一个；有县级田径场 1 个，灯光球场 4 个，游泳池 2 个，体育馆 3 个(平果、乐业、西林)；乡(镇)、村新增标准硬化篮球场地 105 个。全年承办世界性赛事 3 次，国际区域赛事 2 次，市级性赛事 6 次。国家体育总局授予百色市体育局“2011 年度全民健身活动优秀组织奖”称号，授予广西百色矿务局、乐业县文化和体育局“2011 年全民健身活动先进单位”称号。自治区体育局授予我市德保县荣获广西全民健身示范县称号，授予平果县(平果体育馆、平果网球中心)为广西壮族自治区体育产业示范基地。百色市体育局获“2007—2010 年全区群众体育先进单位”、“2011 年全区体育系统先进集体”、“2011 年全民健身工作先进单位”称号。

群众体育

2010 年

【百色市第二届体育节】 年内，市体育局把《全民健身条例》作为开展群众体育的指针，继续组织开展第二届“百色市体育节”系列全民健身活动。体育节共安排百色田东芒果节横山古寨十里莲塘千人水上拔河大赛暨趣味龙舟赛等 11 项活动，前后历时 6 个月，活动覆盖全市 12 个县(区)。

【滇黔桂三省区围棋联赛在百色开赛】 5月1至2日，由市体育局主办、市围棋协会承办的滇黔桂三省区围棋联赛，有来自云南、贵州、广西三省区的60多名围棋爱好者参加对决。

【百色至靖西至那坡高速公路"和谐征迁杯"篮球赛】 5月26日至28日，百色市百色至靖西至那坡高速公路"和谐征迁杯"篮球赛在德保县成功举办。公路沿线各县及广西交通投资集团派出男女代表队参赛。

【"天翼杯"羽毛球团体赛】 5月28至29日，百色市"天翼杯"羽毛球团体赛举行，全市共有42个参赛队450多名运动员参加角逐。

【百色市第二届体育节启动仪式暨百色市万人健身跑活动】 8月8日，举行百色市第二届体育节启动仪式暨百色市万人健身跑活动，百色市四家班子领导、市直各单位、右江区政府领导及相关政府工作人员参加此次活动。

【第二届广西体育节"真龙杯"业余羽毛球俱乐部争霸赛】 8月21日至22日，第二届广西体育节"真龙杯"业余羽毛球俱乐部争霸赛百色赛区在百色体育馆举行，本届赛事共有24支参赛队。

【百色市第二届体育节红城杯万人气排球大赛】 9月25日至30日，举办百色市第二届体育节红城杯万人气排球大赛，这次比赛共有97支队伍、1100多名运动员参赛，是百色市历年气排球赛中规模最大、参赛人数最多的一次比赛。10月21日至24日，举办百色市"真龙杯"万人气排球大赛总决赛。各县(区)冠军队和市直赛区前四名参加决赛。

【百色市百矿杯"田径之乡""游泳之乡"秋季运动会】 11月6至7日，举办百色市百矿杯"田径之乡""游泳之乡"秋季运动会，这次运动会设横渡冬泳园河段往返游、趣味性游泳、家庭往返接力、田径前抛实心球等项目，共有591名游泳爱好者和田径爱好者参加比赛。

【首届"联通杯"广场健身舞健身操大赛】 12月18日至24日，举行"联通杯"广场健身舞健身操大赛，本次比赛设摩登舞、拉丁舞、交谊舞、街舞、健身健美操、集体舞、广播操等七个项目。全市老、中、青、少四个年龄段的健身舞健身操爱好者响应热烈，踊跃报名参赛，参赛运动员达1200多人，参赛人数之多、赛事规模之大在广西堪称首创。

【体育组织】 百色市体育总会7月召开成立大会。会上选举产生市体育总会第一届委员会主席、副主席、秘书长、副秘书长、委员。8月8日市体育总会正式挂牌成立。第一届委员会主席由谢雪民担任，秘书长由巫建年担任。

【老年人体育】 年内，组团参加广西第五届老年人运动会，男子排球获团体第三名，女子排球荣获团体第四名，男子乒乓球荣获团体第四名和男子个人第二名、女子个人第三名，地掷球、门球、太极拳剑均荣获第七名，柔力球荣获第八名，为历届比赛最好成绩。平果、德保、凌云、田林、那坡5县被自治区老年体协评为基层组织先进单位。

【残疾人体育】 7月，百色市组团参加广西第七届广西残疾人运动会暨第二届特奥会田径、游泳、乒乓球、羽毛球、飞镖5个项目的比赛，获得15枚金牌，11枚银牌，8枚铜牌。同年9月，百色市残疾人游泳运动员龙嫚、黄莹、黄安动参加第五届全国特奥运动会夺得6枚金牌，2枚银牌，1枚铜牌。

2011年

【百色市第三届体育节】 "百色市第三届体育节"系列全民健身活动，按照突出重在健身、重在参与、重在交流，推动普及的办赛原则，在体育节中安排了"2011年中国联通"乒临城下"业余乒乓球挑战赛百色晋级赛"等19项有特色、有影响的活动内容，意在社会中倡导健康生活方式，开展"终身体育"教育，普及科学健身知识，在全社会形成崇尚体育健身、积极参加体育健身的社会风气。

【庆祝中国共产党建党 90 周年百色红城“新欧景花园杯”广场健身舞健身操大赛】 6 月 28 日至 7 月 3 日，组织举办庆祝中国共产党建党 90 周年百色红城“新欧景花园杯”广场健身舞健身操大赛。本次赛事参赛人群涵盖老、中、青、少四个人群，参赛选手共 730 人，为我市开展的全民健身活动中规模宏大的一次群众性赛事。

【百色市“欧艺”杯羽毛球混合团体赛】 7 月 9 日至 10 日，百色市“欧艺”杯羽毛球混合团体赛在百色市桂淞羽毛球馆举行。本次赛事共有来自全市的 46 个参赛队 480 多名运动员参加角逐，运动员中既有政府公务员、也有企事业领导职工；既有院校学生、也有社会青年，为全市羽毛球爱好者提供了一个加强交流、切磋技艺、相互提高的平台。

【“乒临城下”第二届中国联通乒乓球挑战赛(百色赛区)】 7 月 23 日至 24 日“乒临城下”第二届中国联通乒乓球挑战赛(百色赛区)在百色城举行。65 位经各县级初赛晋级的选手参加了比赛。在一天半的比赛中，各位选手展示的精彩球技引来了观众的阵阵喝彩声，整个赛场气氛高潮不断。

【百色市千人畅游右江万人登高健步走活动】 8 月 7 日，组织举办了“百色市千人畅游右江万人登高健步走活动”，2000 多名来自全国各地游泳爱好者共同畅游右江，3000 多名百色市党政机关领导、干部职工健步走登上百色起义纪念馆。自治区人大副主任覃瑞祥、自治区高级人民法院院长罗殿龙等自治区领导参加了畅游活动，市委书记刘正东为活动鸣枪开赛。

【百色市“展灏塑胶地板·天驰运动”青少年羽毛球锦标赛】 8 月 20 日至 21 日，百色市“展灏塑胶地板·天驰运动”青少年羽毛球锦标赛在百色体育馆举行。

【“五粮醇杯”气排球大奖赛】 “五粮醇杯”气排球大奖赛是第三届广西体育节的重要活动内容之一，百色赛区的比赛分两个阶段举行：8 月 27 日至 9 月 11 日分别在百色市区、靖西县、凌云县、乐业县和西林县举行分区赛；9 月 17 日至 18 日在百色体育馆举行百色赛区总决赛。百色赛区的比赛共有 128 支代表队，1024 名运动员、教练员参加，规模宏大，影响力强，是我市贯彻落实《全民健身条例》，大力发展全民健身运动的重要表现。

竞技体育

2010 年

【竞技体育基本概况】 百色市采取“早筹划、早联系、早行动，落实领导、落实任务、落实经费”的“三早三落实”工作举措，把备战第十二届区运会作为年内体育工作的重中之重。比历届提早进入集训状态。同时，把承办自治区一级比赛作为发展竞技体育的重要举措之一和作为联系沟通自治区各运动发展中心的重要手段，承办了广西青少年水球、蹼泳、拳击锦标赛。全年百色运动员共获世界赛金牌 4 枚，铜牌 3 枚；亚洲赛金牌 3 枚；全国赛金牌 18 枚，银牌 10 枚，铜牌 16 枚；全区赛金牌 38 枚，银牌 31 枚，铜牌 48 枚；1 人 1 次超 1 项世界纪录。其中百色籍运动员岑金龙在继全国春季蹼泳锦标赛、全国体育大会获得 3 枚金牌后，在蹼泳世界杯烟台站比赛中，又获得 100 米蹼泳金牌；百色籍举重新星邓猛荣在亚洲青年锦标赛获得 3 枚金牌的基础上，又在保加利亚举行的世界青年举重锦标赛中，一举获得 3 枚金牌。

【承办广西青少年水球锦标赛】 7 月 28 日至 31 日，广西青少年水球锦标赛在百色举办，来自全区各地市的 48 名运动员和 20 名裁判员参加赛事。

【承办年广西青少年蹼泳锦标赛】 8 月 3 日至 4 日，广西青少年蹼泳锦标赛在百色举办，来自全区各地市的 197 名运动员和 61 名裁判员参加比赛。

【承办广西青少年拳击锦标赛】 8 月 18 日至

20日，广西青少年水球锦标赛在百色乐业县举办，来自全区各地市的165名运动员和34名裁判员参加比赛。

【百色市少年儿童单项锦标赛】 7月至8月，举办百色市少年儿童单项锦标赛，共设田径、举重、游泳、摔跤和跆拳道五个项目，参赛运动员达435名，推进了县(区)基层训练工作和优秀运动苗子的选拔输送工作。

【组队参加全区青少年锦标赛】 7月至8月，组队参加全区青少年锦标赛中的田径、游泳、举重、摔跤、拳击、武术散打、跆拳道、柔道、蹼泳、水球、射箭、帆板等12个项目，共获得金牌38枚，银牌31枚，铜牌48枚。

2011年

【竞技体育基本概况】 今年是广西第十二届运动会举办年，百色市明确指导思想，统一认识、统一步调，举全市之力，按照"重点突破，冲击金牌"的原则，进一步增强紧迫感、危机感，紧紧围绕备战迎战工作，科学策划，精心安排，强化管理，优化资源，在思想、技战术、心理等方面做好参赛储备和迎接挑战，在训练、比赛、后勤、安全、医疗等方面做好全面保障工作。备战工作中，实施领导干部包项责任制，体育局领导深入第一线，靠前指挥，切实掌握第一手材料，致力为备战工作提供良好的氛围和条件。继续探索"体教结合"模式提高后备人才培养质量，按照"选重点、抓试点"的工作思路，重点推广田阳县业余体校与教育部门联合办学建设训练网点的成功模式和右江区"二集中"办体校的模式。全年百色运动员共获世界赛金牌1枚，银牌1枚，铜牌1枚；亚洲赛银牌1牌，铜牌2枚；全国赛金牌17枚，银牌7枚，铜牌5枚；全区赛金牌37枚，银牌30枚，铜牌56枚。其中，百色籍运动员邓猛荣在海口举行的全国女子举重锦标赛中，获女子63公斤级挺举第一名、抓举第三名、总成绩第二名的好成绩。岑金龙在8月4日至6日匈牙利举行的第十六届世界蹼泳锦标赛中，获50米屏气潜泳第四名，4100米蹼泳接力第七名；在烟台举行的2011年世界杯蹼泳总决赛中，获4100米蹼泳接力第一名，50米屏气潜泳第二名，100米器泳第三名。

【百色市少年儿童单项锦标赛】 年内，与教育部门联合下发通知，在27月底举办"2011年百色市田径、摔跤、跆拳道、举重、篮球5个项目少年儿童锦标赛"，参赛运动员561人。

【组队参加广西青少年锦标赛暨广西第十二届运动会资格赛】 7月至8月，组队参加广西青少年锦标赛暨广西第十二届运动会资格赛举重、拳击、柔道、跆拳道、田径、游泳、摔跤7个项目，共获金牌15枚，银牌9枚、铜牌34枚。

【组队参加广西第十二届运动会】 百色市体育代表团参加了青少年组的田径、举重、跆拳道、摔跤、武术散打、拳击、柔道、游泳、水球、蹼泳、帆板、射箭等12个竞赛项目，代表团共由221人，其中团部人员9人，市委常委、宣传部长、副市长范力任团长，各参赛项目领队12人、教练员25人、运动员175人。经过激烈角逐，百色市体育代表团共获团体总分2030分，位居全区第七名，共获金牌22枚、银牌21枚、铜牌22枚，金牌数居全区第九位，其中摔跤项目获金牌7枚、田径项目获金牌6枚、举重项目获金牌3枚、拳击项目获金牌3枚、武术散打项目获金牌1枚、帆板项目获金牌1枚、水球项目获金牌1枚。同时我市体育代表团还获得了区运会体育道德风尚奖、"输送奖"第四名和竞技体育突出贡献奖"，并有拳击、柔道、武术散打3个运动队获体育道德风尚奖，24名运动员获体育道德风尚奖。

体育产业

2010年

【"2010年度十大优秀体育营销城市"称号】 年内，百色市在借助赛事提高城市知名度、塑

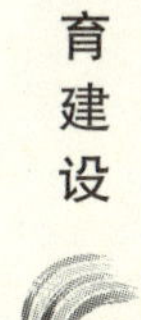

造城市形象、开展“体育搭台，经济唱戏”的工作中成效显著。经过参考数十家媒体的曝光指数、网络调查、投票等多种形式以及城市实际影响力等因素进行综合评估，1月6日百色市在国家体育总局经济司、国家体育总局器材装备中心、中国奥委会市场开发委员会作为指导单位，中央电视台体育中心、中央电视台广告经营管理中心、北京奥商体育营销公司承办的“CCTV中国体育营销论坛暨第六届十大体育营销经典案例颁奖盛典”会上，百色市从入围的30的强企业及城市案例中脱颖而出，荣获“2010年度十大优秀体育营销城市”称号。

【体育彩票销售】 截止12月底，电彩销量为1262.9763万元，竞彩销量836.6763万元，即开销量369.1800万元，总计完成销售2468.8326万元，与去年同期的销量1149.6333万元相比，净增1319.1993万元，增长幅度达到114.70%；为当地体育部门产生公益金122.8196万元，创造了历史最高纪录。

【首届中国－东盟体育产业发展论坛】 12月5日上午，首届中国－东盟体育产业发展论坛开幕式在广西平果县隆重举行。论坛分为开幕式、主题演讲和主题报告三个部分。本次论坛以“体育产业—中国与东盟经济发展的新动力”为主题，共设有5个议题，即中国－东盟经济合作中发展体育产业的价值与作用，中国－东盟体育产业发展的机遇与挑战，体育产业与旅游产业发展的互动关系，体育培训业的国际合作，中国－东盟跨国体育赛事的经营与合作。论坛规模近200人，来自老挝、缅甸、新加坡、马来西亚、泰国、印尼、越南、文莱等东盟国家以及国内和台湾地区体育产业领域的官员、专家、学者和企业家围绕论坛主题，共商体育产业交流合作与发展。

2011年

【体育彩票销售】 年内，百色市加大体育彩票销售宣传工作力度，创新工作举措，积极主动利用元旦、春节、五一节以及各种各类民俗节庆活动开展小卖场推广活动，扩大体育彩票的参与人群，不断提高体育彩票销售额。今年百色市净增网点8个，体彩销量为3813.90万元，比上年增长1345万，同比增长54.4%，年任务完成率为106%，首次突破3000万元大关，创历史新高点，完成率排全区第一，占全区体彩销量份额的5.3%，筹集体彩公益金209.81万元。

体育对外交流

2010年

【国际山地户外运动挑战赛】 4月26日至29日，“第三届中国·百色乐业国际山地户外挑战赛暨全国攀岩精英赛”在百色乐业县举办。本届山地户外挑战赛设立越野跑、登山、山地自行车等9个项目，比赛路程全长约250多公里，共有21支参赛队伍（其中外国队8支，中国队13支，乐业县也首次派出队伍参赛），运动员分别来自中国、瑞典、英国、美国、丹麦、新西兰、加拿大、澳大利亚、德国、法国等10个国家以及中国台湾地区。全国攀岩精英赛有50名国内攀岩高手参赛，赛事代表了中国当前攀岩运动的最高水平。

【中越友好协作体育比赛】 5月，在那坡县平孟镇解放日期间举办“中越友好协作体育比赛”；6月在靖西县以体育搭台，经贸唱戏的方式，举办“中越边境体育友好协作赛暨绣球节活动”，成为端午药市活动的重要内容之一。赛事促进了中越双方体育领域、经济领域的交流合作，实现了体育、文化、旅游的最佳组合和综合经营，极大地推动了民族体育品牌的打造和体育产业的发展。

【国际网联女子巡回赛平果站比赛】 1月9日至17日，平果县举办国际网联女子巡回赛平果站比赛。赛事由国家体育总局网球运动管理中心主办、广西球类运动发展中心、百色市体育局、平果县人民政府承办，赛事于在平果网球中心举办，共有来自俄罗斯、乌克兰、希腊、法国、英国、日本、韩国、塞尔维亚、乌兹别克斯坦、中国、中国台北等21个国家和地区的72名运动员参加了比赛。比赛项目设单打和双打两项。

【国际青年男篮四大洲挑战赛】 9月9日至11日，国际青年男篮四大洲挑战赛(平果站)比赛在平果县体育馆举办。赛事由中国篮球协会、广西壮族自治区体育局、百色市人民政府主办，百色市体育局、平果县人民政府承办。共有美国青年队、德国青年队、澳大利亚青年队和中国青年队4支队伍参赛，参赛运动员48人，观众人数15000多人次，此项赛事为广大观众献上精彩的篮球盛宴。

【第三届中国—东盟男子篮球邀请赛】 11月30日至12月6日，平果县举行第三届中国—东盟男子篮球邀请赛。赛事由广西壮族自治区体育局、百色市人民政府主办，广西球类运动发展中心、百色市体育局、平果县人民政府承办，来自菲律宾、泰国、越南、新加坡、文莱、马来西亚和中国澳门、香港以及广西的9支篮球队参赛，观众人数6万多人次。

2011年

【第二届“中国百色乐业国际山地户外运动挑战赛”】 4月25日至28日，第四届中国·百色乐业国际山地户外挑战赛全国攀岩分站赛在乐业县举行。国家体育总局对赛事的关注程度大大提高，首次派出党组成员、纪检组长吴齐参加赛事开幕式。本届挑战赛共有20支世界顶尖队伍参赛，其中外国队11支，分别是瑞典、英国、美国、芬兰、法国、德国、新西兰、捷克、哈萨克斯坦、澳大利亚、马来西亚，比上一届增加了4支外国队。在国家体育总局登山运动管理中心首次推出全国攀岩分站赛的情况下，乐业站成为了全国攀岩分站赛的第一站。比赛设人工岩壁和自然岩壁的男子、女子项目，参加本站比赛的既有世界级的攀岩选手，也有各地攀岩俱乐部选拔、推荐的攀岩高手，代表了我国当前攀岩运动的最高水平。

【“鸿星尔克”杯国际女子网球巡回赛平果站比赛】 “鸿星尔克”杯国际网球女子巡回赛平果站比赛是国际网联(ITF)授权、由中国网球协会主办，平果县人民政府协办的国际网球赛事。此次赛事共吸引了来自中国、俄罗斯、日本、中国香港、中华台北等12个国家和地区的多名选手报名参加。其中包括曾在北京网球挑战赛中获得女单冠军的日本老将波形纯里，以及孙胜男、韩馨蕴等国家队著名选手。比赛设女子单打和双打两个项目，赛事总奖金为2.5万美金，选手成绩会记入WTA排名积分，此次赛事将历时9天。

【国际男子职业网球挑战赛(ATP)平果站比赛】 由中国网球协会主办，广西网球协会、百色市体育局、平果县人民政府，广州盛世体育发展有限公司承办的ATP国际男子职业网球挑战赛中国平果站于3月19日至27日在平果县网球中心举行。本次比赛设男子单打和男子双打两个项目，共有30多个国家和地区的64名选手参加。

【国际青年男篮四大洲挑战赛平果站比赛】 6月7日至9日，国际青年男篮四大洲挑战赛平果站比赛在平果县举办，该赛事由中国篮协、广西区体育局、百色市人民政府共同主办，百色市体育局、平果县人民政府承办，北京亚特拉斯体育文化发展有限公司作为推广单位。中国、美国、西班牙、澳大利亚国家青年男篮逐鹿平果赛场。

【美国哈林花式篮球队中国巡回表演平果站活动】 7月13日晚，美国哈林篮球队中国巡回表演赛广西平果站在平果县体育馆举行。被誉为为“世界上最受欢迎的篮球队”——美国哈林男子篮球队充分展示其出神入化的球技和幽默滑稽的表演天赋，与华盛顿将军队展开一场别开生面的趣味篮球赛，共吸引5000多名壮乡群众到场观看。

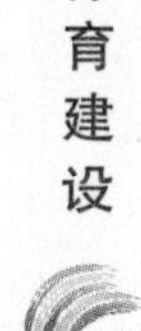

【第四届中国—东盟男子篮球邀请赛】 10月25日——31日，第四届中国—东盟男子篮球邀请赛在平果县体育馆隆重举办，来自柬埔寨、中国香港、老挝、中国澳门、马来西亚、缅甸、新加坡、中华台北、越南、中国广西、广西平果等11支球队参加本次邀请赛。本次邀请赛由自治区体育局和市人民政府共同主办，平果县人民政府和广西球类运动发展中心、广西篮球协会共同承办。中国—东盟男子篮球邀请赛自2008年开始在平果县举行，迄今为止已经连续成功举办了三届，本次比赛是第四届。

少数民族传统体育

2010年

【田阳敢壮山歌圩民族体育运动会】 4月20日至22日，在田阳县敢壮山景区举行田阳布洛陀歌圩民族体育运动会，运动会设置了国际雄狮大赛、抢花炮、斗牛、摩托"箩拉"西红柿、壮族抛绣球等活动项目。在"国际雄狮争霸赛"中，来自中国、新加坡、马来西亚、越南等国的13支队伍135名运动员同台竞技。

【右江区端午龙舟赛】 2009年5月由右江区党委、政府主办的右江区端午龙舟赛有来自右江区龙景街道办事处七塘村、大湾村、莲塘村、石龙村、永乐乡濑浩新村、冬泳协会以及市工商局、市中院、市国税局等十余支龙舟代表队参加比赛；今年右江区端午龙舟文化节得到再优化、再提升，并突出"龙舟赛实力，和谐满右江"这一主题，整合文化、体育、旅游等元素，推出"动感端午、文化端午、时尚端午、美食端午"等系列活动，冠名为"2010年百色右江端午龙舟文化节"，由百色市委、市人民政府主办，右江区委、区人民政府承办。龙舟文化节6月14日至16日（农历五月初三至五月初五）举行，历时三天。45支龙舟参赛队分别参加男子组、女子组、男女混合组的比赛，代表队分别来自云南省富宁县、百色市田阳、德保、乐业县及市直、右江区直和各乡镇（街道），共有近千名运动员、裁判员参加比赛。

【民族体育保护与传承】 今年百色市民族体育保护和传承工作取得突破性进展，在广西首批命名的民族体育特色之乡、民族体育传承馆、民族体育传承人评选活动中，靖西县龙邦镇、隆林县德峨乡，田阳县舞狮技艺传承馆分别获得民族体育特色之乡和民族体育传承馆称号，田阳县的李永茂因舞狮表演、龙狮制作方面技艺突出，获民族体育传承人称号。百色市百色学院和隆林县民族中学被自治区民委和自治区体育局联合命名为少数民族传统体育项目培训基地，主要负责培养少数民族体育人才和承接代表百色市参加各级少数民族运动会的工作任务。

【组团参赛】 11月18日至23日，广西第十二届少数民族传统体育运动会共有运动员39名，参加七个项目的比赛。分别是绣球、射弩、陀螺、高脚竞速、武术、三人板鞋、表演竞技类。背篓绣球获女子团体第一名，男子团体第四名。高杆绣球获女子团体第五名，男子团体第六名。女子个人第六名，男子个人第四名。射弩获女子团体第五名，男子跪姿（个人）第四名。陀螺获女子团体第四名，女子（个人）第四、五名。高脚竞速获女子200m第六名。武术获男子棍术第六名。三人板鞋获男子60m第六名，男子100m第四名。表演竞技类获二等奖。

2011年

【田阳布洛陀歌圩民族体育运动会】 田阳布洛陀歌圩民族体育运动会从4月9日至11日（农历三月初七至初九）共三天活动，共设国际雄狮争霸赛，斗牛、抢花炮、抛绣球、摩托"箩拉"运西红柿比赛等5大项"壮味"十足的民间体育竞技比赛活动。全县共有10个乡镇200多名农民运动员参加比赛，从壮族平时的生产生活中演变过来的富有浓郁民族特色，集竞技性、趣味性和娱乐性一体的民间体育运动会吸引了数十万观众驻足观看。国际狮王大赛是整个旅游节活动的最大看点，来自泰国、越南、马来西亚、新加坡、印度尼西亚等5个东盟国家的舞狮队，与国内的澳门狮团、广西藤县队、南宁隆安队、广西北部湾、田阳舞狮艺术团同台竞技，共同弘扬田阳壮族舞狮技艺，成为旅游节又一道亮丽的风景线。

【百色右江端午龙舟文化节龙舟赛】 6月4日至6日，在百色城三江口大码头的右江河段举行的百色右江端午龙舟文化节龙舟赛中，共有105支龙舟队参赛，是去年参赛龙舟队的一倍多，运动员、裁判员人数千人，赛事规模为历届之最。期间展示的佛山南狮表演、抢活鸭比赛以及中国青年摩托艇队的空翻、潜水等高难度表演和蔡李佛百色武馆开馆仪式，凝聚了更多的人气，为龙舟民俗文化节增添了新的亮点。

体育基础设施建设

2010年

【体育健身工程】 年内，百色市获国家体育总局和自治区体育局补助资金433万元，建设国家级农民体育健身工程4个，村级农民体育健身工程103个；村级公共服务中心篮球场63个，城乡风貌改造篮球场2个。乐业县“雪炭工程”建设项目1个，补助资金200万元。

2011年

【体育健身工程】 今年争取到上级资金490万元，建设“国家级乡镇农民体育健身工程试点篮球场建设项目”1个、“村级篮球场工程暨农民体育健身工程”10个，中越边境、红水河流域民族体育健身工程22个，“全区城乡风貌改造工程村级篮球场建设项目”24个，“村级公共服务中心篮球场”48个，全民健身路径11条，凌云县获“雪炭工程”建设项目1个，全市12个县(区)受益。西林县建成小型体育馆。

体育人才队伍建设

2010年

【体育人才培养】 年内，全市向区体校输送5名优秀运动员，向区体工队输送4名运动员。训练项目主要有田径、游泳、蹼泳、举重、摔跤、武术散打、柔道、跆拳道、拳击、射箭等。2009年起右江区增加帆板项目。首次派出3名国家级社会体育指导员和1名基层优秀体育管理员参加自治区学习培训活动。派出36人(次)参加自治区和全国教练员岗位培训班学习，不断提高教练员的理论水平和执教能力，为优秀体育后备人才的培养、输送打下了良好基础。

2011年

【体育人才培养】 年内，全市向自治区体校输送体育后备人才李沣逸(游泳)姚通强(水球)2人。共有训练项目主要有田径、游泳、蹼泳、举重、摔跤、武术散打、柔道、跆拳道、拳击、射箭、水球、帆板等。全年认真开展裁判员、教练员的资格清理验证工作，加大裁判员的培训工作力度，共在市直、右江区、德保、平果、田东、隆林举办13期篮球、气排球、羽毛球、田径裁判员(教练员)培训班，参加培训的裁判员达724人次。同时也派出了22人参加全区健身球操教练员、裁判员培训班，为推动体育事业规范、持续健康发展奠定了人才基础。

县域体育

2010年

【右江区】 右江区体育局是右江区人民政府下属的一个履行全区体育行政管理职能的部门，目前在编行政人员7人，下属机构右江区少年儿童业余体校共有在编教练员11名。右

江区连续荣获五届全国“田径之乡”，八届全国“游泳之乡”称号。右江广泛开展形式多样，内容丰富，群众性强的体育健身活动。共举办大型群众体育活动 20 多项。如：春节文化集市木兰扇、太极拳、轮滑特技、跆拳道等表演、迎新春气排球赛、广场沙滩气排球、趣味体育竞技、自行车越野赛、领导干部游泳赛、各系统、机关单位运动会等，丰富了群众的节日文化生活。充分利用上级体育投资项目，开展城乡风貌改造和农民体育健身工程，在 15 个行政村(屯)建设篮球场。运动员邓猛荣在保加利亚举行的世界青年女子举重锦标赛上荣获 58kg 级 3 枚金牌；在乌兹别克斯坦举行的亚洲女子举重锦标赛上荣获 58kg 级 3 枚金牌；在参加全国各项比赛中，右江区运动员夺得 5 金；参加自治区青少年锦标赛获 11 枚金牌；参加百色市少年儿童各项目年度赛获得 104 枚金牌；全年共向自治区、市级运动队输送 6 名集训队员。第十二届全国救生锦标赛在山东青岛市举行，有来自全国 35 支代表队参赛(其中包括香港、澳门代表队)。右江区运动员夺得 2 枚金牌、2 枚银牌、5 枚铜牌、4—8 名 10 个，打破一项全国救生记录，荣获女子组团体总分第三名，男子组团体总分第七名，代表队团体总分第六名。

【田阳县】 田阳县文化和体育局设局长 1 人，党组书记 1 人，副局长 3 人，内设办公室 1 个 3 人、财务股 1 个 2 人、体育股 1 个 1 人。至年底，全局文化体育工作者 11 人，其中，大专以上文化程度 9 人，占 80%，高中、中专以上文化程度 2 人，占 20%。年内，举办了田阳县迎新春“家电下乡杯”中国象棋比赛，协助头塘镇举办“锦丰杯”农民篮球比赛、迎新春斗鸟比赛和组织大年初一的舞龙舞狮拜年活动；协助县妇联举办“三八”拔河比赛、坡洪镇举行二月初二花炮节篮球比赛、团县委举行纪念“五四”青年节“天盛杯”篮球比赛；全县“财税杯”气排球比赛、第四届“端午节”龙舟赛；参加在德保县举行的高速路全市“和谐征迁杯”篮球比赛。7 月至 8 月举行田阳县第二届体育节活动、“江与城杯”气排球联赛和篮球比赛；为期 3 天的歌圩体育运动会，设有“古鼎香杯”国际雄狮大赛、“布洛陀杯”壮牛比赛、沙滩抢花炮赛、摩托“箩拉”运西红柿比赛、抛绣球等 5 大项目，全县共有 10 个乡镇 200 多名农民运动员参加比赛，共有 12 个队 125 人的狮龙团队参加国际雄狮大赛。此外，舞狮艺术团为全县开展群众体育工作和县内、外单位庆典等活动演出 98 场次，深受群众欢迎；参加广西第二届“拔群杯”篮球比赛获男子组第七名，县组队代表百色市参加红水河流域全区“绣排球”比赛荣获第五名。参加百色市重点布局项目少年锦标赛比赛举重获 3 枚金牌、2 枚银牌、1 枚铜牌，摔跤获 1 枚金牌，田径获 2 枚银牌、3 枚铜牌、两个第四名；参加百色市“红城杯”万人气排球大赛荣获单位混合组第三名，女子公开组第六名，男子乡镇街道组第六名；参加百色市田东县第二届芒果文化旅游节中国水上拔河比赛获第二名；参加百色市“和谐征迁杯”百色至那坡高速路篮球邀请赛男、女队分获第四名。4 月 20 日至 22 日，百色市布洛陀民俗文化旅游节歌圩体育运动会在敢壮山风景区如期举行，有 6 个乡镇 90 名运动员参赛充分展现了传统歌圩与民间体育、现代文明结合的魅力。认真开展电脑体育彩票和即开型体育彩票的管理和销售工作，新增设了 2 个竞彩销售网点和 2 个中国体育彩票销售点，并利用百色市布洛陀民俗文化旅游节和国庆节举行了 2 次即开型体育彩票小卖场，销售量在 10 万以上。传统体育彩票销售收入 120 万元、竞猜型体育彩票销售 57 万元；即开型体育彩票销售 25 万元，总销量 200 多万元，总销量比去年多 50%。落实建设了 6 个村级公共服务中心及配套设施(项目资金共投入 96 万元)，建设 49 个农村体育健身场所(项目及配套资金共投入 129 万元)。

【平果县】 平果县文化和体育局是平果县人民政府工作部门，内设机构为办公室、群众文化艺术股、文化市场管理股、群众体育股、竞技体育股。直属管理事业单位有平果县业余体校、平果县文化稽查大队、平果县文化馆、平果县图书馆、平果县博物馆、平果县铝城艺术团。全县有体育总会1个，各类单项体育协会10个、各类体育俱乐部2个。县本级多功能体育馆1个、网球中心1个、室外灯光篮球场2个、五人制足球场2个。全年举办承办国际国内赛事4次，承办全区赛事2次，承办全市赛事6次，举办全县性赛事12次。平果县籍运动员获全国赛第四名2个，全区赛金牌1枚、银牌5枚、铜牌4枚。平果县业余体校组织田径队、举重队、跆拳道队、游泳队、射箭队参加全市年度少年儿童锦标赛获金牌17枚、银牌6枚、铜牌7枚。全年分别承办2009—2010安踏全国女子排球甲B联赛、平果县羽毛球公开赛、迎春气排球比赛、中学和职业学校学生篮球赛、平果县2010年迎春足球赛、百村农民篮球比赛、"五一杯"篮球比赛、百色市公安系统参加广西第一届警察运动会平果赛区五人制足球赛、百色烟草第三届职工运动会第二分区赛、第二届小学生篮球比赛、百色市第一届政企联谊羽毛球比赛、广西青少年网球锦标赛、财政系统第三届气排球比赛、百色市政协系统体育联谊会、百色市市场开发服务中心系统第一届气排球比赛、"安全生产杯"迎国庆气排球比赛、平果县围棋比赛、百色市人口计生系统第五届"人口杯"气排球比赛、"新裕丰杯"气排球比赛、广西党委办公厅(室)系统气排球乒乓球比赛、"消防杯"男子篮球邀请赛、第四届教职工篮球比赛等，组队参加广西"拔群杯"篮球赛。今年体育彩票年销售量300多万元，在线销售终端11台。加大对外体育交流承办国际网联女子巡回赛平果站比赛、国际青年男篮四大洲挑战赛平果站比赛、第三届中国—东盟男子篮球邀请赛、首届中国—东盟体育产业发展论坛等。争取到国家级乡镇农民健身工程项目1个(旧城镇)；村级篮球场建设项目19个，其中二类村级篮球场11个、三类村级篮球场3个、四类村级篮球场5个，共获上级资金61.5万元。建设2个灯光篮球场和2个五人制足球场项目，总投资130万元，场地面积3298㎡，5月10日竣工使用。全县共有5个业余训练网点，在训运动员96人，训练项目主要有举重、田径、游泳、跆拳道、篮球等。向百色市体育中学输送运动员8人。

【田东县】 全年开展各类群众体育120多场次，参与群众达15万多人。举办新春男子篮球比赛、新春气排球比赛、新春羽毛球比赛、新春中国象棋比赛、新春乒乓球比赛、新春老年门球比赛、新春贺岁杯足球赛、新春钓鱼比赛、新春场地自行车竞技比赛、掰手腕表演赛等新春体育赛事。7月举办百色田东芒果节横山古寨十里莲塘千人中国古典水上拔河大奖赛和趣味龙舟赛，本次大赛共邀请田阳县、右江区、德保县和田林县等4个县区代表队参加，有260名运动员参赛。10月举办百色市"红城杯"气排球大赛(田东赛区)，有近五百名运动员参加了比赛。11月举办"清风杯"领导干部气排球大赛，共26支代表队。组织参加全市青少年运动会，荣获3金6银2铜。9月份组织女子子篮球队参加拔群杯篮球赛获第八名。10月组织县气排球冠军队，参加在百色市举办的"真龙杯"万人气排球大赛总决赛，女子组荣获第四名。体育设施进一步完善，完成16个扩大内需篮球场和6个村屯级篮球场建设，2010年县城已有健身场地篮球场40个，气排球场27个，老年门球场3个，羽毛球场13个，网球场1个，田径场2个，五人制足球场3个。

【田林县】 田林县文化和体育局是县人民政府直属职能部门，内设机构为办公室、体育综合管理股、文化市场管理股、艺术研究室，下属文化馆、图书馆、博物馆、壮剧团。全县有业余训练点4所，体育总会1个，老年人体育协会1个。县级公共体育场地1座(10级看台灯光球场)、全民健身路径1条。全年举办全县性赛事4次。组队参加全市青少年锦标赛中的田径、举重等2个项目，共获得金牌5枚；田林运动员获全区赛金牌1枚，向上一级体育学校输送优秀体育苗子6人。开展各类群众体育赛事活动，2月10日至29日春节体育运动会在县城举行，运动会设置了气排球、三人制篮球、

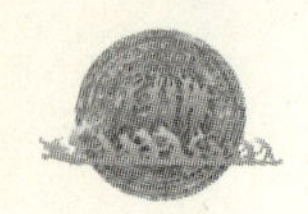

乒乓球、登山、老年体育等5个比赛项目，共有28个队1250运动员参加。分别举办了包括田林县体育节、国庆篮球赛、百色市"真龙杯"万人气排球赛（田林赛区）等赛事，组队参加西北五县协作赛（西林赛区）老年气排球、门球协作赛、百色市"真龙杯"万人气排球大赛、广西第二届城乡万人气排球赛总决赛等赛事。今年，全县获5个行政村村级公共服务中心（村级篮球场）项目建设（乐里镇新宁村、新建村、潞城乡旺吉村、六隆镇供央村）和二类村级篮球场1个（那比乡普农村）、三类村级篮球场2个（潞城乡东力村、高龙乡渭荣村）、四类村级篮球场5个（乐里镇新建村、旧州镇者念村、八渡瑶族乡百六村、八桂乡果卜村、浪平乡坳亭村石家洞屯）。县共有4个业余训练点，在训人运动员60人，训练项目主要有田径、举重等。

【靖西县】 春节期间，靖西县各乡镇、村都举办歌圩节体育比赛活动，项目有篮球、乒乓球、象棋、拔河等，参赛人数达1万多人，观众达10多万人次，包括"房地产杯"象棋赛，参赛人数45人；"新宇杯"篮球赛，参赛人数200人，共52场比赛，经费投入8万元元，观众5万人次；"吉祥杯"羽毛球赛，共有36人参赛。3月，举办县直妇委庆"三八"节拔河赛，共有10个队参赛；县统战部庆三八节乒乓球赛，单项共有20人参赛，团体共有4队参赛；举行乒协杯乒乓球比赛共有33人参加单项赛。5月，举办第四届职工"团结杯"气排球赛，共有男子37队、女子38队，共有128场球赛，观众人数26000人次；协助举办全市公安系统气排球选拔赛共有16参赛队。6月，举办靖西县"靖安杯"气排球赛，共有41参赛队，106场球赛，观众人数30000多人次。举办市烟草运动会靖西赛区（篮球3队、气排球3队、足球3队、羽毛球32人）。8月，举办靖西县计生系统气排球赛共有21参赛队。11月27至28日，成功举办靖西县2010年滇桂两省（区）四县老年人体育运动会，共有126人运动员参赛，本县运动员共获得4项团体第一名，一项个人第一名。县竞技体育以业余训练和向上级输送运动员作为重点，从5月初开始进行业余训练和利用7、8月份暑假期间集中训练，在全体教练员的共同努力下，各项目都取得较好的成绩：在全市一年一度少年儿童锦标赛上，共获金牌32枚、银牌25枚、铜牌18枚；举重、摔跤、跆拳道、游泳团体总分，均排在全市的第二名；年内向自治区体校输送3名射箭运动员、2名摔跤运动员；向市体中输送2名田径运动员、2名摔跤运动员、3名跆拳道运动员；县籍运动员参加全区年度锦标赛，共获金牌6枚、银牌7枚、铜牌10枚。

【那坡县】 年内，县体育局紧密围绕县委、县政府总体工作部署，全面落实科学发展观，扎实推进全县体育事业的全面发展。2月14至21日在县城隆重举行春节篮球联赛，共有来自县城各街道、社区8支代表队，参赛运动80人，观众人数达3000人次；2月15至21日在县城田径场举行"贺岁杯"足球比赛，共有9支代表队108人；3月7日在县广场举办庆"三八节"趣味体育活动比赛；3月13日在平孟镇举行建街纪念日中越文体活动，内容有篮球友谊赛、山歌、文艺汇演，到场观众达5000人次，活动为中越两国提供了切磋技艺相互交流的平台；5月1日至5日"五一、五四"拔河、象棋比赛；7月25日至31日那坡县暑假大中专生足球比赛；8月8日至14日在县城隆重举行那坡县第二届"保和杯"篮球比赛；8月9日至14日组织参加百色市少年年度锦标赛，本次锦标赛我县共参加举重、摔跤、田径、三个项目，获金牌17枚、银牌8枚、铜牌17枚，荣获团体第三名；12月3日至6日"12.4"全国法制宣传日气排球比赛；本次比赛共有来自县直各单位18支参赛队，到场观众达3000人次。12月底共完成村级篮球场建设5个点和5个行政村室外两副乒乓球桌建设，该项目的建成将为广大人民群众提供了开展娱乐、健身活动的场所，使农民享受到国家实施农民体育健身工程带来的实惠。

【德保县】 德保县文化和体育局班子由局长赵超，党组书记李恒定，副局长张世强、李克成组成；行政编制 7 人，事业编制 1 人，直属事业单位文化市场综合执法大队编制 6 人。设文化文艺股，股长 1 人；体育股，股长 1 人；文化市场综合执法大队，队长 1 人，副队长 1 人；局下辖文化馆、图书馆、壮剧团、文物管理所 4 个单位。文化馆编制 7 人、馆长 1 人，副馆长 1 人；图书馆编制 6 人、馆长 1 人，副馆长 1 人；壮剧团编制 20 人、团长 1 人，副团长 1 人；文物管理所编制 1 人，所长 1 人。业务指导 12 个乡镇文化站。全县文化体育系统干部职工 62 人。年内，组织参加广西"拔群杯"篮球赛获得亚军、2010 年广西"中恒杯"男子篮球联赛取得亚军、百色市百色至靖西至那坡高速公路"和谐征迁杯"篮球赛分获男女第一名；春节期间和歌圩节组织篮球比赛每个乡镇平均举行 31 场全县共 338 场。"五一"期间，县总工会、县文体局组织举办职工气排球比赛有 96 个男、女队参加举行 298 场比赛；6 月，县羽毛球协会举行羽毛球比赛，共有 8 个团体 30 人参加比赛；5 月至 6 月，县气排球俱乐部组织 40 个队参加气排球比赛，举行 125 场比赛；县足球协会组织举行五人制足球比赛有 22 个队参加举行 42 场比赛；5 月中旬，围棋协会举办德保富宁围棋邀请赛；8 月 8 日第二个全国全民健身日在云山广场隆重举行启动仪式并进行健身表演，36 个代表队参加健身舞蹈表演；参加百色市"真龙杯"万人气排球大赛总决赛，男子公开组、乡镇街道女子组都获得第四名，乡镇街道男子组获第五名。3 月至 4 月，县老体协举行气排球比赛 3 次，门球比赛 2 次，象棋比赛 4 次，麻将比赛 7 次。重阳节期间由县人民政府主办的德保县首届老年人气排球比赛，12 个乡镇、5 个社区的老年人运动队伍共 16 个队参加了比赛，比赛共进行 60 场，观众达 3 万人。11 月 26 日至 29 日，第三届两省四县（靖西、那坡、德保、富宁）老年人运动会在靖西县举行，组织了老年气排球队、乒乓球队、门球队、象棋队参加比赛，获得了较好成绩。组织 50 多名运动员参加百色市少年锦标赛，获得举重、摔跤、跆拳道、田径团体总分第三名和举重体育道德风尚奖及个人奖等多个奖项。体育彩票增机扩点增加年内 2 个共 8 个点。落实国家级一类篮球场建设项目 1 个（城关镇，补助 20 万元），区级二类篮球场建设项目 1 个（燕峒乡古桃村福龙屯，补助 3 万元）；区级三类篮球场建设项目 2 个（足荣镇农豆村、城关镇坡堂村各补助 2 万元）；区级四类篮球场建设项目 5 个（城关镇云梯村那吞屯、百更屯、百龙屯、那甲乡中屯村念溪屯、隆桑镇谷留村各补助 1 付球架），这些项目目前均在建设。

【西林县】 西林县文化和体育局内设机构体育股，一名分管体育副局长，一名股长，一名副股长，一个教练员，一名保安，两名清洁员，其中两人属行政在编人员。群众体育深入开展，开展春节篮球、五人制足球、气排球、三人板鞋比赛、拔河比赛，参赛人数大约 900 人次。3 月，协助县妇联举办"三八妇女节"气排球赛，来自各行各业、各系统的领导干部组成 48 个代表队约 530 人参加角逐。4 月，协助团县委、县总工会举办"五一"、"五四"篮球赛，共有 350 人参加比赛，场场观众座无虚席。7 月，协助古障林场举办"古障林场拥军杯"篮球赛。10 月，协助县统计局、民族局举办"人口普查"杯气排球赛，共 68 个代表队参加。11 月，协助县教育局举办第四届"园丁杯"篮球赛，来自 8 个乡镇及县城中小学校 28 个代表参加。11 月，举办百色市西北五县第十二届老年人门球、气排球赛（西林赛区）。8 月，参加百色市重点布局项目少年锦标赛的田径、摔跤、跆拳道项目比赛，共获得 18 个第一名、30 个第二名、17 个第三名，田径团体总分第二名。参加百色市"红城杯"万人气排球大赛荣获街道乡镇组第五名。成功开展第二届体育节和各项比赛活动。年内全县体彩销售总量达 21 万元。县财政加大投入体育基础设施建设，体育事业经费为 89 万元，全县共有 8 个乡镇、3 个社区，现建有基层体育活动站乡镇 8 个，街道办事处（社区）2 个。

【隆林县】 隆林各族自治县文化和体育局编

制10人(行政机关编制9人,后勤服务编制1人),其中局长1人,副局长2人。设办公室、文化艺术股、文化体育市场管理办公室、体育股、扫黄打非工作小组办公室等5个职能股(室)。全县各类体育设施总面积为258274平方米,主要分布在全县党政机关和厂矿企事业单位和学校内,其中77%分布在学校,16%分布在党政机关事业单位内,3%分布在厂矿,2.1%分布在个体私营企业内,1.9%在区级企业内,全县体育设施面积按全县总人口平均面积仅0.69平方米。2007年县财政投入100多万元兴建了城东民族体育活动中心,2008年竣工投入使用,占地26.8亩,内设有不标准的田径场1个(跑道300米、足球场60米X45米)、带500个看台的露天灯光篮球场2个、门球场1场、气排球场2个、健身路径1处60米。年内建设了隆或乡八锋村、介廷乡那达村、新州镇江管村、革步乡红岩村等村级篮球场8个,总投资98万元。成立了气排球协会,会员有300多人。广场健身操有10个队800多人。3月,举办全县"三八"女子气排球赛,共26支代表队,参赛运动员300多人,观众10000多人;4月,举办"烟草杯"气排球大赛,参赛运动员150人,观众9000多人;7月,举办党建杯气排球大赛,参赛运动员450人,观众18000多人;8月,举办"教育杯"篮球大赛,参赛运动员350人,观众16000多人;9月,"仡佬族尝新节"民族体育传统项目比赛,参赛运动员600人,观众5万多人;10月,举办"重阳节"杯中老年人气排球大赛,参赛运动员120人,观众3000多人;10月,举办幸福花园杯千人气排球大赛,参赛运动员660人,观众20000多人;11月,在蛇场举办"金叶杯"运动会,参赛运动员180人,观众13000多人。截至年底,县、乡(镇)、学校、企业及群众团体有体育组织108个,其中组织范围广、影响力较大的有门球、花鸟、象棋、钓鱼、健身、健美、跆拳道、斗鸡、老年体育等协会。3月,在陕西宝鸡举行的全国青年男子举重锦标赛中,黄玉刚获得男子62kg级抓举第五名、挺举第一名,总成绩第三名。参加百色市"真龙杯"万人气排球赛,参加百色市第二届运动会,获14金、6银、12铜奖版的好成绩。9月,在德峨乡举办"仡佬族尝新节"民族体育传统项目比赛,参赛运动员600人。

【凌云县】 凌云县业余体校有编制5人,在编5人,设有校长1人,其中中级教练员2人、助理教练员2人、管理员1人,属县文化和体育局管理的下属机构,负责全县体育竞赛、体育产业经营、业余训练、群体活动,组织举办全县各种综合性体育比赛及单项体育活动,组建、训练体育代表队参加各项体育比赛活动等工作。业余体校目前在训运动员48人,有教练员4人,训练项目有田径、柔道。年内,向市体育运动队输送6名优秀运动员,县籍运动员林祝沈被输送到区体校,较好地完成了百色市体育局下达的输送任务。组队参加市级以上比赛共获得5枚金牌6枚银牌10枚铜牌。其中获全国赛铜牌1枚,全区赛银牌1枚、铜牌6枚;在参加百色市少年田径锦标赛中获3枚金牌3枚银牌2枚铜牌并获体育道德风尚奖。在参加百色市少年摔跤锦标赛中获2枚金牌2枚银牌2枚铜牌并获团体第三名;在参加西北五县老年门球、气排球比赛中我县气排球代表队获第二名的好成绩。县籍运动员杨玉芳在7月于江苏省淮安市代表广西队参加了全国少年田径锦标赛,并获女子组4100米第三名;县籍运动员林祖沈在9月于安徽省合肥市代表广西队参加了全国少年摔跤锦标赛并获男子自由式68kg级第五名。第二届城乡千人气排球大赛活动,历时13天,47个单位及乡镇和街道77个代表队(其中男队49个队,女队28个)参加比赛,整个体育活动群众参与近10万人次。全县建成6个农村体育场地设施(篮球场)总价值6万元(国家体育总局和自治区体育局投入6万元)。凌云县共销售电脑体育彩票和即开型体育彩票42万元,比上年同比增长12%;

【乐业县】 年内,乐业县调配1名专职体育人员到文体局工作,调配3名专职体育教师到县城工作，发展6名社会体育指导员，发展攀岩教练员、裁判员30人。举办2期气排球裁判培训班、2期攀岩技术培训班、1期篮球裁判员培训班，参与培训达120人。召开乡（镇）农村体育骨干会议，发展8个乡（镇）老年体育协会，投入135.3万元建设36个农民体育健身工程（篮球场），发放48副篮球架、28个乒乓球和其他健身器材80件。积极开展丰富多彩的群众体育活动，春节期间，新化镇、雅长乡、逻西乡、甘田镇、同乐镇的各村委都相应举办了“迎新春”村级篮球赛，计有106支男、女队伍参加比赛，约1.6万人参与活动，观众达8万人次之多。甘田镇还举办了特色体育活动，舞龙比赛有8条龙200多人直接参与，有4000人次观众。2月27日至29日，举办县老年体协气排球友谊赛，有86名运动员参与，观众达4000人次。3月8日至10日，县文体局、县妇联举办乐业县第五届“妇女节”气排球比赛，有5个乡（镇）26个部门31支队伍参加，运动员210人，观众达2万人次。4月26日至29日，成功举办第三届中国·百色乐业国际山地户外挑战赛暨首届全国攀岩精英赛，有来自英、美、法、日、韩等9个国家（地区），共24支队伍参加，专业运动员150余名，投入资金500万元，观众人数10万余人次，是本县举办规模最大、影响最广的一次赛事。5月3日至6日，举办攀岩技能培训，约有200人参加，有3000人次观众。6月20日至25日，举办乐业县中学生篮球赛，有8个乡（镇）共32支队伍参加，运动员有400名，约1.5万人次观众。6月15日至18日，举办乐业县首届“卫生杯”气排球赛，有128名运动员参与，观众0.8万人次。7月10日至14日，举办乐业县首届“文明杯”气排球赛，有216名运动员，20个单位参加，观众约2.4万人次。7月22日至30日，举办乐业县第六届城乡气排球联赛，有560名运动员参加，约有观众3万余人次，投入资金5万元。8月2日至6日，举办乐业县第三届“大学生”篮球赛，有160名运动员，约有观众1.6万余人次。9月16日至21日，举办乐业县第二届“金融杯”气排球赛，有96名运动员参加，约有观众0.5万人次。10月1日至5日，举办乐业县第二届中国·百色乐业国际天坑旅游节系列活动。10月8日至15日，举办乐业县首届“林业杯”气排球赛，有120名运动员，观众约1万人次。组队参加百色市青少年锦标赛夺摔跤团体总分第一名、田径团体总分第四名，在举重方面拿了24枚金牌的好成绩。参加百色市举办的端午节龙舟比赛获男、女24人混合组的第一名及男子12人组和女子12人组第一名，得到了各级领导和社会人士的高度表扬。在第三届中国·百色乐业国际山地户外挑战赛上本县组织队伍参加取得不错的成绩。参加百色市第二届“真龙杯”万人气排球大赛县组织5支队伍50人参赛取得了一定的成绩。

2011年

【右江区】 年内，右江区籍运动员参加全国体育竞技比赛共获8枚金牌；参加广西第十二届运动会帆板比赛荣获1金1银1铜；举重比赛3金；田径比赛3金1银3铜；跆拳道比赛1银1铜；参加百色市中小学生田径、举重、跆拳道、篮球年度比赛，田径获35枚金牌、21枚银牌11枚铜牌、团体总分第一名；举重获16枚金牌、11枚银牌、3枚铜牌，团体总分第二名；跆拳道获22枚金牌、7枚银牌、团体第一名。在山东省青岛市举行的亚洲救生邀请赛暨第十三届全国救生锦标赛，右江区运动员一举夺得4枚金牌、5枚银牌、9枚铜牌、20个第4—8名，并打破两项全国救生记录，获海浪救生总分第四名，泳池救生总分第六名，代表队团体总分第五名。百色右江端午龙舟文化节龙舟赛共有32个单位102支代表队参赛，参赛队伍及参赛人数之多，均创历史之最，共有6个兄弟县代表队参赛，田东县、平果县首次派队参赛，田阳县夺得女子12人组冠军，田东县夺得外埠组男子12人组冠军和男子22人组冠军，永乐赖浩队夺得右江区男子组12人组冠军，龙景石龙拉濑队夺得男女22人组冠军。

【田阳县】 元旦、春节期间，举办了迎新春中国体育彩票"顶呱刮"杯农民篮球赛和职工气排球比赛，篮球比赛参赛队共有17支男子队、4支女子，气排球比赛参赛队48个，参赛运动员600多名，比赛进行15天，共进行200多场精彩的篮球和气排球比赛，观众10000人次；3月3日至11日，协助县妇女联合会举办庆"三八"女子气排球比赛；5月3日至19日，协助团县委举办"天盛杯"青年篮球赛的组织比赛，裁判工作，共有16支男子篮球队报名；5月24日至6月8日，协助县总工会举办2011年"职工杯"气排球比赛和裁判工作，共有93个队、运动员812人报名比赛，其中男子46个、女子47个。年内，田阳县在参加各级各项体育比赛中获金牌28枚，银牌25枚，铜牌34枚。其中，派52名运动员参加百色市少年儿童锦标赛篮球、田径、举重的比赛，荣获小学组男女篮球第三名、田径团体总分第四名，共获金牌12枚、银牌8枚、铜牌12枚；黄禧懿荣获男子丙组60米、垒球、跳远3枚金牌，周璇荣获女子丙组垒球第一名、跳远、60米第三名；莫英凤荣获女子丙组40公斤抓举、挺举、总成绩三枚金牌、农雪金荣获女子丙组36公斤抓举、挺举、总成绩三枚金牌。在广西第十二届运动会上，本县运动员李明获女子拳击甲组45公斤级第一名；黄桂获蹼泳450米接力银牌1枚；周保澳、黄桂分别获第5名1个、第6名2个的成绩。年内向百色市民族体育中学输送5名优秀体育后备人才、向广西体育运动学校输送1人。4月9至11日，为期3天的敢壮山歌圩体育运动会共设"壮城杯"国际雄狮争霸赛、"苏源杯"斗牛比赛、"华润杯"抢花炮赛、摩托"箩拉"运西红柿比赛、抛绣球等5大项目，全县共有10个乡镇200多名农民运动员参加比赛。舞狮艺术团为本县开展群众体育工作和县内、外单位庆典等活动演出209场次，深受群众欢迎。利用百色市布洛陀民俗文化旅游节、国庆节、中秋节等举行了即开型体育彩票小卖场，销售量在10万以上，1月至10月传统体育彩票销售140万元、竞猜型体育彩票销售67万元，即开型体育彩票销售26万元，总销量233万元。抓好10个村级公共服务中心建设工作（项目资金投入160万元）。巴别乡、洞靖乡文化站项目建设开始施工并投入使用（项目资金投入64万元）。

【平果县】 年内，举办承办国际国内赛事8次，承办全区赛事2次，承办全市赛事4次，举办全县性赛事14次。平果县籍运动员获全国赛第四名2个，全区赛金牌1枚、铜牌1枚，全市锦标赛金牌17枚、银牌15枚、铜牌14枚。2011年11月，平果县文化和体育局被评为"全区体育系统先进单位"，县人民政府和黎明乡黎明村被评为"2007—2010年全区群众体育先进单位"，农忠想同志被评为"2007—2010全区群众体育先进个人"。3月，自治区体育局将平果县定为广西体育产业示范基地，并授予"广西壮族自治区体育产业示范基地"牌匾。全年举办各类群众体育赛事，包括平果县迎春羽毛球比赛、迎春气排球比赛、迎春环城健身跑活动、迎春乒乓球比赛、迎春武术表演赛、迎春钓鱼比赛、迎春网球比赛、迎春拔河比赛、迎春五人制足球比赛、全区网球业余巡回赛平果站比赛、"龙江杯"气排球比赛、"客友杯"全国钓鱼大赛平果站比赛、"五一杯"篮球比赛、"金山嘉源杯"气排球比赛、"西凤酒杯"钓鱼比赛、"宏运杯"钓鱼比赛、广西处级以上领导干部网球比赛、全国"中逵杯"城市钓鱼王PK大奖赛、百色市审计系统气排球比赛、百色市供销社系统第五届气排球比赛、百色市农机系统气排球比赛、首届"平果杯"中央国家机关与广西领导干部网球友谊赛、百色市组织系统第一届体育运动会，组队参加2011年广西"拔群杯"篮球赛、"亚洲及大洋洲地区大众体育合作发展论坛暨中国—东盟大众体育合作发展论坛"等活动，承办了国际网联女子巡回赛平果站比赛、国际男子职业网球挑战赛平果站比赛、国际青年男篮四大洲挑战赛平果站比赛、美国哈林花式篮球队中国巡回表演平果站活动、第四届中国—东盟男子篮球邀请赛等体育赛事。全年体育彩票年销售量5531627元，在线销售终端16

台。11月26日，广西体育彩票管理中心百色分中心平果县管理站挂牌成立。篮球训练馆总投资600万元，建筑面积4212㎡，容纳观众1200人，上年7月10日开工建设，7月25日竣工使用。全县共有5个业余训练网点，在训运动员102人，训练项目主要有举重、田径、游泳、跆拳道、篮球等。向百色市体育中学输送运动员11人。

【田东县】 年内，举办了十里莲塘钓鱼比赛、气排球比赛、羽毛球比赛、门球比赛、篮球比赛、乒乓球比赛、中国象棋比赛、足球比赛、围棋比赛、横山古寨趣味龙舟赛、横山古寨中国古典水上拔河邀请赛等11项新春体育赛事，参赛运动员两千多名，观看比赛观众累计近8万人次。举办"三八"妇女节拔河、迎"五一"系列群众性体育活动、端午节龙舟赛，以及气排球、篮球、羽毛球、老年门球等比赛活动36次，参赛运动员近万名，观看比赛观众累计达13万多人次。举办全县第六届运动会，比赛活动地点基本涵盖到各乡(镇)、部分村屯和企业，设有气排球、篮球、中国象棋、拔河等11项全民健身体育活动、"感恩杯"、"大锰杯"、"香鸭杯"、"香油杯"、"香猪杯"、"创业杯"等和乒乓球、羽毛球、古典水上拔河、中老年门球、田径、围棋、龙舟赛等12个比赛项目，还有6项表演项目，分别是重走红军路万人马拉松(半程)、钓鱼、拔河、游泳、五人制男子足球、万人广场健身舞赛。举办庆国庆"圣女果杯"暨百色市"红城杯"万人气排球田东赛区大赛。继续打造中国围棋之乡，举办教师围棋培训班，在全县20所小学校学生进行围棋教育。完成10个村级公共服务中心建设；投资450万元对县体育中心田径场进行维修改造；投资28万元对田东县室内篮球馆进行维修改造。组队参加百色市少年儿童体育年度锦标赛，荣获4项冠军；参加右江端午龙舟文化节龙舟赛获男子22人组和外埠组男子12人小龙舟两项冠军；参加第三届广西体育节—"乒临城下"第二届中国联通业余乒乓球挑战赛百色市晋级赛，廖志胜和覃秋梅分别获得男子单打46—60岁组和女子单打36—55岁组两项冠军；参加百色市少年儿篮球锦标赛，田东油城小学代表队和油城中学代表队分获冠军和第三名；参加百色市青少年羽毛球锦标赛共获3项冠军、5个第二、2个第三；参加百色市"红城无偿献血杯"万人气排球大赛总决赛获单位混合青年组亚军；组织男子和女子篮球队参加在乐业县举行的全区"拔群杯"篮球赛。

【田林县】 年内，举办承办全市性赛事1次，全县性赛事4次。组队参加全市青少年锦标赛中的田径、举重、篮球等3个项目，共获得金牌8枚，向上一级体育学校输送优秀体育苗子3人。开展各类群众体育赛事，包括举办春节体育运动会、田林县中小学生篮球比赛、田林县体育节、国庆篮球赛等，组队参加百色市"百矿杯"篮球赛、"红城杯"万人气排球比赛获得男子气排球赛第五名。承办"百色市西北五县第十三届老年门球、气排球协作赛获第一名、气排球获第二名。体育彩票年销量1302627元，在线销售终端6台。建设5个村级篮球场项目(利周乡亮福村、百乐乡百乐村、潞城乡潞城村、八桂乡弄瓦村、六隆镇洞弄村)，完成城乡风貌改造工程村级篮球场2个(旧州镇平满村平满屯、旧州镇者念村者念屯)。县共有4个业余训练点，在训人运动员60人，训练项目主要有田径、举重等。

【靖西县】 1月，广西首届"五粮醇杯"气排球大奖赛靖西赛区比赛，共有18队参赛，观众人数15000人次。春节期间，各乡镇、村都举办歌圩节体育比赛活动，项目有篮球、乒乓球、象棋、拔河等，参赛人数达20000多人，观众达10多万人次。迎新春"房地产杯"象棋赛，参赛人数66人；羽毛球赛参赛人数66人，观众人数6000人次；乒乓球赛参赛人数55人，观众人数4000人次。3月，举办县直妇委庆三八节拔河赛17个队参加。4月，举办"幸福杯"气排球比赛参赛360人，观众22000人次；第五届职工"团结杯"气排球赛，有男子37队、女子28队共进行144场球赛，观众38000人次。8月，举

办靖西县羽毛球混合团体赛，有崇左市、大新县、百色市5个队、田东县、德保县、靖西县共10个代表队，观众6000多人次；举办广西第三届体育节一五粮醇杯气排球大奖赛靖西赛区，共有28队参赛观众15000多人次；举办靖西县计生系统气排球赛共有20参赛队；10月，靖西县"平安杯"羽毛球赛有9队参赛，观众20000多人次；11月，举办"平安杯"气排球赛有49队参赛，观众35000多人次。在百色市少年儿童锦标赛上共获金牌29枚、银牌3枚、铜牌10枚，其中，举重项目获团体总分(202分)第一名，摔跤项目获团体总分第二名。全年向上级输送2名田径运动员、3名摔跤运动员。靖西籍运动员参加全国运动会锦标赛获第五名1个，参加全区第十二届运动会获一枚银牌。

【那坡县】 2月16日在县城广场举行春节广场游园活动、拔河比赛；2月18至28日在县城第二届"广电网络、农行杯"气排球比赛；3月7日在县广场举办庆"三八节"趣味体育活动比赛；5月9日至10日那坡县卫生系统庆祝建党90周年暨国际护士节气排球比赛；6月10日至17日在县城"移动、铁通杯"千人气排球大赛；10月26日至27日计生杯气排球比赛；8月8日至14日在县城隆重举行那坡县第三届"保和杯"篮球比赛；11月1日至3日组织参加百色市广西万人气排球大赛，获中老年混合组第四名、女子公开组第六名；11月5日组织参加百色市"红城献血杯"气排球比赛；11月13日至14日组织参加云南广南县八宝镇足球邀请赛，荣获亚军；11月14日至16日组织参加靖西县安德镇篮球邀请赛，荣获第六名；11月22日至29日组织男女篮球代表队前往乐业县参加广西"拔群杯"篮球赛；12月20日至31日那坡县总工会"迎新春"气排球比赛；在广西第十二届体育运动会上，选派的运动员杨云宇在代表百色市参加女子摔跤自由式丙组55公斤级获得了第四名的优异成绩，为那坡人民争得了荣誉。

【德保县】 春节期间，各乡镇、村级自发组织一年一度的春节农村篮球比赛和歌圩节农村篮球比赛，12个乡镇185个行政村共举行篮球赛5400多场次，参赛群众3600多人，观众15万人次。年内，全县先后举办了"和谐杯"气排球赛、"御珑湾杯"职工篮球赛、"先锋杯"气排球赛、教育系统小学生第三届"萌芽杯"篮球比赛、第四届教职工"园丁杯"篮球比赛、五人制男子足球赛、"利客隆"杯羽毛球比赛等赛事。组队参加百色右江端午节龙舟文化节龙舟赛；组队参加百色红城"新欧景花园杯"广场健身舞健身操大赛，派出的1个青壮年组双人舞2个集体舞均获得一等奖；组队参加在乐业举行的广西"拔群杯"篮球赛，男女队均取得第五名全县目前已有篮球协会、县老体协、气排球社、业余乒乓球协会、业余羽毛球协会、业余游泳协会、业余足球协会、健身舞协会、围棋协会、象棋协会，有足球俱乐部4个、飞马摩托车俱乐部1个、飞马汽车俱乐部1个、皇朝气排球俱乐部1个。组织了有云南省富宁县、右江区、田东县、靖西县、那坡县应邀参加的围棋邀请赛比赛。组织举办滇桂两省(区)六县第四届老年人运动会，来自云南省富宁县、广南县、砚山县以及德保县、靖西县、那坡县两省六县共328名运动员参加气排球、门球、乒乓球、中国象棋等4个项目的比赛，取得3个第一名、若干个第三、第三名的好成绩。组队参加百色市少年锦标赛，取得3项第一名、5项第二名和若干第三名的好成绩。组队参加的第三届广西体育节——中国联通"乒临城下"业余乒乓球挑战赛市级晋级赛，李少尤获男子单打第二名。在今年的广西第十二届运动会上，本县黄照第获得男子丙组自由式60公斤级摔跤第一名。为提高本县气排球的发展力度，体育局邀请市体育局专家于5月21日举办了气排球教练员、裁判员培训班，共有51名气排球爱好者参加了培训。配合市体中到我县选材，为上一级学校输送了10名体育后备人才。全年县属体育设施有云山、芳山健身广场2个、健身路径1条，县直单位有标准篮球场8个、气排球场20个、羽毛球场4个、老年活动中心2个、乒乓球台277个、足球场6个。全县185个行政村，村村建有水泥地板篮球场。位于城关镇东北的德保县体育馆，占地面积约6020万平方米，总建筑面积9859.6平方米，总投资4100万元，能够同时容纳观众4543人，截至12月，完成主体工程，完成投资2000万元，占总投资48%。

【西林县】 年内，开展各类群众体育赛事，2月，协助八达镇举行三街两屯拔河赛和篮球赛；2月，举行七人制足球联赛；2月，举行男女混合气排球赛；4至5月，举办庆“五一”劳动节和“五四”青年节篮球赛，首届“童心向党杯”小学生篮球赛。6月，承办西林县庆祝建党90周年“建党杯”气排球赛和篮球赛；7月，组队参加百色市第二届红城“联通杯”广场健身操大赛获三等奖；8月，在西林县举办第三届广西体育节—“五粮醇”气排球大奖赛；10月，组织参加百色市“五人制”青年足球赛获第五名；10月，组织老年队到田林参加百色市西北五县门球赛和气排球赛分获三等奖、一等奖；11月，组织男女队参加百色市“红城杯无偿献血杯”万人气排球大赛男子组获第五名。加强社会体育指导员培训，全县有各级社会体育指导员220人。组队参加全市青少年田径等四个项目锦标赛，夺得摔跤团体第三名，田径团体第二名、跆拳道团体第三名、篮球团体第五名，共获单项金牌10枚、银牌18枚、铜牌10枚。共向上输送田径、举重、摔跤等项目15名体育试训生，在市以上业训单位集中训练的人数达19名，其中已转正的学生12人。全县体彩销售总量达到30万元，比去年同比增加30%左右。实施第三批农村健身基础设施工作建设，新建6个篮球场，已完成公共服务中心5个村、40个农民体育健身场所。

【隆林县】 年内，争取到文化传媒资金20万元，对旧灯光球场进行了维修。依托社会各界组织承办了象棋赛、足球赛、气排球赛等春节体育活动，举办“三八”节气排球比赛，协助卫生系统开展“疾控杯”气排球比赛，开展“五一”篮球、气排球比赛，协助信用社开展了“信合杯”气排球赛。争取自治区体育局项目资金39.64万元用于建设9个村屯农民健身体育篮球场和维修购买部分篮球架、乒乓球桌等体育设施，目前9个篮球场已全部竣工投入使用；投资180多万元建设6个村级服务中心(介廷乡那达村、平班镇扁牙村、德峨乡岩头村、者保乡巴内村、者浪乡者烘村、革步乡领好村)现已全部竣工投入使用；组队参加百色市少年儿童举重、摔跤锦标赛，共取得10金3银1铜的好成绩(其中举重8金3银1铜，摔跤2金)；组队参加百色市“红城无偿献血杯”万人气排球比赛中，获得女子公开组第三名，这是我县参加大型比赛活动取得的最好成绩；组织本县老年人参加西北五县老年人气排球、门球大赛，举办全县“信和杯”篮球气排球大赛，参赛队达125支代表队，运动员达1300余人；组织苗族芦笙梅花桩绝技参加广西体育节少数民族传统体育比赛获第三名。

【凌云县】 年内，凌云县运动员在参加广西第十二届全区运动会中，县籍运动员共获得了5枚金牌，6枚银牌，3枚铜牌的好成绩，金牌榜名列百色市各县区第二名，取得了历史性的突破。较为突出的运动员有郭春富在田径女子乙组标枪项目中力克群雄夺取了第一枚金牌，杨玉芳在田径女子甲组标枪项目中获第一名，杨正义在摔跤男子甲组自由式66公斤级中获第一名，林祖沈在摔跤男子甲组自由式74公斤级中获第一名，张宗贤在拳击甲组51公斤级中荣获第一名。在参加百色市年度赛中，县代表队取得了11枚金牌10枚银牌3枚铜牌的好成绩。组织开展群众体育，包括庆祝“三·八”国际劳动妇女节气排球赛、凌云县纪念建党90周年体育运动会凌云县第二届“浪伏杯”气排球赛、广西第三届体育节“五粮醇杯”气排球赛和第三届城乡千人气排球大赛群众参与近10万余人次，进一步掀起了全县全民健身活动的热潮。全年开展各类群众性体育活动26次，观众达20万余人次。建成7个农村体

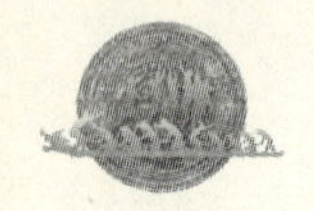

育场地设施(篮球场)总价值 21 万元。本县共销售电脑体育彩票和即开型体育彩票 52 万元,比去年同比增加 10%。

【乐业县】 年内,举行一期全县体育工作者培训班,一期篮球裁判培训班,对县文体局业余体校教练员也加强了业务培训;调配了 3 名专职体育教师到县城工作,发展了 6 名社会体育指导员,发展攀岩教练员、裁判员 30 人;举办 2 期气排球裁判培训班,2 期攀岩技术培训班,参与培训人数达 120 人。年内已竣工 5 个乡镇文化站,发放 8 副篮球架、1000 个乒乓球和其他健身器材 30 件。春节期间,全县约有 100 余支男、女队伍参加村级篮球赛,约 1.8 万人参与活动,观众达 12 万人次。2 月,甘田镇举办了第二届民间“舞龙舞狮”大赛;3 月,举办乐业县第六届“妇女节”气排球比赛,有五个乡(镇)28 个部门 42 支队伍参加,运动员 210 人,观众达 2 万人次;举办庆国际“三八”妇女节气排球赛。4 月,举办第四届中国·百色乐业国际山地户外挑战赛暨全国攀岩赛(乐业首站),有来自英、美、法、日、韩等 9 个国家(地区)共 26 支队伍参加,专业运动员达 150 余名,投入资金 500 万元,观众达 10 万余人次;5 月,举办攀岩技能培训,约有 200 人参加;陆续举办乐业县“园丁”杯、“计生”杯、“卫生”杯气排球赛和“五一”职工运动会,约有 1200 名运动员参加各种比赛,观众人数 6 万人次。6 月,组织参加百色市端午文化节“龙舟”大赛,并获得一个第二、一个第一的好成绩。6 至 7 月,陆续举办庆中国共产党成立 90 周年“财税”杯气排球赛和首届“登山”活动比赛,参与运动员约 450 名,观众达 5 万人次。7 月,组织团队参加百色市少年儿童锦标赛,并获得摔跤团体总分第一明、田径团体总分第三名。8 月,举办县首届“五粮醇”气排球赛(乐业赛区),共有 72 支队伍约 480 名运动员观众达 1.6 万余人次;10 月,举办县第二届中国·百色乐业国际天坑旅游节户外“嘉年华“系列活动。10 至 11 月,组团参加百色市“百旷”杯篮球赛和百色市鲜血“万人气排球”赛。11 月,举办广西“拔群”杯篮球赛有 4 个市、30 个县(区)580 名运动员参加。今年全县业余体校常年在训学生 60 人,重点放在田径、摔跤这两个项目上,在百色市青少年锦标赛中继续勇夺摔跤团体第总分第一名、田径团体总分第三名和举重拿了 24 枚金牌的好成绩。参加百色市举办的端午节龙舟比赛获男、女 24 人混合组及男子 12 人组均获第二名。在第三届中国·百色乐业国际山地户外挑战赛上组织本县队伍参加并取得不错的成绩。组团参加百色市第三届“献血杯”万人气排球大赛、“百旷”杯篮球赛、“五粮醇”气排球大奖赛。在广西第十二届运动会中,本县共有运动员 30 人参加,拿下 6 金,1 铜牌的好成绩。

贺 州 市

全市体育工作综述

2010 年

2010 年，全民健身运动广泛开展，贺州市体育部门加强对全民健身活动的组织领导，通过组织开展群众喜爱、普及性高的群体活动，丰富人民群众文化生活。同时宣传指导企业和社会各界举办职工体育竞赛或公益性的体育活动。通过政府指导、社会企业去办，贺州市做到月月有群体活动，有力推动了全民健身活动持续深入开展，全民健身意识深入人心。竞技体育取得科学发展、跨越发展，参加自治区级以上比赛取得历史最好成绩。体育基础设施建设有新突破。贺州市体育局荣获广西体育局授予"自治区群众体育先进单位"等多个奖项。

2011 年

2011 年，贺州市体育工作在市委、市政府正确领导和自治区体育局的支持下，以邓小平理论和"三个代表"重要思想为指导，认真贯彻落实十七大精神，以科学发展观统领全局，贯彻落实《全民健身条例》，以增强人民体质为目的开展丰富多彩的群众体育活动，组队参加广西第十二届运动会，积极完成体育固定资产投资目标任务，稳步推进全年各项体育重点工作。

群众体育

2010 年

【组织举办的群众体育活动】 春节期间，市体育局组织组织开展了"迎新春"气排球、五人制足球比赛；3 月，与市妇联联合举办了"三八"国际劳动妇女节 100 周年女子气排球比赛；8 月 8 日，在贺州市灵峰广场举办广西第二届体育节开幕式（贺州会场），继而组织开展了贺州市第二届体育节一全民健身系列活动暨"农行杯"气排球比赛；9 月 26 日至 28 日，与市民委组织举办贺州市第一届少数民族传统体育运动会；8 月 21 日至 31 日，与中国联通贺州分公司共同举办中国联通兵临城下乒乓球挑战赛；9 月 28 日至 10 月 15 日，组织举办市直机关全民健身运动会，运动会分篮球、气排球等 14 个大项目和团体、混合等 32 个小项目，吸引了市 55 个代表队参加，参与人数达到 2000 人，推动了全市体育工作进一步发展。精心组织"全民健身日与 2010 广西体育节同行"活动，以"全民健身日、全民齐健身"为主题举办群众性系列竞赛表演、摄影等活动。贺州体育局获"2010 年广西第二届体育节优秀组织奖"。

【中老年人体育】 中老年人体育活动的开展主要是以贺州市本级组织和参与广西各项比赛为亮点，以各县区老体协为中心点，以各县区体育健身广场的健身早、晚、晨练站（点）网点，有计划、有组织、有措施、有经费的进行开展。一是组队参加广西农民象棋比赛、广西中老年人健身球操比赛。二是组织老年人开展象棋、乒乓球等项目比赛，做好老年人体育工作，先后举办柔力球、健身球操培训班、培训骨干，推广新的适合老年人的健身项目。三是围绕"全民健身"主题，组织发动各县（区）老年体协开展各类体育竞赛及健身活动，先后开展了门球、地掷球、乒乓球、气排球、柔力球、太极拳（剑）、健身球操、健身操、扭秧歌、健步走、登

山、扑克、麻将、象棋等项目的竞赛活动。

【全民健身活动】 年内，贺州局加强对全民健身活动的组织领导，开展多种活动，推动全民健身活动持续深入地开展。一是老年体协组织开展了庆“元旦迎新春”和庆“三八”节活动；二是组织开展了“迎新春”气排球、五人制足球比赛；三是做好 2009 年广西群众体育工作基础数据统计工作；四是做好“2010 年广西体育节”全民健身系列活动计划等工作；五是组织开展了贺州市“第二届体育节一全民健身系列活动”暨“农行杯”气排球比赛；六是开展中国联通兵临城下乒乓球挑战赛；七是组织开展第二届广西体育节一“真龙怀”城乡万人气排球赛；八是参加广西中老年人健身球操比赛。九是组织举办市直机关全民健身运动会，其中，运动会分篮球、气排球等 14 个大项目和团体、混合等 32 个小项目，吸引了市 55 个代表队参加，参与人数达到 2000 人。

【获得荣誉】 年内，市体育局被自治区体育局分别授予“自治区群众体育先进单位”、“2010 年自治区全民健身活动先进单位”、“2010 年广西第二届体育节优秀组织奖”、“2007－2010 年全区群众体育先进单位”，市体育局梅俊飞副局长被评为“2007－2010 年全区群众体育先进个人”。

2011 年

【组织开展丰富多彩的群众体育赛事】 年内，全面开展全民健身体育。一是举办贺州市“迎新春”健身跑、拔河、三人板鞋、二人三足、乒乓球、三人篮球竞赛等群众体育系列活动；二是与统战部组团参加第二届广西民营企业运动会；三是举办“三・八”妇女节气排球大赛；四是举办全市市直机关大众广播体操比赛；五是协助贺州市司法行政系统举办第二届运动会、协助市国土系统抓好参加自治区国土系统比赛、协助市地税系统组织开展运动会；六是组队参加广西农民象棋比赛；七是组织发动各县(区)老年体协先后开展了门球、地掷球、乒乓球、气排球、柔力球、太极拳(剑)、健身球操、健身操、扭秧歌、健步走、登山、扑克、麻将、象棋等项目的竞赛活动，组队参加在八步区、富川、钟山、梧州举办的市本级门球、乒乓球、健身球操、柔力球、象棋、麻将、气排球 7 个项目的比赛，并分别组队前往百色、防城港、桂林、钦州等地参加了广西中老年人门球、乒乓球、健身球操、柔力球、象棋、麻将、气排球赛，均获良好成绩，并在灵峰广场举办了健身球操大型展示会；八是组织举办第三届广西体育节贺州会场开幕式暨千人自行车骑行游等系列群众体育活动；九是组织开展了贺州市“桂东农合行”杯男子篮球联赛、贺州市少年儿童围棋及象棋比赛、第三届广西万村农民篮球赛(贺州赛区)竞赛、广西“真龙杯”业余羽毛球俱乐部争霸赛(贺州赛区)竞赛、“五粮醇杯”广西气排球赛分区联赛(贺州赛区)竞赛、贺州市第三届广西体育节“洋河・梦之蓝”网球比赛、贺州市第三届体育节“洋河・梦之蓝”乒乓球比赛、中国联通“乒临城下”业余乒乓球挑战赛(贺州赛区)、贺州市第三届体育节“坚信公交”杯乒乓球比赛及“全民健身，活力贺州”体育摄影大奖赛等系列第三届广西体育节贺州重点赛事。

【开展体育科普知识讲座和社会体育指导员培训】 组织相关人员参加在广西师范大学和广西体育大厦举办的国家级社会体育指导员培训班学习，加深大家对国家关于开展社会体育工作的各项法律、法规及方针政策的理解；组织全市体育工作者、有关单位干部职工共 200 人参加广西体育局全民健身专家体育科技知识讲座；组织市县区传统体育项目教师共 10 人参加广西体育局举办的广西传统体育项目师资培训班学习。

【依法履行公共体育服务职能】 完成贺州市 2011 年村级公共服务中心 40 个篮球场建设，并组建篮球队，广泛开展农村体育活动；配合自治区人民政府做好城乡风貌改造三期工程村级篮球场建设和 7 个村级农民体育健身工程篮球场建设以及国家级乡镇农民体育健身工程昭平县黄姚镇(名镇名村)工程建设,使广大群众享受到更多更好的公共体育产品和服务;积极配合教育部门开展青少年阳光体育活动,推进体育传统学校管理提升工作,并积极协助各有关部门开展好社会化群众体育竞赛活动。

【获得荣誉】 贺州市体育局被广西体育局授予"2011 年全区体育系统先进集体",市体育局党组书记陈小松、市业余体校校长陈康绵被评为全区体育系统先进工作者。

竞技体育

2010 年

【组队参加广西青少年锦标赛取得优异成绩】 年内,组织 355 人参加广西青少年锦标赛 12 个项目比赛,共取得金牌 62 枚、银牌 43 枚、铜牌 50 枚;贺州市业余体校获男子自由式摔跤、举重两项团体第一名。这是贺州市参加广西青少年年度锦标赛取得成绩最好的一年,获得金牌数比历史最高纪录多了 13 枚。

【组队代表广西参加全国性比赛取得好成绩】

年内,贺州市举重项目运动员参加中国青少年女子锦标赛,杨冬艳获 14 岁组 44kg 抓、挺、总三枚金牌;陶玲爱获 16 岁组 53kg 抓、挺、总三枚金牌;周玉娟获 15 岁组 48kg 挺、总二枚金牌;男子运动员吴长升获丙组抓、挺、总三枚金牌。拳击项目运动员聂志和获全国青少年锦标赛 57kg 金牌;陈定义获 57kg 全国青少年锦标赛银牌。摔跤项目运动员:胡善辉获全国青少年锦标赛自由式摔跤 76kg 级铜牌;陈辰(女)获全国青少年锦标赛自由式 48kg 第三名。

【备战广西第十二届运动会】 把竞技体育工作作为亮点工程、破位争先工作来抓,继续完善竞技体育优势发展战略,调整项目结构,完善项目布局,加强业余体校训练基地建设,尽快完善训练基地的配套设施,积极备战广西第十二届运动会,努力争取金牌总数再创新高。

【加强业余训练抓好体育后备力量人才培养】

按照重点项目建设好、抓好后备人才、培养希望苗子的目标,高度重视青少年体育后备人才的培养工作,加强市县两级业余体校建设,不断提高办校质量,积极争创广西高水平体育后备人才训练基地。根据自身的人才特点,发挥本地的优势资源,继续坚持不断完善举国体制,狠抓体育后备人才的培养,做到定位合理、重点突出、效果明显,多出人才,快出人才,力争在区内外重大的比赛中夺取优异成绩。增强创新意识加强贺州市体育运动学校的建设。目前,贺州市本级业余体校完全按"三集中"的高规格水平办学,科学严格地对运动员进行训练,争取为国家、为广西多输送优秀的体育人才。

【筹办贺州市第三届运动会】 年内,加强同钟山县人民政府沟通协调,努力完善钟山县体育场地设施,积极筹办贺州市第三届运动会。

【体育赛事承办】 年内,组织承办广西举重青少年锦标赛、摔跤、举重青少年锦标赛。

【贺州运动员获得全区大赛冠军】 组队参加广西青少年举重锦标赛,共获金牌 62 枚、银牌 43 枚、铜牌 50 枚的优异成绩。其中,自由式摔跤冠军获得者,女子:龚桂仙甲自 45kg、吴小妹甲自 57kg、李冬艳丙自 34kg、程 林乙自 54kg、唐坤萍乙自 45kg、黄冰冰丙自 40kg;男子冠军:蒋联次甲自 50kg、唐景雄甲自 54kg、朱 永甲自 58kg、奉 强甲自 60+kg、蒋晓江乙自 45kg、白志斌乙自 48kg、白志文乙自 52kg、全昌亮乙自 57kg、邹万豪丙自 34kg、刘新蕾丙自 40kg、谢海洋丙自 45kg;

男子古典式第一名:毛献炜甲古 58kg、黄荣波甲古 63+kg、毛进涛甲古 45kg、李洪江乙古 45kg、徐井保乙古 48kg、莫 宇乙古 52kg。散打第一名:莫中送男甲组 65kg、田径:第一名:祝豫中男甲 800m、2:04.12。举重:男乙

48kg:孔令船,抓、挺、总三项第一),男乙 62+kg:李长升,抓、挺、总三项第一;男丙 48kg:杨双,抓第一,莫鸿庆,挺第一,总第一;男丙 52kg:叶良铭,挺第一;男丁 52kg:杨超群,挺第一;男丁 56kg:唐克川,抓第一、挺第一、总第一;女甲 48kg:周玉娟,抓第一;女乙 48kg:唐俏丽,抓第一、挺第一、总第一;女丙 40kg:盘英花,抓第一、总第一;何春梅,挺第一;女丙 40kg:杨冬萍,抓第一;女丁 36kg:蒋克花,挺第一、总第一;女丁 40kg:孔秋霞,抓第一、挺第一、总第一。拳击:男甲 60kg:董成就,第一名;男乙 45kg:莫中蒲,第一名;女甲 48kg:陈东芸,第一名;女甲 51kg:廖姗英,第一名;女甲 54kg:岑美美,第一名。柔道:女乙 52kg:马蕊,第一名;女丙 39kg:黄梦娜,第一名;女丙 42kg:李　玲,第一名;女丙 48kg:唐　欣,第一名。射箭:男甲单轮 40 米:邹富豪,第一名(316 环)。

【贺州运动员获得全国大赛冠军】 年内,贺州市运动员获得的国家级冠军有 2010 年青少年女子锦标赛杨冬艳获 14 岁组 44kg 抓、挺、总三枚金牌;陶玲爱获 16 岁组 53kg 抓、挺、总三枚金牌;周玉娟获 15 岁组 48kg 挺、总二枚金牌;男子运动员吴长升获丙组抓、挺、总三枚金牌。拳击项目运动员聂志和获 2010 年全国青少年锦标赛 57kg 金牌。

2011 年

【参加广西第十二届运动会】 年内,组队参加广西第十二届运动会比赛创历史最佳成绩。11 月 6 日至 16 日,由自治区人民政府主办,广西体育局、钦州市人民政府承办的广西壮族自治区第十二届运动会在钦州市举行。贺州市体育代表团成员以金牌 45 枚、银牌 34 枚、铜牌 30 枚(共计奖牌 109 枚)的优异战绩,排行在广西 14 个地市参赛队伍的第 6 名,创下了贺州市参加该赛事以来的最好成绩。

【参加国家级及以上比赛成绩】 年内,贺州运动员参加国家及世界级比赛获优异成绩。5 月 9 日至 14 日,贺州市举重运动员吴长升在第二届世界青少年举重锦标赛上勇创佳绩,获得男子 94kg 级抓举第二名、挺举第三名、总成绩第三名;9 月 7 日至 12 日,贺州市运动员陶玲爱代表中国参加在泰国芭提雅市举行的亚洲青年女子举重锦标赛,获 53kg 级抓举 89kg、挺举 110kg、总成绩 199kg 三枚金牌。

【组队参加全区及以上级大赛获取冠军】

广西第十二届运动会冠军:

举重:曹梅虹　蒋惠花　周玉娟　陶玲爱　唐克川

摔跤:毛翼飞　张　武　蒋联次　蒋依辉　沈　权　陈　辰　邱金凤　钟雪纯　林乔玉　莫　宇　全昌富　周延庆　陈忠全　全长亮　毛进涛　李　邹　高运越　刘新蕾　李冬艳　钟玉虹　钟玉妹　黄冰冰

拳击:聂志和　聂志学　莫中蒲　陈东芸　何远旺　陶连桢　廖姗英　邓小梅

柔道:聂玉兰

田径:王美媛

国家级以上冠军:

9 月 7 日至 12 日,贺州市运动员陶玲爱代表中国参加在泰国芭提雅市举行的亚洲青年女子举重锦标赛,获 53kg 级抓举 89kg、挺举 110kg、总成绩 199kg 三枚金牌。

【后备人才选拔培养】 对各个项目的训练、竞赛、输送等工作作出安排,极大地促进了训练工作地规范化管理。在各县区文体局、业余体校、教委办的大力支持下,市业余体校各项目教练广泛深入到全县各中小学校进行体育苗子的选拔,随后,进行集中试训,采取优胜劣汰以及素质测试等方式进行科学选材,确保了选材质量和体育人才输送效率,基本完成了全年的招生工作,贺州市体育运动学校新招生人数 98 名,在校学生人数达 310 人。

【体育后备人才输送工作】 坚持"选好苗子、着眼未来、打好基础、系统训练、积极提高,向上级优秀运动队输送"的训练原则;做好输送工作，不断向省优秀运动队输送优秀体育苗子；为广西以及国家培养更快、更高、更强的优秀后备人才，从而为贺州体育事业的发展奠定坚实的基础；今年共向自治区优秀运动队区体校输送 6 人，各中心输送 7 人。

【二级运动员申报及审批工作】 从 3 月开始二级运动员实施国家体育总局新运动员技术等级标准并使用新证书进入国家体育总局运动员等级查询系统（上网公示）。严格按照国家总局下发的《运动员技术等级标准》规定执行，由各县、区申报、审核，报市体育局审批，做到依法办事、严格把关、不出问题。

体育产业

2010 年

【体育市场管理】 认真贯彻执行《中华人民共和国体育法》、《广西体育市场管理条例》，依法对体育经营活动进行管理。对需审批、审核、备案的体育经营事项，严格按照规定进行审查，并在审批时限内批复。对体育经营场所进行不定期安全检查，及时排除安全隐患，切实保障经营者和消费者的合法权益。

【体育彩票销售】 年内，贺州市体育局的体育彩票销售网点由 18 个增加到 22 个，体育彩票销售额达 855.48 万元。

2011 年

【体育市场管理】 认真贯彻执行《中华人民共和国体育法》、《广西体育市场管理条例》，依法对体育经营活动进行管理。对需审批、审核、备案的体育经营事项，严格按照规定进行审查，并在审批时限内批复。对体育经营场所进行不定期安全检查，及时排除安全隐患，切实保障经营者和消费者的合法权益。贺州市体育局对体育市场的安全生产管理开展了 2 次以上的专项检查，并做到每次检查有方案、检查有记录。对发现的问题整改率达 100%，全年无安全事故发生。

【体育彩票销售】 年内，贺州市体育彩票销售额为 1161 万元，完成率为 129%。

少数民族传统体育

2010 年

【举办少数民族传统体育运动会】 9 月 26 日至 28 日，贺州市体育局与市民委组织举办贺州市第一届少数民族传统体育运动会。

2011 年

【开展传统体育培训班】 年内，组织市县两级传统体育项目教师参加广西体育局举办的广西传统体育项目师资培训班学习。

体育基础设施建设

2010 年

【体育设施建设】 积极开展群众体育工作争创工作，帮助有关乡镇完善体育设施和场所，发动广大农民群众积极参加各种比赛健身活动。为建设社会主义新农村，为民办实事，争取上级有关部门安排项目，积极做好全区村级篮球场暨乡镇体育设施建设项目申报工作，努力为贺州市争取到更多的村级篮球场建设。完成了自治区为民办实事的 74 个项目建设。全区村级篮球场暨农村体育设施建设项目分配到贺州市共有 74 个项目；村级篮球场指标 65 个，“两项工程”村级篮球场 24 个，“国家级乡镇篮球场”5 个。在贺州市体育活动中心内建设游泳池 1 个、简易综合场馆 1 个、人工草皮五人制足球场 2 个。

2011 年

【完成村级篮球场建设】 年内建设了 40 个村

级公共服务中心建设篮球场，其中八步区 10 个、钟山县 5 个、富川县 9 个、昭平县 9 个、平桂管理区 7 个。

县域体育

2010 年

【八步区】 年内，加强业余体校的建设，在体校开设田径、篮球、柔道、乒乓球、跆拳道等五个项目的培训班，田径班共有 63 人参加训练；篮球班共有 30 人参加训练；柔道班共有 22 人参加训练；乒乓球班共有 30 人参加训练；羽毛球班共有 28 人参加。加强运动员管理，坚持科学训练，在保证运动员按时参加训练的同时，努力提高体育训练水平，在训练中注重防止运动员受伤，意外事故发生。注重教练员的业务学习，了解最新的训练成果、训练方法、训练动态并用于指导训练。

【昭平县】 加强县乡村三级公共服务网络建设，加快全县乡村文化体育基础设施建设，推动农村文化体育活动的开展，进一步丰富群众精神文化生活。一是完成村级公共服务中心建设，自治区下达昭平县任务 6 个（含试点 1 个），总投资 320 万元，昭平县全部完成了主体施工并进行装修，其中完成篮球场、乒乓球场建设各 4 个，戏台 3 个。二是乡村农民体育健身工程，昭平县争取自治区体育局立项补助资金 43 万元，完成国家级乡镇农民体育健身工程（北陀镇政府）1 个、新建五将镇仁德村、恭城村，昭平镇上楠村等 3 个二类村级篮球场，新建黄姚镇黄姚村，走马乡庇江村，马江镇熊埠村、枫木村，木格乡鹿坡村，北陀镇山秀村、大贤村等 7 个三类村级篮球场。

【钟山县】 抓好竞技体育各项工作。参加全区少年锦标赛田径比赛、全区青少年锦标赛、广西青少年摔跤锦标赛和全区传统学校乒乓球等体育赛事，参加田径、摔跤、跆拳道、乒乓球等体育项目，共获得 4 银 3 铜，3 人获第四名，1 人获第五名，2 人获第七名的好成绩。完成了举重队重新组队训练工作，并落实好了教练和训练场地。同时，做好向上级输送优秀运动员工作，2010 年向区体校输送田径运动员 1 人，摔跤运动员 2 人，跆拳道运动员 2 人，向市体校举重队输送男女运动员 7 人，为备战贺州市第三届运动会打下夯实基础。

【富川瑶族自治县】 群众体育进一步普及，竞技体育成绩斐然。组织和举办春节健身走活动，全县广大市民踊跃参与，参加人数达 1000 多人，并协助县妇联、总工会、老体协等单位举办“三 · 八”、“五 · 一”等节庆气排球赛等一系列全民健身活动，积极举办好第二届广西体育节活动，参加锻炼的市民逐年增多，这些活动的开展，对于推动全民健身、丰富百姓生活、构建和谐社会起到了积极的作用。2010 年，在参加全国青少年举重锦标赛、全区青少年举重锦标赛、全区青少年摔跤锦标赛中获得全国性比赛金牌 3 枚、银牌 5 枚、铜牌 1 枚；夺得全区性比赛金牌 37 枚、银牌 21 枚、铜牌 26 枚以及团体冠军 3 个的优异成绩，创县业余体校参加全国、全区年度比赛历史最好成绩，并向广西体育运动学校、广西重竞技体育运动发展中心输送体育苗子 9 人，获得了自治区、市体育局领导的肯定和表扬，为瑶乡人民争得了荣誉。

【平桂管理区】 依托贺州市业余体校，积极抓好各体育竞技项目训练提高竞技水平；协助贺州市业余体校教练在管理区辖区内选（送）运动员的工作。至 2010 年，平桂管理区在贺州市业余体校有管理区籍的运动员 74 名，分别在摔跤、柔道、乒乓球、篮球、散打、举重等项目训练。

2011 年

【八步区】 通过开展各类活动贯彻实施《全民健身计划纲要》、《全民健身条例》，并取得显著成效。积极组织参加 6 月在南宁举行的“第二届广西民营企业运动会”篮球比赛；参加广西第三届体育节（贺州会场）的开幕式活动，组织八步区各系统参加贺州市千人自行车骑行游活动；参加2011年由中国文联、中国民间文艺家协会举办的“庆祝建党九十周年全国鼓舞鼓乐展演”，瑶族体育舞蹈、瑶族长鼓舞《鼓动瑶山》荣获金奖；5月前往湖南参加“中国第五届全国体育舞蹈锦标赛”获八金五银九铜的优异成绩；组队参加贺州市第三届体育节洋河·梦之蓝杯领导干部乒乓球混合团体赛获科级以上组第三名；举办八步区“迎国庆”气排球比赛，丰富全区干部职工的业余文体生活；组织参加贺州市第三届体育节“坚信公交杯”乒乓球混合团体赛，荣获第二名的好成绩。八步区文体局获广西体育局授予的“2007—2010年全区群众体育先进单位”荣誉称号，同时有1人获“2007—2010年全区群众体育先进个人”荣誉称号。

【昭平县】 广泛开展群众体育和竞技活动。县文体局主办、协办了气排球精英赛、篮球精英赛、中国象棋精英赛、乒乓球精英赛、气排球、篮球春节联赛、庆“三·八”国际妇女节气排球赛、“五一”气排球赛、拔河比赛等161场(次)。县举重队在参加“体彩杯”广西青少年举重锦标赛上，邝自双获男子抓举90kg级第五名，挺举105kg级第六名，总成绩第三名。业余体校向广西体工队输送的举重运动员吴长升代表国家队参加第二届世界青少年举重锦标赛，获得男子94kg级1个第二名，2个第三名；参加全国少年男子举重分龄赛，获抓举145kg级第一名，挺举180kg级第一名，总成绩325kg级第一名；参加2011年“兵团天业杯”全国男子举重冠军赛，获抓举156kg级第二名，挺举193kg级第二名，总成绩349kg级第二名。在参加区十二届运动会上，黎源获得77kg级抓举第三名，挺举第四名，总成绩第四名。邝自双获得52kg须抓举第五名，挺举第四名，总成绩第四名。摔跤队在参加2011年全区青少年摔跤锦标赛暨广西第十二届运动会资格赛上，龚桂仙获女子甲组自由式48kg级第二名、梁毅获男子丙组古典式46kg级第三名、李金凤获女子甲组自由式51kg级第五名。在参加广西区第十二届运动会上，李邹获男子丙组60kg级第一名、李庆航获男子乙组42kg第五名。乒乓球队在参加“体彩杯”广西青少年乒乓球锦标赛暨广西第十二届运动会资格赛上，翟晓晨获乙组男子团体第三名，梁维韬获乙组男子团体第三名；在参加广西区第十二届运动会上梁维韬获男子乙组团体第二名。为国家、为广西、为昭平争得了荣誉，填补了贺州市参加世界级举重比赛并获奖的空白。

【钟山县】 钟山县文体局以培养和输送人才为目标，加大了竞技体育工作力度，认真抓好田径、摔跤、跆拳道和举重等市级和区级体育传统项目的业余训练工作，为全县在各级体育赛事中获得好成绩做好准备。同时，选派优秀教练员参加市体育局邀请专家开设篮球裁判知识讲座。组队参加了市级羽毛球、乒乓球比赛，举办了2011年庆元旦迎新春气排球比赛、春节文体系列活动，协办“三八”妇女节、“五一”劳动节气排球等群体比赛，承办钟山县开展“第三届广西体育节”全民健身系列活动，“8.8”开展“全民健身日”广场县直单位广播体操展演活动，参赛运动员达4000多人次。2011年，钟山县参加广西第十二届全运会获得2枚金牌。

【富川瑶族自治县】 深入贯彻落实《全民健身条例》《全民健身计划纲要》，大力开展全民健身活动，利用春节、“三．八”“五．一”“七．一”、国庆节、第三届体育节等节庆期间，举行健身走、气排球、篮球、门球、足球、羽毛球、太极拳等丰富多彩的全民健身系列活动。年内举办全民健身活动共投入资金20多万元，参加人数达3万多人次。组队参加今年全国青少年举重锦标赛获得金牌4枚、银牌2枚；参加“全区青少年举重锦标赛”和“全区摔跤锦标赛”分别获得12金、8银、8铜和4金、4银、5铜；参加广西第十二届运动会，夺得金牌26枚、银牌12、铜牌11枚，占贺州市体育代表团金牌数的57.7%，创历史最佳成绩，金牌数为广西县级第二名。富川县2011年被国家体育

总局授予全国全民健身活动先进单位;被评为全区体育系统先进集体;获得全区体育系统集体二等功一次。

【平桂管理区】 公共体育设施建设有新改善,年内平桂管理区文体局共争取到篮球场建设项目 26 个,建设资金 60 多万元;建设一个农民体育健身工程项目,资金 25 万元;为 26 个村级和一个村镇建好了篮球场及体育健身中心,为广大农民提供了很好的健身运动场所。同时,平桂管理区体育中心规划选址有新突破。平桂管理区共有 41.5 万人口,辖 9 个乡镇。由于管理区刚成立,体育基础设施建设滞后,无论是城市发展,还是城市功能配套,都需要新建与之相适应的体育中心,以满足体育事业发展的需要和人民群众日益增长的精神文化需求。为此,平桂管理区文体局提前谋划、积极争取,多次向管理区党工委、管委请示汇报,提出管理区体育中心规划选址意见。了解情况后,管理区党工委、管委领导十分重视,8 月 3 日,经平桂管理区规划审批委员会第三次规划审批会审议,同意将文化中心、体育中心建设项目纳入平桂新区建设规划。目前,管理区已落实体育中心选址,并安排 150 亩的体育中心建设用地。

河　池　市

全市体育工作综述

2010 年

2010 年，河池市体育工作以贯彻实施《全民健身条例》为契机，全市上下结合当地实际，借节假日和空闲时间机会广泛开展群众性的体育活动和抓住组团参加广西壮族自治区第12届少数民族传统体育运动会机会，挖掘整理项目，传承和发展河池市少数民族传统项目；竞技体育工作继续以实施《奥运争光计划纲要》为重点，培养高水平的体育后备人才为目标，着力做好备战 2011 年广西壮族自治区第12届运动会的工作。

以贯彻实施《全民健身条例》为契机，广泛开展全民健身运动。2 月 12 日至 14 日，温家宝总理到河池视察，在东兰、巴马看到河池人民全民健身热情高涨，也立即参与群众气排球和篮球活动，总理的亲民爱民及参与全民健身的典范，推动了河池市《全民健身条例》的贯彻落实，再一次掀起全市全民健身运动的高潮。2010 年全市各地有计划、有组织开展和各种群众性体育比赛活动不断，先后举办了河池市城区气排球甲、乙级联赛；举办全市第二届中老年人太极拳（剑）比赛、“金山杯”广西领导干部乒乓球邀请赛；组织参加广西“拔群杯”篮球赛、广西第二届“红水河杯”气排球赛；配合自治区钓鱼协会在大化岩滩库区办好全区千人垂钓大赛；组织开展广西第二届万人气排球赛河池赛区的比赛，推进民族体育进校园活动。号召、组织全市市直 23 个系统举办系统运动会，赛事规模大，参与人数多，促进了全民健身活动的蓬勃发展。

以传承少数民族传统体育为重点，积极开展少数民族传统体育的研究、挖掘和推广工作。1 月，本市与河池学院合作，在学院挂牌成立“河池市少数民族传统体育项目研究与开发训练基地”，利用学院综合性学科研究的优势，带动全市民族体育传承人进一步挖掘、研究和发展本市少数民族传统体育。同时，依托基地抓好民族体育培训，推进民族体育进校园活动。积极组织开展全市少数民族陀螺赛等民族传统体育赛事，继续培育和发展民族传统体育优势项目。调动和利用各有关县（市、区）学校组织民族传统体育运动员积极训练，11 月 19 日至 23 日，本市组队参加广西壮族自治区在玉林市举行的第十二届少数民族传统体育运动会，取得了 8 枚金牌，5 枚银牌，8 枚铜牌，全区排名第三的好成绩。

体育基础设施建设成效显著。市政府投资 3000 多万元建设新体育馆，已完成五分之二的投资建设任务；环江投资 160 多万建成了环江体育训练馆；罗城、凤山两县投资 1000 多万元加紧县体育场馆的筹建工作。本年全市争取到自治区支持的农村体育基础设施建设项目 154 个，资金累计共计 409 万元，经过认真组织实施，建成一批农村体育活动场所，为广大农民群众开展文化体育活动提供了便利条件。

体育彩票发行销售实现新突破。年全市新增中国体育彩票发行销售竞彩点 17 个，全市体育彩票总销售额为 2700 多万元，比 2009 年销售额翻一番，实现历史性的突破，可直接为本市提供 150 多万元的体彩公益金。

2011 年

2011 年是实施“十二五”规划的第一年，河

池市的体育工作是以贯彻实施《全民健身条例》和落实国家《全民健身计划(2011－2015年)》为重点,大力推进全民健身运动,提高全民体质作为工作目标,围绕举办广西第三届体育节河池市全民健身系列活动为主要内容广泛地开展群众性体育活动;竞技体育工作以组团参加广西壮族自治区第12届运动会为重点,着力做好体育后备人才的培养工作;公共体育设施建设以实施农民体育健身工程乡镇农民体育健身中心建设和村级篮球场建设为工作重点,做好河池市体育馆建设后期工程为目标,努力改善公共体育基础设施条件。河池市体育局荣获"国家民族体育先进集体"称号;12月,河池市体育局荣获国家体育总局"全民健身活动优秀组织奖"、广西第三届体育节"优秀组织单位"、"完成广西体育系统固定资产投资目标任务二等奖"、"广西体育彩票工作二等奖"。河池市体育局等3个集体和彭露英等4位同志获得自治区体育局表彰;一批为广西体育事业发展作出突出贡献的先进集体和先进个人,市纪委等11个单位和潘爱国等11位获得四年一次的"2007－2010年全区群众体育先进单位和先进个人"评选表彰活动中。

全民健身蓬勃开展。元宵节期间在金城江城区举办"俊蒙杯"健步走、长跑活动,市委书记、市长带领四家班子领导及城区干部职工近3000人参加活动,拉开了当年全民健身活动的序幕;3月到7月份组织开展了"金城江城区气排球乙级联赛",带动各县(市)、各部门组织各种体育赛事活动,推进全民健身活动的开展。在8月至12月成功举办了"第三届广西体育节河池市全民健身系列活动",策划了11个系列的活动内容,其中最具特色和影响力的是"中国广西(河池)民族体育欢乐节",这一活动突出了我们河池民族体育特色,中央和区内多家新闻媒体争相报道,扩大了河池民族体育的影响。120人长板鞋竞走项目,被相关部门认定破基尼斯大世界纪录。年内全市各部门纷纷举办各种体育赛事,有28个部门、系统举办了全民健身运动会,参与人数逾2万多人。各县(市、区)也争相举办各类全民健身体育活动,南丹县在"丹文化旅游节"举办了"白裤瑶陀螺邀请赛",国内部分省市都组队前来参赛,环江县举办"毛南族分龙节"龙舟比赛,吸引了区内各市优秀龙舟队来参赛。全市全民健身活动实现了市城区、各县城区月月有赛事、天天有活动的目标,丰富了广大干部职工、人民群众的体育文化生活。

竞技体育取得新成绩。11月6日至16日,河池市派出由64名青少年运动员组成的代表团,参加了在钦州市举行的四年一届的广西第十二届体育运动会,在田径、举重、摔跤、柔道、射箭、羽毛球、乒乓球、跳水等8个项目比赛,比赛中他们争金夺牌,并获7金4银8铜的好成绩,金牌数比上届多了3枚,为河池争了光。

基础设施建设成效显著。年内全市体育项目固定资产投资达1.2亿多元,超额完成上级下达9000万元的任务。河池市体育馆建设工程,已投资8457万元;凤山县体育馆建设工程,总投资为3300万元,已投入建设资金1000万元等。乡(镇)村篮球场建设工程完成投资205万元,建成58个篮球场。

体育产业发展蓬勃。体育彩票销量又创新高。至12月底全市体彩销售达3470万元,超额完成了自治区体育局下达的3117万元的任务;另一方面,体育消费已积极拉动体育产业的发展。随着社会经济的发展,物质生活日益丰富,人们对体育健身的需求也日趋迫切,体育消费也日益兀显,积极地拉动服务产业链的发展。2011年在河池市城区举行的全民健身赛事就有30多个,加上各县(市)全民健身活动,按年参与人数计算,体育服装消费、体育器材消费、餐饮消费等,体育拉动消费可达5000多万元。

群众体育

2010年

【广泛开展全民健身运动】 元旦、春节期间,市政府及各县(市、区)县委、县政府划拨专款支持元旦、春节期间的体育活动,营造城乡健康过节、欢乐过节、科学过节意识,全市各县(市、区)21个系统举办体育赛事,赛事空前盛大,推动全市全民健身的快速发展。

【组织开展全民健身活动】 策划实施广西第二届"体育节"河池市系列全民健身活动,协助组织各大系统运动会,实现月月有体育活动赛事。

【温家宝总理到河池视察】 2月12日至14日,温家宝总理到河池视察,在东兰、巴马看到河池人民全民健身热情高涨,也立即参与群众气排球和篮球活动,总理的亲民爱民及参与全民健身的典范

【组织开展各种群众性体育比赛活动】 年内,先后举办了河池市城区气排球甲、乙级联赛;举办全市第二届中老年人太极拳(剑)比赛、"金山杯"广西领导干部乒乓球邀请赛;组织参加广西"拔群杯"篮球赛、广西第二届"红水河杯"气排球赛;配合自治区钓鱼协会在大化岩滩库区办好全区千人垂钓大赛;组织开展广西第二届万人气排球赛河池赛区的比赛。同时组织全市市直23个系统举办系统运动会,赛事规模大,参与人数多,促进了全民健身活动的蓬勃发展。

2011年

【举办金城江城区"俊蒙杯"长跑活动】 元宵节期间,组织举办"俊蒙杯"健步走、长跑活动,领导及城区干部职工近3000人参与活动;

【组织开展金城江城区气排球乙级联赛】 3月至7月,组织开展了"金城江城区气排球乙级联赛"。

【组织开展河池市全民健身日活动】 8月至12月,举办"第三届广西体育节河池市全民健身系列活动";全市有28个部门、系统举办了运动会或比赛,参与人数逾2万多人。各县(市、区)举办各类全民健身体育活动,南丹县在"丹文化旅游节"举办了"白裤瑶陀螺邀请赛";环江县举办"毛南族分龙节",龙舟比赛。

竞技体育

2010年

【组队参加全区青少年年度锦标赛】 以积极培养和输送体育后备人才为目标,认真抓好业余训练工作。组织队伍参加广西青少年摔跤、柔道、举重、射箭、羽毛球、田径等项目年度锦标赛,为备战明年全区运动会做准备。

2011年

【组队参加全区青少年年度锦标赛】 11月6日至16日,河池市派出由64名青少年运动员组成的代表团,参加了在钦州市举行的四年一届的广西第十二届体育运动会,在田径、举重、摔跤、柔道、射箭、羽毛球、乒乓球、跳水等8个项目比赛,比赛中他们争金夺牌,并获7金4银8铜的好成绩,获得金牌的项目为:射箭2枚、举重4枚、摔跤1枚。金牌数比上届多了3枚,为河池争了光。

体育产业

2010年

【体育彩票发行销售】 年内,全市中国体育彩票发行销售竞彩点17个,体育彩票总销售额为2700多万元,比2009年销售额翻一番,为本市提供150多万元的体彩公益金。

2011年

【体育彩票发行销售】 年内,全市体彩销售达3470万元,完成自治区体育局下达的3117万元的任务。

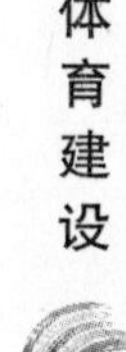

少数民族传统体育

2010 年

【推广少数民族传统体育】 1 月，本市与河池学院合作，在学院挂牌成立“河池市少数民族传统体育项目研究与开发训练基地”。

【组队参加广西第十二届少数民族传统体育运动会】 11 月，河池市组队参加广西第十二届少数民族传统体育运动会，取得了 8 枚金牌，5 枚银牌，8 枚铜牌，全区排名第三的好成绩。

2011 年

【举办“中国广西(河池)民族体育欢乐节”】 8 月至 12 月举办最具特色和影响力的“中国广西(河池)民族体育欢乐节”系列活动，系列活动中，特别是 120 人长板鞋竞走项目，被相关部门认定破基尼斯大世界纪录，活动突出了河池民族体育特色，受到自治区乃至国家体育总局的关注，中央和区内多家新闻媒体报道，扩大了河池民族体育的影响。

【举办白裤瑶陀螺邀请赛】 5 月 26 日至 28 日，南丹县举办“丹文化旅游节”，国内部分省市都组队前来参赛。

【举办“毛南族分龙节”龙舟比赛】 6 月，环江县举办“毛南族分龙节”龙舟比赛，该赛事吸引了区内各市优秀龙船队来参赛。

体育基础设施建设

2010 年

【河池市体育馆工程建设】 年内，市政府投资 3000 多万元建设新体育馆，已完成五分之二的投资建设任务；

【环江体育训练馆】 年内，环江投资 160 多万建成了环江体育训练馆。

【罗城、凤山体育场馆工程建设】 年内，两县投资 1000 多万元加紧县体育场馆的筹建工作。

【农民体育健身工程】 年内，争取体育基础设施建设项目 154 个，资金累计共计 409 万元，组织实施，建成一批农村体育基础设施，为广大农村开展全民健身活动提供场所。

2011 年

【河池市体育馆工程建设】 年内，河池市体育馆建设工程项目投资额约 1.2 亿，现已投资 8457 万元；

【凤山体育场馆工程建设】 年内，凤山县体育场馆建设工程总投资为 3300 万元，已投入建设资金 1000 万元。

【农民体育健身工程】 年内，乡(镇)村篮球场建设工程完成投资 205 万元，建成 58 个篮球场。

体育人才队伍建设

2010 年

【市体校和市体育场岗位设置工作进展顺利】

市体校、市体育场岗位设置工作，是实行竞聘上岗制度，推进事业单位人事制度改革，做好市体校教练员的培训和招聘工作。

2011 年

【荣誉表彰】 9 月，河池市体育局荣获“国家民族体育先进集体”称号；12 月，河池市体育局荣获国家体育总局“全民健身活动优秀组织奖”、广西第三届体育节“优秀组织单位”、“完成广西体育系统固定资产投资目标任务二等奖”、“广西体育彩票工作二等奖”。11 月，自治区体育局表彰一批为广西体育事业发展作出突出贡献的先进集体和先进个人，河池有河池市体育局等3个集体和彭露英等4位同志获得表彰；四年一次的“2007－2010年全区群众体育先进单位和先进个人”评选表彰活动中，河池市有市纪委等11个单位和、潘爱国等11位榜上有名。

【完成市体育场专业技术人员招聘工作】 通过面向社会公开招聘的方式，有3位同志经过笔试、面试成绩优秀，现进入考核、公示、录用。

【做好裁判员和社会体育指导员的登记注册及培训工作】 为加强基层群众体育发展，提高群众体育服务质量，按照年初计划，6月上旬，河池市开办了一期篮球、排球、田径、乒乓球、羽毛球裁判员学习班，培养二级裁判员106人。同时，还采取在11个县(市、区)轮流办班、培训的方式，开办了社会体育指导员培训班，完成培训、发证二级社会体育指导员101名、三级320名。

县域体育

2010年

【金城江区】 年内，组队参加各种比赛活动；5月，在江西省新余市举行全国少年举重锦标赛上，金城江区籍运动员刁世金获16岁组52公斤级抓举88公斤第一名、挺举109公斤第二名、总成绩197公斤第二名；梁樟木获15岁组52公斤级抓举88公斤第二名、挺举110公斤第一名、总成绩198公斤第二名。9月，组队参加河池市第二届中老年人太极拳(剑)比赛，获太极剑团体第二名、42式太极拳团体第二名，古小云获个人太极剑第一名和太极拳第二名的好成绩；组织篮球队参加在崇左市天等县举行的广西“拔群杯”篮球赛。组队钓鱼爱好者参加在大化岩滩库区举办的广西钓鱼大赛；参加河池市少数民族传统体育项目陀螺邀请赛，包揽男子单打冠亚军和团体赛第二名以及获男子个人旋放赛第一名的好成绩。10月，组队参加广西第二届万人气排球大赛河池赛区三个组别5个项目的比赛，金城江区是唯一参加全部比赛项目的县(市)区，获街道乡镇组男子第二名、女子第三名，单位混合组第三名，公开组女子第四名、男子第六名。11月，组队参加在玉林市进行的广西第十二届少数民族运动会，获陀螺男子团体冠军和男子单打冠军2枚金牌；九圩镇代表河池市男子街道乡镇组参加广西第二届万人气排球大赛总决赛，获第四名。年内，开展6次大型群体活动，项目有气排球比赛、羽毛球、乒乓球、飞镖、踢毽子、三人板鞋、拔河、篮球、气排球、甘蔗负重、陀螺、棋牌、跳绳等项目。尤其是8月8日举行第二届广西体育节暨“全民健身日”的系列活动规模盛大，有城区气排球甲级联赛(公开组)、乙级联赛比赛(单位混合组)共49支男队、43支女队参加，以及金城江赛区比赛(街道乡镇)共男子8个代表队、女子8个代表队参加。5月18日至24日，在宜州市德胜红兰酒业有限责任公司的鼎力相助和河池市体育局、柳州飞乔体育器材有限公司、河南中沃饮料有限公司大力支持下举办的第二十一届“青年杯”篮球赛，也颇具规模，来自城区24个单位共28支代表队，运动员、教练员达350人，裁判员、竞赛工作人员48人，用九个单元时间进行了93场比赛，投入经费8万元，观众人数达3万人次。举办3期篮球裁判和1期社会体育指导员培训班，篮球裁判员培训班第一期有城区及乡镇学校体育教师60人参加，主要是对篮球最新规则进行学习和培训；第二期(含第一期社会体育指导员培训班)有乡镇村体育骨干34人参加，主要是对篮球国家三级裁判员和国家三级社会体育指导员进行培训；第三期有城区国家二、三级篮球裁判员30人参加，主要是学习篮球最新规则。年内，各协会积极开展了丰富多彩的活动赛事，金城江区老体协获自治区老年人体育先进单位。金城江区体育局荣获2009年度广西第二届万村农民篮球大赛河池

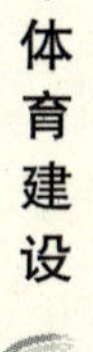

市赛区先进单位。全年完成 10 个村级篮球场和 1 个乡镇级篮球场建设，项目总投入 94.4 万元，其中上级补助 41 万元，自筹及投工投劳折为 53.4 万元。全年中国体育彩票销售额为 1109 万元。

【宜州市】 年内，广泛开展群众性体育竞赛活动。一是元旦期间，举办"世富杯"乒乓球邀请赛活动，来自都安、大化、环江、融水、融安、象州、柳州、鹿寨、来宾八一矿等乒乓球爱好者参加比赛；二是春节期间，农历正月初二至十五举行篮球项目下乡活动和在市城区举行足球、钓鱼、乒乓球、围棋、象棋、老年门球等十项"迎新春"体育赛事活动；三是"五．一"期间举办"劳保杯"门球比赛；四是先后举行宜州市"红牛杯"气排球比赛，全市中老年篮球比赛，一年一度的"白龙杯"足球赛，广西第二届体育节(宜州)全民健身系列活动项目包括举办一年一度的宜州市第 14 届篮球"爱好者杯"比赛、宜州市气排球赛暨"真龙杯"广西第二届城乡万人气排球赛，周末 7 人制足球赛以及青少年校园通讯赛等。五是举行一期气排球三级裁判员培训班和一期二级篮球裁判员培训班。六是积极组队参加上级赛事活动，包括组队参加在南宁举行的广西田径锦标赛，获 200 米丙组第六名、400 米女子丙组、女子组第七名、800 米女子已组第五名；参加在南宁举行的广西青少年围棋比赛，梁元浩获 B1 组第五名、廖泽毅获 A3 组第六名；组织中老年人队伍参加河池市太极拳剑比赛，获团体第五名；承办全国围棋甲级联赛广西华蓝队——四川骄子队赛事；承办全国部分城市第二十一届老年篮球赛，有来自上海、湖北、湖南、云南、广东及广西等省(市、区)20 个城市的 51 个代表队参赛。做好广西"全民健身工程"项目建设工作，做好乡镇农民体育健身工程建设(屏南乡体育健身中心)，村级篮球场建设(刘三姐乡马山塘屯、洛西镇枫木村、屏南乡板龙屯)，抓好市体育中心场馆维修改造工程工作。

【罗城县】 年内，罗城县举办了各式各样群众喜闻乐见的全民健身活动，全县"新春杯"篮球赛；供电公司"保安全、促和谐"篮球赛；"税企和谐杯"气排球邀请赛；全县庆"五．一"拔河比赛；金融系统气排球赛；第二届"安全生产杯"篮球赛和第一届"安全生产杯"气排球赛；第二届"先锋杯"篮球赛；"民族团结杯"乒乓球赛；"雪花啤酒杯"爱好者篮球赛；第二届"亚狮龙杯"羽毛球赛；"迎中秋、创文明、促和谐"家庭趣味体育项目比赛；首届"菱环杯"男、女篮球赛；首届"水利杯"乒乓球赛；"人口普查杯"气排球赛；"中国移动杯"羽毛球赛；首届"文明杯"气排球赛；全县教育系统教职工气排球赛。同时，承办在罗城县举行的河池市第二届供销系统运动会；在县城区举行有 34 支男女代表队 300 多名运动员参加的第二届广西体育节暨罗城县第四届城乡气排球赛；组队参加在天等县举行的第二届广西"拔群杯"篮球赛；承办在罗城县举行的河池市第六届"水利杯"运动会；承办在罗城县举行的河池市第三届普通高中生篮球赛；组队参加在金城江体育场举行的河池市少数民族传统体育项目比赛等。举办了一期青少年培训班，开设有篮球、羽毛球、乒乓球等项目的培训。利用中国体育彩票公益金及国家体育总局以及自治区体育局配套资金共 30 多万元，以及罗城县当地农民群众投工投劳、自愿捐资 40 多万元，完成农民体育健身工程 5 个村级篮球场建设。全县体育彩票总销售量 70 多万元。

【环江县】 年内，大力开展全民健身活动。元月下旬，举办城、乡"迎新春杯"篮球赛，全县动员 43 支干部职工篮球队和农民篮球队约 450 名运动员参与比赛，投入经费近 10 万元；3 月至 6 月，先后举办"三八节杯"和"爱好者杯"、"先锋杯"气排球赛，共计 96 支队伍 1072 人参与比赛，总投入约 13.3 万元比赛经费。全年举办老年人门球 46 场次，投入经费近 28 万元。举办分龙节龙舟赛，参赛队伍 63 队，共

1000名运动员，投入经费12万元。组织由欧家屯龙舟队为骨干组队40人的环江代表队，分别参加在玉林市举行的全区少数民族传统体育运动会和全区农民龙舟大赛。完成43个新农村篮球场建设，在建6个，配置篮球架62个，总投资168万元。县中心篮球场天棚工程主体建设于3月启动，年底完工，总投资120万元。全年体育彩票销售实现200万元。

【南丹县】 年内，广泛开展群体活动。春节期间在县城区举行乒乓球赛和门球比赛；3月上旬在县城区举行女子气排球比赛，共有46支代表队参加；组团参加在金城江举行的河池市第一届妇女运动会气排球、拔河、跳长绳、背篓投绣球等四个项目的比赛；4月下旬在县城区举行拔河、跳长绳比赛；南丹县籍运动员欧媛媛参加在石家庄举行的全国青年田径锦标赛，获得女子400米栏第一名；3月组团参加在金城江举行的河池市第一届妇女运动会气排球、拔河、跳长绳、背篓投绣球等四个项目的比赛；4月23日召开老年人体协代表大会，选举产生了新一届老年人体育协会班子，县政协副主席慕仕凡同志任主席；12月在县城区举办南丹县第一届老年人运动会，设有门球、太极拳、太极剑、健身操、体育舞蹈、飞镖投准等8个项目赛事；9月至11月，先后举行第二届广西体育节——南丹县系列活动赛事，包括跳长绳比赛、气排球大赛、参加在崇左市天等县举行的第二届广西"拔群杯"篮球赛以及组织有4支气排球队参加广西体育节河池市气排球总决赛、全县中小学生田径运动会。12月16日至18日南丹县水利电业公司举办第二届职工运动会，比赛项目设男子篮球、乒乓球、羽毛球、拔河等4个项目。做好村级体育场地、设施建设工作，兴建村级公共服务中心体育项目5个、农民体育健身工程村级篮球场项目8个。

【天峨县】 全民健身蓬勃发展，春节期间在县城区举行民族体育项目竞赛（游园）活动，共10个项目，4000多名群众参加；3月初，县文体局、县妇联联合举办"三·八"节女子气排球赛，共28支队伍参赛；5月初，县总工会、团县委、县文体局联合举办庆"五·一"、"五·四"男女气排球赛，24支队伍参赛；重阳节期间，县老龄办、县老干局、县文体局联合举办"健康杯"老年人系列体育活动，活动项目包括气排球、门球、乒乓球、象棋、麻将、大字牌等。完成天峨县第四届老年人体育协会换届选举工作，建立健全县、乡（镇）、村三级老体协组织，全县各乡镇、行政村均已建立老年人体育协会。做好村级公共服务中心建设工作，建成六排镇云榜村丘英屯、都隆村、岜暮乡森里村3个篮球场。全年完成即开型体育彩票销售额112万元，占全年任务数的106%。

【东兰县】 年内，先后举办东兰县第二届"财税杯"迎春篮球赛；中国电影表演学会"梦舟"明星篮球队情系老区"红色之旅"拔哥故乡行篮球友谊赛；东兰县中小学生篮球赛；组队参加在天等举行的广西第二届"拔群杯"篮球赛；美国青年男子篮球队与广西青年男子篮球队挑战赛；东兰·中国影视特型演员明星篮球俱乐部成立庆典系列活动；举行有遵义、崇左、百色、河池等四市及东巴凤三县男子篮球队参加的篮球邀请赛；组队参加广西万人气排球河池赛区决赛夺得第一名之后代表河池市参加广西万人气排球赛夺得第六名；组团参加河池市文化广播体育（新闻出版）系统首届运动会；组团参加广西体育节活动获得第二届广西体育节"特别贡献奖单位"称号。实施农民健身工程，村级篮球场建设基本完成34个；三石镇纳合村村级公共服务中心建设，综合楼、舞台、灯光球场建设已竣工交付使用，兰木乡纳核村、大同乡和龙村、武篆镇巴学村、长乐镇永模村、三弄瑶族乡双苏村等5个村级公共服务中心建设全面启动，拔群广场配备全民健身路径（体育健身设备）20多套落实到位，长乐镇农民健身工程项目和长乐镇定安村更统屯村级篮球场建设已完成80%工程量，武篆镇弄竹村弄

竹屯、切学乡切学村纳项屯、隘洞镇建开村纳建屯的村级篮球场已初步落实建设用地并已动工。

【巴马县】 年内，巴马瑶族自治县体育事业发展，围绕立足优势传统项目，抓好项目基地建设，进一步完善县民族中学射弩、射箭基地等基础设施建设主要建设任务来推进。一是积极组织开展春节、五一、六一、七一、国庆等节庆，全民健身活动，营造浓厚的体育健身氛围，引导全县干部群众自觉参加体育锻炼，推动全县全民健身活动的蓬勃开展。二是积极组举办各项比赛活动，组队代表河池市参加广西老年人地掷球比赛，女队获得第一名，男队获得第二名；组队参加全区青少年射箭锦标赛、第十一届少数民族运动会射弩项目参赛工作成绩喜人；射箭队代表河池市参加全区青少年射箭锦标赛，获得团体第四名，单项第二名3个，第三名3个，第四名1个，第五名3个，第六名2个；巴马射弩项目代表河池市参加广西第十一届少数民族传统体育运动会射弩项目比赛，分获1金1银2铜，此外，女子团体获得第三名、男子团体获得第四名。加强沟通协调，做好农民体育健身工程项目调查和申报工作，完成村级公共服务中心4个、村级篮球场36个(其中二、三、四类各10个、17个、9个)的农民体育健身工程申报工作。

【凤山县】 年内，全县体育体育活动广泛开展，先后举办"全民健身日"、第二届广西体育节凤山县系列活动；"三八"妇女节女子气排球赛；共有31个代表队250多名运动员参加；广西万人气排球大赛凤山赛区比赛；全县气排球甲、乙级联赛共有54个代表队400多名运动员参赛，以及"税务杯"气排球邀请赛、"电业安全杯"气排球邀请赛、"人普杯"气排球赛；全县"阳光杯"中学生篮球赛等。组队参加东兰·中国影视特型演员明星篮球俱乐部成立大会暨篮球友谊赛；组队参加广西"拔群杯"篮球赛和市文广新系统运动会；协办河池市"绿涛杯"气排球赛；组队参加河池市少数民族体育项目比赛，获民族陀螺团体第一名，陀螺项目比旋转第二、三、六名各1个。县体育馆项目建设获立项批复，落实建设用地18.3亩，开展地形测绘、地勘、施工图纸设计、三通一平、奠基仪式等各项前期工作顺利推进。全年实施村级公共服务中心建设项目3个，建设村级篮球场5个。

【都安县】 年内，全县体育工作，按照"树立新观念、明确新目标、落实新任务、实践新要求"的思路，狠抓各项任务的落实。一是着力抓好开展群众性体育活动。元旦、春节期间开展各类体育健身活动30多场次，群众参与近万人；3月，县文体局与县妇联和县总工会联合举办县城区"三八"气排球比赛；4月，举行"五·一"城区气排球、拔河比赛；5月，协助河池市新华系统在都安县城区举行的气排球比赛，县文体局、县财政局承办在都安县举行的河池市财政系统第六届运动会，比赛项目设有篮球、气排球、乒乓球、跳绳、扑克、象棋等，参赛选手近千人；6月，县水果局、县粮食局组队训练分别参加河池市"优果杯"、"储粮杯"气排球比赛；11月，组队参加河池市首届文广体新系统运动会，获第一名2个，第二名1个，第三名1个；7月，有残疾人游泳运动员石铁音、唐元、蒙子恩代表河池市参加全区第七届残疾人运动会，共获得7金6银2铜4个第五，破2项全区纪录。10月，组队参加河池市陀螺比赛男、女队分别获得团体冠军，组队参加河池市万人城乡气排球赛男子组获第四名、女子组获第五名。二是着重抓好体育设施建设。完成永安乡八达村、板岭乡板岭村、九渡乡九如村、地苏乡赞字村、龙湾乡中旧村、澄江乡红渡村、下坳乡板旺村、大兴乡九顿村等8个村级公共文化服务中心建任务；增设全民健身路径10套；争取上级拨款17万元资金，县教育局新建塑胶灯光篮球场及配套设施，县民族实验中学增设一批体育器材、健身路径、球场灯光及音响设备；县财政拨款0.5万元资金，修缮县民族体育馆。

【大化县】 年内，以新农村公共服务体系建设为主线，大力开展系列群众性体育活动。元旦期间举办气排球定级赛，参赛队有36个、运动员达400余人；“迎新年”羽毛球、乒乓球邀请赛、民族传统体育表演等，参加人数达5000多人；庆“三八”妇女节趣味性体育项目赛事活动；“五一”、“五四”羽毛球、乒乓球俱乐部公开赛；承办河池市纪检监察系统“清风杯”运动会和广西纪检监察系统“电教杯”运动会；举办“全县首届少数民族传统体育运动会”，来自全县16个乡镇、450名运动员参加了打尺子、射弩、打弹弓、踢毽子、板鞋竞速、投绣球、陀螺等7个项目的比赛；选拔并组队参加“2010年河池市少数民族传统体育项目——陀螺邀请赛”；组队代表河池参加“广西第二届‘红水河杯’绣排球赛”；组织开展民族中学、实验小学推广陀螺比赛、投绣球比赛、板鞋竞速、打尺子等民族体育活动；组织开展“乡村万人气排球大赛”和迎“国庆”群众趣味体育活动，以乡镇为单位，分16个赛区，以村(居)民委员会为单位组男、女各一队参加相应赛区比赛，选拔出参加县级赛区的比赛和参加河池市级的比赛，均夺得冠军，期间还穿插开展拔河、少数民族传统体育、农民趣味体育比赛活动等；举办“大化瑶族自治县第十二届‘红河杯’男子篮球赛”，共有16个乡镇16个代表队参赛；组织开展全县中小学生广播体操比赛和学生啦啦操、健美操大赛，全县共有46个中小学生体操队、35个学生啦啦操队、28个学生健美操队参赛，参赛学生数达1万人次；举办全县中小学生乒乓球大赛，共有36个代表，300多名选手参加。在县民族中学、职业中学、实验小学和七百弄、板升、雅龙等少数民族聚居的乡镇推行民族传统体育进校园工作，进行板鞋、投绣球、陀螺、打尺子等民族传统体育运动项目的培训和训练。组队分别参加“真龙杯”河池市业余羽毛球俱乐部争霸赛和“真龙杯”全区业余羽毛球俱乐部争霸赛的活动；组织15名运动员分别参加河池市和自治区举行的“乒临城下”中国联通乒乓球挑战赛；组队参加在天等县举行的广西“拔群杯”篮球赛；组队参加广西第二届万人气排球大赛；承办“广西大化红水河岩滩水电站库区千人垂钓大赛”，本次大赛被业内人士评价为“本年度全国最成功的四大垂钓赛事之一”，共有194个队、近千名选手参加比赛，其中云南、贵州、河南、广东、河北、湖北、江西等区外代表队29队，东盟国家的越南也有3个代表队参赛。做好农民体育健身工程建设，利用县级财政投入72万元兴建村级篮球场24个，60万元投入改造和建设乡镇体育健身中心3个。此外，耗资70万元配备5个村级公共服务中心的设施。

2011年

【金城江区】 年内，先后开展广泛系列大型群体活动及参加各项赛事：春节期间举办元宵节健步走和长跑比赛、乒乓球比赛、党政机关工会迎新春体育活动(项目设置有气排球、拔河、游园)、经贸系统气排球比赛。在五圩镇朝党村举行金城江区村级公共服务中心篮球比赛；庆“三八”趣味体育运动会，项目有踢毽子、三人板鞋竞速、抱三球往返5人接力赛、跳大绳四个项目；第八届金城江城区初中生篮球赛；金城江区直属机关第四届“先锋杯”气排球比赛；有来自党组织共59支男女代表队，运动员工作人员近800人参赛；城区气排球甲级联赛。年内，金城江区有杨光禄、蒙金成代表广西参加在贵州省贵阳市举行的第九届全国少数民族传统体育运动会上获打陀螺项目男子团体亚军佳绩；组织陀螺队参加中国南丹·丹文化旅游节陀螺邀请赛；组织少数民族传统体育队伍参加广西(河池)红水河民族体育欢乐节五人竞速板鞋比赛；完成广西第三届体育节金城江区全民健身活动系列及甲、乙级气排球、羽毛球、乒乓球、篮球、游泳、板鞋、拔河、广

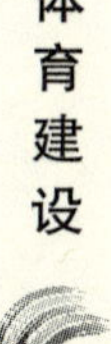

播操等形式多样的比赛，参与活动人数近万人；组队参加中国广西（河池）民族体育欢乐节”各项系列活动；协助市体育局举办中国广西（河池）民族体育欢乐节开幕式、闭幕式；组织民间传统体育特技项目“破网上刀山”参加开幕式展演；金城江区一中在开幕仪式上创大世界基尼斯之最——120 人的长板鞋竞走活动（板鞋拼接长 51.42 米，竞走距离 182.9 米）；先后组队参加广西“拔群杯”篮球赛、广西第三届万人气排球比赛、河池市第一届气排球比赛、河池市第三届老年人运动会；九圩镇的“破网上刀山”项目参加在南宁举行的第三届广西体育节民族传统体育技能大赛获得二等奖；金城江区体育局局长彭露英同志被评为“广西全区体育系统先进工作者”称号；金城江区财政局获“广西全区群众体育先进单位”称号；东江镇政府镇长兰军城同志被评为 2007—2010 年“广西全区群众体育先进个人”称号。在浙江省宁波市举行的全国青年举重锦标赛上金城江区东江镇籍运动员刁世金夺得了挺举（118 公斤）第二名、抓举（95 公斤）第三名、总成绩第二名的好成绩；在钦州市举行的广西第十二届运动会上运动员刁世金再创佳绩获得甲组 52 公斤级举重抓举（106 公斤）、挺举（115 公斤）、总成绩三项冠军，梁章木以挺举 114 公斤获乙组 50 公斤级比赛 1 枚金牌；在南宁市举行的广西青少年举重锦标赛上刁世金获得 3 枚金牌。年内有 12 个乡镇（街道）新成立老年人体育协会，各协会积极开展了丰富多彩的体育健身活动赛事。全年完成 8 个村级篮球场建设，项目总投入 52 万元，其中上级补助 22 万元，自筹及投工投劳折为 30 万元。争取到上级财政部门 20 万元“以奖代补”项目资金用于补助农村体育设施建设及配置体育设施器材等。全年中国体育彩票销售额 1287 万元。

【宜州市】 春节期间全市有 8 个乡镇组织开展春节篮球、足球、乒乓球、围棋、象棋、老年门球等 10 项体育比赛，此外，还邀请黑龙江、湖北、辽宁省以及区队运动员到宜州市献技。开展“三八节”气排球比赛。4 月，市教育部门推为动素质教育建设开展青少年体育比赛，成功举办宜州市中小学生体育运动会；积极配合广西电视台综艺频道从 6 月起开展的《铁腕王巅峰对决》电视宣传活动，并举行宜州市首届掰腕大赛；7 月，举办“毅峰车行杯”5＋1 足球赛；8 月，举行“第三届广西体育节”宜州全民健身活动启动仪式暨第 15 届篮球爱好者“德胜酒杯”篮球赛、第二十三届白龙杯足球赛；9 月至 10 月，举办第六届“中源房地产杯”中老年篮球赛；11 月，组队参加在西双版纳市举行的第二十二届全国部分城市老年篮球赛，宜州市男队和女队均荣获第三名；组织民族体育队伍参加第十三届广西体育节民族体育展示项目获得一等奖一名，三等奖一名；组队参加在乐业县举行的广西“拔群杯”篮球赛获第六名；组织宜州市围棋代表队参加广西首届围棋甲级联赛获得冠军；组织青少年科技航模队伍参加自治区航模比赛分别获得 2 个第一名、1 个第二名、2 个第三名。宜州市体育馆建设工程获得立项。

【罗城仫佬族自治县】 年内，罗城县举办了各式各样群众喜闻乐见的全民健身活动，全县庆“五·一”拔河比赛；“马可波罗杯”爱好者篮球赛；第三届广西体育节罗城羽毛球、乒乓球比赛；首届爱好者气排球大赛；罗城县第六届卫生系统运动会；罗城县钓鱼大赛等活动。组队先后参加在都安县举行的河池市纪检监察系统“清风杯”运动会获篮球、往返接力第二名，板鞋、乒乓球第三名；河池市卫生系统运动会；河池市交通系统运动会；承办在罗城举行的广西老年人乒乓球比赛；参加河池市邮政系统气排球赛；举行第三届广西体育节启动仪式暨罗城县第五届城乡气排球赛，县四家班子主要领导参加了启动仪式，全县党政机关、企事业单位、厂矿、学校等单位组队参加，共有 22 支男女代表队、运动员有 200 多名分成单位组和混合组进行比赛，期间举行篮球、乒乓球、羽毛球和钓鱼比赛等活动；参加忻城气排球邀请赛获得男子第二名；参加在金城江体育场举行的中国广西（河池）红水河民族体育欢乐节，获男子五人板鞋竞速第一名，女子五人板鞋竞速第二名，2100米5人板鞋接力第六名；参加在乐业县举行的第三届广西“拔群杯”篮球赛；承办在罗城县举行的河池市老干部局职工气排球赛；组队参加在金城江举行的河池市第一届气排球大赛。举办第二期青少年培训班（开设了篮球、羽毛球、乒乓球等项目），以及举办国家三级社会体育指导员培训班，共60名学员参加了培训。年内，在南宁召开的全区体育工作会议上，命名罗城县为“广西全民健身示范县”（河池唯一县）；在钦州市举行的第十二届广西运动会的表彰会上，罗城县财政局获得“全区群众体育先进单位”、何广国获得“全区群众体育先进个人”表彰；罗城仫佬族自治县青少年业余体育运动学校获得“全区体育系统集体二等功”，也是河池市唯一获得此荣誉的单位。罗城县利用中国体育彩票公益金及国家体育总局以及自治区体育局配套资金共43.9多万元，以及罗城县当地农民群众投工投劳、自愿捐资50多万元，完成农民体育健身工程7个村级篮球场建设。全年罗城县体育彩票总销售量140多万元，超额完成了上级下达的销售任务。

【环江毛南族自治县】 年内，大力开展群众性体育活动和系列比赛取得良好成绩；举办“迎春杯”篮球赛，参赛队16支，进行47场次，观众达1.5万人次；“三八”节举行全县“国税杯”女子气排球赛，参赛队61支进行282场次；举办全县职工团员青年运动会，项目为气排球、拔河、乒乓球，其中气排球男子组42支、女子组36支、乒乓球16支、拔河26支；协助市体育局举办第四届（冠名“哈勃太阳能杯”）市际龙舟邀请赛，南宁、柳州、桂林、百色和广西民族大学等42支龙舟队参赛；举办全县“爱好者杯”气排球赛，男子组31支、女子组36支，进行了210场次比赛；举办“清大活水杯”篮球联赛，参赛队20支，进行121场次比赛；举办全县性小型足球赛。组队先后参加中国广西（河池）民族体育“欢乐节”民族体育项目比赛；参加河池市第一届“玉动车辆杯”游泳比赛，获金牌2枚、银牌2枚、铜牌2枚，总成绩列全市第一；参加河池市第三届老年人门球赛获男子组第一名、女子组第三名；组织农民代表队参加在柳州市举行的“水上狂欢节”国际龙舟赛；女子篮球代表队赴乐业县参加广西第三届“拔群杯”篮球赛；协助自治区老年体协承办在环江县城区举行的“广西环江杯首届少数民族门球赛暨冠军邀请赛”；组织老年人门球代表队赴忻城县参加广西老年人门球协会举办的老年人门球赛；举办全县第五届教职工篮球赛，参赛队伍男子组24支、女子组20支，进行151场次比赛；举办县气排球大联赛和县干部职工气排球大联赛，参赛队29支。参加上一级技术人员培训班活动，篮球二级裁判员2人，气排球12人、社会体育指导员103人，其中一级3人、二级10人、三级90人参加了培训。加强体育基础设施建设，县城区一座简易室内篮球场馆建设竣工投入使用；首批村级文体公共服务中心（内含1个篮球场）5个建设点竣工，河池市新农村公共服务中心建设经验现场交流会在大才乡新坡村召开；全年建成篮球场23个（其中普通球场19个，灯光球场3个），新设健身路径1套；截至年底，环江全县共设有篮球场365个，灯光99个，羽毛球馆2个，乒乓球馆1个、训练馆1个、健身路径4套，村级活动室15个、乡级活动室12个、村级室内运动馆2个、有看台球场5个、门球场8个、室内门球场1个；年内新设5个体彩销售点，全县实现体育彩票销售额200万元。

【南丹县】 春节期间举行迎春门球和乒乓球赛，3月，举行女子跳长绳、拔河、板鞋竞速等项目比赛。4月，举行职工拔河赛；承办河池市供

销系统运动会，项目设气排球、乒乓球、羽毛球等。5月，举行南丹文化旅游节全国陀螺邀请赛，来自全国八个省（自治区）、市的14支代表队参加。6月，举办万名党员庆“七·一”气排球大赛，各乡镇党委、县直各单位党总支、支部组队参加了比赛。成立南丹县气排球协会；8月，县气排球协会举办全区气排球邀请赛暨河池市友好俱乐部第二届常规联赛，来自南宁市、桂林市、百色市及河池市各县、市、区共50支男、女气排球队参加。9月，承办第三届广西纪检监察宣教干部“电教杯”气排球赛，共18个代表队参加比赛；承办河池市物价系统运动会，该运动会比赛项目共设气排球、三人板鞋竞速、乒乓球团体、羽毛球团体、钓鱼等。10月，举办中、小学生篮球赛，11个乡镇、县直各中小学的男、女篮球代表队参加了比赛；11月，组队（男队）参加在百色市乐业县举行的第三届广西“拔群杯”篮球赛；12月，举办县计生系统职工气排球赛，各乡镇计生所和县局机关共13支球队参加比赛；组队（男、女队）参加在金城江举行的河池市首届气排球大赛。年内，举办全县社会体育指导员培训班，共有45人参加了培训学习。在城乡风貌改造活动中，对体育场和体育馆进行维修，共计投资108万元。全年在6个村兴建村级公共服务中心、在4个村兴建篮球场，共计10个建设项目。

【天峨县】 1月，举办庆元旦、迎新春“林朵杯”运动会；春节期间，在县人民会堂广场举办民族体育游园活动，内容有打陀螺、高杆绣球、飞镖等11个项目，参加活动人数3500多人次；“三八”妇女节期间，县妇联、县文体局联合举办千人妇女登山比赛活动；6月，县文体局、县安监局联合举办安全生产宣传月“安康杯”男女混合气排球比赛；6月下旬举办庆祝中国共产党建党90周年运动会，比赛项目有男子篮球、女子篮球和乒乓球等；8月份，举办广西第三届体育节天峨赛区“红牛杯”气排球赛。实施自治区农村体育基础设施建设项目2个，投资7万元，建成岜暮乡大甲村、下老九区移民点等2个村级篮球场；县财政投入17万元建成八达移民点篮球场一个。全年完成体育彩票销售额209万元，其中即开型体育彩票62万元，电彩147万元，新增竞彩店1个。

【东兰县】 年内，组织东兰·中国影视特型演员明星篮球俱乐部篮球代表队到大连等地进行篮球友谊赛。春节期间，全县14个乡镇共有63个行政村在春节期间开展篮球、乒乓球、拔河等项目的体育活动，举办东兰县第三届“财税杯”篮球赛；3月，举办2011·东兰山地户外运动邀请赛，来自美国、英国、瑞士、俄罗斯、塞拉利昂、老挝、澳大利亚、斯里兰卡、泰国、韩国及中国等国家8支代表队60名运动员参加，赛程总长40公里，竞赛线路包括柏油公路，沙石道路，洞穴暗河等，贯穿韦国清故居、武篆魁星楼、列宁岩、武篆江平等地，竞赛项目主要包括越野跑、山地自行车、洞穴漂流、户外绳索技能等，比赛结果，广西融安远足外部落获得男子组第一名，三和户外俱乐部队获得混合组第一名。4月至5月分别举办东兰县中小学生篮球赛。6月，举办东兰县职工气排球联赛。7月至8月份，利用暑假时间在县城区举办一期少年篮球训练班，共有50名男女运动员参加培训。8月8日举办第三届广西体育节东兰县系列活动启动仪式暨篮球赛活动，县四家班子领导都参加启动仪式和篮球赛，9月，在金城江举行中国广西（河池）民族体育欢乐节，东兰县组织20面铜鼓参加开幕式展演和14名运动员参加陀螺、板鞋比赛。10月，举办2011年全县职工气排球赛，有64个代表队近600人参赛；组织东兰县男女篮球代表队进行系统训练，之组队参加广西“拔群杯”篮球赛。村级公共服务中心建设工程进入扫尾工作，兰木乡纳核村、武篆镇巴学村、三弄瑶族乡双苏村、大同乡和龙村、长乐镇永模村等5个村级公共服务中心建设工程已经竣工，目前正在组织验收；东兰镇田洞村、三石镇巴造村、长江乡兰阳村、隘洞镇坡拉村等4个村级公共服务中心建设工程已完成90%；长乐镇灯光球场建设工程基本完成，已完成切学乡切学村、隘洞镇建开村、武篆镇弄竹村等3个村级篮球场建设任务。

【巴马瑶族自治县】 年内，紧紧围绕《全民健身计划纲要》积极开展各种体育健身活动。1月，举行社区杯健身操大赛；举行篮球、挑重物、拔河等比赛项目的迎春体育运动会。2月至3月，开展“迎新”系列活动。8月，在县城区举行第四届社区杯篮球赛。10月，由中国摩托YES网站、中国摩托YES车友会主办，巴马车友会承办的“2011年摩托车YES全国车友会第八届年会暨摩托车文化旅游节”在巴马城东广场举行，本次活动以“弘扬机车文化倡导时尚旅游感受长寿巴马”为主题，活动内容有车队巡游、车友自由交流、拍卖会、摩托车特技表演等，有全国摩托车爱好者、户外活动爱好者、游客和城区民众等参加活动，人数达万人。10月，组织少数民族传统体育项目参加“广西体育节——河池市红水河民族体育欢乐节”活动。11月，组织射箭队代表河池市参加全区运动会比赛和组织篮球队参加广西“拔群杯”篮球赛。12月，组队参加河池市首届气排球比赛；射箭队代表河池市参加广西壮族自治区第十二届运动会比赛，获得2金3银3铜的好成绩。

【凤山县】 年内，先后举办第二届广西体育节凤山县系列活动、“三八”妇女节气排球赛、职工运动会、广西万人气排球大赛凤山赛区比赛、县文体局首届运动会等赛事。凤山高中举办第二届田径运动会。组队参加广西“拔群杯”篮球赛、参加广西河池“民族体育欢乐节”表演及比赛。举办三级社会体育指导员培训班。12月15日，凤山县体育馆建设项目正式开始动工，项目占地12200平方米，建筑面积7831.6平方米，座位2480个，停车位57个，预计总投资3500万元。完成年度村级公共服务中心建设3个，建成村级篮球场2个。体育彩票年销售量达185万元。

【都安瑶族自治县】 年内，全县群众体育和赛事活动红红火火。元旦、春节期间，全县各乡镇、各行业开展各类体育健身活动20多场次，群众参与近万人。3月，举办“三．八”妇女节拔河比赛，共有34支代表队参加；协助举办河池市纪检监察系统第四届“清风杯”体育运动会，竞赛项目有气排球、乒乓球、三人板鞋、羽毛球、运球接力跑、拔河、中国象棋。举办庆“五一”职工气排球比赛有55个代表队参加；协助高速公路管理局举办中交华北第二届篮球赛。12月，举行县文体系统第二届职工运动会；组队参加由河池体育局主办广西河池市玉动车辆有限公司协办的河池市第一届“玉动车辆杯”游泳比赛。运动员卢春桃荣获100米自由泳、300米自由泳两个第四名。年内，组队参加由河池市人民政府、自治区体育局、自治区民委主办的“中国广西（河池）红水河民族体育欢乐节”，项目有喇叭球展演、五人制板鞋、白裤瑶打陀螺赛等，获女子打陀螺团体赛第四名，男子个人打陀螺第七、八名；组队参加在百色市乐业县举行2011年广西“拔群杯”篮球比赛女队获得第七名；组队参加河池市第一届气排球大赛获男子组第五名；本县残疾人游泳运动员石铁音、唐元，代表广西参加在浙江绍兴举行的第八届全国残运会获得较好成绩。加强体育设施建设，完成下坳乡吉隆村、大兴乡林堂村、澄江乡合建村、菁盛乡地州村、拉烈乡三表村、地苏乡上江村等6个村级公共服务中心建设工程项目，并通过验收后交付使用。完成东庙乡农民体育健身工程建设。地苏大定村增添3个篮球场配套体育器材。选送曾郅周（高岭籍运动员）到广西体育运动学校参加武术散打学习训练。都安县被评为广西体育彩票“销售百万元县”。

【大化瑶族自治县】 春节期间，各乡镇、单位举办篮球、气排球、乒乓球、羽毛球等体育活

动。3 月 1 日至 6 日县文体局与县妇联共同举办迎“三八”妇女节气排球比赛，共有 38 支代表队参赛。4 月 11 日至 21 日举办第二届气排球甲级联赛，共有 16 支球队参赛。4 月 22 日至 28 日县文体局与县总工会共同举办庆“五一”体育运动会，项目有气排球、乒乓球，其中气排球比赛有 43 个代表队参赛，乒乓球比赛有 23 个代表队参赛。举办大化瑶族自治县迎“七一”羽毛球比赛，混合团体 8 队、混双 8 队、男双 12 队参赛。8 月 8 日举办“第三届广西体育节”大化县系列活动启动仪式暨三人制男子篮球比赛。10 月 14 日至 18 日举办“第三届广西体育节”大化县系列活动，其中县第二届气排球乙级联赛有 40 个队参加。9 月 3 日至 5 日举办第三届广西体育节暨中国·东盟大化红水河岩滩水电站库区千人垂钓大赛，有 202 个队 808 人参赛，越南有 5 个代表队参赛，广东、河南、云南等省市有组队来参加，大化的知名度、美誉度，得到进一步提高。实施农民体育健身基础设施工程，建成村级公共服务中心 4 个、总投资 120 万元，筹措经费 90 万元，建设村屯级篮球场 25 个。

来 宾 市

全市体育工作综述

2010年

2010年来宾市体育局在市委、市政府的正确领导下，在自治区体育局正确领导和大力支持下，积极开展"工作落实年""争先创优"和推进宣传文化事业发展的活动，努力克服各种困难，狠抓工作落实，全局干部职工以良好的精神面貌和饱满的工作热情开拓创新、解放思想、勤奋工作，为推进来宾市体育事业的发展作出了成绩，很好地完成了全年各项工作任务。来宾市培养输送的运动员陆永获第十六届广州亚运会男子举重85公斤级金牌一枚，实现了金牌大满贯，为国家、广西、来宾市争得了荣誉。

2011年

2011年来宾市体育局在市委、市政府的正确领导下，在自治区体育局的指导下，对全年的工作进行了认真的研究和精心的部署，把握工作重点，拓宽工作思路，深化体育改革，狠抓工作落实，保障了各项工作的有序推进，取得了较好的成效，荣获集体二等功、获2011年全区体育系统先进单位、2007—2010年全区群众体育先进单位、竞技体育突出贡献奖、第十二届全区运动会体育道德风尚奖、输送奖、2010年度来宾市扶持乡镇科学发展突出贡献奖。

群众体育

2010年

【成功承办自治区青少年女子篮球锦标赛】 自治区青少年女子篮球锦标赛于8月3日至8日在来宾市举行。来宾市委、市政府对该项工作高度重视，要求把比赛办成全区优质赛事。为确保高质量地做好赛事筹备组织工作，来宾市体育局领导班子成立了一把手为组长的筹备工作领导小组，来宾市体育局领导班子成员分别负责竞赛、安保、宣传、接待等方面的工作。赛区食宿安排坚持舒适、安全标准，安全防范全天候监控，而且入住地方距赛场均不到400米路程。整个比赛日程安排合理，竞赛设施优良，赛场秩序井然，赛区各项工作受到了自治区体育局、自治区球类运动管理中心各位领导以及全体参赛运动员、教练员、裁判员、工作人员的一致好评。

【举办各类群众体育活动】 2月，来宾市启动了"农家展风采、城乡共和谐"来宾市第二届农民运动会篮球比赛开赛仪式之后，利用近一年的时间，全市724个行政村724支农民篮球队分期分批到市区进行篮球比赛，推动了来宾市农村体育的普遍开展；承办了广西桥牌协会举办的广西"裕达杯"桥牌比赛，组队参加此项比赛取得第五名；组织开展来宾市第二届农民运动会田径比赛；组织来宾市全民健身项目展示大赛。全市各体育协会、健身俱乐部开展了健美操、太极拳、太极剑、龙狮表演、瑜伽、中华响扇、山地自行车表演、轮滑表演等活动。成功承办第二届广西"红水河杯"绣排球大赛；组队

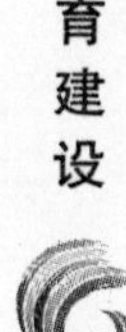

参加广西全国体育先进县农民篮球大赛、全民千万中小学生广播操大赛、第六届全区啦啦操和健美操大赛、全区体育传统项目学校篮球赛、广西男子篮球联赛(GBL)、环北部湾自行车公路接力赛、全区门球运动会、“真龙杯”第二届广西城乡万人气排球赛、“真龙杯”全区业余羽毛球俱乐部比赛、全国百城“奥林匹克主席杯”自行车接力赛。协助来宾市中级法院、市统计局、市扶贫办、市直机关工委、水利局、农机局、畜牧水产局、气象局、联通公司等十几个部门,举办了行业系统运动会,取得了良好的社会效果。

2011 年

【在全区体育工作会上作典型发言】 来宾市近年来群众体育工作成绩突出,在 4 月 1 日召开全区体育工作会议上,来宾市被指定为第一个发言典型单位,来宾市体育局局长莫成介绍了来宾市在创建全国全民健身示范城市的经验体会。4 月 18 日至 20 日,全区群众体育工作现场会在来宾市召开。来宾市又作为第一个典型发言,在会上作经验介绍。

【积极开展创城活动】 为进一步发展全民健身事业,广泛开展全民健身运动,提高全市各族群众身体素质和健康水平,加快创建“全国全民健身示范城市”工作的开展。根据市委、市政府的工作部署,来宾市体育局拟定了《来宾市全民健身计划(2011—2015 年)》上报市政府,经市人民政府常务会议审议通过,正式颁发了《来宾市人民政府关于印发来宾市全民健身实施计划(2011——2015)》的通知并在全市范围内贯彻落实。

【积极开展对外交流活动】 为进一步展示来宾市农民体育健儿的风采,扩大来宾市的知名度和影响力,努力为来宾市争取到更多的项目和资金,来宾市的农民体育健儿 6 月 21 日至 23 日,在市委、市政府和自治区体育局主要领导带领下,赴首都北京进行“广西·来宾农民体育健身北京行”活动,向国家体育总局汇报工作,同时与国家体育总局机关队、北京体育大学教工队、北京市昌平区农民篮球队进行篮球友谊赛。

【积极承办行业运动会】 年内,充分发挥部门的职能作用,热情服务,全年共协助市总工会、妇联、人社局、水利局、环保局、工管委等 20 多个部门举办系统运动会,得到了各部门的一致好评。

【广泛开展全民健身活动】 利用第三届广西体育节来宾系列活动为契机,广泛开展全民健身活动,共举行“全民健身展示”活动、“民族体育趣味竞技”比赛、农民篮球大赛、“联通杯乒临城下”乒乓球比赛、“五粮醇”全区气排球大奖赛来宾赛区比赛、全区高水平篮球大奖赛、全区万村农民篮球大赛、“红水河杯”全区绣排球大赛、全区家庭趣味体育对抗赛等赛事。

【积极组队参加第九届全国少数民族体育运动会】 来宾市民族体育竞技项目“高脚马”和民族体育表演项目“破竹”代表广西组队参加 9 月在贵州举行的第九届全国少数民族体育运动会获 1 个二等奖、一个三等奖。

【积极做好宣传工作】 9 月 28 日,全国、全区主流媒体“全民健身八桂行”到来宾采访,对来宾市创建全国全民健身示范城市和农村体育工作进行先进典型的深度报道,宣传和提升来宾市城市形象及影响力。

竞技体育

2010 年

【来宾籍运动员参加国际国内比赛成绩优异】 年内,来宾籍奥运冠军举重运动员陆永在夺得奥运金牌、世界锦标赛金牌、全国运动会金牌后,在今年广州市举办的亚运会上参加了 85 公斤级别的比赛,以抓举 173 公斤、挺举 203 公斤、总成绩 376 公斤的优异成绩夺得金牌,实现金牌大满贯,为国家、广西、来宾市争得了荣誉。残疾人运动员李宗山代表中国参加在广州市举办的第十六届亚洲残疾人运动会上经顽强拼搏，取得了男子反曲弓射箭团体赛一枚金牌的优异成绩。游泳运动员邓建斌4月份代表广西参加全国在广东湛江市举办的蹼泳锦标赛，共取得了50米、100米的两枚金牌。两名运动员代表广西参加全国在安徽合肥举办的女子柔道比赛，取得了一个第五名一个第七名的好成绩。举重运动员谢家武获得了今年8月在新加坡举办的世界青少年奥运会的比赛资格和入场券，经过顽强拼搏，取得了一枚银牌的成绩。

【组队参加全国、全区群众体育比赛获佳绩】 年内，精心组建来宾市残疾人体育代表团参加广西第七届残疾人运动会暨广西第二届特殊奥林匹克运动会，运动员通过刻苦训练顽强拼搏共取得了8枚金牌的优异成绩。组建来宾市少数民族传统体育代表团参加在玉林市举办的广西第十二届少数民族传统体育运动会，共夺得表演项目的金奖和1个第三名，高脚马竞速夺得了一枚金牌和一枚银牌的好成绩。来宾市的自行车代表队在参加全国奥林匹克主席杯百城自行车运动竞赛中，共取得了一枚银牌和一枚铜牌。

【参加自治区年度锦标赛获得佳绩】 全区锦标赛于7月至8月举行，来宾市精心组织12个项目14支队伍，运动员235人(其中自费人数55人)，领队、教练30人，共265人参赛，经全体教练员共同努力、运动员顽强拼搏，共夺得金牌24枚、银牌20枚、铜牌30枚的成绩，共有3人达到一级运动员水平和31人达到二级运动员水平。

2011年

【国内外大赛成绩优异】 年内，来宾市培养输送的奥运冠军陆永参加了在安徽合肥举办的亚洲杯举重锦标赛上，共取得了抓举、挺举、总成绩共3枚金牌；来宾市忻城籍运动员蓝宇雯8月18日至20日在广州举行的世界大学生运动会上获射击比赛3枚金牌；来宾市运动员邓建斌参加了在湛江市举行的全国蹼泳锦标赛上，共取得了50米、100米、200米蹼泳的3枚金牌。

【全区第十二届运动会有新的突破】 广西第十二届体育运动会于11月6日至16日在钦州市举行，来宾市参加篮球、田径、举重等11个大项的比赛，市代表团取得23枚金牌、19枚银牌、18枚铜牌，荣获金牌榜第八名，比上届第九名前进一位；代表团荣获体育道德风尚奖、竞技体育突出贡献奖、输送奖，取得了运动成绩和精神文明的双丰收。

体育基础设施建设

2010年

【首批乡镇级农民体育健身工程建成完工】 来宾市“三求”文化惠农工程继续向纵深发展，在全市首批14个乡镇建成一个带有500个座位看台的混凝土标准灯光球场、一个2000m2以上的健身广场、健身广场安装全民健身路径一套(不少于10件)、室外乒乓球桌2张的乡镇级农民体育健身工程。

2011年

【大力推进体育基础场地建设】 年内，继续推进“三求”惠农工程，加大体育基础设施建设。积极向上级争取到体育彩票“雪炭工程”建设项目一个，总投资200万元；20套全民健身路径，总投资240万元；建设国家级乡镇农民体育健身工程3个、总投资90万元，村级篮球场的建设项目23个、总投资115万元；由自治区体育局和来宾市政府合作建设的“广西(来宾)红水河健身示范长廊”工程实施方案已上报自治区体育局并通过审批，总投资100万元；综合健身馆维修改造资金30万元，以上项目资金已全部到位，项目正在抓紧推进之中。截至年底来宾市体育馆和综合训练馆59个，田径

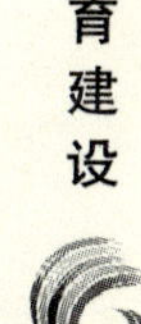

场 60 个，体育休闲小广场 35 个，篮球场 1775 个，羽毛球场 40 片，气排球场 53 个，足球场 12 个，健身路径 130 个，网球场 6 个，门球场 48 个，游泳池 6 个。国家高水平体育后备人才基地 1 个，省优秀运动队后备人才训练基地 3 个。体育社团 12 个，各级社会体育指导员 493 人。

体育人才队伍建设

2010 年

【开展青少年运动员注册工作】 精心组织，规范实施，严格按各项规定办理来宾市青少年运动员参加广西青少年运动员注册工作。共有 413 名运动员成功注册，为备战全区十二届运动会打下良好基础，顺利完成预定任务，注册运动员比上一年度多 290 名。

【组织教练员参加各级培训班学习】 为提高教练员的执教能力，积极推荐和组织教练员参加各级培训班学习，以达到提高和更新教练员的专业知识。2010 年共有 17 人次参加全区举办的各类教练员培训班学习。

【建立健全全市教练员档案和各项考核制度】 为了进一步加强全市教练员队伍管理，公正、客观地反映教练员的工作业绩，正确评价教练员的思想素质、业务能力，充分调动广大教练员的积极性，为国家选拔、培养、输送更多更好的优秀体育后备人才，参考自治区《全区业余体校教练员考核评比办法》，结合来宾市的实际，制定了《来宾市全市业余体校教练员考核评比办法（草案）》和《来宾市业余体校教练员考核评分细则》。

【进一步规范裁判员、运动员队伍的管理】 年内，全市有 14 人参加自治区体育局举办的一级裁判员学习班，其中有 7 人通过考试，被授予一级裁判员称号，先后审批了 10 名二级裁判员和审批 31 名二级运动员。通过网上公示的形式，进一步规范了管理，健全了制度，促进了来宾市竞技体育的依法行政、依法管理工作的进程。

【来宾市业余体校培养体育人才】 来宾市业余体校从柳州搬迁到来宾市与来宾市实验中心联合办学取得成功。通过全校教职员工的努力工作，学校的招生、训练工作得到了较顺利的开展。全年来宾市共向自治区体校、自治区体工队输送 17 名尖子运动员。

2011 年

【建立完善业余训练网点】 成立“来宾市业余训练督查小组”，由局长亲自抓，分管副局长具体抓。特别抓好尖子苗子的培养、训练和输送工作，目前全市在训业余运动员 700 多人，今年向自治区体校、各中心输送 8 名运动员。

【进一步规范裁判员、运动员队伍的管理】 年内，加强对运动员，裁判员的等级审核申报工作，授予了黄柳等 12 名运动员为国家二级运动员的称号；授予二级裁判员 30 人。

崇　左　市

全市体育工作综述

2010 年

2010 年，崇左市体育局认真贯彻落实《全民健身条例》，广泛开展全民健身活动，群众体育取得良好成绩，积极备战和参加广西青少年体育锦标赛，竞技体育水平不断提高。年内，举办了崇左市第二届少数民族运动会、全市干部职工乒乓球比赛、“明仕杯”中越钓鱼友谊赛暨广西名人邀请赛；举办 2010 年广西“拔群杯”篮球赛，来自南宁、百色、河池、崇左 4 个市（革命老区）共 27 个县（市、区）41 支男、女篮球队的 603 名运动员参加比赛，天等县男女代表队分别获得男、女队冠军；组队参加在玉林举行的广西第十二届少数民族传统体育运动会，获得了 3 金 6 银 6 铜；组队参加 2010 年全区青少年锦标赛。共取得 5 金、19 银、15 铜；龙州县举重运动员在厦门举行的全国举重分龄赛中获 1 枚银牌和 2 枚铜牌。

贯彻落实《全民健身条例》，广泛开展群众体育活动。积极开展市本级各项群众体育活动。1 月 19 日上午，举行崇左市机关干部职工迎春健步走活动，市领导与市直机关干部职工 2000 人参加。3 月份举办崇左市首届妇女运动会，项目有气排球、健身操、集体跳绳三个项目，来自市直及各县（市、区）共 5 百多人次参加运动会；完成市乒乓球协会挂牌仪式，市长黄克、市政协主席蒙结等市领导出席挂牌仪式。4 月份与市民委共同举办崇左市第二届少数民族运动会，设陀螺、绣球、板鞋竞速、高脚马、射弩 5 个项目，市直及各县（市、区）近 4 百名运动员参加；协助市人大在天等县举办第二届人大系统运动会，运动会设篮球、乒乓球、气排球、拔河四个项目；协助市司法局承办全区“公正杯”司法系统气排球比赛；协助市纪委承办区纪委系统西南片气排球比赛；协助市住建委举办第五届“建设杯”气排球比赛。5 月份，举办全市干部职工乒乓球比赛，来自市直及各县（市、区）130 多名男女运动员参加；协助市委办举办党委系统第二届运动会，运动会设篮球、气排球、乒乓球、象棋、扑克（拖拉机）5 个项目；在天等县协助举办市财税系统首届运动会，运动会设篮球、气排球、乒乓球、羽毛球 4 个项目，全市财税系统共 6 百多运动员参加本届运动会。办好广西第二届体育节开展全民健身日系列活动，8 月 8 日举办了全民健身干部职工健步走；指导各县市区开展体育节群众体育活动，提高覆盖面和群众参与程度。协助举办“明仕杯”中越钓鱼友谊赛。9 月 25 日至 26 日，协助自治区体育局在大新县举办“明仕杯”中越钓鱼友谊赛暨广西名人邀请赛。来自广西、越南及台湾地区共 120 多名顶尖级钓鱼能手参加了此次比赛。

组队参加自治区各种运动会。组队参加广西第十二届少数民族运动会，我市 43 名运动员参加了珍珠球、射弩、陀螺、绣球、板鞋竞速、高脚竞速 6 个项目的比赛，获得了 3 金 6 银 6 铜的好成绩；组队参加广西第七届残疾人运动会，我市参加田径、游泳、乒乓球、举重、篮球、飞镖 6 个项目比赛，参赛运动员 45 名，荣获 3 金、6 银、6 铜的好成绩。

各县（市、区）纷纷开展丰富多彩的群众体育活动。大新县春节期间举办“万村农民篮球赛”，参赛乡（镇）村屯篮球队 65 队，参赛农民 680 多名，观众 3 万多人次；天等县 4 月份举办

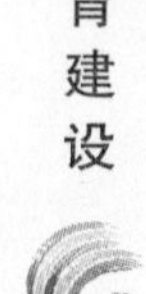

第五届体育运动会，全县共有46个代表队参加，运动员达1380人，比赛场面激烈、精彩，极大调动了全县群众参与体育活动的热情；凭祥市为纪念中越建成交60周年，与越南开展了凭祥中越青少年足球友谊赛、谅山中越足球友谊赛、"宏达杯"（中国凭祥—越南谅山）中国象棋友谊对抗赛等三场体育比赛交流活动，增进中越两国人民传统友谊。

成功举办2010年广西"拔群杯"篮球赛活动。本届广西"拔群杯"篮球赛由自治区体育局和中共崇左市委、崇左市人民政府主办，由中共天等县委、天等县人民政府、崇左市体育局承办，来自南宁、百色、河池、崇左4个市（革命老区）共27个县（市、区）41支男、女篮球队的603名运动员参加比赛。9月8日在天等县举行开幕式，9月9日至12日在6个分赛区进行小组比赛，9月13日至16日在天等县进行决赛。经过9天的激烈比赛，东道主天等县男女代表队分别获得男、女队冠军。自治区人大常委会副主任文明出席开幕式并宣布篮球赛开幕，自治区人大常委会原副主任、广西革命老区建设促进会会长韦继松出席闭幕式并致辞。新华社广西分社、广西日报、广西电视台等近30家中央、自治区、市、县级新闻媒体争相报道开幕式和赛事。2010年广西拔群杯篮球赛取得圆满成功。

加强业余训练指导，提高竞技体育水平。备战广西青少年单项锦标赛，组织各参赛队加强训练。组队参加7月至8月举行的全区青少年锦标赛。我市参加男女举重、摔跤、乒乓球、跆拳道、拳击、射击、游泳、武术、男篮、田径等13个项目的比赛，共取得5金、19银、15铜、4个第四、5个第五、1个第七名、3个第八的成绩。龙州县举重运动员在厦门举行的全国举重分龄赛中获1枚银牌和2枚铜牌。

认真抓好业余体校管理工作。市民族体校新建和改造了学生食堂、校办公室等基础设施。共开设篮球、射击、举重、跆拳4个训练项目，在校学生40多名。按照要求做好市体校事业单位机构改革相关工作，推动了体校工作的稳步开展。全年共向上级体育部门输送运动员3人：举重运动员黄丽曼、苏干峰（广西体校），武术运动员邱添（广西体校）。

狠抓项目建设，不断完善体育基础设施。做好崇左市体育活动中心建设前期工作。委托广西建筑科学研究设计院完成了项目建议书、编制项目可行性研究报告、修建性详细规划设计等初稿编制，市发改委已经立项，市土地、规划"两委"会议已经明确项目用地；抓好全市为民办实事6个农村社会公共服务中心（体育）项目，每个点24万元，共144万元。全部工程年内完工；认真抓好农民体育健身工程项目。经过努力，争取到自治区体育局安排给我市的农民体育健身工程项目乡镇级7个共140万元，村级篮球场项目49个共117万元，全部工程年内完工。全市加快了体育项目建设进度，年内完成了全市体育固定资产投资任务1亿元任务。

2011年

2011年，崇左市认真贯彻落实《全民健身条例》，广泛开展全民健身活动，群众体育取得良好成绩，积极备战和参加广西第十二届运动会，竞技体育水平不断提高。年内，举办了崇左市第一届中小学生民族传统体育运动会；举办广西领导干部乒乓球邀请赛，有4名省部级和35名厅级领导参加；举办了全市社会体育指导员培训班，提升了体育社会指导水平。积极备战和组队参加广西第十二届运动会。参加青少年组射击等10个项目的比赛。共取得28枚奖牌，奖牌数超上届13枚。建设乡镇篮球场6个，村级篮球场115个，全民健身路径8条，共投入建设资金670万元。体育固定资产投资工作，完成了1.6亿元，超额宴完成上级下达的任务，我局荣获广西体育系统2011年落实固定资产投资工作一等奖。全市体育彩票年销售额1992万元，比上年增加755万元，增长61%，增幅排全区14个地市首位。崇左市体育局荣获2011年全区全民健身优秀组织奖，扶南东亚糖业公司、江州区左州镇政府荣获2011年全区全民健身先进单位；全市6个单位、7位同志荣获2007至2011年度广西群众体育先进单位和先进个人称号。凭祥市文体局被评为全区体育系统先进集体，吴谦等3人评为全区体育系统先进工作者。

广泛开展全民健身活动。年初举办了市直单位迎新春健步走活动暨广场趣味健身活动，市四家班子领导、市直各单位干部职工和武警、驻地部队官兵共2000多人参加了活动；举办广西首届“五粮醇”气排球赛崇左赛区比赛，共18支队伍参赛；与市妇联共同举办迎“三．八”女子气排球比赛，市直26个单位，280多名妇女干部职工参加比赛；4月举办崇左市领导干部“真龙杯”乒乓球赛，市领导蒙结、卢阳春以及38名本市副处级以上领导干部参加了比赛；协助市发改委在扶绥县举办崇左市发改委系统首届运动会；组队参加在玉林举行的广西农民象棋比赛，荣获男子团体第一，男子快棋第一的好成绩；5月份协助市政协在江州区举办崇左市政协系统第五届运动会，运动会设篮球、气排球、乒乓球、羽毛球、象棋、扑克等共8个项目，共437名运动员参赛；7月份协助法院系统在扶绥县举行法院系统第五届运动会，运动会设篮球、气排球、乒乓球、羽毛球、田径等五个项目，全市法院系统350多人次参加。与联通公司举办第二届全市乒临城下乒乓球比赛，市政协主席蒙结以及来自全市共130多名运动员参赛；9月协助举办了崇左市第五届检察系统运动会，组织参加了广西领导干部网球赛。8月8日，我市在行政中心广场举行第三届广西体育节崇左全民健身活动开幕式暨“全民健身日”万人健步走活动，市四家班子领导以及2000多名市直机关、江州区干部职工和群众出席开幕仪式并参加健步走活动，拉开了广西体育节崇左系列活动序幕。多项市、县(市、区)级赛事活动以及基层体育活动陆续开展。10月28日至29日在崇左市举行广西领导干部夫妻混合乒乓球邀请赛，共有18对夫妻参赛；10月30日在大新县举行广西领导干部乒乓球邀请赛，有4名省部级和35名厅级领导参加；11月16日至17日，协助市委组织部在天等县举办全市组织系统“党建杯”气排球比赛，共有各县(市、区)市直10支队伍参加比赛；11月22至27日，扶绥、天等、龙州、宁明、凭祥5个县市组队参加在百色市乐业县举办的广西“拔群杯”篮球赛，获得女子组第三名。积极举办和参加上述赛事，有力推动了本市全民健身活动的开展。学校体育工作方面，与市教育局、团市委联合下发了《崇左市开展百万学生冬季长跑活动方案》，要求各级各类学校从1月30日至4月30日组织学生开展以“阳光体育与健康同行”为主题的长跑活动。10月18日至19日，与市教育局、市民委、团市委联合在扶绥县举办了崇左市第一届中小学生民族传统体育运动会，共设大象拔河、三人板鞋竞速、高杆投绣球、背篓绣球、踢毽子、跳绳、两人三足跑、负重拉力赛等8个比赛项目，近1155名运动员参加了比赛。各县(市、区)也纷纷举办各种群众体育活动。宁明县4月15日举办“2011年国际(崇左)花山文化节”抢花炮、划龙船等活动；凭祥市5月14日举办了第二届“中国凭祥－越南谅山”中国象棋友谊对抗赛；江州区驮卢镇6月6日举办了龙舟邀请赛。江州区举办了职工运动会、第一届中小学生运动会。在社会体育指导员队伍建设方面，我局举办了一期全市社会体育指导员培训班，培训人员60人，学员反映良好。大新县文体局等6个单位，罗顺宁等7位同志荣获2007至2011年度广西群众体育先进单位和先进个人称号，市体育局、扶南东亚糖业公司、江州区左州镇政府荣获2011年全区全民健身优秀组织奖和先进单位。

以参加区运会为重点，做好竞技体育工作。广西第十二届运动会于11月6日至16日在钦州市举行，我市体育代表团共166人参加，由市委常委、宣传部部长、副市长冯学军担任团长，参加青少年组篮球、射击、网球、体操、游泳、拳击、乒乓球、武术、举重、跆拳道等10个项目的比赛。共取得8金(3＋5)，9银，11铜共28枚奖牌的好成绩，奖牌数超上届13枚。

认真抓好全市业余训练工作。 督促各县(市、区)业余体校尽快恢复项目训练,目前龙州县业余体校已经恢复摔跤项目的训练;扶绥县业余体校已经恢复游泳及拳击两个项目的训练。各级业余体校篮球、乒乓球、跆拳道、射击、举重、拳击、游泳、羽毛球等项目训练正常。加强对市民族体校的管理,对校舍饭堂等基础设施建设,新装修了学生宿舍、购置办公桌和添置田径器材一批,实现学生宿舍全封闭。目前市体校共开设田径、篮球、射击、举重、跆拳道等5个项目训练,在校生68人。

抓好裁判员、教练员队伍培训工作。 选调裁判员担任各系统开展体育竞赛活动;选派基层体校的教练员参加上级体育部门举办的业务培训班,全年共选派25人次。举办了1次全市篮球裁判员培训班,邀请了自治区篮球协会副主席、裁判委员会主任张景海教授亲临授课,全市共80名篮球裁判员参加听课,进一步提高了我市篮球裁判员整体水平。

狠抓体育项目建设和固定资产投资工作,夯实基础设施。 抓好重大体育项目的前期工作。崇左市体育活动中心项目正在办理可研、修建性详规的评审、用地划拨手续;大新明仕田园体育休闲基地项目,已经列入自治区户外休闲健身基地命名资助项目正在加快建设;龙州、凭祥、宁明等体育馆项目也在加快筹建当中;积极做好乡(镇)、村级篮球场等体育基础设施建设工作。全市共建设乡镇篮球场6个,村级篮球场115个,全民健身路径8条,共投入建设资金670万元。其中:国家级农民体育健身工程乡镇篮球场1个,自治区下达的村级公共服务中心篮球场、城乡风貌改造工程篮球场、农民体育健身工程村级篮球场74个项目全面完成;做好体育固定资产投资工作。体育局与各县(市、区)文体局签订了体育固定资产投资目标责任书,将目标任务逐一分解、明确,加强督查,做好统计上报工作。全年完成体育固定资产投资1.6亿元。

群众体育

2010年

【举办崇左市首届妇女运动会】 3月23日,举办崇左市首届妇女运动会,项目有气排球、健身操、集体跳绳三个项目,来自市直及各县(市、区)共750多人次参加运动会。

【崇左市乒乓球协会挂牌仪式】 3月25日,崇左市乒乓球协会举行挂牌仪式,市长黄克、市政协主席蒙结等市领导出席挂牌仪式。市乒乓球协会的成立,为全市乒乓球爱好者提供一个交流平台。

【举办崇左市第二届少数民族运动会】 4月12日,举办崇左市第二届少数民族运动会,运动会份举办,设陀螺、绣球、板鞋竞速、高脚马、射弩5个项目,市直及各县(市、区)近4百名运动员参加。

【举行崇左市干部职工乒乓球比赛】 5月13日,举行崇左市干部职工"德达·友谊茗城杯"乒乓球比赛,市委书记、市人大常委会主任赵乐秦,市政协主席蒙结寺领导出席开幕式。这次比赛是市乒乓球协会成立后开展的第一场赛事。比赛分公开组男子单打、女子单打和领导干部组男子单打、女子单打,近150名运动员参加比赛。

【第二届广西体育节崇左市全民健身活动】 8月8日,全国"全民健身日"和第二届"广西体育节",在市行政中心广场举行"第二届广西体育节开幕仪式"崇左市全民健身活动启动仪式,并在全市同步举行万人健步走活动。从8月8日至9月28日,各县(市、区)开展一系列的全民健身活动。

【参加广西第十二届少数民族传统体育运动会】 崇左市组队参加11月18日在玉林举行的广西第十二届少数民族传统体育运动会,43

名运动员参加了珍珠球、射弩、陀螺、绣球、板鞋竞速、高脚竞速6个项目的比赛，获得了3金6银6铜的好成绩。

【举办“明仕杯”中越钓鱼友谊赛】 9月25日至26日，协助自治区体育局在大新县举办“明仕杯”中越钓鱼友谊赛暨广西名人邀请赛。来自广西、越南及台湾地区共120多名顶尖级钓鱼能手参加了此次比赛。

【广西第二届城乡万人气排球赛】 11月份，举办“真龙杯”广西第二届城乡万人气排球赛崇左赛区决赛，各县（市、区）及市直共53支代表队530多名运动员参加三个组别五个项目的比赛，并组队参加自治区总决赛，获女子街道乡镇组第二名崇左。

【举办广西“拔群杯”篮球赛活动】 广西“拔群杯”篮球赛由自治区体育局和中共崇左市委、崇左市人民政府主办，由中共天等县委、天等县人民政府、崇左市体育局承办，来自南宁、百色、河池、崇左4个市（革命老区）共27个县（市、区）41支男、女篮球队的603名运动员参加比赛。9月8日在天等县举行开幕式，9月9日至12日在6个分赛区进行小组比赛，9月13日至16日在天等县进行决赛。经过9天的激烈比赛，东道主天等县男女代表队分别获得男、女队冠军。自治区人大常委会副主任文明出席开幕式并宣布篮球赛开幕，自治区人大常委会原副主任、广西革命老区建设促进会会长韦继松出席闭幕式并致辞。新华社广西分社、广西日报、广西电视台等近30家中央、自治区、市、县级新闻媒体报道了开幕式和赛事。

2011年

【市直单位迎新春健步走活动暨广场趣味健身活动】 1月14日，举办市直单位迎新春健步走活动暨广场趣味健身活动，除健步走，同时举行板鞋竞速、抛绣球、自行车慢行、二人三足跑、夹球跑和拔河等6项趣味健身活动，市四家班子领导、市直各单位干部职工和武警、驻地部队官兵共2000多人参加了活动。

【崇左市领导干部“真龙杯”乒乓球赛】 4月6日，由崇左市领导干部乒乓球协会主办、广西中烟工业有限责任公司承办的崇左市领导干部“真龙杯”乒乓球比赛在市直机关乒乓球室举行。市领导蒙结、卢阳春、唐玉玲，以及来自市直和区直、中直驻崇单位爱好乒乓球运动的副处级以上领导干部38人参加了比赛。

【崇左市第一届中小学生民族传统体育运动会】 崇左市第一届中小学生民族传统体育运动会于10月18日上午在扶绥县第二中学运动场举行。运动会共设有高杆绣球、背篓绣球、大象拔河、三人板鞋、两人三足跑、负重接力赛、踢毽子、跳绳等八个传统民族体育项目，来自扶绥县、大新县、天等县、宁明县、龙州县、凭祥市、江州区七支代表队共1000多名运动员参加了运动会比赛，展现我市中小学生良好体育精神风貌。

【参加广西农民象棋比赛】 年内，组队参加4月份在玉林举行的广西农民象棋比赛，荣获男子团体第一，男子快棋第一的好成绩。

【第二届“乒临城下”乒乓球比赛】 年内，与中国联通公司举办第二届全市“乒临城下”乒乓球比赛，市政协主席蒙结以及来自全市共130多名运动员参赛。

【第三届广西体育节崇左全民健身活动】 8月8日，在行政中心广场举行第三届广西体育节崇左全民健身活动开幕式暨“全民健身日”万人健步走活动，市四家班子领导以及2000多名市直机关、江州区干部职工和群众出席开幕仪式并参加健步走活动，拉开了广西体育节崇左系列活动序幕。

【广西领导干部乒乓球邀请赛】 10月30日在大新县举行广西领导干部乒乓球的邀请赛，有4名省部级和35名厅级领导参加。

【广西首届“五粮醇”气排球大奖赛崇左赛区比赛】 2月19日至20日，广西首届“五粮醇”气

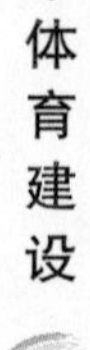

排球大奖赛崇左赛区比赛在江州区体育馆举行，市螺香街代表队、宣传口联队等25支队伍参加了比赛。经过两天的角逐，环保联队、宣传口代表队、翔浩俱乐部龙队分别获得第1、第2、第3名。这一赛事由自治区体育局、广西翠屏就业有限公司主办，广西社会体育运动发展中心、崇左市体育局、江州区文体局承办。

【举办了全市社会体育指导员培训班】 年内，崇左市体育局举办了一期全市社会体育指导员培训班，培训人员60人，学员反映良好。

竞技体育

2010年

【参加全区青少年锦标赛】 年内，组队参加7月至8月份举行的全区青少年锦标赛。参加男女举重、摔跤、乒乓球、跆拳道、拳击、射击、游泳、武术、男篮、田径等13个项目的比赛，共取得5金、19银、15铜、4个第四、5个第五、1个第七名、3个第八的成绩。

【抓好业余训练工作】 年内，全市向上级体育部门输送3人：举重运动员黄丽曼、苏干峰(广西体校)，武术运动员邱添(广西体校)。龙州县举重运动员在厦门举行的全国举重分龄赛中获1枚银牌和2枚铜牌。市民族体育运动学校新建和改造了学生食堂、校办公室等基础设施。共开设篮球、射击、举重、跆拳4个训练项目，在校学生40多名。

【参加广西第七届残疾人运动会】 7月13日，组队参加广西第七届残疾人运动会，参加田径、游泳、乒乓球、举重、篮球、飞镖6个项目比赛，参赛运动员45名，荣获3金、6银、6铜的成绩。

2011年

【参加广西第十二届运动会】 广西第十二届运动会于11月6日至16日在钦州市举行，崇左市体育代表团共166人参加，由市委常委、宣传部部长、副市长冯学军担任团长，参加青少年组篮球、射击、网球、体操、游泳、拳击、乒乓球、武术、举重、跆拳道等10个项目的比赛。共取得8金(3+5)，9银，11铜共28枚奖牌的好成绩，奖牌数超上届13枚。

【抓好业余训练工作】 龙州县业余体校恢复摔跤项目的训练，扶绥县业余体校已经恢复游泳及拳击两个项目的训练。各级业余体校篮球、乒乓球、跆拳道、射击、举重、拳击、游泳、羽毛球等项目训练正常。

【举办全市篮球裁判员培训班】 年内，举办了一期全市篮球裁判员培训班，邀请了自治区篮球协会副主席、裁判委员会主任张景海教授亲临授课，全市共80名篮球裁判员参加培训，进一步提高了篮球裁判员整体水平。

体育产业

2010年

【体育彩票销售】 年内，完成了自治区体育局部署的体育彩票销售管理改革工作，设立了体育彩票销售分中心。崇左市共有33个体育彩票销售网点，比上年增加30个。全年体育彩票销售总额1237.13万元，比上年增加855.55万元。

2011年

【体育彩票销售】 全年销售体育彩票1992.66万元，比上年增加755.53万元，增幅61.07%，增幅居全区14个地市之首。销售网点保有47个，全年净增网点14个，完成14台增机的任务。

体育基础设施建设

2010年

【崇左市体育活动中心前期规划】 年内，委托广西建筑科学研究设计院完成了项目建议书、编制项目可行性研究报告、修建性详细规划设计等初稿编制，市发改委已经立项，市土地、规划“两委”会议已经明确项目用地279亩。

【为民办实事“6个村级公共服务中心(体育)工程”】 年内，6个村级公共服务中心(体育)工程列入全市为民办实事项目，共投入144万元建设资金在6个县(区)完成6个篮球场建设任务，分别是天等县天等镇四维村、扶绥县渠镇碧计村、江州区江州镇卜驮村、龙州县武德乡武德、宁明县城中镇纳利村、大新县硕龙镇隘江村村。

【农民体育健身工程项目】 自治区下达本市的农民体育健身工程项目乡镇级篮球场7个共140万元、村级篮球场49个共117万元，按照要求组织实施，全部工程按时完工。

【城乡风貌改造二期工程篮球场】 自治区城乡风貌改造二期工程扶绥县楞投屯、宁明县速楞屯、凭祥市坤隆屯等12个示范村屯篮球场，每个投入2万元共24万元，全部完成建设任务。

【农村社会公共服务中心(文化)篮球场项目】 自治区下达的农村社会公共服务中心(文化)篮球场项目，14个篮球场工程，每个投入2万元共28万元，全部完成建设任务。

【体育系统固定资产投资】 年内，全市体育系统共新开工建设项目100个投资10711.64万元，续建项目2个投资795万元，共完成11506.64万元。其中：市本级255万元：扶绥县1781.44万元；大新县1777万元；天等县3209万元；宁明县2110万元；龙州县1178万元；凭祥市723.2万元；江州区473万元。

2011年

【乡镇、村级篮球场建设】 年内，全市共建设乡镇篮球场6个，村级篮球场115个，全民健身路径8条，共投入建设资金670万元。其中：国家级农民体育健身工程乡镇篮球场1个，自治区下达的村级公共服务中心篮球场、城乡风貌改造工程篮球场、农民体育健身工程村级篮球场74个项目全面完成。

【体育固定资产投资工作】 全年完成了1.6亿元的体育固定资产投资任务，崇左市体育局荣获广西体育系统落实固定资产投资工作一等奖。

县域体育

2010年

【江州区】 4月12日至14日，组队参加崇左市第二届少数民族传统体育运动会，获运动会团体总分第一名，包揽了15个项目的冠军。

【龙州县】 春节期间，举办第五届“鸿渐乌龙茶杯”迎春男子足球比赛。来自南宁、宁明、凭祥和我县各届足球爱好者共9支球队参赛。

【宁明县】 4月9日至10日，举办宁明县首届花山民族民俗风情节，组织举办抢花炮、板鞋竞速、顶竹杠等传统体育竞技项目，参与活动的群众达30000多人次。

【天等县】 4月，举办天等县第五届体育运动会，全县共有46个代表队参加，运动员达1380人，比赛场面激烈、精彩，极大调动了全县群众参与体育活动的热情。

【大新县】 年内，组织舞狮代表队参加崇左市举办的“闹元宵”舞狮比赛，荣获第一名，为大新县争得了荣誉。

【扶绥县】 年内，扶绥县东门镇政府和东门南华糖业有限公司荣获2005—2008年全国群众体育先进单位”荣誉称号。

【凭祥市】 凭祥市和越南先后举办了2010年中越建交60周年青少年足球友谊赛(凭祥—谅山)、中越建交60周年足球友谊赛(谅山—凭祥)、庆祝中越建交60周年“宏达杯”(中国

凭祥—越南谅山）中国象棋友谊对抗赛、庆祝中越建交60周年（越南谅山—中国广西凭祥）中国象棋友谊对抗赛等4场体育比赛（交流）活动。

2011年

【江州区】 11月23日，崇左市江州区第一届中小学生运动会在崇左市体育活动中心开幕，比赛包括跳高、跳远、接力赛等田径竞赛项目和背篓绣球、三人板鞋、两人三足跑等民族体育竞赛项目，辖区23个中小学的600多名运动员参加了比赛。

【龙州县】 4月21日至24日在玉林市举办2011年广西农民象棋比赛中，龙州县棋手夺得男子单打第一名和男子团体第一名，为龙州争了光。

【宁明县】 为庆祝“3·8”妇女节，宁明县“信用杯”妇女领导干部气排球赛于3月2日—3日在县综合训练馆举办。共有县八大战线口、13个乡镇、派阳山林场、3个华侨农场等22支代表队200多名女运动员参赛，共吸引3000多人次观众到场观看。

【天等县】 1月16日至18日，由中国队、美国队、澳大利亚队、新西兰队参加的国际青年男篮四国赛在天等县举办。美国队以三战全胜获得第一名，新西兰队、中国队、澳大利亚队分获第二、第三、第四名。天等人民在自己的家门口，欣赏到了世界级高水平的篮球赛，同时全方位、多角度地宣传了天等县，也让天等县积累了举办高水平体育比赛的经验。

【大新县】 4月22日，大新县“新锰杯”自行车越野赛在明仕田园景区举行。来自广西各地的车友及大新县自行车运动爱好者68人参加比赛。比赛分为男子组和女子组。男子组赛程为35公里，有48名选手参赛。女子组赛程为21公里，有20名选手参赛。经过激烈角逐，来自玉林的裍振妮、凭祥的刘日玲和桂平的李月季分别夺得女子组的前三名。男子组第一名和第二名分别由来自南宁的黄世腾和覃家庆夺得，来自来宾的罗幸夺得第三名。

【扶绥县】 12月8日晚，扶绥县第八届“甜蜜杯”农民篮球赛在县体育馆开幕，来至全县11个乡镇的22支农民男女篮球队共268名球员参加比赛，比赛于12月12日晚结束。渠黎镇获得女子组冠军，中东镇获得女子组亚军。男子组冠亚军则被新宁镇和中东镇分别获得。

【凭祥市】 年内，凭祥市职工运动会在凭祥市工人文化宫举行，比赛项目有气排球、乒乓球比、围棋、羽毛球、中国象棋赛等，700多职工参加了比赛。

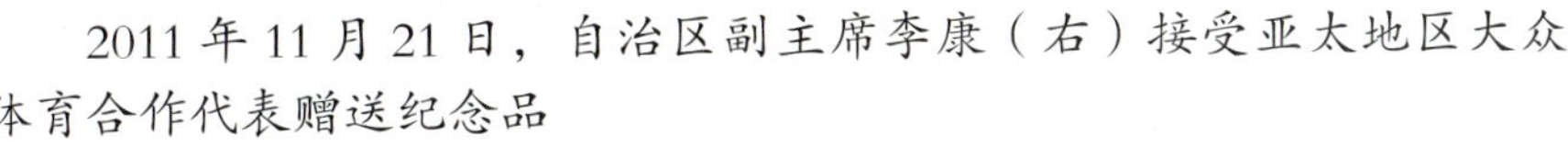
2011年11月21日，自治区副主席李康（右）接受亚太地区大众体育合作代表赠送纪念品

2011年12月15日，广西优秀运动队与企业战略合作协议签约仪式

2010年3月4日，全区体育工作会议在南宁举行

2010年5月17日，亚洲及太平洋地区群众体育工作会议年会在安徽省合肥市举行

2011年11月21日，亚洲及大洋洲地区大众体育合作发展论坛暨中国—东盟大众体育合作论坛在南宁举行

2011 年 12 月 14 日，广西体育局与广西建行战略合作协议签字仪式在南宁举行

2010年6月17日，自治区体育局党建活动动员会

2011年3月1日，全区体育局长会议在南宁召开

2011 年 7 月 1 日，自治区体育局庆祝建党 90 周年纪念表彰大会

2010 年 3 月 2 日，自治区体育局党风廉政建设和反腐败工作会议

2011年12月31日，中共广西体育局直属机关委员会第六次党员代表大会在江南训练基地举行

体育规章文件

2010 年

广西壮族自治区人民政府关于表彰参加第十六届亚洲运动会有功人员的决定

桂政发[2010]95 号

各市、县人民政府，自治区农垦局，自治区人民政府各组成部门、各直属机构：

在广州举办的第十六届亚洲运动会上，我区运动员不畏强手、

顽强拼搏，取得了优异成绩，为广西赢得了荣誉。为表彰先进，自治区人民政府决定：

一、授予劳义、陆永、马欢欢、王毅、王莹等5位运动员“自治区劳动模范”称号。

二、授予陈文忠、陶闯、林军等3位教练员“自治区先进工作者”称号。

三、给予广西田径运动队记集体一等功1次。

四、给予运动员梁秋萍、黄美才及教练员田玉梅、黄云权各记一等功1次。

五、给予运动员杜建超记二等功1次。

六、给予运动员张子山、邓森悦、米忠礼、潘岳鸿及其教练曾尚义、周晓兰各记三等功1次。

希望接受表彰的运动员、教练员谦虚谨慎，戒骄戒躁，珍惜荣誉，再接再厉，力争在今后的比赛中再创佳绩，为重振广西体育雄风作出新的贡献。全区广大体育工作者、各行各业的干部职工要以他们为榜样，在各自的岗位上努力工作，为建设富裕文明和谐新广西，实现富民强桂新跨越而努力奋斗。

二〇一〇年十二月二十四日

关于印发《广西壮族自治区优秀运动队运动员、教练员参加年度比赛奖励办法》的通知

桂体字[2010]17 号

自治区体育局直属相关单位：

现将《广西壮族自治区优秀运动队运动员、教练员参加比赛奖励实施办法》印发给你们，请遵照执行。

广西壮族自治区体育局
广西壮族自治区人力资源和社会保障厅
共青团广西壮族自治区委员会
二〇一〇年二月二十四日

广西壮族自治区优秀运动队运动员、教练员参加年度比赛奖励办法

为促进我区体育事业健康、持续发展，重振广西体育雄风，充分调动广太运动员、教练员以及相关人员的积极性，激励他们刻苦训练、顽强拼搏，努力提高竞技运动水平，攀登竞技体育新高峰。根据人事部、财政部、国家体育总局《关于印发体育运动员贯彻〈事业单位工作人员收入分配制度改革方案〉的实施意见的通知》(国人部发[2006]129 号)以及国家体育总局《关于印发〈运动员教练员奖励实施办法〉的通知》(体人[1996]314 号)精神，结合我区优秀运动队的实际，特制定如下奖励实施办法。

一、奖助的实施范围

(一)本办法适用于我区体育系统优秀运动队的运动员、教练员以及相关人员。

(二)比赛奖励名次是由国家体育总局确定的全国比赛竞赛规程规定的奖励名次。

(三)年度比赛是指：

1. 全国比赛由国家体育总局主办的全国锦标赛、全国冠军赛、全国青年锦标(冠军)赛、全国青少年锦标(冠军)赛。

2. 世界青年锦标赛。

3. 亚洲青年锦标赛。

二、运动员奖励

(一)运动员名次奖：

1. 运动员在全国比赛中取得全运会项目获奖名次，执行全运会项目的奖金标准；取得非全运会项目获奖名次，执行非全运会项目奖金标准。集体项目的非主力队员，按主力队员奖金标准的 60%执行。具体发放标准详见附表。

2. 运动员在同一个年度内获得多个奖励名次的，其奖金可累计计算。

3. 经自治区体育局批准签订交流协议，注册代表外省市的运动员，按有关规则实行双计分制的运动员获得的奖励名次可按本办法执行，未经自治区体育局批准交流到外省市的运动员不予奖励。

(二)运动员破纪录奖：

1. 运动员破奥运会比赛项目的全国纪录，执行奥运项目全国比赛第一名奖金标准的发放；破非奥运会比赛项目的全国纪录，执行非奥运项目全国比赛第一名奖金标准的发放。

2. 运动员在比赛中创世界纪录或亚洲纪录的，按世界比赛或亚洲比赛第一名奖金标准的 60%执行。

3. 运动员每多破一项纪录，分别按该破纪录奖金标准增发一份奖金。

4. 运动员获得奖励名次的同时破纪录的，

其奖金分别按奖励名次、破纪录两项奖金标准之和发放。

三、教练员奖励

(一)教练员所培训的运动员获得奖励名次或破纪录的,该教练员获得的培训成绩奖金标准与所培训的运动员奖金标准相同,其中个人项目的教练员按培训成绩奖金标准的一份评奖;团体(组)项目的教练员按培训成绩奖金标准的二份评奖;集体项目的教练员按培训成绩奖金标准的三份评奖。

(二)教练员所培训的运动员在同一次比赛中获得奖励名次或破一项从上纪录以及获得奖励名次同时破纪录的,该教练员的评奖标准和办法与运动员相同。

(三)在教练员的培训成绩奖金数额内,要根据培训该运动员的时间和实际贡献,具体评发现任主管教练员和其他有关教练员的奖金。

1. 运动员(队)取得获奖名次或破纪录时,现任主管教练的培训成绩奖,根据其对运动员直接连续培训的时间确定[直接连续培训运动员(队)的时间按该运动员(队)取得获奖名次之日向前推算],培训时间不足半年的,其奖金不超过所培训运动员获奖名次(含破纪录,下同)奖金标准的40%;达半年不足一年的,其奖金为所培训运动员奖金标准的60%;达一年不足二年的,其奖金为所培训运动员奖金标准的80%;二满年及其以上的,其奖金与所培训运动员奖金标准相同。

2. 在一份培训成绩奖金内,只有现任主管教练的,奖金按100%执行;有现任主管教练和助理教练的,分配比例分别按60%和40%评发。

3. 带队训练的总教练、副总教练除按其所培训的运动员的成绩获得成绩培训奖之外,分别另加全队主教练奖金平均数的130%、120%;不带队的总教练、副总教练按全队主教练奖金平均数的130%、120%发放。

4. 领队的奖金为全队主教练培训成绩奖金的平均数的70%;

副领队为领队奖金的80%;舞蹈老师的奖金为全队主教练培训成绩奖金平均数的80%。

四、年度训练奖

(一)对在该年度内未取得任何奖励名次且平时训练中能按要求完成训练计划、训练刻苦的运动员,发给年度训练奖。

(二)对未获得全国及其以上比赛各名次奖的运动员(队)的教练员,能够按照要求完成训练计划教学大纲,使运动员的运动水平比上一年有一定提高的,发给年度训练奖。

(三)年度训练奖按奥运会项目全国第八名奖金标准的50%发放。

五、相关人员奖励

对直接为运动员取得优异成绩作出贡献的相关有功人员,按运动员、教练员及领队年度比赛奖金总额的15%给予奖励。

六、输送成绩奖励

各类体校向上一级优秀运动队输送的运动员(集体项目的主力队员)在全国大赛中取得前三名的,输送单位的主管教练直接连续培训该运动员的时间达一年以上的,可享受输送成绩奖(时间按该运动员取得获奖名次当年向后推算四年为准),其中第一年可享受该运动员奖金标准的100%;第二年为80%;第三年为60%;第四年为40%培。训时间不足一年的,不享受输送成绩奖。

七、奖励的审批

获得全国比赛奖励名次和破全国纪录的运动员、教练员的奖金,由运动员、教练员所在单位填写《运动员、教练员奖金审批表》经人事部门审核,报自治区体育局审批。

八、奖励奖金的来源

广西壮族自治区优秀运动员、教练员参加年度比赛所需奖励资金,由自治区体育局纳人本单位年度部门预算统筹解决。

九、纪律和监督

运动员、教练员因政治思想、道德作风、遵纪守法等方面出现问题或受到处分的、由运动员、教练员所在单位提出处理意见,经自治区体育局审批,应酌情减发奖金数额50-70%,情节严重的应取消全部奖励,已发给个人的奖

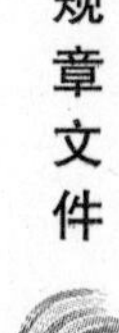

金由发放的单位全额追回。

十、其他

(一)本办法所称的破纪录须经国家体育总局核准。

(二)在个人项目比赛中,既排列了个人奖励名次,又以个人比赛成绩累计加分重复计算出的积分排名名次,一般不作为获奖名次评奖。

十一、本办法自 2010 年 1 月 1 日起实行,自实行之日起,《关于印发广西壮族自治区运动员、教练员奖励实施办法的通知》(桂体字[1996]121 号文)停止执行。

十二、本办法由自治区体育局、自治区人力资源和社会保障厅、自治区财政厅负责解释。

附表:

奖金标准表

单位(元)

比赛层次 \ 名次		一	二	三	四	五	六	七	八
全运会项目全国比赛		15000	8000	6000	4000	3500	3000	2500	2000
非全运会项目全国比赛		8000	4500	2500	2000	1600	1400	1200	1000
世界青年锦标赛	奥运	6000	4000	3000	2400	2000	1600	1400	1200
	非奥	4000	2500	2000	1600	1400	1200	1000	800
亚洲、全国青年锦标赛	奥运	4000	2500	2000	1600	1400	1200	1000	800
	非奥	3000	2000	1500	1200	1000	800	700	600
全国少年锦标赛	奥运	2000	1600	1200	1000	900	800	700	600
	非奥	1500	1000	800	600	500	450	400	350

自治区体育局教育厅共青团广西区委关于向北京奥运会冠军陆永同志学习的决定

桂体字[2010]33号

各市体育局、教育局、团委，各高校：

在举世瞩目的2008年北京奥运会中，我区侗族运动员陆永顽强拼搏，克服干扰，以抓举180斤公斤、挺举214斤公斤、总成绩394公斤夺取男子举重85公斤级冠军，实现了我国在举重大级别项目上的重大突破，向世界展示了我国运动员精湛的运动技能和良好的道德风尚，展示了新世纪中华民族自强不息、积极进取、奋发有为的朝气和活力，为祖国和人民赢得了荣誉。随后，2009年10月26日、11月26日，他又稳拿第十一届全运会和世锦赛85公斤级别举重冠军。2009年12月9日，在第五届东亚运动会男子举重85公斤级比赛中，奥运冠军陆勇毫无悬念摘得金牌，并以170公斤创抓举赛会纪录。陆永同志是祖国人民的骄傲，也是广西人民的骄傲，更是广西青年的骄傲，是全区体育工作者和青年团员学习的榜样。陆永同志先进事迹充分体现了新时期广西青年人的精神面貌和优良作风，具有鲜明的时代特征。广西体育系统呼唤千百个像陆永这样的优秀运动员，建设富裕文明和谐新广西需要千千万万个像陆永这样的模范人物。为弘扬陆勇同志精神，进一步推动我区体育、教育和共青团事业科学发展、和谐发展、跨越发展，自治区体育局、自治区教育厅、共青团广西区委决定在全区体育、教育系统和共青团组织深入开展学习陆永先进事迹活动。

一、要学习陆永为国争光的爱国精神

陆永的成长过程充满挫折和和挑战，少年时期的经历造就他今天吃苦耐劳的性格。由于伤病等原因，陆永曾几次进出国家队，面对运动生涯不尽如人意，他从不放弃，正如他所说的"我要坚持，我不能让大家失望，我要成为奥运冠军"。这种无比坚韧的意志，自强不息的信念始终贯穿陆永的奋斗历程。我们要学习他在任何情况下，尤其在逆境中，永远胸怀祖国，为家乡争光，为民族争光，为国家争光的爱国精神，以祖国和人民的利益为重，"仰望星空，脚踏实地"，从我做起，从现在做起，从身边的事做起，再创重振广西体育雄风的新辉煌。

二、要学习陆永永不放弃的拼搏精神

汗水孕育成功，拼搏铸就辉煌，能够在奥运会上争夺奖牌，这是所有运动队和运动员的梦想，陆永能站在奥运比赛的最高领奖台上，靠的不是运气和侥幸，靠的是不屈与顽强，他所取得的成绩源于他对举重事业的执著和激情。陆永志存高远，把"奥运梦想"当做训练的动力和源泉。如今，他又把目标锁定在2012年伦敦奥运会上，继续向体育巅峰攀登。永不满足，永不停止，是他勇于超越的真实写照。我们要学习他的这种拼搏精神，知难而进，勇于战胜一切困难，推动广西体育事业实现新突破。

三、要学习陆永精益求精的敬业精神

从业余基层训练到自治区运动队再进入国家队训练，陆永始终热爱举重事业，从"要我练"到"我要练"，自觉执行训练计划，刻苦钻研，科学训练，在训练中勤于思考，突破技术难点，规范运作要领。日复一日，年复一年，从不喊苦，毫无怨言。我们要学习他这种敬业精神，以满腔的热情和科学的态度，奋勇争先，追求卓越，创造出无愧于时代无愧于人民的新业绩。

四、要学习陆永勇攀高峰的创新精神

北京奥运赛场上陆永克服各种不利因素，

顶住压力，凭借强大的实力和出色的发挥，以无可争议的表现，为中国队夺得了首枚大级别男子举重奥运冠军后，依然不断进取，科学训练，连续夺取全运会、世锦赛和东亚运动会等一系列重大赛事的冠军。我们要学习他这种创新精神，坚定信念，勇于突破，敢于挑战自我，战胜自我，不断创造人生新境界，推动各项工作实现新跨越。

五、要学习陆永团结友爱的民族精神

陆永是侗族青年，生活工作在由壮、汉、苗、瑶、侗、布依等多个民族兄弟姐妹组成的广西举重队这个大家庭，无论是平时的训练、学习和生活，他总是时刻把民族情谊放在心坎上，落实到行动上，无私地帮助大家，助人为乐，在他的影响下，大家团结友爱，相互帮助，亲如一家。我们要学习他这种民族精神，在平凡岗位上努力工作，为民族团结进步事业出一份热、献一份力，夺取新成效。

六、要学习陆永以集体为重的团队精神

举重运动虽然是个人项目，但个人的出色表现离不开整个团队的精诚团结，这是团队的力量所在。陆永作为中国举重队的一员，有很强的集体观念，与教练、队友和睦相处，齐心协力，团结共进。也正因为如此，中国举重队在北京奥运会上才能创造 8 金 1 银的历史最佳战绩。我们要学习他这种团队精神，充分发挥个人的积极性和创造性，精诚团结，携手共进，为全面提高广西体育工作水平作出新贡献。

陆永的事迹可歌可颂，陆永的精神催人奋进。当前，在全区认真开展深入学习实践科学发展观活动，全面贯彻落实胡锦涛总书记、吴邦国委员长、温家宝总理在我区考察时的重要讲话精神和自治区党委、自治区人民政府提出重振广西体育雄风的新形势下，深入开展向陆永同志学习的活动，具有十分重要的现实意义。要以学习陆永先进事迹为契机，把北京奥运会激发出来的爱国热情和民族自豪感，转化为热爱广西、建设广西、发展广西的实际行动，转化为推动科学发展、促进社会和谐的强大力量。我们要以学习陆永先进事迹为契机，进一步强化机遇意识、危机意识、赶超意识，围绕把广西建设成为“重要国际区域经济合作新高地、中国沿海经济发展新一极”的目标，解放思想，抢抓机遇，迎难而上，加快实施科学发展三年计划，推动我区经济社会科学发展、和谐发展、跨越发展。深入开展向陆永同志学习的活动，要重点抓好以下几方面工作。

一是积极行动起来，将《决定》传达到本系统、本单位全体党员干部和广大青年。全区体育、教育系统和共青团组织要进行专题学习，各级领导干部要率先垂范，为广大干部群众、广大青年作出表率。要认真组织干部群众和青年学生的学习，周密做好学习安排，重点学习陆永的“六种精神”和先进事迹，充分利用互联网站、闭路电视、有线广播、板报、宣传栏、阅报栏和通过文艺表演等形式开展学习宣传活动，使陆永精神深入人心。通过学习进一步增强工作的主动性和创造性。

二是切实加强领导，明确落实责任。全区体育、教育系统和共青团组织要把学习贯彻落实好《决定》精神作为当前一项重要政治任务，摆上突出位置，列入重要议事日程，切实抓紧抓好。一把手作为学习贯彻落实《决定》精神的第一责任人，要亲自动员，亲自部署，亲自检查，负起总责，要确保每项任务落实到人，努力形成同心协力、齐抓共管的良好局面。

三是结合工作和学习实际，制定具体工作方案。全区体育、教育系统和共青团组织要结合各自实际，制定详细周全、切实可行的工作方案，使贯彻落实《决定》精神工作有计划、有步骤地全面推进。各市体育局、教育局、团委要将学习活动工作方案于 5 月 31 日前分别报自治区体育局、自治区教育厅、共青团广西区委。

四是明确学习主题，重在解决实际问题。要把学习活动作为深入学习实践科学发展观活动的一项重要内容，切实抓紧抓好。体育系统以“推动科学发展，重振广西体育雄风”为主题，教育系统以“爱岗敬业，创新奉献，开创教育事业新局面”为主题，共青团组织以“奉献青春，团结拼搏，人人争当青年突击手”为主题，通过参观学习、先进事迹报告会、座谈会、主题班会等多种形式，切实提高学习活动的实效。要把学习活动与贯彻落实广西科学发展三年计划各项任务目标结合起来，与做好当前各项工作结合起来，不断研究新情况，寻找新载体，提出新举措，找到新办法，解决新问题，实现新跨越。

五是加强督促检查，确保工作落实。全区体育、教育系统和共青团组织要切实履行督促检查的重要职责，对所布置的任务逐项进行检查，发现问题，及时研究解决。自治区体育局、自治区教育厅、共青团广西区委要组织联合督查组，深入各市各部门各单位进行专项督查，定期通报各级各部门各单位的工作落实情况，对督查发现的问题及时反馈给有关部门并督促其限期整改。要将督查督办结果与年终考核评比工作挂钩。各市体育局、教育局、团委要将学习活动总结于 12 月 31 日前分别报自治区体育局、自治区教育厅、共青团广西区委。

全区体育、教育系统和共青团组织要以学习陆永同志先进事迹为契机，教育和激励广大干部群众和青年学生，以陆永同志为榜样，立足本职，勤奋敬业，创新奉献，以更加奋发有为的精神，更加科学严谨的态度，更加求真务实的作风，奋力夺取我区各项工作的新胜利。

自治区体育局
自治区教育厅
共青团广西区委
二〇一〇年五月十日

自治区民委　自治区体育局 关于第十二届广西少数民族传统体育运动会工作总结的报告

自治区人民政府：

由自治区人民政府主办、玉林市人民政府承办的第十二届广西西少数民族传统体育运动会，已于 2010 年 11 月 18 日至 20 日在玉林市成功举办。为总结推广办会成功经验，自治区民委、自治区体育局及时对本届民族运动会工作进行了总结，有关本届民族运动会工作情况，详见《第十二届广西少数民族传统体育运动会工作总结》。

附件：第十二届广西少数民族传统体育运动会工作总结

二〇一〇年十二月三十日

第十二届广西少数民族传统体育运动会工作总结

自治区民族事务委员会自治区体育局

（2011 年 2 月 24 日）

由自治区人民政府主办、玉林市人民政府承办的第十二届广西少数民族传统体育运动会，于 2010 年 11 月 18 日至 23 日在玉林市隆重举行，本届民族运动会在自治区党委、自治区人民政府的亲切关怀下，在自治区有关部门和各市的大力支持下，高扬时代主旋律，全面贯彻落实自治区党委、自治区政府建设文化广西和体育强区战略，精心组织，开得隆重热烈、盛况空前，取得了圆满成功，谱写了一曲民族大团结的颂歌，为我区民族团结进步事业增添了新的光彩，在区内外引起了较大的影响。

一、基本概况

第十二届广西少数民族传统体育运动会于 2010 年 11 月 18 日晚在玉林市体育馆举行开幕式。运动会期间，19 日上午召开了全区民族体育工作先进表彰大会，20 日晚举行了民族大联欢活动。本届运动会历时 6 天，共产生金牌 49 枚、银牌 49 枚、铜牌 47 枚。本届民族运动会于 11 月 23 日晚胜利闭幕。本届民族运动会有三个突出特点：

一是组织规格高。出席本届民族运动会开幕式的领导有：自治区主席马飚、自治区人大常委会常务副主任吴恒、自治区副主席高雄、自治区政协副主席蒋济雄和国家民委党组成员、纪检组长李小满。高雄副主席致开幕词，马飚主席宣布运动会开幕。出席开幕式的领导还有自治区人民政府秘书长王跃飞、办公厅主任周异决及自治区有关厅局负责人、各市和广西民族大学领导共 100 多人。另外，参加本届民族运动会开幕式、闭幕式、民族大联欢演出的专业演员和直接为运动会提供服务的志愿者、安全保卫、医疗等后勤人数约 5000，人是我区历届民族运动会规格最高、规模大、参与和服务人数最多的一届。

二是项目设置多。本届民族体育运动会共设花炮、珍珠球、射弩、陀螺、投绣球、毽球、龙舟、高脚竞速、武术、板鞋竞速等 10 个竞赛项目 49 个小项，表演项目有骆越欢歌、斗竹、骑竹马踢足球、铜鼓舞、海妹、京岛渔歌、蹴球、捞鱼乐、松傩、夺龙珠、竹杆舞、破竹、哺吐等 13 个项目。来自全区 14 个地级市和广西民族大学的 15 个参赛代表团 973 运名动员，经过 6 天角逐，产生金、银、铜牌 145 枚。参加运动会的南宁市等 15 个代表团和 227 名运动员、裁判员荣获“体育道德风尚奖”。

三是社会反响好。运动会期间，各民族体育健儿弘扬高尚的体育道德风尚，顽强拼搏，团结友爱，相互学习，赛出风格，赛出水平，实现了隆重、热烈、精彩、圆满、和谐的预期目的。本届运动会的成功举办，社会各界给予高度评价。参加运动会的国家民委领导由衷地称赞说：“广西人对民族运动会的热情，广西人发自内心的民族情怀，广西各民族和谐共处、团结拼搏的精神风貌值得钦佩。广西办出了令人感动的民族运动会。”

二、主要成效

本届民族运动会是我区历届民族运动会规格最高、赛事规模最大、竞技表演水平较高的一届民族运动会。无论是场面恢宏、特色鲜明的开幕式，较高水准的竞赛、表演项目的激烈角逐，还是欢乐祥和的民族大联欢和赛场内外的交流互动，整个运动会高潮迭起，处处洋溢热烈、团结、欢庆、奋进的时代气息，成为民族团结进步的盛会、展示少数民族风采的盛会、弘扬民族精神和时代精神的盛会，在全区民族体育发展史上写下了新的篇章。本届民族运动会的成功举办，不仅巩固和发展了平等、团结、互助、和谐的社会主义民族关系，涌现出一批民族体育竞技优秀人才，也为备战2011年9月在贵州省贵阳市举行的第九届全国少数民族传统体育运动会奠定了坚实的基础。

（一）充分展示了全区民族工作取得的新成绩。四年一届的全区少数民族传统体育运动会已成为我区各族人民政治、文化生活中的一件大事。本届民族运动会充分展示了“十一五”期间我区少数民族在经济、政治、文化方面的繁荣发展，充分展示了各族人民自强不息、与时俱进、和睦相处、和衷共济、和谐发展的时代风貌，充分展示了我区民族团结、经济发展、社会稳定、边防巩固的崭新气象，抒发了各族人民建设富裕文明和谐新广西的豪情壮志。特别是开幕式上的文体表演——《腾飞广西·美丽玉林》，集民族元素、地域元素和体育元素为一体，紧扣建设富裕文明和谐新广西主题，展示了在祖国大家庭中幸福生活的我区各族人民积极向上的精神风貌，生动体现了我区落实党的民族政策取得的伟大成就。本届民族运动会的圆满成功举办，再次说明在自治区党委、自治区人民政府的正确领导下，我区各级各部门认真贯彻落实民族区域自治法，严格执行党和国家民族政策，全区呈现民族团结，社会稳定，经济繁荣发展的景象。

（二）充分展示了全区各族儿女团结奋进、顽强拼搏的精神风貌。少数民族传统体育运动会不仅是体育竞技的舞台，更是展示民族风采、体现时代风貌的舞台。本届民族运动会上，来自全区各市和广西民族大学共15个代表团的973名少数民族运动员，无论是在运动场内，还是在场外，都发挥了团结、互助、友爱的精神，留下一个个感人至深的故事。特别是在民族大联欢上，无论是侗族的《多耶舞》、仫佬族的《傩面舞》，还是京族独弦琴演奏的《过桥风吹》和《高山流水》，各民族运动员共同唱响了民族大团结的主旋律。在民族运动会这个舞台上，各民族运动员以娴熟的技艺和优良的赛风赛纪，充分展示了多姿多彩的民族体育文化，展示了各民族与时俱进、开拓创新、团结拼搏的精神风貌，展示了全区民族团结、经济发展、边疆安宁、社会进步的良好形象，使运动会办成了检阅民族体育成就，展示民族体育特色、体现民族体育水平、促进群众性民族体育发展的盛会，办成了全区各族人民大欢聚、大交流、大团结的盛会。

（三）充分展示了全区民族体育的繁荣景象。我区民族众多，民族体育文化异彩纷呈。四年一届的民族体育运动会是全区各地、各民族兄弟展示优秀民族传统体育文化特色和风采的大舞台。本届民族运动会竞赛项目和表演项目数均超过历届，整体水平进步明显。比如，柳州市花炮队保持传统风格，队员配合默契，技术出众，受到了观众的喜爱；男子珍珠球整体水平提高，南宁市队与广西民族大学冠军之争最后10秒钟才分出胜负，最终南宁市队以35：34夺得冠军；三人板鞋竞速成绩达全国水平，男子60米第一名成绩为10.30秒，比上届提高0.5秒；女子60米第一名成绩为11.60秒，比上届提高0.5秒；男子100第米一

名成绩为 16.70 秒，比上届提高 1.2 秒；高脚竞速有多项成绩超上届，男子 200 米第一名成绩为 25.30 秒，比上届提高 0.3 秒；男子 2200 米第一名成绩为 55.40 秒，比上届提高 1.4 秒；龙舟比赛混合 500 米第一名成绩为 2:2.94 秒，比上届提高了 1.54 秒。表演项目方面，不仅数量增加，参与民众多，而且编创新颖，表演精彩，体育特点浓厚，总体质量、文化内涵明显提高。以上成绩，创造了我区少数民族传统体育运动会新的历史高点，体现了我区少数民族传统体育运动水平整体提高，见证了我区少数民族传统体育事业的崛起。

（四）充分展示了玉林各族人民的良好形象。玉林市是少数民族杂散区，少数民族人口仅 12 万多人。但是，玉林市委、政府高度重视民族体育工作，积极申办本届民族运动会，把承办本届民族运动会作为推动全市经济发展、民族团结、社会进步的大好机遇，作为展示全市发展成就、树立东道主良好形象的一个平台，提出了“举全市之力，争取以一流的人文关怀、一流的公共秩序、一流的服务水平、一流的城乡环境、一流的社会风尚，办好第十二届广西少数民族传统体育运动会”的口号，动员社会各界和全市人民群策群力，关心、支持、参与民族运动会。广泛开展了“当好东道主，办好民族运动会”的宣传教育活动，组织了青年志愿者服务队，筹措了 150 万元（含实物折款）办赛经费，创造了安全、文明、有序、整洁、美观的办赛环境，充分展示了玉林市各族人民的良好形象。

三、主要做法和体会

（一）领导重视，部署周密是本届民族运动会取得成功的前提。国家民委、国家体育总局和自治区党委、自治区人民政府对本届民族运动会高度重视，国家民委、国家体育总局发来贺电，充分肯定近年来我区民族体育事业取得的成绩，国家民委党组成员、纪检组长李小满和自治区主席马飚、自治区人大副主任吴恒、自治区副主席高雄、自治区政协副主席蒋济雄等自治区领导出席了开幕式。自治区副主席高雄不但亲自担任组委会主任，还非常关心筹各工作落实情况，分别于 5 月 26 日和 11 月 8 日召开了筹各工作会议和组委会成员会议，研究本届民族运动会总体方案、协调有关部门落实了民族运动会所需的经费，下拨了经费 300 万元，保证了运动会如期举行。在组委会的统一领导下，自治区民委、自治区体育局和承办单位玉林市人民政府建立了三方沟通协调工作机制，精心组织，周密部署，有较地推进各项筹备工作。自治区民委、自治区体育局把办好这一届民族运动会作为今年的一项重要工作来抓，自治区民委主任卢献匾、纪检组长黄济健、自治区体育局局长容小宁、巡视员岑汉康等领导多次带领工作组到玉林市检查运动会的筹备工作，听取玉林市各方面筹备工作的汇报，积极帮助玉林市解决筹备工作遇到的问题和困难。玉林市委、市政府高度重视，围绕“平等、团结、拼搏、奋进”主题，制定各项筹备工作方案，成立工作机构，举全市之力，自始至终做到精心策划，周密部署，认真实施，为运动会提供了全方位的保障。

（二）高举旗帜，彰显特色是本届民族运动会取得成功的关键。本届民族运动会始终高举各民族平等团结、进步繁荣的旗帜，在总结我区历届民族运动会成功经验的基础上，借鉴全国民族运动会和兄弟省区民族运动会的好做法，在设计运动会各项内容和各个环节上，突出时代主旋律，大力宣传我区是民族团结模范，维护祖国统一模范，维护社会稳定模范，是我国民族关系“三个离不开”的模范，充分展示新时期我区少数民族群众的时代风貌。在大型活动的组织策划上，特别是开幕式《腾飞广西·美丽玉林》、闭幕式《民族团结。放飞梦想》和民族大联欢时，突出了文化内涵，把浓郁民族风情与鲜明时代特色结合起来，充分展示我区多姿多彩的民族风情和优秀的传统文化。无论是竞赛项目，还是表演项目，无论是宣传报道，还是来宾食宿安排，都严格遵守民族运动会的比赛章程和规定，尊重各族人民的宗教信仰和风俗习惯，自始至终体现了“平等、团结、进步、奋进”的本届运动会主题。运动会期间，各民族运动员无论是运动场内，还是场外都发挥了团结、互助、友爱的民族团结精神，处处洋溢着平等、团结的民族光荣感和自豪感，折射出各民族兄弟和睦友爱的亲情。通过本届运动会的成功举办，我们更加深刻地认识到，只有加强民族团结，不断巩固和发展平等、团结、互助、和谐的社会主义民族关系，才能保障各项事业的顺利推进，促进“各民族共同团结奋斗、共同繁荣发展”，促进和谐社会全面发展。

（三）严明纪律，严格赛风是本届民族运动会成功举办的保证。本届运动会组委会高度重视赛风赛纪问题，自治区副主席、组委会主任高雄在组委会成员会议上强调，裁判员要严谨认真，执裁公正，不准玩忽职守，徇私舞弊，更不能搞“君子协定”，幕后交易；要求各代表团在动员和教育队伍时，要始终强调注意民族团结、弘扬社会主义精神文明，不能搞“金牌至上”，既要在比赛中展示自己的水平，也要展示良好的形象和高尚的体育道德风尚。为净化赛风和比赛环境，保证竞赛公平公正，组委会还专门制定了《第十二届广西少数民族传统体育运动会“体育道德风尚奖”评选办法》，成立了资格审查委员会，并对973名参赛运动员身份进行审验。运动会期间，裁判员执裁公正，各代表团遵循“友谊第一，比赛第二”的原则，赛出了水平、赛出了风格，组委会没有收到一起起诉，也没有出现违反赛风赛纪和影响民族团结的事件。参加运动会的15个代表团全部荣获体育道德风尚奖先进集体称号；227名运动员、裁判员荣获了体育道德风尚奖先进个人称号。

（四）狠抓宣传，营造氛围是本届民族运动会取得成功的基础。为营造良好氛围，本届运动会开通了官方网站、制作了吉祥物和宣传画，8月10日，在玉林市举行了倒计时100天启动仪式，11月8日，组委会又在广西新闻中心召开了第十二届广西少数民族传统体育运动会新闻发布会。运动会期间，邀请了80多名区内外记者到玉林进行宣传报道，在自治区、玉林市20多家媒体发表了稿件600多篇（条），照片800多幅，对运动会进行了全方位、多角度的宣传报道。同时，社会宣传工作成效明显。运动会期间，玉林市在交通要道、车站等公共场所、比赛场馆张贴固定宣传标语60多条、宣传画24幅、广告牌10块，制作灯箱广告100多块、路灯灯柱宣传广告200多块，印发海报4000多份，彩旗10000多串，在主会场悬挂氢气球标语30多条，组织各沿街单位制作欢迎及祝贺标语、坐标200多条。为运动会的成功举办营造了热烈氛围。

（五）热情细致，服务周到是本届民族运动会取得成功的重要条件。本届运动会接待工作十分繁重，尤其是住宿压力特别大，但玉林市积极克服困难，尽最大努力，千方百计改善食宿条件，从市直各单位抽调108人，由各单位一名领导带队组成后勤接待工作机构，保证每个住地宾馆有6名以上工作人员负责后勤服务工作，并根据比赛项目，采取对口单位进行接待，共接待安排了2000多名运动员、裁判员、领队、教练员和嘉宾、工作人员的食宿。运动会期间，全市共抽调25部大客车为本届民族运动会服务，累计动用安保力量3440人次，保证参赛人员行车方便，确保整个运动会赛事按时正常进行。在接待工作中，不论是食宿还是行车或是医疗保健，都能够做到热情周到，得体大方，使与会人员高兴而来，满意而归。得到了各代表团的一致好评。

四、需要解决的问题

本届民族运动会由于安排经费太少，资金缺口多，承办市压力大，挫伤了各市申办运动会的积极性。而我区财力在不断增加，建议安排下一届民族运动会经费时，办会经费要增加到600万元。本届民族运动会成功举办，使我们深刻地体会到，举办少数民族传统体育运动会，不仅有利于提高少数民族传统体育的地位和水平，推动全民健身运动蓬勃发展，还有利于宣传推介我区深厚民族文化资源，展示各族人民良好的精神风貌；宣传党的民族政策，巩固和发展我区平等、团结、互助、和谐的社会主义民族关系。下一步，我们将认真总结本届民族运动会的成功经验，选拔好队员，抓好集训工作，积极做好第九届全国少数民族传统体育运动会备战工作。同时，积极创新工作思路，挖掘整理和研究推广少数民族传统体育新项目，推动全区民族体育事业跃上新高，为促进我区民族团结进步事业，实现“富民强桂”新跨越做出新的贡献。

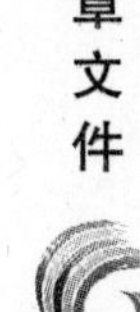

2011 年

关于命名广西全民健身示范市、示范县(市、区)示范单位的决定

桂体字[2011]8 号

各市体育局,各有关单位:

全民健身事关人民群众的身体健康和生活幸福,是一个地区综合实力和社会文明进步的重要标志,是社会主义精神文明建设的重要内容,是全面建设小康社会、实现"富民强桂"新跨越的重要组成部分。自国务院颁布实施《全民健身条例》以来,全区各级党委、政府高度重视全民健身,积极履行公共体育服务职能,保障了人民群众体育健身权益,活跃了城乡群众精神文化生活。

为进一步贯彻落实《全民健身条例》,推动我区全民健身事业蓬勃发展,根据对各地区及有关单位开展全民健身工作的综合考核,经研究,决定命名来宾市为"广西全民健身示范市"、横县等 14 个县(市、区)为"广西全民健身示范县(市、区)"、李宁体育园等 10 个单位为"广西全民健身示范单位"。

希望各示范市、示范县(市、区)、示范单位巩固发展成果,不断开拓创新,推动全民健身工作再上新台阶,取得新的更大的成绩。其他地区和单位要以此为榜样,重视和加强全民健身,为构建社会主义和谐社会、实现"富民强桂"新跨越做出积极贡献。

附件:广西全民健身示范市、示范县(市、区)示范单位名单

二〇一一年二月二十四日

附件:

广西全民健身示范市、示范县(市、区)示范单位名单

一、示范市(1 个)

来宾市

二、示范县(14 个)

横县、融水苗族自治县、灵川县、岑溪市、铁山港区、上思县、浦北县、桂平市、北流市、德保县、富川瑶族自治区、罗城仫佬族自治县、忻城县、天等县

三、示范单位(10 个)

李宁体育园、广西体育馆、广西体育彩票管理中心、南宁铁路局南宁机务段、广西师范大学体育学院、广西民族大学体育与健康科学学院、南宁沛鸿民族中学、大新县明仕旅游发展有限公司、广西华蓝围棋俱乐部、广西围棋协会

体育专题报道

2010 年

东盟与广西体育交流步入“蜜月期”

中国新闻社·2010—3—12

“想不到越南人民对足球那么热爱，不仅场边吸引了数万观众，而且每有好球都会给予热烈掌声，真让我们惊讶和感动！”广西民族大学足球队队长兰玉龙谈到去年的越南凉山省之旅时，还记忆犹新，“我们受到了最热情的款待，每到一处，都能看到欢迎的横幅，赛场上的加油呐喊声更是一浪高过一浪”。

这场球赛仅是广西与东盟国家体育交流的一个缩影。近年来，与东盟接壤的广西无论是官方还是民间的体育交流都开展得热火朝天。随着中国—东盟自贸区的建成，广西以其得天独厚的优势致力于与东盟国家开展体育合作，今年更是计划推出系列重大赛事来升温双方体育交流合作。

广西体育局介绍，今年广西将继续举办一系列的重大赛事服务于中国—东盟自贸区的建成。包括2010年国际田联世界半程马拉松锦标赛、南宁国际龙舟邀请赛、东盟国际汽车拉力赛、东盟四国男子篮球邀请赛等诸多赛事。除此，广西体育部门还计划在中越接壤的防城港市建设集竞技训练、体育休闲、体育产业于一身的“中国—东盟体育合作交流园区”。该园区将会推动整个东盟的体育水平的提高，同时也进一步提升广西在与东盟体育交流的影响力。

广西体育局官员告诉记者，广西正努力整合体育资源，加快体育事业的发展速度，只要未来时机成熟，将有可能举办“中国东盟运动会”这类大型综合性的体育赛事。

广西体育事业有着深厚的底蕴，从1984年洛杉矶奥运会的辉煌开始，李宁、吴数德、陆永等著名奥运冠军都出自这块体育沃土，同时各个体育项目的优秀人才层出不穷。如今，举重、跳水、射箭等广西的优势体育项目在国内国际都具有很强的竞争力，这吸引了诸多东盟国家派遣运动员前往广西交流学习。

在官方的带动下，东盟高校与广西高校间的体育交流亦愈发火热。广西民族大学体育与健康科学学院党委书记伍广津表示，中国与东盟之间的高校体育交流互访将是一种趋势，而且会越来越多，这有利于加深广西与东盟体育合作交流。在广西民族大学，拥有众多来自东盟各个国家的留学生，学校开设的少数民族体育项目受到留学生们的喜爱，而且他们回国后也会把这些中国的传统体育项目带到自己的家乡。

伍广津介绍，在人才培养方面，广西高校大多熟悉东盟各国语言，这也为东盟国家输送本土的优秀体育培训和管理人才提供了沟通上的便利。

据了解，去年6月广西大学派遣了学校羽毛球队前往泰国川登喜皇家大学进行比赛访问，今年广西民族大学将举办中国东盟体育合作发展论坛，同时邀请越南高校的足球队前来参加友谊赛……诸多民间交流活动都为中国—东盟的整个体育合作推波助澜。

（梁飞　王刚）

广西举办百日体育节 传承保护少数民族传统文化

中国新闻社·2010—8—3

广西壮族自治区人民政府今天宣布，第二届广西体育节将于2010年8月8日至11月18日在全区范围举办，为期100天，涉及全区各市县、各相关院校及社会各行业领域；本届体育节将注重挖掘和整理少数民族传统体育文化资源，通过开展民族体育进校园，命名民族体育特色之乡、民族体育传承馆、民族体育传承人等活动，有效地传承保护广西少数民族传统体育文化。

第二届广西体育节组委会副主任、广西体育局局长容小宁介绍，本届广西体育节以“人人运动，健康广西”为主题，共设民族体育、农民体育、青少年体育、广西各协会、中国—东盟等全民健身系列活动，网上体育节系列活动和特别行动计划等7大板块60多项重点活动。

民族体育方面，广西将在来宾市举行第二届广西“红水河杯”绣排球赛，同时举办民族体育进校园活动，命名首批广西民族体育传承人、民族体育传承馆，命名首批广西民族体育特色之乡。

广西还将组织全国体育先进县农民篮球赛、首府农民工趣味运动会和广西“拔群杯”篮球赛；还将组织第二届广西万村农民篮球赛冠军队赴美国NBA考察培训；国家乡镇农民体育健身工程试点社会体育指导员培训交流大会也将在广西召开。

今年，广西将举行全区千万中小学生广播操大赛，可谓盛况空前。轮滑、街舞、足球、篮球、啦啦操、健美操、乒乓球、羽毛球和电子竞技等青少年大赛，也将在体育节陆续登场。

中国—东盟全民健身系列活动也是本届体育节的重点内容。除了中国—东盟国际汽车拉力赛暨第二届广西体育节“卡雷拉路轨赛车全国车王争霸赛”，和“和谐之旅”中越汽车跨国集结赛外，广西还将在中国唯一的仫佬族自治县举行中国罗城首届东盟国际攀岩邀请赛，市民徒步、海上龙舟、界河散打、太极交流、高尔夫对抗等赛事，也将精彩上演。

（罗先彬　丘红）

马飚寄语广西体育工作者:卧薪尝胆 从难从严 重振广西体育雄风

广西日报·2010—1—16

1月15日下午,自治区主席马飚冒雨前往广西体育局,视察场馆建设,检阅队伍风貌,并寄语广大教练员、运动员:“卧薪尝胆,从难从严,重振广西体育雄风!”马飚首先视察了广西体育馆。该馆建于1966年,是南宁市第一座大型体育建筑。目前场馆比较陈旧,正在进行装修改造。马飚要求提高场馆档次,丰富场馆功能,满足举办国际性比赛的需要。马飚随后看望了广西散打队、举重队、技巧队、蹦床队、乒乓球队、羽毛球队、体操队等专业队的运动员和教练员,仔细询问运动员训练、比赛、生活等情况。在举重馆,马飚鼓励奥运举重冠军陆永:“瞄准伦敦奥运会,再为中国拿金牌!”在体操队,看着一群娃娃热火朝天地训练,马飚深受感动,要求一定要加强人才梯队建设,“多培养后起之秀”。在田径场,马飚对大家“冬练三九”、冒雨训练的良好精神风貌大为赞赏,鼓励大家卧薪尝胆、从严从难、再创辉煌。

在听取广西体育工作情况汇报后,马飚说,广西体育过去曾经取得辉煌成绩。

近年来,随着广西经济发展的加快,人民生活水平的提高,群众体育的需求越来越高,竞技体育的竞争越来越激烈,重振广西体育雄风的呼声越来越大。马飚号召全区广大体育工作者把思想统一到“重振广西体育雄风”上,努力实现群众体育有新发展、竞技体育有新突破、体育产业有新跨越、民族体育有新进展、体育对外交流有新成效、体育基础设施有新改善、体育人才有新涌现、体育改革有新机制、体育政策有新完善。

自治区党委常委、宣传部部长沈北海,自治区副主席李康,自治区政府秘书长王跃飞等陪同视察。

(罗 猛)

坚持以特色工程建设为抓手 促进全民健身运动深入开展

中国体育报·2010—1—27

广西壮族自治区体育局局长容小宁广西壮族自治区现有人口5000万人，其中少数民族占总人口的38%，在推进全民健身事业发展中有着独特的资源优势。立足广西区情，发挥地域优势，体现民族特色，广西实施了中国(广西)红水河流域民族体育工程和中越边境(广西)全民健身工程。

"两项工程"投资27亿元，力争用8年左右的时间全面改善广西红水河流域地区和边境地区市、县、乡、村公共体育设施，打造一批具有民族特色的全民健身品牌活动，培训一支高素质的基层体育人才队伍，建成惠及2000万各族人民群众的多元化全民健身服务体系。"两项工程"覆盖全区8个地级市、30个县(市、区)、360个乡镇、4551个行政村，范围内有壮、汉、瑶、苗、侗等12个世居民族。

据统计，2009年全区体育系统共投资12.2亿元，在"两项工程"地区和全区各地启动建设了广西体育中心等一批市级体育项目，以及东兴市体育中心等一批县级体育项目。

此外，广西还因地制宜打造了广西体育节、万村农民篮球赛、城乡万人气排球赛、广西绣排球赛等品牌赛事。2009年第二届广西万村农民篮球赛，全区有12085个(全区行政村14372个)行政村组队参赛。赛事历时10个月，进行了30349场比赛，运动员超过14万人，观众达2074万人次，被誉为"中国农民NBA"。

广西还对建立体育公共服务体系的长效机制进行了有益的探索和实践。采取以用代管、活动带动的方式，积极组织开展文体活动，创新体育运动载体，挖掘农民喜闻乐见的少数民族传统体育项目，打造城乡"永不散场的体育盛会"，充分发挥体育场地设施的作用。加强基层体育组织和人才队伍建设，逐步完善考核奖励机制，整合资源，构建村级综合服务平台。

(王静　曹纯菲　窦雨佳)

广西体育工作会议强调：切实抓好竞技群体工作

中国体育报·2010—3—6

以深入学习实践科学发展观，努力开创2010年体育工作新局面，重振广西体育雄风为主题的广西壮族自治区体育工作会议于3月4日在南宁举行。

广西壮族自治区政府副主席李康出席会议并讲话。她强调要全面贯彻落实“全民健身条例”，切实抓好群体工作，坚持创新竞技体育“灵、小、短、水”发展战略，抓好竞技体育，继续推进体育产业发展等工作，努力开创2010年体育工作新局面。

会议总结了2009年的工作，对2010年的工作作了安排。广西区体育局局长容小宁强调今年要继续办好广西体育节；抓好万人城乡气排球大赛，积极筹备广西第12届运动会，扎实备战伦敦奥运会。

会议提出，要以贯彻“全民健身条例”为中心，促进群众体育新发展；以实施“奥运争光计划”为重点，促进竞技体育新突破；以加快发展体育彩票为龙头，促进体育产业新跨越；以民族体育挖掘传承为载体，促进民族体育保护有新成果；以举办中国——东盟体育系列赛事为主线，促进体育对外交流有新成效；以政府主导社会参与为手段，促进体育基础设施有新改善；以人才素质工程建设为基础，促进体育人才不断涌现；以创新运动项目管理体制为先导，促进体育改革新机制创建；以激励政策为核心，促进体育政策完善。

会议对获得全国群众体育先进单位的柳钢等单位以及评为全国体育后备人才基地的单位、体育彩票销售先进单位等进行了表彰。

（范国忠　陈伟宁）

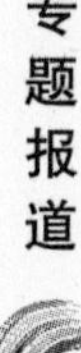

广西群众体育硕果满枝头

中国体育报·2010—4—9

记者从近日召开的广西群体工作会议上获悉，过去的一年，广西群众体育硕果满枝头。2010年广西将紧紧围绕贯彻落实“全民健身条例”和重振广西体育雄风行动计划，加大工作力度，努力实现群体事业新跨越。

2009年，广西举办了为期50天的首届体育节，大的活动上百项；各地835万各族群众围绕“人人参与、人人健康”主题，参与体育健身、展示、交流、培训等上千项健身活动，广西举办了第二届“万村农民”；历时10个月，有12085个行政村组队参赛，占行政村总数84.09%，进行了30349场比赛，运动员超过14万，观众2000多万人次，同时办了首届农民篮球论坛、首届红水河杯“绣排球赛等民族体育赛事，筹措5682万元建设了50个乡镇农民体育健身工程和1769个村级篮球场，带动各地自筹资金建起700多个村级篮球场；培训社会体育指导员1854人、农民篮球队12000多个，开展了青少年阳光体育运动，与教育部门配合举行了有11880所学校，530多万学生参与的广播操大赛。

2010年广西群体工作以科学发展观为指导，以学习贯彻落实“全民健身条例“为主题，以实施红水河流域民族体育工程和边境全民健身工程为抓手，更加广泛地组织开展全民健身活动，办好第二届广西体育局、第二届广西城乡万人气排球大赛等重大群体活动，更加全面完善基层公共体育设施，更加有力地健全群体组织和人才队伍体系，更加有效推进群体工作机制创新，实现群体新跨越，为重振广西体育雄风贡献力量。

（范国忠）

广西举行学习陆永奥运夺冠精神报告会

中国体育报·2010—5—13

5月12日上午，经广西壮族自治区人民政府批准，广西区体育局、教育厅、总工会、团区委、区妇联在自治区党委礼堂共同举办北京奥运冠军陆永先进事迹报告会，广西各市、县设立分会场听取报告会，从而拉开了广西“推动科学发展，重振广西体育雄风”的序幕。出席会议的自治区政协副主席林国强等领导，报告会前亲切会见了报告团全体成员并合影留念。

陆永题为“祖国荣誉重于泰山”的报告引起强烈反响，自治区政协副主席林国强在会上强调，陆永是新时期涌现出来的又一个具有鲜明时代特征的先进典型，不仅是广西体育系统的一面旗帜，一个标杆，更是广西广大干部群众学习的新楷模、新典范，陆永事迹震撼力和感召力来自他对祖国母亲的忠诚之情，对体育事业挚爱之情，对民族兄弟的纯真之情，对家乡父老的感恩之情，对人生梦想的执著之情，在他身上体现了广西人团结拼搏的精神风貌，中华民族忠孝仁义的传统美德；他要求，要以陆永先进事迹为契机，激发广西各族群众干事创业的热情，推动广西体育、教育、工会、共青团、妇联工作开展和广西经济社会更好更快发展，动员广西广大干部群众信心百倍地迎接新的机遇和挑战。

5月10日，广西区体育局、教育厅、共青团区委作出“关于向北京奥运会冠军陆永学习的决定”，强调要学习陆永为国争光的爱国精神，永不放弃的拼搏精神，精益求精的敬业精神，永攀高峰的创新精神，团结友爱的民族精神，以集体为重的团队精神。

陆永先进事迹报告团由广西区体育局局长容小宁任团长，副局长陈立基为副团长，成员有奥运冠军陆永、广西举重运动发展中心主任韦少勇、教练陶闯等。

（范国忠　陈伟宁）

马飚在粤考察学习时要求：加快发展广西文化体育会展服务等现代产业

广西日报·2010—11—15

11 月 11 日至 14 日，自治区主席马飚就加快广西现代产业发展在广东进行专题考察学习。他指出，要学习发达地区培育现代产业的好经验、好做法，大力发展文化产业、体育产业、会展服务业等现代产业，积极适应需求结构调整和消费升级新变化，不断打造新的经济增长点。

马飚一行首先参观了广东动漫城。该项目一期规划 250 亩，建设总面积约 30 万平方米，主要建设有外包服务区、原创动漫区、国际动漫区、教育培训区、中央商务区、生活配套区，以及产业服务中心、动漫体验中心等。自 2008 年启动项目建设以来，已经引进新加坡等国的动漫公司以及国内的一批动漫企业进驻园区。从化市不仅在政府资源配置、制定优惠政策等方面做好服务，还先期引进 10 所大学落户为发展动漫产业奠定了人才基础。马飚十分赞同广州动漫城坚持“政府支持、企业主导、市场运作”的运行模式，认为动漫城的战略定位、产业延伸都很有特点，尤其“市场化、国际化、品牌化”的经营特色令人深受启发。

在建的深圳湾体育中心明年将作为第 26 届世界大学生运动会闭幕式的举办场地。该中心占地 30.77 公顷，建筑面积达 33.5 万平方米，以 BOT 的模式交由华润集团具体负责投资、建设和运营。马飚一行现场参观了主体育场的施工建设，其“春茧”造型别具一格。设计 1.3 万个座位的体育馆建成后将是深圳最大的现代化综合体育馆，能举办各种大型体育、文化活动。华润深圳湾发展有限公司负责人介绍说，在全力加快项目建设进度的同时，公司已经开始策划大运会结束后的一系列大型文化体育活动，将借鉴洛杉矶斯台普斯球馆等成功运作模式，全力打造一个融体育、文化、酒店、会展等一体的现代体育产业。马飚对此表示赞赏，强调发展广西体育产业也要做好上下游产业的配套，努力形成规模效应和集聚效应。

在深圳华南城，马飚详细了解规划、建设、招商、运营等情况。该项目规划建筑面积达 260 万平方米，既是一个超大规模的工业原料及成品展示交易中心，也是一个现代综合商贸物流城。有关负责人介绍说，“珠三角地区的 11 个主要产业所需的原材料都能在华南城的 5 大交易中心找到，大大降低了采购成本。”马飚十分关注华南城南宁项目的建设，得知今年中国一东盟博览会期间在南宁华南城举办的中国一东盟轻工产品展览会吸引了 30 多万人观展，他十分高兴，勉励南宁华南城加快建设，共同把中国一东盟博览会打造成永不落幕的展览会。

在考察过程中，马飚指出，发展现代产业是“十二五”时期我区加快转变经济发展方式的重要途径以及主要内容。我们要学习发达地区的好经验、好做法，大力发展文化产业、体育产业、会展服务业等现代产业，积极适应需求结构调整和消费升级新变化，努力提高经济增长的质量、效益和综合竞争力，不断打造新的经济增长点。

在粤期间，马飚一行还考察了广州亚运场馆、广州大剧院等文化、体育项目。

自治区副主席高雄、李康，自治区政府秘书长王跃飞等一同考察。

（罗　猛）

马飚勉励重点工程项目建设者把广西体育中心建设成标志性工程

广西日报·2010—2—9

2月2日上午，自治区主席马飚赶往自治区重点项目、广西体育中心建设工地，视察项目建设进展情况，问候奋战在建设一线的工程建设者，给他们送上新春祝福。

广西体育中心是自治区重点项目，一期工程主体育场的土建、钢结构、屋面施工已全部完成，目前正在进行室内装修和设备安装调试，二、三期项目前期工作也已完成。马飚一边听取汇报，一边健步走进主体育场内，看着巨大的钢结构建筑和已经安装好的红黄蓝三色座椅，他连声称赞。他要求南宁市有关部门组织市民游览重点项目。马飚对项目建设作出指示，要求加快建设进度，确保今年6月验收使用，确保满足举办大型活动的需求；坚持环境同步治理，做好周边环境的绿化、美化和亮化；及早策划大型赛事和文体活动，打出广西体育中心的名气，尽快积累人气。

在与项目业主和工人代表一一握手后，马飚说，今天我代表自治区党委、政府来看望奋战在重点项目建设一线的建设者，给大家拜年。同志们辛苦了，祝大家新春愉快、工作顺利、阖家幸福、万事顺意。在刚刚过去的一年，广西取得了应对国际金融危机的明显成效，创造了多项指标排在全国前列的优异成绩。这些成绩的取得，离不开党中央的正确领导，离不开全区上下的共同努力，离不开广大建设者们的辛勤劳动和卓越奉献。希望大家坚守岗位、再接再厉，抓质量，抓速度，争取把广西体育中心建设成为我区又一个标志性工程。

自治区党委常委、南宁市委书记车荣福，自治区政府秘书长王跃飞等一同视察慰问。

（罗　猛）

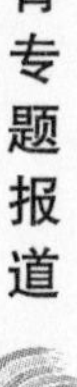

首届中国一东盟体育产业发展论坛开幕 李康出席开幕式并致辞

广西日报·2010—12—06

中国一东盟自由贸易区如期建成给中国与东盟合作带来了更多新机遇。12 月 5 日上午，首届中国一东盟体育产业发展论坛在平果开幕，来自东盟国家以及国内和台湾地区体育产业领域的官员、专家、学者齐聚一堂，围绕“体育产业一中国与东盟经济发展的新动力”这一主题进行研讨。论坛的举行不但为广西的体育产业发展支招，更为中国一东盟体育产业合作发展建言。

自治区副主席李康在开幕式上致辞时说，此举必将进一步拓展中国与东盟各国交流合作的领域，提高双方合作的层次和水平。

李康说，体育产业作为朝阳产业，能带来巨大的社会效益和经济效益，加强体育产业的交流合作意义重大。中国一东盟国际汽车拉力赛、中国一东盟男子篮球邀请赛等一系列国际赛事的成功举办，推动了中国与东盟体育文化交流活动的全面开展。体育产业论坛无疑为双方提供了一个全新的交流平台，合作的层次和水平将进一步提高，体育产业在中国与东盟合作中大有可为。

自治区体育局局长容小宁在主题演讲时说，本次论坛在国家体育总局的指导及自治区政府的重视下举办，东盟各国响应热烈，令人振奋。他认为，体育产业已成为新兴的低碳环保产业，大力发展体育产业是一个国家和地区转变经济发展方式、推动经济结构调整、构建现代产业体系的有效途径。在“共享新机遇，共创新优势”下由务虚到务实迈进，不但虚实结合，更要长期与短期结合，拓宽合作领域。

缅甸体育部副司长吴觉梭敏认为，体育彰显公平、合作与团队精神，体育产业在中国与东盟经济发展与合作中的作用将越来越明显。

中国体育科学学会体育产业分会副秘书长刘清早说，论坛传递了广西在调整产业结构、转变发展方式，发展地方经济的信号。他希望能够充分整合中国一东盟体育资源，打造自主品牌赛事。

本届论坛为期两天，围绕五大议题展开：中国一东盟经济合作中发展体育产业的价值与作用、中国一东盟体育产业发展的机遇与挑战、体育产业与旅游产业发展的互动关系、体育培训业的国际合作、中国一东盟跨国体育赛事的经营与合作。

国家体育总局原副局长、中国老年人体育协会主席张发强，老挝驻南宁总领事馆总领事潘坎·尹他波里，缅甸驻南宁总领事馆副总领事古杰出席开幕式。

应邀出席论坛的还有来自新加坡、马来西亚、泰国、越南、缅甸、老挝、印度尼西亚等国，及北京、上海、广东、四川、福建、中国台湾等地的专家、企业家及广西有关部门、14 个市和 50 个县、区体育局、文体局的负责人等 200 多人。

本次论坛由自治区体育局和百色市人民政府主办，平果县人民政府与广西体育高等专科学校联合承办。下图：自治区副主席李康(左八)和各国嘉宾在开幕式上。

(覃宝先　莫迪)

开启体育产业发展新局面

——访自治区体育局局长容小宁

广西日报·2010—12—8

12月5日至6日，首届中国一东盟体育产业发展论坛在平果县成功举行，专家学者就体育产业的发展、合作、交流进行了广泛深入的探讨，取得了许多共识，影响深远。围绕广西体育产业发展、中国一东盟体育产业合作等问题，记者采访了自治区体育局局长容小宁。

记者：陆永、劳义代表广西的竞技体育，“万”村篮球大赛、“万”人气排球大赛是广西群众体育的品牌，作为体育事业的“三驾马车”之一——体育产业的现状如何？

容小宁：广西体育事业全面发展，体育产业化进程逐步加快，成效明显。一是制定了一系列体育产业规划和政策。按照自治区党委、自治区人民政府重振广西体育雄风的战略部署，我们研究制定了《广西体育产业发展规划》、《关于加快发展体育产业的实施意见》、《广西基本公共体育设施发展建设规划》等一批重大政策文件，明确了广西今后一段时期体育产业的发展目标、重点任务、保障措施。二是建设了一大批体育产业工程。规划或启动建设了广西体育产业城、南宁李宁体育园、平果体育产业园等一批体育产业示范园区，以及广西体育中心、柳州市游泳馆、北海市北部湾体育中心、钦州市体育中心等一批大型公共体育场馆设施。“十一五”时期广西体育行业固定资产投资达35亿元，相当于前十个五年计划体育行业固定资产投资的总和。三是举办了一系列体育精品赛事。成功举办了中国一东盟国际汽车拉力赛、中国一东盟龙舟邀请赛、柳州世界水上极速运动大赛、2010年南宁“中国石化杯”国际田联世界半程马拉松锦标赛等有影响力的国际赛事。四是培育了一批体育市场主体。我们紧紧抓住北部湾经济区开放开发和中国一东盟自由贸易区建成运行的有利时机，不断扩大招商引资规模，放宽市场准入条件，培植中小型体育企业，扶持华蓝围棋俱乐部、柳州水上摩托艇俱乐部等一批职业俱乐部建设，大力引导和扶持社会健身场馆做大做强，努力培育一批知名体育市场品牌。五是培养了一支体育产业人才队伍。我们通过选送外派、学者交流、在职教育、定期研修等渠道，不断提高广西体育产业人才队伍的整体素质。

广西体育产业的发展取得了明显成效，但问题也不少。广西体育产业规模尚小，投入偏少，实力较弱，人才短缺，效益不高，仍处于起步发展阶段。特别是产业意识薄弱、体育用品制造业基本空白、体育竞赛表演市场有待开发、体育产业的区域及城乡发展不平衡、体育产业结构不合理、缺乏政策的有效支持、体育产业的供给与市场需求脱节等矛盾比较突出，需要我们进一步挖掘优势、整合资源、抢抓机遇、加快发展。

记者：随着中国一东盟交流合作日益密切，中国一东盟体育产业发展面临什么样的机遇？前景如何？

容小宁：机遇前所未有，前景十分美好。主要的机遇有：一是中国一东盟对话关系迎来20周年。2011年是中国一东盟建立对话关系20周年，以“中国一东盟对话关系20周年”为契机，国家和广西在举办一系列庆祝活动的同时，进一步推进中国一东盟各领域的开放合作。二是中国一东盟自由贸易区建成运行。中国一东盟自由贸易区是一个拥有19亿消费

者、近6万亿美元国内生产总值、4.5万亿美元贸易总量的世界第三大自由贸易区。三是国家实施体育强国战略。在北京奥运会后，我国确立了由体育大国向体育强国迈进的发展目标。四是自治区实施重振广西体育雄风战略。广西从实现富民强桂的战略高度，提出了重振广西体育雄风的决策部署，为新时期广西体育事业全面发展绘制了蓝图。众多难得的机遇为广西的体育产业发展与交流注入了活力。

记者：面对新机遇，广西有何新动作？

容小宁：抓住机遇，扎实推进，务求实效。(一)培育特色项目，不断拓展体育产业领域的合作。利用广西"山、海、河"的自然条件及独特的民族体育资源优势，发展体育休闲旅游，组织开展户外山地运动、探险体验、赛艇海钓等经营活动，建设一批国际化体育产业。邀请东盟国家在广西共同建设中国一东盟体育用品集散、展示和商务中心，打造中国一东盟体育产业发展的新高地。(二)建议相关各方共同努力，积极推动机制建设，争取把中国一东盟体育产业项目上升为中国一东盟"10＋1"框架下的交流合作项目。(三)举办中国一东盟体育产业论坛，构建体育产业交流合作的新机制。建议每年在中国一东盟博览会与商务投资峰会期间或前后，举办中国一东盟体育产业论坛，邀请中国与东盟国家政府官员、专家学者、企业名家共同研讨，深化共识，扩大宣传，提升影响，使其成为中国与东盟国家体育产业交流、研讨、洽谈、合作的重要平台，打造富有国际区域特色的体育产业会展品牌。(四)办好中国一东盟系列赛事活动。举办中国一东盟武术节，并继续办好中国一东盟国际汽车拉力赛、中国一东盟篮球邀请赛等赛事。通过举办中国一东盟系列赛事活动，为中国一东盟了解世界体育竞赛、表演产业提供重要契机，也给世界各国了解中国一东盟体育产业发展打开一扇窗口。(五)构建服务中国一东盟体育产业发展的新平台。充分发挥已成立的中国一东盟体育交流合作中心、中国一东盟体育信息中心的功能和作用，积极筹建中国一东盟体育人力资源培训中心，开展中国一东盟体育人力培训，打造中国一东盟时尚化的运动和休闲基地。

（覃宝先　莫迪）

运动场所:广西亟待完善的“短腿”

——对我区体育基础建设现状的调查

广西日报·2010—3—26

大学毕业后到桂北某县城工作已有大半年了,罗林依然有些不适应新的环境,原因之一便是偌大的县城几乎找不到像样的体育锻炼场所,这让喜欢运动的他觉得憋闷。3月11日,记者从自治区政协教科文卫体委员会了解到,2009年,该委员会和自治区体育局联合组成调研组做了一次深入的调研,发现我区体育基础建设总体比较落后,建设步伐亟待加快。

投入不足基础薄弱

现象:全区各级业余体校数量日益减少,县级基层业余体校从原来的每县一所,减少至不足原来的40%。这仅剩的59所业余体校中,绝大多数的训练场地非常简陋,其中21所业余体校没有专业训练场地,24所业余体校的专业训练场地属于危旧房。

数据:“十五”以来,我区的体育事业经费和体育基建投资,无论是总额还是人均,在全国排名均落后于大多数省区,与我区的经济社会发展水平不相适应。如2008年,我区人均GDP14966元,在全国排名第18位,全区财政人均体育支出17.05元,在全国排第26位;全区人均体育场地面积0.73平方米,与全国人均1.02平方米相比,落后28个百分点;70%的地级市没有公共体育活动中心,70%的县乡没有体育设施。

纵深:体育投入严重不足,使我区体育基础设施数量偏少、条件简陋、功能单一且业余体校萎缩。调查显示,河池、百色、来宾、崇左、防城港、北海、钦州、贵港、贺州等市的每万人拥有体育场地数、人均体育场地面积都远低于全区平均水平,市县(区)两级体育设施均未达到国家体育总局规定的基本要求。自治区本级体育设施多建于上世纪六、七十年代,在全国各省区市体育设施排名中非常靠后;我区各地级市的体育设施,除南宁、柳州、桂林、玉林四市外,其他地级市的体育设施也多建于上世纪70、80年代,因年久失修大多破旧不堪;分布在广大乡村的体育设施远不能满足基层群众的需求。在我区现有的43355个体育场地中,只有61个设施完善的体育场,占总数的1.4?,而功能较单一的体育场地数量较多,其中篮球场占比例高达80%,这对我区争办大型综合性运动会,发展“短、小、灵、水”优势竞技体育项目非常不利。

差距拉大场地紧缺

现象:百色市原有1个市本级灯光球场、3个市本级游泳池、11个县级灯光球场、21个县级游泳池,到2008年,市本级的灯光球场和游泳池都已不存在了,仅剩4个县级灯光球场、两个县级游泳池。

数据:据第五次全国场地普查显示,全区近50%的体育场地分布在南宁、桂林、柳州、玉林、贵港五市。南宁市作为自治区首府,更是占据了近20%的场地资源。在南宁市、柳州市,市区人均体育场地面积分别为:1.5平方米和1.35平方米,而乡村人均拥有场地面积仅分别为0.4平方米和0.3平方米,相差比例分别是3.75:1和4.5:1。

纵深:随着城市建设和经济发展,经济较发达地区与经济相对落后地区所拥有的公共体育设施差距拉大,而城市与乡村之间的公共体育设施差距也日益加大。一些经济落后地区,特别是红水河流域少数民族聚居地区,拥有全区1/3的人口,是我区最重要的民族文化

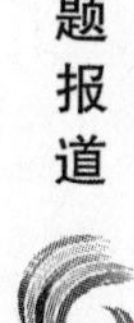

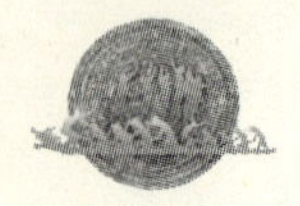

及民族体育发源地，但体育设施建设滞后，传统体育和民族体育培养基地较少，民族体育的可持续发展缺乏必要的物质基础。而由于城市发展和规划调整，我区公共体育设施经常被侵占、蚕食。

加快建设时不我待

《国务院关于进一步促进广西经济社会发展的若干意见》中明确提出，要大力发展文化体育事业。而我区 2009 年的《政府工作报告》中提出要“实施重振广西体育雄风行动计划”。有关部门也明确表示，力争用 5 年左右的时间，把广西建设成为体育先进省(区)、西部体育产业示范区、民族体育保护开发实验区、区域性国际体育对外交流中心。

我区体育基础建设有待进一步加强。围绕如何加快建设，自治区政协教科文卫体委员会在《关于加快推进广西体育基础设施建设的提案》中提出三点建议：——强化政府主导和监管。应尽快组织有关部门研究建立科学合理的公共服务考核评价制度，把包括公共体育服务和基础设施在内的社会事业发展建设纳入各级政府政绩考核体系，建立体育公共服务投入和项目建设绩效评估制度，并加强公共服务全过程的监督管理。

——强化规划意识，制定和完善各级体育设施建设规划。要坚持规划先行，根据国家相关法规制定公共体育设施建设规划，合理配置公共体育设施资源，完善公共体育设施布局体系，并将公共体育设施的建设、管理纳入规范化、法制化轨道。在制定各级公共体育设施发展和布局规划的同时，建议各级政府将各级规划纳入本级“十二五”国民经济与社会发展规划当中，作为专项规划颁布执行，强化其法律地位，并严格依法行政。

——完善投入机制。明确投资主渠道，提供制度性保障，各级政府应按照“分级财政、分级负担”以及事权与财权相统一的原则，集中财力重点扶持农民体育健身工程的实施和县级以上重点体育设施的建设与维修改造。多渠道筹措资金，研究制定出台鼓励和引导社会资金投入体育设施建设的相关政策，加快多元化投资格局的形成。引入市场机制，建立体育设施管理运营的长效机制。出台新的广西体育场地管理条例，依法保障我区体育事业发展。

如今，柳州李宁体育馆、南宁李宁体育园等一批大型的体育场所建设如火如荼。正视现状的不足，紧抓发展的时机，我区的体育事业将会有更大发展。

(简文湘)

第二届广西体育节再掀全民健身高潮
7大活动板块兼具民族性、大众化、时尚化、国际化、市场化

广西日报·2010—8—4

时间由第一届的50天增至100天，参与者由835万预计增加到1000万，活动内容更贴近群众更时尚更好玩。8月3日上午，第二届广西体育节组委会副主任、自治区体育局局长容小宁在南宁宣布，于8月8日开幕的第二届广西体育节，将以“人人运动，健康广西”为主题再掀全民健身高潮。

“生活奔小康，身体要健康”。本着“群众体育要在全民上做文章，在健身上下工夫”的理念，第二届广西体育节在活动安排上匠心独具：7大板块60多项重点活动兼具民族性、大众化、时尚化、国际化、市场化。

7大板块全民总动员

为期100天的第二届广西体育节共设7大板块60多项重点活动，即民族体育全民健身系列活动、农民体育全民健身系列活动、青少年体育全民健身系列活动、广西各协会全民健身系列活动、中国一东盟全民健身系列活动、网上体育节系列活动及特别行动计划板块。

“民族体育全民健身系列活动”板块主要活动有第二届广西“红水河杯”绣排球赛、命名首批广西民族体育特色之乡等。

“农民体育全民健身系列活动”板块主要活动有广西全国体育先进县农民篮球赛、国家乡镇农民体育健身工程试点社会体育指导员培训交流大会等。

“青少年体育全民健身系列活动”板块主要活动有全区千万中小学生广播操大赛、全区体育传统项目学校足球、篮球、乒乓球锦标赛等。

“广西各协会全民健身系列活动”板块主要活动有广西男子篮球联赛（GBL）、全区千人垂钓大赛、海峡两岸水上摩托运动（交流）表演赛等。

“中国一东盟全民健身系列活动”板块主要活动有“和谐之旅”中越汽车跨国集结赛、中国一东盟女子足球赛、中国一东盟太极一家亲交流大会、中国一东盟国际围棋邀请赛、中国广西一越南广宁高尔夫对抗赛、中国一东盟国际汽车拉力赛暨第二届广西体育节“卡雷拉路轨赛车全国车王争霸赛”。

“网上体育节系列活动”板块主要活动有网络健身歌曲征集令、健康养身推荐频道、健身保健金点子。

“特别行动计划”板块主要活动有广西全民健身高峰论坛、第二届广西城乡万人气排球赛等。

“一性四化”“节节”高

针对上述活动安排，容小宁在新闻发布会上总结出第二届广西体育节的民族性、大众化、时尚化、国际化、市场化（即“一性四化”）特点。并称本届体育节无论活动规模、参与人数、活动时间、办节水平等都将超过上届。

民族性——活动具有浓郁民族特色。第二届广西体育节注重挖掘和整理少数民族传统体育文化资源，尤其是通过开展民族体育进校园，命名民族体育特色之乡、民族体育传承馆、民族体育传承人等活动，有效地传承保护我区少数民族传统体育文化。

大众化——活动适应社会广泛参与。第二届广西体育节继续坚持大型集中活动与小

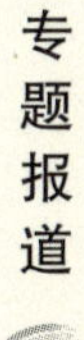

型多样的经常性活动相结合，设置了丰富多样的全民健身活动项目，适应各行业领域、各年龄段人群的广泛参与。既有农民群众喜闻乐见的篮球赛、趣味运动会等，又有青少年人群喜欢的羽毛球赛、啦啦操赛等，实现全区各族人民群众的广泛参与。

时尚化——活动突出时代特征。第二届广西体育节设置了“网上体育节”板块，并安排了攀岩、漂流、自行车骑行、汽车越野等现代生活中流行的体育休闲活动，从组织形式到活动内容都有机融合了时尚元素。

国际化——活动凸显东盟特色。第二届广西体育节设置了“中国一东盟全民健身系列活动”，安排了十多项面向东盟的赛事活动，如中越汽车跨国集结赛，中国一东盟女子足球赛，中国广西一越南广宁高尔夫对抗赛，中国一东盟太极一家亲交流大会等。

市场化——推动活动市场运作。6 月上旬，第二届广西体育节项目推介会，区内外 20 多家知名企业参加了推介会，签订了合作框架协议书，意向投资金额 436 万元和 300 套比赛服装。

（莫迪　覃理）

第二届广西体育节圆满落幕
100 天近千万人参加健身活动

广西日报·2010—11—19

11 月 18 日上午，第二届广西体育节闭幕式在广西体育馆隆重举行，标志着为期 100 天的第二届广西体育节圆满完成了各项任务，落下帷幕。

每年一度的广西体育节已经成为广西全民的节日、群众体育的盛会。在体育节 100 天的时间里，全区各地围绕“人人运动，健康广西”的主题，组织开展了丰富多彩、贴近生活、方便群众的各种健身活动，尤其是万人气排球赛、万人拔河锦标赛、万人健身走等活动，集中一个时段、集合多方力量组织群众健身，开创了我区全民健身的盛世景象。据不完全统计，体育节期间，全区有近千万人参加了各项健身活动。

闭幕式上，体育节组委会授予了自治区体育局等 37 个单位第二届广西体育节“优秀组织单位”称号，授予广西体育彩票管理中心等 22 个单位第二届广西体育节“特别贡献单位”称号，授予广西日报社等 10 个单位第二届广西体育节“优秀新闻单位”称号。

体育节组委会副主任容小宁表示，今后将认真贯彻落实《全民健身条例》和自治区党委、自治区人民政府关于重振广西雄风的战略决策，不断解放思想，开拓创新，继续办好广西体育节，力争把广西体育节打造成全民健身的新品牌，展示广西形象的新名片。

（覃 理）

我区命名首批民族体育特色之乡、民族体育传承馆、民族体育传承人 保护传承民族体育有名有分

广西日报·2010—12—31

经自治区专家委员会评审，自治区体育局日前将一批为保护传承少数民族传统体育文化作出重大贡献的地区、单位、个人，命名为首批广西壮族自治区民族体育特色之乡、民族体育传承馆、民族体育传承人。

为深入贯彻落实《全民健身条例》和自治区党委、自治区人民政府关于重振广西体育雄风、实现民族体育传承保护有新进展的决策部署，根据国家和自治区有关规定，经过市、县体育部门初审、自治区专家委员会评审、自治区体育局核审，南宁市马山县等17个地区被命名为“广西壮族自治区民族体育特色之乡”，河池市南丹县里湖瑶族乡白裤瑶文化体育传承馆等6个单位被命名为“广西壮族自治区民族体育传承馆”，盘振松等20人被命名为“广西壮族自治区民族体育传承人”。

这些被命名的地区、单位和个人承载并传承着我区少数民族传统体育的优秀文化和精湛技艺，是我区非物质文化遗产活的宝库。正式为其命名旨在更好地保护、传承少数民族传统体育文化，为我区创建国家少数民族传统体育保护传承示范区、实现重振广西体育雄风夯实基础。

我区同时还对“民族体育特色之乡”、“民族体育传承馆”、“民族体育传承人”实行动态管理，五年复核一次，对不再符合命名条件的要限期整改，到期仍然没有明显改善的，自治区体育局将取消其命名称号。

（覃 理）

2011 年

第三届广西体育节在来宾市闭幕逾百万人参加

中国新闻社·2011—12—21

历时 3 个多月的第三届广西体育节 12 月 20 日晚在体操王子李宁的家乡——广西来宾市闭幕

出席闭幕式的广西壮族自治区副主席李康介绍，第三届广西体育节期间，广西各地群众踊跃参与，全民健身氛围浓厚。据主办方统计，第三届广西体育节期间，广西全区共举办了近千场（次）赛事活动，1059850 人直接参与了体育节活动，现场观众达 8726878 人。

本届体育节以“科学健身，幸福一生”为主题，活动内涵更加丰富、涉及范围更加广泛。体育节设置体育比赛、健身活动、交流互动、体质测试、专家讲座、健身论坛、展示评选等系列活动，涉及健身走、长跑、民族健身操、体育舞蹈、钓鱼、绣排球、气排球、乒乓球、羽毛球、篮球等 30 多个运动项目，覆盖机关干部、社区居民、农村居民、企事业单位职工、少数民族、青少年、中老年、残疾人等不同群体。

第三届广西体育节 2011 年 8 月 8 日开幕，由国家体育总局指导，广西壮族自治区人民政府主办，广西壮族自治区体育局等 26 个中直、区直部门和 14 个市人民政府作为承办单位。

（王 雪）

第三届广西体育节凸显“全民运动”

中国财经新闻·2011—8—18

8月8日，以“科学健身幸福一生”为主题的第三届广西体育节南宁市主会场开幕式在南宁市李宁体育园举行。本届广西体育节从8月8日至11月8日在广西范围内举行，为期90多天。

为深入贯彻落实《全民健身条例》、《全民健身计划（2011－2015年）》，广泛深入开展全民健身运动，丰富人民群众精神文化生活，按照自治区人民政府每年举办一届“广西体育节”的决定，本届体育节由自治区人民政府主办，26个中直、区直部门和14个市人民政府承办。

本届广西体育节主会场设在南宁市李宁体育园。开幕式上，自治区领导出席并与首府5000多名各界群众共同参加健身走活动，各市在分会场同时举行开幕式表演活动和全民健身示范性活动。另外，还邀请到台湾花莲县教育体育代表团一行30人参与第三届广西体育节的开幕式活动，并在接下来的几天时间里，与广西群众代表进行多场体育交流赛事活动。

第三届广西体育节将设置赛事、活动、辅助等三大板块，自治区重点赛事活动40多项，市、县（市、区）级赛事活动有200多项，基层体育活动千余项，预计全区各地有上百万人参加体育节活动，呈现出“全区联动，全民运动”的体育健身热潮。

自治区体育局局长容小宁对第二届广西体育节进行了回顾。他表示，第二届广西体育节所产生的社会效果，充分印证了自治区党委、自治区人民政府作出“每年举办一届广西体育节”的决策，是一项务实、高效的重大举措，具有重要的战略意义，同时举办第三届广西体育节面临新的发展形势，承载着新的历史任务。

第三届广西体育节继承和延续了前两届民族性、大众化、时尚化、国际化、市场化的办节特点，同时又增添了新的时代特征。较前两届体育节相比，第三届广西体育节活动内涵更加丰富，涉及范围更加广泛，重点突出了体育、文化、科研、休闲、民族、海洋、东盟、民俗、知青、红色等元素，设置了体育比赛、健身活动、交流互动、体质测试、专家讲座、健身论坛、展示评选等系列活动，涵盖健身走、长跑、民族健身操、体育舞蹈、钓鱼、绣排球、气排球、乒乓球、羽毛球、篮球等30多个运动项目，涉及机关干部、社区居民、农村居民、企事业单位职工、少数民族、青少年、中老年、残疾人等不同人群。

（陈虹冰）

刘鹏在南宁考察调研马飚等陪同考察

广西日报·2011—9—15

9月14日，国家体育总局局长、党组书记刘鹏在自治区主席马飚陪同下先后考察广西体育中心、李宁体育园等，对广西重视发展体育事业和产业、不断改善体育设施水平、造福广大人民群众的做法给予高度评价。

刘鹏首先参观广西体育中心，听取广西体育产业城的规划建设情况介绍。广西体育产业城规划建设有广西体育中心、广西奥林匹克训练基地、广西体育运动教育基地、中国一东盟体育交流合作实验区和广西智力运动产业园等。广西体育中心是广西体育产业城的核心项目，一期主体育场工程于去年8月投入使用，二期工程包括体育馆、游泳跳水馆、网球中心，目前正抓紧施工，计划明年8月竣工。当了解到南宁市已成功申办2014年世界体操锦标赛，届时广西体育中心体育馆将作为主场馆，刘鹏表示祝贺。他详细了解场馆的设计、施工、管理运营等情况，称赞主体育场、体育馆、游泳跳水馆、网球中心的设计造型很有特点，水平很高，很有品位。

刘鹏希望进一步做好场馆周边的配套，多策划组织各类比赛和活动，在保证场馆正常运营的基础上努力创造更大的效益。

在李宁体育园，刘鹏、马飚一行参观了羽毛球馆、乒乓球馆、综合馆、户外运动场、游泳馆等。李宁体育园目前已建成室内运动场1.85万平方米、户外运动场21万平方米，完成室外景观绿化23万平方米。自从今年1月开园以来，李宁体育园每月入园人数达8万至10万人次，吸纳会员5000人。每到晚上及节假日，李宁体育园挤满运动健身爱好者和休闲的市民，已成为首府最热闹的体育运动休闲健身乐园。

刘鹏对李宁体育园的设计、建设、运营、管理给予高度评价。他说："李宁体育园是一个全民健身的活动中心，是为百姓健身提供服务的场所。其建设充分体现了政府引导、社会参与，是一个成功的模式。体育园在设计上最大限度地利用了建筑面积，可使用的有效面积比例很高，消费水平也控制在老百姓能接受的范围内，这是真正地造福百姓。"刘鹏还参观了南宁国际会展中心，听取了南宁市建设"中国水城"的规划设计构想，对南宁市不断改善人居环境、促进城市可持续发展表示赞赏。

自治区领导沈北海、车荣福、李康，自治区政府秘书长王跃飞等陪同考察。

（罗　猛）

承时代潮流塑体育强区展全民健身冀重振雄风

——专访广西壮族自治区体育局局长容小宁

广西日报·2011—8—4

2006年以来，广西群众体育事业持续健康发展，城乡基层公共体育设施显著增加，群众性体育活动广泛开展，全民健身意识普遍增强，群众身体素质和健康水平不断提高，具有广西特色的全民健身公共服务体系正在逐渐形成。

目前，围绕重振广西体育雄风、建设西部体育强区的战略目标，广西积极探索建立全民健身长效机制，谋划群众体育跨越式发展。即将出台的《全民健身实施计划（2011－2015年）》，为我们描绘了广西群众体育事业未来五年的发展蓝图。在第三届广西体育节开幕前夕，新华社记者闫祥岭、侯巍对广西壮族自治区体育局局长容小宁进行了专访。

夯实基础　城乡公共体育设施建设全方位推进

记者：广西全民健身事业蓬勃发展，不少领域已经走在了全国前列。完善的公共体育设施是开展全民健身运动的基础，近年来广西城乡公共体育设施建设情况如何，取得了哪些成效？

容小宁：广西这些年来以特色工程为龙头，全方位推进城乡公共体育设施建设。“十一五”以来，国家支持和自治区财政安排共计2.28亿多元，新建农民体育健身工程5635个、乡镇农民体育健身工程142个、全民健身路径工程484个、雪炭工程16个。各类体育公园、体育广场、健身活动中心、户外营地等公共体育设施大幅增加。人均体育场地面积比“十五”期末有了显著增加。

特别是2009年以来，自治区体育局以科学发展观为统领，立足区情，把握机遇，突出特色，科学编制并组织实施了《中国（广西）红水河流域民族体育工程规划纲要》、《中越边境（广西）全民健身工程规划纲要》。这两个工程得到了自治区政府的高度重视，将其列为重点工程，安排专项经费予以支持。国家体育总局也给予了充分肯定，将其列为重点支持项目，每年拨付专项经费，并将广西列人国家级乡镇农民体育健身工程试点省区，积极协调国家发改委、财政部，将这两个工程的内容列入《国务院关于进一步促进广西经济社会发展的若干意见》。

“十一五”时期，广西体育行业固定资产投资达到47亿元，超过了前十个五年计划体育行业固定资产投资的总和，规划或启动建设了广西体育城、广西体育中心、南宁李宁体育园、玉林体育中心、钦州体育中心、来宾农民体育馆等一大批公共体育场馆，进一步完善了城乡基层公共体育设施，为广大人民群众提供了更多更好的公共体育产品和服务。

突破难点　农村公共体育服务体系建设成效显著

记者：农村体育发展情况越来越受到社会关注，在农村人口数量比重较大的广西，农村体育的发展更是关系到广西体育发展的全局。目前广西农村公共体育服务体系建设进展到什么程度，有哪些亮点？

容小宁：整体上说，广西在农村公共体育服务体系建设领域，以来宾模式为示范，采取多种措施，深入完善这一体系。

在加强农村公共体育设施建设的基础上，自治区体育局重点支持和指导来宾市探索农村公共体育服务发展道路，以篮球场建设为突破口，在广西率先推进村级公共服务中心试点建设，即整合体育、科技、文化、教育、卫生等村级社会事业项目的建设内容和建设资金，每个村级公共服务中心建设一个灯光篮球场、一个文艺舞台、一栋社会服务综合楼，组建一支农民篮球队、一支农民文艺队。大大改善了农村公共服务设施，为广大人民群众特别是农村群众提供了优质的体育场地设施和便捷的公共体育服务，形成了发展农村公共服务的“来宾模式”，即政府主导、创新机制、整合资源、科学规划、全民参与、共建共享，调动各方力量，形成合力，高标准、高质量、高效率地推进农村公共服务设施建设。

此外，自治区体育局积极推荐来宾市为全国全民健身示范城市试点，得到了国家体育总局群体司的认可。同时，在自治区副主席李康的关心指导下，按照国家有关标准，从广西实际出发，自治区体育局编制了《广西农村公共服务中心建设工程指导手册》，包括《建设实用手册》、《政策法规文件汇编》、《建设图集》、《效果图集》4 册，统一设计灯光篮球场、乒乓球活动场地、健身活动场地以及综合楼，从建设内容、建筑外观及功能等方面统筹规划，进行科学指导。这套指导手册的编制在全国尚属首例，得到了国家发改委、财政部的肯定。

全民参与运动项目丰富多彩记者：树立全民健身理念，需要具体体育运动项目作为支撑，广西近年来从贴近百姓、贴近生活、保持民族特色和地域特色等角度出发，打造了一系列有影响的运动品牌和项目，请介绍一下这方面的成果。

容小宁：目前，广西以万人项目为载体，突出参与性和趣味性，兼顾竞技性和产业化，采取多种方式来丰富城乡基层群众体育内涵，已经成功打造了万村农民篮球赛、城乡万人气排球赛、“红水河杯”绣排球赛、广西体育节等多项品牌活动。

每年举办一届的广西体育节，每两年举办一届的广西万村农民篮球赛、广西城乡万人气排球赛已成为享誉全国的三大品牌。羽毛球、自行车、龙舟、游泳、舞龙、舞狮、长跑、门球等项目赛事活动已成为广西各族人民群众精神文化生活中不可或缺的一部分。通过品牌活动的带动，贴近百姓、贴近生活、具有浓郁民族和地域特色的全民健身活动层出不穷，群众参与广泛。

以第二届广西体育节为例，设置 7 大板块 60 多项自治区重点活动，广西各市、县（市、区）、乡镇（街道）围绕“人人运动，健康广西”的主题，组织了 434 项群众体育活动。据统计，体育节期间，广西约有 66 万人直接参加了体育节赛事活动，现场参与观众达到 700 多万人次。

此外，经自治区政府常务会决定，广西机关、企事业单位及各相关行业领域将恢复工间（前）操制度，大力开展广播操活动，进一步丰富职工体育活动。

建设示范区　开创广西全民健身发展新局面

记者：在完善全民健身公共服务体系方面，广西已经在多个方面取得了丰富成果，且仍在从多个途径进行完善，请介绍一下广西目前在这方面正在做哪些探索？

容小宁：未来五年，我们将通过创建国家民族地区全民健身示范区、国家少数民族传统体育保护传承示范区，进一步探索健全和完善全民健身公共服务体系的有效途径，推动我区全民健身事业实现新发展、开创新局面。

目前，国家民族地区全民健身示范区建设已经完成调研、研讨等前期工作，形成了较为科学、完整的创建方案和创建标准，正在进一步征求有关部门、专家学者的意见和建议。

建设国家民族地区全民健身示范区的目标任务是，未来五年，围绕形成覆盖城乡比较健全的全民健身公共服务体系，建立 4 个体系、2 个机制。

一是建立比较完善的全民健身设施网络体系，以大型公共体育场馆设施为骨干，以城乡基层公共体育设施为基础，构建覆盖城乡、结构合理、功能健全、实用高效的基本公共体

育设施市、县（区）、街道（乡镇）、社区（行政村）四级体系；二是建立比较完善的全民健身组织支撑体系，健全各级体育组织，加强人才队伍建设，形成政府体育部门宏观管理、各类体育协会指导发展的全民健身服务组织体系；三是建立比较完善的全民健身服务供给体系，明确全民健身服务供给主体、方式、渠道，不断引入市场元素，推动全民健身的社会化和市场化运作；四是建立比较完善的全民健身经费保障体系，实现全民健身经费列入政府财政预算，并随当地经济社会发展逐步提高，保证体彩公益金按政策规定足额用于全民健身，引导社会力量兴办全民健身；五是建立全民健身服务绩效评估机制，制定并实施各级各类体育社会团体的服务标准和评估标准，形成政府、社会、服务群体共同参与的监督管理体系，切实提高全民健身服务能力和水平；六是建立全民健身成果资源共享机制，加强课题研究，完善政策法规，形成推进全民健身发展、共享全民健身成果资源的长效机制。

建设国家少数民族传统体育保护传承示范区的主要任务和内容：一是实施分类指导、动态管理，建设一批少数民族传统体育文化生态保护区；二是建立健全广西少数民族传统体育保护工作机制；三是开展民族传统体育系列保护传承活动；四是建设一批民族体育特色之乡、民族体育传承馆，培养一批民族体育传承人；五是夯实少数民族传统体育基础设施。

在加强民族传统体育保护传承方面，广西已经取得了阶段性的成效。一是大力开展局校合作，与广西民族大学签订共建协议，挂牌成立了广西民族体育研究发展中心，与广西师范大学签订共建协议，挂牌成立了广西民族体育产业研究发展中心，并积极推进“两个中心”开展工作，挖掘整理广西少数民族传统体育文化。二是开展民族体育特色之乡、民族体育传承馆、民族体育传承人命名活动，建设了资源县车田苗族乡等 17 个首批广西民族体育特色之乡和南丹县里湖瑶族乡白裤瑶文化体育传承馆等 6 个广西民族体育传承馆，命名盘振松等 20 人为广西民族体育传承人。

三是联合自治区教育厅开展民族体育进校园活动，命名南宁沛鸿民族中学等 12 所学校为“广西民族传统体育示范学校”。成立了由广西民族大学与全区各示范学校组成的少数民族传统体育校际保护联盟，为民族传统体育传承发展搭建了良好的平台。

立足东盟　区域体育交流合作日盛

记者：近年来，广西体育对外交流合作繁荣发展，尤其与东盟国家体育交流已经上升到新的阶段，请介绍一下有关情况。

容小宁：广西抓住中国一东盟自贸区建设和中国一东盟博览会永久落户南宁的机遇，派出体育技术人员到越南、老挝、缅甸、新加坡等东盟国家援助涉及了广西各优势体育项目，并成功举办了中国一东盟国际汽车拉力赛、男子篮球赛、体育舞蹈艺术节、乒乓球邀请赛、高尔夫国际名人邀请赛、太极交流及广西体育“东盟行”等活动，成立了中国一东盟体育交流合作中心、中国一东盟体育信息中心等机构。

在中国边境城市广西东兴市与越南边境城市芒街有一项传统友谊比赛——“中国东兴一越南芒街元宵节友谊足球赛”，每年元宵节都吸引了 5 万余边民们观看，目前已成为中越体育交流重点项目。

通过举办中国与东盟国家之间跨区域、国际性的赛事，拓展和深化了双方在体育文化、民间交流和经济交往方面的合作，增进了各国人民的感情。同时还提高了边民身体素质，增强了边境地区群众爱国意识和凝聚力，提升了国门形象和国家影响力。

同时，我们还加强与港澳台的交流合作。今年 4 月，跟随广西经贸文化代表团，广西体育代表团一行赴台湾花莲县、高雄市等地进行了交流访问。这次以赛事为载体，融入运动元素的交流访问，不仅为桂台经贸文化交流合作注入新鲜活力，也刷新了两地体育交流的历史，开创了桂台体育交流合作的五个“第一”，即第一次将气排球带到台湾、第一次在台湾举办气排球赛、第一次举办桂台体育交流座谈会、第一次签订桂台体育交流合作会谈纪要、第一次走进台湾基层考察学校和社区体育工作。从交流形式的新颖、活跃到合作内容的广泛、务实，首次桂台体育交流取得了丰硕成果，为两地群众之间搭起了一座沟通交流的友谊之桥。

此外，我们正在积极努力推进两地体育交流常态化。今年广西体育节期间，台湾花莲县文体代表团已经接受邀请访问广西，并参与体育节开幕式的活动。

重振体育雄风　加快建设西部体育强区

记者：广西即将出台《关于重振广西体育雄风建设西部体育强区的决定》。作为后奥运时期广西推出的第一部加快发展体育事业的最高规格的文件，对广西体育事业发展是如何谋划的，未来广西体育发展的可期目标是什么？

容小宁：6月29日召开的自治区十一届人民政府第85次常务会议讨论并原则通过了《关于重振广西体育雄风建设西部体育强区的决定》及其18个配套文件。根据自治区领导的要求，“决定”等文件已呈报自治区党委常委会会议讨论，通过后将以自治党委、自治区人民政府名义印发全区，组织实施。“决定”等文件的研究、制定以及出台，开创了广西体育发展的先河，即第一次大规模、成体系地集中研究制定一批体育事业发展的文件政策，为广西体育科学发展、规范发展提供了有力支撑。

“决定”强调，经过十年的努力，实现群众体育有新发展、竞技体育有新突破、体育产业有新跨越、民族体育保护传承有新进展、体育对外交流有新成效、体育基础设施建设有新改善、体育人才有新涌现、体育改革有新机制、体育政策有新完善，建立覆盖城乡居民的公共体育服务体系，把广西建设成为西部体育强区、国家少数民族传统体育保护传承示范区、区域性国际体育对外交流合作中心。

广西体育迎来了前所未有的发展机遇，站在了新的发展起点上。我们相信，在自治区党委、自治区人民政府的坚强领导下，有国家体育总局的正确指导和广西体育人的不懈努力，一定能够在不远的将来实现重振广西体育雄风、建设西部体育强区的目标，为体育强国建设、实现“富民强桂”新跨越作出积极贡献。

广西体育："十一五"炫美之舞全民健身新活力 竞技项目新突破体育产业新跨越

广西日报·2011—1—26

"十一五"期间，在自治区党委、自治区人民政府的坚强领导下，在全区各族人民的大力支持下，在全区体育战线的共同努力下，深入贯彻落实《全民健身计划纲要》和《全民健身条例》，我区体育事业发展取得了巨大成就。

群众体育呈现新活力

我区成功打造了广西万村农民篮球赛、广西城乡万人气排球赛、广西体育节、广西"红水河杯"绣排球赛等群众性品牌赛事活动。全区经常参加体育健身活动的人数占到总人口数的31%，达到《国民体质测定标准》合格标准的城乡居民人数比例为91.8%，达到优秀标准的人数比例为19%。组织实施了农民体育健身工程、国家级乡镇农民体育健身工程及中国(广西)红水河流域民族体育工程、中越边境(广西)全民健身工程等健身工程，全区城乡公共体育设施大幅度增加，群众体育健身的环境与设施条件不断改善。群众性体育组织日益健全，社会体育指导员队伍不断扩大。青少年体育、残疾人体育、妇儿体育、少数民族体育等方面工作取得新的发展。群众体育法制建设进一步加强，群众体育管理逐步进入法制化轨道。全民健身服务业正在兴起，群众体育消费水平不断提高。全民健身宣传工作逐步加强，科研成果不断涌现，群众体育事业充满发展生机和活力。

竞技体育获得新突破

竞技体育综合实力和竞争力不断提高，"十一五"期间，我区运动员共获世界冠军33个。其中，2006年多哈亚运会，获金牌4枚、银牌3枚、铜牌2枚；2008年第29届北京奥运会，获金牌1枚、铜牌1枚；2009年第11届全运会，获金牌7.5枚、奖牌15枚、总分413.75分，金牌数、总分数分列全国排位第21位和第22位，西部地区分别排名第3位和第4位，并荣获了体育道德风尚代表团称号；2010年第16届亚运会，获金牌6枚、银牌2枚、铜牌1枚；在2005～2008年周期中获得国家级高水平后备人才基地5个，2009～2012年周期增加到9个。

体育产业实现新增长

"十一五"期间，全区体育固定资产投资共35亿元，兴建了一批城乡体育基础设施，总投资相当于广西前10个五年计划投入的总和，新建了广西体育中心、南宁李宁体育园、北海市北部湾体育中心、钦州市体育中心、玉林市体育中心等一批市县体育场馆。体育产业取得长足发展，我区从实际出发，不断推进体育产业化进程，体育产业政策与环境得到逐步改善，体育彩票销量与"十五"期间相比增长了162%，2009年体育彩票销售总量达2.8亿元，2010年突破5亿元。

相关事业取得新发展

体育法制建设不断完善，国家《全民健身条例》等一系列法律法规的颁布与实施为我区体育改革与发展提供了重要保障。体育人才队伍建设力度不断增大，研究生以上学历人才由2005年的76人增加到141人，其中博士学历增加2人；高级以上职称的由104人增加到149人，年均增幅为9%。体育科技、体育教育、体育法制、体育宣传等事业取得快速发展，体育对外交往不断扩大，特别与东盟体育交流日益频繁，从事体育交流的年均达到200人次以上。"十一五"时期体育事业的发展与进步，对我区经济建设和社会发展做出了应有的贡献，为“十二五”时期体育事业的发展奠定了良好基础。

经验之谈

创新体育事业发展机制走特色发展之路。经验一：以政府为主导，完善市场机制，促进体育事业的社会化、市场化和科学化。自治区政府发挥了政府主导作用，不断完善体育社会化、市场化机制，建立健全体育公共服务体系，加快发展公益性体育事业，扶持经营性体育产业，营造良好的政策环境，为体育科学、快速发展奠定坚实基础。

经验二：发挥本地区优势，走广西特色的体育事业发展道路。广西体育事业充分利用地区的自然地理条件并根据体育发展的实际情况，在群众体育方面发挥本地区优势，走广西特色的群众体育道路，积极开展少数民族传统活动，共举办了12届少数民族传统体育运动会；注重少数民族地区体育项目的挖掘整理，全面提高竞赛项目的规范性和科学性；以民族运动会的举办和民族体育项目竞赛为杠杆，注重少数民族地区体育人才的培养；深入挖掘整理少数民族体育竞赛项目，积极创民族体育品牌。在发展竞技体育方面提出了坚持和完善竞技体育“灵、小、短、水”优势发展战略，调整、完善项目设置和布局，制定和实施以培养优秀运动员为主要目标的“尖子工程”，加强体育后备人才的基地建设，我区竞技体育发展取得长足进步。

经验三：扩大开放，加强交流，不断创新合作平台。通过整合中国－东盟体育资源，以体育为载体，全面推进了体育的交流与合作，挖掘和整理富有区域特色的体育活动品牌，采取政府和民间相结合、双边合作与多边合作等形式，加强分类指导，积极引导开展丰富多彩的具有区域特色和优势的体育活动，打造体育交流合作品牌。

经验四：群众体育、竞技体育与体育产业协调发展。坚持普及与提高相结合，处理好群众体育、竞技体育、体育产业等各项体育工作之间的关系。协调城市与农村以及不同区域之间体育发展，加大对农村地区体育的支持力度，不断缩小城乡之间、区域之间体育事业发展的差距，积极扶持边境、少数民族和落后地区发展体育事业，充分发挥社会力量办体育的积极性；积极发展体育产业，通过创新体育产业发展机制，优化体育产业布局，确定体育产业优先发展项目，加大体育产业发展政策扶持力度，建立体育产业联动机制等手段，促进广西体育产业的发展，使之与群众体育、竞技体育协调发展。

发展优势

优势一：区位优势广西是我国唯一与东盟国家既有陆路通道又有海上通道的省区，是中国－东盟合作的重要门户和平台，是西南地区最便捷的出海大通道，在促进区域协调发展、深化与东盟开放合作、维护国家安全和西南边疆稳定中具有重要战略地位。

优势二：经济发展优势在我国《国民经济和社会发展第十二个五年计划纲要》以及国家发改委公布的《西部开发重点专项规划》中，明确了广西是西部开发的3个重点区域之一。广西经济持续快速发展，特别是最近几年年增长率都超过10%。综合经济实力的提高为体育事业的发展提供了坚实的基础，有利于拉动群众的体育消费，推动民族体育的繁荣发展。

优势三：得天独厚的自然条件广西体育旅游资源丰富，具有种类多，分布广、等级和品位高等特点，有助于我区合理利用资源开展将旅游与体育相结合的一系列特色体育项目。

优势四：民族传统体育资源优势广西拥有丰富的民族传统体育资源。少数民族传统体育约有300多个项目，内容丰富、形式多样、风格独特，具有很高的健身、娱乐价值和极高的历史、文化、观赏价值。

发展机遇

机遇一：体育强国建设机遇2008年奥运会结束后，胡锦涛总书记提出了建设“体育强国”的伟大战略构想。这是党中央对我国体育事业发展提出的新的要求和奋斗目标，也是提

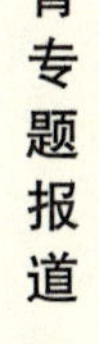

升体育事业整体水平和综合实力，丰富人民群众物质文化生活需求，建设和谐社会的重大任务。建设体育强国战略的实施，为我区体育事业发展提供了千载难逢的历史机遇。

机遇二：重振体育雄风机遇自治区党委、政府高度重视我区体育事业发展，提出了有关重振广西体育雄风建设体育西部强省（区）的决定的总体部署和重振广西体育雄风建设体育西部强省（区）三年攻坚总体方案的工作要求，为我区体育事业发展提供了难得的政策保障。

机遇三：西部大开发机遇国家实施西部大开发新一轮战略，国家出台了《国务院关于进一步促进广西经济社会发展的若干意见》（国发〔2009〕42 号），从战略的高度对广西经济社会发展进行全面系统的指导。新一轮西部大开发战略的实施，为我区体育事业发展提供了重要的环境机遇。

机遇四：中国一东盟合作机遇按照党中央、国务院要把广西建设成为“国际区域经济合作的新高地”的要求，2010 年中国一东盟自由贸易区正式建成。在中国一东盟合作交流的框架内，已经建立了政府、经济、安全 3 个合作平台，正在建立的第四个文化合作平台，包括文化、体育、旅游、教育、媒体等。这为进一步推进我区与东盟各国体育事业的交流与合作提供了重要的条件。

机遇五：经济发展机遇按照党中央、国务院把广西建设成为“我国沿海经济发展新的增长极”，及高起点、高水平、高标准加快实施广西北部湾经济区发展规划的要求，我区已经进入经济发展的快车道。随着泛北部湾经济合作和泛珠三角区域合作区的建成，我区在区域经济发展中正在发挥越来越重要的作用。我区国民经济的迅猛发展为我区体育事业发展奠定了扎实的经济基础。

“十二五”期间，广西要进一步明确体育事业的发展目标，统筹规划，认真做好“十二五”期间的各项体育工作，促进我区体育事业全面协调可持续发展，努力实现重振广西体育雄风建设西部体育强省（区）目标，为我国建设成为体育强国而作出应有的贡献。

广西争创全国首个国家民族地区全民健身示范区

广西日报·2011—5—26

5月25日，自治区体育局在南宁召开“国家民族地区全民健身示范区创建工作研讨会”，自治区体育局局长容小宁提出，要在广西争创全国首个国家民族地区全民健身示范区。

从去年开始，自治区体育局通过广泛收集材料，深入分析研究，已经起草了《国家民族地区全民健身示范区创建方案》和《国家民族地区全民健身示范区创建标准》，为创建示范区确定了具体的步骤和量化指标。该项工作已经得到了国家体育总局和自治区政府的认可。

国家民族地区全民健身示范区以满足群众日益增长的体育健身需求为出发点，以提高群众健康水平为根本目标，通过3年到5年努力，在全广西基本建成覆盖城乡比较完善的全民健身公共服务体系。

在加强民族体育全民健身方面，我区将重点采取以下措施：一、建立健全广西少数民族传统体育保护工作机制。

二、根据不同地区不同民族聚居的情况，建设一批具有地方特色的少数民族传统体育文化生态保护区域。

三、开展民族传统体育系列传承活动，如举办抢花炮、绣排球等民族体育赛事，筹划民族体育大联欢、山歌运动会等节庆和运动会活动。

四、建设一批民族体育特色乡、民族体育传承馆和民族体育示范学校。

五、建设一批高水平少数民族传统体育训练基地。

容小宁表示，创建国家民族地区全民健身示范区是广西在“十二五”发展的新起点上先于其他省（区、市）提出的战略目标，充分体现了广西体育人大胆创新、锐意进取、科学发展的精神和干劲。通过广西的示范创建，有利于推动后发展地区全民健身事业的发展，带动全国其他少数民族地区大力开展全民健身运动的积极性，进一步提高全民健身素质和健康水平，促进民族团结和社会和谐。

（覃理）

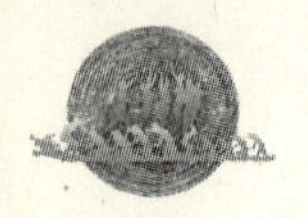

重振广西体育雄风

——广西体育产业城建设纪实

广西日报·2011—11—07

广西体育中心主体育场如今已成为南宁市的新地标之一。远远望去,犹如一只展翅腾飞的鲲鹏,预示着五象新区辉煌的前景。作为五象新区五大功能区之一,体育产业城受到越来越多市民的关注。11 月 3 日,记者走进建设工地展开采访。

广西体育产业城位于南宁市五象新区核心区,占地 4079 亩,由广西体育中心、广西奥林匹克训练基地、中国一东盟体育交流合作实验区、广西体育运动教育基地、广西智力运动产业园 5 个板块构成。体育产业城以体育竞赛与表演、体育训练与教学、体育文化交流、体育休闲旅游、体育用品展销、体育居住社区为主要内容。

项目建成后,对于重振广西体育雄风,建设西部体育强省区,完善产业和城市功能,促进中国与东盟各国体育文化交流,具有十分重要的意义。

自治区体育局局长容小宁对体育产业城的建设倍感振奋,他说,建设广西体育产业城是自治区党委、政府的一个重大战略举措。广西体育产业城建成后,将从根本上扭转广西竞技体育专业训练场馆设施落后的局面,为广西体育金牌战略工程提供坚实的基础性保障;成为西部地区发展体育产业的标志性工程,提高和引领广西体育产业化发展水平;广西将真正成为在国内外极具体育交流合作竞争力、汇聚效应和辐射能力的区域性国际体育交流合作中心,为举办中国一东盟友好运动会提供场馆设施保障;进一步加快五象新区开发建设,完善南宁市城市功能,提升首府城市形象和品位;将成为全国第一个面向东盟体育交流合作的试验区,全国第一个智力运动产业园区,西部第一个最具特色的体育产业城。

众所周知,广西的竞技体育有着辉煌的历史,长期以来在各个层面的比赛中,我区健儿都有不俗表现。与此同时,近年来群众体育也发展迅猛,万村农民篮球赛、城乡万人气排球赛、广西体育节等一大批群众广泛参与的项目在全国叫响。相比之下,广西的体育产业相对落后,竞技体育训练、比赛场馆严重不足,以体育产品制造为代表的体育产业几乎空白,体育产业总值占当地国民生产总值的比重远低于全国平均值,与发达地区比差距更大。“我们不能照搬发达地区的发展模式,要走自己的路,大力发展体育服务业。要在发展体育休闲旅游、民族体育养生、与东盟国家体育合作方面做文章。”容小宁说。

展望未来,容小宁充满信心。他说,自治区党委、政府关于重振广西体育雄风、建设西部体育强区的重大决策得到了国家体育总局刘鹏局长等总局领导的支持。

今年 9 月,刘鹏到广西体育中心考察,听取广西体育产业城规划介绍后,给予了高度评价,并表示支持。目前,在自治区有关部门的大力支持下,自治区体育局已完成《广西体育产业城项目规划纲要》的编制工作。下一步,将根据形势的变化不断优化规划方案,多渠道筹措资金,创新建设、运行机制体制,加快体育产业城建设步伐。除了建设和完善广西体育中心工程外,尽快开工建设广西奥林匹克训练基地、中国一东盟体育交流合作实验区、广西体育运动教育基地、广西智力运动产业园等工程,完善各功能区的配套衔接。力争用 3－5

年的时间，逐步发展成为具有区域国际性、优势明显、特色突出的体育产业园区，成为广西体育竞技运动之城、体育教学训练之城、体育文化交流之城和体育产业集聚之城。

作为广西体育产业城的“龙头”工程，主体育场已于去年8月竣工交付使用，目前二期工程建设正有条不紊地推进之中。据建设单位负责人介绍，广西体育中心二期工程项目用地643亩，总建筑面积12.37万平方米，总投资15.23亿元，建设内容包括：1万个座位的体育馆、4000个座位的游泳跳水馆、3000个座位的网球馆及室外网球场，两层地下车库等。工程采用BT(代建一回购)模式建设。项目于去年10月开工建设，截至今年10月底，累计完成投资8亿元，完成投资量的52.53%。二期工程将于2012年8月30日前竣工。而地下停车场已于今年8月29日提前竣工，1385个停车位的投入使用，大大缓解了体育中心周边在重大活动期间的停车压力。

眼下，广西体育产业城的建设工地上，彩旗飘扬、车辆穿梭、机器轰鸣，到处是一派热火朝天的繁忙景象。

(覃宝先)

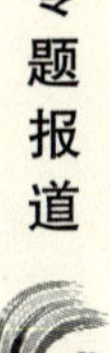

我区体育设施建设迈上新台阶

——广西全民健身成就巡礼之一

广西日报·2011—10—15

编者按："十一五"期间，全区各级体育部门坚持科学发展，深入贯彻落实《全民健身条例》，使全区全民健身事业在体育设施建设、农民健身、民族体育传承与保护、对外体育交流等方面取得了前所未有的丰硕成果，产生了广泛的社会效应，更好地服务了经济社会和民生发展的大局。本报将陆续介绍我区全民健身在各方面取得的亮点。

羽毛球馆、气排球馆宽敞明亮，游泳馆设施齐全，攀岩、小轮车场点缀园中……这就是南宁李宁体育园。国家体育总局局长刘鹏对南宁李宁体育园给予了很高的评价："在设计上最大限度地利用了建筑面积，可使用的有效面积比例很高，消费水平也控制在老百姓能接受的范围内，这是真正地造福百姓。"在南宁李宁体育园，刘鹏不仅赞叹李宁体育园的设计和设施非常先进，而且赞扬南宁李宁体育园已经成为政府引导、调动社会力量办体育的一个出色的样本。

南宁李宁体育园的工作人员万劲松说，李宁体育园目前已有注册会员 5000 多人，各个健身场馆使用率都很高。一到晚上和节假日不仅体育园内的车位都停满了，连园外路边的车子都要摆好几百米长，像羽毛球场地需要提前数日才能预订得到。

南宁李宁体育园，只是广西公共体育设施建设成就中的一个小小的缩影。

"十一五"期间，全区公共体育设施大幅增加，体育行业固定资产投资达到 47 亿元，超过了前十个五年计划体育行业固定资产投资的总和。我区新建的体育场馆设施投资和用地规模都比较大，位于南宁的体育中心占地 1143 亩，预计总投资 30.18 亿元；南宁李宁体育园占地 527 亩，投资 1 亿元；柳州市李宁体育馆投资 1.9 亿元，游泳馆投资 1.7 亿元，其他的水上运动基地、综合训练馆、棋牌书画苑、广雅体育场等投资均在几千万元以上。

我区体育设施建设的另一个特点是县域亮点突出。"十一五"期间全区建成的县级大型体育设施共 38 个，其中投资 2000 万元以上的 8 个，投资 1000 万元以上的 16 个。东兴市作为县级市，建设的体育中心规模也不小，投资达 1.66 亿元，占地 217.

8 亩。天等、凌云、上思、龙州等比较贫困的县，在财政比较紧张的情况下能够为老百姓的全民健身事业投入千万元以上，实为难能可贵。

除此之外，五年来，国家支持和自治区财政安排共计 2.28 亿元，新建农民体育健身工程（含村级公共服务中心球场项目）5635 个、乡镇农民体育健身工程 142 个、全民健身路径工程 484 个、雪炭工程 16 个。各类体育公园、体育广场、全民健身活动中心、户外营地等不断增加，进一步完善了城乡基层公共体育设施。。目前我区人均体育场地面积已达 0.75 平方米，比"十五"期末显著增加。

2011 年 9 月 14 日，刘鹏在自治区主席马飚的陪同下考察了广西体育中心。刘鹏称赞主体育场、体育馆、游泳跳水馆、网球中心的设计造型很有特点，水平很高，很有品位。刘鹏对广西重视发展体育事业和产业、不断改善体育设施水平、造福广大人民群众的做法给予高度评价。

根据广西体育设施建设未来的发展思路，我区要在科学发展观的统领下，强化政府主导，继续完善地级市、城区（县）、街道（乡镇）、社区（行政村）四级基本公共体育设施体系的建设。“十二五”期间，全区各级体育部门将更大力地推进体育设施建设，努力使我区人均体育场地面积达到全国1平方米的平均水平。届时，充足的体育场地将为推进全民健身、重振广西体育雄风提供坚实的基石。

（覃 理）

体育搭建通向东盟桥梁

——广西全民健身成就巡礼之四

广西日报·2011—10—18

在东兴市新落成的体育中心足球场上，防城港市民间足球联赛东兴分赛区的比赛正在激烈地进行。一位教练在场边大声指挥，队员们在场内配合，但他们说的不是当地白话或壮话，而是越南语——难道联赛改成中越足球赛了？

经了解，比赛虽是当地民间比赛，两队也是当地企业冠名参赛的队伍，但因东兴地处边陲，场上许多队员来自越南，他们是以个人身份加入东兴当地队伍参加联赛的。目前，这样的跨国间体育交流，已经成为广西同东盟发展友谊与交流合作的桥梁，在社会和经济生活中发挥着越来越重要的作用。

越南青年特别喜欢足球，因此，足球比赛就当仁不让地成为中越间体育交流的“使者”。据悉，从 1993 年开始，东兴和越南芒街就开始举办中越元宵节足球友谊赛，到今年已经办了 14 届。其他各种小的交流活动则数不胜数。前述防城港市民间足球联赛就是其中一种，很多越南球员来参赛，有时一个队里就有八、九名。

40 岁的唐光雄会说一点中文，是越南一家进出口公司的经理，也是场上一支队伍的队长。他从 1986 年开始来东兴踢球，参加过 1993 年的元宵节友谊赛。他说，经常到中国参加比赛，既满足了个人的兴趣爱好，又在球场上结识了很多朋友，大大拓展了在中国的社会关系，公司业务也因此得到了很大发展。

加强对外体育交流，是体育服务国家外交和经济社会发展大局的重要体现。我区各级体育部门充分利用广西在中国一东盟自由贸易区内的区位优势，大力加强与东盟的体育交流活动，拉近了中国与东盟的“距离”，拓展和深化了双方在体育文化、民间交流和经济交往方面的合作，增进了各国人民的感情。同时，边境体育赛事还提高了边民身体素质，增强了边境地区群众的爱国意识和民族凝聚力，提升了广西边境地区“国门形象”。

凭借中国一东盟自由贸易区建立的机遇，以边境体育为平台，自治区体育局成功打造了中国一东盟国际汽车拉力赛、拳王争霸赛、篮球邀请赛、龙舟邀请赛、中国东兴一越南芒街元宵节足球友谊赛等一系列赛事以及中国一东盟体育产业发展论坛等交流活动。这些赛事得到了东盟国家的热烈响应。除了以上这些大型赛事外，在广西体育节里的各个健身活动，如钓鱼比赛、体育舞蹈、象棋、围棋、桥牌等，也越来越多地出现了东盟各国体育爱好者的身影。我区与东盟的体育交流逐步进入了一个全面发展的时期。

如中国一东盟国际汽车拉力赛，从 2006 年至今已成功举办了五届，得到了越南、老挝、泰国、新加坡、马来西亚、柬埔寨等途经国家的大力支持。拉力赛车队不仅担负比赛任务，还是传播友谊的使者。每到一个国家，车队都要和当地共同举行联欢等活动，向东盟各国推介广西，探讨双方合作。中国一东盟国际汽车拉力赛已经成为一个跨区域、国际性的品牌赛事，展现了独特的影响力。

今年是中国一东盟建立对话关系 20 周年。利用这一契机，自治区体育局正在加紧筹建或启动建设中国一东盟体操交流合作基地、中国—东盟武术交流合作基地、中国—东盟网球交流合作基地、中国—东盟篮球交流合作基地等，积极筹划举办中国—东盟武术节、中国—东盟体育夏令营、中国—东盟大众体育论坛、中国—东盟青年体育领导人培训与研讨班等活动。通过“走出去”与“请进来”，一条中国与东盟国家经贸、文化、体育等方面往来的“丝绸之路”呼之欲出。

（覃 理）

广西体育干部清华受训夯实重振体育雄风人才基础

广西日报·2011—6—15

6 月 8 日至 14 日，自治区体育局在清华大学举办了广西体育系统领导创新管理高级研修班。来自全区市体育局、自治区体育局机关处室及直属单位科级以上领导干部共 50 多人参加了培训。这是重振广西体育雄风迈出崭新步伐关键时期举办的一次大规模专题培训，也是广西体育系统首次在清华大学这样顶尖高校进行集中培训。

这次培训紧紧围绕当前广西体育工作的形势任务和领导干部的工作需要，旨在提高各级体育干部科学决策能力和管理服务水平，促进广西体育事业科学、长效发展。在紧凑的一周时间里，安排了领导政务礼仪、领导语言艺术、领导力与执行力打造、大型体育活动公共危机处理、体育场馆建设经营管理、体育行业反腐倡廉建设等 10 个专题课程，邀请到国家体育总局、清华大学、北京大学、吉林大学、北京体育大学、国务院战略研究所等单位 10 位学识渊博、知识前卫的著名教授、资深专家进行授课。

（姜换龙）

广西围棋普及，青少年唱主角

广西日报·2011—8—2

8月1日，为期5天的广西青少年围棋赛在南宁收枰，近千名来自我区各地的小棋手一决高下。赛事负责人、广西围棋协会秘书长黄才进表示，比赛的结果不是最重要的，通过比赛，反映出了广西围棋的普及推广，青少年是主角，如今，广西围棋氛围越来越好。

围棋项目发展前景广阔

广西青少年围棋赛办至今年，已是第八届。广西青少年围棋赛于2004年恢复了组别比赛，当时只有不到300人参加，而今天，已发展成为近千人的大赛。这一变化的背后，是广西近年来青少年学棋群体的支持。据黄才进介绍，目前，在全区各地市围棋学校、兴趣班、各种培训班等正在学棋的青少年棋手，大约有8、9万人，如果加上成年人，则达到几十万人，对于经济欠发达地区而言，是一个庞大的数目。

黄才进说，上世纪90年代以前，围棋项目在区内以桂林地区最为普及，后来，广西围棋协会成立了广西希望之星围棋学校，这极大带动了全区各地青少年围棋的普及，各地开始纷纷成立围棋学校以及各种围棋培训机构，越来越多的青少年踏入了围棋这一方“黑白天地”。由弱变强、由小变大，南宁、柳州、玉林、北海、钦州、梧州、宜州等地，慢慢地跟上了桂林的脚步。特别是首府南宁，青少年围棋水平提高尤为迅速，这两年涌现出一批实力较强的小棋手，将全区各大比赛的个人、团体赛桂冠收入囊中。

而在职业棋手方面，随着广西首次有队伍出征全国围棋甲级联赛，广西棋手也越来越受大家的瞩目。邹俊杰、廖行文、刘宇等在全国围棋联赛中正稳步向前，他们激励着更多的小棋手朝职业化的道路努力。南宁小棋王、13岁的雷竣麟，就已经有了两次冲段的经历。而年仅9岁的周弘毅，棋力与雷竣麟相当，也有冲段的打算。黄才进表示，虽然目前广西的职业棋手还不多，但从长远来看，会有更多有实力的小棋手，尝试进入职业棋手的领域。

普及要从城市走进农村

黄才进认为，广西青少年围棋之所以得到了大量的关注，最主要还是靠广西围棋教育工作者长期不懈的坚持和推动。不过，黄才进也表示，我区在推广普及围棋的过程中，由于受到经济等条件的限制，还存在各种不足。特别是郊区、农村许多地区，围棋活动开展得还比较少。这些年，围棋这一项目主要都集中在我区城市中开展，未来几年，目标则要更多的转向农村，把围棋的推广普及与新农村文化建设有机结合。

他透露，广西围棋协会将会组织更多的活动、赛事，让广西农村的孩子从小就能领略到围棋的魅力。对于经济困难的家庭，在学棋、参赛方面，广西围棋协会还会给予适当费用减免，对于特困户，会考虑费用全免。

青少年围棋赛蕴藏商机

本次比赛，令黄才进觉得比较可惜的，就是没有找到赞助商。他说，目前广西青少年围棋的活动越来越多，比赛层出不穷，如果能与商家联手，既能挖掘围棋项目的商机，反过来也能促进围棋文化的进一步发展。

率队来参赛的北海市围棋协会会长林如海，就给广西围棋协会提出了不少这方面的建议。

北海市在青少年围棋比赛这一块办得可谓红红火火，由北海围棋协会主办的千名小棋手车轮战，去年就曾被列为第二届广西体育节的项目之一。而去年5月进行的北海市青少

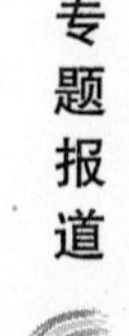

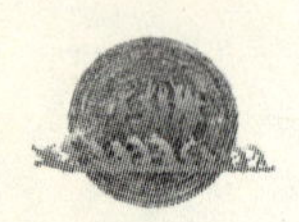

年围棋赛，成功地吸引了商家的眼球。一家当地的房地产公司与北海市围棋协会联手，共同打造赛事。商家充分借助比赛这一平台，赛前利用手机短信等方式，将比赛分组、夺冠预测等各种信息第一时间与参赛棋手的家长分享，赛后又将结果和黑马等发给家长，小棋手下棋下得热闹，家长看棋看得舒心。不仅如此，房地产商将比赛安排在了新开发的楼盘，几百张椅子专门提供给等候孩子的家长。就这样，大攒人气，比赛当天居然卖出了好几套房子。这下商家和棋手、家长皆大欢喜。而这次成功，也让这家房地产公司尝到了赞助围棋赛的甜头，在7月份，这家房地产商又赞助了全国围棋甲级联赛的北海主场。

林如海举出这一成功案例，认为广西围棋协会可以做这方面的尝试。黄才进表示，广西围棋协会将在青少年围棋的赛制、活动方式等方面做更多的改进，让围棋的推广更多样化、多元化，更好地吸引棋手和商家，从而推动围棋在广西的发展。

（杨 秋）

2011 全国体育舞蹈公开赛在柳州举行

广西日报·2011—8—15

8月13日至14日，第三届广西体育节的重要活动之一——2011全国体育舞蹈公开赛暨广西第七届体育舞蹈锦标赛在柳州举行。

2011全国体育舞蹈公开赛暨广西第七届体育舞蹈锦标赛由国家体育总局社会体育指导中心和中国体育舞蹈联合会批准、自治区体育局主办，是国内体育舞蹈界仅次于全国体育舞蹈锦标赛的高规格赛事。除了全区50多支参赛队伍外，还有来自北京、上海、广东等10个省市的30支高水平队伍参赛。这些队伍中有不少“国”字号的队员。

虽然说是竞技比赛，但作为推广全民健身的广西体育节重要活动之一，本次比赛的参赛阵容还充分体现了全民参与的特点，从4岁的娃娃到79岁的老人都出现在赛场上，总参赛人数达1900多人。

高规格的赛事、高水平的队伍、广泛的参与性，说明广西体育节不仅得到了国家体育总局的重视，而且正在全国范围内持续扩大它的影响力。体育舞蹈作为开路先锋的项目，可谓功不可没。

本次比赛的舞种为标准舞和拉丁舞。为了公平起见，比赛分职业组、成人组、专业院校组、少年业余组等多个级别。

从报名和比赛的情况来看，随着高水平教练的引进以及舞蹈学校的不断增加，我区体育舞蹈的普及状况和竞技水平近年来得到了很大的提高。在水平最高、最受关注的成人A组比赛中，来自深圳马骏体育舞蹈学校的王思乐/李淑怡凭借出色的表现获得了拉丁舞冠军，来自上海上影演艺学校的吴凯/熊菲获得了标准舞冠军。这些冠军获得者都是国家青年队的队员。

（章 理）

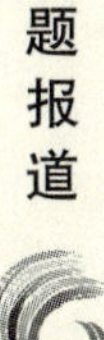

让气排球飞得更高打得更远

广西日报·2011—8—9

气排球一直是广西群众体育中开展得最为火爆的项目之一，也是第三届广西体育节的一大亮点。8月18日，自治区体育局巡视员岑汉康在接受记者采访时表示，广西将尽全力普及气排球运动，让它走出广西、走出国门，影响更广。

作为今年体育节重头戏之一的广西气排球大奖赛8月18日在南宁正式启动。该项赛事辐射8个地级市和10个县(市)，从目前报名情况看，参赛人员预计将有近万人，气排球的强大号召力可见一斑。除此以外，在体育节的各级赛事安排中，气排球几乎都是铁打不动的竞技项目。用岑汉康的话来说，在广西有人群的地方就会有气排球的身影。

气排球的广受欢迎得益于它的轻巧、灵活，也得益于其“低门槛准入”的亲民性，在增强群众体质、丰富群众生活中发挥着越来越重要的作用。同时，在广西对外交流的舞台上，小小的气排球也开始发挥着大能量。今年4月，自治区主席马飚率团出访台湾花莲，与台湾花莲各界的一场气排球友谊赛不仅推广了气排球运动，而且也让宾主之间走得更近，沟通得更为顺畅，成为桂台交流中的一次成功范例。

岑汉康说，气排球现在已成为广西体育的又一个品牌和特色。广西正努力让气排球“飞”得更高、“打”得更远。去年底，韩国民间体育代表团访问广西时，气排球运动的魅力让韩国客人大为赞叹，他们都表示要把这项他们从未接触过的新鲜运动带进韩国。在今后的体育交流中，广西也将力推气排球品牌，让这项在广西具有着深厚群众基础的运动在异国他乡也能开花结果，散发出更强大的生命力。

(骆万丽)

广西体育场馆开始向公众免费开放

广西日报·2011—11—29

11月27日上午，广西体育场馆公共服务活动启动仪式在广西体育馆隆重举行，这标志着广西的体育场馆开始逐步向公众免费开放。

在启动仪式上，南宁市社区群众和中小学生代表获赠广西体育场馆体育公共服务体验卡和优惠卡。

为了大力促进全民健身运动的开展，自治区体育局从本级财政中拨出一部分经费，通过政府购买公共体育场馆服务时间，免费或优惠向社会公众开放体育场馆设施和提供体育技能培训。首个试点单位广西体育馆将在每周一至周日特定时段免费开放，开放的场馆包括足球场、羽毛球场、气排球场、游泳场等。足球场的免费开放时间为每周一至周日上午9点至12点；羽毛球场和气排球场的免费开放时间为每周一、三、六的上午8点至12点；游泳场的免费开放时间为每周一至五（泳季）上午9点至12点。为有序安排群众健身锻炼，使用免费场馆需提前一天电话预定。

此外，贫困学生和外来务工人员子弟可免费享受一门体育技能培训，未成年人可享受半价培训优惠。

广西体育场馆公共服务活动的启动，将带动全区体育场馆设施公共服务供给效益的全面提高，不断满足人民群众日益增长的体育文化需求，探索出体育场馆对外开放和经营管理的新机制，为促进全区体育基本公共服务作出新的贡献。

据悉，下一阶段自治区体育局将在全区范围内推广体育场馆公共服务活动，进一步推动各市属体育场馆逐步向公众免费开放，切实提升人民群众身体健康和生活质量水平。

（覃　理）

第十二届区运会在钦州隆重开幕郭声琨宣布开幕马飚出席开幕式

南国早报·2011—11—7

金秋八桂，硕果累累。11月6日晚8时，广西壮族自治区第十二届运动会开幕式在钦州市隆重举行。新落成的钦州市体育中心华灯璀璨，数万观众陶醉在欢乐的海洋之中。自治区党委书记、自治区人大常委会主任郭声琨，自治区主席马飚等自治区领导出席开幕式。

马飚在致开幕词时说，本届运动会，是对我区体育事业发展水平的一次大检阅，是彰显八桂儿女时代风采、激发全区上下奋斗豪情的一次盛会，对于推进全民健身运动、提升我区竞技体育水平具有十分重要的作用。希望全体运动健儿和赛会工作者，秉承“更快、更高、更强”的体育精神和“公开、公正、公平”的体育原则，以饱满的热情、良好的状态投入到各项比赛，赛出风格、赛出水平、赛出友谊，以取得运动成绩和精神文明的双丰收。

在运动员、裁判员庄严宣誓之后，郭声琨宣布：广西壮族自治区第十二届运动会开幕！

以“千帆竞发，精彩区运”为主题的文艺表演随之拉开气势磅礴的大幕。表演包括一序三篇一尾声共11个节目，层层递进，突出钦州深厚的人文文化、海洋文化、坭兴陶文化、刘冯（刘永福、冯子材）文化和民族民间文化特色，凸显千帆竞发北部湾的时代特征。雷佳、屠洪刚、谭晶等著名歌星还先后演唱了《陶韵》、《你是英雄》、《钦州港在崛起》和《千帆竞发北部湾》等歌曲，张小玲、唐灵生、谈舒萍、吴艳艳等12位广西籍世界冠军一起挥舞着区运会会旗亮相，为参加区运会的运动员呐喊助威。

据区运会执委会介绍，在开幕式当天，游泳比赛已经正式拉开帷幕。在接下来的10天时间里，来自全区14个市和48个行业的代表团共4572名运动员将奋力拼搏，重振广西体育雄风。比赛设青少年组和行业组，其中青少年组设20个大项581个小项，行业组设9个大项37个小项，总共产生金牌658枚。比赛项目包括游泳（跳水、水球）、射箭、田径、羽毛球、篮球、拳击、足球、体操（艺术体操、蹦床）、手球、柔道、帆船（帆板）、射击、乒乓球、跆拳道、网球、国际式摔跤、武术（套路、散打）、技巧、蹼泳和举重等。

本届运动会分4个比赛赛场，主赛场设在钦州市，大部分项目的比赛在此举行；分赛场设在南宁市（举行蹦床、体操、技巧、射击、艺术体操等比赛）、灵山县（举行射箭、男篮比赛）和浦北县（举行武术、女篮比赛）。

本届运动会还设代表团奖牌榜、代表团总分奖、代表团少年四类五项团体总分奖、突出贡献奖和体育道德风尚奖等五大奖项。

（冯 辉）

体育大事记

体育大事记

2010年

1月

15日 自治区主席马飚率队到自治区体育局调研体育工作，并主持召开“广西体育工作座谈会”。马飚主席在座谈会上提出要努力实现广西体育事业“群众体育有新发展、竞技体育有新突破、体育产业有新跨越、民族体育有新进展、体育对外交流有新成效、体育基础设施有新改善、体育人才有新涌现、体育改革有新机制、体育政策有新完善”的“九新”目标。自治区党委常委、宣传部部长沈北海，自治区副主席李康陪同调研，自治区人民政府秘书长王跃飞，自治区人民政府副秘书长、办公厅主任周异决，自治区人民政府办公厅副主任吴建新，自治区发改委、教育厅、财政厅、国土资源厅、住建厅、编制办等区直部门和南宁市人民政府负责人参加会议。

3月

4日 2010年全区体育工作会议在南宁市召开。自治区副主席李康出席并讲话，自治区体育局局长容小宁作工作报告。

5月

12日 经自治区人民政府批准，由自治区体育局、教育厅、自治区总工会、团区委、自治区妇联共同举办的“陆永先进事迹报告会”在自治区党委礼堂举行。

16日至26日 第四届全国体育大会在安徽省合肥市举行。广西组成了133人的代表团，参加了10个项目的比赛，共获得一等奖4项、二等奖14项、三等奖32项，并荣获“第四届全国体育大会体育道德风尚奖代表团”荣誉称号。

8月

8日 第二届广西体育节开幕。自治区领导沈北海、车荣福、文明、李康、李达球、李彬等出席南宁主会场的开幕式。

10月

3日 中国一东盟国际汽车拉力赛暨中国一东盟媒体汽车拉力赛发车仪式在南宁市举行。自治区领导沈北海、李康出席发车仪式。

19日 中国一东盟国际汽车拉力赛凯旋颁奖仪式在南宁市举行。

11月

12日至27日 第十六届亚洲运动会在广州举行。有12名广西运动健儿入选中国国家队，获得6枚金牌、2枚银牌、1枚铜牌、2个第四名、2个第五名、4个第六名、1个第七名，所有参赛运动员都获得了名次，圆满实现了参加亚运会人数、金牌数都超上届的目标。

18日 广西第十二届少数民族传统体育运动会在玉林市开幕。自治区主席马飚宣布运动会开幕。国家民委党组成员、驻委纪检组组长李小满，自治区人大副主任吴恒、自治区副主席高雄、自治区政协副主席蒋济雄以及自治区政府秘书长王跃飞等出席。

本届运动会比赛项目共设有10个大项49个小项，另设13个表演项目，共有运动员、教练员和工作人员共5000多人参加这次运动会。

18日 第二届广西体育节闭幕式在南宁市举行。

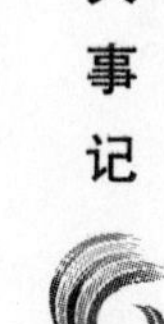

2011年

1月

11至12日　2011年全国体育局长会议上在北京召开。自治区体育局局长容小宁在会上作典型发言。

3月

1至2日　全区体育局长会议在南宁召开。自治区体育局局长容小宁总结、部署工作。全区各市、县体育系统等会议代表约二百人参加会议。

10日　自治区副主席李康在北京拜会国家体育总局副局长冯建中。

4月

6日　由国家体育总局体操管理中心与自治区体育局合作共建的中国一东盟体操交流合作基地在南宁广西体育局江南训练基地正式揭牌。

7日至8日　全国体育系统办公室工作会议在南宁召开。自治区副主席李康出席并致欢迎辞，国家体育总局副局长杨树安在会上讲话。来自国家体育总局各司、各运动中心以及全国各省级体育主管部门负责人、办公室主任等共二百多人参加了会议。

20日　第十六届亚洲运动会广西总结表彰大会在南宁举行。劳义、陆永等一批运动员、教练员获得表彰。自治区人大副主任荣仕星、自治区副主席李康、自治区政协副主席林国强出席会议，并为获得表彰的运动员、教练员颁奖。

22日至29日　2011年桂台经贸文化合作论坛在台湾花莲县举行。自治区体育局局长容小宁率领广西体育代表团一行28人赴台湾花莲县、高雄市等地进行交流访问。

5月

19日　来宾市四大班子领导和农民篮球队与自治区体育局联欢活动在广西体育馆举行。

6月

21日至23日　广西·来宾农民体育健身北京行活动在北京举行。来宾农民篮球队先后与国家体育总局机关篮球队、北京昌平农民篮球队、北京体育大学篮球队进行友谊赛。

29日　自治区政府第85次常务会议讨论通过了《自治区党委自治区人民政府关于重振广西体育雄风建设西部体育强区的决定》等19个系列文件。自治区体育局局长容小宁在会上作文件起草说明。

7月

29日　自治区副主席李康到钦州市检查运动会场馆建设和运行情况，主持召开广西第十二届运动会组委会第一次会议，出席运动会倒计时100天揭牌仪式。

31日　重新组建广西足球队成立大会在北京航空航天大学北海学院举行。自治区党委常委、政法委书记温卡华，国家体育总局足球运动管理中心主任韦迪、自治区体育局局长容小宁、北海市委书记王小东、北海市长连友农等出席成立大会。

8月

8日　第三届广西体育节开幕。自治区领导沈北海、莫永清、文明、李康、林国强、蒋济雄、蒋培兰、黄日波、彭钊、苏道俨等出席南宁主会场的开幕式。

26日　自治区党委常委会会议讨论通过了《自治区党委自治区人民政府关于重振广西体育雄风建设西部体育强区的决定》等19个系列文件。自治区体育局局长容小宁在会上作文件起草说明。

9月

9日　《中共广西壮族自治区委员会、广西壮族自治区人民政府关于重振广西体育雄风建设西部体育强区的决定》(桂发〔2011〕37 号)印发实施。

10 日至 19 日 第九届全国少数民族传统体育运动会在贵州省贵阳市举行。广西组建 250 人的代表团参加,42 个运动队获得名次,其中二等奖 19 个,三等奖 23 个,广西代表团荣获"体育道德风尚奖"称号,实现了运动成绩和精神文明双丰收。

14 日 2011 年全国运动员保障工作会议在南宁市召开。会议全面总结一年来贯彻落实《关于进一步加强运动员文化教育和运动员保障工作的指导意见》的情况,推广了运动员保障工作试点成果,就如何进一步做好新形势下的运动员保障工作进行了深入研讨。国家体育总局局长、党组书记刘鹏在会上讲话。自治区主席马飚在会上致辞。国家体育总局副局长杨树安、自治区副主席李康出席会议。当天,刘鹏在马飚陪同下先后考察广西体育中心、李宁体育园等,自治区领导沈北海、车荣福、李康,自治区政府秘书长王跃飞陪同考察。

20 日 2011"中国体育彩票杯"中国一东盟国际汽车拉力赛暨中国一东盟媒体汽车拉力赛发车仪式在南宁市举行。原国家体育总局副局长、中华全国体育总会顾问张发强,自治区副主席李康分别在仪式上致辞。

10 月

12 日 2011"中国体育彩票"杯中国—东盟国际汽车拉力赛暨中国—东盟媒体汽车拉力赛车队经凭祥友谊关入关,顺利回国。自治区党委常委、宣传部部长沈北海出席颁奖仪式。

31 日 自治区党委、自治区政府召开"南宁五象新区规划建设暨文化产业城体育产业城现场办公会",原则通过广西体育产业城等六个项目规划。自治区领导郭声琨、马飚、陈际瓦、沈北海、车荣福、陈武、黄道伟、余远辉、杨道喜、高雄、梁胜利等参加调研考察、出席现场办公会。自治区体育局局长容小宁在会上汇报广西体育产业城项目有关情况。

11 月

6 日 广西壮族自治区第十二届运动会开幕式在钦州市举行。自治区党委书记、自治区人大常委会主任郭声琨宣布区运会开幕,自治区主席马飚致开幕词,自治区领导陈际瓦、沈北海、车荣福、黄道伟、余远辉、刘新文、杨道喜、李康、梁胜利、林国强,自治区检察院检察长张少康,自治区政府秘书长王跃飞等出席开幕式。自治区体育局局长容小宁主持开幕式。本届运动会有来自全区 14 个市的代表团和 48 个行业代表团共 4223 名运动员,参加 24 个大项、618 个小项 658 枚金牌的角逐。

16 日 广西壮族自治区第十二届运动会闭幕式在钦州市举行。自治区副主席李康、自治区政协副主席李达球出席闭幕式。自治区体育局局长容小宁致闭幕词。在本届区运会上,有 3 人 6 次破 5 项自治区纪录,21 人(队)35 次破 22 项自治区青少年纪录。

21 日至 23 日 2011 亚洲及大洋洲地区大众体育合作发展论坛暨中国一东盟大众体育合作发展论坛在南宁市举行。国家体育总局副局长冯建中、自治区副主席李康出席并致辞。自治区体育局局长容小宁在论坛做主题演讲。

12 月

16 日 由国家体育总局武术管理中心与自治区体育局合作共建的中国一东盟武术交流合作基地正式揭牌。

16 日至 18 日 首届中国(南宁)—东盟武术节在南宁市举行。

20 日 第三届广西体育节闭幕式暨第三届广西万村农民篮球赛开赛仪式在来宾市举行。自治区副主席李康以及有关第三届广西体育节组委会成员单位的领导出席。

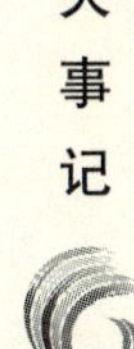

流光溢彩

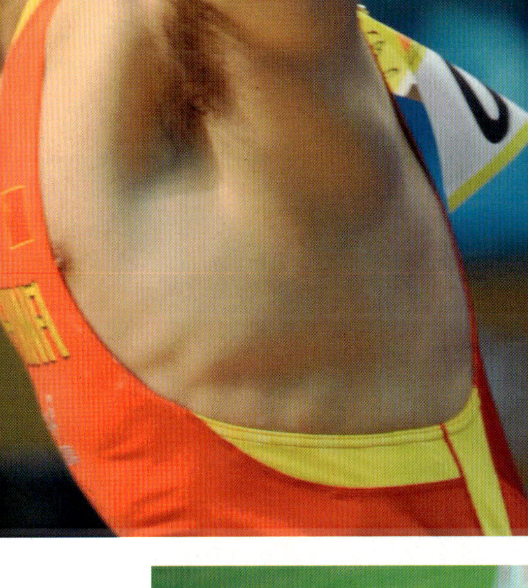

2010年11月17日，集奥运会、世锦赛、亚运会、全运会冠军于一身的举重全满贯陆永

2010年11月22日，第十六届广州亚运会田径男子100米、4×100米接力两枚金牌得主劳义

王毅在比赛中射门

王莹在比赛中救险

北京奥运会、伦敦奥运会两届奥运会第五名的广西女子水球队队员（左起：王毅、王莹、马欢欢）

2010年1月22日，广西体育局2010年体育迎春晚会现场

2010 年 2 月 9 日，自治区体育局党组书记、局长容小宁致辞

2011 年 4 月 26 日，参加桂台经贸文化交流访问的广西体育代表团在台湾高雄市体育中心合影

2011年6月30日，自治区体育局系统庆祝中国共产党成立90周年歌咏晚会现场

2010年1月22日，自治区体育局系统迎春晚会合影